U0861899

外国行政制度

Comparative Government Systems

（第三版）

主　编　韩国明

编　委　郭鹏鹏　张　佩　袁艳如

王　鹤　田智文　王琳燕　王兰针

兰州大学出版社

图书在版编目(CIP)数据

外国行政制度/韩国明主编. —3 版. —兰州:兰州大学出版社,2012. 8(2017. 8 重印)
ISBN 978-7-311-02316-4

Ⅰ. ①外… Ⅱ. ①韩… Ⅲ. ①行政管理体制—研究—国外—教材 Ⅳ. ①D523

中国版本图书馆 CIP 数据核字(2012)第 188114 号

责任编辑 陈红升 武素珍
封面设计 张友乾

书 名 外国行政制度(第三版)
作 者 韩国明 主编
出版发行 兰州大学出版社 (地址:兰州市天水南路 222 号 730000)
电 话 0931-8912613(总编办公室) 0931-8617156(营销中心)
0931-8914298(读者服务部)
网 址 http://www.onbook.com.cn
电子信箱 press@lzu.edu.cn
印 刷 兰州人民印刷厂
开 本 787 mm×1092 mm 1/16
印 张 28.25
字 数 634 千
版 次 2012 年 8 月第 3 版
印 次 2017 年 8 月第 20 次印刷
书 号 ISBN 978-7-311-02316-4
定 价 42.00 元

(图书若有破损、缺页、掉页可随时与本社联系)

第三版前言

这是一个最坏的时代:

超级大国飞扬跋扈,遏制其他国家的“和平发展”;恐怖活动猖獗,让人们越来越“恐怖”;大规模的核泄露引发全球恐慌;傲慢的特权集团阻碍变革;阶层固化导致社会断裂;三公消费屡禁屡涨;有毒食品泛滥;医患矛盾激化;重金属污染江河;烟尘、尾气笼罩城市;房价上涨将中产阶级家庭的毕生积蓄洗劫一空,把青年人挡在婚姻大门之外;政府官员的贪腐纪录屡创新高,行为丑恶变态……

这也是一个最有希望的时代:

公众能够从电视、广播、报纸以及互联网获得丰富的资讯,许多国家的人民都有了比以前更多的思想和言论自由,从而使问题的解决成为可能。

四年来,关于改革的争论越来越激烈。必须改革,这样的共识在朝野之间达成了。但一个更重要的问题,如何改革,向何处改革,却仍然分歧巨大。公众的无奈与焦虑,化作网络上铺天盖地的尖锐言论。在这个关键点上,让我们把目光投向在现代化道路上走得比我们远,但也同样麻烦不断的英国、美国、日本;将目光投向走在不同的道路上,面临更严峻挑战的转型国家印度、韩国和俄罗斯。从反思资本主义的高度,眺望不同路径展现的不同风景,也细致观察道路前方的陷阱。

本书的第三版主要有两方面的变化:第一,利用国内外学者的最新研究成果,对各国的政局、政策和制度的新调整,进行梳理和总结;第二,以专题的方式,对各国面临的难题和制度困境进行深度分析,使读者系统深入地理解这个急剧变化的世界。

日本人曾在满天泡沫的彩虹下尽情狂欢,憧憬“世界第一”和“日本世纪”,为何跌入“平成大萧条”,变为“一亿总下流”,出现“失落的一代”,哀叹“社会冷酷”?

各方政治力量僵持不下,改革停滞不前,曾被称为“神奇国度”的“不可思议的印度”,会走向“印度神话的破灭”吗?“印度将成为金砖国家中第一个坠落的天使吗?”

英国人如何提升政府服务的公众满意度,如何解决国有企业的低效率,拯救“欧洲病夫”?

俄罗斯的“新沙皇”普京,利用“强力部门”掌控国家,将会如何“强国”、“改革”和“稳定”?会将俄罗斯带向何方?

朝鲜半岛的北方要建设“强盛大国”,南方要成为“世界上领先的一流大国”,走在两条道路上的两个国家,谁会走得更远?

华尔街的银行家如何变成了“大到不能倒”(too big to fail)?社会应当如何控制贪婪的资本家?资本主义还有未来吗?

大学是“独立之精神,自由之思想”的养成之所。本书并不试图提供标准答案,当然,以人类的有限理性,也不能自负地宣称拥有所谓的标准的或唯一的答案。作者只是努力地呈现各种观点的碰撞与交锋,希望读者学会辨识,以大国公民的自信,汲取人类文明的丰富成果。

韩国明

2012年7月

第二版前言

汶川地震，多难兴邦，中国呈现出前所未有的新闻开放，也向世界展现了一个“变化着的中国”，一个“靠近国际标准的中国”。贵州四县县委书记公推竞岗，央视新闻频道现场直播答辩实况。深圳成为建设“中国特色社会主义示范市”，公布了《深圳市近期改革纲要》，在扩大党内民主、扩大行政首长和人大代表选举竞争、加强人大对政府的监督，以及政协议政和司法改革等方面均有重大创新。中共“十七”大以来，处于转型期的中国启动了新的一轮政治体制改革，中国政治将发生极为深刻的变化，也将对中国的经济和社会发展产生极为深远的影响。在这样的历史时刻，中国无疑需要更加广阔的视野，才能使我们选择正确的目标和道路。

顾准先生曾说：“没有世界史的对比，中国历史其实是不可理解的。”这本书所希望做到的就是：通过对世界上若干典型国家行政制度的介绍和分析，认识和把握其行政制度的内涵、基本精神和内在统一性，从而使我们更深刻地理解中国。

这本书的新版本修订的范围很大，但仍然保持了其原来的风格，甚至可以说风格更突出了，从而非常难得地使读者在研究和学习的过程中可以获得阅读的乐趣。因为，这本书并不是简单地介绍制度，而是在分析制度的历史，研究这些制度是如何形成和如何运行的；这样，制度不再是刻板的法律条文，而是一个又一个政治人物用他们的智慧积累的鲜活的生命。

对于发达国家，本书只重点分析了英国、美国和日本的行政制度，但通过这三个典型国家，读者可以对君主制与共和制、总统制与内阁制、联邦制与单一制有比较深入的了解，而其他国家的行政制度，其实也不过是上述这些元素的不同搭配和组合。本书还介绍了法国的半总统制，这是一种总统制与内阁制的混合形态，制度的创始者可能希望兼有两者的长处，但在实际的运行中往往得到的却是两者的短处，也往往处于一种不稳定的状态。委员会制只出现在“小国寡民”的瑞士，也许并不适合人口众多的民族国家，但许多国家的地方政府实际上采用了这种制度。

对于转型国家,本书选择了印度、韩国和俄罗斯三个国家进行分析。印度作为一个人口与土地矛盾尖锐、民族和宗教冲突激烈的农业国,是诸多的亚、非、拉国家艰难的现代化历程的缩影。20世纪90年代初,印度经济开始高速增长,引发了中印之间的“龙象之争”,中国和印度都产生了研究和学习对方的极大兴趣。所谓的亚洲四小龙,台湾和香港只是中国的一个地区,新加坡是一个人口四百多万的城市国家,相比而言,只有韩国是人口众多、地域广阔的民族国家,并以“汉江奇迹”实现经济腾飞,通过朝野妥协比较顺利地完成了由威权政治向民主政治的转型,堪称“新兴工业化国家”的代表。俄罗斯是由计划经济向市场经济转型的典型,波兰、匈牙利、捷克、乌克兰等东欧和西亚国家有大致共同的经历。苏联解体和“休克疗法”更是震动世界的大事件,并对全球政治格局产生了巨大而深远的影响。印度、韩国、俄罗斯这三个国家现代化的成功经验和失败教训,值得我们进行更细致的观察和更深入的思考。

本书目前被许多大学选为本科生的教材,也被选为研究生和MPA的教学参考书。本书的第二版对英、美、日三国政府改革的最新进展和印、韩、俄三国政治制度的最新变化进行了分析,对国内外学者对上述诸国的研究进行了综述和评价,因此,研究这些国家的学者也可以通过本书对这些国家的状况和研究进展有一个简洁而清晰的概念。

选书和读书,如沙中披金。《外国行政制度》能够发行第二版,是读者爱护和支持的结果。在此,作者向阅读本书的同行研究者致以最诚挚的感谢。

韩国明

2008年10月

目录

专题分析

概 论 外国行政制度综述

第一节 课程的基本内容介绍

顾准先生曾说:“没有世界史的对比,中国历史其实是不可理解的。”这本书所希望做到的就是:通过对世界上若干典型国家行政制度的介绍和分析,认识和把握其行政制度的内涵、基本精神和内在统一性,从而使我们更深刻地理解中国行政制度。

目前世界上大多数国家,都实行议会民主制。在西方发达国家,议会民主制的发展比较成熟。这些发达国家一般严格按照立法、行政、司法三权分立的原则组织其政府,把国家的立法权、行政权、司法权加以划分,分别由议会、政府(内阁或总统)和法院掌握,各自独立行使职权。同时,从宪法和法律上确立了立法、行政、司法相互间的权力制约和均衡的关系。

除了专业的学术讨论,人们通常并不严格区分政府与行政这两个概念。有人认为,所谓的狭义的政府,即指行政;广义的政府则泛指依法行使国家权力的一切机关,包括立法机关、行政机关和司法机关。实际上,在西方国家,政府是指与立法、司法相分立的行使行政权力的机关。因此,就是本课程所指的行政。行政制度或政府制度,是指政府的机构与功能,包括政府的组织形式、组织程序、职权范围、官员的任免以及公共政策的制定与执行等方面。

因为课时有限,本门课程主要探讨英国、美国、日本三个典型发达国家和俄罗斯、韩国、印度三个转型国家的行政制度,兼顾其他一些国家。这样安排的目的,是希望通过对以上极有代表性国家的行政制度的较为细致透彻的分析,而能够对外国行政制度有比较深入的理解。

本书首先讨论英国。英国是世界上最早建立议会民主制的国家[1],目前世界上绝大多数国家的最主要的政府制度的特征都源于英国。比如,代议制原理。代议制的构成要素,或被认为是代议制本身的议会制度,是在英国得到完善并传播到其他国家的[2],英国被称为“议会之母”。再比如,责任内阁制,也来自英国。它是内阁成员对国政负责的一项原理。近代的民主,要求实行责任政治,政治家既能获得荣誉,也必须为他们的错误负责。但是,承认并追究国王对国政的责任,并付诸实施,企图对国王定罪,这是与君主制,特别是与世袭的君主制相矛盾的。为了调和这种矛盾,便有了阁员的责任制,由内阁承担责任。这种制度在理论与实践上都具有完善形式的也是英国。

可以说,现代国家,没有哪一个不曾受到英国的影响,总是或多或少采纳了某些英国的政治与行政制度,包括一些君主制国家、共和制国家和社会主义国家。本书首先探讨英国行政制度,可以由此了解许多行政制度的本源,可以了解这些制度最初产生的背景与目的。

第二个国家是美国。选择详细分析美国行政制度的原因有以下两点:其一,美国是世界上建立共和制最早的国家之一,其政治和行政制度独具特色,如成文宪法、总统制、国会两院制、司法审查、联邦制等,因而也有许多原创性的政治与行政制度。其二,美国是目前对国际政治影响最大的国家,是世界上多数国家外交的重点。本书研究美国行政制度,探讨美国政府政策制定的程序与方法,有助于掌握风云变幻的国际形势。

第三个国家是日本。日本是东方大国,是中国的近邻,同样受到儒家精神和佛教的深刻影响,具有东方人共有的某些心理特质。日本的行政制度受西方影响很深,但仍有浓郁的东方色彩。同时,日本是一个后起的工业化国家。不论其制度本身如何西化,其实际运作则不但具有一些东方特色,而且历次改革中都存在许多问题,与成熟的民主国家还有深刻的差别。日本行政制度的变化,无疑对中国政治与行政制度的改革有借鉴意义。

本书在第二版新增了三个转型国家的介绍和分析,分别是俄罗斯、韩国和印度。俄罗斯作为由计划经济向市场经济转型的典型,韩国是新兴工业化国家的代表,印度则是一个人口大国和农业大国。这三个国家制度转型的成功经验和失败教训,更需要我们予以深切关注。

本课程在其他部分也会涉及另外一些发达国家或发展中国家的行政制度的特点。一方面,介绍外国行政制度的多样性和复杂性;另一方面,分析同样的法律条文,同样的组织机构,在发达国家和发展中国家其实际效果的差异。也就是说,最重要的有时候并不是那些正式颁布的宪法、法律和条例等等,甚至也不是机构的设置,而是这些制度为何产生、如何产生以及它们实际的运行机制。这些则与特定国家在特定时期的经济基础、政治环境和文化传统等因素有关,因此还需要了解这些国家的历史。在有些发展中国家,如非洲的一些国家,有着与英美等发达国家差不多的宪法、法律、议会、法院和行政机构,但实际的政治和行政则有天壤之别。在这些国家,宪法和议会从一开始就是某种装饰,法律从来就没有被认真执行过,或许根本就不想被执行。这些国家机构间的权力分配不是完全以宪法和法律为依据,往往因人而异,甚至与军队的支持有关。

目前国内有关外国政治与行政制度的各种文章和著作的数量很多,大量介绍了西方发达国家已经发展得相当成熟的整套制度,详细介绍其国家元首、行政首脑、内阁、部门、地方政府、公务员制度等等。由于较少涉及这些国家各项行政制度产生的历史背景，往往会陷入对孤立的法律条文和机构组织的论证评价，难以把握一国政治与行政制度的内在统一性和建立这些制度的内涵与基本精神。直接引用现代西方学者的观点，讲述现代制度的优点或缺点，往往容易产生误解。

不论西方国家，还是中国，其行政体制的形成，都有复杂的历史和现实因素，是在不断解决各种实际问题、适应各种需要的过程中，经过漫长的历史，一点一滴的积累，逐步建立起来的。我国今后的行政改革，虽然必须大量借鉴外国的经验，但毕竟要与我国的社会经济的发展相适应，要根植于中国特有的文化传统与现实环境之中。因此，研究外国行政制度，不能仅限于分析西方国家现有的法规制度，而首先要研究行政制度的起源，研究西方行政制度得以产生并不断发展完善的社会基础，从而加深对外国行政制度的基本精神、主要原则和具体制度的理解。

第二节 政府制度的基本分类

政府制度曾有许多种分类方式。亚里士多德按照政体的宗旨和掌握最高统治权的人数两个标准，将政体划分为两类六种：按最高统治者人数的多少可以分为三种，即君主政体、贵族政体和共和政体；与这三种“正当的或正宗的”政体相对应的是三种“错误的或变态的”政体，即僭主政体、寡头政体和平民政体[3]。

君主政体：亚里士多德认为，政府以一人为最高统治者，凡能照顾全城邦人民利益的，通常就称为王制政体或君主政体。僭主政体为王制政体的变态。“僭主政体以一人为治，凡所设施也以个人的利益为依归。”关于以后的君主政体，按其性质，人们通常分为专制的君主政体和立宪的君主政体两种。

专制的君主政体其君主既是名义上的国家元首，也掌握着国家的主要权力。法国国王路易十四的名言“朕即国家”是典型的专制君主政体的写照。当然在实际的政治运行中，君主还会受到各种政治力量的制约，如贵族、平民等。君主一般会按照传统的习俗来实施他的统治。极端的情况下，专制君主的暴政也可能被暴力革命摧毁。

立宪的君主政体是指君主的权力受成文宪法或不成文宪法限制的政体。宪法规定了君主的地位和权力，限制了君主的特权。当代世界各国所采用的君主政体多数属于立宪制君主政体。

贵族政体：亚里士多德认为，凡政体以少数人为最高统治者，这些统治者都极贤良，对城邦人民抱有好的宗旨，则称为贵族政体或贤良政体。寡头政体为贵族政体的变态。寡头政体以富户的利益为依归。此后，人们认为贵族政体是指由社会的某种特殊阶层的少数人居于统治地位，掌握政权的政体。在各国的历史上，这种特殊阶级有的是僧侣集团，有的是军人阶层或地主，也有的是由几个特权集团联合掌握政权。

贵族政体也可以分为两种。一种是世袭的贵族政体。统治阶级与人民几乎完全隔绝，不属于统治阶级的分子很难加入。这种体制下,统治者通常会为排斥其他阶层的进入设置种种障碍,如对进入重要的国家政权机构设置宗教的、血统的或财产的严格资格限制。有时,会以法律明确规定不允许统治阶层与其他阶层通婚。第二种是根据财富、教育、社会地位等构成的贵族政体,法律上并不阻止下层阶级分子在某种条件下取得统治阶级所拥有的政治特权。少数下层社会的精英分子可能通过积累财富,或通过良好的教育,进入统治阶层。

共和政体:亚里士多德认为,以群众为统治者,照顾全城邦人民利益的,称之为共和政体。平民政体是共和政体的变态。平民政体以穷人的利益为归依,而不照顾城邦全体人民的利益。此后,人们以共和政体指国家的代表机关和国家元首由选举产生的政体。

目前,全世界的大多数国家都已经实行共和政体,君主政体则多半名存实亡,而政权掌握在少数人手中的贵族政体基本上已经不存在了。现在,人们通常从以下四种不同的角度来描述政体[4]:

一、君主立宪制和民主共和制

君主制国家以君主为国家元首,君主掌握着国家权力,并建立一定规模的军政官僚机构管理国家。欧洲历史上的君主制主要有两种类型:贵族君主制和专制君主制。在古罗马帝国崩溃之后,欧洲被分解为若干个封建公国。当时的国王与各公国大公之间的关系,类似于大公与其下属各诸侯之间的关系,都是一种封君与封臣的封建关系。在中世纪的后期,贵族势力衰落,君主集权程度逐渐提高,开始独揽国家的一切政治权力,人们称之为君主专制。实际上,欧洲各国君主集权的程度有很大的差别。其中以法国君主专制延续的时间最长,法国国王几乎拥有了东方君主的权力。在英国,由于议会的制约,国王从来没有获得过法国国王那样的权力。英国革命后,英国的君主专制制度演变成君主立宪制。

按照英国政府的解释,君主立宪制是以国王或女王作为国家元首的一种政府形式,其权力归属于依靠立法选举产生的议会,而不是君主。作为一种政府制度,君主立宪制国家通过政党制度将象征性的国家首脑和政府职责相分离。一个君主立宪制国家可以实现稳定性、连续性和不变的国家意志,而且国家元首可以不随着政府政权更迭而发生改变。宪法是君主或帝王的执政之本,而不是根据他或她自己的个人意志行事。作为一个立宪君主,君主必须保持政治中立。然而,君主作为国家元首仍然保留了一些重要的政治角色,如正式任命首相、批准某些法案和赐予荣誉的权力。[5]

目前世界上仍采用君主制的国家有30多个,它们是:亚洲13国[6](巴林、文莱、日本、约旦、科威特、不丹、马来西亚、泰国、阿曼、卡塔尔、沙特阿拉伯、阿拉伯联合酋长国、柬埔寨);非洲3国(莱索托、摩洛哥、斯威士兰);欧洲11国(比利时、丹麦、列支敦士登、卢森堡、摩纳哥、荷兰、挪威、西班牙、瑞典、英国、梵蒂冈);大洋洲2国(汤加、西萨摩亚)等。

共和制最早产生于公元前5世纪的古希腊和古罗马等城邦国家。例如,雅典是由全体城邦公民选出500人会议和执政官,掌握国家最高权力。中世纪欧洲的少数城市国家,如威尼斯、佛罗伦萨等也曾采用过共和制。现代社会,共和制国家的政治制度有以下特征:国家权力机关和国家元首由直接或间接选举产生,并由宪法和法律规定其任期。政府在宪法和法律规定的范围内活动，公民在法律面前人人平等，享有选举权和其他基本权利等。共和制有议会制和总统制两种形式。

世界各国的元首通常是君主或总统。绝大多数君主制国家实行世袭制，即国家最高权力在王室、皇族中世世代代传递下去，血缘关系是王位继承的基础。梵蒂冈教皇由于没有合法的后裔，不可能实行世袭制。教皇是由红衣主教团以2/3多数选举产生。一旦当选，则终身任职。

共和制国家元首由选举产生，其选举程序大致有四种：(1)由选民直接投票产生。如法国、奥地利、冰岛、墨西哥、阿根廷等国家。(2)由选民间接选举产生，即选民先选举出一个选举团，然后由这个选举团选出总统。如美国、芬兰等。(3)议会选举产生。如土耳其、以色列、新加坡、圭亚那等。(4)由特定结构的选举团选举产生。比如，意大利总统由议会两院议员和各省选出的代表联合选出；印度总统由国会两院议员和各邦立法会议议员选出的代表组成选举团选举产生。

各国总统的任期不同。美国、冰岛等国，总统任期4年。联邦德国总统任期5年。奥地利、芬兰等国总统任期6年。法国总统任期7年。多数国家规定可以连任。美国、联邦德国、奥地利等国宪法规定，总统任期不得超过两任。利比里亚总统任期8年，但每次连任期为4年。有的规定不得连选连任，如委内瑞拉、洪都拉斯、墨西哥等。有的规定不能连任，但间隔一届或两届还可以重新当选。

二、单一制和联邦制

单一制国家通常是由若干个行政区域单位构成的单一主权国家。单一制国家也会将全国划分为若干个行政区域，各行政区域的地方政府在中央政府的统一领导下，行使其职权。某种程度上，地方政府是中央政府的派出机构。目前世界上多数国家采用单一制，如英国、法国、日本、意大利等国。在单一制国家，地方政府的官员有的由中央政府任命，有的由地方公众选举。地方政府的权力由中央政府通过立法来决定，部分单一制国家的地方政府权限较大，有的则权限较小。

联邦制是指在一个总体的政治制度下使各个独立的州或其他政体结合在一起的政治组织模式，并通过这种方式确保每一个州或政体可以维持自己根本的政治制度，联邦体系则通过某种形式的谈判来提出和实施一些基本方针政策，使所有成员都可以根据这些基本方针政策来制定和执行决策。联邦制度的首要政治原则强调的是几个权力中心之间的谈判和协商；联邦制注重以分散权力来达到维护个人和地方自由的目的。[7]美国是最早实行联邦制的国家之一。其后，加拿大、联邦德国、瑞士、澳大利亚、阿根廷、墨西哥、马来西亚等国家也采用联邦制。各联邦制国家有统一的宪法和法律，联邦政府是国际法的主体。联邦政府设有最高立法机关，一般实行两院制：一院代表联邦国家全体，另一院代表各成员国。联邦政府有统一的或联合的武装力量。各成员国设立自己的立法机关和行政机关，有自己的宪法和法律。

单一制与联邦制是国家权力结构的两种不同的组织形式，其差别主要体现于权力在纵向上的分配。单一制国家实行中央控制，地方政府在法律上只是中央的分支机构。联邦制国家的各成员国政府则享有由宪法规定的自治权。

在一个具体的国家,不论是联邦制还是单一制,中央政府和地方政府的职权划分都是非常复杂的。一般来说,双方的职权划分都是由历史形成的。比如,如果是由本来相互独立的国家合并而成一个国家,则地方政府权力较为广泛。凡是有深厚的地方自治传统的国家,地方政府职权较大。而如果长期以来一直是一个统一的、中央集权的国家,则即使从法律上规定了许多地方政府的权力,有名义上的地方自治,在实际运作中,地方政府通常并不真正具有这些权力。

三、民主制和独裁制

民主制通常被分为代议民主制与直接民主制。代议民主制又称间接民主制,是指立法机关的成员是由公民以选举产生,并代表公民在议会中行使权力(代议)。在直接民主制国家,公众可以直接参与政府治理。直接民主只有在城市国家或面积很小的国家才能做到,世界上只有欧洲的瑞士在实行直接民主制,古希腊的一些城邦也曾实行过。现代社会,民主政治已经由实行直接民主的小型城邦国家,推展到了地域辽阔、人口众多的民族国家,且绝大多数实行的是代议民主制[8]。现代民主制通常包括以下基本内容:第一,宪法和法律均确认公民的民主权利和自由。大多数民主国家的宪法都规定了公民的基本政治权利,并对政府的权力作了某些限制,以保障公民真正享有这些权利。在民主制国家中,一般把这一组条文称为“人民权利案”。各国宪法关于公民基本权利的规定主要有:自由权、平等权、受益权和参政权。第二,许多国家其民主制的主要表现形式是议会制、普选制、两党制(或多党制)、文官制等政治制度。两百多年来,这些政治制度也日趋完善。第三,大多数国家的成文宪法都规定了政府的组织纲要,政府及其各部门权力的分配,各机关权力的范围,政府官员的任期、任命或选举方法,以及选民资格的确定和选民团体的构成。第四,实行“多数统治,保护少数”的原则。在选举中获得多数选票的政党为执政党,允许反对党或在野党存在,但反对党或在野党必须服从和遵守宪法和法律。

独裁制是一种与民主制相对立的政府制度。“独裁”一词很难准确定义,因为它的内涵随时间的变化而改变。从本质上讲,独裁制是指独裁者作为国家领导人拥有绝对的权力。这意味着在独裁者面前没有任何法律可言,没有政治对手能够停止他想要做的事情[9]。古代东方的专制政体、罗马帝国时代的暴政、法西斯主义以及军事独裁政权均属此类。

法西斯主义是指20世纪30年代至40年代之间各种形式的崇尚暴力的国家主义和极权主义运动。在欧洲,最初的法西斯运动是墨索里尼于1919年在意大利建立的。1922年10月,墨索里尼在意大利夺取了政权,实行法西斯党领导下的独裁体制。

法西斯独裁制的特点是:(1)掌握政权的民族集团的地位大大高于其他所有种族和少数民族;(2)个人必须完全服从于绝对领导下的绝对国家;(3)取缔所有的次级自治机构;(4)摒弃议会民主制机构及其价值观,公民讨论和投票的决策方式完全被当权者的决策方式所取代;(5)独裁者的行动完全不受宪法制约,他的意志就是国家的意志;(6)推行扩张主义、排外主义和对外侵略的政策,对内实行专制、独裁的强权政治。

在德国,从1918年以后发展了一种极端民族主义、帝国主义和民族主义的运动,称为国家社会主义(纳粹),并于1933年至1945年间在希特勒领导下,建立了独裁统治。纳粹实质上是一种具有对外政策目标的种族主义运动。1933年,纳粹党掌握德国政权,并发展成极权主义权力。

极权主义是20世纪的一种现象,它主要是指两次世界大战之间的一些独裁体制。极权主义的实质是极端恐怖,其主要特征是:极端主义的意识形态,一党制国家,元首决定一切,完全的中央集权,秘密警察统治以及政府垄断社会的经济、文化和信息机构。居于统治地位的执政党,利用政府机构的权力,通过大众动员、舆论宣传和实施高压等手段,竭力对公众进行绝对的控制。对于所有的极权统治来说,其基本要求是:确立一党独裁体制和一种意识形态的绝对领导,敌对的政党或集团遭到禁止和取缔,个人自由和公民民主权利被否定和剥夺。

20世纪30年代,法西斯运动波及世界各地,葡萄牙、西班牙、奥地利、罗马尼亚、匈牙利等国相继建立了法西斯政府,包括日本在内形成了法西斯战线。第二次世界大战后,各国的法西斯政权被推翻了,但是,小规模的法西斯主义活动始终没有止息,甚至还出现了一些新法西斯主义政党。

独裁和极权两个术语在本质上属于同一概念,但按照现代含义可以赋予更为特定的含义将两者区分开来。独裁的统治缺乏公众的参与和宪法制约,但独裁者大体上还要受到宪法、法律规范或者规章和惯例的制约。独裁者以专横的方式行使权力,要求人们服从统治者颁布的命令,但人们还能在有限的领域内拥有自己的权利。而极权主义则企图控制社会的各个方面,策动全体国民积极地支持其政策。极权主义往往不仅要控制公众的行动,还要控制公众的思想。

历史上的僭主政体、独裁政体、法西斯和极权主义,往往采取集体行动和强制手段来达到某种特定的目标,这个目标可能被宣称源于纯粹理性、历史规律,或民族、阶级和集体利益等。这种以集体和国家利益为名对政治、经济、社会的全面的严密控制,抹杀了“公共领域”与“私人生活”的界限,摧毁了个人自由和多元的社会[10]。历史上的某些极权主义制度的设计者,甚至既具有悲天悯人的人道主义情怀,又具有明智敏锐的理论洞察力,如柏拉图对理想国和哲学王的诉求,中国儒家对大同世界和内圣外王的企盼,无不表现出这种情怀。但是,正如波普尔所说,“乌托邦主义即使怀着最美好的愿望在世上建立天国,也只能制造出一个人间地狱——一个只有人才会为其同类准备的地狱”[11]。

目前世界上的发达国家一般都建立了相对完善的议会民主制度,但许多发展中国家的民主制度还存在严重的缺陷,有的发展中国家甚至实际上还处于独裁或寡头制的状态。对于介于极权政体和民主政体之间的较为温和的专制政体,有人称之为“威权政体”[12]。关于威权政体或威权政治,本书将在有关转型国家的章节进行介绍和分析。

四、内阁制与总统制

(一)内阁制政府

内阁制政府是一种在世界上流行的政治模式。一般来说,内阁是议会执行机关一个不可或缺的组成部分,它对议会负责,内阁中的部长是议会的成员。内阁制在欧洲非常普遍,它们多仿效英国、瑞典的模式而建立。[13]

内阁制政府有两种情况,一种称为“一党内阁”,通常由一个在议会中获得半数以上席位的政党组成。另一种称为“联合内阁”。由于在议会中没有一个政党获得半数以上席位,无法单独执政,便由几个政党联合组阁。

西方国家还有所谓的“影子内阁”,是指实行责任内阁制的议会反对党组成一个准备上台的执政班子。影子内阁在20世纪初由英国保守党首创,后来形成宪法惯例。影子内阁一般由下议院反对党领袖指定本党有影响的议员组成,有的由反对党全体议员选举产生。其任务是领导下议院中本党议员的一切活动。在君主立宪制下和在民主共和制下的内阁制政府基本相同,只是国家元首的称号、产生、任期、活动的典礼形式以及所强调的某些原则有所不同而已。

内阁制政府是目前西方国家最普遍的一种政府形式,英国、日本、法兰西第三和第四共和国、联邦德国、意大利、奥地利、希腊、印度、新加坡等都实行内阁制。

(二)总统制政府

总统制政府有两种类型:即美国式总统制政府和法国式“半总统制”政府。这一节,我们首先介绍美国式总统制政府。

美国式总统制政府实行立法、行政、司法三权分立和权力制衡原则,与内阁制国家有着很大的不同:(1)总统独立于议会,不由议会产生,而是由公民直接或间接选举产生。总统选举与议会选举分别进行,总统只对选民负责而不对议会负责。政府由在大选中获胜的总统组成。(2)总统既是国家元首,又是政府首脑。总统掌握国家的最高行政权,统帅全国的武装力量。(3)政府与议会是分离的。政府成员经参议院同意由总统任命,不得同时兼任议会议员。(4)总统和议会的任期固定。

除了美国,世界上采用美国式总统制的还有亚洲、非洲、拉丁美洲的许多国家,如阿根廷、巴西、墨西哥、危地马拉、委内瑞拉、印度尼西亚、巴基斯坦、埃及等。

以上有关各国政府的种种情况,本书将在以后的几个部分展开,进行细致的分析。比如,关于君主制和共和制,单一制和联邦制,总统制和内阁制,在介绍英国(君主制、单一制和内阁制)、美国(共和制、联邦制和总统制)、日本(君主制、单一制和内阁制)等国行政制度时,将详细解释其种种制度的形成过程。

在中央政府各主要权力机构的组织形式和权力分配上,法国的半总统制和瑞士的委员会制的形成,有其特定的历史背景和社会基础,实际运行中也表现出许多与美国的总统制或英国的内阁制不同的特点。本书在以下两节单独进行介绍。

第三节 法国的半总统制

法国全称为法兰西共和国(The Republic of France,RF),位于欧洲西部,国土面积为551602平方千米,居世界第47位;本土和海外省的人口总数为6296万(2011年),居世界第20位,在欧盟各国排名第2位,仅次于德国。移民人口490万,占全国总人口的8.1%。通用法语。居民中90%的人信奉天主教,另有约400万穆斯林及少数新教、犹太教、佛教、东正教徒。首都为巴黎(Paris),人口220万。国旗为蓝、白、红三色,分别代表自由、平等、博爱。国歌是《马赛曲》。2011年,法国GDP为27763.24亿美元,排名世界第5位。

一、半总统制的形成

自1789年7月14日爆发大革命以后, 经过了80多年共和制和帝制的多次反复,法国终于在1875年确立了共和政体。

法国从大革命至今, 共颁布了14部宪法:1791年的君主立宪宪法;1793年的雅各宾宪法;1795年共和三年宪法;1799年共和八年宪法;1802年共和十年宪法;1804年共和十二年宪法;1814年波旁王朝钦定宪法;1830年七月王朝宪法;1848年第二共和国宪法;1852年宪法;1870年拿破仑第三新宪法;1875年法兰西第三共和国宪法;1946年法兰西第四共和国宪法;1958年法兰西第五共和国宪法。

大革命之后,1792年9月21日,国民公会在巴黎开幕。会议一开始就宣布废除君主政体。第二天,又宣布建立共和国。这就是法兰西第一共和国。1793年1月,国王路易十六被判处死刑。1804年,法国修改宪法,宣布法兰西为帝国。12月,拿破仑加冕为皇帝,开始了法兰西第一帝国。1815年,拿破仑被欧洲各国的第七次反法联军在滑铁卢战役中最后击败,被迫再次退位,开始了波旁王朝的复辟时期。1830年7月,法国爆发革命,推翻了波旁王朝,建立了"七月王朝"。1848年2月,法国又一次爆发革命,建立了法兰西第二共和国。1848年第二共和国宪法颁布后,进行总统选举,拿破仑的侄子路易·拿破仑·波拿巴当选总统。1851年12月,波拿巴发动政变,修改了宪法。1852年12月,正式宣布法兰西为帝国,这便是法兰西第二帝国。波拿巴即皇帝位,称拿破仑三世。1870年,法国在普法战争中失败。9月,巴黎爆发革命,推翻第二帝国,建立了法兰西第三共和国。1875年,颁布法兰西第三共和国宪法。

二战期间,戴高乐领导"战斗法国"在海外进行抗德斗争。后来戴高乐又建立了"法兰西民族解放委员会"。1944年6月,委员会改称为法国临时政府,获得了苏联、美国和英国的承认。盟军在西线登陆后,巴黎于8月25日解放,临时政府迁回巴黎。1945年10月,法国举行制宪议会选举,制宪议会选举了一个由42人组成的宪法起草委员会负责宪法的草拟。42人中多数是比较激进的左翼。1946年1月,戴高乐因与制宪议会在关于政府体制的构建问题上发生重大分歧,辞去临时政府首脑职务。4月,制宪议会通过了宪法起草委员会提出的宪法草案,并于5月举行公民投票。草案没有通过。

1946年6月,法国又选举产生了第二届制宪议会。这届议会选举32人组成宪法起草委员会,其中多数为人民共和党、共产党和社会党人。经三党妥协提出了宪法草案。10月,法国举行公民投票通过了法兰西第四共和国宪法。第四共和国的立法机关是由上下两院组成的议会。上院称为共和院,下院称为国民议会。

此时,共和院的权力已经大为削减。在立法方面,共和院只能对国民议会通过的议案有搁置权(最多不能超过一百天),有建议修改权,没有否决权。国民议会通过的法案,提交共和院征询意见,共和院必须在两个月内答复,如无反对意见,法案就可成为法律。如有反对意见,国民议会经再次审议通过后,亦可成为法律。经共和院搁置的法案,超过搁置期限,亦可成为法律。因此,第四共和国时期,国民议会实际上是国家的最高权力机关。

国民议会由627人组成。其中544人由法国本土选举产生,其余由阿尔及利亚和其他海外殖民地选举产生。议员任期5年,到期一次性改选。凡年满21岁的男女公民均有选举权。选举采取直接、平等、秘密的方式分选区进行。每省划分为若干选区,每一选区选举若干名议员。议员候选人一般由各政党提名。

国民议会议员有权参加总统选举,有权创议和制定法律,有权通过国家预算和审查政府开支,有权通过宣战和媾和的决定,有权认可经总统批准的国际条约。总理的任命和政府的成员须经国民议会通过。国民议会如果通过对政府的不信任案, 政府则必须集体辞职,但是如果在18个月内政府两次因国民议会通过的不信任案而被迫辞职,则国务会议亦可商请国民议会议长解散国民议会。解散令以总统的名义发布,但重新选举的国民议会产生后,至少在18个月内,政府不得再次解散国民议会。国民议会还对政府行使监督权,议员有权对政府官员提出质询,政府官员不仅必须进行答复,而且必须提供必要的事实材料。

第四共和国的总统和第三共和国一样,由议会两院选举产生,任期7年,连选可以连任。第四共和国总统的权力,与第三共和国相比,实际上已经削弱,成为虚位元首。比如,政府总理仍由总统提名任命,但总统的提名须经国民议会通过。因此,总统只能提名多数党的领袖或经议会各党派进行妥协后,能获得多数议员支持的人士。总统担任国务会议主席和最高司法委员会主席,但总统发布的任何命令须经总理或有关部长的副署才能生效。第四共和国的总统所提名的总理人选经国民议会通过后,总理便可组阁,提出政府成员名单,但政府成员的名单须经过国民议会绝对多数的赞同方能通过。第四共和国时期,由总统担任主席并有总理和部分部长参加的会议称“国务会议”,由总理担任主席的各部部长参加的会议称为“内阁会议”。第四共和国时期的内阁会议较之国务会议更为重要。大使的选派,一般官员的任免,政府重大方针政策的决定,都由内阁会议做出而并非国务会议做出。

1946年宪法所确立的这一体制,给予国民议会较大的权力,使立法和行政部门间失去平衡。由于法国政党太多,议会中没有形成一个占有较大优势的政党,历届政府都是几个政党的联合。参与联合的政党一旦出现意见分歧,政府就有被议会推翻的危险。从1946年第四共和国宪法颁布到1958年第五共和国建立的12年间, 法国先后更换了20届政府。如果再加上从1944年至1946年更换的5届政府,14年共更换了25届政府。其中较长的如戴高乐的第一届临时政府和1956年的摩勒政府,都只存在了一年零三个月。最短的如1948年9月组成的舒曼政府则只存在了7天,1950年7月2日组成的克耶政府只存在了3天。

1954年11月,迫于国内的改革呼声,第四共和国国民议会通过宪法修正案,规定国民议会授权总理组织政府只需要简单多数同意。同时, 部分地扩大了总统和共和院的权力。1958年,国民议会再次通过宪法修正案,扩大行政权力,简化解散议会和修改宪法的程序。但这些措施仍未能使行政机构坚强有力。

1958 年 5 月 13 日，法国驻阿尔及利亚殖民军将领马絮等人，因不满法国政府对北非采取的妥协政策，发动叛乱，与中央对抗，法国处于分裂状态。科蒂总统于 5 月 29 日向国民议会提名戴高乐组阁，并发表咨文促请议会同意，否则他将自行辞职。戴高乐的组阁建议，终获议会各派的谅解，得以通过。6 月 1 日，戴高乐向国民议会提出施政方针，国民议会同意授予他 6 个月的紧急权力来处理阿尔及利亚问题和制定新宪法。

戴高乐根据国民议会授予他的权力，组织完成了宪法的起草工作。1958 年 9 月 28 日，新宪法经全国公民投票以 79.2%的绝对多数通过，开始了法兰西第五共和国时期。第五共和国形成了法国独有的半总统制。

二、半总统制的内容

(一)总统选举与总统的职权

1958 年宪法第六条规定，总统由选举团选举产生，任期 7 年。选举团由议会议员、省议会议员、海外领地议会议员及市议会议员选出的代表组成。1958 年 12 月，戴高乐由选举团选举，出任第五共和国第一任总统。1962 年戴高乐提出修改宪法第六条，认为总统应由全民选举产生。他的建议遭到议会多数议员的反对，未能获得通过。戴高乐按照宪法赋予他的权力，解散议会，并于 10 月 28 日举行全民公决。结果，他的建议以 62%的赞成票获得通过。

1958 年宪法赋予总统行使对宪法的监督权力和对国家机构运行的仲裁和保证人的权力。宪法第五条规定：“共和国总统监督遵守宪法。他通过自己的仲裁，保证公共权力机构的正常活动和国家的持续性。共和国总统是国家独立、领土完整和遵守共同体协议与条约的保证人。”

为使总统能够行使仲裁和保证人的权力，宪法赋予他一系列的职权：

(1)任免总理和组织政府。宪法第八条规定：“共和国总统任命总理。总统根据总理的政府辞呈，免除其职务。共和国总统根据总理的建议，任免政府的其他成员。”第四共和国宪法原来规定，总统必须在每届议会之始，“依惯例征询议会意见后”，才能提名总理，总理和内阁部长都必须获得议会绝对多数票的通过。第五共和国宪法赋予总统任免总理和内阁部长的完全权力，总理和内阁部长的任命无须“依惯例”征询议会的意见，也无须议会通过。

(2)任命国家文职和军职人员。宪法第十三条规定：“共和国总统任命国家的文职人员和军职人员。”同时规定：行政法院法官、荣誉勋位局总长、大使和特使、审计院审计官、省长、将级军官、中央行政机关的长官，都在内阁会议上任命。第五共和国宪法赋予了总统极其广泛的人事任命权。虽仍有一定的附加条件，但这些附加条件都只是一般程序性的，并不构成对总统任命权的实质性的限制。

(3)主持内阁会议。宪法第九条规定：“共和国总统主持内阁会议。”内阁会议法语原意为“部长会议”。在戴高乐执政时期，通常每周召开一次，所有部长和国务秘书都须参加。内阁会议讨论和决定政府的各项重要方针政策、人事任免、行政法规和命令。内阁会议的各项决定，实际上都须总统认可。内阁会议决定的法规和命令，须经总统签署，并由总理或必要时由有关的部长副署。但总统对决议不负政治上的责任。如果受到国民议会的弹劾,则由副署的总理或有关部长负责。内阁会议的议事日程由总统安排,事前通知与会的部长和国务秘书。

(4)解散国民议会。宪法第十二条规定:“共和国总统可以在征询总理和议会两院议长意见后,宣布解散国民议会。大选应在国民议会解散后20日至40日内举行。在此次大选后一年内不得再次解散国民议会。”宪法规定,总统在议会与政府发生冲突时,行使解散议会权力实际上仅受一项限制,即征询两院议长的意见,但宪法并没有规定必须他们同意,因此总统完全可以不受两院议长意见的约束。宪法也规定了解散议会要征询总理的意见。但议会弹劾政府,对政府表示不信任时,总统解散议会是对政府的有力支持,总理自然不会不支持总统。真正的限制只是连续两次解散议会的时间必须相隔一年,这是考虑到一年之内在全国举行两次大选,糜时费力,实际上是不太可能的事情。宪法赋予总统这一权力,是政府和总统对付国民议会中的反对派的有力武器,也是使政府能够稳定运作和坚强有力的保证。第五共和国时期,总统曾经五次使用这一权力,迫使议会不得不接受政府的许多重大改革措施和议案。

(5)颁布法律。宪法第十条规定:“在最后通过的法律送达政府后的15日内,共和国总统应予公布。在上述期限届满前,共和国总统可以要求议会就该项法律或者法律的某些条文重新审议,议会对此项重新审议的要求不得拒绝。”

(6)发布咨文。宪法第十八条规定:“共和国总统以咨文同议会两院联系,使咨文在两院宣读,但随后不再进行任何辩论。”总统咨文,就是总统对于当前形势的总体看法和立法意图,许多紧急立法和重大决策,总统均可通过咨文的形式向议会提出,这是总统立法创议的重要方式。

(7)军事权。宪法第十八条规定:“共和国总统是军队的统帅。总统主持最高国防会议和国防委员会。”1964年1月14日法令根据宪法的这一规定,又增加了总统有动用战略核力量的权力。

(8)外交权。宪法把外交权力赋予总统。总统不仅可以和外国直接谈判并议定和批准条约,而且其他无须总统参加的不太重要的外交谈判,也必须得到总统的认可。第四共和国宪法也曾规定:“总统听取关于国际谈判的报告,并签署和批准条约。”但总统并不能够代表国家进行外交谈判,也不能对重大国际事务问题做出决定。

(9)关于举行公民投票的权力。宪法第十一条规定:“共和国总统可以根据《政府公报》发表的、政府在议会会议期间所提出的建议或者议会两院提出的联合建议,将含有认可共同体协定的或者旨在授权批准一项不违反宪法但可能影响制度运行的条约的一切有关公共权力机构的组织的法律草案,提交公民投票。”如果公民投票通过法律草案,共和国总统应予公布。这项规定一方面提出了公民投票的建议权在政府和议会两院,另一方面,提出了公民投票的范围是有关共同体协定的、或者虽不违反宪法但却可能影响现行制度运行的、或者一切有关公共权力机构组织的法律草案。建议权虽然在议会和政府,但决定是否举行公民投票的权力在总统,而不在政府和议会。自戴高乐担任总统后,经常利用公民投票的权力来取得支持。在他的任期内,曾五次使用这一权力。两次是关于修改宪法问题,三次是关于设置经济发展大区问题、共和院改革问题和阿尔及利亚自决问题。此后,几乎每届总统都使用这一权力来绕过国民议会,取得支持。

(10)司法权。宪法第六十四条规定:"共和国总统是司法机关独立的保障者。"第六十五条规定:"最高司法委员会由共和国总统担任主席,司法部长任当然副主席,司法部长可以代替共和国总统任主席。最高司法委员会除上述两人外,还包括由共和国总统依据组织法规定任命的9名委员。"宪法第十七条规定:"共和国总统有赦免权。"这些规定实际上赋予了法国总统以至高而又广泛的司法权力。

(11)紧急状态权力。宪法第十六条规定:"如果共和国的制度、国家独立、领土完整或者义务的履行受到严重的、直接的威胁时,以及宪法上规定的公共权力的机构的正常活动受到阻碍时,共和国总统在正式咨询总理、议会两院和宪法委员会后,根据形势采取必要措施。"这是一项十分重要的权力,宪法中把它称为"非常权力",对于行使非常权力,宪法只做了一条限制,即总统在"行使非常权力期间,不得解散国民议会"。在戴高乐担任总统期间,于1961年4月23日至9月30日,就曾使用过这一权力。当时为了对付阿尔及利亚的危机,戴高乐行使宪法赋予他的这一权力做出了18项决定,多数是直接涉及镇压叛乱、清洗军队、整顿警察和国家机关及设立特别法庭的,叛乱一个多星期便已平定。但非常权力的行使却延长了5个月。在戴高乐行使非常权力期间,议会虽然存在,但戴高乐的决策并不受议会的约束。戴高乐明确表示,在此期间,召开议会只是让议员把他们的意见说出来,或者在必要时,对总统和总理表示支持,但却无权干涉总统的决定。

第五共和国宪法赋予总统的上述权力说明,第五共和国总统在实际上已经成为国家权力的中心。由公民普选产生的总统,如果在议会中也能获得多数议员的支持,那么他便不仅能够支配行政和司法,而且能够控制议会和立法。有人把法国的总统制称为"半总统制",但实际上,法国总统的权力在某些方面似乎小于美国总统,但在许多方面却大于美国总统。不过,戴高乐仍把它称为:既是议会制的,又是总统制的[14]。

(二)总统办事机构

法国总统在巴黎的爱丽舍宫设有总统府,作为自己的办事机构。由于第五共和国总统拥有广泛的权力,因此爱丽舍宫是法国决策的中心,被称为法国真正的政府。总统府下设三个主要机构:(1)总统府办公厅。(2)总统秘书处。(3)总统军事参谋部。

法美两国总统制既有共同点,也有不同点:两国总统都由公民选举产生,只是法国总统采用直接选举方式,美国总统采用间接选举方式,实质上,并无区别。在总统与议会的关系上,两国总统都只对宪法负责,而不对议会负责,但他们又都与议会保持着广泛而密切的联系,这是他们的共同点。在美国,议会中的党派构成对于总统的执政过程并不产生直接的决定性的影响。在法国,总统所属的党派是否在议会中占有多数席位,对于总统执政则具有直接的、决定性的影响。因为宪法赋予总统的许多权力都是与议会共同行使的,即必须得到议会的同意才能行使。在立法动议权方面,两国总统并无差别,但美国总统不仅拥有对于法律的搁置权,还拥有对于法律的否决权。美国实行严格的分权体制,总统不得解散议会,但议会可以弹劾总统。法国总统可以解散议会,议会虽然拥有对总统的弹劾权,但只有当总统犯有叛国罪时才能进行弹劾。美国总统既是国家元首,又是政府首脑。法国总统是国家元首,也掌握有最高的行政权力,但法国总统之下还有总理,在名义上,总理才是政府首脑。在外交权和司法权方面,法国总统的权力似乎更大一些。在使用非常权力方面,美国总统则完全受制于议会,必须议会讨论通过,而且在六个月后便自动中止。法国总统只需与议长磋商,无须由议会通过。

绝大多数学者在把1959年以来的法兰西第五共和国定义为总统制时都感到一定的困难,因此往往称之为“半总统制”。法兰西第五共和国总统的宪法权力甚至超过了美国总统。在几位保守派和中间派总统之下的内阁，在很大程度上是由有行政背景的人物组成的,这就使得法国的内阁实际上只是总统的政策执行工具。内阁总理被降格为总统的代理人和总统与议会之间的联络人,是因为这一时期国民议会的政治倾向一直与总统一致。然而在1986年的议会大选中,议会产生出保守主义的多数派,密特朗总统不得不任命他竞选总统时的对手、戴高乐党的领导人希拉克为总理。有学者将这种总统任命其政治对手为总理的局势称之为“共治”。1986年以后的政治格局表明法国总统和总理的关系,仍在变化之中。这种不确定性使人们无法清晰地将第五共和国定性为总统制或准总统制。“法国人似乎仍在寻找平衡。”[15]

除法国之外,世界上还采用过半总统制的国家有:1919—1933年德国的魏玛共和国,当代的奥地利、芬兰、冰岛、爱尔兰、葡萄牙和斯里兰卡。

在实践中,有的半总统制国家侧重于按总统制的机制发挥作用,例如戴高乐(1958—1969年)、蓬皮杜(1969—1974年)、德斯坦(1974—1981年)、密特朗(1981—1986年)领导下的法国;有的国家侧重于按议会制的机制起作用,如奥地利、冰岛和爱尔兰;有的国家,例如芬兰,在执行部门内进行权力划分,使总统和总理在特定的领域内享有广泛的权力。总统负责对外政策,享有各种行政和规章制定权;总理和内阁负责国内政策。

三、法兰西第五共和国的总理、政府各部与公务员制度

(一)第五共和国总理及其职权

第五共和国宪法规定:“总理领导政府活动。总理对国家防务负有责任。总理保证法律的执行。除第十三条规定外(指有关总统的人事任免权的规定),总理行使规章制定权,并任命文职人员和军职人员。”按照宪法的上述规定,应当说,总理是法国政府的首脑。

此外,根据宪法规定,总理有权向总统建议任免他所领导的政府成员,他有权代表政府向议会提出政府的施政纲领,或者发表一项总的政策声明并向议会承担责任。许多总统颁布的法令和命令,须由总理副署。总统解散国民议会或决定行使宪法第十六条赋予的非常权力时,都须征询总理的意见,并由总理以政府的名义宣布戒严令。

第五共和国时期，实际上是由总统通过内阁会议的形式决定和指导着政府的活动和整个国家机器的运行。总统主持内阁会议,内阁会议的日程由总统根据总统府秘书长和总理府秘书长的建议安排。会议上,总理、各部部长和国务秘书虽然都可以提出自己的各种建议,但最后的结论要由总统做出。内阁会议的决定和经内阁会议决定以政府名义发布的命令要由总统签发。

总理府是总理的办事机构,设在巴黎的马提翁大厦。总理府下设总理府办公厅和总理

府秘书处,负责与总统府办公厅和中央各部联系,监督中央各部的工作,负责内阁会议的准备和传达、政府重要文件的起草、与议会的联系、向总理提供各种信息、资料和咨询,并安排总理的各种会见和会议。总理除有国务秘书作为自己的助手外,在总理府中,设有办公厅主任、副主任、总秘书长以及文官事务、外交、邮电、司法、交通、农业、工业、能源、工程的技术顾问和特派员。总理府还设有军事办公室、公职总局、文献局和政府公报局等机构。

(二)法兰西第五共和国的中央各部

第五共和国时期的法国中央政府由总统、总理、部长和国务秘书组成。总理由总统任命,部长和国务秘书由总统根据总理的提名任命。部长在总理的领导下负责一个具体部门的工作。部长有国务部长和非国务部长之分。国务部长在内阁中地位较高,他们或者是前辈政治家,或者是前任总理,或者是各党派中富有实力的人物。国务部长在历届政府中的人数并不一样,有时二三名,有时四五名,他们一般兼任一个重要部的部长,总统把国务部长的头衔给予他,表示对他的尊重。

政府成员中除部长外,还有国务秘书。法国政府中的国务秘书有三种:一种是独立主管一个部门的国务秘书,这一部门的规模也许稍次于部,但其地位仍相当于一个部,因此主持这个部门的国务秘书其地位相当于部长;另一种是总理府的国务秘书,始创于第四共和国时期,通常设二至五人,他们受总理的委托主持某一方面的工作,如妇女地位国务秘书、职业教育国务秘书等,其地位相当于总理助理;第三种是从属于某些部长的国务秘书,这类国务秘书仅在某些部如经济、财政和预算部及外交部等重要部门设置,受部长委托主持部内某一方面的工作,其地位相当于副部长,或被称为“低级部长”。

宪法规定,政府成员不能兼任议员,也不能兼任全国性的职业团体的代表,也不能从事其他职业性的活动。按照有关法规的规定,凡接受任命参加政府任职的议员,必须在30天内放弃议员身份。

第五共和国时期,法国的中央各部主要是:计划与领土整治国务部,经济、财政和预算部,对外关系部,国防部,内政和权力下放部,掌玺和司法部,农业部,国民教育部,公共卫生部,工业调整与外贸部,社会事务与国民团结部,城市、住房和运输部,商业、手工业和旅游部,劳工、就业和职业培训部,环境部,研究和工艺技术部,文化部等。

(三)法兰西第五共和国的公务员制度

真正现代意义上的法国公务员制度是在二战以后建立起来的。1945年10月,法国政府颁布了《关于对某些方面的公务人员的培养、录用和规范而建立公务指导局、常设民政顾问委员会和国家行政管理学院的法令》,建立了统一的公务员管理机构公职管理总局,后又更名为行政与公职总局,建立了国立行政学院和统一规范的高级公务员的录用、培训和任用制度。第二年又通过了国家《公务员总章程》,改革公务员队伍结构,实行公务员分类管理。在公务员的具体管理制度方面,法国与大多数发达国家类似。

法国作为一个市场经济成熟的发达国家,其经济增长和政府财政收入的增长幅度逐年趋于平稳。但随着社会福利的不断提高和公共服务对象的增加,法国庞大的公务员队伍持续膨胀,使得各级政府的财政负担越来越重,成为法国政府财政赤字的主要原因之一。因此,最近10多年来,法国政府大力推行旨在压缩人员开支、减轻财政负担的公务员体制改革。据公布的《2009—2010年度公务员队伍状况报告》,2008年法国公务员总人数与上一年度基本持平,首次出现停止增长的情况,说明法国政府10多年精兵简政的改革努力终于见到了成效。截至2008年12月31日,法国共有公务员527.7万人,其中国家公务员240.7万人,地方公务员182.5万人,医疗系统公务员104.5万人。公务员总人数占全国就业人口的20.5%。[16]

四、法兰西第五共和国的地方行政制度

法国一直是中央集权制的国家。1789年大革命后,一度实行地方自治,地方单位的行政首长和地方议会的议员均由当地居民自由选举产生。但雅各宾专政失败后,地方自治便逐渐被取消。第一帝国时期,地方官吏均由中央委派,地方议会民选的制度也被废除。1830年七月革命后,在奥尔良王朝统治时期,又恢复了地方议会民选的制度。但到第二帝国时期,民选的地方议会又被取消。直到第三共和国时期,地方才又恢复了一定的自治权力。当时,地方不仅可以选举议会,而且根据1882年宪法规定,地方议会还有权选举县市长及其助理人员。1884年、1902年、1926年,政府又相继颁布法律扩大了地方自治权力。但由于法国长期形成的集权传统,尽管地方拥有一定的自治权力,但仍不能像英美那样实现地方的较大自治权。至第四共和国时期,逐步形成了中央集权与地方分权相结合的二元体制,即地方政府同时具有双重的法人资格,一方面它是中央的分支机关,是从属于中央的地方组织;另一方面,它也拥有一定的自治权力,有民选的议会和市镇长。第五共和国对地方政府制度没有大的改变,仍因袭了第四共和国和第三共和国的地方制度。

第五共和国宪法第七十二条规定:"共和国的地方单位是市镇、省和海外领地。"同时规定:"这些地方单位由选出的议会依照法律规定的条件,自主管理。在各省和领地,由政府的代表负责维护国家的利益、监督行政并使法律得到遵守。"这就是说,法国本土的地方行政单位只有两级,即省和市镇,它们拥有一定的自主权,但又必须接受中央政府委派的代表的监督。

(一)法兰西第五共和国中央下属的一级行政单位:省(Department)

第三共和国时期,法国一直保持着80个省的建制。第四共和国时期,全国划分为95个省。第五共和国时期,全国划分为96个省,另外还有4个海外领地。法国各省的规模较小,仅相当于中国的一个县或区。各省面积和人口的差距比较大。如吉伦特省(省会波尔多)面积为10000平方千米,巴黎省的面积为105平方千米。百万人口的省有14个。

省政府是省的行政部门,省长由内政部长或总理提名,总统任命。副省长由省长提名,也由总统任命。省政府秘书长和省的重要官员均由内政部任命。因此,省政府主要听命于中央,是中央在地方的派出机关。各省设议会,议员由本省公民选举产生,任期6年,每3年改选1/2。省议会议员没有固定工资,仅发给少量津贴。省议会是省的立法机关,省的预算、财政收支、直接税的分配、公共建设事业项目及省的行政规章,都须经省议会讨论通过。但省长在省议会拥有议案动议权。预算议案,财政收支状况,公共建设项目实际上均由省长提出,而且中央政府对省的财政收支有详细的明文规定,地方不得违反,省议会的决议如果违反中央的规定或中央的意图,中央有权予以撤销。

(二)法国省以下的行政单位：市镇(Commune)

市镇是法国最基层的行政单位。它的范围可小可大：小到地域狭隘、人口稀少的村落；大到高度自治、辖区广阔、人口稠密的都市大邑。大革命时期，全国约有市镇44000个，后来经过200年的历史变迁，许多市镇撤销或合并，法国现有37000个市镇，其中有32000个村落的居民人口不足2000人，而在这当中，又有22000个村落人口不足500人。但是，像巴黎、里昂、马赛这样的大都市，都拥有超过100万居民的人口，然而，却是一个市镇，受着如同管辖一个村落的行政机构的管理。

市镇政府由市镇长和市镇长助理组成。市镇长和市镇长助理由市议会第一次会议在议员中选举产生。市镇长和市镇长助理当选后，仍旧不失去自己的议员身份。这就是说，在市镇一级，法国实行的是议行合一的体制。

市镇均设市镇议会。市镇议会的议员由本市镇的居民选举产生，任期6年，每3年改选1/2。市镇议会的主要职责是管理市政，如城市绿化、环境保护、市镇治安、住房建筑、公共卫生、火警救护、文化体育、学校教育等。但市镇也不是完全的自治单位，它仍然必须服从省和中央政府的领导。市镇议会的决定，未经省长和省议会的批准是无效的。在特殊情况下，总统可以下令解散市镇议会。

法国原有的地方自治法规定，各省一切重大事务均须根据中央政府的命令执行。地方议会不得讨论政治性的问题。中央有权否决地方议会的任何决议。而且由于地方财力有限，地方每年均须向中央政府请示拨款支持地方各种事业的发展，地方在财政上对中央的依赖，也使地方自治权力下降。[17]

(三)法国地方政府改革

由上述介绍可以看出，法国在第五共和国时期实行的是一种地方行政双轨制，即地方政府同时存在着两套行政体系：一套是中央派驻地方的行政机关，也称国家行政区划体系，如各省的省长；另一套是地方自治团体，如各省议会。中央派驻地方行政机关的行政首长由中央政府任命，作为中央在地方行政区划的代理人，代表内务部并委办中央事务。其设置的目的是便于实施中央的政策和公务以及提高行政效率。

这两套行政体系中，掌握地方实权的均是中央政府和中央部门任命和派驻的官员，其职权也由中央政府或中央部门确定和授予。这些官员不受当地公众的约束，只对上负责，因而对上唯唯诺诺，对下则用“官僚化”的手段进行统治。他们不了解辖区的情况，脱离实际，经常在缺乏调研的情况下发号施令，滥用职权，营私舞弊，贪赃枉法，妨碍了地方事业的发展。民选的官员和议员，听从这些人的指挥，有职无权，经常处于无所作为的状态。同时，由于中央政府和其所属的部门纷纷在地方设置对口的派驻机构，造成地方上的行政机构重叠。在派驻机构扩大的同时，中央的派驻人员也随之激增，导致地方上的机构臃肿，人浮于事，扯皮推诿。这样往往导致行政手续烦琐，行政效率低下。

这种高度集权的中央体制，严重阻碍了法国政治、经济、社会的发展，法国政府也试图对其进行改革，但是终因官僚体制的强大阻力而未能取得实质性的成效。到了20世纪80年代，伴随着政治民主化和经济市场化的加快，在法国的许多地方，反对中央高度集权、要求权力下放的呼声日益高涨，法国当时的执政党也认识到法国需要分权以避免解体，他们

主张优先实行国家权力下放。由此,法国的地方分权改革拉开了序幕,其主要内容有[18]:

(1)重新调整地方行政区划分。自第三共和国以来,法国地方行政区划一直分为省和市镇两级。历届政府都曾设想在省之上设立大区一级行政组织,但由于存在着各种分歧和阻力,始终未能实现。1982 年通过的《权力下放法案》将法国的行政区划分为大区、省和市镇三个层次,从而解决了长期以来对大区改革存有的争议。该法案第一条规定:“市镇、省和大区由选举产生的议会自行管理。”自此,法案正式确认大区为地方行政单位,改变了其过去只是经济发展区的性质。此外,三级政府之间没有直接的从属关系。

(2)改革地方行政权力结构。随着地方行政区划的调整,地方行政权力的结构也发生了很大的变化。首先,中央取消了对各级地方政府的监管,地方民选机构的权力明显增强。大区议会、省议会和市镇议会由单纯的议事机构转变为“议政合一”机构,“通过审议自由地管理本地区的事务”,议会主席为辖区最高行政长官。地方政府作出的决定,只要不违反国家法律和法令,就不受中央政府的干涉,也无须得到中央政府或其代表的同意和批准。其次,将省和大区的地方事务管理权由中央官员手中转到民选的地方官员——省议会主席和大区议会主席手中。中央政府在本地区内的行政事务和地方官员由省议会主席和大区议会主席掌管,议会主席有权任用辅助性的政治、行政和技术顾问。中央委派到大区和省的行政官员不再行使地方事务的行政管理权,中央政府任命的省长、大区区长变为“省和大区共和国专员”,他们主要负责国家法律和法令的执行,管理与国家利益相关的事宜。

(3)扩大地方自治权限。改革前,地方议会的职权只限于本地区财政预算和税收事务,以及公用和慈善事业,而这些少得可怜的职权还要受到中央政府的严格限制。改革后,立法进一步明确了中央政府与地方政府之间的权限划分,一些过去由中央政府负责的事务下放给地方政府管理。例如,1983 年中央政府下放给地方政府的职权包括各地区的经济发展与计划、城市建设、住房、职业培训和土地整治等。1984 年下放交通运输、社会活动、司法等职权。1985 年下放教育、文化、环境保护和警察等职权。此外,1982 年和 1983 年,国民议会分别认定市镇、省和大区的地方行政机关不仅有权决定本地区的问题,而且有权参与与其有关的国家事务。在计划发展与领土整治、城市建设、职业训练、参与经济、警察事务等方面,地方政府的权限有较明显的扩大。此外,改革后,在中央政府对地方政府的监督问题上也反映出地方政府的自治权有所加强。1982 年 3 月和 7 月的法律正式取消了中央政府及其在地方的代表对地方政府决议的“事前行政监管权”,而代之以“事后行政监督权”。地方决议只要不违背国家的法令,就可以不受中央干涉,也无须得到中央政府或其代表的同意、批准和授权,中央对地方的行政监督也只能在地方决议生效后实施。

(4)改革地方公职制度。1984 年 1 月 26 日和 7 月 12 日分别颁布的两个法律奠定了地方公职人员的法律地位,这两个法律在尊重和照顾地方公职部门的特殊性的同时,明确规定地方公务员享有与国家公务员相同的法律地位和基本保障。在改革中,法国政府还将人事权向地方政府转移,地方公职人员由地方政府管理。

(5)扩大地方民主。1992 年颁布的《共和国地方行政指导法》扩大了地方民主,增强了地方当选者的决策权和公民参与的可能性。该法规定,与大区和省一样,3500 人以上的市镇必须先由议会确定预算方案,然后才能制定和审议预算。任何人(自然人或法人) 都有权去市政府索要预算文件，政府还应提供解释性文件，以使人们对市镇的财务状况有充分的了解和正确的评价。该法还规定，经市镇长或部分议员的提议，市镇可组织咨询市民的活动，直接听取市民的意见。对于咨询意见和建议是否采纳，则由市镇议会自由决定。

为了保证这些改革措施的真正落实和新体制的有效运行，法国中央政府在向地方政府转移权力的同时，还提供了行使这些权力所必需的物质手段：第一，将原来由中央任命的省长、大区长领导的部分或大部分地方行政机关转交地方议会主席领导，以保证地方新机构的正常连续的运转和人力资源方面的需要。第二，提供必要的财政补偿。国家分别设立了地方分权总基金、装备总基金、运行总基金等专项基金，以保证改革的顺利进行。此外，还对城市建设和农村援助计划给予特别补助。第三，将部分税收，如不动产广告税、机动车驾驶执照税等交由地方政府征收。以上三项措施为地方分权改革的实施提供了组织上、人事上和财政上的保证，奠定了物质基础。

这一系列地方分权改革成果斐然，除了取得诸如减少中央集权制的弊端、调动地方积极性、提高行政效率、扩大地方民主等成就外，也深刻影响了法国国家结构形式，即法国已由一个传统的中央集权单一制国家转变成一个地方分权的单一制国家。中央不再是所有行动的决策机构，各领土单位对其权限范围内的事项，具有了最终决定权。

[附录]

法兰西第五共和国历任总统

姓　　名	在任期限	备注
夏尔·戴高乐 (Charles de Gaulle)	1959.01.08—1969.04.20	被迫辞职
阿兰·波厄(Alain Poher)	1969.04.20—1969.06.20	代总统
乔治·让·蓬皮杜(Georges Pompidou)	1969.06.20—1974.04.02	任内病逝
阿兰·波厄(Alain Poher)	1974.04.02—1974.05.19	代总统
瓦莱里·吉斯卡尔·德斯坦 (Valery Giscard d'Estaing)	1974.05.19—1981.05.19	
弗朗索瓦·密特朗(Francois Mitterrand)	1981.05.19—1995.05.17	
雅克·希拉克 (Jacques Chirac)	1995.05.17—2007.05.16	
尼古拉·萨科齐 (Nicolas Sarkozy)	2007.05.16—2012.05.15	
弗朗索瓦·奥朗德(Fulangsuowa Aolangde)	2012.05.15—	

第四节　瑞士的委员会制

一、瑞士概况

瑞士联邦(Swiss Confederation)，是一个位于中欧的内陆国，与奥地利、列支敦士登、意大利、法国和德国接壤。瑞士地处北温带，受海洋性气候和大陆性气候交替影响，气候变化较大，年平均气温 8.6℃。国土面积 41284.6 平方千米，人口 778.6 万(2009 年)，其中外籍人口占22%。德、法、意三种语言为官方语言,居民中讲德语的约占59.6%,法语占19.1%,意大利语占6%,拉丁罗曼语占0.5%,其他语言占14.8%。瑞士的国教是基督教。目前信仰天主教的居民占41.8%,新教占35.3%,其他宗教占11.8%,不信教的占11.1%。首都为伯尔尼(Bern),市区人口13.17万(2011年)。

国家元首:联邦委员会主席,由联邦委员会7名委员轮任,任期1年。

行政区划:全国分为26个州——苏黎世、伯尔尼、卢塞恩、乌里、施维茨、上瓦尔登、下瓦尔登、格拉鲁斯、楚格、弗里堡、佐洛图恩、巴塞尔市、巴塞尔乡、沙夫豪森、外罗登阿本策尔、内罗登阿本策尔、圣加仑、格劳宾登、阿尔高、图尔高、迪溪诺、伏特、瓦莱、纽沙泰尔、日内瓦、汝拉。州下设区,区下设乡镇,全国共有176个专区和2903个乡镇。

1291年8月1日,乌里、施维茨和下瓦尔登3个州在反对哈布斯堡王朝的斗争中秘密结成永久同盟,此即瑞士建国之始。1648年瑞士独立。1815年,维也纳会议确认瑞士为永久中立国。1848年制定宪法,设立联邦委员会,成为统一的联邦制国家。[19]

瑞士是高度发达的工业化国家,实行自由经济政策,政府尽量减少干预。对外主张自由贸易,反对贸易保护主义政策。2010年国内生产总值5462.45亿瑞郎,人均国内生产总值约70000瑞郎(按当年计算)。在瑞士,平均每805人拥有1名医生,全国平均期望寿命78岁。全国实行十年制义务教育,成人识字率99%。

瑞士的金融业发达,2009年全国共有银行325家,外国银行在瑞士的分支机构33家,全日制银行职员约13万人。瑞士银行总资本达5000多亿美元,纳税额占国家税收收入的20%以上。最大城市苏黎世是国际金融中心之一,是仅次于伦敦的世界第二大黄金交易市场。机械制造、化工、医药、钟表、食品加工、纺织是瑞士工业的主要支柱,工业技术水平先进,产品质量精良,在国际市场具有很强的竞争力。

二、政治

(一)宪法

瑞士的宪法于1848年制定通过,曾经过大大小小多次修改。瑞士实行"公民表决"和"公民倡议"形式的直接民主。凡修改宪法条款、签订期限为15年以上的国际条约或加入重要国际组织,必须经过公民表决并由各州通过方能生效。1999年瑞士公民表决通过新宪法,明确规定瑞士是联邦制国家,各州有自己的宪法。联邦政府管辖外交、财政、金融、联邦税收、货币、法律、国防、海关、铁路、邮电、能源、电视、广播和社会保障等,其他事务由各州管辖。各州必须遵守联邦的全国性法规并接受联邦的监督。新宪法对旧宪法仅作了少量的改动,主要是对旧宪法进行补充,以此保持宪法的时代性、连续性和稳定性。新宪法还确定了国际法高于国内法的原则。

(二)政党

1.主要执政党

(1)瑞士人民党(Schweizerische Volkspartei,SVP)1919年在伯尔尼成立,在2003年的国民院大选中获得26.7%的选票,夺得55个议席,一跃成为瑞士第一大党。2003年党员人数达8万名,党员主要为农民、手工业者、职员和自由职业者。该党在联邦委员会原来有1

名委员，自 2003 年起，有两名委员。

(2)社会民主党(Sozialdemokratische Partei der Schweiz，SPS)1888 年成立，是瑞士历史最悠久的政党。2003 年的党员人数达 4 万人。自 20 世纪 80 年代以来，社会民主党致力于环境保护，在许多方针政策上，该党总是和其他执政党意见相左。在 2003 年的国民院大选中获得 23.3%的选票，得到 52 个议席，是瑞士第二大党。自 1959 年以来，该党在联邦委员会一直拥有两名联邦委员。

(3)自由思想民主党(Freisinnig Demokratische Partei，FDP)1849 年成立，也是瑞士最强大的政党之一。2003 年，该党在国民院的选举中获得 17.3%的选票，36 个议席，拥有两名联邦委员席位。2003 年党员人数达 9 万名。

(4)基督教民主人民党(Christlich demokratische Volkspartei，CVP)成立于 19 世纪，前身是人民保守党，1970 年改为现名。2003 年，该党在国民院的选举中败北，只获得 14.4%的选票，28 个议席，原有的两名联邦委员会席位在选举后只剩 1 席。2003 年党员人数达 7 万。

2.非执政党

(1)瑞士绿党(Grüne partei der Schweiz，GPS)1983 年成立，该党是瑞士目前最强大的非执政党。2003 年，该党在国民院的选举中获得 7.4%的选票，13 个议席。2003 年党员人数为 6000 名。

(2)自由民主党(Liberale Partei der Schweiz，LPS)是 19 世纪从自由思想民主党分裂出来的一个政党，1977 年改为现名。该党是瑞士第二大非执政党。2003 年，该党在国民院的选举中获得 2.2%的选票，4 个议席。2003 年党员人数为 1000 名。

(3)福音人民党(Evangelische Volkspartei，EVP)1917 年成立于苏黎世，是瑞士第三大非执政党。2003 年，该党在国民院的选举中获得 2.3%的选票，3 个议席。2003 年党员人数接近 4000 名。

其余的小党派还有联邦民主联盟 (Eidgenossisch Demokratische Union，EDU)，劳动党(Partei der Arbeit，PdA)，瑞士民主党 (Schweizer Demokraten，SD)，瑞士自由党(Freiheits Partei der Schweiz，FPS)等。

(三)议会

联邦议会是立法机构，由具有同等权限的国民院和联邦院组成。只有两院一致批准，法律或决议方能生效。国民院有 200 名议员，由公民普选产生，任期 4 年。议长和副议长任期 1 年，不得连任。联邦院有 46 名议员，有些州的代表由议会选出，有些代表由公民直接选举产生，但任期均为 4 年。2007 年议会各主要政党在国民院席位为：瑞士人民党 58 席；社会民主党 41 席；自由思想民主党—自由党 35 席；基督教民主人民党 30 席；瑞士绿党 20 席；公民民主党 5 席；其他政党 10 席。

(四)司法机构

联邦法院：行使司法权，由 30 名联邦法官和 15 名助理法官组成，由议会选举产生，任期 6 年，正、副院长每两年改选 1 次。

联邦保险法院：由 9 名法官组成，由议会选举产生，正、副院长每两年改选 1 次。

(五)军事

实行民兵制,2010 年 3 月现役编制兵力 17.43 万人,预备役兵力 1.95 万人。有陆、空军两个军种,其中职业军人 3000 余人,其他“民兵”平时从事各自职业,只有按规定参加部队复训时才穿军装。凡 20~32 岁身体健康的男性公民都必须服役,女性可自愿服役。服役人员一生中参加军训时间总计 280 天。服役期间和退役后,单兵武器装备均归个人保管。1995 年,瑞士颁布了第一部民役法,规定自 1997 年起公民可在军役和民役间自由选择。联邦委员会掌握最高指挥权并通过军事部领导军队。总体作战指导思想是防御战。2011 年国防预算为 41.99 亿瑞郎。

(六)对外关系

瑞士为“永久中立国”,自 1848 年以来一直奉行中立政策。维持中立是瑞士对外政策的传统宗旨。

1907 年,瑞士在海牙签署了关于中立的国际公约。“海牙公约”首次以书面形式将战争情况下中立国的权利和义务固定下来。它明确规定中立国领土不受侵犯;中立国在国际战争中奉行中立政策,不对交战国任何一方采取敌视行为或提供帮助,禁止交战国使用本国领土;在外交和贸易出口方面,保证平等地对待交战国;保持本国的政治独立和主权完整,不参加任何军事集团,也不承担任何可能间接把它拖入战争的国际义务。[20]

中立政策使这个中欧小国享受了近 200 年的和平与安定, 并发展成为欧洲最富裕的国家之一。中立政策也给瑞士带来了极大的政治和外交利益。尤其在二战及战后几十年间,瑞士利用其中立国地位,在国际政治中发挥了独特的影响和作用。

冷战后,瑞士的中立地位在国际上发挥作用的空间缩小,其“永久中立”的原则受到越来越多的挑战。近年来,瑞士从几个方面对其传统外交政策做出调整:其一,2002 年 9 月,加入联合国,扩大了外交空间;其二,继续全面向欧盟靠拢;其三,在军事上加强与北约合作,积极参加国际维和。

三、联邦委员会

委员会制又称合议制, 是指国家最高行政权不是集中在国家元首或政府首脑一人手中,而是由议会产生的委员会集体行使的一种政权组织形式。这种政府形式以瑞士为典型代表,它是唯一长期实行委员会制的国家。[21]

瑞士的联邦委员会是国家最高行政机构,由 7 名委员组成,分任 7 个部的部长,实行集体领导。联邦委员会设主席和副主席,由联邦委员轮任,任期 1 年,不得连任。

委员会制的主要特点:(1)联邦委员会由议会选举产生,不一定由议会中的多数党或党派联合产生。委员不得兼任议员,任期 4 年,可以连选连任。(2)采取合议制。政府一切决定均由 7 人委员会合议决定。委员会实行集体领导,所有命令不是以主席名义发布,而是以委员会全体名义发布。7 名委员地位平等,权力相当,皆为行政各部部长。委员会主席实际地位和其他委员相等。一切重要政务均由集体讨论,实行少数服从多数、集体负责的原则。委员会作决定时,至少必须有 4 名委员同意,方能生效。每个委员虽然分别担任某一部的部长,但无权对本部的重大问题单独做出决定,必须经过联邦委员会指定的三人小组研究决定。(3)不实行权力分立。不设总统和总理。联邦委员会主席即为国家元首兼政府首脑,由联邦议会两院从7名委员中选出,任期1年,不得连任,1年届满后,由副主席升任主席,同时选出另一名副主席。实际上主席职务由7名委员轮流担任。主席的职权极其有限,对外作为礼仪上的国家代表,对内负责主持联邦委员会的会议,不得行使联邦委员会的职权,无权任命官吏,无权否决议案,无权解散议会。

委员会的委员不是议员,但可以随时出席议会,参加讨论。他们可以向议会提出法案,并可将他们的政策随时提交议会讨论,但他们不能参加议会表决。凡议会通过的法案或其他决定,他们不能要求议会复议,必须执行,并对议会负责。他们的任期是固定的,在任期届满之前,不能因他们提出的重要议案未被议会采纳而辞职,议会也不能投不信任票而促使他们提前解职。委员会无权解散议会,对议会不负连带责任。这种委员会实际上是议会的一个执行机构。议会可以变更或撤销委员会的决定和措施,委员会必须服从议会的决定。

自1959年以来,瑞士一直由议会中的四大党——自由民主党(FDP)、基督教民主人民党(CVP)、社会民主党(SP)和瑞士人民党(SVP)组成联合政府,四党在联邦委员会中的名额按2:2:2:1的比例组成。这一模式保证了几十年来瑞士政局的稳定,被人们称为“神奇公式”。然而,2007年的国民议会选举使瑞士政坛发生了重大变化。四大党排序处于最末的瑞士人民党(SVP)继1999年跃为第二大党后,在当年大选中包揽了国民议会全部200个席位中的55席,成为第一大党。在选举结果公布的当晚,瑞士人民党向其他三党提出,要求联邦委员会为该党首席候选人布洛赫尔让出一个席位,否则人民党宁肯去当反对党。这对“一致同意”的瑞士政治传统提出了极大的挑战。然而,在随后的联邦委员大选中,布洛赫尔却意外受挫,落选联邦委员。尽管人民党依然有2名委员名列其中,但是当时的党主席毛勒宣布,该党因布洛赫尔的落选而转为反对党,进入联邦委员会的2名瑞士人民党联邦委员施密德和维德默-施龙普夫不再代表该党的立场,自此人民党走上“反对党”的道路。2008年11月12日,施密德辞去国防部长的职务,瑞士国会于12月10日进行“补选”,人民党前党主席毛勒当选。毛勒通过补选进入内阁,成为人民党走出“反对党”角色的重要一步。[22]

【参考文献】

[1]刘新成.都铎王朝的经济立法与英国近代议会民主制的起源[J].历史研究,1995(2):120-135.

[2][14][15]劳伦斯·迈耶,约翰·伯内特,苏珊·奥格登.比较政治学[M].北京:华夏出版社,2001.

[3]亚里士多德.政治学[M].北京:商务印书馆,1965.

[4]吴大英,沈蕴芳.西方国家政府制度比较[M].北京:社会科学出版社,1996.

[5]英国王室官方网站[EB/OL].http://www.royal.gov.uk/MonarchUK/How the Monarchy works/What isconstitutionalmonarchy.aspx.

[6]尼泊尔废除君主制实行共和制后,亚洲君主制国家就只有13国。参见:任彦.尼泊尔:新总理宣誓就职[N].人民日报,2008-4-16(3).

[7]大英百科全书[EB/OL].http://www.britannica.com/EBchecked/topic/203491/federalism.

[8]The Free Dictionary's Encyclopedia[EB/OL].http://encyclopedia2.thefreedictionary.com/Democracy.

[9]Paul Dowswell, John Michael Rawcliffe. Dictatorship Systems of Government [M]. Livermore, CA: Evans Brothers, 2005.

[10]杨秋.浅析意大利法西斯体制的特点[J].怀化学院学报,2006(4):66-68.

[11]韩月香.解构极权主义[J].甘肃社会科学,2007(3):220-222.

[12]Simon James. British Cabinet Government[M]. London: Routledge, 1999.

[13]孙代尧.现代化进程中的威权政治[J].华东理工大学学报:社科版,2002(3):92-98.

[16][22]周弘.欧洲发展报告(2009—2010):世界金融危机冲击下的欧洲[M].北京:社会科学文献出版社,2010.

[17]本节有关法国历史及行政制度演变的资料主要来自:马啸原.西方政治制度史[M].北京:高等教育出版社,2000.

[18]苏祖安.发达国家地方政府职能研究及启示[J].理论月刊,2005(9):165-167.

[19]任丁秋,杨解朴.列国志——瑞士[M].北京:社会科学文献出版社,2006.

[20]达尼埃尔·弗雷.瑞士的外交政策[M].武汉:华中师范大学出版社,1987.

[21]奥斯瓦尔德·西格.瑞士的政治制度[M].武汉:华中师范大学出版社,1987.

第一部分　英国行政制度

英国的全称为大不列颠及北爱尔兰联合王国（The United Kingdom of Great Britain and Northern Ireland），简称联合王国（The United Kingdom，UK）或英国（Britain），领土包括不列颠群岛绝大部分。不列颠群岛中最大的岛屿是大不列颠岛，由英格兰、苏格兰、威尔士三部分组成，通称为“英伦三岛”。第二大岛屿为爱尔兰岛，分为爱尔兰共和国和北爱尔兰。除了大不列颠和北爱尔兰外，英国的领土还包括大不列颠岛周围的小岛等。英国领土面积 24.3 万平方千米，居世界第 76 位；人口 6222 万（2011 年），居世界第 21 位，其中英格兰约 5220 万，苏格兰 520 万，威尔士 300 万，北爱尔兰 180 万。英国首都为伦敦（London），人口 800 万左右（2010 年）。英国是欧洲联盟和北大西洋公约组织的成员国，联合国安理会常任理事国。19 世纪末至 20 世纪初，英国的经济总量被美国超过，在此后的 100 多年中，又分别被德国、日本、法国、中国、巴西超越。2011 年，英国 GDP 为 24175.7 亿美元，排名世界第 7 位。

第一章　英国行政制度的历史源流

英国现代的政治与行政制度的基本框架,是在中世纪的封建时期,15 至 17 世纪中叶的君主专制时期,经过 1640 年和 1688 年的革命以及 1832 年的议会改革,经历了漫长的演变过程逐渐形成的。

第一节　中世纪的身份统治

一、统一的帝国崩溃后,地方势力提供当地的安全和秩序

(一)社会等级和农奴制

欧洲的封建制度,是在查理曼帝国解体之后产生的:

“当中央权威削弱时,大地主开始在各自的领地上行使自己的权威。这一地方主义和分离主义的进一步发展诱发了穆斯林、斯堪的纳维亚的北欧海盗以及最初来自中亚的马扎尔人的入侵。他们攻城略地,屠杀生灵,致使贸易停滞,货币流通中止,田园荒芜。欧洲经济崩溃,国王的政治权威消失,文化生活和学术活动枯萎,欧洲社会呈现一幅衰败景象。”“在这样的岁月里,大地主或者说领主开始对臣民们正式行使昔日里国王的权力。在中央政府权力崩溃、外敌入侵、公共资金匮乏、商业和城市生活萧条的情况下,封建主义崛起并试图为社会提供秩序和安全。封建社会的一个重要特征就是推行采邑制。在采邑制度下,一个人在一个神圣庄严的仪式上宣布效忠自己的领主,封建领主要求奴仆要为他服兵役,反过来,他们又可以从领主那里领来土地,人们将他们称为农奴。”“封建主义经济建筑在庄园制这种经济基础之上,村落(庄园)是中世纪里最基本的农业单位。庄园里有许多人身依附在土地上的农奴,为了报答领主对他们的保护和得到种植一定土地的权力,农奴们发誓效忠于领主,他们的人身自由受到各种各样的限制。”“采邑制和封建制

确立了一种带有僵化的社会分工和等级固定的社会秩序——教士从事祈祷，贵族从事战争，农民从事耕作。”[1]

“庄园不仅是一种经济组织，而且是一种社会组织。它支配着庄园居民的全部生活。庄园的居民决不仅仅是领主的佃农，他们是他的臣民：从哪个方面来说都是这样。”[2]

可以看出，中世纪的欧洲是一个典型的等级社会，农奴与贵族之间存在着明显的人身依附关系。“在中世纪的欧洲，的确看不见独立的人，看见的是农奴和领主，陪臣和诸侯，俗人和牧师，都处在相互依赖的状态中间。如马克思所说，在那里，‘物质生产的社会关系以及在其上建立的各个生活领域，都以人身的依赖作为特征’。”[3]

(二)贵族的等级

在这样一个等级固定的社会里，领主与大贵族之间，也是一种封君与封臣的人身依附关系。封臣是封君的私仆：“封建关系使领主们能够扩大他们的军事力量。封地的实施主要是为了获得军事支持。在接受封地的神圣仪式上，受封者宣誓效忠其领主。这一封建主义的特点源于一个古老的日耳曼仪式：武士向战斗军团的首领宣誓，表示个人的效忠。”“作为对采邑以及领主的保护的回报，封臣对其领主负有几项义务。”

“这些义务包括：对其领主给予军事上的支持，并且提供骑士；出席领主法庭，并仲裁争讼，诸如不履行领主与其他封臣间的封建协约等诉讼；当领主旅行经过封臣的领地时，封臣要为领主提供住宿；当领主的儿子被立为骑士，或他的长女出嫁时，封臣要送礼；如果领主被敌人逮捕，封臣要筹集赎金。”[4]

大小贵族之间的等级界限，表现在各个方面，包括日常的生活起居：“查理吃东西的时候，公爵们及各族的统治者和国王们都在旁伺候。御膳结束以后，那些服侍他的人才去吃饭，而他们又由伯爵们、地方长官和各级贵族服侍。最后，这批人吃完以后，才轮到宫廷里的武官和学者们吃；然后轮到宫廷里各部门的首脑吃；再轮到他们的下属；最后轮到这些仆人的仆从。因此，这些最后去吃的人在午夜前连一口东西也吃不到。”[5]

(三)契约和权利

然而，这种人身依附关系并没有绝对化，双方的权利和义务均相当明确。在领主与农奴之间如此：“在中世纪的庄园里，具有无上权力的惯例决定着每个人的权利和义务”；在大小贵族之间也是如此：“照封建观点，领主和国王并不制定法律；相反地，他们是受传统和惯例的指导。他们通过研究古代习惯法，发现并且认可了法律。因此，土地占有制的封建形式、兵役以及监护权开始被看做是古来的、不变的、不可违背的习惯法的表现。因此，若附庸确信他的领主违反了封建契约，也就是说对他不守信义，违反了传统，这个封臣将要求当着其他封臣的面，恢复依照惯例的权利。领主间经常发生战争，他们相信是在保卫自己的权利。同样，对于不尊重他们的封建协约的国王们，领主声称拥有反抗的权利。”“一般来讲，领主和封臣都觉得为了荣誉不能不遵守誓约。若领主不能保护他的封臣免遭敌人威胁，虐待了他或者增加了已由封建契约规定好的封臣义务，那么，对封臣而言，放弃他对其领主的效忠便成为公认的惯例。同样，若封臣没有履行他的义务，领主将传唤封臣到他的法庭，在那儿，他将因背信弃义而受到审判。若封臣被发现有罪，他将丧失其采邑或者丧失其生命。”

"随着封建主义的发展,国王逐渐被认为是最大的领主。他将采邑封授大封建主,他们再依次将这些采邑划分为小的单位,再封给封臣。这样,统治阶级的所有成员,从地位最低的骑士到国王,都在封建等级中占有一席之地。在理论上,国王是最高的政治权威,是土地的'来源',但事实上,他通常比王国里其他贵族的权势要小。当国王们将他们理论上的权力变成实际权力的时候,封建制度就会走向衰败。"[6]

二、英国的封建制度

(一)英国封建制度的特点

英格兰的情形与欧洲大陆大同小异,都采用封建制,但王权比较强大。

"1066年,诺曼人征服了盎格鲁—撒克逊人的英格兰。诺曼底公爵——征服者威廉,决心在这个新王国建立他的坚强统治。为达此目的,他保留了被征服土地的六分之一,而将其余土地按照封建惯例分给诺曼贵族,后者宣誓对威廉矢志效忠,并在军事上提供援助。但威廉规定:任何分得土地的贵族都不能有足以威胁他的权力的土地和军队。诺曼底征服的结果使诺曼贵族代替了盎格鲁—撒克逊贵族。为了加强王室权力,威廉保留了盎格鲁—撒克逊的某些行政设置。土地仍分为郡,郡设郡长(王室代理人)。这个机构使国王能够直接控制地方政府。"[7]

威廉还对所有的村庄进行人口和财产普查,以更清楚地了解他的财产和征税(1086年末日审判书)。1100年,英国有了普通法,代替了原来各地颇有差异的习惯法。国王设立巡回法庭,集中了王国的司法权。

英国大贵族以国王约翰未尽保护封臣的义务为由,掀起反抗王权的运动。1215年,大贵族宣布不承认约翰为君主。他们联合社会其他阶层,以武力相威胁,终于在6月5日迫使约翰在他们拟定的文件——《大宪章》上签字。

(二)早期的行政机构

到14世纪,国王的行政权通过两个并行的行政系统来执行:一个是内府,一个是咨议会。

"内府主要掌管'王室事务',包括征收王室地产,特别是直辖领地上的封建税和地租,管理宫廷等等。有时还设置专事咨询的内府大臣,他们大都是皇亲国戚或国王密友。内府大臣由国王任命,一般出身于中等贵族,他们忠实于国王。"

"咨议会从御前会议发展而来。14世纪的咨议会有国王亲信参加,以大贵族为主要成分,间或有骑士或市民参加。咨议会成员一般由国王任命,有时也由议会指定。咨议会主管'国家事务',执行国王敕令和议会法规。咨议会兼有议政职能,他们协商、审议和制定各项政策,有时还充当上诉法庭。咨议会下辖两个部门:大法官庭和度支部,分别由大法官和财政大臣掌管。大法官庭是咨议会的执行机构,监督下级和地方各行政部门,并且是高级法庭。度支部负责国税的征收,掌管国家财政。"

这一时期,贵族势力强大,足以制约王权的扩张,14世纪的"等级机构——议会的建立在一定程度上是大贵族为限制王权,维护自身参政权和议政权而斗争的产物"。[8]

第二节 君主专制时期(1485—1640年)

一、英国王权的进一步强化

自中世纪的后期,“商品货币经济的发展和资本主义萌芽使英国的社会结构发生了深刻的变化。货币像神灵一样支配着人们的命运,使社会各阶层发生分化。封建闭锁的社会结构开始松动,严格的等级界限逐渐消失。”[9]同时,在经历了百年战争、玫瑰战争之后,英国的旧贵族大批死亡,无可挽回地衰落了,无力制约王权。而英国民众出于厌战思治的心态,普遍支持王权的强大,以给英国安宁和秩序。正是在这一有利环境下,都铎王朝迅速强化了王权,建立了君主专制统治。

亨利八世时期,英国通过宗教改革,摆脱了罗马教皇的控制。1533 年,议会通过《上诉法案》,对亨利八世的绝对专制统治作了最完备的法律陈述:“英国是一个帝国,它已经被全世界所承认。英国由一个至高无上的国王来统治,国王拥有至高无上的尊严。”1534 年,议会通过了《至尊法案》,宣布:亨利八世及其王位继承人是“英国教会唯一的,最高的首领”。英王解散修道院,没收教会地产,夺取了英国教会的教职任命权等,完成了国王的一元统治。宗教改革使英国变成真正的主权国家,英国人恰恰是在宗教改革时代开始把国家视为一种独立的政治权力的体现,而不是某个家族或朝代的象征,这并不是偶然现象。宗教改革后,国王成为唯一的具有神圣性的最高首脑,他不再和主教、公爵一样被称为“阁下”(Your Grace),而被称为“陛下”(Your Majesty)——由最高一级贵族,变成了凌驾于所有贵族之上的专制君主,有点像周王与秦始皇的差别。同时,亨利八世通过他的宠臣克伦威尔制服了议会,能干涉议会选举,能决定上院或下院的任何人选,能决定和改变议会的一切程序,甚至能随心所欲地逮捕任何议员并查封他们的财产。亨利八世不仅决定议案的制定,而且常常用国王的“个人公告”直接代替议会的法案和法令。亨利八世一边表白“我从没有把自己造就成神的想法”,一边又一再直截了当地宣称自己是上帝的代理人,是“上帝在人间的大臣”,是“整个英国的灵魂”,上帝指派他而不是其他任何人来“培育、统治和拯救”他的臣民,即以“君权神授”作为他统治的基石。1573 年,伊丽莎白女王恢复民军制,各郡招募兵员,由地方出资在郡监督下每年军训 10 天,战时听从国王调遣,由国家供给给养。这支军队的建立使国王摆脱了军事上对贵族的依赖。[10]

在亨利八世和伊丽莎白时代,国王特别重视思想统治。以前是教会负责人们的精神生活,宗教改革以后,国王作为教会首脑,不仅具备利用教会作为宣传工具指导人们思想行动的可能,而且政治局势也要求他这样做,以抵制罗马的影响。国王还发布了限制出版、言论的敕令,下令在布道中颂扬国王等。

二、行政机构的改进

加强政府机构的建设是实现专制统治的基本条件，也是早期都铎国王的一项基本政策。亨利七世以兰开斯特支裔身份登位，根基不牢，多次受到篡位者的挑战。为巩固王权，打击敌对势力，他在中央设置刑事法院，该法院可不经普通法庭的司法程序直接宣判。与此同时，亨利七世还整顿内府财政部门以保证王室收入；恢复在玫瑰战争中形同虚设的咨议会，给予一定的权力。在地方，亨利七世加强治安法官的作用，为他们制定章程，要求他们定期向国王禀报地方政情。

亨利八世的大臣托马斯·克伦威尔在此基础上实施了政府机构的全面改革。这一改革与宗教改革相辅相成：宗教改革使英国成为一个主权国家，主权国家的建立和主权的加强是政府机构改革的现实基础。而为深化宗教改革、管理没收的教产、镇压改革的反对派，也需要完善政府机构。政府机构改革的主要内容是：

(1)将原来只为国王管理信札文书的国王秘书提高为首席国务大臣，他上承王命，下令大臣，实为行政首脑。

(2)变咨议会为枢密院。咨议会一般为 40 人左右，枢密院一般只有十几人，以新贵族为主体，它是常设决策机构。

(3)完善财政机构。亨利七世时代，王室财政由内府财政部门管理。改革之后，设置 6 个平行的课税法院或部作为财政部门，分管旧有和新增的国家收入，它们是财务署、增收法院、首年俸和什一税法院、监护法院等。这个机构既管财务也受理诉讼，每年为国王获得大量收入。内府从此不再作为国家机关存在，而专门为国王服务。

(4)中央政府对地方政权加强了控制。1534 年和 1536 年的两个法规废除了威尔士边区的自治权。1537 年亨利八世设立北方事务委员会，由中央任命官吏统治北方诸郡。在其他各郡，由于郡长在 15 世纪后已徒有虚名，都铎王朝建立都尉制度。郡督及其代理郡尉成为郡级最高长官，接受枢密院的领导和监督，负责为国王招募军队，维持治安，募集公债，推行经济法令等。治安法官在都铎王朝建立以前就已存在，其职责主要是维持乡里治安。都铎王朝建立后，治安法官由枢密院任命，他们获得了更多的权力：审理地方诉讼，执行有关社会经济的立法。各郡治安法官的人数由原来的 4 人增加到 30~40 人。所有地方官吏都无俸给，郡督由贵族担任，其他地方官职都由乡绅义务担任。

(5)1539 年议会法规宣布，废除国王以外的一切个人和团体的司法裁判权，大赦权、任免法官权为国王专有，各级法庭必须以国王的名义进行审判。

英国史学家洛兹说："到了 1536 年末，英国司法已以空前的程度统一于王权之下，曾经妨碍和限制中世纪王权的各级特权机构都已消失，社会各阶层的人都越来越深地感受到政府的干涉。"[11]

至此，都铎王朝建立起了一整套官僚机构来统治国家，根本区别于以往的领主封建制。政府职能大大扩张，官僚的人数也相应增加。

三、简单的比较

也许是因为君主专制的时间不够长,也许是君主专制的程度不够深,还有很深的领主封建的残余,英国并没有像中国的秦汉那样建立起一整套细密的官制。其后的斯图亚特王朝基本上承袭了都铎王朝的政府机构设置。这个时期政府管辖范围甚广,但机构却不大。中央政府没有人数众多的官僚,地方行政工作主要由一些兼职的不支薪的官员承担。直到此时,许多封建的关系仍然得到维持。如监护制、盾牌钱和其他封建税,王室食物征集等,表现旧的封建君臣关系的还有臣从的宣誓礼。

值得注意的是,在中世纪末欧洲产生了所谓的“开明君主专制”时代,不仅英国,还有法、奥等国,甚至当时的俄国也作了一定的改革。这种改革力图削弱贵族,夺取地方权力而集于中央,同时也就意味着任用大批的官僚代替贵族。国王依靠市民打击贵族,削弱了封建制,建立了君主专制制度。

但君主专制并没有维持太久,因为平民的力量已经成长起来。虽然国王们允许的进步已到此为止,但平民的愿望却与国王们不同,他们同时向皇权要求自由,向贵族要求平等,向僧侣要求人类理智的权利。这么一来,革命爆发了。

第三节 英国革命之后的政治状况

一、革命后的政治基础

英国1640年革命时期,成立的政治权力机构是长期议会,集立法权和行政权于一身,而下设若干个委员会行使行政机构的各种职能。当时,构成长期议会下院议员的多数和革命政府各种官员的多数的社会成分是绅士 (Gentlemen)、乡绅 (Gentry), 系包括从男爵(Baronet)、骑士(Knight)、缙绅(Esquire)等在内的土地所有者。

由于乡绅在政治上趋向传统的观点, 仍然是王权的崇拜者, 只有极少数是共和主义者,这一点势必影响到这次革命的政治成果。“此外,革命前议会和国王斗争的历史传统也深刻地影响到革命者对未来制度框架的设计。”

“英国议会政治文化中包含有‘国王在议会中’这样一个重要的政治结构的概念,上院、下院和国王共同构成了议会,承认议会权力本身便承认国王的合法存在。从《大抗议书》、《权利请愿书》到《权利法案》,英国革命前后的文献资料表明议会下院议员的注意力始终集中在调整和确定上院、下院和国王在政权中的关系,他们考虑的是如何限制国王的权力,而不是取消国王和君主制。正是这种革命者的主体意识和政治文化背景,致使一场轰轰烈烈的革命,只达到了极其温和的政治结果。革命后期,通过1688年政变确立的政治制度,和革命前早期斯图亚特王朝以及都铎王朝的政治制度相比,改变的只是政权关系,在政治结构大框架方面并无本质差别。其间,固然废除了若干封建统治最赤裸裸的工具,但 1688 年以后在行政、军事、司法等方面，近代国家机器建树不多，很不完善。”[12]

二、革命后的政治变化

不仅如此，“从 17 世纪英国革命后期起，到 18 世纪初，英国政治权力的社会背景发生了一种潜在的变化：乡绅的政治地位下降，而居乡绅之上的各个有头衔的贵族等级成员进入政权核心，并处在控制乡绅的地位”。这些有头衔的贵族并不是原来意义上的封建贵族，他们有的是在都铎王朝以后被授封的家族后代，有的则原本属于乡绅之列，是 17 世纪后期封为贵族的。大多数乡绅尽管地产未被剥夺，财产权得到保护和承认，却被明确地排斥在权力集团之外。所以这样，是由于乡绅的社会地位不高，他们在政治生活中长期远离宫廷和政府，而且过于分散，没有自己的政治组织，无法协调自己集团的利益以推出共同代表，所以在选举中遭到失败。

经过 1688 年以后 30 余年的政治争夺，到沃尔波尔掌权之时，英国的政权落在了大地主贵族之手。占贵族总人数 1/4 的贵族政治家，控制了宫廷和政府的职位。在 1733 至 1835 年间的内阁政府成员中，贵族及其后代明显占据了大多数。没有贵族身份者，很难进入政府的核心。例如格拉夫顿不是公爵，因此始终未能担任财政大臣一职。1800 年，有 11%的海军官员来自贵族家族，27%的海军官员来自地主家族。陆军的官职也由统治集团一批人的后代和好友占据。统治集团还通过立法方式来保证贵族大地主对政治权力的占有。1710 年通过的《资格丧失法》(Disqualification)把拥有地产作为进入政治上层的必有条件。1716 年英国通过《七年法令》把议员的选举延长为每 7 年举行一次，这样更有利于贵族寡头稳定地控制政权。普卢姆把 18 世纪初英国的政治结构称作“威尼斯式的寡头政治”(Oligarchic rule of Venice)。这种政治稳定和政治贵族化的现象赖以存在的根本原因在于，在 18 世纪大半个世纪中，英国本身的经济变动较为缓慢，阶级结构的变动也较为缓慢。

基于上述原因，英国在革命后的一个半世纪内，政治发展十分缓慢，议会制度和选举制度变化不大，政党制度和内阁制度不像人们认为的那样已有充分的发展。17 世纪 70 年代开始出现的辉格党和托利党在阶级构成上的差别和政治立场的差别界线显得模糊。“英国政治上的两个政党辉格党和托利党的分水岭，不是阶级差别，而是思想、伦理价值观及家族和经济背景的差异。”“两个政党都与民主无缘”，是“寡头政治的一部分”。

普卢姆认为，“经过光荣革命后 30 多年的动荡，沃尔波尔政府建立之际终于确定了英国政治的稳定”。但这种政治稳定是对英国革命时期政治变动的一种逆向运动，它以牺牲政治民主为代价。“1831 年，英国 1300 万人口中选民只有 35 万，占人口总数的 2.6%；荒唐的是，这比一百年前的百分比还低许多。1715 年时，选民还有 4.7%。其中的原因很简单：一百年中人口大大增加了，选举权却集中在越来越衰落的小镇中，选民人数反而更少。”在 18 世纪，全国各选区递交议会下院的请愿书数量大大减少。各地的议席日渐为少数地主家族控制，各郡议员的平均任期大大增长。到了 1760 年乔治三世即位，一大批反对辉格党的人士在国王周围聚集起来，形成了“国王之友”集团，英国政治急剧右转。1794 年法国资产阶级革命高潮过去后，托利党政府更在英国国内加紧推行反民主的反动政策。1819 年在曼彻斯特附近发生“彼得卢大屠杀”。“大型集会被禁止，煽动性的诽谤者要受到严厉惩罚,许多政治活动家未经适当法律程序就被匆匆审讯。报纸和小册子都要征税。家庭遭搜查。这些都违反了英国人自由和集会,未经适当程序不受逮捕以及家庭不受侵犯的天赋权利。”这一切,“与欧洲专制国家践踏法国大革命思想的行径相差无几”。[13]

显然,英国当时还缺乏一个能充分适应18世纪60年代开始的产业革命的近代政体。

第四节　1832年的议会改革

1833年的《威斯敏斯特评论》曾炫耀:“土地利益必然长期占有对公共事务的统治权;因为唯独这个阶级有余暇参与公共事务。”1843年,约翰·布莱特在议会下院发言中说:“这一院和议会那一院完全是贵族特征。因而行政机构也必然具有同样的情况,在财政部是贵族独占统治。”马休·阿诺德到1879年仍认为,英国政府系由一帮贵族人士组成,此外有一两个和他们结成一伙的自由职业人士加入其中。上述评论是符合历史的真实情况的。[14]

但是,改革运动恰恰在19世纪30年代开始了。

一、改革的社会基础

(一)工业化与城市化

光荣革命之后在英国确立了议会主权,专制国王变成了立宪君主,毕竟为经济发展创造了远比当时其他国家优越的政治环境。到18世纪60年代,英国率先开始工业革命。工业革命的结果是英国成为世界上第一个工业国。1696年估计全国550万人口中,农村人口410万,约占总数的3/4。1831年,全国从事农业的共96.1万户,包括地主、农场主、自耕农和雇工,还不到全国总户数的30%;1850年左右,英国人口的一半已成为城市人口。[15]

(二)政府职能的改变

一个工业国家面临着大量的传统农业国家从未遇到的复杂的社会问题,从而导致政府职能的迅速扩张,其连锁反应是议会的公共立法骤增,及政府机构增加,官员人数上升。“在1832年到1848年间,英国的政府发挥了前所未有的干涉作用。到1858年,建立了16个委员会,分别调查贫民救济、公共健康和卫生、铁路和工厂制度、囚犯教育、矿山和移民等项事务。这些委员会在调查后向议会和政府提出证词和数据,作为政府制定政策的参考依据,从而使济贫、公共卫生、铁路、工厂制度等均有立法控制。”“到19世纪中期,英国不再是那种‘无为而治’的旧形象,它对社会生活和经济生活的干涉作用大大加强……中央政府机构发展了起来。”内政部、贸易部、济贫法部、教育部、农业部、工程部、邮政部、殖民事务部、国防委员会、森林和土地收益部、工业部、关税委员会、宗教事务委员会、移民委员会等中央行政部门均于18世纪末到19世纪末陆续成立。中央政府文官的数量,从1797年的16267人到1871年53874人,净增两倍多。[16]

二、政府管理中的问题

工业化、政府职能的扩张和由此产生的官僚机构及人员的膨胀,使官僚政治固有的问题进一步加深。一方面,政府事务触及社会生活的各个方面,增加了新的大量的权钱交易的机会,官僚的腐败和低效日益严重,更加引人注目,旧的政治体制成为社会经济发展的障碍。事实上,政府对社会生活的全面干预,如果没有民主宪政作为基础,甚至将导致恐怖的暴政,直到 20 世纪,还有德日两国的例子。这一点要求英国进行改革,完善资产阶级民主政体。另一方面,产业革命引起社会结构和社会各阶层力量对比的变化,一个生机勃勃的中等阶级日益壮大,他们强烈要求参与政治,改变土地贵族对政务的垄断,按他们的意志制定政府的政策,如废除谷物法——“工业化变成了民主化的巨大动力”。民主改革的社会条件逐渐成熟。这两条矛盾主线交汇起来,其结果是通过民主化的手段改革政治体制,人民获得民主权利,政府得到廉洁与效能。

三、改革的动力

“工业革命前的欧洲社会是以血缘关系为基础的。”工业化过程中,大量人口集中于大都市,“他们同家族和村镇的联系切断了。在某种意义上,家族和村镇对个人的控制的崩溃,使个人感到更自由一些,但家族和村镇在人们需要的时候,例如失业和患病时,曾经提供了不可替代的支持”。[17]如今,这些职责都要由政府来承担。而工业化摧毁了血缘关系为基础的社会关系,人们摆脱了家族和村镇的控制,也改变了原有农业社会的分散性和封闭性,人们的文化水平普遍提高,民主意识增强,工商业资产阶级和工人阶级纷纷成立政党、协会。英国中等阶级、手工业者、产业工人都成立了自己的组织,举行大规模的请愿、集会、游行,许多地方并发生骚动和流血冲突,形成浩大的声势,托利党寡头在压力下终于妥协,上下两院通过了议会改革法案。——此为 19 世纪政治改革的开端。

以 1832 年议会改革为起点,英国政治在半个多世纪的改革中发生了极为剧烈的变化,资产阶级民主制基本形成:议会职能在政治体制中确立,选民队伍扩大,政党制度形成,资产阶级获得参政权;国家行政机构逐步完善,责任内阁制建立,文官制度改革完成,议会对政府的监督法制化;同时,新闻媒介发展,议会活动公开化……英国现代政治与行政制度的整体框架基本确立。

第五节　责任内阁制的形成

一、内阁的历史渊源

英国的内阁,来源于 11 世纪诺曼王朝威廉一世设立的咨议会。此后的几百年,曾有常设咨议会(Advisory Council)、枢密院(Privy Council)。查理二世王政复辟时期,国王觉得枢密院人数太多,不便保守机密,于是,他只召集五六名重要大臣和在议会中有权势的人物聚集于密室商讨和决策国家政务,当时,就被称为内阁(Cabinet)。此时的内阁,只是国王的咨询机构,有时也是政务的执行机构。在威廉三世、安妮女王时期,内阁的作用变化不大。到乔治一世在位期间,情况才有了明显转变。1716 年夏季以后,国王只在 1718 年和 1721 年两次出席内阁会议。此后,国王不再出席内阁会议,并被认为是一项宪法惯例。

国王不主持内阁会议,使首相的地位突出出来,一般认为,这是英国内阁制建立的标志。出现这一转变的原因,史学界仍有争议,概括而言,除了种种偶然因素之外,主要是因为英国的政党制度的发展,使沃尔波尔这样能够操纵议会的党魁在某些方面取代了国王的行政权。

然而,此时真正意义上的责任内阁制其实还没有形成。国王对首相有一定的选择权,而不全然是多数党的领袖,即内阁既向议会负责也向国王负责。其次,国王虽不参加内阁会议,却仍然通过批阅内阁文书处理政务,甚至在一定程度上以国王的权威干预立法活动。当时的许多首相似乎仍然认为"大臣的职责就是执行君王的命令,而不是倔强地制定自己的政策。"乔治三世时的诺思勋爵就是"一个顽固国王的顺从的首相。他没有同乔治三世争辩的勇气。"正是基于上述情况,在 18 世纪 60、70 年代,才有乔治三世的"个人统治"。[18]因此,这时的国王是立宪君主,却还不是虚位君主。责任内阁制的形成,得益于 1832 年的议会改革和改革之后的政党制度的完善。

二、英国政党制度的发展

1832 年以前,所谓的辉格党和托利党只是一批议员和他们的私人圈子,议会中还有一批举足轻重的无党派议员。选举时,由于有大量的衰败选区,大贵族可以相当便利地获得许多议席。如曾在 18 世纪两次担任英国首相的纽卡斯尔公爵,他的"房地租收入每年多达两万五千英镑","这些钱都投资于那些顺从他的选区,从而使他拥有巨大的政治影响。下议院有六七十名议员的席位是靠他的影响获得的"。"他一生为卑鄙的竞选活动花掉了他的很大一部分钱财和时间。""有一次,在卡莱尔举行关系重大的选举时,为了鼓励选民恰当地投票,他(威廉·卡文迪什,1807—1809 年首相)用马车带去了 3 万英镑。这些钱顷刻之间就散发一光。"[19]另外,当国王指定某人组阁时,此人可以利用国王的威望取得正统地位,可以利用国王的信任和把持政府财政的便利通过恩赐官职、封授爵位等贿赂手段争取一批议员,获得议会多数。1832 年至 1886 年的议会改革取消了衰败选区,将议席分配给了郡选区和城市选区,采用了秘密投票法,选举人和被选举人的财产资格均大大降低,这就使贿选的成本变得十分高昂,国王和少数土地贵族操纵选举变得不可能了。原来土地贵族靠旧的血缘纽带和臣属关系对政治的控制终于被打破。当选民队伍迅猛扩大,大贵族操纵甚或垄断选举越来越困难时,英国两大党的反应是整顿和发展政党组织,以政党力量而不再以个人力量夺取选举胜利。从 19 世纪 30 年代起,两党分别在全国各地建立了许多选民协会、选民登记社和政治俱乐部。在伦敦,则有了"卡尔登俱乐部"和"改革俱乐部",作为两党的中央总部。到 19 世纪 60 年代,较为系统的两党全国性的政党组织便相继建立起来了。

三、责任内阁制的确立

随着政党在选举中的作用增强,议会中的变化有两点:其一,议员的政党阵线分明起来,无党派的中间议员数目减少,通过恩赐官职拉拢议员日益困难;其二,作为上述变化的自然结果,国王在议会中无法影响议会多数派,推行自己的政策,而政党领袖的地位和权威则相应地大大上升。此时,只有在选举中胜利的政党领袖才能得到议会多数,使其政策成为法律,相反,则必然很快倒阁,正所谓"有下院多数事事可行,没有下院多数一事无成"。首相和内阁依靠选举而不是国王的信任而存在,于是,内阁对于国王对政务的干预变得越来越不耐烦。维多利亚女王明智地适应了这一变化,"统而不治",内阁由向议会和国王同时负责变为仅仅向议会负责,责任内阁制至此确立。

责任内阁制的建立,在人事制度上的意义在于政务官的产生完成了转变,同时,也确立了现代英国政体的核心部分。

在领主封建时代,国王作为最大的封君,处于封建等级的顶端,是最大的贵族。在君主专制时代,国王为官僚机构的首脑,变成了最大的官僚。光荣革命之后初期,由于国王仍然拥有行政权,他的这个地位并没有变化。其后,随着内阁的产生与发展,内阁逐渐地、越来越多地代替国王行使部分行政权,但由于内阁既向议会负责,又向国王负责,首相还没有取代国王行政首脑的地位。议会改革之后,情况才发生了变化。"几乎总是有某个人在起支配作用的下议院中被占支配地位的党明显地推选出来领导这个党,因而也统治这个国家。正如美国人有一位选举产生的最高行政官一样,我们英国也有一位选举产生的首席行政官。女王只是政体的荣誉首脑。首相是执政的首脑。"

责任内阁制的确立,使首相作为多数党的领袖,不再是国王的选择,而是议会的选择,也就不再对国王负责,而对下院负责。"首相不是由人民直接选举的,而是由人民的代表选择的。"[20]行政首脑"由人民的代表选择",并向他们负责,正是在这个意义上,首相才能被称为"公务员"。

除首相之外,内阁的成员基本上都是议员,也就是说,同样基于选民的间接选择。与美国不同,英国没有把立法、行政和司法三权截然分开,内阁不但是个行政机构,责任内阁制确立的同时,内阁就可以利用多数党的地位在某种程度上控制议会了。另外,大法官也是内阁成员,而非终身任职。英国是通过内阁内部的民主实现权力的分散与制衡的。责任内阁是个集体决策机构,首相与其他阁员相比,地位相差并不悬殊,只不过在同僚中排列第一而已。首相选择阁员时,不能全凭个人好恶,他必须考虑党内各派系的首领在议会中的地位和影响,通过仔细地挑选阁员,赢得议会党团尽可能多的支持。由于有一个大致上势均力敌的反对党的存在,不这样做,也许就意味着失去议会多数。党的上层的分裂,也往往导致大选的失败。因此,多党制是党内民主的杠杆,也是权力分散和权力制衡的有力杠杆。

【参考文献】

[1][4][6][7][17][美]马文·佩里.西方文明史[M]. 胡万里,译.北京:商务印书馆,1993.

[2][比]亨利·皮朗.中世纪欧洲经济社会史[M].乐文,译.上海:上海人民出版社,1987.

[3]朱维铮.走出中世纪[M].上海:上海人民出版社,1987.

[5][法]艾因哈德.查理大帝传[M].北京:商务印书馆,1979.

[8][9][11][12][13][14][16]沈汉,刘新成.英国议会政治史[M].南京:南京大学出版社,1991.

[10]李慷.英国亨利八世的专制统治及其思想[J].世界历史,1988(5):53-64.

[15]钱乘旦.论工业革命造成英国社会结构的变化//中国英国史研究会.英国史论文集[C].北京:三联书店,1982.

[18][19][英] 乔治·马尔科姆·汤姆森.英国历届首相小传[M].北京:新华出版社,1986.

[20][美]古德诺.政治与行政[M].王元,译.北京:华夏出版社,1987.

第二章　行政环境:英国议会简介

自“光荣革命”之后,英国政治就确立了“议会至尊”,“国王在议会中”。现代社会,则是“首相在议会中”,内阁在议会中或政府在议会中。英国议会是英国政治的大舞台。只有在了解英国议会之后,才能理解英国政治是如何运作的。

英国议会是最高立法机构,包括国王(the Sovereign)、上院(贵族院,the House of Lords)、下院(众议院,the House of Commons)三部分。三位一体,共同组成英国的议会。议会的主体下院在威斯敏斯特大厦。现在上院已经衰落,权力很小,主要以下院产生和通过议案,再由上院通过,然后由国王批准。当然,国王的批准是一个形式,实际上立法权基本上掌握在下院手中。因此,英国公众一般所谓的议会,往往仅仅指下院。

第一节　下院的基本情况

一、下院的职能

(一)制定调整社会生活的法律

英国是个法治国家,从中央到地方的大大小小的事务,多半靠立法活动来协调。大者如国家最重要的内政外交事务,政府的年度财政预算,决定国家的命运和数千亿英镑的支出;小到议员的工资应该增加多少。1983年夏天,经过高级工资委员会的调查,下院议员的工资应该提高31%。但撒切尔夫人政府明确表示,工资提高要限制在4%。最后,经过协商妥协,通过的法案是议员的工资增加5.5%。[1]正因为立法调控的事务极为繁杂,所以下院的立法活动非常频繁。议会通过立法活动控制着国家的政治、经济和社会生活。

(二)检查监督政府的政策和工作

有质询、调查、批评等形式。质询:所有下院议员均有权向首相和各部大臣提出当面的口头质询或书面质询。首相和大臣必须做出口头的或书面的答复。调查:下院有权对政府在立法、选举、违法嫌疑、国家机关侵犯公民权等方面进行调查。调查当中,任何机关或个人均有义务向下院提出证词和文字材料。通常,下院是通过一些小型特别委员会,对政府行为进行调查监督的。这种委员会由反对党议员任主席。这种专门化的监督方法,比质询更为有力。

二、下院的组成和任期

英国下院的议员由普选产生,人数可由立法改变,目前为659名,任期为5年。议席的地域分配如下:英格兰529名,威尔士40名,苏格兰72名,北爱尔兰18名。下院选举,即大选中获得多数议席的政党为执政党,党的领袖由国王任命为首相。首相推荐两院议员,绝大多数为本党议员为各部大臣,组成内阁,即通常所谓的政府。获得次多数议席的政党,成为法定的反对党。反对党会组织影子内阁(Shadow Cabinet)。

执政党通常要获得议会总席位的绝对半数以上,才能稳定地执政,即一党席位比所有其他党的总数还多才能使政府稳定维持。否则往往会被反对党联合起来,提出并通过不信任案而倒阁。如果政府的某些重要议案被否决,政府也将垮台。

议会任期虽为5年,但首相可以随时请国王宣布解散下院重新大选。执政党在大选中获胜,则继续组阁,否则,反对党便出面组阁执政。由于政府有这一项权力,通常都不会等到任期5年满时才大选,总要选择对本党最有利的时机解散议会。保守党、工党以及一些大报,经常举行民意测验,掌握两党在选民中的支持率。执政党总是希望在本党支持率高于反对党时举行大选,以保证大选的胜利。

三、议员的生活

在英国,议员的前途很大程度上取决于党内的地位和党内高层领导对他的信任。按现有的制度,下院议员的候选人可以通过党内安排,移居到其他地区,作为其他地区的本党候选人。议员一经本选区选民选出,即在一定程度上脱离选民控制。有些政治家认为国会议员代表全民,不仅仅代表本选区选民,他只能凭本人的"良知"投票。当然,大多数议员多半在一个选区连选连任。这样,他就得经常访问选民,倾听选民的疾苦,回答选民的来信,干预本地区的政务活动,尽量提高在选民中的威望。在大选来临时,一旦议会解散,议员就要急急忙忙地返回选区,在大约4个星期的大选期间,举行各种集会,不停地发表演说,挨家挨户地访问选民,宣扬本党的政策,抨击其他党的政策,争取选民支持。[2]

最初,议员被认为是一种业余事业。只有出任大臣后,才能有薪金。20世纪初,随着工党势力的上升,许多工人阶层的人当选为议员。他们没有财力支持从事政治活动,如去议院开会的旅费,到选区访问选民的经费,以及议会开会期间几个月家人的生活费等。因此,从1911年起,下院通过议案,给予每个议员每年400镑的补助金。[3]2007年,下院议员薪金为60675镑,[4]外加足够雇用秘书和助手的补贴数万镑。

因为英国的议员可以在政府中任职,拿双份薪金,所以薪水丰厚,生活优裕。事实上执政党议员可以担任首相、大臣、议会督导员、议会秘书等,可以有一百多位议员有"第二职业"和双份薪水。其他的议员也多半是律师、记者、公司董事、经理,或工会领导人,收入都很高。所以,现代的英国议员已经成为职业政客,也是一种谋生方式,而不是业余生活。

英国的议会制度历史悠久,在长期的发展过程中,又经过不断的改革,已经形成一整套相当精巧的机制,运作良好。对于已有的制度,英国国内不同的政治势力,有不同的观点。20 世纪在政治上占有优势的保守党,大致主张维持现状,而工党则经常主张进行改革。自从布莱尔领导的工党上台执政以来,推行了一系列内容广泛的宪政改革计划,包括议会上院的改革、议会下院的改革和地方议会的改革。有关地方议会的改革,本课程安排在地方政府部分讨论,这里首先介绍下院和上院的改革。

第二节　下院选举制度的改革

一、选举制度改革的主要障碍

英国下院现行的选举制度是单选区简单多数制,即一个选区选出一名议员,获得该选区本次大选简单多数(在若干个候选人中得票最多)者当选。这种方法比较简单,容易操作,但最后在下院的议席数不能反映各政党的真正的力量对比。尤其对于小党,他们的选民分散于全国各地,而不是集中于某一些选区。虽然在全国范围内可能有 5%或 10%的选民支持,如果用比例代表制,就可在下院得到几十个议席,但在选举中由于支持者不集中,形不成合力,可能在各个选区被各个击破,只能得到几个议席。从 1910 年起,就有人建议采用比例代表制,但是至今这一改革未能实行。究其原因,除了现行选举制度的既得利益者——保守党和工党不积极外, 还与英国的政治传统有关。英国人崇尚稳定而有效的政府,排斥小党扰乱政局,要求选举不仅选出议员,而且同时直接选出单一执政党。大选的真正目的并不是选出一个新的平民院,而是要么肯定现任政府,要么换上另一个政府。

在主流英国人看来,比例代表是形成稳定的一党政府的障碍。比例代表制会导致多党林立,这又会引致软弱的联合政府。维系联合政府的是狭隘的派别利益,而忽视大的、全国性问题。联合政府不负责任,因为他们当中谁也无望获得绝对多数,所以永远不会考虑接受执政的责任。

相反,简单多数制通过扭曲选票与议席的比例关系,保证了得票领先的政党直接分得下院的多数议席而成为执政党。"它产生能够在议会内维持行政机关的具有全面多数的一党制政府。执政党制定立法计划是能够确信议会将会通过它。"扭曲是简单多数制的弊端,然而恰恰是借助扭曲才直接产生执政党。也就是说,简单多数制把本来的议员选举实际上变成政府组成人员的选举,通过扭曲议席与选票之间的比例关系,直接由选民决定哪一党执政,别的党则成为反对党,从而有利于形成稳定的一党政府。

二、下院议员选举制度改革的建议

工党成立时,党的领导人赞成采用比例代表制。当时,工党是个新兴的政党,简单多数代表制对它的成长不利。不过,工党在取代自由党而成为议会第二大党后,其立场开始转变。1924年工党执政时,一项由自由党支持的个人议员提案提出采用比例代表制,虽然受到绝大多数工党内阁成员的赞成,但却遭到大多数工党议员的反对,提案未获通过。此后,工党对选举制度的改革态度越来越消极。直到1987年,工党连续三次大选失败后,才又重视起这个问题。特别是布莱尔任领袖后,将解决这个问题正式提上了议事日程。

工党在1997年的竞选纲领中指出:"我们致力于就下院选举制度举行全民公决。一个独立的选区制度研究委员会将会被任命,负责推荐取代第一名当选制的比例制。"1997年12月,独立的选举制度研究委员会成立。工党政府要求该委员会在新的下院选举制度改革方案中考虑到以下原则:广泛的比例性、维持选区联系、建立稳定政府的需要、增加选民的选择。

根据这些原则,独立的选举制度研究委员会提出了一份研究报告,主要建议是:在英国,替代现行的第一名当选制的最佳办法是两票混合制。该报告提出的建议可概括如下:(1)80%~85%的多数议员将继续在选区的基础上选举产生,其他议员依照近似于比例代表制的办法产生,这样产生的议员叫Top-up议员。这将极大地减少"第一名当选制"(First Past the Post)所固有的非比例性和地理决定性。(2)郡和规模与之相当的英格兰大城市地区将会是Top-up议员选举产生的单位,这有利于议员向整个地区负责,也便于选区之间保持广泛的联系。(3)Top-up议员的比例应在15%~20%之间,以便反映广泛的比例性,同时还可以避免将政党与选区的长期联盟强加给国家。(4) 在可行的范围内,选区议员与Top-up议员的比例在英国4个主要民族中应是相同的。选区议员与Top-up议员在威斯敏斯特宫应享有相同的地位。(5)用来选举Top-up议员的第二选票允许选民从各政党提供的名单上做出选择,或者投给一个政党,或者投给单个候选人。

下院议员选举制度的改革本是工党雄心勃勃的宪政改革计划的重要部分,但工党获得执政地位,其实际态度再次发生转变。因此,尽管目前英国的苏格兰议会、威尔士国民议会、北爱尔兰议会、大伦敦议会和欧洲议会选举中都采用不同形式的比例代表制,而下院选举和地方议会选举则仍沿用原来的简单多数代表制。[5]2005年5月的大选中,工党第三次获胜,在646席中获得355席,超过了一党组阁所要求的324席,但比上届大选少了53席。工党实际上只获得了36%的选票,创获胜党得票率最低纪录。一些小党再次提出改革选举制度的要求。

第三节 上院的改革

作为英国议会重要组成部分的上院,其成员主体是国王册封的世袭贵族。托尼·布莱尔出任工党领袖后,在竞选宣言中提出要使英国更加现代化,其中的重要措施就是对上院进行改革。1997年工党在大选中获胜,执政的布莱尔政府启动了上院改革计划。

一、改革的背景

虽然英国议会上院的权力十分有限,但它毕竟是议会的一个组成部分,它所发挥的作用还是不可忽视的。然而,上院自产生以来,其成员一直是非经民主选举而产生的,这与英国的“现代民主制度发源地”的称号是极不相称的,而且也不符合时代潮流。

上院的政治力量分布非常不平衡,始终是保守党占优势地位。这也是保守党不愿改革上院的重要原因之一。由于非经选举产生,两党之间力量对比的变化十分缓慢。虽然上院议员的独立性很强,较少受政党议会党团的约束,但是政党政治的影响仍不可避免地渗透进了上院。据统计,自 1997 年 5 月到 1998 年底,工党政府的提案被上院否决竟达 37 次,远远高于保守党执政时期。改变工党在上院的弱势局面,也是工党政府下定决心改革上院的重要促动因素。

二、改革的基本内容

(一)上院改革的宗旨和实现途径

上院改革的宗旨是推进民主化。根据工党政府的《议会现代化:改革上院》白皮书,这次上院改革的总目标是使“第二院”比过去的“贵族院”更加民主、更有代表性:“该议院作为一个整体,将反映出国内政治信念的总体上的平衡。”同时,“该议院的成员将包括来自全国各个部分、阶层和行业,而且男女比例、全国性民族和宗教组织的比例要大体相称”。实现上述两项目标的途径是:(1)取消世袭贵族在第二院占有一席之地的权利;(2)通过革新一代贵族的提名方式来建立一个过渡性的议院;(3)启动广泛而长期的改革。

(二)上院改革的总体思路

《议会现代化:改革上院》白皮书阐述了改革后上院的作用、权力、特征、构成。

1.新上院的作用

(1)对公共政策提出不同的看法。(2)成为英国社会更广泛的代表。(3)作为非成文英国宪法中的主要“制约与平衡”因素之一,在权力制衡上发挥关键性的作用。在对政府议案提出质疑及要求政府重新考虑或调整其政策意向上,它应当发挥下院的补充作用。如果有必要,上院还可以促使下院重新考虑修改议案。第二院应该产生第二思路。(4)在公共事务上,上院应该为联合王国的各民族、各地区提供一个发言的论坛。概括地说,新的上院主要有四项职能:建议、代表、制衡、论坛。与原来的贵族院相比,新上院多了一个代表职能,在其他职能上也存在着内涵和程度上的差异。

2.新上院的权力

这次上院改革,并不想使议会两院之间的权力平衡有根本性的改变。也就是说,改革后的上院仍然是议会第二院,而不是与下院平起平坐的一个院。作为第二院,新上院的权力主要有:(1)保留议会法中已经规定的“悬挂否决权(Suspensory Veto)”。这项权力可以拖延下院通过的法律生效,但不能阻止其最终成为法律。下院法案在连续两届议会获得通过后,即可成为法律而生效。(2)有权在合理的时间内继续考虑所有的政府事务。上院应关注执政党大选时的竞选宣言,以及下院在主要公共政策问题上的表态。

3.新上院的特征

从作用和权力可以看出,新的第二院具有如下几个特征:有权威,有信誉,有广泛的代表性。这些特征决定上院将具有如下特点:(1)有深厚的政治世界以外的自立和多领域的专长;(2)具备对宪法事务和人权进行仔细评估的特殊技能和知识;(3)具有运用哲学、心理和精神分析方法处理问题的能力;(4)有杰出的个人修养;(5)保持自由地位,不受政党支配,为了使任何一党不能支配第二院,相当比例的成员将是非党人士并坐在"横坐(Cross Benches)"上;(6)有不嗜争论、礼貌待人的绅士风度;(7)有用战略眼光看问题的头脑。上述特征与特点将使新的第二院纠正老贵族院的缺陷。老贵族院缺乏政治上的合法性与信誉,以至于不能适当地履行自己的职责。

4.新上院议员的构成

上院议员人数:《议会现代化:改革上院》白皮书建议新的第二院由大约550个议员构成,实际上,第一阶段改革后是529名。

上院议员的构成方式:(1)相当数量的人是"地方议员",他们是在反映联合王国内部每个民族和地区政治信念平衡的基础上选出的。各地区的选举团在遴选议员时要有一定的发言权;与之相应,这些议员要表达各民族和地区的声音。(2)其余议员将在一个真正独立的选任委员会提名的基础上遴选。(3)选任委员会中的独立人士(即横坐议员)占总数的比例保持在20%左右。(4)对有政党倾向的议员,选任委员会要确保总体上的平衡,这个平衡要与最近一次大选中选民所表达出来的政治信念相称。(5)为使改革减少阻力,现有的一代贵族应该成为新上院的议员。

三、改革的进程

1999年1月至10月,议会两院经过多次激烈辩论,最终通过了《上院法案》及修正案,改革取得实质性结果:除92名外,取消了所有世袭贵族拥有的作为上院当然议员的特权。1999年10月至11月,留任议院的92名世袭贵族经上院选举产生。

1999年夏天,上院有1289名成员,其中保守党247名,工党176名,自民党66名。改革后的2001年3月,上院成员降至682人,其中保守党227名,工党198名,自民党62名,其他主要是横座议员。由于世袭贵族被取消,加之布莱尔上台后任命了大量的工党终身贵族,保守党在上院一统天下的局面被打破,工党与保守党在议员人数上趋于平衡。[6]此后,改革进展缓慢,主要政党无法对改革方案达成一致意见。[7]

2001年大选宣言中,工党许诺要建立一个"更有代表性和更加民主的上院"。6月,工党在大选中获胜,2001年11月7日政府白皮书《上院:完成改革》公布。白皮书出台后立即遭到各方面人士的猛烈抨击。[8]

2003年7月16日,布莱尔政府发表声明,称议会无法对引进选举因素进入第二院达成一致意见,政府只准备接受有限的改革而支持现存的非选举性结构,以形成一个非选举、非世袭的第二院。经过不断的争论与试验,改革似乎又回到了两年前的那个起点上。[9]

【参考文献】

[1][英]彼得·詹金斯.撒切尔夫人的革命[M].长沙:湖南出版社,1988.

[2]胡康大.英国的政治制度[M].北京:社会科学文献出版社,1997.

[3][英]亨利·佩林.英国工党简史[M].北京:中国社科出版社,1986.

[4][6]Members'Pay, Pensions and Allowances[EB/OL]. www.parliament.uk, May 2000.

[5][7]王军,王凤鸣,李艳.英国新工党的选举改革及其影响[J].当代世界与社会主义,2005(2):12-16.

[8]许勤.英贵族院最后阶段改革方案出台,缩手缩脚遭批评[N].中国日报,2001-11-08(3).

[9]Hamish MacDonnell. MPs Fight Lords Reform[N]. The Scots man, 2002-02-06.

第三章　英国国王

第一节　国王的宪法地位与权力

按照传统惯例和各种宪法文件,英王是英国世袭的国家元首、立法机关的组成部分、法院的首领、武装部队的总司令和英国国教的世俗领袖。国王有权任命内阁首相、政府大臣、高级法官、各属地总督;有权统率军队、对外宣战或媾和;有权加封贵族和颁授荣誉;有权批准法律。英国国王被认为是“一切权力的源泉”,“国家的化身”。没有国王,英国的议会、法院、军队、政府都失去了存在的基础,不再有法律依据。

一、国王拥有的权力受到严格的限制,多半成为名义上的权力

(1)英王仍然是世袭的国家元首,但下任国王并非由国王任意指定,而是由不成文宪法予以严格的规定。事实上王位继承的程序完全控制在议会手中,由《1701 年王位继承法》详细规定。

(2)英王是立法机关的组成部分,英王与上院、下院组成议会,拥有立法权,法律须英王批准才能生效。但现在立法权事实上完全属于下院。18 世纪初威廉三世和安妮女王曾否决过议会通过的议案,均未成功,此后数百年,英王从不曾徒劳无益地否决过议案,只是按程序签字画押而已。

(3)英王为武装部队总司令,如今也完全是个荣誉性的称号。

(4)英王在宗教上仍是英国教会的首领。但这一点对现代的政治生活的影响已很微弱。

(5)选任首相,在理论上属于国王自由裁决,但在实际上都是基于政党的安排,即首相是由议会多数党领袖出任,国王仅仅履行任命手续而已。国王对其他大臣官员的任命权,必须完全按照首相的意愿进行任命。国王虽然具有罢免大臣的大权,但自 1783 年以来,从未行使过该项权力。

(6)加封贵族,并使之成为上院议员,必须根据首相的建议。事实上,贵族的加封,完全依照首相意愿。首相提出的名单,国王从不否决。

二、英国的不成文宪法,对国王还有下述规定

(1)国王关于国事行为根据大臣的建议或者内阁的忠告而行动。现在国王对于上述建议或忠告,完全不能行使否决权。

(2)国王必须以公平无私为原则,对于任何政党,皆采取中立的态度。

(3)国王在国家危难存亡之际,遇有大臣的建议违反宪法的本意时,则拒绝其建议而成为一个宪法的捍卫者。事实上,这种情况从未出现过。包括第二次世界大战期间,苏伊士运河危机,福克兰群岛之战,以及历次工人大罢工。

(4)国王对于整个国家政策,皆无答复的责任,其言行对国民不负责任,即政治责任完全由内阁承担。事实上,国王也从来不会发表与内阁相左的言论。王室成员慎言慎行,以维护形象,稍有越轨,就会被人批评为“违宪”。

(5)国王具有令大臣陈述意见的权力和勉励大臣的责任。现在首相和大臣还会定期或不定期地去王宫,向国王陈述国家政务,但由于国王并无决策之权,此项活动对国家政务也不产生任何影响。至于勉励大臣,这种做法可以使政府的行动在公众中提高威望。

(6)国王的行动,在公务方面,具有机械的性质,即国王对于大臣未能正确执行国家政策的行为,具有注意或者建议的权限,但并无约束力。而大臣对于国王的建议,国王则必须将其作为宪法上的义务予以听取,并且据此而行动。

(7)国王是英国国民道德感情的表现,是国家象征的焦点。这是国王在现代社会的主要作用之一。

(8)国王虽然可以命令议会开会或解散议会,但是解散议会的权限,必须根据内阁的建议方能行事。并且,对于内阁解散议会建议,国王在过去100年间,从无拒绝的先例。

(9)内阁的决议以国王的认可为原则,内阁的记事记录,要尽快呈禀国王。首相的一切重要政务和国务,都必须向国王报告,但国王也仅限于了解情况而已,跟读报纸了解时事差不多。

纵观上述规定与惯例,英王的地位和权力可以归结为一句话:“统而不治。”

第二节 “光荣革命”前后王权的变化

1640年英国爆发革命,内战中议会军击败王军,1649年处死国王查理一世(King Charles Ⅰ),英国变为共和国。[1]1658年克伦威尔去世,他的儿子理查理继任护国主。同年理查理放弃了护国主的权力,成为平民,安度晚年。1660年军队邀请查理二世(King Charles Ⅱ)回国,王政复辟(Restoration)。查理二世和詹姆斯二世(King James Ⅱ)相继加强了王权。

王权的强化,引起议会的恐慌,加上天主教有可能在英国恢复,使国内局势更加动荡

不安。1679年3月，由于詹姆斯王子，即约克公爵(James Duke of York)，加入了天主教，下院通过《排斥法案》，剥夺其王位继承权。查理二世解散了议会。1681年，新议会再度讨论《排斥法案》，又被查理二世解散。1685年，狂热的天主教徒约克公爵继位，是为詹姆斯二世。辉格党中的激进分子曾策划刺杀詹姆斯二世，没有成功。少数流亡国外的辉格党人劝说荷兰执政奥兰治·威廉入侵英国，赶走詹姆斯二世，夺取王位，威廉犹豫不决。威廉是詹姆斯二世的女婿，其妻子玛丽是詹姆斯二世之长女。

1688年，詹姆斯二世生了一个儿子，信奉天主教。有人对这个王子的合法性存有怀疑，威廉于是宣称为保卫他妻子玛丽的王位继承权接受辉格党贵族的邀请，率军16000人马在英国登陆。詹姆斯二世逃亡国外，威廉与玛丽共同加冕为王，是为“光荣革命”。

王政复辟期间，国王不断恢复昔日的王权，试图达到革命前的地位，议会对王权的强大有很大的戒心，迎立威廉时，便开始有意识地剥夺王权。当时的议会称“特别议会”，在把王位奉献给威廉与玛丽之前，起草了《权利宣言》。特别议会在向威廉和玛丽宣读了《权利宣言》后，并没有要求他们签署认可或宣誓遵守，便让威廉和玛丽登上王位。此举造成一种声势，似乎新君默认了《权利宣言》。几个月后，宣言的条款纳入议会的《权利法案》，威廉认可了。

《权利法案》确定了议会的主宰地位，国王的权力受到极大的削弱。

(1)国王不能搁置议会通过的法律，也不能停止任何法律的效力。国王不能释放由于触犯现行法律被捕的任何罪犯。这就牢固地树立了议会的立法权，剥夺了国王对法案的最后审批权。从1688年到1696年，威廉三世曾五次行使否决权，拒绝批准议会讨论通过的法案。但这些法案由于议会的支持，最后都变成了法律。1703年，安妮女王又一次动用否决权，再遭失败。这是英国宪政史上国王最后一次行使否决权。

(2)《权利法案》重新确立了议会的财权和军权。《权利法案》重申国王不得议会同意，不得征税。1688年，议会每年给威廉三世70万镑的固定财政收入来满足宫廷和政府方面的开支，其他开销必须经议会表决通过。同样的经费，查理二世为120万镑，克伦威尔更高达200万镑。通常，国王缺乏资金，也就无法拥有军队，但有时国王还可能借债招募军队。议会鉴于当年内战时查理一世曾依靠法国的支持一事，在《权利法案》中也剥夺了国王私自征集军队的权力。

(3)《权利法案》中强调自由和经常地选举的权利。这是为了防止国王用金钱操纵选举。如果一届议会任期太长，国王也许就有财力收买选民，选出他中意的议员。如果经常选举，国王就负担不起贿赂选民的财力支出。同时，国王还可以用封官来换取议员的效忠，经常选举，则可以使议员的流动性增大，更直接地代表民众的意愿。1694年，议会通过《三年法案》，把每3年改选定为制度，进一步使议会成为一个密切联系选民的连续运转的机构。

另外，在议会辩论发言中，即使批评国王，也不能定罪，这是英国革命前很久议会已经争取到的权利。这是英国议会对现代民主制的又一贡献，由此出发才有了现代的言论自由。

英国议会1701年通过的《王位继承法》，进一步对王权作了限制。《1701年王位继承法》，主要是为了防止王位落入天主教徒手中。这项法令将玛丽家族的后嗣中信仰新教的，列入继承人，并详细规定了继承顺序。这是英国首次由议会用法令决定王位继承问题，使议会有权决定国王的废立。在君权神授观念尚未破除的时代，这是很大的进步。

《王位继承法》还规定:一切治理本王国之事宜,凡根据本王国法律和惯例属于枢密院正常审理权限者,应转该院,由此而作出的一切决定应由对此提出建议并表示同意之枢密顾问官签署。这一条的意思是,国王的指令须有有关大臣副署才能生效。有了这一条,议会就可以通过弹劾大臣而控制国王对政务的处理。因为既为君主国,直接批评国王究竟不便。国王的大臣则不同。既然有大臣承担责任,议会就完全有可能通过弹劾大臣而使政务的处理按议会的意图进行。这一条也是大臣由原来向国王负责变为向议会负责的开端,也是削弱国王行政权的开端。在上述限制条款按上述规定生效后,只有行为端正者,方得委任为法官,其薪俸应予以确定和确认。但根据议会两院的请求,可依法将其免职。这一条使法官虽然仍由国王任用,但议会则有权罢免。

《王位继承法》在最后宣布:"鉴于英国之法律乃英国人民生而具有的权利,所有即本王国王位之国王和女王,均应依照上述法律治国。他们的所有官员和大臣,亦应按照上述法律为他们效力。为此上述上院神职议员和世俗议员以及下院议员再次恭顺地请求:本王国之一切保障国教及人民权利自由之法律和法规,以及本王国所有其他现行法律和法规,均应予以批准和确认。所有此等法律和法规,均应相应地由陛下,根据并取得上述上院神职议员和世俗议员以及下院议员之建议和同意,以陛下和议员们之权威予以批准和确认。"

从《权利法案》和《1701年王位继承法》通过后,英国宪法就确立了一个原则:国王必须依靠议会,而不是议会依靠国王。英国史学家格林在其《英国史》一书中,写道:"从此,威廉和安妮女王都是根据《权利法案》和《1701年王位继承法》的规定做英国国王的;他们也要根据这个法案的规定在英国实行统治;后来,汉诺威王朝乔治一世及其后代,也是根据《王位继承法》做了英国的国王,也是根据这些法案的规定在英国进行统治的。"[2]

1702年,威廉去世后,没有后嗣。玛丽之妹,詹姆斯二世之女安妮继位。1714年,安妮女王去世,无后嗣,王位传给汉诺威家族的乔治一世。乔治一世的母亲索菲亚公主,是波希米亚王后伊丽莎白公主之女。伊丽莎白公主则是英王詹姆斯一世之女。詹姆斯一世1603年由苏格兰国王继承伊丽莎白一世的王位而成为英格兰国王,创立斯图亚特王朝。1625年传位其子查理一世。查理一世则在英国革命中被处死。这一系列继承,都在《王位继承法》中有详细明确的规定。

第三节 内阁与行政权的转移

一、威廉三世时代国王的权力

"光荣革命"后的一系列法律,为议会争取到许多新的权力,也相应剥夺了国王的许多权力,但此时威廉三世还远远不是伊丽莎白二世这样的虚位君主,他还有许多权力:(1)任命大臣之权。当时大臣仍是国王的仆人,不由议会产生。他们服从国王的命令和意愿。(2)封赐贵族爵位,增补上院议员。当时的上院权力还很大,有权否决下院议案。因此,国王选择亲信补为上院议员,便可以改变上院的观点,牵制下院,通过某些有利于他的法律或否决他不喜欢的法律。(3)国王是全国军队的最高统帅,率兵作战。国王对外代表国家,有权委派驻外使节,有权对外宣战、媾和与缔结条约,掌握外交大权。因此,国王基本上拥有行政权。其行政权的最终丧失,是由于内阁的产生和发展。

二、内阁的发展

如前所述,内阁(Cabinet)这个机构起源于查理二世的王政复辟时期。整个威廉三世执政时期,内阁这个机构作用不大。这一时期,枢密院仍然是行政工作的中心,下设若干委员会,财政部、海军部、贸易部和移民部都隶属于枢密院,而威廉则亲自处理一切重要政务。1702 年,安妮女王即位,由内阁负责处理外交和战争事务。女王除了每个星期天在白厅召开内阁全体会议外,经常依靠部分内阁成员参加的人数不多的工作班子处理行政事务。这时期的内阁也是由不同党派的人士混合组成的。[3]此时,内阁的作用还有限,威廉和安妮亲自处理国政,执掌行政大权。但是,国王必须设法操纵议会,否则便寸步难行。威廉虽有权任命大臣,但如果他任命的大臣不受议会欢迎,则议会便不给国王以财政支持。

当时,议会中分为几派,主要是辉格党和托利党,还有一些无党派人士。这些议员对内政外务的看法差异很大,当辉格党在议会中占多数时,国王的大臣如果是托利党人,辉格党多数派会竭力反对政府政策,不批准某些开支。国王一方面与议会不断妥协,一方面则想方设法控制议会。控制的方法有两个,一个是操纵选举,一个是收买议员。

英国在 18 世纪的选区划分,是数百年的传统方法,其中某些地区早已衰落,称为衰败选区。各个选区选民人数不相同,有时相差悬殊。在当时的 245 个选区中,有 1000 名以上选民的选区只有 22 个;500~1000 名选民的也只有 22 个; 其余选区大多数只有 100 多名选民,或几十人是选民;有的选区甚至只有几名选民。比如有 7000 名选民的伦敦城和有 9000 名选民的威斯敏斯特有权选举两名下院议员;有 36 名选民的巴思选区,也有权选举两名议员。这样一来,操纵选举就颇为方便了:有的候选人用马车接送选民投票,并设宴款待;有的候选人派家仆向选民分送礼品现金;有的还派打手公然大打出手,争夺选民。[4]而当时尚无无记名投票的方法,是公开投票,这样,选民或被利诱,或被威逼,很难保证自由投票。国王可以利用自己的威望,也可以出钱资助,使他中意的人当选为议员。当时要竞选成功,大约只需 200 英镑即可。

大选结束,各党派计点议席,如果拥护国王的一派未占多数,国王则可以通过恩赐官职的办法拉拢无党派议员。当时国王可以在议会中用恩赐官职的办法拉拢一百多名议员,很大程度上改变议会的力量对比,从而拥有很大权力。为了获得议会的支持,国王被迫选择议会多数党头面人物组织内阁。于是,内阁便成为联系国王与议会的纽带。内阁有议会的支持为后盾,对国政的发言权便越来越重要。

内阁中的大臣各自负责一个部门,在国王征询意见时,无法对其他部门提出建议。这样,便需要有一名内阁成员负责监督和批评各部工作,同时提醒各部大臣履行其职责,并在各部之间保持协调,事实上,这样一个"一人之下,万人之上"的宰相,总是存在的,总有一个大臣或因为在议会中威望最高或因为与国王私交最好,最得国王信任,而充当这一角色。但此时尚无首相一说。

英国人所公认的第一位首相是沃尔波尔，而国王丧失对内阁的控制则是汉诺威王朝的第一个君主乔治一世。乔治一世即位后，组织了新内阁，以后两年间乔治一世一直主持内阁会议。1716 年夏季，乔治一世去汉诺威，留下威尔士亲王出席内阁会议。1717 年乔治一世返回英国后，便不再出席内阁会议，只有 1718 年 3 月和 1721 年两次例外。

乔治一世之后，乔治二世和乔治三世都参加过少数几次内阁会议，于是，国王不参加内阁会议遂成为一种惯例。国王不参加内阁会议，从而产生首相，使国王失去行政权，后来被称为英国宪政史上的"幸运的偶然"。作者认为，这种偶然之后，还有某种必然性。产生这一变化的原因，当在政党制度的发展。英国的辉格党和托利党是在王政复辟的时期产生的。在 18 世纪初，势力渐渐扩张，党的领袖人物的权威性也迅速上升。

国王为了控制议会，往往选择有威望的党魁入阁。然而，既然是党魁控制了议会，国王自然就失去了权威性。既然一个世袭产生的、终生在职的国王不可能长期稳定地控制议会，要随时利用议会多数党的拥护才能推行他的政策，那么，他也同样不可能控制内阁。沃尔波尔就是在这种背景下，成为第一任首相的。

沃尔波尔在 1701 年当选为下院议员，以后连选连任，当了 41 年议员，能够长期获得下院多数议员的支持。1723 年，英王曾赐封以贵族爵位，他坚持不接受，请国王转封他的儿子。因为接受封爵后，就要成为上院议员而离开下院。沃尔波尔不想失去下院议员席位的目的，是要深入下院，与多数议员接触，以获得他们的支持。据说，他有惊人的记忆力，能叫出每个议员的名字。对新议员尤其热情。直到沃尔波尔晚年，他才接受王室封赐为奥福德伯爵。[5]

沃尔波尔控制下院的方法，是利用政府职权，拉拢收买和贿赂一些议员，主要是以官职相诱。据说沃尔波尔设立或任命的任何一个官职，无论大小，甚至像海关监察或土地测量员一类小官职，都有政治动机。或者是议员本身，或者是他们的子孙兄弟。用这种办法，他执政达 21 年之久。沃尔波尔执政期间，英国政治极为腐败，但是，他开创了一个时代，即首相执政。

当国王不出席内阁会议成为一种惯例后，以后的国王想要参加会议，则会受到内阁的指责，甚至被视为"违宪"。当内阁取得这种独立性后，反过来就会排挤国王，剥夺国王的权力。1742 年，沃尔波尔内阁由于对西班牙战争失利而遭到下院多数党的攻击，于是沃尔波尔内阁便辞职了。这便造成了另一个惯例，即当下院不信任内阁的政策时，这个内阁必须辞职。1783—1784 年，小皮特内阁时期，由于遭到下院多数党的攻击，内阁便解散了下院，宣布举行新的选举。

大选使小皮特在下院有了多数党的支持，小皮特又重新组阁。这又开创了一个先例，即倘若内阁在下院失掉多数党的信任，内阁可以解散它，让"全体人民"评判政府的政策。如果重新选举的议会多数党支持内阁，这个内阁就可以继续执政，否则就应辞职，让位于新选出的下院多数党去组织新的内阁。这一先例有利于政府的稳定性，不至于被频繁倒阁。然而，此时英国仍然没有建立起真正意义上的责任内阁制，具体的政治实践中还不是内阁完全向下院负责。直到 1832 年议会改革之后，政党制度进一步发展，现代意义上的政党内阁才产生,内阁不再向国王负责,而完全向议会负责。

第四节　国王在现代社会的权力和作用

如前所述,英国历史上,首先是议会以《权利法案》、《1701 年王位继承法》等一系列法律限制或剥夺了国王的部分权力;其后,责任内阁制建立,内阁又获得了国王的行政权。此时,国王还残留有哪些权力?因为议会限制王权,往往并不是用法律明确规定,国王的行政权转移给内阁,也往往并没有明文规定。在法律上,某些权力依旧属于国王。只是依照惯例,国王不行使这些权力。后世的某些国王,仍然认为他们有这些权力,许多学者也认为在某种情况下,国王可以使用这些权力,即国王还残留有某些潜在的权力。

一、立法否决权

并没有法律剥夺国王的立法否决权,任何议案都必须经国王最后的批准,才能成为法律。但是国王为什么不行使否决权呢? 这是因为议会和内阁的压力。

1913 年,自由党内阁首相阿斯奎斯执政。议会通过爱尔兰自治案,国王乔治五世试图行使否决权。首相阿斯奎斯认为,国王的行使不批准权,只能以罢免内阁为前提,这意味着国王在政党政治中放弃了独立性。因为不顾内阁的建议而拒绝批准,这样的内阁当然就要总辞职,而由国王负责成立下一届内阁。这与二百多年来的许多政治传统相违背,国王又站到了前台,成为行政首脑。结果,国王只好依照内阁和议会的愿望批准了法案。

二、大臣罢免权

在责任内阁制形成之后,国王放弃了这项权力,由首相行使。在乔治三世时期,由于托利党对国王的支持,国王一度又在某种程度上操纵了议会,在 1783 年最后一次行使过大臣罢免权。这一时期,英国被认为建立了乔治三世的个人统治。但乔治三世的作为,受到猛烈的抨击,甚至有人提出废除君主制,建立共和制。美国的独立战争胜利后,托利党放弃了对国王的支持,乔治三世的"个人统治"结束了。

三、授爵大权

1911年,下院制定议会法,大大削减上院的权力。上院反对缩小自己的权力。阿斯奎斯内阁为了遏制上院的反对,要求乔治五世一举封授五百名贵族。这些贵族进入了上院后,就可以大大改变上院的力量对比, 从而改变上院的表决结果。乔治五世起初不同意这样做。一次产生五百名贵族,这是对君主制的一种嘲弄。但迫于内阁和下院的决心,他最后只好同意。当时的阿斯奎斯内阁要求国王答复,如果政府解散下院,重新大选,新的议会仍然支持现任内阁,支持议会法,那么国王就得同意封授五百名贵族,使议会法在上院顺利通过。国王答应了这一要求,按内阁的建议宣布解散下院。结果,阿斯奎斯政府在大选中获胜。这时,上院见大势已去,便批准了议会法,于是封五百名贵族的事就搁下了,国王和上院都体面地退却了[6]。以后在封授贵族的问题上,权力便完全归于内阁。

综上所述,英王现在是"统而不治",由"国王临朝而不理政"加以保障。

关于国王在英国现代政治中的作用,有各种观点。某些学者认为,国王因为没有权力,似乎无用,其实却有某些不可替代的用处,即"无用之用"。国王作为"国家元首"(Head of State),不仅是英联邦统一的象征,而且由于她在政治上的中立性,无党派性,也是英国安定与连续性唯一的象征。国王虽然失去了实际的政治权力,但她却因此"在国民的心目中和精神上树立起崇高的形象"。

由于国王统而不治,就不会犯错误,这种不偏不倚、超然孤立的态度,可以取得结成不同政党的国民的普遍爱戴,而成为一个万众敬仰的光辉象征。这正是一个国家元首的理想形象。如果像美国那样民选一位手握大权的国家元首,这是英国人所不希望的。他们既不希望有一个人成了把国王、首相、政党领袖三者集于一身的权力巨人,也不希望总统犯了错误之后损害国家的形象。

如果废除君主制,选举产生一个虚位的总统作为国家的元首,人们认为也有困难:其一,这个人多半要从政党政治家中挑选,仍然难以达到超然的政治态度。其二,这个人既要有巨大的威望,以其威严形成公正的气氛,又要没有个人权力的野心,几乎不可能。英国工党的社会主义者韦伯夫妇在他们的《大英社会主义国家的构成》一书中,在他们所设想的社会主义英国的蓝图上,也认为有必要让君主制存在下去。他们说:"在这里提出的国家组织,不包括废除自古以来世袭的君主制度。""对于国民所习惯的这个名义上、仪式上的首脑制度,提出任何变改的提案都是多余的。"

最后一点,由于英国是一个崇尚传统,讲求实际,不愿走极端的民族,他们在限制和剥夺了王权之后,都把王室保留了下来。既然再也不会有王权暴政的威胁,王室还有相当的价值,他们就不愿再去进一步改变它。英国的王室终究会走向何方?查尔斯王子认为:君主是决不能同民主进程相抗衡的,民主进程允许选民自己选择,"归根到底,假如人们不想要王室了,他们就可放弃它"。

[附录]

近代英国国王及其在位时间

国王	在位时间	国王	在位时间
詹姆斯一世	1603—1625	乔治四世	1820—1830
查理一世	1625—1649	威廉四世	1830—1837
查理二世	1660—1685	维多利亚女王	1837—1901
詹姆斯二世	1685—1688	爱德华七世	1901—1910
威廉三世、玛丽二世	1689—1702	乔治五世	1910—1936
安妮女王	1702—1714	爱德华八世	1936(退位为温莎公爵)
乔治一世	1714—1727	乔治六世	1936—1952
乔治二世	1727—1760	伊丽莎白二世	1952—
乔治三世	1760—1820		

【参考文献】

[1]沈汉,刘新成.英国议会政治史[M].南京:南京大学出版社,1979.
[2][法]基佐.1640 年英国革命史[M].北京:商务印书馆,1997.
[3][美]马里·佩文.西方文明史[M].北京:商务印书馆,1993.
[4][英]乔治,马尔科姆·汤姆森.英国历届首相小传[M].北京:新华出版社,1986.
[5]胡康大.英国的政治制度[M].北京:社会科学文献出版社,1997.
[6][英]T. F. 林赛,迈克尔·哈林顿.英国保守党[M].北京:商务印书馆,1986.

第四章 中央政府

是谁统治英国？从理论上讲，由内阁制定政策，议会予以通过，文官负责执行。本章重点介绍英国的中央政府，主要是制定政策的内阁与中央各部。

第一节 中央政府的组成

英国中央政府的机构，包括枢密院、内阁和各部。

一、枢密院

枢密院原是协助英王处理一切立法、司法和行政的中央政府机构。自从内阁出现后，枢密院已失去了原有的职权。但在法律上，仍是英国的最高政府机构。按法律规定，只有枢密院顾问官才能在政府担任要职，因此，政府的内阁大臣必须先取得枢密院顾问官的资格才能入阁。枢密院顾问官一般为终身任职。现在的枢密院由以枢密大臣为首的大约300名枢密院顾问官组成。包括现任的内阁大臣和历任的内阁大臣，以及其他由首相提名，国王任命的人，这主要是一种荣誉职位。

枢密院的职责主要是礼仪性的，实际权力已随王权的衰落而衰落。英国政府在宣布议会召开、休会和解散时，以及对外宣战和媾和等事项，均以枢密院的名义发布正式公告。内阁大臣要在枢密院会议上宣誓就职，内阁的各种重要决定，都以“枢密院令”的形式公布。英王去世或英王宣布结婚时，枢密院召开全体会议。

二、内阁

英国中央政府的大权集中于内阁，领导政府各部，掌管全国的内政外交，直接指挥军队和警察，一切重大政策均由内阁制定。内阁大臣人数没有规定，往往随政府的更迭而变化,一般在20人左右。内阁人选由首相个人决定。通常,首相必须将执政党的所有重要人物委以重要职务,如外交大臣、国防大臣、财政大臣等,并邀请他们入阁。参加内阁的政府官员,皆与内阁共进退,即实行集体负责制。内阁一经讨论作出决议,每个内阁大臣均有义务为之辩护,如不能执行内阁决议,内阁大臣必须辞职。

在内阁中,首相常与其中若干人一起磋商重要事务,形成"核心内阁"。因此,英国的大臣实际上分为三类:核心内阁大臣,内阁大臣,非内阁大臣。非内阁大臣一般只负责一个部门的行政事务,不参加内阁会议,只有在讨论到与他有关的问题时,才可能被邀请列席内阁会议。内阁大臣除本身职务外,还要负责讨论和决定有关整个国家的政策方针等。

内阁通常要设立各种常设的或特别委员会,以协助内阁工作,并使某些问题得到更仔细的审查和研究。委员会根据授予的权限,代表内阁处理解决某方面或某件事项,必要时,可以把问题提到内阁,由内阁最后决定。内阁委员会的设立、组成人员、主席人选等均由首相决定。其成员可以是内阁大臣或非内阁大臣。

内阁的主要任务是:制定中央各部政策,并提交议会讨论,在政策通过后,负责监督和贯彻执行,协调和确定各部的职权范围等。按规定,内阁仅在财政问题上有权主动向下院提出法案,但实际上一切法案几乎都由内阁大臣提出。

三、首相

首相由议会多数党领袖担任,同时兼任首席财政大臣。首相是英国权力最大的人物,身处全国政治权力的中枢。首相官邸在伦敦唐宁街10号,内阁会议在此举行。首相的职责:(1)向英王报告政府工作概况,主持内阁会议;(2)对各部进行总的指导,解决各部之间的争端;(3)批准各部无需提交内阁讨论的重大决定。首相拥有很大的任免权:有权任免内阁和政府官员;有权改组政府;较低级的外交、行政、军事官员的任命,也须事先征得首相的同意;教会主教、高级法官和枢密院顾问等,须由首相向英王推荐才能任命;贵族爵位、荣誉称号等也由首相提名,再请英王授予。首相由下院多数党领袖出任,这似乎很简单,但在实际政治运作中,由于政党制度的变化,以及某些突发事件的发生,其实远非这么简单明了。

第二节 首相与政党

一、英国政党概况

英国的政党,产生于17世纪末叶,最初的政党是托利党和辉格党。19世纪中叶,两党分别演化为保守党和自由党。两党交替执政,直到本世纪初。第一次世界大战中,自由党劳合·乔治出任首相时,原首相阿斯奎斯与劳合·乔治决裂,导致自由党分裂而衰落。与此同时,工党崛起,代替自由党而成为第一大反对党,其后,便形成保守党与工党交替执政的局面。除了这两大党外,英国较大的政党还有自由党、社会民主党,其他如共产党等较小。

对政党领袖来说,他们的党的作用主要在议员选举。领袖会倾听党内意见,但党的组织很难对本党政策施加影响。由于现在的政治家通常可以通过广播、报纸,尤其是电视直接鼓动公众,而不是靠党的基层机构,党内对当了首相的政党领袖所能施加的压力微乎其微。政党领袖真正注重的是本党的下院议员。他们对党的政策和党的领袖都能施加一定的影响。事实上,一个政党的议会党团是本党的核心。

党的领袖通过议会督导员控制本党议员。对本党的前座议员,即内阁成员或影子内阁成员,领袖可以直接控制。而其余议员,即后座议员,则主要靠本党的总督导员和下属的几名督导员分片分人,负责落实,尽可能使他们按本党的要求行事,使他们出席议会会议和表决。在投票发生分歧时,发布指令指导本党议员投票。党的领袖制裁后座议员的法宝是,如果议员不按要求投票,便威胁他们将撤回党对该议员下届议会竞选时的支持,把他从党的议员候选人的名单上勾掉。在现代,一个议员不承认自己的党,或者不被自己的党承认,而能在随后的大选中保住席位的,非常少见。因此,很少有议员敢单枪匹马与领袖作对。

当党的领导层发生分裂,导致一批议员同时反抗领袖,这对双方都是一种损失。自由党的衰落,部分便是这个原因。这种情况发生后,双方总会在适当的时候和好,至少,把分歧掩盖起来。

(1)党的政策制定:对任何一个党来说,至关重要的政策是执政时期的政策。保守党领袖无论在朝或在野都制定政策。工党的政策则由全国执委会起草,然后提交党的全国代表大会(工党年会)讨论通过。同样,保守党的竞选宣言由领袖决定,工党则由全国执委会决定。

(2)领袖的权力:各党都承认出任首相的党的领袖有权选择各部大臣,但在野时,工党的影子内阁成员要由议会党团选举产生,保守党则仍由领袖决定。保守党领袖名副其实地支配着党的机构,工党总部则必须向年会选出的全国执行委员会负责。工党领袖的软弱地位,是由工党的历史决定的。工党是由各大工会、一些社会主义团体与工党合并,才壮大起来的。各工会利益不同,社会主义者的观点又比较激进,党内的各方面很难在政策上弥合分歧。工党一直为内部争吵所苦,而保守党的纪律则相对来说较为严明。工党的这种状况,一直到布莱尔时期才得到改善。

(3)党的领袖选举:自由党和社会民主党,领袖由本党成员直接选举产生。自由党现有20万党员,社民党为8万,直接选举也是可行的办法。保守党和工党都有几百万党员,直接选举领袖就较为困难。工党领袖本由议会党团选举。最初,工党没有领袖称号,只有议会党团主席,1922年,才将主席称为“主席和领袖”。1981年,由于左翼的压力,领袖选举方式变化。现由工会、工党的地方组织、工党议员三方组成选举团选举,三方分别占投票数的40%、30%和30%。[1]保守党自1964年以来,由议会党团选举领袖。

二、英国工党的崛起

英国工党(Labor Party,Great Britain),1900年2月由职工大会(总工会)发起创立,初称劳工代表委员会,由隶属于职工大会的工会组织和费边社、独立工党以及社会民主联盟组成。1906年改称工党。

第一次世界大战爆发后，工党支持政府的战争政策，并加入了自由党的联合内阁。1918年2月通过了新党章，规定除保留原有的集体党员制度外，还在各选区设立组织以吸收个人党员。1924年1月，在自由党的支持下首次组阁，并从此开始与保守党轮流执政。1945年以前，仅于1923—1924年和1929—1931年两次短期执政。1945年大选至1951年，组织过两届内阁。在此期间，发起重新建立社会党国际。1964—1970年、1974—1979年，先后组织了4届内阁，这是工党历史上执政最长的两次。1979年、1983年、1987年和1990年4次大选连遭失败。1994年7月，托尼·布莱尔当选为工党领袖。1997年5月工党大选胜利，布莱尔出任首相。此后，布莱尔领导工党于2001年6月大选获胜后蝉联执政，又于2005年5月获得第三次胜利，并继续出任首相，成为英历史上首位连任三届的工党首相。2007年6月27日，戈登·布朗成为新一届工党首相。2010年5月，工党在大选中失败，保守党和自民党组成联合政府，保守党领袖戴维·卡梅伦出任英国首相。

工党纲领的传统理论基础是费边社会主义，主张生产资料、分配手段和交换手段的公有制，实行计划管理，以达到公平分配。第二次世界大战后，艾德礼工党政府将此付诸实施，1948年宣布建成福利国家。但从20世纪50年代开始，随着英国经济的发展，工党内出现意识形态分歧。此后数十年间，工党内部分歧严重。1979年撒切尔夫人执政后，工党连续在大选中失败，直到布莱尔提出“第三条道路”才使工党团结起来，获得大选胜利。

工党的组织由领袖、议会党团、议会外组织和总部组成。在野时每年选举领袖，并设副领袖；执政时可不改选，也不设副职。议会党团由下院全体工党议员组成。在野时，由领袖、副领袖、下院议会党团主席、上院工党领袖、两院总督导员以及工党议员代表等组成议会委员会，领导议会党团活动。执政时，则由工党内阁代替，另设联络委员会与后座议员保持联系。在议会外，全国代表大会是工党的最高权力机构，下设全国执行委员会、区域会议、选区组织和全国劳工理事会。工党总部是行政机构。党员600余万人，90%以上为工会集体党员，也有部分知识分子和中小资本家[2]。

2010年9月在曼彻斯特举行的工党大会上，前工党政府气候变化部大臣埃德·米利班德以1.3%的微弱优势击败前外交大臣戴维·米利班德成为现任工党领袖，两人是亲兄弟。

第三节 首相与内阁

从理论上讲，首相是同级官员之首，即同等地位者中的第一位。内阁像一个委员会，每个成员均可畅所欲言，凡事都经讨论通过。这是一个古老的传统。在内阁制度产生初期，政党制度的发展也处于初级阶段。所谓政党，只是一小批政治上活跃的政客。首相组阁时，要尽可能把议会中有实力的人都纳入内阁，包括某些独立人士。由于政党的阵线还不像现在这样分明，某些保守党人士会投入自由党内阁。有时候，还会有无党派人物组阁，吸收两党头面人物入阁。这样的内阁中，首相与其他成员势均力敌，只不过排列第一而已。内阁是一个"同僚"交换意见的讲坛,体面绅士进行辩论的场所。首相作为这个委员会的主席,对每个人的意见都要加以考虑。

一、首相权力集中的基础

在内阁产生将近300年之后,这种情况发生了很大变化。一方面,是政党政治发展了;另一方面,是行政权普遍扩张的结果。首相是政党的领袖,尤其当领袖以选举产生,而不是一小批高层人物私下"协商"推荐产生之后,领袖就有了雄厚的权力基础,获得了前所未有的权威。首相受到全党的支持,他控制全国联盟。他可以通过议会督导员控制本党议员。由此,首相控制了议员的个人前途。当内阁成员不支持首相时,首相也许还会得到本党议会党团的支持,他仍然可以在下院中有牢固的地位。

现在,党的领袖已与党融为一体,任何反对领袖的意见,任何对领袖的批评,任何内阁成员与首相的分歧,一旦公之于众,都会损害党的形象,降低党的威望,也许,就会导致党在大选中失利,从而内阁成员本身的官位难以保持。舆论界如果猜测某位阁员与首相有分歧,首相会公开否认,夸赞他。这位内阁成员也会否认分歧,表示对领袖的忠诚。如果分歧难以掩盖,他通常也会保持沉默,以维护领袖的威望。

首相是各部大臣的任免人。事实上,他的所谓"同僚"的官运,均在首相的掌握之中。两百年前,英国的政治家带有某种业余的性质。作为政府官员,虽然具有某种荣耀,也有颇为丰厚的薪俸,但与他们本身作为贵族、大地产所有者、金融家的地位和财富来说,并不显得如何重要。因由此,失去官职,并不是一个致命的威胁。

现代社会则不同,政治生涯已经是许多人的职业。薪水即使不是唯一的,也是最重要的收入。因此,他们对官位的珍惜,也就大异于前了。人们注意到,撒切尔夫人的内阁成员,都有一种不惜一切以保官位的倾向,不到迫不得已,决不主动辞职[3]。这一直受到舆论界的嘲笑,但也不过是时势造成的罢了。一旦内阁成员要保官位,首相手中的任免大权就非同小可了。而内阁成员对他唯命是从,就成为理所当然的事。

行政权的扩张,是二战以来西方各国政治的普遍特点。在美国,行政权的扩张导致总统的权力大为膨胀。在英国,政府权力的扩张,同样意味着首相手中的权力越来越大。

二、英国首相的职权及与内阁的关系

基于上述原因,现在英国中央政府的决策权越来越集中于首相本人,内阁作为一个集体决策的机构正面临着挑战。首相个人的集权,既有体制上的因素,也有其个人控制权力的技巧。

首相可以独自做出某些重大决策。首相可以抛开议会、内阁,独自决定某些内政外交大事,然后迫使内阁默认,议会追认。如张伯伦1938年慕尼黑的绥靖主义,工党首相艾德礼决定英国研制原子弹,保守党首相处理苏伊士运河危机,都是首相与少数亲信磋商就决定的。撒切尔夫人刚被选为保守党领袖时,曾就东西方关系发表过一次演讲。由于措词格外强硬,她从此得了个"铁娘子"的绰号。这一次演讲,引起当时的影子外交大臣雷金纳德·莫德林的抗议。在讲话的前两天,演讲稿曾传给莫德林,他看完后,认为有些内容太不通情理,不符合党的政策,认为是撒切尔夫人偏听了某些人的错误建议。然而,撒切尔夫人还是原样演说。作为这件事的最后结果,莫德林被解除了影子外交大臣的职务[4]。

首相可以利用内阁委员会而摆脱内阁会议。英国政府的决策程序是这样的:首先由各部讨论,然后,某些解决不了的问题,则上呈给内阁委员会。只有当某些问题牵扯面太广,争论太激烈,才能提交内阁会议。而只要首相愿意,他可以在每一个环节上插手,施加压力,使问题按首相的意图得到解决。撒切尔夫人上台之初,要大幅度削减公共开支。这件事由于损害了各部利益,受到各部大臣的抵制,财政部很为难。撒切尔夫人对财政部办事拖拉,迟迟未能提出急需的削减计划非常恼火,立即在首相官邸召见财政部的全部高级官员。“他们受到前所未有的训斥,出来时都显得战战兢兢。一个星期后,财政部提出了削减1.4亿英镑的计划。”

首相在内阁会议上可以操纵讨论。首先,许多大臣只对本部门的事务熟悉,他们在讨论中很难说服对情况了解全面的首相。要提交给内阁会议讨论的问题,首相通常已在私下与有关大臣仔细分析过,哪些人会反对,反对的理由可能是什么,都会胸有成竹。因此,当问题提出后,即使有的大臣提出异议,也会被首相轻而易举地驳倒。当某些敏感问题估计会受到强烈反对时,首相通常会抢先一步,分别与某些大臣,偶尔甚至会与所有大臣私下磋商,迫使他们同意。当问题再提交到内阁会议上时,已经私下同意的人就不方便反对了。最后,由于内阁现在已扩大为20余人,根本不宜于展开任何讨论。首相作为主持人,可以通过发言,通过巧妙地安排讨论程序,而随意地操纵讨论。由于内阁会议从来不进行投票表决,即使有人公然反对,首相也可以把讨论内容按自己的观点加以归纳,即成为决定。

撒切尔夫人成为首相后,有人描述内阁会议道:“在内阁中,她首先讲话,概括地阐述她的意见,以及政府将采取的政策。然后,持不同政见者才可发言。他们不总是能够顺利地讲完意见。因为首相有时会无礼地打断他们的讲话,用非常简洁的语言说他们的意见无法被采纳。然后,首相便进行总结。这次总结讲话实际上是她在会议开始时所提意见的重复。当内阁记录传到出席了会议的那些内阁大臣手中时,上面写的都是首相告诉内阁,政府将要做的事。”

总而言之,在首相与内阁的关系上,首相已占尽上风。有人说,英国的内阁制已让位于首相制[5]。

三、布莱尔政府的新变化

在英国,许多政治家的成长道路是:毕业于名牌大学→当律师→加入某一个大党→当选议员→进入内阁或影子内阁。托尼·布莱尔,1953年出生于苏格兰首府爱丁堡。1972年考入牛津大学,学习法律专业。1975年毕业后,加入工党,在律师事务所做开业律师。1982年,在一场补缺选举的竞选中,成为工党的候选人。此次竞选失败。1983年大选,工党大败,在议会中只得到32个席位。但布莱尔却首次竞选成功,成为下院议员,得到工党领袖金诺克的重用,进入工党影子内阁。1987年的大选,工党再次失败,布莱尔则成功地保持了在下院的席位,并当上了工党影子内阁的能源大臣。1992年7月,工党进行领袖竞选,约翰·史密斯和玛格丽特·贝科特分别当选为工党的正副领袖。布莱尔没有参加本次领袖竞选,被选为影子内阁的内政大臣。1994 年 5 月,工党领袖史密斯突然去世。7 月,在由工党议员、工党党员和工会干部进行的投票选举中,布莱尔以绝对多数当选为工党领袖。1997 年 5 月 1 日,英国大选结果揭晓,工党得到 659 个议席中的 419 席,比保守党多 254 席,比所有反对党的席位总数还多 179 席。这是二战后英国历次大选中所有政党取得的最好的成绩。工党终于结束了 18 年的在野地位,成为英国的执政党。44 岁的工党领袖布莱尔第二天成为本世纪英国最年轻的首相。

布莱尔成为首相后,唐宁街 10 号的工作风格发生了引人注目的变化。首相办公室的机构发生了前所未有的改变,首相的职权也发生了改变,首相的权力更加集中。在 1970 年前,首相办公室几乎没有发生什么变化,或变化甚微。1914 年时,首相阿斯奎斯亲自起草许多信函,而且亲自投送。1939 年张伯伦在星期五时才去伦敦郊外旧时的英国首相乡间别墅,唯一的一个电话只有在紧急情况下才使用。1970 年时,唐宁街各个部门所雇人数不超过 70 人,希思首相的政策顾问和政治问题的相关工作人员只有 10 名。今天唐宁街的工作人员已超过 150 人,其中 40 人专门为布莱尔的政策或工党的政治问题工作。自 1997 年 5 月以来,政府的特别顾问增加了一倍,从 35 人增加到 78 人,仅唐宁街的顾问就从 8 人增加到 28 人。这些顾问们成为新的权势集团,许多高级文官对此颇有微词。由于布莱尔的顾问太多,使人觉得他在唐宁街建立起了总统式的权力基础。有舆论认为,经过一年执政后布莱尔的一套总统制已初露端倪,首相居于绝对的权力中心,有的文章干脆称他为“布莱尔总统”[6]。

布莱尔执政期间,提出了关于经济、社会发展的“第三条道路”新理念,致力于公共服务改革,发展经济,促进社会公正。在政治方面,他推动权力下放,理顺了中央和地方的关系,选举成立了苏格兰和威尔士地方议会;推动北爱尔兰冲突各方达成和平协议,成立北爱地方议会,组建北爱自治政府等。在经济方面,布莱尔政府采取一系列措施,使英国经济保持持续稳定增长,失业率和通货膨胀率都处于较低水平[7]。

在国际舞台上,布莱尔带领英国政府,积极参与国际事务,展开全方位外交。他主张英国积极参与欧洲一体化进程,并在其中发挥主导作用;积极巩固与美国的特殊关系;重视改善欧盟与俄罗斯的关系。但是,布莱尔政府奉行的对美国亦步亦趋的外交政策以及追随美国出兵伊拉克,不仅造成工党政府声望下降,也使工党内部要求布莱尔早日下台的呼声日趋高涨。此外,工党还涉嫌向捐款人提供贵族院爵位,布莱尔也因此成为第一个在任内作为证人两次接受警方问询的首相。布莱尔最终迫于内外压力,于 2007 年 5 月 10 日辞去工党领袖职务。同年 6 月 27 日,在最后一次前往英国议会接受议员提问之后,向英国女王伊丽莎白二世正式递交辞呈,从而宣告结束自己长达 10 年的首相生涯。这次权力交接是在工党内部完成的,由在工党内阁担任财政大臣 10 之久的戈登·布朗接任首相,是当年撒切尔夫人向梅杰交班的重演。

[附录]

战后英国历任首相及所属政党

任期	首相	所属政党
1940.05.10—1945.05.23	温斯顿·丘吉尔	保守党/联合内阁
1945.05.23—1945.07.26	温斯顿·丘吉尔	保守党/过渡政府
1945.07.26—1951.10.26	克莱门特·艾德礼	工党
1951.10.26—1955.04.06	温斯顿·丘吉尔爵士	保守党
1955.04.06—1957.01.10	安东尼·艾登爵士	保守党
1957.01.10—1963.10.19	哈罗德·麦克米伦	保守党
1963.10.19—1964.10.16	亚历克·道格拉斯-霍姆爵士	保守党
1964.10.16—1970.06.19	哈罗德·威尔逊	工党
1976.04.05—1979.05.04	詹姆斯·卡拉汉	工党
1979.05.04—1990.11.28	玛格利特·撒切尔	保守党
1990.11.28—1997.05.02	约翰·梅杰	保守党
1997.05.02—2007.06.27	托尼·布莱尔	工党
2007.06.27—2010.05.12	戈登·布朗	工党
2010.05.12—	戴维·卡梅伦	保守党

第四节　中央各部

一、中央各部概况

英国政府各部的建立和发展是十分复杂而又不稳定的。由于各部建立的时间不同,在称呼上也各不相同。各部的名称,有的称 Ministry,有的称 Office,有的称 Department。通常在 20 世纪以前成立的称 Office,20 世纪成立的称 Ministry 或 Department。

英国政府设立每一个新的部都需要由法律批准。已有的部如需合并、撤销、拆散或作其他变动,则不需要经过法律手续。一个部的职务转移到另一个部,或者某些职权由两个以上的部同时行使,都以枢密院令的形式发布。每个部的政务官有大臣、国务大臣、政务次官。文官则是常务次官以下官员。国务大臣只在任务繁重或主管大臣需要经常到国外活动的部门中设立,如外交部、内政部、国防部、财政部等。国务大臣的地位介于主管大臣和政务次官之间,相当于副大臣。政务次官为下级大臣,主要职责是参加议会辩论,答复议会对该部事务的质询,协助处理与议会有关的部务。政府各部均设有政务次官。国务大臣、主管大臣,由首相提名,国王任命。政务次官直接由首相任命,因此,各部主要政务官的任免权均在首相。

二、各部职能

(一)财政部

由枢密院下属的财务署、财政委员会逐渐演变而来，是英国政府的一个指导和监督机构。真正负责财政支出和收入事务的是一些独立机构，如关税和消费税局、国内税务局、王室领地监督局、主计大臣公署、稽查审计署、英格兰银行、国民经济发展委员会等。财政部的指导和监督，表现在经过精心的预测和汇集各种报表，在每一财政年度做出秋季的公共开支报告和春季的预算。

在每年度夏季，政府各部要提出他们下一年度的开支预算。如果简单地把各部预算加起来，通常，国家的公共开支总数将非常巨大，远远超过财政部的预定总目标。于是，财政部就要进行预算控制，即同各部协商削减计划开支。这项业务主要由财政部首席次官负责。由于格外重要，现在已升入内阁级。梅杰曾在撒切尔夫人内阁中担任此职。如果财政部首席次官无法削减计划开支，将由内阁的一个专门委员会进行裁定。

到了秋季，财政大臣将把协商削减后的计划发表，即“秋季财政报告”。其中，公共开支的细节，还要与各部反复谈判细化，到了春季，则由政府正式向议会提交批准。正因为财政部拥有监督各部计划开支的权力，使财政部处在政府组织的核心地位，在中央各部中地位最高。

(二)内政部

由英王的秘书处发展而成，1782 年正式成立部。内政大臣被称为“女王和她的臣民之间联系的渠道”。英王的大部分诏书都必须由内政大臣副署才能生效。呈送英王的各种呈文和诉状都由内政大臣主管。

现在，内政大臣最主要的任务是管理警察和监狱。英国的正规警察约有 12 万人，分为 21 个大队。其中，首都伦敦的警察，即苏格兰场，直属内政大臣管辖。其余各警察大队，分别负责各警务区，互相独立，但又保持合作。他们由各自的“警察主管当局”控制。所谓警察主管当局，由地方议员和官员代表组成。有权任免郡的警察局局长，但必须取得内政大臣的批准。各地警察的财政，一半来自当地的税收，一半来自内政部，内政大臣有权停发部分或全部警察费用。内政部通过财政权和人事权间接管理地方警察。在英国，伦敦的警察最重要，共有 25000 人，占全国警察总数的 1/4 稍弱。总部设在“苏格兰场”。内政大臣任命警察总监、副总监、四名助理总监管理首都警察。

(三)国防部

由海军和陆军的管理发展而来。海军大臣是个古老的职位。1718 年，设立海军委员会，总管海军，第一海军大臣为首席委员。陆军由国王亲任总司令，由负责战争的国务大臣辅助国王指挥，由军队主计长负责管理议会的军事拨款。当时，枢密院通过一个战争委员会来进行相关工作。19 世纪，战争委员会成为国防委员会，最终演变为协调指挥陆海空三军的国防部。

撒切尔夫人上台后，于 1981 年撤销了分立的军种三大臣，代之以主管各军种的低级别大臣，即在国防大臣之下，有武装部队国务大臣、国防军需国防大臣、国防参谋长、海军参谋长兼第一海务大臣和相应的政务次官等等。国防大臣通过他直接指挥的三名高层官员协调整个国防部与三军事务,他们是国防参谋长、常任次官和科学总顾问。

英国按照宪法和惯例,实行文官控制军事的原则。文官控制的根本目的在于防止军事左右政治,保障彻底贯彻民主主义原则。此外,英国还有两个特点,一是军人(含原为军人者)不介入政治,作为长期的传统已完全为社会所接受。英国虽然没有法律规定首相和大臣必须由文职人员担任,但除在滑铁卢作战中打败拿破仑一世的威灵顿公爵担任过首相外,尚无第二例由高级军人担任首相。二是与陆、空军相比,英国历来把重点放在海军上。其原因可能是由于陆军将主要立足点放在国内,易对国内政治热心,而海军却一般把注意力集中在海外。正是英国作为海洋国家将力量用在海军方面,才促使军队本身形成不参与政治的惯例。

(四)外交和联邦事务部

外交和联邦事务部是由外交部、联邦事务部、海外发展部合并产生的。这些机构曾在英国的海外扩张与殖民地事务中发挥过重要作用。

(五)教育和科学部

1839 年 4 月,英国成立枢密院教育委员会。1889 年,枢密院教育委员会、济贫法委员会所属教育事务和科学技术部与 1856 年 2 月成立的枢密院下属教育部合并,成立由教育大臣主持的独立的教育部。在此之前,英国的教育,尤其是初等教育,由教区组织,此后,遂由教育部制定有关政策,并从财政部争取推行这些政策的经费。1964 年,教育部和科学部合并。英国的教育实行中央和地方教育机构双重管理的体制,公立初等教育、中等和继续教育由中央政府、地方教育当局和各志愿团体共同管理,三者共同协商与合作。英国的大学除开放大学外都实行自治。大学经费 90%由政府提供。英国实行 5~16 岁义务教育制度,全国基本无文盲。

(六)卫生和社会保险部

英国早在 1847 年就成立了济贫部,1854 年设立卫生部。济贫部后来改为社会保险部。1968 年,两个部合并成立卫生和社会保险部。

(七)农业、渔业和粮食部

英国早在 1889 年,就设立了农业部。1954 年,农业、渔业和粮食部合并。

(八)贸易和工业部

1970 年原来的贸易和技术部合并成为贸易和工业部。1974 年该部取消,成立能源部、工业部、贸易部、物价部和消费者保护部。1979 年,物价和消费者保护部又并入贸易部。1983 年贸易部和工业部合并。

(九)环境事务部

环境事务部是英国政府主管地方开发和城镇建筑的机构。1970 年由原来的住房和地方政府部、公共建筑和公共工程部、运输部合并成环境事务部。1976 年运输部又独立出去。

(十)就业部

就业部是英国政府主管就业政策的机构。该部的前身是 1917 成立的劳工部,1939 改称劳工及兵役部,1968年改称就业和生产部,1970年改称就业部。

(十一)苏格兰事务部

苏格兰事务部是主管英国政府苏格兰事务的机构。1707年苏格兰合并于英格兰后,即设立该部。1746年后,该部曾一度隶属于内政部,1885年又重新独立出来。

(十二)威尔士事务部

该部成立于1964年,是英国政府主管威尔士事务的机构。

(十三)北爱尔兰事务部

设立于1972年。此前,北爱尔兰内部事务由北爱尔兰议会和自治政府管理,它们隶属于英国议会。1968年,北爱尔兰爆发大规模冲突。1972年,英国首相希思宣布对北爱尔兰实行"直接统治",设立北爱尔兰事务部。

(十四)能源部

成立于1974年,是对当时的全世界的能源危机的反应。能源部负责制定各种能源政策,包括能源的有效利用和新能源的开发;负责政府与国有化能源工业和原子能当局的关系。

(十五)邮电部

英国邮政总局成立于1656年,原属财政部管辖,设有邮政大臣,领导邮政总局的工作。1933年起邮政总局成为独立的部门。1967年11月,英国政府立法宣布将邮政总局改为公共部门,1969年10月1日法案生效,邮政总局改组,称为邮政公司,归新成立的邮电部领导。

(十六)运输部

负责陆、海、空运输,其中包括经办国有化航空公司、铁路和公共汽车业、机场、国内和国际民航等。

可以看出,英国中央各部的职能,主要在制定政策,并使之在议会成为法案,然后监督执行这些政策。这些部经过麦克米伦、威尔逊、希思等"贪大求巨"的首相,遂合并为现有的一些巨大的部。

《英国议会政治史》一书中指出:"在英国,近代国家的建设并不是17世纪资产阶级革命完成的。国家机构的近代化改造开始于16世纪30年代都铎王朝亨利八世时期。它经过了一个漫长的历史过程,最后到19世纪中期才完成。国家制度演变的过程,在时间表上与英国工业化是一致的。因此,国家制度的发展在长时间内明显地反映了社会经济关系的影响和制约。19世纪英国资产阶级国家制度成熟的标志有两个:一是各种国家机构基本完善;二是资产阶级国家的职能基本完善。"[8]

【参考文献】

[1][英]亨利·佩林.英国工党简史[M].北京:中国社科出版社,1986.

[2][7]安东尼·吉登斯.第三条道路:社会民主主义的复兴[M].北京:北京大学出版社,2000.

[3][英]安东尼·桑普森.最新英国剖析[M].上海:上海人民出版社,1992.

[4][5][英]拉塞尔·刘易斯.玛格丽特·撒切尔[M].上海:上海人民出版社,1992.

[6]田为民,王建新,吕芳.走进唐宁街10号[M].北京:经济日报出版社,2002.

[8]沈汉,刘新成.英国议会政治史[M].南京:南京大学出版社,1979.

第五章　地方政府

第一节　英国地方政府的历史概况

英国历史上,1066年诺曼征服之前,称为盎格鲁—撒克逊时期。当时,地方政府有郡、百户区、村三级组织。郡有国王任命的郡长,百户区有国王任命的百户长,村则由教会或庄园控制。郡和百户区最主要的职能是司法审判。郡法庭每年开庭两次,百户区法庭每四周开庭一次。郡长和百户长分别主持法庭。原则上,每个自由民均可出席法庭,参与审判。其后,逐渐演变为土地所有者才出席法庭。法庭依据日耳曼人所"习惯"的行为规范进行裁决。这些"习惯"口耳相传,为自由民所承认。法庭的审判必须得到出席法庭的自由民的认可。郡长或百户长是主持人,而不是唯一的法官。

威廉一世征服英格兰之后,基本上维持了以前的地方组织。但是,由于实行土地分封制,某些大片土地属于封臣(大贵族)或封臣的封臣,即小贵族。这样,便使原来的行政区划与贵族封地交错混乱。一般来说,郡和百户区仍有法庭,但贵族也设有法庭,为封君法庭。有的封君法庭代替了百户区法庭。到亨利二世时期(1154—1189年),国王授权御前会议通过巡回法官对地方法庭和封君法庭实行监督,并受理上诉。御前会议实际上成为全国最高法庭。在此之前,中央政府与地方政府除了封君封臣的封建义务关系外,几乎没什么联系。巡回法官的设立,则开始干预地方司法。

郡和百户区在创立之初,基本上是个司法单位,其行政职能是逐渐获得的。在这个过程中,由自由民或土地所有者组成的法庭,也逐渐演变为地方议会。郡作为行政部门,负责征收税款、维护治安、安排地方各种公共事务等等。郡议会则选举国会议员和本郡主要官员,如税吏、王权辩护官和监察官,有时候,甚至还会选举郡长。

英国中世纪,英王召集议会的主要目的是征税。贵族的议会召集令直接发给他们本人,包括宗教贵族,如大主教、主教、修道院长,世俗贵族是公爵、伯爵等等。平民代表的召集令,发给郡长和市长等官吏。英国的市镇,是在8世纪以后慢慢成长起来的。城市通常也有议会,有选举的市政官员。郡长接到召集令后,通常由郡长提名议员,郡议会通过。有的郡则直接由郡长任命代表,或者干脆以郡长为代表。

但是,到了14、15世纪,平民代表或议员就已经是选举产生。郡长接到召集令之后,通知选民选举日期。选民有财产限制,乡村选民是自耕农以上阶层。选举通常在郡府举行。选举开始后,由治安法官或显赫乡绅提名候选人。每宣布一个候选人名字,台下的选民便发出“同意”或“反对”的喊声。待候选人名单宣布完后,由郡长决定当选人。如果有人对郡长的决定有疑问,那么各候选人的支持者便分开站队,由郡长估计人数,做出裁决。如各队人数相差不多,难于估算,各队就要从主席台前走过,清点人数。清点人数后,郡长宣布结果,并把当选人名单上报大法官。有了这样的开端,后来便发展为选民投票表决[1]。

第二节 19世纪地方政府改革

1888年,英国议会通过地方政府法。该法令把地方行政单位分为行政郡与市镇两大类[2]。其中行政郡52个。每个郡设立郡议会,由郡长、议员、议会主席组成。每3年改选一次,任期满时全部辞职,由新选出的一届接任。居民人口在5万以上的为郡级城市,设立市议会。1894年,议会通过地方行政法,把每个郡分为若干区,每个区又分为若干教区。区和教区均设立民选的议会。

19世纪初,英国基本完成工业革命,同时也产生了许多新的社会问题。针对这些问题,英国中央政府机构逐渐完善,中央对地方事务的干预也逐渐加强,如在济贫、教育、卫生等方面。英国的济贫事务,在16世纪以前,由教区负责。教区为无罪贫民设立救济机构,为贫民募捐,由牧师管理。1572年,议会制定《济贫法》,规定教区承担济贫义务,由治安法官指定不发薪金的教区济贫员负责。1834年8月,议会通过《济贫法修正案》,规定需要救济的贫民必须在济贫院领取救济。这项法令授权以内政部长代理的一个委员会,即济贫委员会,调查各地济贫状况,监督《济贫法》的实施,制定济贫的具体规定。1847年,政府成立济贫部,由一名内阁大臣担任大臣,济贫的具体事务虽然仍由地方教区执行,但已受到济贫部的监督控制。另外如教育、卫生、邮政、农业、渔业、警察等事务,中央也设立相关部门或委员会加以监督控制。

英国政府的立法往往非常详细,许多具体问题都通过立法解决。比如,1833年8月,下院批准拨出两万英镑经费在英格兰和威尔士的指定地区建造校舍。1889年,议会通过技术教育法,授权郡议会和市议会举办技术教育,并准许地方征收每英镑不超过一便士的地方税,作为技术教育经费。立法方案细化到这种程度,英国的中央各部对地方事务的行政干预就很有限了。通常,中央各部的大臣,是根据本党或该届政府的政策、公众的要求、某些压力集团的利益,制定有关部门的政策,起草议案,推动议案在议会通过,并监督法令的执行情况。当然,政府也可以通过行政“通告”指示地方,但这种通告必须在法律范围内,同时,行政通告因为没有财政部拨款的支持,事实上往往只是对地方的建议而已[3]。

第三节　英国地方政府区划、机构、职能以及与中央的关系

一、地方政府的法律基础

英国有关地方政府制度的立法主要有:1963 年《伦敦政府法》;1972 年《地方政府法》;1972 年《(北爱尔兰)地方政府法》;1989 年《地方政府和住宅法》;1994 年《(威尔士)地方政府法》;1985 年和 1992 年《地方政府法》;1973 年、1975 年和 1994 年《(苏格兰)地方政府法》;1999 年《地方政府(最优价值和财政)法》;1999 年《大伦敦政府法》;2000 年和 2003 年《地方政府法》和 2003 年《地区议会(筹备)法》等[4]。

在中央政府的各有关部门中,现由副首相府(ODPM)负责英格兰地区的地方政府有关政策;由苏格兰议会的执行机关和威尔士议会中的财政和中央公职部 (Finance and Central Service Department)分别负责苏格兰和威尔士的地方政府有关政策;在北爱尔兰,则由北爱尔兰议会的执行机关中的环境部(Department of Environment)负责有关的地方政府政策。

二、地方政府的组织结构

英国地方政府采用权力一元制 (Union of Powers), 而非权力分立制 (Separation of Powers)。地方政府的核心就是选举产生的地方议会,具有法人资格,郡议会和区议会称为主要的地方政府(Principal Local Authorities)。各级地方议会由选举产生的议员组成。在苏格兰、威尔士和北爱尔兰,实行单一的(Unitary)、一级制的(Single-tier)的地方政府体制;而在英格兰,则实行下列混合体制中的一种:(1)一级制的地方政府(如单一的地方政府、伦敦自治市和都市区议会);(2)二级制的(Two-tier)地方政府:郡(County)议会,区(District)议会和自治市(Borough)议会。在英格兰和威尔士地方政府中,有约 10,000 多个教区(Parish)。教区设民选的议会,享有英国议会规定的有限的权力和权利,并提供某些地方服务。在苏格兰,设有约 1,200 个社区(Community)议会。

在英国,除了少数重要问题由地方议会讨论外,几乎所有的有关事务都交由地方议会内部的有关各种委员会去处理和决定, 而议会会议上审议的事项也主要依据各委员会的报告和建议来确定。委员会按设立的条件分法定必设(Statutory)和自行选择(Permissive)两大类。但 2000 年《地方政府法》于 2001 年 4 月 1 日实施后,情况有了变化。该法对英格兰和威尔士地方政府机构作了重大改革,加强了执行机关,目的在于提高地方政府决策的效率、透明度和工作责任心,并加强彼此间的监督和审查。根据该法的规定,地方议会的执行机关必须采取以下四种地方治理模式中的一种:(1) 直选执行机关市镇长—内阁制;(2)直选市镇长—议会经理制;(3)领导人—内阁制;(4)自由选择模式。法律规定,议会应由直接

选出的市镇长、主席和议员组成[5]。

在英格兰,各级地方政府的设置和职能不尽相同:(1)郡议会:负责宏观管理方面的职能,包括教育、个人社会服务、警务和危机管理。与英格兰其他主要的地方政府相一致,所有的郡议会建立了执行机关,负责执行议会制定的政策和通过的预算。(2)在实行二级制地方政府体制下的区议会和自治市议会:是较低级别的地方政府,负责不由郡议会实施的所有职能,包括住房与环境事务,提供各种地方服务等。(3)单一的地方议会、都市区议会、伦敦自治市议会:属于一级制的地方政府,负责由县和区执行的职能。(4)在伦敦,则设立了大伦敦政府当局(Greater London Authority),由大伦敦市长和直接选举的大伦敦议会领导,负责交通、文化、规划和发展等职能。伦敦自治市依法负责各自的职能,它们与大伦敦政府当局没有隶属关系。

由于地方议会议员通常是兼职的,需要大量常任的专家和职员从事行政的、技术的和日常的事务性工作。因此,在地方议会中,除设有各种委员会外,还聘用各种通用人才和专门官员。

三、地方与中央的关系

英国中央政府对地方政府最有力的控制方法是财政控制。英国的中央一级每年要给地方政府一笔补助金,其数额约占地方政府总开支的50%~60%,占中央政府总开支的25%左右。这笔资金是由各部规划项目,财政部汇总预算,最后为下院批准。中央政府对这笔补助金的支出规定了严格的执行细则,而且在中央政府认为地方政府的活动不够有效的情况下,有权减少或停止拨款。为了有效地监督地方的支出状况,中央有关各部任命了地区审计员,对地方政府的财务报告进行审核。地方议会议员如果越出他们的权力范围,如超支了补助金项目,就可能受到惩罚,惩罚的方法是被起诉,并可能判决由个人赔偿超越权限的开支。

地方政府有权征收地方税。地方政府认为中央一级应该少征税,少给地方拨款,而由地方征税做他们自己的事情。1979年撒切尔夫人上台后,为了解决通货膨胀问题,试图大幅度削减地方政府开支。当时赫塞尔廷为环境部大臣。他减少了中央政府的拨款,警告地方政府必须削减预算。地方政府,尤其是工党控制的某些都市议会,则以加征地方税来解决财政困难。赫塞尔廷则宣布了一项纪律,对地方税规定上限,强迫地方议会一旦超过这个界限时,就要举行地方公民投票来决定是否增税。工党的地方议会和保守党的地方议会联合反抗,认为环境部的限制措施从根本上侵犯了地方民主。

1981年,工党在伦敦地方选举中获胜,工党的肯·利文斯通为伦敦议会主席。他们决定降低车费,以吸引更多的乘客,而加征地方税,作为交通补助。这种做法当时在欧洲大陆比较普遍,英格兰的其他地区,也实行这种低车费政策。但环境部大臣赫塞尔廷强烈反对这项计划,以收回对伦敦运输局的大笔补贴作为报复。伦敦下辖的布朗利地方议会因为对加征地方税不满,向法院起诉大伦敦议会。最后,由丹宁勋爵领导的上诉法院做出裁决,判大伦敦议会的行为为非法。额外的地方税被撤销,车费重新上涨。

总的说来,英国的中央政府对地方政府的控制始终在加强。这主要是因为工党政府和保守党政府对中央集权都有浓厚的兴趣,他们都觉得只有严密地控制了地方政府,才能方便地执行党的政策。如果地方政府权限较大,任何一届政府要想在短短几年的任期中,使党的政策大见成效,便很困难。工党比较注重社会主义,热心于公有化。保守党则比较注重减少浪费和杜绝官僚主义。当然,如果英国实现了高度的中央集权,在工党政府期间,就会全面实现公有化。不过,随后的保守党政府又多半会全面私有化。

虽然由于两党抗衡及地方政府的抵制,中央集权并没有大幅度加强,但仍然在缓慢地增强。1985 年 7 月 16 日,在保守党政府的推动下,下院通过了新的地方政府法。从 1986 年 4 月 1 日起,撤销了城市郡议会,保留了城市区议会。原伦敦城市郡议会行使的绝大部分权力交由伦敦自治市议会和伦敦城议会行使[6]。保守党认为,如此精简机构可以减轻公民的负担。同时,由于都市议会多半是工党占优势,因此也削弱了工党的力量。这既是中央集权强化的一个措施,也有政党利益掺杂其中。

第四节　地方议会的改革

1997 年以后,苏格兰、威尔士和北爱尔兰成为拥有自己的议会和一定权力的政治实体,而英格兰没有独立的立法机关,由中央政府直接治理。这些新议会的成立和新的议员选举办法的引入,都是权力下放和地方议会改革的重要内容[7]。

一、苏格兰议会的设立

1998 年苏格兰法允许成立苏格兰议会。在 1999 年 5 月举行的首次选举中,129 名苏格兰议会议员产生,任期 4 年。73 名议员各代表一个议员选区,56 名议员代表以欧洲议会选区为基础的 8 个选区,每个选区 7 名议员。根据比例代表制的"额外议员制",每个选民有两张选票,一张用来选举一位选区议员,另一张选票投给一个登记的政党或一个独立的候选人。工党传统上在苏格兰的选举中的表现一直甚佳,在总共 129 个席位的苏格兰议会中,获得 56 个议席,成为最大政党。苏格兰民族党为第二大政党,获得 35 个议席。保守党获 18 席,成为第三大政党。自由民主党获 17 席,名列第四。

苏格兰议会的职责范围是:卫生、教育和培训、地方政府、住房、经济发展、内务、民法和刑法等方面事务,以及运输、环境、农业、渔业与林业、运动与艺术。在这些领域,苏格兰议会可以修订或废止现行的议会法,并通过新的立法。

苏格兰议会拥有大体上相当于前苏格兰事务大臣控制的预算规模。在 1999—2000 年,此笔预算为 160 亿英镑,此外,议会还有权增加或降低基本所得税,还有权决定地方税制的形式。联合王国议会仍将负责经济与货币政策、外交、国防和国家安全。

二、威尔士国民议会的设立

1997 年,政府的威尔士权力下放建议在全民公决中以 50.3%的选票通过。在 1999 年 5

月举行的首次议会选举中,选民投两张选票:一张投给其地方选区的一名候选人,另一张投给一个政党。威尔士议会有60名议员,40名来自选区,20名按比例代表制的额外议员制产生,5个欧洲议会选区各产生4名议员。这次选举,工党获的28席,成为议会最大的政党。

1999年7月1日, 威尔士议会接管了几乎全部有前威尔士事务大臣掌管的职权,还获得了控制70亿英镑预算的权力。2003年6月12日,英国首相布莱尔对内阁进行重大改组,撤销了苏格兰事务大臣和威尔士事务大臣。

三、北爱尔兰地方议会的设立

在北爱尔兰,由于恐怖活动和对立教派之间暴力冲突不断升级,英国政府于1972年对北爱尔兰实行直接统治,以恢复法律和秩序,北爱地方政府被取缔。在英国内阁中,北爱尔兰事务大臣全权负责该地区的治理。

1998年,在贝尔法斯特,多方谈判于4月结束,达成了“受难节协定”,授权就北爱尔兰协定进行全民公决,举行北爱尔兰新议会选举的立法也在威斯敏斯特的议会通过。爱尔兰共和国议会也审议了该协定,并通过了授权在爱尔兰共和国同时举行全民公决的立法。该协定在1998年5月的全民公决中获得批准: 在北爱尔兰,71.1%的参加投票的公民赞成;在爱尔兰共和国,赞成票占94.3%。1998年7月,实施整个协定并正式行使下放的行政权力的立法在威斯敏斯特议会获得通过, 随后于11月, 北爱尔兰法获得女王的钦准。1999年,该协定的几乎所有方面都付诸实施。北爱尔兰新议会根据北爱尔兰法成立。1998年7月,108名议员用比例代表制(可转让一票制)从现有的18个威斯敏斯特选区中选举产生,随后议会举行首次会议。

四、大伦敦市长直选与市议会选举

大伦敦由32个伦敦市镇和伦敦城组成,每一个单位都由一个市政会负责该地区政府的所有事务。但是,公共交通(由伦敦交通局负责)和伦敦都市警察部队(目前由内务大臣负责)不在其中之列,而由中央和地方政府资助。

20世纪80年代以前, 大伦敦有自己的议会和市政府, 撒切尔夫人执政时被撤销。1997年,工党政府提出建议,建立一个由民选的市长和单独选举产生的议会组成的大伦敦政府。这个拟议的政府,将包括整个大伦敦,负责整个伦敦的事务,如交通、经济发展、环境保护和战略规划、警察与防火、文化和卫生。1998年,在大伦敦举行的全民公决中,参加投票的大多数选民(72%)赞成政府的建议。根据1999年《大伦敦政府法》,2000年5月大伦敦地区举行第一次直接选举,产生了大伦敦议会(Greater London Assembly)和市长。2000年5月4日,大伦敦举行首次市长直选和市议会选举,经议会批准,新的大伦敦政府成立。

首次当选的大伦敦市长和议会在2000年7月30日就职工作。新选出的议会由25名议员组成,其中14名议员各代表由两个或两个以上伦敦市镇所组成的选区,其余的11个席位按照得票多少在各党之间分配。伦敦市长由选民直接选举产生,副市长由市长从大伦敦议会成员中提名,大伦敦市议会任命。此类选举以后每4年举行一次。

【参考文献】

[1][2]沈汉,刘新成.英国议会政治史[M].南京:南京大学出版社,1991.

[3]阎照祥.英国政治制度史[M].北京:人民出版社,1999.

[4][6]杰瑞·斯托克.英国地方政府治理的新发展[J].董迪,译.郁建兴,校.中共浙江省委党校学报,2007(1):5-14.

[5][7]刘建飞,刘启云,朱艳圣.英国议会[M].北京:华夏出版社,2002.

第六章 文官制度

根据内阁1977年的解释,英国的文官是:(1)行政部门工作人员。不包括法官,也不包括军人(即使在国防部任职),不包括政府企事业单位工作人员。(2)行政部门人员中排除政务官,即由选举或政治任命产生的首相、大臣、国务大臣、政务次官、政治秘书和专门委员会委员。(3)不包括地方政府。地方政府称为自治机关工作人员,即议员委员会和他们雇用的一般工作人员。

撒切尔夫人于1979年上台时,英国公共部门工作人员总数738万。其中,中央政府231万,地方当局301万,公营公司206万。中央政府中文官712300人,占公共部门雇佣人数的9.8%,占全国就业人口(2400万)的3%,占中央政府工作人员总数的31%。撒切尔夫人为抑制通货膨胀,大量压缩公共开支,同样也削减了各部门的文官数量,几年后将文官人数降为59万[1]。现在,英国的文官是一个在政治上发挥独特影响,有自己的工会,享有各种特权的利益集团。

第一节 文官制度的源流

西方的学者认为,文官制度的基础,是政务官和事务官的区别。英国作为最早确立现代文官制度的国家,其职业文官概念的产生,即政务官与事务官的分流,也经历了一个很长的时期。

所谓的政务官与事务官,也就是人们常说的政客与官僚。“如果把官僚与政客这两类人放到整个历史长河中做动态考察,人们会发现,在资本主义出现以前,没有真正意义上的政客,只有官僚,官僚是整个政治舞台的主角。随着资本主义的产生,一个新的职业政客阶层作为一种独立的角色登上政治舞台,从而在根本上改变了传统的官场结构。这一变化是与生产力变革相适应的人类政治生活中的一场深刻革命。在一个没有政客的官僚体制中,利益集团之间的冲突不能通过和平的党派斗争的方式解决,于是战争或者频繁的内乱便成为解决这种冲突的不可避免的方式。而职业政客阶层的崛起在很大程度上改变了国家内部利益冲突的解决方式,抑制了官僚专制的扩张。所以,马克斯·韦伯认为,从单纯的官僚体制分化为官僚与政客并存的官场结构是历史的深刻进步。早在20世纪初,他就深刻地指出,在西方政治体制内部出现了两种趋势:现代官僚机构不断膨胀,并且越来越受经过技术训练、具有职业生涯的行政官员的控制;另一方面,一个新的职业政客阶层正在兴起,他们的影响力不是依赖继承来的社会地位,而是依赖群众性政党和数以百万普通市民的投票。他坚信,不可抗拒的历史趋势将会造就出这个世纪职业性的党派政客和职业性的国家官僚。"[2]

从只有官僚而没有政客,到官僚与政客的严格分野,是资产阶级分权学说的理论与实践的发展的结果。官僚与政客的区分,也成为西方公务员制度的基础。"17世纪40年代,在漫长的历史岁月中矗峙500余年的英国封建专制政体,在大革命风暴的摧击下轰然解体。然而,当新兴资产阶级的开国元勋们着手创立新的国家机器时,却始料所未及地遭到接二连三的失败。从长期国会的统治、共和政府到克伦威尔军事独裁,短短十数年间,仅大的政体更迭就有三次,各种社会动乱更不计其数。关键在于,几个世纪以来的资本主义商品经济,已在无形中使整个社会结构发生了沧桑巨变,铸造出一个多元结构的资本主义世界。""英国革命时期的'政体危机',就本质而言,无非是一元化的国家政体与多元化的资本主义社会的结构性冲突——揽持政权的资产阶级当权派系,囿守着传统的一元化统治模式,试图以一党一派的排他性狭隘利益,凌驾于整个资产阶级多元社会之上,因而引起激烈反抗,触发了一场又一场政治危机。"[3]

"政体问题成为17世纪中叶英国社会瞩目的焦点。"国家权力能不能限制,应不应限制;能不能分割,应不应分割。不同的利益集团提出不同的理论。霍布斯的《利维坦》提出的方案是以专制集权的刚性手段,强使分裂的多元世界重新纳入一元化的社会秩序中。他的理论不仅遭到来自保守和激进两个阵营的猛烈攻击,而且"光荣革命"的实践也在事实上否定了他的主张。英国1689年10月颁布的"权利法案",标志着国会立法权支配国王执行权的两权分立政体的问世。"这样,国会立法权支配国王执行权,国王执行权控制多元社会,多元社会又通过政党系统反过来支配最高权力机构,一个与多元社会动态协调的回环式的权力自反馈政治系统便脱颖而出了。"[4]

正是基于"光荣革命"的成功实践,洛克提出了分权学说,实际上是对英国现实政体的总结和前瞻。为了给多元民主设置保障,洛克提出了把立法权和执行权加以分立的"分权原则"。他在《政府论》中指出:"如果同一批人同时拥有制定和执行法律的权力,这就会给人们的弱点以绝大的诱惑,使他们动辄要攫取权力,借以使他们免于服从他们所制定的法律,并且在制定和执行法律时,使法律适合于他们自己的私人利益,因而,他们就与社会的其余成员有不同的利益,违反了社会和政府的目的。"他认为,立法权应由专门的立法机关掌握,属于若干人,这些人定期集会,联合其他人制定法律,当法律制定后,他们重又分散,自己也受他们所制定的法律的支配。通过这种切身的约束,他们制定法律时就得注意为公众谋福利[5]。

早期的分权学说其实是一种不够全面,不够完整,也不够精确的政体理论。实际上,英国的政治结构就没有按照这个方面发展。英国在形成责任内阁制以后,议会立法权就取代国王统摄了行政权,并没有将三权截然分开。即使在美国,虽然宪法明确规定了三权分立,但实际上立法、行政与司法三权之间仍有回环往复的多重联系。美国宪法的核心其实在于三权之间的相互制约。三权的截然分立,既无可能,也无必要。对此,以后的理论家不断提出修正,并根据现实政治的发展,将政党因素也纳入了其理论框架。如古德诺的理论,既强调了立法与行政间必须的协调,又提出行政系统内部的分权问题,由此为政务官与职业文官的区分提供了理论依据。

古德诺认为,存在着两种截然不同的政府功能:政治与行政。政治与政策或国家意志的表达相关,行政则与这些政策的执行有关。实际政治的需要要求国家意志的表达与执行之间协调一致,否则将导致政治的瘫痪。因为国家意志的表达,如果得不到执行,实际上就什么也不是,只是一纸空文。另一方面,执行一种并非国家意志所表达的行为准则,倒真是执行机构在行使表达国家意志的权力。而民治的政府是通过执行机构服从表达机构而使两者协调一致的,因为后者当然地比执行机构更能够代表人民。英国人民在通过对议会的控制达到了他们对国家意志表达的控制之后,他们就立刻着手使议会——他们的代表,对被委以国家意志执行权的政府机构有一种控制权,结果就产生了现在的内阁对议会负责的体制。

但是,古德诺认为,应该使这种控制仅扩展到国家意志的表达和执行之间产生需要的协调为止,如果超出了这一限制,就会产生另外一些弊病。因为这种控制可能被利用来使某一特殊的政党组织永久存在,变成一种实际上阻碍人民自主表达自己的意志的手段。不仅如此,在实施这种过分扩展的控制的情况下,行政功能的行使就不会致力于执行一种已经表达出来的国家意志,而是为了一个政党或社会阶层的利益,致力于左右国家意志的表达,即会妨碍有效地行使行政功能。为了保证政府的民治性质和行政的高效率,不能允许这种控制超出其所要实现的合理目的。

古德诺写道:“如果分析任何具体的政府组织,就可以看到有三种从事国家意志执行的机构。首先便是那些在私人或公共机构未能尊重他人权利而引起纷争的具体案件中实施法律的机构,这就是所说的司法机构。其次是那些对国家意志的执行进行总的监督管理的机构,一般被归为执行(高级行政)机构。最后是那些照管政府的科学活动、技术活动,以及,可以说是商业活动的机构,这种机构遍及各国,这些活动也已变得十分突出,这就是所谓的行政(管理)机构。”

古德诺又对上述观点进一步论述道:行政既是司法的,又是政府的。任何立法机构或立法机关都不能把有关人类行为各种事宜的国家意志表达得非常清晰,以至于对其含义不会产生丝毫争议。这种必然会产生的争议,必须在执行具体的国家意志之前得到解决。为了方便和妥当,人们认为国家意志应该由某种多少独立于立法的机关来解释。这种非立法的机关的活动通常就被叫做司法行政,而被委托行使这一行政支功能的机构通常被称为司法机构。为了防止或纠正过度集权所造成的弊病,英国首先给予司法以政治上的独立地位。英国的最早的法院是民治的,王权增长后,法官都由国王任命,但陪审制削弱了国王对法院的控制。取消国王对法官的罢免权，则进一步加强了司法独立。在美国，“除了对法官的弹劾管辖这一方面以外，我们已经使法官在法律上独立于立法机关了。任何要剥夺法官对立法机关背后的团体即政党的独立性的企图，都将受到普遍的指责”。[6]

除去司法方面以外的行政功能可以叫做政府行政。政府行政功能中的某些部分也应当摆脱政治的控制。对于一个被委托来收集事实和情报的机关来说，政治机关的任何控制都不能使它收集到更多的事实或更准确的情报。当行政工作属于调查事实，收集情报的情况下，政治控制很容易从一开始就使事实真相受到污染，因为政治影响会给调查者以偏见。任何政治性的控制都不能使行政官员更好地去行使他们的准司法职责；正如这样的控制不会使法官做出更好的判决一样。对一位被委托行使准司法职责的官员来说，政治控制容易产生腐败。因为它会使这个官员失去极为必要的公正无私的品德。古德诺写道：“实际上，行政中很大一部分是与政治无联系的，所以，即使不能全部，也应该在很大程度上把它从政治团体的控制下解放出来。行政之所以与政治不相干，是因为它包括了半科学、准司法和准商业或商业的活动——这些活动对于真正的国家意志的表达即使有影响也是很小的。为了能最有利于行使行政功能的这一分支，必须组织一套完全不受政治影响的政府机构。这套机构之所以必须不受政治的影响，是出于这样的事实：它的使命是运用预测和判断，是寻求事实、收集情报，是要对它所打交道的人保持严格的公正无私的态度，是要提倡一个尽可能有效率的行政组织。”他认为，应当给这些官员像法官一样的常设性的、不受政治影响的职位，也应像法官一样有相当长的任期。“之所以必须有相当长的任期，是因为他们工作的优良程度，往往取决于他们的熟练程度，而熟练程度在很大程度上又来自长期的实践。合理的长期任职对于半科学、准司法的和技术的行政管理部门是绝对必要的。这一点，对于一个更大范围内的行政管理也是极其必需的，这是指那个庞大的职员和办事人员的阶层。他们只简单地执行那些决定行政政策的大政方针的上司的命令。对于这类官员，合理的长期任职是必需的，因为不这样，最高的行政效率是无法达到的。的确，没有这一点，政府的工作也可以进行下去，但政府的开支会大大增加，而工作却做得很拙劣。”但古德诺也同时指出，长期的任职不能给予那些明显地属于“执行性”的官员，这些官员“被委以一般性地执行法律的职责”，否则政府从整体上说就会失去民治的特征。因此，就要求必须采取选举官员和经常选举的原则。他分析道：“让被委以巨大指挥权力的高级官员长期任职，是与民治政府不相容的，因为它会进一步扩大庞大的政府机构的规模，这种结果对于民治政府的存在是危险的。行政组织的力量过分强大会使民治政府不可能存在。因此，在政党组织薄弱的地方，一个强大的行政会通过其对选举的控制使民意无效。而理所当然，这种控制是必然会有的。另一方面，在一个政党组织强大的地方，如果在级别比较低的公务员中也根本不采用长期任职的办法，行政体制也能被用来使民意无效。在一个民意在党内难以表达的政党体制下，这一点可以通过不正当地使用任用权来做到。”[7]

英国的政治实践正如古德诺所分析的那样，一方面，议会努力控制政府，建立了责任内阁制；另一方面，政务官与事务官分流，形成了一个相对独立的职业文官集团。在文官制度改革之前，英国的一些重要的部已经在大臣之下分别设立了政务次官和常务次官。这样英国政府机构里的官员逐渐分成了两类：政务官和文官，而且两者的分野相当清晰。虽然还没有法律上的明确规定,但文官的常任制在一定程度上由舆论及作为惯例得到保障。

当内阁兴起并逐渐取代国王行使权力时，议会内的政党领袖们也力图控制下院:“这些政党领袖在乔治一世和乔治二世逐步退出政府活动时,为了确保他们在议会中的多数,也采用了上述的腐败手段。”此时的议员们像以前一样,拥权自重,“一张表决票非常宝贵,不给报酬就不予投票。要用地位、津贴和现金贿赂才能取得议会的支持”。沃波尔评论议会中的某些成员说:“他们都是些待价而沽的家伙。”[8]因此,在维多利亚女王“统而不治”之后,国王控制议会的威胁虽然消失了,但此时责任内阁拥有议会多数,分权的必要性非但不曾消失,反倒更为重要。文官常任制及文官中立作为英国文官制度的一项基本原则得到确立,沿袭了下来。

第二节　19 世纪的文官制度改革

虽然已经有一个常任文官集团存在,但是,由于这些文官仍然受到政治的巨大影响,使它的独立性大大降低了,也就是说,一个相对独立的常任文官系统存在的重要性虽然被认识到了,但没有合适的方式来保障它,其目的却达不到。文官集团所受的政治影响,莫过于其任命。即常任文官制使文官无过失可终身任职,政务官无权随意罢免他们,但是政务官却通过随意任命在某种程度上控制了他们。

随着文官常任制度的产生与发展,职业文官与政务官的界线变得日益明朗。责任内阁制确立后,政务官是这样产生的:首相为议会多数党领袖,国王对此的影响越来越小;内阁成员、各部主管大臣、国务大臣,均由首相提名,国王任命;各部政务次官直接由首相任命。这样,几乎所有的政务官均由首相任命及罢免,而首相部分按照自己的意愿,更多的是基于政党的原因。在 18 世纪,英国的文官一直是这样任命的:高级官员由国王或首相亲自掌握,较低级的职位,从 18 世纪 80 年代起,首先由各部门负责人或某些高级官员推荐,由财政部铨衡长官在汇总了所有职位空缺及一系列提名后任命。

绝大部分文官的任命均由财政部的铨衡长官掌握,但真正的影响因素要复杂得多。首先,从前是国王,现在是首相,还有各部大臣,当然愿意挑选“自己人”,部分是为了他们的政策能有效地执行,某些时候,也不能排除出自纯粹私人的动机。其次,贿赂议员以换取支持,这是国王和首相的一贯做法,其贿赂常常就是文官职位。比如,“沃波尔的地位之所以稳固,除了他善于辩论和具有个性感染力以外,还在于他懂得如何使用赏赐”。[9]赏赐包括爵位、金钱等等,但最具魅力的当然莫过于官职。因此,总体上可以这样说,即文官的任命,是以某种方式为内阁与议员们分享。而其中的过程全在幕后,几乎没有监督可言。

文官的这种任命方式的后果有以下几个方面。其一,任命的文官全部是基于某种“关系”,私人的或政党的关系,显然,这些人的资格不会受到哪怕是最基本的审查,因而其素质极为低下就不足为怪。其次,上述做法严重败坏了政府中的正常的人际关系。每个刚刚被任命的文官,都有至少一个保护人,可能是某个有能量的议员,也可能是某个大臣或首相本人。此后的晋职、工资以及其他待遇,往往取决于保护人的地位高低,宦海沉浮,而基本上与这位文官的能力、品行以及工作状况无关。如果该文官有什么错误或不良行为,他会不会受到惩罚,也与他的保护人有关。结果,文官和他的保护人有了某种俱荣俱损的紧密联系,产生了新的人身依附关系。最后,虽然已经有了初步的议会改革,中等阶级的力量在议会中正稳步增长,但仍未取得对贵族的优势,而贵族凭借他们在政界千丝万缕的联系,——父祖的荫庇或有权势的亲友的照顾,仍然更容易获得政府职位。“甚至 1832 年的胜利,也还是让土地贵族几乎独占了政府中所有的高级职位”[10]。

当时,任用亲信或用官职送人情等是司空见惯的现象。“那些其才能使他们没有希望在其他职业中取胜的人——因为在那些职业中他们必须同他们的同年代人竞争——和那些天性懒惰或体质虚弱而不能够积极奋发的人就被安插当文官。在这里他们只需花很少的劳动,不冒风险,就能够得到一个荣誉的谋生之道”。[11]在公众心目中,文官是不学无术、好逸恶劳的庸碌之辈,他们多是在其他职业的竞争中被淘汰,靠权亲贵戚多方斡旋,到政府部门来混饭吃的。

在 18 世纪,由于英国的政府职能有限,相应的,职位也有限。直到 1841 年,中央政府共有 16000 人。此时,角逐官职,还基本限于上流社会的小圈子。慢慢地,政府的职能扩展了,政府机构增加,官位增加了,受教育的人多了,自认为有资格当官的人也就多了。于是,官职的角逐也越来越激烈,便成了一股声势惊人的浊流。随着政府职能扩大,行政机构和人员急剧增加,他们的工作涉及教育、济贫、工厂、税收、战争等社会、经济、文化生活的方方面面,文官的普遍腐败与低效,由任用到整个人事制度,由官场到整个社会,蔓延开来,引起人们的普遍不满,改革的呼声日益高涨。

改革是从东印度公司开始的。英国的东印度公司成立于 1600 年。最初仅仅从事贸易,其后逐渐插手印度的政务。到 18 世纪中期以后,便成了印度的实际统治者,东印度公司的职员便不是普通意义上的公司职员,而是印度的行政官员,却一直由公司董事会任命。这些公司职员大量接受贿赂,甚至公然敲诈、抢劫,回到英国时,个个满载而归,腰缠万贯,或购置地产,或黄白铺路进入政界。这些人不少是臭名昭著的无赖,他们在国内大肆炫耀财富,引起人们的愤慨或嫉妒。另外,东印度公司的一些职员为了发财致富,常常私自挑起争端,英国议会对他们难以约束。“1783 年,查尔斯·詹姆斯·福克斯以他惯有的莽撞态度建议快刀斩乱麻,使印度官员的任命成为议会任命权的一部分。”[12]他和诺思勋爵的印度法案因为乔治三世的反对而被挫败。当时的改进是,公司董事会任命的职员,必须在东印度的陆海军官学校受过训练。但是,主要的弊病尚未触及。1833 年,当东印度公司向国王申请更换特许状时,议会通过法令,规定公司任命书记官时,应提出四名候选人进行竞争。东印度公司无法违抗议会的法令,只是设法让法令拖延了一段时间,其后,法令终于部分地发挥了作用。1854 年,麦考利委员会正式提出改革东印度公司用人制度的报告,建议通过公开竞争录用在印度任职的文官。1855 年,东印度公司第一次进行了公开考试。

1854 年,财政大臣格拉斯顿指示查理·屈维廉和斯坦福·诺思科特调查英国的文官制度现状。同年 11 月,他们提出了《关于建立英国常任文官制度的报告》。报告揭露了财政部文官铨衡长官将官职分配给议会中那些表决将被收买或酬谢的议员的做法对现有机构人事的恶劣影响,并提出一系列的改革建议,其核心是将文官职位向那些品行优良、构成当时绅士教育的各项课目竞争考试及格的青年人开放。

报告指出,为了杜绝任用亲信、买卖官职等腐败现象,应当确立公开竞争考试制度,择优录用文官,取消长期流传下来的个人任命官吏的特权。他们认为,“要得到第一流的人选,必须求助于竞争”。“这样的考试在任何情况下都应当是书面的竞争考试。”凡政府录用的文官(常务次官等高级文官或最基层的抄写、勤杂人员可以例外),都要通过这样的考试。为主持考试事宜,应当成立一个中央的三人文官制度委员会。委员们本身应当受过相应的高等或初等的正规教育,熟悉文官业务,办事公道,不受任何政治党派的影响。

报告发表后,立即受到特权阶层的强烈反对。不言而喻,“建议议员放弃他们自己的任命权,同要求他们取消东印度公司的任命权,是完全不同的一回事”。报告在发表前,曾送交政府内外许多知名人士阅读,并把他们的极其坦率的回答印在附录里。“提意见的人大多认为这个建议是绝对行不通的。这仿佛是政治世界中闯入了一个来自另一宇宙系的因果方案,好比证券交易所建议当天的股票价格应由祈祷和拈阄来确定。”大臣和议员们当然意识到这将剥夺他们的任命权以及由此而来的一切利益,但反对的理由要冠冕堂皇得多:“现在是女王任命大臣,大臣再任命他的下属,将来则考试委员会将代替女王了”——要将“君王贬低为仅仅是一台签署机器”了[13]。

在当时的克里米亚战争中,英国政府机构的混乱状况暴露无遗。陆军部的官员既庸碌无能又玩忽职守,部队伤亡很大,但前线缺乏最基本的药品和其他的后勤供应,粮食不能及时运到,致使前线的士兵因伤重或饥饿而大批死亡。亚伯丁内阁还不准对军事部门的这种混乱状况进行调查,他的内阁因此垮台。

1855 年 2 月,帕麦斯顿就任内阁首相。为了平息当时被前线败局激怒了的公众舆论,满足自由主义势力对改革的要求,同时又尽量不去触动议会里的贵族势力,于是内阁在 1855 年 5 月 21 日不经议会讨论,而直接以枢密院命令颁布了“关于录用王国政府文官的枢密院命令”。命令决定任命三人文官委员会,负责“测验被推荐到王国政府文官低级职位上的年轻人的资格条件”,审查这些候选人的年龄、身体、品德等是否合格。对考试、审查合格者颁发合格证书,分配到用人部门,经过短期的试用后再正式任命。显然,这次改革很不彻底,没有规定公开竞争考试,只要求在被推荐的候选人中进行及格考试,而且只限于充任低级职务的年轻人,考试的是初等科目。这种先推荐再考试的方式,多少有点像中国西汉时期的察举制。漏洞存在于推荐环节,因为没有“关系”者根本就没有机会被推荐,当然也就没有参加考试的机会。因此,公平自然仍谈不上,而腐败也依然如故。

“然而,1870 年,特里维廉的报告发表 16 年之后,格莱斯顿颁布命令,在整个英国文官系统实行公开竞争,这个命令几乎没有遭到批评和反对。”“此举之所以成为可能,是因为政治气氛发生了变化,其原因是英国历史上最饶有趣味的问题之一。一个原因是很明显的。1867 年德比勋爵的‘改革法’突然把下院的最终控制权从市的‘十镑户主’转到了工人手里。”老的统治阶级可能感到他们的官职任命权已经保持不了多久,让这种权力留在一个独立的文官委员会手里,要比留给许多下层阶级选举的代表手里安全得多。事实上,当然也不仅仅是 1867 年的“改革法”的效力,而是 1832 年以来的历次议会改革的总体结果的显示。三十多年来,国家权力机构的成分发生了变化,而且还在继续变化。

1832年以后的多次议会改革陆续取消了衰败选区,扩大了选民阶层。1838年,又取消了1710年制定的《资格丧失法》,这样就在法律上为新兴资产阶级取得政治权力扫除了障碍,尽管这个过程非常缓慢。“1832年的下院中,有土地利益的议员为464人,而工业企业家的议员只有44人;1835年的议会下院中,土地所有者为480人,工矿业主为50人;1837年的议会下院中双方议员各为479人和60人;1847年双方议员各为448人和119人;1852年各为442人和122人;1857年各为440人和119人;1865年各为416人和278人;1874年各为329人和229人;1885年各为198人和308人;1892年各为217人和323人。也就是说,直到1885年时工业资产阶级才在议会下院中超过土地所有者的议员人数,成为下院中占主导地位的社会集团。如果计算上把法律人士和金融界人士也算作资产阶级阵营的力量,那么它和土地所有者议员的力量对比的改变要早一些。……到1865年,资产阶级的议员在议会中第一次超过土地贵族的议员人数。”[14]

另外一个有意义的变化是,在1832年的议会改革中,上院贵族妥协了,从此以后,上院的地位下降到下院的从属地位,也就是说,资产阶级在下院的胜利,意味着掌握了整个立法机关。而这一点,由于同一时期责任内阁制的确立,必然在内阁中反映出来,虽然也要滞后若干年。

“对1830年至1868年内阁成员社会来源的统计表明,在总数103人中,拥有地产的贵族(Lords)及贵族第一代后代共有56人,占内阁成员55%,此外还有属于小地主的各郡乡绅共12名。上述两类合计为68人,占内阁总数的66%。内阁成员中商人和主要靠利息来源的上层行政官员共21人,占内阁成员的20%左右,有14人从事法律业等非贵族职业,如果把后两类视为资产阶级的一部分,那么它也占内阁人数的1/3。”19世纪中期以后,中等阶级在内阁中所占的比例仍在缓慢地上升,从1914年阿斯奎斯内阁以后,贵族才始终少于中等阶级。首相的出身,有着类似的变化。“从社会角度来说,1834年以前,贵族一直占据优势,只有阿丁顿(1801—1804年)——医生的儿子,坎宁(1827年)——女演员的儿子——是两个例外。1834年以后,企业界通过皮尔取得了突破;在他之后上台的是迪斯雷利和格拉德斯通,他们都以不同的方式代表了上层资产阶级的利益。中等阶级可以说是通过坎贝尔—班纳曼(1905—1908年)进入政府的。在那以后,中等阶级一直是居于支配地位的社会背景,虽然还不是居于垄断地位。”[15]

资产阶级在下院这个权力机构,或者在内阁这个政治上层和政权核心机构中的数量压倒土地贵族这样的转折时刻,当然有重要意义,但是,这种不断上升并终究将取代土地贵族的趋势本身也许同样重要,或更有意义。议会下院和随之而来的内阁成分的变化,意味着英国的统治者圈子越来越向中等阶级开放。在这种情况下,已经没有可能也没有理由将文官集团仍然维持封闭状态,仅仅由贵族子弟垄断。如果考虑到特里维廉的报告所建议的条件之苛刻,事实上在很长一段时期内,只有贵族子弟才能受到要求的训练和教养,也就是说,这次改革,与1688年的革命一样,仍然是一个妥协,贵族只作了有限的让步,他们也没有理由不作让步。

改革的结果,当然首先是减少了腐败并提高了行政效能。“如果官员不再由议员任命,议员和官员勾结起来欺诈人民就困难得多。现在,一位英国议员如果想利用他的地位敛取钱财,就得贿买一大批完全不靠他照顾的官员,这些官员可能非常不喜欢他的为人,如果他串通官员舞弊的勾当被揭穿,即使他不当议员已经好些年了,他们还是可能出丑或被送进监狱。"[16]

改革之前,刚刚任职的文官通常在政界各有其保护人,官场上充满了这种保护和被保护的复杂"关系"。通过公开考试竞争录用文官,就斩断了这些不良的人际关系,有助于减少官场上的腐败。正如古德诺所说,合理的长期任职,能够积累经验,一般而言,有利于提高行政效能。由于英国在改革之前就已经建立了文官常任制,基本上不存在美国那样的由政党分肥引起的大换班、大混乱,文官系统相对稳定。这是英美之间的不同之处。但以考任制取代恩赐制,通过考试择优录用的文官素质较高,毕竟能够提高效能。同时,良好的行政效能是以廉洁为基础的,腐败的行政机构和人员不可能产生高效能。以考任制取代恩赐制,减少了官场上的人身依附关系,减少了人事腐败,同样有助于提高行政效能。此后一百多年中,英国不断改进其文官制度,除文官常任制、政治中立和公开考试录用外,考核、晋升、工资、申诉等环节也逐渐得到改革。

整体地分析英国这次成功的文官制度改革,可以看出,在领主封建时代,英国社会是一种赤裸裸的身份统治和人身依附关系,其明显标志就是:"在采邑制度下,一个人要在一个神圣庄严的仪式上宣布效忠自己的领主。"不过,以往人们通常只重视农奴与领主的身份差别和依附关系,而我们这里所要强调的是,居于统治地位的贵族中,在封君与封臣之间,同样有森严的身份等级和赤裸裸的人身依附关系,"在接受封地的神圣仪式上,受封者宣誓效忠其领主"。当时担任内府大臣、大法官和财政大臣者以及在这三个部门任职者,多半是大小贵族,他们是国王的封臣和私仆。不过那时的社会秩序主要是靠封建关系维持的,内府、大法官庭和度支部这些机构都规模很小,整个社会最为重要的还是封建等级。到了君主专制时代,农奴逐渐摆脱了领主的人身控制,社会地位提高了。君主从往日的封建等级中突出出来,凌驾于其他贵族之上,贵族的地位则相应地下降了。这一时期,国王建立了一整套官僚机构,其规模远远超过领主封建时代。此时,"充当官吏的贵族,已不是以贵族的身份行使治理,而是以国王的仆役的资格行使治理"。如果说在领主封建时代贵族的身份和地位主要依靠家世,贵族和君主的关系主要通过古老的封建法调节,而在君主专制时代贵族或官僚的地位、权势和财富则在很大程度上取决于君主的宠爱。过去,封君与封臣相互之间的权利和义务是基于传统,比较明确,也相对稳定。而在专制君主与官僚之间,则更进一步强调臣仆的义务,他们的宦海荣辱升沉和生命财产也更多地基于君主个人的偏好爱憎,更不稳定和缺乏保障。在这个官僚体系中,高级官员只向国王负责,下级官吏只向他们的上司负责,而不是对国家或人民负责,因此"唯上"是官吏行为的普遍准则,于是暴政、腐败和低效必然产生并日趋严重。

"光荣革命"之后,由于各种原因,英国直到 19 世纪中期才建立和完善了资产阶级民主政治。在此之前,议会制度、内阁制度和政党制度都发展得比较缓慢,人事制度则几乎全部沿袭了革命前的旧体制。正因为这样,直到 19 世纪中叶,虽然国王的暴政不存在了,但英国政府内部仍然非常腐败。

18世纪60年代，英国率先开始了工业革命，工业革命极大地改变了英国的社会结构，土地贵族进一步衰落，工商阶级兴起，这是英国1832年以后的一系列议会改革的社会基础。而议会改革则成为责任内阁制的确立和文官制度改革的直接动因。因此，英国确立责任内阁制和进行文官制度改革首先都是民主运动的结果。

早在文官制度改革之前，英国已经有了一个常任的文官群体，这是议会为了将政府官员排除在议会之外，以防止国王对议会的控制。但英国的政治体制后来并没有沿着这条路一直走下去，形成立法与行政截然分立的分权体制，这部分是由于随着议会政治、政党制度和内阁制的发展，尤其在议会改革之后，逐渐确立了责任内阁制。以责任内阁制的建立为标志，英国政府的首相和大臣不再由国王选择和向国王负责，而是由民众选择和向议会负责，他们的身份也由国王的臣仆变为公务员。废除恩赐制，以公开竞争考试，择优录用常任文官，将文官职位向整个社会开放，每个人都是凭自己的知识和才能进入政府部门，这项改革则在某种程度上使文官不再向国王、他们的上司或保护人负责，也由国王的仆役转变为全体国民的服务者。只有在这个意义上，他们才能被称为公务员。这是现代公务员与传统官僚制度下的官吏的根本区别。文官的这种身份的转变，是19世纪英国民主运动的结果，也是英国建立资产阶级民主政治的标志之一。

考试录用和常任制能够使文官有较高的素质，这无疑有助于提高行政效率，不过这些措施更重要的是通过对文官权利的保护，在文官系统内切断了由恩赐制形成的那种“天然的”保护与被保护的关系，也减少了生成这类关系的可能性，从而减少了文官与他们的保护人，通常是与高级政府官员或议员相互勾结欺诈公众的机会。文官制度改革在一定程度上消除了文官和其保护人之间、上下级之间的人身依附关系，这是改革能够减少腐败的主要机制。

最后，常任文官制度通过对文官的保护降低了政客对文官的支配权，赋予文官群体以相对独立的地位，使其成为一支相对独立于政党力量之外的政治力量，在政党和内阁政府某种程度上可以操纵和控制下院的情况下，能起到真正的“第二院”，真正的“宪法制衡”作用，完善了分权体制。当然，这一点也有助于减少腐败。

第三节　20世纪的文官制度变革

20世纪英国文官制度改革主要集中在60年代《富尔顿报告》以后的工党政府和撒切尔夫人执政时期两个阶段。这两个阶段的改革都是对新形势的反应，有一致的地方，而出于不同的立场，也有较大的分歧之处。

在这个新世纪里，英国的工业化和城市化继续发展，政府更广泛地介入社会生活，两次世界大战使英国政府的干预急剧增加，政府职能发生了飞跃性的改变，随之，政府机构进一步扩大，人员进一步增加。如在二战期间，为了打赢这场“总体战争”，动员和集中一切人力物力，英国政府成立了许多新的部：物资供应部、经济战争部、新闻部、粮食部、海运部、国内安全部、飞机生产部、民航部、城乡规划部、燃料动力部、厂房建筑部等等。这些新增加的政府部门在战后建设"福利国家"时,大多保留了下来。后来,虽然合并成了一些大部,但政府扩张的职能却基本未变,从而为国家干预整个社会奠定了基础。

政府职能的剧变,产生了两个方面的问题。首先,政府在管理全社会几乎所有的行业部门,这就使政府部门朝职业分化和部门专业化方向发展,相应地要求公职人员的专业化,否则便难以胜任其管理和服务的职责。其次,政府全面干预社会生活的方方面面,直接面对广大的公众,庞大的政府机构和人员暴露出诸多的官僚主义弊病:文牍主义、办事拖拉、推诿扯皮等等,引起公众的强烈不满。自二战以后,英国相对于法德等欧洲国家经济发展速度缓慢,国际地位逐步下降,国内通货膨胀和失业严重,部分人将这些"英国病"归罪于文官管理无能。所有这些新问题新要求引发了1968年的改革。

1966年初,工党首相威尔逊任命富尔顿为首的委员会对文官制度进行调查。1968年,该委员会提出了一份报告,即《富尔顿报告》。这份报告认为,目前的文官制度有六大缺陷:(1)"通才的优势":现行文官制度仍建立在通才的基础上,这一点在高级文官中尤为突出,而他们却在文官制中占主导地位。"通才"实际上意味着"有才华的门外汉",对任何问题都有一定的看法,却又往往不切实际。(2)低估特殊技术的作用:常常很少给科学家、工程师以及特殊行业的成员充分的责任和机会,也不给予他们相应的权力,他们被排除在高级的决策与管理之外。(3)缺乏技术管理:有技术的管理人员太少,且始终缺乏必要的训练。(4)文官制是一种孤立和排他性的服务,各种服务之间很少接触。(5)缺乏人事管理:对人员的管理和职业的规划均不够重视。(6)现行文官制中混乱复杂的级别制度,严重地妨碍它的工作和文官积极性的发挥。

报告并提出八大改革要点:(1)建立文官部:文官的事务由财政部移交给文官部负责,如工资、管理、招聘等,并置于首相的控制之下,日常工作授权给一位非部门原内阁大臣负责。(2)文官部的常务次官任命为文官长。(3)在专家和管理员中应更加发展专业化,并使专家有更多的机会以达最高决策层。(4)取消有混乱的级别,代之以一个全部非工业文官从上到下统一的等级结构。(5)在招聘管理员中,应强调更大的专业化,尤其要充分考虑他们在大学就读的课程,使之适应将来的工作,并扩大高级文官的社会科学和自然科学方面的基础知识。(6)文官在政府各部门之间,在公私营部门之间,应有更大的交流。(7)建立文官学院,以使对文官提供重要的正规训练的场所,尤其在管理上。(8)高级文官至少必须承担一小部分向议会解释的义务,以便在一定程度上限制他们的权力等。

可以看出,《富尔顿报告》的批评主要集中于"通才",其次是缺乏科学的人事管理。报告所开的药方,也是重点强调专业化和引入某些管理方式。如通过招聘、任用、培训(设立文官学院)等环节,吸收、培养和重用各种专业人才;通过在政府各部门以及公私营部门之间的交流,增加文官的实际经验;改造以往的等级结构,按职业划分类别,每一类中都形成上下贯通的层次,既适合专业化的要求,又可调动中下级文官的积极性等。这方面的建议基本上被政府接受,并作了相应的改革。

改革之前,英国的文官分为两大类,行政人员和专业人员。行政人员又分为三类:行政级,包括常务次官、副常务次官、次官、助理次官;执行级,包括首席执行官、主管执行官、特级主任执行官、主任执行官、特级执行官、高级执行官、执行官;文书级:高级文书官、文书官、文书助理。其中,首席执行官的级别相当于助理次官,高级文书官的级别相当于特级执行官,文书官则低于执行官一级。专业人员也分为三类,分别相当于行政级、执行级和文书级。这种旧的分类结构中,各种专业人员遭到轻视,出任高级职位、参与政策制定和管理者极为罕见。而在行政人员中,行政级、执行级和文书级三类人员通常被分割开来,按照不同的标准,通过不同的考试录用,以后的晋升中,由文书级向执行级或由执行级向行政级,虽然并非不可能,却也相当地困难。这种混乱而不合理的等级结构显然无助于中下级文官的工作热情。按照《富尔顿报告》进行改革之后,文官被分为十大类:综合类、科学类、专业技术类、秘书类、社会安全类、训练类、法律类、警察类、研究类和资料处理类。各类内部不再截然分开,而是上下层级相通。如综合类的行政组,将过去的行政、执行和文书三级合并,分为助理次官到文书助理的九个等级。文官结构最上层的三级职务:常务次官、副常务次官和次官合起来称为"开放结构",向所有条件合格者开放,而不论其过去的学业经历和专业背景。这种结构使专业人员和下级文官进入最高层的晋升机会增加,也为报告所建议的按照专业化录用、培训和任用文官建立了基础。改革后的十年内,英国文官中的专业人员增加了一倍。如果说关于专业化的改革较为合理并且取得了一定成效,报告所列的第一条和第八条建议则有些不同寻常,引起很大的争议。

与美国不同,英国的文官委员会(The Civil Service Commission)的职责较为狭窄,它负责确定文官的年龄、健康、性格、能力等资格及文官任用前的资格审查;拟定文官的任用标准和考试规则;办理政府各部门文官的考试任用业务,在伦敦公报上发布文官考试、任用、晋升等消息。财政部则负责人事决策业务,并控制文官的晋升。1968 年,英国政府成立了文官事务部,将原财政部所属的机关编制及组织署和原文官委员会一起并入,首相兼任该部大臣,掌玺大臣负责日常事务,该部常务次官是负责行政事务的最高首脑称文官长。这项改革显然意图强化文官的管理并推进改革,但似乎进一步贬低了文官委员会的地位并降低了其独立性。1981 年,撒切尔夫人将文官部改组为管理及人事部,把人力规划管制等事务移还财政部管辖,首相仍兼文官大臣,下设若干司及文官学院和文官委员会。文官委员会的地位似乎没能恢复。

二战之后,英国的高级文官在大的政策问题上要向大臣提出忠告和建议,还有许多决定在大臣授权后要由文官做出,并执行和协调各种政策以及政府的管理。在这个过程中,逐渐出现了一个令人担心的问题,即文官的权力已比过去大大地增加了,有的甚至被滥用了。这种权力只集中在少数高级文官手中,他们既不是选举产生,又没有向议会说明的义务,轻易不能把他们解雇或免职。正是基于这一点,《富尔顿报告》建议"高级文官至少必须承担一小部分向议会解释的义务,以便在一定程度上限制他们的权力",似乎是解决上述问题的一个方法。

文官能够"夺取"大臣的决策职责,是基于一些基本的事实:两党轮流执政,每届政府任期有限;大臣在同一届政府内在各部门之间换来换去,这样他在某一特定部门的任期极短;政务官的人数很少,还要参与政党事务,面对议会质询,接触选民,不可能花费很多时间和精力研究政策。文官则恰恰相反。他们人数众多,往往在一个部门自下而上终身任职,精力集中,掌握资料,有丰富的行政经验,非常熟悉内情。这样,不可避免的结果是,大臣在制定政策时依赖文官,按照文官的忠告或建议行动,大臣自己的想法则有时在文官的劝说或拖延下无法付诸实施。另一方面,文官具有“隐名性”,在理论上他们是国王的“仆从”,是执行大臣的政策或命令的,大臣承担其主管部门全部工作的责任,并由他向政府,同时也向议会负责,回答下院的质询或为自己的政策辩护。文官向大臣提出的忠告和建议都是机密的,并不公开。

《富尔顿报告》这项建议的含义是,承认文官制定政策的现状,但改变“隐名性”,让文官承担其政治责任,以便予以监督。然而,这样做,意味着高级文官某种程度上的政治化,是与诸多政治传统相违背的,也必然有一些副作用。报告的这项建议未能实现,但关于文官政治化的压力并未消失。

1979 年,撒切尔夫人执政之后,决心医治“英国病”,以拯救“欧洲病夫”。关于文官制度,撒切尔夫人指责文官管理无能,夺取了大臣的决策权,维护和扩大自己的权力(部门利益);文官享有的特权太多,工资待遇高,工作安定,没有失业的危险,还享有和物价指数挂钩的退休金。执政的保守党政府努力减少文官制度的规模,减缓文官工资的增长幅度,将私人企业中的管理技术介绍到文官制度中来,从而削减公共开支和提高效率。这些措施虽然遭到文官集团的抵抗,大部分还是实现了。在 20 世纪 80 年代,文官人数从 73 万人减到了 59 万人。另外,在撒切尔夫人执政期间,高级文官的任命趋于政治化。英国的高级文官的任命程序是:由各部常务次官和文官部的文官长组成的“高级任命选择委员会”推荐,首相任命。撒切尔夫人在任命时,首先要考虑该文官是否支持她的政策。这种做法不仅引起文官的愤慨,也受到舆论的指责。

如果从撒切尔夫人执政后实施的经济政策和政府改革这一更宏观的视角观察她的文官改革措施,就能发现,保守党的文官制度改革思路已经发生了根本性的变化。撒切尔夫人的总目标是要削减公共开支,为此,内阁大规模地减少了政府职能,在此基础上,压缩文官规模,裁减文官人数。此前的工党政府的文官制度改革,则是在维持政府对经济和社会的全面深入的干预的基础上,试图通过专业化改造而提高管理效率。如果说工党的改革是在保持“大政府”格局不变的情况下,希望通过将文官的外行管理变为内行管理来提高效率,保守党政府则采用的是“小政府”、“管得少才能管得好”的改革思路,通过减少文官手中掌握的管理权限和审批权力来解决其低效率问题。可以看出,工党的措施是“头疼医头,脚疼医脚”,是技术层面的“扬汤止沸”,保守党政府的改革是全局性的,根本性的,是以“釜底抽薪”之策来解决文官的官僚主义痼疾。正因为这样,“撒切尔夫人革命”才能够比较成功地医治了“英国病”,保守党从 1979 年至 1997 年连续执政长达 18 年。

第四节 文官管理机构

英国在 19 世纪改革文官制度之前,文官由财政部管理。1855 年,英国成立文官委员会,掌管考试录用权。正式任用后的考核、培训、晋升、待遇、奖惩、退休等,都由各行政部门自己管理。文官委员会由六名委员组成,由首相奏请国王批准,以枢密院令任命,并指定一人为主席。这个委员会不受政府各部的干涉。委员会下设:考选委员会、终选委员会(负责面试)和办事机构。而财政部"编制和机关组织公署"则专门负责人事决策业务。1968 年,文官委员会与财政部"编制和机关组织署"合并,组建文官事务部。由首相兼任大臣,原文官委员会主席任文官事务部的国务大臣。文官事务部兼具原来两个部门的职能。1981 年,撒切尔夫人政府撤销文官事务所,将其职责并入财政部和内阁办公厅。总的来说,专设的文官管理机构,主要制定政策,并直接管理录用、编制、政策等事务。其余如工作调动、工作分配、晋级加薪等则由各部负责。

惠特利委员会:1918 年成立的协商协会,因为由经济和劳工问题专家惠特利主持,故称:"惠特利委员会"。全国惠特利委员会由政府和文官团体各派 27 名代表组成,主席由政府代表担任,副主席由文官工会代表担任。该委员会的职责是通过协商,解决行政当局与文官之间的各种纠纷,并可以对人事管理和人事立法提出建议。委员会处理问题,不采取表决方式,而是讨论协商。它不是权力机构,而是协调机构。其决议必须经政府同意,以枢密令发布,才能发生效力。

当文官与行政当局发生纠纷,惠特利委员会调解无效时,则可能提交劳资仲裁法院。劳资仲裁法院最初是为了仲裁工商业劳资纠纷而于 1919 年建立的,后来,应文官团体于 1925 年的要求,法院开始兼办政府文官的公务纠纷案件,并设立文官法庭。这个法庭由三方代表组成,一是法院院长或庭长,二是财政部代表,三是惠特利委员会代表。文官法庭的职权是,审理和仲裁文官与行政当局关于工资、津贴、工作时间、休假、工作条件等方面的纠纷案件。惠特利委员会和劳资仲裁可以保护文官的合法权益,文官工会在其中起了很大作用。

第五节　考试和培训

一、考试录用

英国在 1870 年 6 月 4 日的枢密院令正式确定了通过公开竞争考试选拔文官的考试制度。当时规定,高级文官的考试资格为 21 岁到 25 岁的大学毕业生,低级文官的招考对象是 17 岁到 21 岁受过中等教育的青年。对从事智力工作的高级文官,考试科目以大学一般课程为主,主要在测试考生是否达到大学毕业文化水平,以笔试为主,必考科目和选试科目各六门。1919 年后,英国文官考试中引入口试,1939 年后又增加心理测验、常识测验、体力测验等内容。经过 100 多年的不断改革完善,文官考试与录用已形成一整套规范的制度。

二、培训

英国人迷信通才,认为应付行政问题,只要有广泛的一般知识,较高的文学素养,再加上工作经验,便绰绰有余了,不必进行专门培训。但事实上由于政府职能日益复杂化、专门化,行政通才越来越难以应付。1970 年 6 月,英国成立"文官学院",负责培训事宜。文官学院成立后,最主要的工作是培训行政学员。行政学员都是较高级职位的候选人。录用后的头两年中,要在文官学院接受两次为期十周的培训。第一阶段学习统计、经济、法律和公共行政等一般性课程。第二阶段则学习管理知识与工作有关的问题,主要课程有:人事管理、政策研究、财务管理、社会服务等。其后便会迅速提升。

文官学院还为高级文官举办"高级管理训练",每期 4 周,每周集中研究一门课程,包括一般管理知识、人事管理、财务管理、政府行政等课程。英国还允许在职文官报考各种学位,并设有休假年制度,高级文官可利用假期到国内外进行自己关注问题的研究,如城市管理、环境保护等。在此期间工资照发,按因公缺席考勤。

第六节 考核、晋升和惩戒制度

一、考核

考核是晋升的依据。第一次世界大战之前,考核及晋升权完全属于各部大臣,个人好恶难免影响对文官的评价。于是,在惠特利委员会的建议下,1920 年在各部设置晋升委员会,负责文官的考核与晋升降免等事宜。晋升委员会由人事主管及其他高级主管组成,完全以工作人员的客观记录为根据进行考核,但最后仍须由大臣决定。高级人员的晋升,如助理次官以上的文官,则需要"高级文官任命遴选委员会"办理。委员会由部分常务次官以及高级专家组成。候选人经委员会审核通过后,报请首相批准,以英王的名义任命。

对于中低级文官而言,各部门的晋升程序略有差异。但一般情形都是各部每年统计出职位缺额, 通过考试录用外部人员, 或在内部已达到升迁范围的文官中依据年度考核报告、考勤记录、年资等进行选择,有时也举行面试。升迁范围一般是按任现职的年资决定的,各部门、各等级不同。如任书记官 6 年,才可考虑升任执行官,任执行官 4 年,才可考虑升任高级执行官。未被晋升者如有不满,可请晋升委员会重新考虑。

由于各部门的空缺不一样多,候选人也有多有少,晋升机会不均等。政府有时采用调动的办法来解决这一问题。即把已经达到升迁范围, 但缺乏升迁机会的文官调往其他部门,以便他们能得到晋升。各机关的晋升缺额,先依据考核分数的高低顺序补充,按现行的考核办法的规定,80 分或 70 分以上就达到晋升标准。考核因素分为十项:工作知识、人格性情、判断力、责任心、创造力、可靠性、机敏性、监督能力、热心情形、行为道德。每项因素分为 A、B、C、D、E 五等,由直接上司打分,并对每一项根据观察予以记载描写,即写出评语。作为考核结果,要提出是否适合晋升,分为:杰出、优良、满意、尚可、不良五种评语。然后,呈报大臣核定,通知本人。被考核者本人可以拿到一份复印件。如果评为四等,说明此人的工作存在许多问题。如果评为五等,很可能就意味着撤换。不过这种情况很少出现,按规定要慎重处理,本人有充分权力提出申诉。对于考评为杰出者,则也许意味着晋升。从1985年起,评为一等和二等者都有一笔奖金,为1000英镑左右。

年终评估的最后一道手续,是上司和本人谈话,交换意见。上司有权坚持自己的评语,但如果对评语存在严重分歧,则可以通过申诉等途径加以解决,以便使考评尽可能地公正。

二、惩戒

惩戒的种类:文官受惩处时,按情节轻重有申戒、停薪或减薪、罚金、调职、停职、降职、提前退休、免职等。

惩戒的程序:对违反规定而情节轻微者,由其直接上司以口头谴责。情节较为严重时,则应由各部的惩戒委员会确定事实,调查证据,并做出结论,报请大臣予以惩处。

违反规定情节严重时,应依下列程序进行:

首先是通知。对受惩戒者,应于惩戒前将违法失职内容及事由,以文书通知本人。

其次是答辩。受惩戒者接到通知文书后,应于限期内以文书提出答辩,并有权利要求会见直接长官以外的其他职员,并得以口头陈述自己的立场。在口头陈述自己的立场时,并得以接受友人或同事或文官工会代表的协助。

最后,当文官考绩成绩列为不良时,或机关改组、机关业务紧缩而员额超过时,或文官身心状况有问题而不能执行职务时,也可予以免职。服务成绩不良者,也可予以降职。

第七节　工资与退休待遇

一、工资制度

英国文官的工资待遇比较优厚,各部常务次官的工资往往高于大臣,而与首相的报酬相近。

文官的工资制度强调以下三项原则:(1)比较平衡原则。政府文官的工资要“同文官系统外的广泛可比工作的工资率,有一个公正比例”。即同其他行业和私营企业职工的工资大体上保持平衡,以保证文官的稳定。(2)适应物价原则。文官的工资必须随着物价上涨而相应提高,以保证文官的实际收入不会下降。为此,要定期对零售物价进行测定,作为调整工资的依据。(3)定期提薪原则。就是各级文官的工资要按照工资等级逐步加薪。当政府由于财政困难拖延加薪时,文官可以提出申诉,文官工会也许会号召罢工。此时可由惠特利委员会进行调解。调解无效,则交“文官仲裁法庭”裁决。对于高级文官的工资待遇纠纷,由特别组成的复审机构提出意见,政府人事主管部门决定。

英国文官享有几种工资照发的休假。一是结婚、近亲逝世等需要,可以休"特种假",照发全部工资。二是带全部工资的病假可以达六个月。三是带全部工资的年度休假,假期长短,按工龄和等级决定,最少三周,最多六周。此外女公职人员可以享受三个月的带全部工资的产假。

二、退休制度

英国文官的退休年龄一般为六十岁。对特殊需要的人才可延长到六十五岁。从事某些艰苦条件,工作责任重大的人员,可提前到五十五岁时退休。现行退休金法是这样规定的:凡持有文官委员会的文官资格证书,经国王任命为终身职务,由国库支领薪俸,在文官界连续服务达十年或十年以上,并已达到退休年龄者,皆可领取退休金。非正式编制的临时人员,如工作时间在五年以上者,可支取一次性退休金。

由于原机关撤销、精简等离职者,或因健康情况不佳而提前退休者,或已达到退休年龄但工龄不足十年者,以及工作六年以上因结婚、生育等离职者,能力有限不能胜任工作者,均可支领一次性退休金。数额大致为:工龄乘以月薪,即每工作一年,可发给相当于一个月工资的退休金。"完全退休金"按年发给,又称为"年退休金",数额是退休前三年的平均年薪乘以工龄,乘以 1.25%。工龄以四十年为限,不足四十年者按实际年限计算,超过者仍按四十年计算。由此计算,最高退休金约是退休前年薪的一半。

第八节　英国文官制度的问题

一、文官的权利保障

文官制度建立的目的,在于消除腐败,提高效率。其中重要的措施是文官的录用一定程度上摆脱了政治的干扰,在使他们为政府忠诚服务的同时,充分保障文官本人的权益。当这个集团手中的权力越来越大,事实上可以影响政策的制定,加上他们又组织工会以后,他们就有能力使他们的各方面待遇日益改善,也能有效地抵制对他们不利的改革。英国的文官工会,按 1978 年 12 月惠特利公报的统计数据,共有 9 个。其中以拥有 22 万会员的文职与公共事业协会和有 10 万多会员的文职与公共人员协会最有力量。

表 1-6-1　1978 年 12 月惠特利公报的统计数据

机构	人数	机构	人数
第一处文职人员协会	5,642	内地税收人员联合会	68,157
政府监督员及无线电官员协会	12,043	专业文职人员协会	98,867
皇家税收检查员协会	2,486	监狱官员协会	21,745
文职与公共事业协会	226,461	文职与公共人员协会	105,320
文职人员工会	46,810		

文官工会可以通过集体交涉、参与仲裁,甚至举行罢工,保障他们已有的权益或争取更多的权益。20 世纪 60 年代,许多人认为:“文官系统充斥着聪明、文雅但在管理上一窍不通的官吏,渐渐地僵化混乱。”《富尔顿报告》也希望打破通才垄断的局面,于是在文官系统内引入科学顾问以及增加经济、会计、审计人员。

由于文官没有制造和销售产品的经验,因此管理经济很外行。希思首相在 1968 年准备上台时,曾经请三十家公司的头目吃饭,请他们推荐能够改进政府工作的高级经理人才。两年后希思执政,调进了一批企业家,但很不成功,只有个别人才发挥了作用。他们多半是因身体状况或能力不好,公司不想要的人。进入文官系统的科学顾问,也在行政人员的排挤下,地位下降,无法直接接近大臣,影响政府决策。

文官的另外一个办法是,给自己加上貌似专业化的头衔,譬如“审计长”,听起来很有资格,实际上毫无审计方面的专业训练。文官系统用拖延的办法,使解决专业化问题的改革基本上落空了。在文官系统身居高位者,仍然是出身公学或牛津、剑桥大学的“通才”。撒切尔夫人撤销文官事务部,事实上已说明那十多年的改革已经全盘失败了。

二、文官的生活

在富尔顿改革之后,除了那些从大学招收来的行政学员可以迅速晋升外,其他文官与以往的处境变化不大。有人评论道:“在富尔顿身后十年,行政集团内部仍然存在着两个世界:一个是决策者的世界,他们晋升快,在伦敦工作;另一个是文书和执行人员的世界,他们的提拔一般较慢,他们的管理性工作分散在英国各地。”

英国文官按年资和考绩晋升,越往上越困难。尤其在主管之上、助理次官之下的特级主管这一级,由于职位突然减少,竞争非常激烈。在大多数国家的行政机构,也有类似情况,可以晋升的职位在某一个台阶上明显减少,大多数公务员的晋升到此为止。在这一关竞争失败,并不离开机关,而是待在里面,一直到退休。而提升上去的则要付出代价:劳累过度、俯首帖耳。一位英国大臣说:“看着真是悲惨。年轻的行政长官是一些你所能想象的最聪明和最坦率的人。然后你看到他们为晋升而忧虑,不想搞坏自己的名声,处处谨慎小心,他们明白如果被认为是有争议的,他们就不会获得提升。”[17]过了这一关,仕途便是一片光明,由特级主管至助理次官,再升入副次官,就到了富尔顿改革的“开放结构”,处于有实际政治影响的范围。

文官在退休后,有一批数目不小且随物价上涨而增加的退休金。现在,有许多文官不甘寂寞,退休后又转入私营工业企业或金融企业,继续工作。多数高级常务官期望在他们六十岁退休之后获得新的工作,他们在五十岁上下,就开始急于寻找董事职位。他们找到的工作往往与他所在的部的管辖范围有关:工业部的高级文官退休后进入航空公司,农业部的加入全国农民联盟,曾经控制过北海石油公司的文官成了石油公司的顾问。这样,人们不但对他们任职期间能否保持不偏不倚持怀疑态度,而且已经觉得他们变成了国际资本主义的走卒。

有人认为,这种英国式的腐蚀比赤裸裸地使用金钱更有效,因为一个文官现在可能用他一半的精力去迎合实业家,以期在退休后获得一个好工作。这些文官进了公司,当了经理或董事后,在管理经营上并无突出之处,但各大公司还是需要他们的董事会里有个退休文官。其原因在于他们并不期望这些文官进行有效的管理,而是能够借此接近权力走廊。这种情形在美国称为通过“旋转门”,法国人叫“换拖鞋”,在中国叫“发挥余热”,而且,政府官员退休后进入企业,对企业的贡献更大。

【参考文献】

[1]杨百揆,陈子明,陈兆刚.西方文官系统[M].成都:四川人民出版社,1985.

[2][美]阿尔巴奇,普特南,罗克曼.两种人:官僚与政客[M].北京:求实出版社,1990.

[3][4]拓夫.近代资产阶级国家分权论的逻辑行程[J].世界历史,1988(1):2-10.

[5]马协华.试评洛克的分权学说[J].湖北财经学院研究生学报,1983(3):22-24.

[6][7][美]F. J.古德诺.政治与行政[M].北京:华夏出版社,1987.

[8][9][英]乔治·马尔科姆·汤姆森.英国历届首相小传[M].北京:新华出版社,1986.

[10]恩格斯.社会主义从空想到科学的发展//王亚南.中国官僚政治研究[M].北京:中国社会科学出版社,1981.

[11]程西筠.由恩赐官职到择优录士[J].世界历史,1980(5):3-11.

[12][13][14][15][16][英]格雷厄姆·沃拉斯.政治中的人性[M].北京:商务印书馆,1996.

[17]钱守白.英国现代文官制度[M].台北:台湾中华文化出版事业委员会,2007.

专题分析

拯救"欧洲病夫":20世纪80年代以来的英国政府改革

20世纪80年代以来,西方国家掀起一场声势浩大的政府改革运动,英国是这场运动的主导力量之一。

一、英国改革的背景

(一)20世纪70年代的"欧洲病夫"

西方发达国家的经济在20世纪70年代普遍陷入"滞胀",结束了二战以后的高速增长期。英国病情尤为严重,经济增长率不仅低于欧共体中的其他先进国家,而且低于欧共体的平均水平。[1]1970年到1973年,英国物价年均上涨率从3.1%升至6.2%,经济增长率却从2.3%降至1.8%;从1976年6月到1981年6月,英国国内生产总值下降4%,工业生产下降13%,其中制造业下降17%,失业人数超过20世纪20年代大危机时期的250万,最高月份的失业人数高达325万,失业率达到了创纪录水平。

这一时期的英国,经济状况明显逊色于德法两国。战后的西德在经历了20世纪50年代及60年代初经济增长的高速期后,进入70、80年代增长速度明显放慢,但通过政府的经济刺激计划,衰退得到扭转,1969年的经济增长率甚至达到8.2%。从1983年到1990年,西德总体经济增长率从2%开始一直增长到80年代末的4%和1990年的5%。[2]战后的法国大致花了5年左右的时间医治战争的创伤,从1950年起,法国经济开始复苏,到1979年国内生产总值达到16889亿法郎,比1950年增长3.98倍,经济实力在60年代后期超过英国,1979年的国民生产总值是英国的1.41倍。1976—1983年间世界经济的平均年增长率为3.2%,法国经济在这一时期内的平均年增长率为3.7%,依然超过了世界平均水平。[3]而在1959至1974年的15年间,英国的国内生产总值的平均增长率为3%,低于西德的4.7%和法国的5.7%,被称为"欧洲病夫"(Sick Man of Europe)。[4]

英国之所以成为"欧洲病夫",除了世界性经济危机的影响之外,也与其战后历届政府的各项政策有关。

(二)战后国有化运动和福利国家建设

1.大规模的国有化运动

(1)二战后工党政府的三次国有化浪潮

英国战后的第一次大规模国有化发生在1945年7月至1951年10月工党的艾德礼政府

时期。艾德礼政府上台伊始便大力推行国有化政策,在执政的头三年,先后推出了8项国有化法案,掀起了第一次国有化浪潮。1946年3月,英国政府把英格兰银行(England Bank)收归国有,并法定为中央银行(Central Bank),既是政府金融政策的执行者,又是货币流通的调节者。1946年7月,工党政府通过了《煤炭法》,把大约1500个矿井和一些煤炭加工企业置于国家煤炭局(State Bureau of Coal Industry)的管理之下。同年8月,通过《民航法》,建立了英国欧罗巴航空公司,经营英国与欧洲大陆之间的航空业务。1947年8月,通过《运输法》,将铁路、铁路车辆、铁路附属旅馆、公路运输、内河航运、码头等实现国有,由英国运输委员会统一管辖;与此同时,还通过《电力法》将500家电厂和私人输电系统划归中央电力局管理。此外,英国政府还把机场、电信公司、煤气公司以及部分钢铁厂实行了国有化。据统计,在这次国有化运动中,国有化的工业企业占整个英国工业的20%,国有企业固定资本投资占全国固定资本投资总额的比重也有很大提高。国有化企业基本上支配了英国的基础设施部门,掌握了国家的经济命脉并左右着经济的发展。

英国的第二次国有化浪潮发生于1964年10月至1970年6月威尔逊的工党政府执政时期。英国政府为了提高老企业的竞争能力,对一些企业实行了国有化,企图通过国家力量对这些企业进行技术改造,以改变其设备落后、成本高、产品质量低、性能不够先进的状况。1965年5月,英国议会通过新的国有化法案,并于1967年把14家私营钢铁企业收归国有,恢复原英国钢铁公司的名称。1968年又通过法案,成立货运公司,把业务范围超过100英里(160千米)以上的企业收归国有,并把部分港口和机场收归国家经营。

第三次国有化浪潮发生于1974年3月威尔逊再次执政之后,一直持续到20世纪70年代末。1974年工党发表《英国工业的新生》,提出成立国营企业局的建议,相关法案于第二年的11月在议会通过。国营企业局的职责是促进特定工业部门的建立,把国有化扩大到有利可图的制造部门并推动工业的民主化。同战后初期和20世纪60年代中期的国有化相比,20世纪70年代的国有化有了很大的发展。这不仅表现在国有化的部门增加了,而且在构成上由原来主要是能源、钢铁、交通运输等基础部门,发展到包括电子、宇航等尖端技术部门。在20世纪70年代末,工党政府还建立了英国国家石油公司,除了经营石油勘探、开采、提炼、运输和销售业务外,还代表政府与外国石油公司签订合同,发放北海油田的开采许可证。英国政府还将私人拥有的商业港口和运输置于国家管理之下。[5]

纵观英国战后整个国有化过程,总的来说较为顺利,特别是第一次国有化高潮。1951年10月,丘吉尔的保守党政府执政后,几乎完全继承和保留了包括国有化政策、福利国家和充分就业在内的工党政策,从而形成战后英国著名的"共识政治"。

到1979 年5月撒切尔夫人出任英国首相时,国家直接控制着能源、运输、电信、钢铁、造船、宇航等国民经济命脉部门,共有大小国有企业16283家。在煤炭、造船、电力、煤气、铁路、邮政和电讯等部门,国有企业比重达到100%,钢铁和航空部门达到75%,汽车制造和石油工业部门也分别达到50%和25%。在国有化达到高峰时期的1979年,国有化企业的产值占英国国内生产总值的10.5%,就业人数达200余万,占全部就业人数的8.1%,固定资产占固定资产总额的15.3%。[6]

(2)国有化的弊端

20世纪70年代,英国大规模国有化的弊端越来越明显:

第一,国有企业效率低。1976年,英国国有工业总产量年均增长率仅为1.1%;1978—1981年,英国国有企业所占投资比重为16.8%,而产出比重只有10.9%。这一时期,支配英国经济命脉的国有企业的糟糕表现直接限制了其他企业的发展,使整个国家的经济陷入停滞。

第二,国有企业挤占大量资金,加速了英国的通货膨胀。为了实现充分就业,实现政府特定的社会目标,必须维持国有企业的运营。1973—1980年,英国政府以贷款、赠与、注销债务等形式对国有企业的投资累计高达205亿英镑。英国政府仅对煤矿、铁路和钢铁三个国有部门的财政补贴,在1978—1979年度就达到18亿英镑。国有企业获得的资金越多,私人企业获得的资金就相应减少,国有企业挤占了私人企业的资金。这直接造成英国制造业的投资严重不足。另一方面,英国政府为了刺激经济,经常依靠扩大公共开支,人为刺激需求,导致了巨额的财政赤字,并且造成通货膨胀率居高不下,1975年甚至达到24.2%。

第三,工会势力的膨胀加剧了劳资关系的紧张。二战后的英国工会不仅人数多,而且权力大。英国工会及其活动享有合法地位,工会在劳资冲突中享有普遍的法律豁免权,工会代表有权代表工人与雇主进行谈判,即集体谈判制度。如果集体谈判是在整个行业的层面上进行的,那么,行业工会和各大企业主之间达成的协议就将在全行业内执行,哪怕某一企业工会力量很小,也能从中受益。英国首相麦克米伦感慨地说:"我们不能碰的机构有三个:(皇家)禁卫旅(Guard Brigade)、罗马天主教会(The Catholic Church in Rome),或者是全国矿工联合会(The National Union of Miners)。"在英国,工会主要专注于劳资之间的讨价还价,如果工会的要求得不到满足,工会就以罢工相威胁。战后20多年,英国经济处于繁荣发展阶段,工党和保守党在共识的框架下,采取相近的经济社会政策,加上总体上各个工会也比较配合,劳资关系相对比较平稳。然而,从20世纪60年代末开始,随着通货膨胀日趋严重,劳资关系日益紧张起来。工会用罢工来胁迫资方大幅度增加工资以抵消通货膨胀中的损失,可劳动生产率跟不上工资的增长,结果只会造成生产力成本激增,带动物价的提高,从而进一步助长通货膨胀,而这又成为新一轮劳资双方讨价还价的起点。最后,越来越多的国有企业使得公共服务部门愈加庞大,1961—1975年间,英国公共服务部门的从业人员增加了27%,地方政府增加了70%,服务成本越来越高,占国民生产总值的比重由1960年的33%上涨到1975年的45%,但是服务质量却越来越低,导致了公众强烈的不满。[7]

2.福利国家的建设

(1)福利国家的由来

一般认为,英国的福利国家(Welfare State)创始于二战后工党执政时期,具体来说应该以工党艾德礼政府于1948年7月4日全面实施国民保险等社会福利法案为标志。早在艾德礼工党政府(1945—1951年)上台之前,英国社会福利事业的发展就已经有了一定的规模,政府各部门已直接或间接地干预着教育、医疗卫生、社会保险、儿童补助等福利事业,社会政策已不再是一种权宜之计,而是一种长期的稳定的政府政策。政府在劳资冲突中已不能仅仅把劳动者的勉强生存作为唯一的尺度和标准,而必须综合考虑影响社会政策的各种因素,在各社会集团的愿望之间维持一种微妙的平衡。1948年7月4日,艾德礼首相通过电台向全国宣布:四项立法——国民保险法、工业伤害法、国民补助法、国民医疗保健法明天将开始生效。这些立法是社会保障的主体,这些社会服务将是广泛的,每一个公民都可以享受到,每一个家庭成员都将由此获得保障。1950年,在致补缺选举中连续当选的工党候选人的鼓励信中,艾德礼首相以自豪的心情说,在他的第一个任期内"福利国家"的基础已经奠定。于是,"福利国家"一词与一种具体的制度联系了起来,并由此成为发达的现代社会的标志。[8]

英国在福利国家建设方面的率先行动,产生了广泛的国际影响。英国的所谓"福利国家"不仅引起了有关理论的更新,而且在推动欧洲各国积极发展社会保障事业方面起着很大的作用,并促进了战后欧洲社会保障的大发展。如法国在1945年10月公布了《有关社会保障组织总统令》,进而完全统一了战前社会保障的所有立法,向着把全体国民作为对象的综合性一元化社会保障体系进军。瑞典在1946年彻底修改了《劳动工伤保险》,1947 年重新制定了《国民健康保险法》。西德也在1951年制定了"有关社会保障领域恢复自治及各种法规"的计划。1949年,实施社会保障制度的国家已增至58个。[9]

(2)战后至20世纪70年代初两党的福利政策

第一,1945年至1951年工党执政时期的福利政策。

1945年颁布的《家庭津贴法》,试图结束战争期间所形成的贫困,这是一种由税收统一支付的非缴费型、普享性津贴。1946年的《国民保险法》规定,凡受完中等教育(16岁)、已经就业却未达到领取养老金年龄(男65岁,女60岁)的公民,都必须参加国民保险,缴纳国民保险费。对于参加保险的人,当他在失业、患病、伤残或因其他各种意外事故而丧失生活来源时,有权享受社会保障的福利,领取有关的津贴或救济。不仅如此,政府还成立了国民救助委员会,为那些没有收入或者收入太低而不能缴纳国民保险者提供国民救济金,以便他们达到国家规定的最低生活标准。1948年制定的《儿童法》,负责对被遗弃和被忽视的儿童所应该提供服务的工作情况进行广泛的深入调查。1949年颁布的《住房法》,充分扩展了补贴的适用范围,取消了地方当局对工人提供住房的限制;对第一次购房的低收入家庭给予额外津贴和其他优惠政策;为老人和病人提供特殊住房;鼓励地方当局建造房屋以供廉价出租,严格控制私人造房;凡有空余私房者应主动出租,并限制将住房改作工商业经营等其他用途。

第二,1951年至1964年保守党执政时期的福利政策。

保守党于1951年至1964年执政期间,正是英国福利国家在战后的扩张时期,政府承诺继续关心人民福祉,制定更让人期待的社会政策。1959年,政府颁布新的《国民保险法》,正式建立起与收入相联系的养老金制度。在住房方面,为了缓和供不应求和人民渴望有房的迫切之情,公有和私有住房的建造在1951年至1964年达到了繁荣时期。同时,政府大力推动"国民健康服务计划"(The National Health Service)。随着社会对该项服务需求的增大,引发其服务成本的持续上涨,面对这种情况,保守党决定对该项社会福利进行削减,开始增加医疗收费,但增加的医疗收费还是改变不了医疗支出成本上升的状况。于是,一些医学界人士便提出了推翻"国民健康服务计划"的想法。[10]虽然"国民健康服务计划"没有被废除，但这一时期对免费的国民健康服务进行收费的辩论几乎引发了战后福利国家建成以来的首次政治危机。[11]

保守党执政的13年，在社会保障制度和福利国家方面整体上继续沿袭工党的政策，两党的相关政策表现出明显的连贯性。历史学家们对英国政党在福利国家的确立中所发挥的作用的评价是，“工党创立了福利国家，而保守党巩固了它”。

第三，1964年至1970年工党执政时期的福利政策。

1964年，工党在竞选宣言《新英国》中指出：社会保障津贴——退休、疾病和失业补助——已经低于人类基本需求的最低保障水平，工党将会重建我们的社会保障体系。[12]工党于1966年制定了《社会保障法》，将保障范围延伸到失业、疾病及寡妇等人群，以维持其基本的生活标准。同时，将“国民救助委员会”的名称改为“补充津贴委员会”，消除了非缴费型津贴申领人，特别是养老金领取者的耻辱感，使得以收入决定救济的权利更为明确。儿童问题在这一时期也有新的进展，1965年成立的儿童贫困行动小组，主要目标是督促政府通过增加家庭补贴的办法来解决儿童贫困问题。1969 年工党政府再次颁布了《儿童与青年法案》，规定地方政府必须在青少年因犯罪而上法庭之前承担照顾责任，这就使得以前的少管所和得到批准的学校都成了设有专职人员的社区照顾所。这对遏制青少年犯罪和对青少年罪犯的再教育无疑是一个重要的举措。在住房方面，工党政府采取以下措施来实现大众对房屋的需求：减免收入所得税，为个人偿还抵押借款本息提供支持；有关部门和住房协会向房地产公司提供补贴；阻止房东收取全额租金，国家采取措施要求房东向租户提供补贴金。[13]

(3)福利国家带来了开支过大和社会缺乏活力等问题

据英国官方《国民收入与支出》统计，1951年国家福利支出为20.74 亿英镑，到1982年增至685.1亿英镑。扣除英镑贬值及通货膨胀因素，增长了2.7倍，而同期国内生产总值仅增加1倍。也就是说，英国福利支出的增长速度超过了国内生产总值的增长速度，国民经济的发展滞后于福利事业的膨胀，这势必导致政府财政收支逆差日益扩大。政府只得通过不断提高税收来弥补财政赤字，而高税收又挫伤了劳动者的积极性，甚至助长了懒惰和不思进取的情绪。同时，为了躲避高税收和追求更高的待遇，英国的工程和管理人员大量外流。1951年到1975年间，英国福利支出在GDP中所占比例在20年间从14%迅速攀升到28%，导致政府财政支出窘迫。从1951年到1986年，政府财政赤字累计达1209亿英镑。1974年，英国政府承担的社会保障费用占整个社会保障费用的比例为51.8%，雇主为26.1%，而个人只要支付不到1/4的成本，就可以获得全部的收益。[14]福利国家在全社会拉起了一道安全网，这有利于社会的安定，但人们的收入经过调节后出现了这样的结果：低工资者的最终收入可能高于工资较高者。更有甚者，英国出现了一批从来没有工作过的成年人，他们依靠失业津贴及各种社会救助度日。1974年度，英国的失业率为3%，而到1982年时已高达12%，这些真真假假的失业者游荡街头，严重地影响了社会秩序。

研究者认为，工党政府的福利国家建设存在两个方面的问题：一是在社会福利资金尚未积累的情况下，就以现收现支的方式全面推行社会福利，结果，整个社会福利支出的一半要由国家财政垫付。当20世纪50、60年代英国经济处于相对高速发展的时期，社会福利支出对财政的压力并不突出，但从60年代后期英国经济开始滑坡，政府财政就力不从心了。二是以追求平等为主要目标而忽视了效率。J. 哈里斯指出，与其他西欧国家相比，英国的福利制度不具有经济目标，一切人都平等享受，而其他国家的福利体系更关心促进工业效率。可以说，直到撒切尔夫人执政之前，这30多年是体现平等要求的社会福利制度的大发展时期。福利制度暴露出来的种种弊端表明，过分强调平等而忽视效率，不仅会妨碍经济发展，反过来也会危及社会福利制度本身。[15]

二、保守党政府改革的理念和主要措施

1975年，玛格丽特·撒切尔夫人当选为保守党领袖，是“新右派”崛起的重要标志。随后，保守党发表“正确的方法”的政策声明，提出减少货币供应量，减少政府对经济的干预，实行私有化、减税、鼓励自由市场机制的发展等主张，强调“再也不能让战后几十年来的‘共识政治’扼杀和毁坏自由企业赖以发展和国家兴旺的个人积极性和独立精神”。1979年，保守党在有利的国内外潮流之下，获得大选的胜利，撒切尔夫人成为英国历史上的第一位女首相，后来又在1983年、1987年两次连选连任，共担任首相11年之久，直到1990年辞职。[16]撒切尔夫人改革的基本思路是使政府的工作更加适应公众的要求，主要集中在文官制度改革、以货币主义取代凯恩斯主义减少国家对经济的干预以及福利国家制度的改革等。2006年8月28日，英国广播公司(BBC)《历史杂志》公布的一项研究结果显示，撒切尔夫人和艾德礼并列当选20世纪英国最富成效的首相。

(一)国有企业私有化

战后以来，英国是西方国有化经济程度最高的国家之一。历届保守党政府虽然推行过私有化政策，但并未对工党实行的国有化作彻底的否定。撒切尔政府大力减少国家对经济生活的直接干预和控制，大力推行私有化，倡导自由市场经济和竞争。从1979年到1990年，私有化运动逐步推进。撒切尔夫人声称，她的政府要通过私有化建立一个“拥有财产的民主社会”，实现“民众资本主义”，使人们都成为拥有资本的人，“使工人成为业主”。[17]

1.英国国企私有化的形式

英国政府对国有企业进行私有化的形式主要有三种：

第一，对国有企业实行股份制改造，在证券交易所挂牌上市，以公开的方式吸引民间资本。这是英国国有企业改革的主要形式，主要是针对那些具有一定垄断性质的大型企业，如发电厂、电信部门、铁路、航空等基础领域，均通过发行证券或出售的方式将公营业务整体转让给私营部门。特别值得一提的是，英国政府通过各种措施鼓励普通居民尤其是本企业职工购买股票，比如简化股票的购买手续，允许分期付款；对于本企业的雇员，以优惠价格出售，并用无偿赠送少量股票等办法吸引广大国民参加，从而既增加购买国有股的资金来源，又保证国有股减持的公平性，同时普及了资本市场知识，强化了大众的投资意识，公众通过持股获利而成为市场化改革的坚决支持者。

第二，将国有企业的部分业务出售。政府特别强调将企业的关键业务出售给战略投资者。这种方式通常伴随着对新投资的承诺或者新管理的引进，大大加强了原有企业的经营实力，提高了管理质量。比如英国的铁路企业Rolling Stoke 公司、汽车企业美洲虎公司以

及煤矿业等,都采取了这种方式。

第三,公私合作经营,授予私营部门特许权。即采取政府授予特许权的方式,公营部门保留对核心活动的控制权,但私营部门负责提供服务所用的资产,新的管理层可以在国家规定的框架内自主经营企业。特许权有一定的期限,到期后可以再次授予。在英国,医院、学校、住房等行业均采取此种办法进行改制。[18]

2.私有化的结果

到20世纪80年代末,英国国有企业的40%已经私有化,60余万名职工从国有企业转为私有企业职工。这些企业被重新置于市场竞争之中,自谋生存和发展。同时英国拥有企业股票的人数由1979年的300万,增加到80年代末期的1100万,占人口的20%。撒切尔夫人还宣布,私有化没有限制,要推行到所有经济部门去。私有化不仅仅符合保守主义的政治哲学和经济主张,而且使政府从中获得巨额财政收入,有利于减轻财政负担,减少财政赤字。同时,“民众资本主义”也有助于削弱工党和工会的社会基础,巩固保守党的地位。[19]

撒切尔的经济政策对当时医治“英国病”、发展英国经济起到了积极作用。1983年到1988年间,英国通货膨胀率一直维持在平均5%以下,为20世纪60年代以来的最低水平。1988年英国财政出现了140亿英镑的盈余,经济增长率也显著提高。1983—1988年英国经济的发展速度在西方国家中始终名列前茅,特别是经济增长率和劳动生产率增长速度等都优于欧盟大陆国家和美日等主要工业化国家,显现出了少有的活力。撒切尔政府带有自由主义色彩的改革,并不是要完全放弃国家对社会经济生活的干预,而是要把国家的干预限制在一个适当的范围之内,是对国家过度干预经济趋势的一个根本性纠正,在一定程度上克服了凯恩斯主义和福利国家的一些弊端,取得了良好的效果,为英国资本主义的继续发展提供了新的经验、新的方向。1997年,工党重新上台后,也不再坚持国有化的方针,而是以“撒切尔主义”为参照,对传统理论和政策进行了彻底改造,提出“新工党、新英国”的口号,声称要在自由市场经济和国家干预主义之间寻找“第三条道路”,维持政府调控和市场机制、社会效率和社会公平间的平衡。从某种意义上讲,撒切尔政府的改革帮助工党完成了单靠自身力量无法完成的变革。因此,有人甚至将布莱尔的政策主张称为“布莱切尔主义”(Blaicherism)。[20]

(二)福利国家改革

撒切尔政府的福利制度改革,实质是要削减政府的福利开支,并使福利开支得到更有效的使用。主要措施有实行住房私有化,以减少政府用于资助住房建设的费用,这使英国自有住房者人数大增,同时也有利于加强保守党的社会基础;削减用于医疗卫生等方面的开支和教育开支;改变社会保险制度的“普遍性”原则,实行“选择性原则”,即只有确实贫困和需要者才可以享受。撒切尔夫人说,要使英国“从一个依赖的社会转变为一个自立的社会”。

1980年,撒切尔政府制定了以削减公共开支和控制货币发行量为目标的“中期金融战略”。1980—1985年平均公共开支占国内生产总值的20%,比1959—1969年间的年平均33.6%和1970—1979年间的年平均46.4%大为降低。[21]

撒切尔政府的改革并不是要取消福利国家,而是意在尽量消除其消极影响,从而在福利国家与市场经济、国家干预与市场规律之间寻找一个积极的平衡。同时,作为竞选上台的政治家,撒切尔夫人不能不考虑改革对于保守党的政治影响,所以其改革既全面又谨慎,改革措施较为稳健,多采用间接的手法而不是直接削减民众的既得利益。比如,为了增强经济活力,国家实行私有化措施和降低个人所得税,这种方法隐蔽地降低了救济补助,使其实际的"含金量"减少,无形之中就拉大了人们的收入差距,鼓励人们去努力奋斗而不是坐等救济补助,但又不至于激起人们的严重抗议。撒切尔夫人改革的深远意义还在于将福利国家的改革推向了英国政治舞台的前台,从而为以后的改革创造了条件。[22]

1990年11月,年仅47岁的英国保守党政府财政大臣约翰·梅杰当选为保守党领袖,接替执政11年之久的撒切尔夫人,成为19世纪以来英国最年轻的首相。梅杰政府的主要政策是撒切尔夫人政府主要政策的延续,政治方面保持对文官制度的完善,经济方面继续削减政府不必要的开支,加强政府对货币的控制,提高公共服务的质量。[23]

三、工党政府改革的理念和主要措施

托尼·布莱尔于1997年5月击败前保守党首相约翰·梅杰,入主唐宁街,至2007年6月担任英国首相。执政期间,布莱尔提出了"第三条道路"(The Third Road)、"合作政府"(Joined-Up Government)以及"第二代福利"(The Second Generation of Welfare)等一系列新的理念。

(一)第三条道路

"第三条道路"的产生源于工党为克服自身执政危机,顺应英国社会的巨大变化和时代的深刻变迁所进行的革新努力。

20世纪末的英国,工党传统的理论和政策早已成为陈词滥调,其政策模式危机、组织危机、选举危机都促使工党必须寻求变革之路。此时,保守党的政策在取得成效的同时,负面效应也日益显现,但撒切尔主义已经深刻渗透于英国社会,在一定程度上也限定了工党革新的方向。布莱尔深知工党想得到选民认可,既不能重复它以前的路线,也不能宣称继续保守党的政策,而需要寻找一个新的政治框架和新的行动方针。

时代的变迁为工党寻求新政策提供了新的空间。东欧剧变改变了左与右的传统对立形式,全球化和科技革命的扩展进一步模糊了左与右的界限,提出了一系列传统政治不能涵盖的新政治问题。正是在这种背景下,布莱尔宣称工党要走一条超越左与右的"第三条道路"。

1998年9月,布莱尔发表了《第三条道路:新世纪的新政治》一书,详细阐发了工党的执政思想。布莱尔称:"第三条道路代表了一种现代化的社会主义,热情致力于其社会公正和中左政治目标,但却是以灵活、创新和富有远见的方式来实现它们。它是以引导进步政治一个多世纪的价值观念——民主、自由、公正、相互责任和国际主义——为基础的。但它是一种第三条道路,因为它坚定地超越了那种专注于国家控制、高税收和生产者利益的旧左派,和那种把公共投资以及常常把'社会'和集体事业当做邪恶而要予以消除的新右派。"

有的学者认为,"第三条道路"的实质是工党的右倾化,它表明英国新一轮共识政治开始形成。共识政治是英国战后历史的一大特点。英国的两党制从根本上说不是敌对性的政治制度,而是竞争性的。两大政党处于同一个国家,面对同样的问题、同样的人民、同样的世界,可供两党选择的模式差别不大。在赢得大选的压力下,两党的政策只能趋向于占强势的主流政治意识。

工党的经济政策基本上接受了保守党的主张,接受和认可了保守党的自由市场和私有化政策,也放弃了实现公有制的目标,完全献身于对资本主义的“管理”,认同保守党政府对工会权力的约束,还接受了保守党对福利政策的某些批评。[24]

(二)合作政府思想

撒切尔夫人的“竞争性政府”(Competitive Government)的概念可以说是全球行政改革的一个关键指向。在随后的时间里,政府变革的各种手段都以竞争作为内涵。而“Joined-Up Government”(简写为JUG)是布莱尔政府改革的一个核心词汇,国内学者普遍将其翻译为“合作政府”。事实上JUG并不仅仅意味着政府组织间的联合,更为主要的是一种合作,这种合作包括政府不同组织间的合作,也包括政府、市场与社会的合作。“合作政府”这一词汇是由布莱尔在1997年创建社会排斥小组时第一次使用,很快成为英国政府的一个重要理念。

合作政府是在第三条道路思想指引下,超越传统的官僚体制与新公共管理模式,试图通过建立一个跨组织的、将整个社会主体联合起来实施整体战略的治理机制,最后建成一个包括中央与地方政府、公共组织、私人组织以及志愿者团体参与的、无缝隙的、以公民为中心的政府。作为推行第三条道路的合作政府并不是对新公共管理运动的否定,而是修正。正如布莱尔所说,“我的方法是永恒的修正主义”。

合作政府的运行模式可分为以下四点:

第一,创建合作政府就是要强化核心行政部门的控制能力,采取一种自上而下的国家目标的推行,这里的核心行政部门主要是首相办公室、内阁办公室以及财政部。

第二,为了防止政府治理过程中的碎片化,合作政府要求强化部门间的横向合作,这种横向合作包括打破组织框架的壁垒,在目标设定上更为一致,以及在预算上的共享。

第三,在实现横向合作的同时,布莱尔也在纵向上谋求协作来实现政府的合作,这主要是通过强化区域政府的功能来完成。严格来说,这里的区域政府并不是一级真正意义上的政府,更多的具有中央政府派出机构的特征。

第四,地方政府在提供公共服务时的“有限授权”、“赢得的自治”以及公民参与。地方政府是公共服务的主要提供者,因此也成为布莱尔政府改革的一个重要战场。1998年,地方政府白皮书——《现代化的地方政府:紧密联系公民》发布,这标志地方政府从保守党的高度中央集权向新工党适度的地方自治转变。[25]

(三)第二代福利

布莱尔的“新工党”政府上台后,以建设“第二代福利”为改革目标,对英国的社会福利制度进行了全面深刻的改革。

第二代福利以工作福利模式为核心,以市场运作为基本准则,通过新政促进全面就业,以人力投资为就业创造条件,同时吸引社会力量参与福利供给体系,实现了市场、政府和社会三者关系的新平衡。

不同于传统的消费型福利，第二代福利是一种生产型福利，它将福利支出转化成一种生产投资。无论在改革的指导理念还是具体的政策措施方面，布莱尔“新工党”政府的社会福利制度改革都与“老工党”政府有着根本的区别，它更多地遵循与执行了撒切尔保守党政府所开创的社会福利改革思路。“新工党”不再迷信福利国家是万能的，认为是它造就了“伸手式”救济而不是“扶持式”援助。工党政府增加了社会保障体系中的私营成分和加强市场机制在社会福利服务供给中的作用；更加强调个人在社会福利制度中的责任，鼓励个人为自己的社会保障承担起更多的责任，并在此基础上享有对福利消费的更多选择权；转变国家在社会福利供给体系中的角色，强调同私营与志愿部门合作。“第二代福利”社会保障制度的目标是鼓励人们从事工作以改变自己的处境，而不是仅仅依靠社会救济过活，是尽可能地创建一种促进全民工作的体系，而不是依靠救济的现代福利体系。因此，“第二代福利”强调社会保障服务应真正体现权利与义务相结合的原则，它不会通过高高在上的政府来发号施令，而是鼓励地方决策，鼓励公共或私人开展合作，鼓励地方人民的革新措施。[26]

四、中央政府公共服务改革

20世纪80年代，撒切尔夫人建立了一个效率检查小组，邀请在英国久负盛名的麦克斯·斯宾塞公司的总裁德莱克·瑞纳担任小组负责人，并委以重任，赋予小组内阁级的政治地位。在其后的梅杰政府时期，推出了层出不穷的改革措施，如“市场检验”、“一站商店”、“政府业务合同出租”、“竞争性招标”等，主要是通过市场机制和合同外包来提高公共部门的服务质量。这些改革一方面试图建立完整的工作责任制度，另一方面也希望通过竞争的方式来落实责任制度。前者是管理主义的基本内核，后者是公共选择学派的一个中心论点。

1994年，布莱尔接掌英国工党，针对公共服务投入少、效率低，公众对公共服务质量不满等状况，提出新政治纲领，承诺选民将加大公共服务改革力度，以维护社会正义，提高公民生活质量。1997年工党赢得大选，布莱尔政府提出了“更好地制定政策、更好地回应公民的需求、更好地提供公共服务”的执政理念，推行公共服务改革，主要是通过管理方式的改造来实现公共服务的“最佳价值”。布莱尔政府首先解决公共服务投入不足的问题，1997年至2004年，政府医疗资金从全国GDP的5.4%增加到6.7%，教育资金从4.5%增加到5.3%。布莱尔政府规划了改革的方向，以公民为中心，积极回应民众的要求，提出了一系列的行动目标：公共医疗和教育等服务实现普及化，保证全体公民有均等机会享受这些服务，尤其关注少数民族、老年人、对社会不满的年轻人以及有智障的残疾人等特殊群体的需求；提高公共服务的效率，尽可能缩短使用者等待时间，让纳税人的钱发挥更高效能；提高公共服务的质量，让使用者满意；为公民提供参与公共服务的机会和选择公共服务产品的机会。[27]

1999年，工党政府发布的《政府现代化白皮书》对公共服务改革提出三项要求，即政策制定不仅着眼短期问题，还需要更多长远的“合作与战略”；应更关注公共服务顾客的需要，而非提供者的便利；持续地提高质量和效率。以此为方针，开始设计公共服务运行的新机制，解决改革持续的推动力、低效高成本等问题。经过近5年的实践，基本完成了从传统的指令性改革到各部门自觉改革的转变，用责任替代了过去的强制性要求，形成了具有内在活力的改革自我推进体系。新工党政府的公共服务机制包括四大因素：政府对公共服务自上而下的管理；引入市场竞争机制；使用者自下而上的反馈作用；落实改革措施的能力建设(如图1所示)。[28]

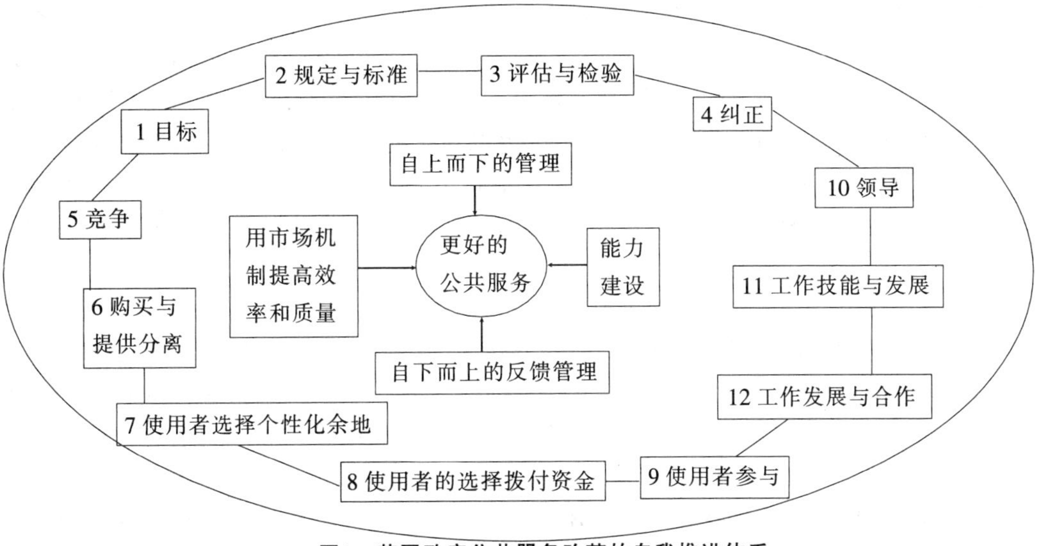

图1 英国政府公共服务改革的自我推进体系

资料来源：英国首相布莱尔2006年6月6日在英国政府举办的题为“21世纪的公共服务改革”国际研讨会上回答参会代表时的总结发言(QF.2 Conference Center Tuesday，June 2006)。

(1)政府对公共服务自上而下的管理。具体内容包括确定目标，确定行动的方向和达到的最终结果；制定规定和标准，如国家统编教材，教授文化课、数学课的时间要求，单位面积接送学生的校车的数量等；组织检查和评估结果，确定实施好的或不符合标准的单位；对好的单位进行表彰、鼓励，对不符合标准的行为给予纠正或帮助。

(2)引入市场竞争机制。视公众为“顾客”，取消非政府提供者进入公共服务领域的障碍；在公共服务提供者之间形成竞争，给顾客提供选择余地；以竞标方式决定提供者，实现政府购买与产品提供之间的分离。

(3)使用者自下而上的反馈作用。让顾客对公共服务有挑选和提出个性化要求的机会；使用者有说话权，决策者能够听到使用者的声音并吸纳其意见，按照反馈及时调整行动；政府资金流向以使用者选择为准，根据使用者的多少决定选择投入资金量，激励提供者用优质服务吸引更多的使用者，从而获得更多的政府投入。

(4)落实改革措施的能力建设。包括组织或鼓动公务人员的领导能力；实际工作技能的发展与创新；组织发展与合作，提高公共服务机构和公务人员个人有效承担任务的能力，如提供使用IT设备的条件与环境，提高机构和个人使用IT的技能水平；学习采购的技巧，提高全局思维的能力、统筹考虑的能力、与顾客交流沟通的能力。[29]

五、英国地方政府治理的新发展

从20世纪70年代以来,英国地方政府治理经历了比较大的变化。撒切尔夫人对英国中央政府按照新保守主义的观念进行了减少政府职能、压缩政府规模和削减公共开支的改革,但却通过“雷纳评审”、“财政管理创议运动”、《下一步》报告,使英国中央政府对地方政府的干预增强,使英国从一个“统一的、高度分权的国家”成为一个“统一的、高度集权化的国家”。布莱尔政府则按照国际社会的分权潮流,通过建立苏格兰议会、威尔士议会和北爱尔兰议会等措施向地方下放了权力,地方政府的权力有了实质性的扩大,地方政府重新具有了征税的权力。同时,新工党政府也通过改革地方政府的治理结构来提高地方政府的领导力,通过推行“最佳价值”制度、全面绩效评估制度等改善地方政府的服务管理和供给,建立“地方战略伙伴关系”和“地区协议”,使得地方层面上的联合经营与伙伴关系有了新发展。

(一)英国地方政府治理结构的变革

英国地方政府的基本结构如图2所示。[30]第一级政府(除伦敦市政府外)拥有包括教育、福利、经济发展、交通规划等广泛功能。伦敦各区尽管是第二级政府,功能却与第一级政府一样,并且拥有更多的财政预算。在伦敦以外的第二级政府预算和权力都要少一些。教区的议会也只有较少的预算和权力,但却是公众参与的重要层级。除了这些正式的政府实体,还有大量的联合团体、准政府实体和特殊机构,它们共同构成了复杂的地方政府体制。

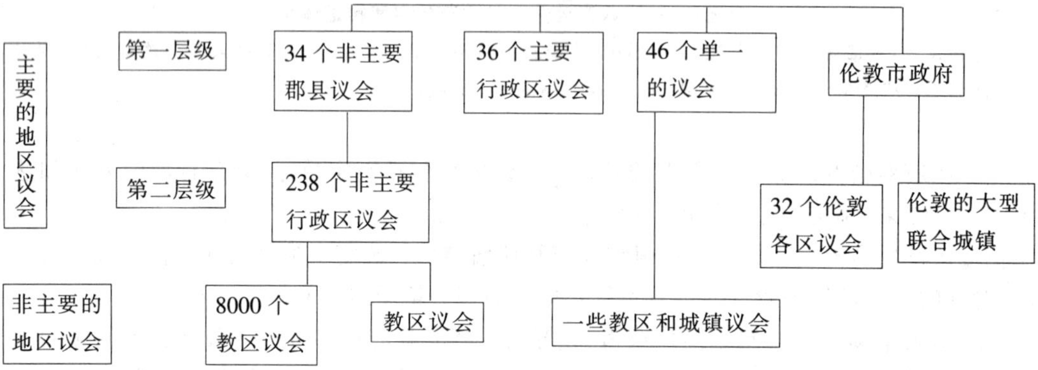

图2　2005年英国选举产生的地方政府情况

资料来源:Wilson and Game, Local Government in the UK (4th Edition)

从图中看出,英国的地方政府扮演着非常重要的角色,拥有700多种职责和功能,雇用了超过200万的公职人员,其财政支出占整个政府财政的1/4。

为了在地方政府建立强有力的领导能力,几乎所有的英国大型市政府(人口超过85000)都被立法(2000年的地方政府法)授予变革原有治理结构的权力。目前英国的大城市有两种政府形式,即市长—内阁制(Mayor–The Cabinet System)和领导人—内阁制(Leaders–The Cabinet System)。[31]

市长—内阁制:市长是选举出的独立的政府首脑,并与他任命的内阁官员分享执行权力。在市长与内阁之外,还有一个由议员所组成的议会。市长可以请其中的议员担任自己内阁的成员,也可以辞退其中的某些内阁成员。议会仍然是独立的,议长由全体议员任命,通常被称作最高行政长官。市长与议会的关系是,议会设定政策框架和预算,市长掌握日常决策的行政权力。

领导人—内阁制:行政权被授予一个集体(内阁)而不是个人。内阁可能由议会选举产生,或者议会选举出一个领导,再允许领导选出其内阁成员。这种模式下,地方政府的行政与议会的关系类似于中央的责任内阁制,内阁掌握了比较完整的政治和行政权力。

此外,为了权力制衡的需要,在市长—内阁制中,由于市长与其内阁的整体权力较小,于是将正式的与非正式的权力都集中于直接选举出的市长;而在领导人—内阁制中,领导与内阁则整体权力相对较强,于是更强调内阁的集体责任。集体行使决策权的方式被证明比市长模式更能得到大部分地方议员的支持,因此很多地方议会(已经超过4/5)投票采取了领导人—内阁制形式,只有十多个地方政府采用了市长—内阁制。而那些人口少于85000人的地方政府被允许保留原有的议会委员会制度。

(二)中央政府推动地方政府提高服务质量

为了推动地方政府提高其公共服务的效率与质量,保守党政府和工党政府先后在地方推行了“强制性竞争投标”和“最佳价值”制度。这两种方式既有联系也有明显的区别:第一,“最佳价值”制度作用于地方政府的所有职能,而强制性竞争投标制度只作用于有限的小范围。第二,“最佳价值”的关键机制在于要求对所有服务的绩效进行滚动式的审查,而不是让一些服务由市场来检验。第三,“最佳价值”制度并不排斥市场检验或者向私人部门和非营利组织签约外包。第四,强制性竞争投标制度几乎不向使用者咨询,而这恰恰是“最佳价值”制度的核心部分。第五,保守党采用的是市场化的方式,而“最佳价值”制度是中央政府试图通过检查和行政干预的方式推动政府服务的改善。

新工党政府利用来自于中央各部门的强大支持(例如稽核委员会与改革和发展署),将调整后的规章制度扩张到了地方政府服务的各个方面,并且把焦点集中在服务质量的改善上。审计员审核地方的财政预算,稽核委员负责监督和管理。1999年,“最佳价值服务检查部”成立,在稽核委员会的领导下负责对地方政府改革的检查监督。

2002年初,工党政府又向地方政府引入了全面绩效评估制度。在全面绩效评估结果公布的时候,迎来了很多针对其意义或重要性的怀疑和冷嘲热讽,但也同时很快变成了许多地方政府高层管理者和政治家自我评估的对照标准。随着全面绩效评估结果年复一年地推出,地方政府开始竭尽全力争取获得最优或良好等级。

种种迹象表明,推动服务质量改善的措施已经使英国的服务管理和供给有所改善,“最佳价值”的得分和全面绩效评估等级都有所提高。然而,2001年的检查体系运作的直接成本就高达6亿英镑,地方议会和其他部门为应付检查所花费的职员时间和工作成本更大。这也引发了一场争论:从结果来看,这种双方为检查和被检查所付出的努力到底有没有价值?外部检查所导致的服务成效改进是值得的吗?[32]

可以看出,经过近百年的中央权力集中,地方公众对地方政府的控制被削弱,英国的地方自治已经受到了比较严重的破坏。当布莱尔政府向地方政府下放权力,也就是减弱中央的控制后,并没有能够立即恢复当地公众对地方政府的控制,于是地方政府出现了一定程度的低效率、失控和混乱。此时,中央政府的监督由于严重的信息不对称而成本高昂,效果不佳。也许,更有效率的方式是加强地方民主建设,在地方政府拥有更大权力的同时,也让公众拥有更多的民主监督权力,让地方政府重新回到当地公众的控制之中。

六、英国政府改革的特点与效果

布莱尔的“第三条道路”大幅度改变了工党传统的政策主张,新工党的政府改革在很多方面继承了保守党的做法,这使英国30年来的改革保持了一定的连续性。但是,新工党的改革也与保守党有一些区别:(1)保守党努力削减公共服务项目,压缩政府规模,从而达到从总体上削减公共开支的目的。新工党政府则增加了教育、医疗等方面公共服务的政府支出,使政府开支占GDP的比例再次大幅度上升,目前已经恢复到了20世纪80年代后期的水平。(2)保守党政府推行公共服务的市场化改革,地方政府公共服务的质量由市场来检验。工党则重视对地方政府公共服务质量的中央政府的监督和检查。但工党政府继续推进了公共服务的开放改革,向公民个人、私人组织提供了进入公共服务领域的机会,这就使公众可以在多个服务机构间进行选择,通过竞争的压力使这些机构提高其服务效率和质量。(3)工党政府更重视鼓励公众的参与以及对公民需求的回应。比如,建立政府决策层与公众沟通反馈的渠道,重视公众对公共服务的反馈。政府在公共服务改革的目标确定、政策制定、监督评估等重要环节,直接听取公众的声音,采纳公众对改革方案的意见。[33]

提高公共服务的政府支出水平和开放公共服务领域获得了明显效果。根据英国内阁办公厅的一项分析,与工党开始执政时相比,英国基础教育水平明显提高。2005年英国16岁孩子国家统一考试优秀率为56%,而1997年为45%。公共医疗服务更加便利,公民看病有了多家选择余地,就诊、手术等候时间缩短了2/3;英格兰75岁以下人群心脏病、中风等疾病死亡率降低了40%,癌症死亡率减低了25%。社会治安有所好转,偷盗犯罪率比1997年减低了35%。地方政府提供公共服务的能力得到了提高,评估表明,70%以上的地方部门表现优良。[34]但是,对中央政府监督地方政府的做法,以及大量的技术层面的改革措施的长久效果,专家、公务人员和各阶层的代表仍有重大分歧。

总体而言,英国公众对工党的改革表示满意。工党增加公共服务的政府开支则使工党政府获得了政治上的巨大成功并三度赢得大选。至今已连续执政13年,创工党执政时间的历史纪录。

【参考文献】

[1][16][17][19][21]黄正柏.英国撒切尔夫人执政时期的保守主义改革[J].高等函授学报:哲学社会科学版,1996(4):23-26.

[2]王涌.两种主张的较量与战后德国经济发展[J].外国问题研究,2011(4):61-67.

[3]董平.战后法国经济是怎样翻两番的[J].法国研究,1984(1):68-76.

[4][5][6]梁中芳.国有化与英国经济[J].经济观察,2004(1):42-44.

[7]毛锐.二战后英国国有化运动述评[J].探索与争鸣,2007(3):58-61.

[8][9][15]倪学德.略论战后初期英国的福利国家建设[J].齐鲁学刊,2005(4):56-59.

[10]Roberts F. The Cost of Health[M]. London: Hammond, 1952.

[11]Margaret Jones, Rodney Lowe. From Beveridge to Blair, the First Fifty Years of Britain's Welfare State 1948-1998[M]. Manchester: Manchester University Press, 2002.

[12]Graig F W S. Let's go with labor for the New Britain: Labor Party Manifesto 1964 [J]. British Election Manifestos 1900-1974, 1975: 265-266.

[13]李文静.英国福利国家的产生与发展(1945—1970)[J].黑龙江史志,2010(21):57-60.

[14]安然.福利国家改革与西方中产阶级的变迁研究[J].社会科学战线,2006(2):145-151.

[18]李再兴.英国国有企业私有化改革对我国国企改革的启示[J].科技经济市场,2007(1):37.

[20]赵晓.不能忘记撒切尔主义[J].宁波经济,2009(10):38-39.

[22]刘章才.撒切尔政府时期英国福利国家改革论析[J].兰州商学院学报,2007(2):43-46.

[23]孙晖明.英国连任首相梅杰的内外政策[J].现代国际关系,1992(3):47-51.

[24]程美.英国工党“第三条道路”述评[D].济南:山东师范大学,2004:24-38.

[25]曾令发.合作政府: 后新公共管理时代英国政府改革模式探析[J].国家行政学院学报,2008(2):95-99.

[26]闵凡祥.论布莱尔“新工党”政府的社会福利制度改革[J].南京工业大学学报:社会科学版,2009(3):62-69.

[27][28][29][英]杰瑞·斯托克.英国地方政府治理的新发展[J].中共浙江省委党校学报,2007(1):5-14.

[30][31]卓越.英国新公共管理运动的理论与实践[J].新视野,2006(6):2-4.

[32][美]Donald F Kettl.有效政府——全球公共管理革命[M].上海:上海交通大学出版社,2005.

[33][34][英]托尼·布莱尔.新英国——我对一个年轻国家的展望[M].北京:世界知识出版社,1998.

第二部分 美国行政制度

美国的全称为美利坚合众国(the United States of America,缩写为 USA,简称为 United States,US 或 The States),是一个带有民主、分权、制衡传统的联邦共和国。美国位于北美洲南部,国土总面积 963 万平方千米,仅次于俄罗斯联邦、加拿大和中国,居世界第 4 位。首都为华盛顿哥伦比亚特区(Washington DC)。人口 3.1 亿,仅次于中国和印度,居世界第 3 位。其中白人占 79.96%,亚裔占 4.43%,黑人占 12.85%,其他人种占 2.76%。数据显示,美国的非拉美裔白人正以快于先前预测的速度变成“少数种族”:2010 年,拉美裔占全部人口的 15.1%,其中一半左右是白人,其他的是黑人或黄种人。减去拉美裔白人,美国白人的比例将显著下降。1990 年,美国的 100 个大都会中,有 5 个城市少数族裔人口过半,2010 年则有 22 个;截至 2011 年 7 月 1 日的一年时间内,50.4%的新生儿为拉美裔、非洲裔、亚裔等少数族裔或混血儿,白人新生儿成为少数的转折点已经到来。2011 年,美国 GDP 为 150940.30 亿美元,排名世界第 1 位。

第一章　总统与中央政府

第一节　总统的宪法地位和权力

一、国家元首与行政首脑

美国宪法第一条第一款规定:“行政权属于美利坚合众国总统。”

英国国王虽然曾经拥有广泛的权力,包括行政权、立法权和司法权。但在17世纪的内战后,便被逐渐剥夺了立法权和司法权。在美国宪法诞生及以后的年代,由于政党制度和内阁的作用,国王的行政权也受到很大的削弱,最终演变为虚位的国家元首。

美国总统虽然从一开始就只有行政权,但却是真正拥有行政权力的国家元首。宪法对行政权的规定太简单,则为总统行政权的扩张留有余地。于是,美国总统的权力两百年来不断强化,终于使其达到了现在这样的显赫地位,被称为世界上最有权力的人。与英国首相不同,美国总统作为行政首脑与国会不是相互依存、相互沟通的关系,原则上两者的关系是被切断的,总统无权解散国会。这样,无论国会两院如何与总统对立,如何阻碍总统的施政计划,总统也无可奈何。而国会也不能通过不信任表决迫使总统辞职。不论两院是否满意总统,总统均可以任满四年,甚至连选连任,除非国会对总统予以弹劾。

美国宪法赋予总统这样的地位和权力,采用严格的三权分立原则,是因为宪法起草者们“害怕走向专制”。这个专制并非指总统权力扩张而可能产生的专制。这方面,他们认为有人民直接选举的国会掌握立法权,总统是选举产生的,任期四年,这些措施已足够了。他们害怕的专制是指议会。因此需要出现一个强有力的政府,建立一个稳定的行政首长制。马萨诸塞州代表,大商人戈利认为:“现在的灾难,来自过火的民主。”因为在独立战争过程中,各州的领导权逐渐由稳健派转移到激进派手中,其思想的结晶就是《独立宣言》。它的首要宗旨是主张破坏宗主国英国政府的权威,其结果是任何中央集权制政府均被当做专制的同义语而遭到排斥,连最善良的中央政府也被认为是多余的。因而把“软弱的政府”和地方分权视为理想的制度。而制宪代表们基本上都是希望秩序安定的有产者阶层。他们希望出现一种平衡统治，强调必须调整各种利益阶层、各党派由于财产不平等而产生的对立。必须建立一个能防止某一利益阶层进行多数统治的机构。既不能允许少数人压迫多数人,也不允许多数人压迫少数人。

麦迪逊认为:“我们要建立一个长期稳定的制度,必须注意到时间所带来的变化。由于人口的增加,穷困的劳动者的比例必然增加,而且他们一定暗暗希望得到更为平等的财富分配。随着时光的流逝,他们的人数,不久就会超过那些富裕者的人数。这样根据选举法选举的结果,权力就可能转移到贫困者的手中。根据共和制原理,应该如何防止这种危险呢?应该如何防止这种由于利己思想产生的压迫少数富裕者的危险呢?”他还认为:“在殖民地时代的美国人,只热衷于摆脱专制君主的统治,而不曾考虑到立法部门篡夺权力的危险。然而,立法部门的篡夺权力与行政部门一样,必然走向专制。”[1]

他的这种担心也并非全然无的放矢。在古罗马共和国时代,罗马城内的靠救济生存的平民曾经特别多。他们一度热衷于剥夺富豪的财产。有些谋求权力的野心家利用集会鼓动他们投票放逐甚至杀害富豪,夺取财产。这种情况被称为“暴民统治”。长此以往,他们容易形成一种吃大户的习惯,而不肯努力从事某种职业以养家糊口。

为了防止“由于选举而可能产生的专制政治”,制宪者们花费了不少心血。他们认为只是形式上的三权分立，是不能阻止立法部门的优势的。因为立法权与其他部门的权限相比,有人民的选举为后盾,有向外扩张的可能。于是他们制定了对人民来说刀插不入、水泼不进的制约与均衡的制度,代替了传统的要求人民服从权力的做法。为对付不稳定的民主主义思想,筑起了防洪堤。最高法院、总统、上院以及下院,是联邦中互相制约的四种权力。前三种权力是对第四种权力的制约。同时,第四种权力,即下院,又作为联邦政治的职能,确保各州议会在民主方面的健全性,使人的自然权力不受破坏。

具体说来,就是把立法机关分为参议院和众议院。参议院由各州议会直接选举产生,而且任期比下院时间长,并被授予广泛的权限,以牵制下院。其次,赋予司法权的优势地位,来抑制立法机关的权力。最后,又使行政机关从立法机关的控制下独立出来,并被授予强大的权力。行政机关被强化后,与立法机关取得均衡的地位。他们认为软弱的政府就是软弱的政治,在实际上就是恶政。[2]

二、总统的权限

美国总统的权力包括以下几个方面:

(一)任命官吏权

宪法第二条第二款规定:总统根据参议院的建议和同意,有权任命一切官吏。对低级官员,国会认为适当时,得以法律将任命权授予总统一人、法院或各部部长。总统有权委任人员填补在参议院休会期间可能出现的官员缺额，此项委任在参议院下期会议结束时期满。总括起来说,高级官员由总统提名,参议院批准。低级官员直接由总统或各部任命。

在殖民地时期,各州议会有对官吏的任命权。这是英国的传统做法。即议会根据其财政监督权,在支出法案上采取对官吏的薪俸按姓名而不按官职每年发放一次的方法。用这种方法可以否决议会所不喜欢的官吏，而代之以议会喜欢的官吏。这样，官吏的任命权就完全掌握在议会手中。

按照宪法规定，总统有权自由任命官吏，即不按资格，不管其人以前的职业、学历、功绩、名望而任命。参议院如果没有充足的反对理由，就得同意。众所周知，人事权是行政首脑最主要的权力。没有任免权，行政首脑就不可能顺利地推行自己的政策。美国宪法规定的官吏任用权，虽然由总统和参议院同掌，但以总统为主。另外，官吏的任命权由总统与参议院分享，而不是众议院，这也是一项防止众议院权力扩张的措施。

(二)外交上的权限

宪法规定，总统得到上院 2/3 的赞同，有权缔结条约，任命大使或其他驻外使节，并接受外交使节。但上院的这项制约，由于总统通过与外国政府签订行政协议来解决外交纠纷、处理外交事务而有所削弱。因为行政协议虽然几乎与条约有同样效力，却无须上院同意。上院对总统的反击方法有：拒绝外交政策有关的拨款，使行政协议无法实施；还可以制定关于国防、通商和贸易的规定，关于移民、入籍、驱逐出境的规定，关于军队的征募、维持和编制的规定，关于取得陆地、海洋以及发布宣战布告等权限的规定。这些措施都能左右总统的外交权。

外交管理上对总统的制约权专属于参议院。这是为了维护州权。起初，宪法起草者曾试图把条约缔结权完全赋予总统，但又担心中央集权会走向专制。因此，他们既甩开众议院这个直接民选机构，又让参议院这个代表州权的机构对总统进行制约，从而达到了中央集权和地方分权的妥协。

(三)国防和军事上的权限

美国宪法规定，总统是合众国陆海空三军以及被征集的服现役的各州民兵的总指挥官。此外，在战时他有“动员参战”的权力。例如，林肯在南北战争中停止了“人身保护令”。一战期间，威尔逊在议会的同意下动员了国家的人力和物力资源。富兰克林·罗斯福在 1938 年，以特别国情咨文的形式，要求议会制定国家总动员法。第二年，世界大战爆发，国会授予总统动员国家人力、物力资源的权限。

(四)立法上的权限

总统干预立法的权限有三种：

第一种权限，是劝告权。就是总统以国情咨文的形式，经常把联邦的状况向议会报告，并劝告议会对此加以审议。这种方法使总统在立法方面拥有有力的指导权，以弥补其在立法领导权上的不足。总统还可以采取由行政部门起草法案，委托议员提出法案的形式，干预立法。

第二种权限，是否决权。就是说，议会通过的法案，要求总统签署。如果总统认为该法律不合适，可以拒绝签署，将法案发还提案的议院，并说明理由，这叫做“正式否决”。如果在十天内不发还，则该法案即成为法律。如果在法案通过之后十天内议会闭幕，总统未签署而搁置起来，法案即作废，这叫“搁置否决”。议院如果还想执行这个政策，必须在下届会议中再度提案，讨论表决。正式否决的法案，如果经上下两院 2/3 多数再通过，不管总统是否再否决，而法案当然成立，称为“否决权无效”。

在君主立宪制下,君主的批准权,在理论上也包括不批准权,即有绝对否决权。但事实上他们都无法行使此项权力。英国早在18世纪初,国王就已失去此项权力。美国总统的否决权虽然并不绝对,都实实在在有作用,这也是为了限制立法部门的权力。

汉密尔顿认为美国总统的否决权,是行政部门对立法机关的一种自卫权,也是能使立法部门健全起来的控制栓。制宪者对君主的绝对否决权怀有戒心,因而在宪法上采用了中间的、妥协的、停止的否决权制度(搁置权)。但君主的绝对否决权随着君主立宪制的发展而成为一种徒有其表的形式,与此相反,美国总统的有限否决权,却成为牵制立法部门的强有力的制度。因为两院都得到2/3的优势也很困难。

有时候,当总统确信自己是正确时,他明知道议会可能使"否决权无效",即以2/3多数再度通过议案,总统仍然要行使"正式否决"。这样可以将总统的意见直接诉诸国民,其意义在于唤起大众的关心,使民众知道所通过的法律是在政治压力集团的强烈影响下通过的,从而对总统的领导地位加深印象。

第三种权限,是委任立法权。即总统除了可以制定行政命令外,在某些情况下可由议会授权总统立法,议会保留废除、撤销总统此项权限的权力。[3]

三、总统的选举

宪法第二条第一款规定:"总统任期四年,副总统的任期相同。总统和副总统按以下方法选举:每个州依照该州议会所定方式选派选举人若干,其数目同该州国会应有的参议员和众议员总人数相等。但参议员或众议员,或在合众国属下担任有责任或有薪金职务的人,不得被选派为选举人。

选举人在各自州内集会,投票选举两人,其中至少有一人不是选举人本州的居民(此处没有区分总统和副总统,后半句话是为了防止各州都只选本州的候选人,而使选票过度分散)。选举人须开列名单,写明所有被选人和每人所得票数;在该名单上签名作证,将封印后的名单送合众国政府所在地,交参议院议长收。参议院议长在参议院和众议院全体议员面前开拆所有证明书,然后计算票数。得票最多的人,如果所得票数超过所选派选举人总数的半数,即为总统。如获得此种过半选票的人不止一人,且得票相等,众议院应立即投票选举其中一人为总统。如无人获得过半数票,该院应以同样方式从名单上得票最多的三人中选举一人为总统。但选举总统时,以州为单位计票,每州代表有一票表决权;2/3的州各有一名或多名众议员出席,即构成选举总统的法定人数,选出总统需要所有州的过半数票。在每种情况下,总统选出后,得选举人票最多的人,即为副总统。但如果有两人或两人以上得票相等,参议院应投票选举其中一人为副总统。

国会得确定选出选举人的时间和选举人投票日期,该日期须全国统一。无论何人,除生为合众国公民或在本宪法采用时已是合众国公民之外者,不得当选为总统;凡年龄不满三十五岁、在合众国境内居住不满十四年者,也不得当选为总统。"

有关总统、副总统的选举就这么几段,由于考虑不周到,很快便有了麻烦。1800年,总统大选,联邦党人败北,民主共和党获胜。杰弗逊和伯尔选票相同,都是七十三张。这是因为宪法规定选举人投票选举两人而并没有要求分别给总统和副总统投票。他们虽然心目中认定选杰弗逊为总统,伯尔为副总统,投票时却未加区分。

按宪法规定,这种情况下应该由众议院按州为单位投票决定谁当总统。联邦党人为了挫败杰弗逊,宁愿选择伯尔,也不要杰弗逊这个“危险的激进派”。结果,在以后连续六天共三十五轮投票中,都因杰弗逊与伯尔得票相同而未见分晓。最后,还是汉密尔顿说服了几个联邦党人投了空白票,杰弗逊才以六票比四票击败了伯尔,当选为总统。[4]

由于这个明显的漏洞,国会在 1804 年 7 月 27 日批准第十二条宪法修正案。修正案规定:“选举人在各自州内集会,投票选举总统和副总统。……选举人必须在选票上写明被选为总统之人的姓名,并在另一张选票上写明被选为副总统之人的姓名。选举人须将所有被选为总统之人和所有被选为副总统之人分别开列名单,写明每人所得票数。”这样,总算解决了这个问题。

关于总统的选举,在制宪会议上共提出了三个方案。第一种方案是由人民直接选举。这个方案出于保守的观点,为了防止过度的民主被否决了。第二种方案是由议会选出,出于对立法机关的恐惧,害怕立法机关权力过度扩张,也被否决了。第三种方案,即最后写入宪法的方案,是间接选举法。是对群盲政治的反感和重视选举人的远见卓识的保守主义的体现。但这种方法在第四次总统选举之后,由于政党政治的作用,就具有了直接选举的性质,有关这一点,我们在政党部分再讲。

有关总统任期,最初的方案是七年,不许连任。主张强有力政府的人反对不许连任规定,但七年任期再允许连任,显然任期太长。最后妥协的结果,是任期缩短为四年,对是否连任则听之任之,未作规定。

华盛顿当选第一任总统之后,创立了连任一届的惯例,以后的总统都自觉遵守。这样,按惯例,总统的任期最长为两届八年。二战期间,富兰克林·罗斯福创造了四次当选的记录。罗斯福于 1932 年初次当选总统,1936 年再度当选。1940 年大选时,二战正烈,罗斯福第三次当选。1944 年,盟军即将胜利,罗斯福的威望达到顶点,奇迹般地第四次当选,结果在任职当年便去世了。

惯例破坏后,国会就修改宪法填补这个漏洞。1951 年 2 月 27 日第二十二条宪法修正案规定:“无论何人,当选担任总统职位不得超过两次;无论何人,在他当选总统任期内担任总统职务或代理总统两年以上,不得当选担任总统职务一次以上。”这样,从理论上推算,一个人可以在美国总统的职位上的极限是十年。比如,他作为副总统,在总统发生某种变故后,继任总统。如果他继任总统的时间超过两年,就只能被选举再当一届总统。如果他继任总统不超过两年,就还可以被选举再当两届总统。继任和选举的任期合计,不会超过十年。

第二节　总统与政党

一、政党与总统选举

美国是个地域极为辽阔的国家,东部与西部,南方与北方,利益差别很大。五十个州的利益各不相同,再加上阶级的、种族的、宗教的差别,按照常规,应该是个多党制的国家。但由于美国宪法的作用、美国特定的选举方法等等复杂的原因,这些事实上的难以计数的地区性小党最后竟联合组成了两个大杂烩的大党:共和党和民主党。这两个党的纲领均面面俱到、包罗万象,其差别微乎其微,主要作为选举机器而存在。而英国的保守党和工党则是有特色鲜明的纲领,所代表的社会阶层显然不同,一定程度上讲,是阶级色彩较浓的政党。

美国有大约一百万个职位要通过选举产生, 每年都有十二万到十三万次的大大小小的选举。各政党的党员区分,主要是在选民登记时的声明,且经常变来变去。一个选民有时是共和党,有时又是民主党。而声称是民主党的选民,又随随便便可以投共和党的票。

党的镇、县、选区、州的积极分子或干部,相对来说,变化没有这么随便。而维系他们对党保持忠诚的唯一方法是酬以官职。在公务员制度实施后,就是支持他们作为本党候选人在竞选中获胜或担任政治任命职务。

美国的政党是由托马斯·杰弗逊和亚历山大·汉密尔顿的政治分歧造成的, 两人的追随者分裂为共和党和联邦党。当时杰弗逊任华盛顿政府的国务卿,汉密尔顿为财政部长。华盛顿在两人的竞争中尽量不偏不倚,但在思想观点上和行动上倾向于汉密尔顿。杰弗逊遂于 1795 年,华盛顿的第二届任期内辞职。汉密尔顿在受到共和党的大量攻击后,也于 1797 年辞职。

其后, 由于政党与总统的提名和竞选结合起来, 政党制度也相应地得到发展。1796 年,华盛顿决定卸任,下届总统候选人由国会提出。当时的国会参众两院议员组成了一个专门的提名联席会议,共同决定总统候选人人选。这一届国会提名总统候选人是华盛顿政府副总统约翰·亚当斯,他是联邦党人。选举人投票时,约翰·亚当斯获得 71 票,托马斯·杰弗逊获得 68 票。结果联邦党人亚当斯当选总统,而共和党人杰弗逊当选为副总统。1800 年大选,杰弗逊、伯尔各获得 73 票,亚当斯为 65 票,结果经众议院表决,杰弗逊当选总统,伯尔为副总统。由于在杰弗逊任总统期间, 共和党在两院取得很大优势, 众议院两党为 118 席比 24 席,参议院为 28 席比 6 席,共和党事实上已控制了国会,两院联席提名总统候选人也就被共和党所控制。于是有人提出国会提名候选人是否符合宪法的问题。因为宪法规定的是三权分立和民主选举的原则。国会作为立法机关挑选行政长官,破坏了分立原则,也由此破坏了普遍民主的原则。

1824 年的总统选举中,国会提名候选人为威廉·克劳福德,但另有三名竞争者:安德鲁·杰克逊,约翰·昆西·亚当斯,亨利·克莱。三人得票数为:杰克逊 99 票,亚当斯 84 票,克劳福德 41 票,克莱 37 票。三人都没有超过绝对半数票 131 票。按宪法规定,将由众议院按各州一票投票在前三名中选举总统。克莱与亚当斯进行政治交易,支持亚当斯。结果亚当斯当选为总统,随后任命克莱为国务卿。

这次选举导致两个后果。其一,国会提名的总统候选人落选,使这种提名方法信誉扫地,终于演变产生了政党全国代表大会提名制。其二,共和党,已改名为民主共和党,由此分裂。1828 年,杰克逊另建民主党,反杰克逊者成立国家共和党,并于 1834 年改组为辉格党。1828 年,杰克逊击败亚当斯当选总统,得票数分别为 178 票和 83 票。1831 年,一个小党——反共济会党首次采用全国代表大会提名总统候选人。该年底,反杰克逊的国家共和党也召开全国代表大会,提名亨利·克莱为总统候选人。1832年底,民主党召开全国代表大会提名杰克逊为总统候选人。这次大选中,杰克逊击败克莱,得票数之比为219:49。而各政党采用党的全国代表大会提名候选人也成为惯例。从1840年起,两大党都以全国代表大会提名本党总统候选人。[5]

通过党的全国代表大会推选总统候选人这一总的原则确定之后,还有一些具体问题,如:党的全国代表大会的代表如何产生?争取成为党的总统候选人的竞争者们如何争取到支持,获得党的全国代表大会的提名?党的全国代表大会如何挑选本党的总统候选人和副总统候选人? 以上几个问题,联邦法律并无明文规定,而各州法律和各党章程的有关规定又截然不同,这就使整个过程变得极为复杂。事实上,挑选总统候选人的方法已发展成为一种熔合州法律、党章和不成文惯例于一炉的大杂烩。

二、党的全国代表大会代表的产生

党的全国代表大会代表的产生主要有两种方式:一种是采用召开州的党代表大会的方式,选举出席全国大会的代表;一种是采用州预选的方式,直接由党员选举全国党代表大会代表。

(一)州党代表大会

美国政党内的各级职务以及社会公职的候选人,最初是由党的领袖在幕后秘密协商而定的。这种方式强化了党魁们的权力,使他们能够长期地控制党,但引起基层党员的不满。从19世纪30年代起,各党开始普遍采取召开州党代表大会的方式,选举竞争各种职务的本党候选人。各州出席党的全国代表大会的代表最初也是由州党代会选举产生的。

州的党代表大会代表以如下方式产生:首先,由普通党员在各区举行群众大会或党员大会,每个代表竞选者都到会进行活动,争取支持。会上选出代表,参加县的党代表大会。县党代会再选出代表,参加国会选区的党代会。国会选区党代会再选出州党代表大会的代表,即以如下程序产生全国党的代表大会的代表:普通党员→区代表→县代表→国会选区代表→州代表→全国党代表大会代表。然后,再在某一党的全国代表大会上,提名某人作为本党的总统候选人,参加两党的竞选。

(二)总统预选方式

直接预选制,就是由各党的党员直接投票选举各种职务的本党候选人,而不再召开州党代表大会推选。总统预选,就是采用直接预选的方法,选举各州出席党的全国代表大会的代表。竞选代表的候选人要直接深入到各县区争取本党普通党员的支持,而基层选民则往往同时对本党的总统候选人表示态度,支持其中一位。他们投票选举与他们观点一致的人作为代表。

威斯康星州通过州预选法的第二年,首次在总统选举中采用了直接预选法挑选了出席党的全国代表大会的本州代表。1910年,俄勒冈州也在选择总统候选人时采用了直接预选法,此后各州纷纷效法。1912年,有12个州采取总统预选方法。1916年发展为26个州。在1920年到1968年期间,又有些州采用总统预选法,但有更多的州又取消了这种制度。1968年,只有17个州和哥伦比亚特区举行了预选。原因是预选削弱了党的控制,而且选民投票率也很低,只有正式大选投票时的15%~40%。

最近二十多年,由于通讯技术的进步,大众媒体的影响越来越大,尤其是电视对预选的渲染,各州预选对于竞选者能否成为本党的候选人逐渐有了至关重要的影响,于是采取预选的州又渐渐增多。[6]

总统预选中,竞选者首先要向各州提出申请书,也许再交纳报名费后,即可列入该州总统候选人名单。总统预选通常按州法律,由州政府组织管理。州政府指定预选日期,两党通常在同一天举行。州政府还要支付涉及州政府的(不包括个人的)竞选费用。

预选是一州一州按时间顺序分别举行的。党内各总统候选人竞争者总是参加一些估计会大获全胜而造成全国影响的州预选,而不会或避免参加那些处于明显劣势的州预选,以免惨败后自取灭亡。预选一般在每年二月下旬首先在新罕布什尔举行,其他各州则在三月、四月、五月,直到六月上旬为止,陆续举行。

新罕布什尔州是一个小州,只有一百二十多万人。近百年来,该州一直第一个举行预选,其结果给全国选民的心理影响很大,往往会改变其他各州的投票结果。因此该州预选在总统选举中有特殊的地位。自1951年以来,绝大多数当选总统者都是在该州预选中的获胜者,只有2000年例外。在这一年二月的预选中,小布什在新罕布什尔州惨败,但最终却惊险地登上了总统宝座。鉴于该州的重要性,各总统候选人竞争者都全力以赴,争夺异常激烈。从这个州的预选结果中,往往便可看出谁能最终当选。

党的总统候选人要设立各自的竞选总部,使用各种宣传工具,包括报纸、广播、传单,宣传自己的国内外政策,抨击其他竞争者的政见。他们要大量拜访选民,上门游说,或写信、打电话游说。最近几十年,举行电视辩论,则是影响最大的竞选方式。

随着预选结果一州一州揭晓,尤其是一些人口众多的大州,如纽约、得克萨斯、加利福尼亚的预选结果出来,各个竞选者渐渐便可看出日后在全国代表大会上的支持率。没什么希望的便不断退出竞选。2008年,在新罕布什尔州的预选中,民主党有包括伊利诺伊州联邦参议员奥巴马,前第一夫人希拉里·克林顿和北卡罗来纳州前联邦参议员约翰·爱德华兹在内的三名竞选者参加。共和党有前阿肯色州州长迈克·赫卡比,亚利桑那州联邦参议员约翰·麦凯恩,前马萨诸塞州州长米特·罗姆尼,前纽约市市长朱利亚尼等四个竞争者。在预选后期,民主党剩下奥巴马和希拉里两个竞争者,共和党则只剩下麦凯恩一人。

三、党的全国代表大会

预选在6月上旬结束后,各党代表汇集起来召开全国代表大会。如2008年,在野的民主党于8月25日在科罗拉多州丹佛市,执政的共和党于9月1日在明尼苏达州首府圣保罗市举行全国代表大会。各党除了正式代表外,还有候补代表,以防某些正式代表因故无法投票。2008年的两党全国代表大会,民主党正式代表为4049人,共和党正式代表为2380人。

大会开始后,首先由代表资格审查委员会审查各州代表资格;其次由主持人和候选人竞争者发表演说;然后要讨论本党政治纲领。各党政纲一方面是一份吸引选民的宣言;另一方面也对该党当选执政后的施政有一定约束力。通常都要由党的政纲起草委员会草拟出来,在各地举行大会,听取各种意见,不断修改,最后提交大会讨论通过。政纲讨论结束后,开始提名本党总统候选人。

在预选制没有普遍推行时,各个竞争者在代表大会上的优劣还不明显,因此争夺非常激烈,要经过多轮投票才能使其中一人得票超过半数或2/3。在此期间,党的高级党魁在幕后要进行紧张漫长、复杂艰苦的谈判,进行种种交易,使某些人退出竞争,转而支持别人。而会场内外则是各个竞争者的支持者的游行队伍、铜管乐队、拉拉队,摇旗呐喊,有时彻夜不眠。

林肯在第一次竞选中,他的竞争对手只给他们自己一方的支持者发给大会入场券。林肯一方则大量伪造入场券,抢先冲入会场,占据了所有的空位和走廊,使别人根本进不去。提名开始后,主席台上的人打个手势,林肯的拉拉队几百个大嗓门就会发出震耳欲聋的欢呼声,给正式投票的代表施加压力。不过林肯本人并没有参加大会,在家里等消息。[7]预选制实行后,双方力量对比已大致确定,往往在一次投票中就可决出胜败。如1980年民主党代表大会上,卡特在第一轮投票中就以压倒性优势击败了肯尼迪。

党的总统候选人确定后,紧接着是挑选竞选伙伴——副总统候选人。按照惯例,是由总统候选人提名的。总统候选人挑选竞选伙伴要从几个方面考虑:其一,政治力量平衡。总统候选人来自某个地区,代表党内某个派别。为了平衡政治力量,在挑选竞选伙伴时要设法笼络、安抚其他派别。1980年,共和党总统候选人里根来自西部,代表共和党保守派。他选择了东部集团、党内温和派布什为副总统候选人。其二,从政治经验考虑。总统候选人与副总统候选人要在政治经验上相互弥补。在各州崛起的人物,要选择国会经验丰富的人物。这样做,有时候是为了执政时的便利,更多的则是为了给公众造成这一对搭档可以胜任领导国家的印象。其三,从声望来考虑。即尽可能选择有全国声望的人做竞选伙伴,以利于扩大影响。

但总的来说,由于副总统的职位在历史上一直无关紧要,因此,副总统候选人的提名并不被视为一件了不起的大事。特别是因为代表大会快结束时才提名,代表们早已精疲力竭,只盼望早点离开。因此,基本上是总统候选人展望未来的两党角逐,考虑种种因素自行决定。由于肯尼迪被刺杀,尼克松被迫辞职,两次事件都使副总统变成了总统,副总统的重要性近年有所增加,各党对提名副总统候选人也略微认真一些了。

一个在职的总统在本党谋求提名时,通常处于非常有利的地位,几乎不会遇到任何严峻的挑战。这是因为如果由别人取而代之,那就意味着在他还是美国总统时就否定他作为党的领袖和谴责党在前几年的政绩。1964年,约翰逊总统的提名就是在大西洋城举行的全国代表大会上,未经投票而以鼓掌的方式一致通过的。罗斯福在1944年谋求第四任总统时,由于党内有人反对,而投票表决,但罗斯福还是获得压倒性的胜利。杜鲁门担任总统时声望很低,但1948年他谋求连任时,党内的反对也很微弱。2012年总统选举,由于民主党以现任总统奥巴马为唯一的总统候选人,因此第一阶段的党内初选,基本上是共和党几名候选人的"表演时间",奥巴马可以"坐山观虎斗"。作为在职副总统,在谋求党内提名时也居于有利的地位。杜鲁门说:"身居白宫的人总是控制了全国代表大会。"

党的全国代表大会最后的事宜,是研究开展总统竞选,确定本党的全国委员会,作为竞选的领导机构。美国政党从地方一级到全国一级也有正式的组织结构。最基层的区、分区、乡、镇委员会,其上是市和县委员会、州委员会,最上层是全国委员会。最基层的委员会由党员直接选出,上层的委员会由基层代表组成。

美国各党的组织比较涣散,上级党组织对下级的控制很松散。县市一级最强,也许可以撤换区镇党的领导人。州级党的委员会则无法向县市党的组织发布命令。全国委员会就更不能向州的党主席或州的委员会下达指示,只能力求得到他们的合作。英国的政党领袖可以威胁取消某些不服从命令的人的本党候选人资格,美国的政党领袖则没有这种能力。连罗斯福在威望最高时,也无法施加影响使他不喜欢的候选人被撤换。

在党的全国代表大会上提名为本党总统候选人,则同时成为本党领袖。如果他在大选中被击败,则该党在两次大选之间实际上处于无领袖状态。党的全国委员会主席由领袖提名,负责本党总统竞选工作。他下属的全国委员会由各州人士组成,共有一百多人。委员事实上只是一种名誉性的职位,党主席会组织一个有效率的竞选班子。每到总统竞选时,党主席和他的工作班子便会大大扩充。大选揭晓后,党的领袖就失去了地位,党主席则可以留任到下届全国代表大会。不过总统选举结束,党的全国机构也就处于停顿状态,直到下届总统大选。他们通常不为国会选举服务,这在一定程度上是由于国会议员们不愿受到干涉。

四、两党候选人竞选

(一)竞选班子

总统候选人的竞选班子由以下几类人员组成:第一类是核心人员。人数不多,都是候选人的密友,长期忠实追随者。其中一人任总管。这个核心委员会指挥一大批雇用的专家,如竞选策划专家、民意测验专家、公共关系专家、广告专家、新闻专家、演说撰稿人、律师、会计师等。这些专家通常负责竞选的重要工作,诸如安排候选人日程、筹募经费、发布新闻、同传媒打交道等等。竞选如果胜利,这些核心人物多半可以进入白宫担任重要职务。第二类是一大批高级政策顾问,如教授、学者以及实业界人物。第三类是一大批承担竞选日常事务、秘书和杂务工作的人员,其中许多人是志愿工作者。

除了这个竞选总部外,还要在各州建立规模大小不一的竞选组织,如州竞选委员会,并招募志愿者, 再由州的竞选组织在州内各地建立地方竞选组织从而形成一个全国性的竞选组织网。

(二)竞选策略

为了击败对手,总统候选人必须仔细分析自己的优势劣势、对方的优势劣势、两党情况、国内外形势、选民的思想动态和愿望等等,做出某些选择,如进行积极竞选(树立自己)或消极竞选(攻击对方);选择哪些州和地区作为竞选重点;应重点争取哪类选民(农民、蓝领工人、郊区居民、少数人种族、民族集团、妇女、中产阶级自由派等);如何使用选举经费,早用还是晚用,用于电视、直接邮件还是竞选旅行;竞选如何安排,是一开始即全力投入,还是逐步加大力度,到最后形成高峰等。

(三)竞选方法

美国早期的竞选方法是候选人率领车队旅行全国,发表演说,会见选民,同选民握手之类。支持者则在报纸上发表文章,印发传单,举行游行。现在最主要的则是电视竞选。其一,在电视上做付费广告,向选民推销总统,但此项活动开支巨大。例如2004年7月,克里阵营在某西班牙语电视台推出了一则30秒钟的广告,其费用为100万美元。其二,争取进入电视新闻,即让候选人在下午3点钟之前做一些有趣味、值得电视记者采访的活动,以便在当晚6点钟的电视新闻中播出,如同老人谈话、同失业者握手、向购物的家庭主妇表示同情等。其三为电视辩论,即将候选人一对一的辩论进行现场直播。

1960年,肯尼迪与尼克松竞选时,肯尼迪提出电视辩论。他事先与电视导演作了周密的筹划,进行练习和彩排。辩论前几天还到加利福尼亚海滩晒太阳,养精蓄锐。结果在电视屏幕上出现时,精神抖擞,满面红光,谈吐挥洒自如。尼克松没有听从电视导演的劝告,连续劳累,在电视上显得精神疲惫,表情痛苦,脸色苍白,说话时声嘶力竭。许多人认为,尼克松在电视上冒大汗,是他失败的一个因素。1976年,福特总统与卡特进行了三次电视辩论,福特在大选前几天的最后一次辩论中失言,被报纸大肆渲染,导致支持率下降。1980年,卡特总统与电影演员出身、又当过电视节目主持人的里根进行电视辩论,也吃了大亏。

于是有些候选人便拒绝参加电视辩论。一方面,是知名度高的人如在职总统或副总统,不愿让对手借机提高声望和知名度;另一方面,是害怕在摄像机前的仪表、风度、表现不如对方。1964年,约翰逊拒绝同巴里·戈特华特进行电视辩论。1968年,尼克松拒绝与赫伯特·汉弗莱在电视上辩论。

(四)竞选经费

总统竞选经费有以下几种来源:(1)候选人本人及其家族。(2)公民个人捐款。(3)公司和特殊利益集团捐款。(4)本党资助。(5)政府补助。

从1976年开始,联邦政府对总统选举从竞争提名到正式选举实行津贴。政府对竞选费用的补助,主要是为了限制竞选费用无限制的增长,也为了限制某些大额捐款。这种大额捐款往往可以在今后得到政府任职或政府合同的回报。

法律规定,凡总统候选人在寻求本党提名时,如果在20个州的每个州从个人募集到5000美元以上,而且每笔捐款都不大于250美元,则他能从政府得到一笔相同数量的政府补助。补助总额以500万美元为限。每一个候选人的预选竞选总开支不得超过1000万美元(1974年数字,随物价指数上涨)。两大党候选人可以得到2000万美元的政府补贴。接受联邦政府补助的候选人,不得接受私人捐款。候选人开支超过200美元的项目,须逐项公布。

为了绕开法律的限制,某些总统候选人的支持者可以独立地为他支持的候选人做广告,这种行动不受法律限制。另外,竞选法允许公司、工会、特殊利益集团建立政治行动委员会,可以向政党捐款。他们为总统竞选所进行的独立活动开支不受限制,因此,这些行动委员会便纷纷成立,并起了越来越重要的作用,同时也为竞选付出大量的金钱。[8]

五、大选

按照美国有关选举的法律规定,选民投票在大选年11月第一个星期一以后的第一个星期二。最初,没有无记名投票,1888年以后,才逐渐改为无记名投票。起初用选票。两党为把哪个党的候选人列在前边,长时间争论不休。1892年纽约州的洛克波特市首先使用了投票机。其后投票机应用电子技术又得到进一步改进。现在几乎所有的投票站都采用了投票机。大多数州都采用全州选民对全体选举人投票的方法,即某党总统候选人在本州选票领先,便获得该州全部选举人票。这样,总统选举便事实上变成了选民直接选举。选举人则由各党州代表大会确定。他们已经变成一种名誉性的职务。

后来,还有个别选举人不愿意遵守这种约束。1948 年,杜鲁门已经在田纳西州获胜,但有一个该州选举人却拒绝投杜鲁门的票,投给了州权党的人。1960 年,俄克拉马州的一位选举人本来保证支持尼克松,后来也投了别人的票。1968 年,一个北卡罗来纳州的选举人把本想支持尼克松的票投了华莱士。这种情况极少出现,除非在极端情况下,不会影响结果。因此,十一月初的选民大选之后,总统事实上已经选出。

大选年的十二月的第二个星期三以后的第一个星期一,各州选举人团在各州首府选举总统和副总统。得票名单寄给参议院议长,即在职副总统。第二年一月六日,参众两院议员在众议院集会,由参议院议长主持,当众启封名单,公布选举结果。

六、总统就职

全国大选在十一月初事实上已选出总统,新总统任职在次年一月二十日,即选举人投票日一月六日后半个月。留出这段时间,是为了防止选举人投票结果不明确,还需要众议院再选。同时,也为新总统的任职留有准备时间。

新总统当选后,为了顺利接班,首先要组织一个工作班子,这个工作班子往往以竞选班子为基础,协助新总统处理接班事务。由于美国在野党没有影子内阁,新总统此时的首要任务是物色内阁。新总统组阁时,也要考虑政党因素,将某些本党要员拉入内阁。但美国的政党组织相对松散,总统作为领袖对本党没有很大的约束力,而党对总统选举的支持也远不如英国有力。这样,美国总统组阁时所受党的约束也相应较弱,甚至可以选择反对党人士为内阁成员。因此,总统组阁以自主选择为主。

新总统上任前的另一项工作就是了解当时国内外各方面的形势,各行政部门的工作情况,以及政府目前正在组织解决或准备解决的重大问题。为此,新总统组织的临时办公处的各小组人员要与政府各部保持密切联系,及时向新总统提出报告。现任总统也要给予必要的帮助,通告各部官员将有关国情资料尽量提供给新总统。新总统还要在此期间与现任总统进行会晤,直接交换有关情况和意见。

新总统上任之初,要向国会提出施政方针,这个方针既要符合本党的国内外政策,又要保持他自己的施政设想。更主要的是既然已当选,竞选中的种种许诺便已可能付诸实施,由文字口号变为行动,不可避免有许多困难,甚至终于发现某些许诺限于种种条件根本不可能实行或不宜实行。以上因素综合起来,就使这个施政方针的拟定格外困难。新总统要花费很大精力反复研讨,才能写出一个既有创新,又不过度触怒某些集团的得体的施政方针。自开国之初到 1932 年富兰克林·罗斯福就职总统,就职仪式在三月四日正午十二时。国会在 1932 年提出的宪法修正案第二十条修正案中重新规定,新总统就职时间为一月二十日正午十二时。

新总统在国会大厦或国会外露天演说台上宣誓。最高法院院长为监誓人。誓词写在宪法中:“我谨庄严宣誓,我决心忠诚地执行合众国总统职务,并尽最大努力维护、遵守和保卫合众国宪法。”宣誓完毕后,发表就职演说。

[附录]

2012年美国大选展望

2012年被称为超级选举年,有众多国家进行总统或议会选举。比如,俄罗斯、法国、美国、韩国分别在2012年3月、4月、11月和12月选举总统。中国共产党将在9月召开第18届全国代表大会,选举新的执政党领导层。这些重要国家的选举结果,是未来世界发展的风向标,将对21世纪上半叶的国际政治格局产生极为深远的影响。

战后几十年的经济繁荣,使美国的总统选举越来越像一个长达一年的“选秀”节目。最后选出来的总统,也越来越年轻、英俊和强壮。但2012年似乎有点不一样,美国真正遇到了麻烦,他们希望选举一个有智慧有能力的总统,带领他们解决这些麻烦。

1.美国大选的第一阶段:两党各自确定其候选人。

现任总统巴拉克·奥巴马是民主党唯一的总统候选人。事实上,民主党不可能推出第二个候选人,这等于否定了4年来党的政策。

共和党候选人的选举在最初相当混乱,这说明党内没有一个“众望所归”的领袖人物。直到3月7日,总统初选的“超级星期二”,前马萨诸塞州州长罗姆尼一口气赢得了10个州中的6个州的胜利,进一步奠定了领头羊地位。4月24日,罗姆尼又在5个州的初选中获得全胜,奠定胜局。6月26日,在犹他州举行了共和党最后一场党内预选,罗姆尼正式获胜。这次共和党内的初选,竞争者互相抹黑,揭瘾私、挖内幕、曝丑闻仍是击败对手的利器。《纽约时报》在评论“超级星期二”时指出,这是共和党历史上“最丑陋、最引发分歧、最乏味”的预选。[1]

2.美国大选的第二阶段:两党竞选。

这一阶段,两党将分别召开党的全国代表大会,确定党的政策和正式提名总统、副总统候选人,两党竞选白热化。

比较奇特的是,2012年的两党候选人都是传统意义上的非主流:民主党的候选人奥巴马是美国第一位黑人总统;共和党候选人罗姆尼是摩门教徒,而摩门教在美国宗教中长期被基督教福音派视为异端教派。一个身为少数族裔,另一个是少数宗教派别,这显示了美国社会的多元化程度。

在美国的政治光谱中,奥巴马是温和的民主党人,罗姆尼则是温和的共和党人,两人依靠的都是中间选民,但两位候选人的主张仍有重要区别。

共和党候选人罗姆尼的竞选主张:

经济方面:(1)降低企业所得税税率;(2)削减5个百分点可自由支配的非保证金开支;(3)消除奥巴马时代所有加重企业负担的、影响创造就业机会的法规。

医疗方面:(1)废除奥巴马2010年医疗改革法案;(2)鼓励个人而非由企业购买医疗

保险。

移民问题:(1)立法规定英语为美国官方语言;(2)打击非法移民。

国防方面:加强对伊朗的威慑,阻止伊朗拥有核武器。

社会方面:(1)反对堕胎;(2)反对同性婚姻。

民主党候选人奥巴马的竞选主张:

争取中产阶级在经济上的公平正义,“回归美国价值”,创造公平的经济环境及提高美国竞争力。

经济政策:(1)对年收入超过100万美元的人增收30%以上的重税;(2)结束伊拉克战争和阿富汗战争,节省的经费一半用于基础设施建设,一半用于支付美国国债;(3)成立贸易调查与金融犯罪专门小组,打击金融犯罪,对不公平贸易与华尔街不当行为进行调查,把美国经济导入正轨;(4)贸易方面,加大对中国的施压;(5)推出减税措施增加国内就业机会。

对外政策:伊朗核问题仍有和平解决的希望,但将“不排除采取任何手段”阻止伊朗拥有核武器;高度评价结束伊拉克战争和击毙基地组织头目本·拉登;高度评价“阿拉伯之春”,并承诺美国将支持民主,反对暴力和威胁。

4月30日,奥巴马的竞选团队在竞选广告中展示了新的竞选口号——“前进”(Forward)。广告以对比的手法表现了奥巴马带领美国“前进”的种种“政绩”:从伊拉克撤军,刺杀本·拉登,刺激经济,提高就业率。

支持共和党参选人罗姆尼的保守政治行动委员会“美国十字路口”5月3日发布一则题为“后退”的竞选广告,指责在奥巴马的领导之下,靠政府发放食品券度日的美国人大增,失业率、消费价格、医疗费用以及油价全都大幅上升。“奥巴马任内唯一‘前进’的一件事,就是我们的国家债务上升了5万亿美元。”并说:“奥巴马令美国倒退4年已经足够了。”罗姆尼则嘲笑说:“前进?朝着什么?朝着悬崖前进吗?”[2]

而在占领华尔街的大背景下,身家高达2.5亿美元的罗姆尼也被批评者看做是美国1%阶层中的一分子。很多人质疑:属于1%的罗姆尼是否与99%的民众脱节?

在共和党的预选中,罗姆尼的豪富身份就被拿来大做文章。他的党内竞争对手,前众议院议长金里奇,嘲讽罗姆尼财雄势大,会不惜一切“买下”总统宝座。金里奇阵营发布了竞选广告“当罗姆尼来到镇上”:罗姆尼微笑着从飞机上走下,镇子仿佛一夜之间变成了废墟,到处是流离失所的劳动人民……另一个党内候选人、得州州长佩里称罗姆尼代表的是“秃鹰资本主义”。他绘声绘色地对选民普及秃鹰的捕食习性:“秃鹰停在高高的树枝上,等着你的麻烦。一旦你受伤或病弱,丧失了抵抗能力,它们就从天而降……”[3]

3.两党大选前景

2012年的美国总统大选,本应是一场平淡的选举。

每当在职总统谋求连任,大选过程一般没有太大的悬念。4年来,总统先生每天会出现在电视、广播和报刊的头条,他比全世界任何演艺明星和足球明星更知名。而挑战者,美国50个州的某个州长、联邦参议院100名参议员中的某个成员,他们的名字才刚刚被全美国的选民知晓。这好比一个有实力的公司,推出了一款饮料,要挑战可口可乐的全球霸主地位。这种情况下,获胜的希望往往并不在自身,而在于对方有无重大的破绽。2012年的美国共和党人,也看到了这种希望。

在经济升平时期,美国选民会关心一下美国的海外霸权,甚至对某些国家的人权状况也颇为关切。但在经济不景气时,就会更关心自己的收入和福利,眼光也更多地转向国内政策。奥巴马执政4年的成绩,并不能让美国人满意。奥巴马上台之初,美国的失业率为7.8%,然后逐月递升,到2011年前4个月,仍高达9%左右。2010年联邦财政赤字达1.29万亿美元,其规模在美国历史上排第2位。2011年5月,美国的国债将突破国会设定的上限14.29万亿美元,洛克菲勒基金会的研究认为,美国经济的不稳定性,要比近25年来的任何时期都更严重。奥巴马的民意支持率因为糟糕的经济表现逐渐下降。他能否赢得连任,主要就取决于经济与就业形势是否大有起色。

2012年2月23日,美国总统大选民调显示,罗姆尼的支持率达到50%,而奥巴马仅有46%,罗姆尼首度超越奥巴马。[4] 6月26日的民调结果显示,奥巴马和罗姆尼的支持率分别为45%和46%,若考虑正负3%的误差率,基本不分上下。7月12日的民调结果显示,受经济隐忧拖累,奥巴马的支持率跌至2012年1月以来的最低点。认可奥巴马工作表现的受访者从一个月前的50%跌至47%;认为国家正处在错误轨道的受访者比例较一个月前上升6个百分点,至63%。在哪一名总统竞选人会在拉动就业和促进经济发展方面有更上佳表现的问题上,罗姆尼以46%的支持率领先奥巴马3个百分点。

相比罗姆尼,奥巴马在两个特殊人群中拥有极大的优势,他也在努力地扩大这种优势。

据《环球时报》6月20日报道,奥巴马政府宣布,暂停遣返部分无签证的年轻外国移民。此举使奥巴马在5个摇摆州的西班牙裔(或称拉丁裔、拉美裔)选民中人气急升。据国会山新闻网站The Hill报道,“西裔决定—美国声音”(Latino Decisions-America’s Voice)上周末进行的民调显示,在亚利桑那、科罗拉多、佛罗里达、内华达以及弗吉尼亚这5个西裔人数众多的摇摆州,49%的西裔选民表示,这一决定使他们对于奥巴马更有热情。而在奥巴马政府作出这一宣布之前,民调显示,共和党准总统候选人罗姆尼与奥巴马在上述5个摇摆州的差距正在缩小。

中国新闻网4月12日报道,美国总统奥巴马在白宫举行了一次妇女与经济座谈会。奥巴马说,美国妇女的工资,只相当于从事同样工作男性的77%。奥巴马强调他的政策时说,要对妇女提供帮助,包括医疗保健改革、反家暴立法以及制定男女同工同酬的法律。据《今日美国报》与盖洛普民调机构联合公布的最新民调,支持奥巴马的女性选民为54%,而支持罗姆尼的女性选民仅为36%。在CNN与ORC的民调中,奥巴马的女性选民支持率为60%,而罗姆尼的支持率仅为37%。另一项民调显示,喜欢和不喜欢罗姆尼的女性选民为34%和48%,喜欢和不喜欢奥巴马的女性选民为58%和41%;对民主党持有正面和负面印象的女性选民是54%和40%,对共和党持有正面和负面印象的女性选民是34%和59%。而为了挽回这方面的明显劣势,罗姆尼曾表示有可能选择一位女性为竞选搭档。

有评论者指出,美国2012年的选举和往年不一样,两边的阵营都不会在一些非经济利益上大做文章,比如说同性恋、枪支管理、宗教之类的议题,而会把焦点对准经济和就业。美国劳工部颁布的4月份的失业报告,令人失望。奥巴马的计划是力争在选举前让失业率突破8%,比如降到7.8%或7.9%。随着大选日期的到来,未来的失业率报表的政治影响力也日益飙升,失业率报表决定奥巴马是否"失业"。[5]

[1]中国经济网:共和党预选为何胶着.http://msn.finance.sina.com.cn 2012-03-15.

[2]中国新闻网:美大选奥巴马罗姆尼针锋相对,互相攻击经济政策.http://www.chinanews.com/gj/2012/06-15/3965646.shtml.

[3]新闻晨报:共和党内斗升级.http://www.sina.com.cn 2012-01-17.

[4]南方日报:美国共和党竞选人今日在10个州争夺提名.http://www.sina.com.cn 2012-03-07.

[5]薛海培:失业率报表决定奥巴马是否"失业".http://news.ifeng.com/world/special/usa2012/content-1/detail_2012_05/05/14334969_0.shtml.

第三节 总统与国会

一、国会简介

(一)概况

美国宪法第一条第一款规定:"本宪法授予的全部立法权, 属于由参议院和众议院组成的合众国国会。"除立法权外,国会还有监督行政部门的权力。与司法部门的关系有:设立下级法院,批准和弹劾最高法院法官的权力。法院则有宣布国会立法是否违宪的权力。

美国参议院由每州两名议员,50个州共100名议员组成,任期6年。众议院按每州人口分配,现在已固定在435席。各州人口变化后,席位数做相应调整,大约是50万选1名众议员。国会议员是由各党州代表大会提名,两名参议员在全州范围内选举。众议员选举,是在各州按人口均等划分的国会选区选举,每个国会选区选举1名众议员。

由于党的领袖——在职总统,无权决定国会议员的提名,因此党的全国机构对议员的控制很弱。相应地,由于提名权在州,议员事实上是地方利益的代表。这一点与英国截然不同。国会的政党领袖主要是:众议院议长、参众两院多数党和少数党领袖、参众两院两党的督导。但国会的政党领袖对议员的约束同样很弱,因为他们没有能力惩罚不服从纪律的议员。

按规定,两院可以以简单多数票拒绝当选议员就职,但要开除一名议员,则须以2/3的多数票通过。美国20世纪50年代的麦卡锡就是被议会开除的。而国会的政党领袖显然很难在议会中取得2/3的多数开除一名不听话的本党议员。由于这个原因,国会议员在许多问题上也许会支持本党政策,但也可以不受党的约束,可以自由发表意见,可以按自己的观点、意愿、利益进行投票,而不用担心会受到党纪的制裁。跨党投票在国会中是司空见惯的事。

这样,总统即使遇到参众两院恰好都是本党占优势,也不可能得到国会的全力支持。而如果遇到反对党在两院或一院中居多数党地位,所受阻力自然会更大。当然,总统由此也常常在反对党议员中寻求支持。比如里根在执政的前6年,共和党只在参议院是多数党,但是里根在众议院依靠共和党议员和保守的民主党议员的联盟,使他的减税、增强防务、改革税制等重大计划在国会都获得通过。而卡特执政时,民主党在两院都是多数党,但他的能源立法却被国会挫败。2006年,参众两院普通议员年薪为16.52万美元,相当于行政部门副部长的薪水。众议院议长年薪21.21万美元,和副总统、最高法院法官大体持平,高于内阁级部长。

(二)立法程序

美国国会的立法程序如下:

(1)提出议案。在众议院,一名或多名众议员只要把议案文本送交书记官或投入议案箱,议案就提出了。在参议院,一名或多名参议员只需得到会议主持人的认可,就可宣布议案。同一议案可在两院分别提出。提案权独属国会议员,总统在国会只能提出立法建议,无权直接提出议案。

(2)委员会审议。议案提出后,众议院议员或参议院主持人按议事规程将议案提交给主管常设委员会审议。委员会主席通常会将议案交给下属的一个小组委员会审议,也可由全体委员会直接审议。小组委员会审议时,就议案进行公开的或秘密的听证会。邀请政府官员、利益集团代表、其他议员或公民到会作证,提供情况,陈述意见,回答各种问题。听证后,进行议案审议。完成审议后,向全体委员会报告。全体委员会有时又举行听证会,再审改议案,才进行表决。如果表决拒绝该议案,则议案很可能就此夭折。事实上绝大多数议案在此关口夭折。

(3)全院辩论和表决。委员会表决通过的议案,附加一份报告回到议院,列入日程表。议员们对该项议案进行辩论,提出修正案,最后进行表决。议案在一院通过后,即送另一院审议,再经过一套以上程序,最后再次表决。

(4)两院协商。如果第二院对议案又加修改,从而两院通过的文本发生分歧,则需要专门成立临时两院联合委员会协商解决。这个联合委员会协商一致后,文本送回两院表决。这一次两院不再修改议案。如都通过了,就送总统签署。如果被某一院拒绝,再送回联合委员会协商,或任命新的联合委员会协商,直到两院通过为止。

(5)总统签署。总统接到两院通过的议案后签署,即成为法律。也可否决或搁置。否决后议会两院各以2/3多数再次通过,则无需总统签署即成为法律。如搁置10天,议会并未休会,议案自动生效。如果10天内议会休会,则议案作废。搁置否决不需要理由,也不能被推翻。

现代美国,总统在立法方面的作用越来越大。首先,总统否决议案后,两院要以2/3的多数才能否决无效,而2/3多数是很难争取到的。其次,总统可以通过咨文行使立法倡议权,事实上国会每年的立法工作主要就是围绕总统的建议进行的。而由行政部门起草的作为行政建议的议案,通常由拥有管辖权的国会常设委员会主席或小组委员会主席在一个议院提出。行政部门的议案总可以在议会中找到至少一个代言人为他们提出议案。

但是,总的来说,与英国不同,美国总统完全控制国会的现象很罕见。自20世纪30年代以来,只有罗斯福新政的“前100天”,约翰逊在1963—1965年,里根在执政的第一年,可以说是总统暂时主宰了国会,其他时间行政和立法是相对独立的,总统总要受到议会这样那样的反对。总统不可能命令国会做什么和不做什么。他只能说服国会,或直接向选民呼吁形成舆论压力,或通过讨价还价、政治交易等手段,使国会通过他的立法计划。

二、国会对总统和行政机构的制约和监督

(一)立法权

国会能以立法制约总统和行政机构:(1) 国会以法律设立和撤销所有的行政部门,如部、署、委、局等,并规定其组织结构。(2)国会建立各个职位并规定其权限,规定担任各个职位的资格。(3)国会决定哪些职务由政治任命长官、高级行政职位官员或由低级文官担任。(4)国会规定一个机构的编制和各级人员数的最高限额,规定各级官员的薪水等级。(5)国会确定行政部门的差旅费标准、办公用品及家具购置费等。(6)国会以联合决议批准或否决总统的行政改组计划。(7)总统提出的立法建议,要由国会审议制定成法律才能实施。

在总统权力过分膨胀时,国会还制定法律对总统的权力加以限制。如在越南战争后期,国会在1973年推翻了尼克松总统的否决,通过了战争权力法,限制总统发动战争的权力。

(二)钱袋权(财政权)

国会掌握着钱袋,这是国会的最重要的权力,也是国会制约和监督政府的最重要的手段。因为政府支出的每一美元都要由国会通过拨款法拨款。每年1月,国会每期会议开始后,总统必须向国会提出下一财政年度的预算建议,请求国会审议。国会对总统的预算建议进行审议、修改,通过规定联邦政府开支最高限额的授权法案,送总统签署。经总统签署后,成为法律。总统若不同意,则可将预算授权法案交回议会重新审议。国会然后再根据预算授权法通过拨款法,财政部才能依法向联邦政府各机构拨款。拨款一般按季度支付。国会不通过拨款法,政府机构就无钱使用,不能运转,工作就要停顿。

国会在制定预算授权法和拨款法时,各有关常设委员会及小组委员会举行听证会,要求有关行政机构官员到会作证,说明现行预算的执行情况、目前各项计划执行情况和效益,以及来年的计划项目等,并必须回答议员们提出的各项问题。议员对于要增加开支的原有项目和新增项目的审查更为严格。这种听证会无异于对行政机构工作的一次全面检查。国会预算授权法规定的政府开支最高限额一般低于总统提出的要求,拨款法的实际拨款又低于授权法的最高限额。一个财政年度结束后,国会会计总局要对各机构经费的使用情况进行审计,对它们的计划、活动和财务工作进行评价和提出建议,并报告国会。

(三)任命批准权

根据宪法和法律的规定,总统提名任命的部分官员须征询参议院的意见和经参议院批准。现在参议院每两年大约要审议10万以上的提名,不过其中许多是军官。经总统提名由参议院批准后任命的职务中,最重要的是内阁级部长、副部长、助理部长、驻外大使、联邦各级法院法官、法院的美国执行官、美国检察官。对于总统提名的高级行政官员,特别是

内阁级部长,参议院一般都是批准的,认为总统应该有权任命自己的班子,以推行其政策。历史上总统提名的内阁级部长,仅有不到10人遭到参议院拒绝,但助理部长被拒绝则屡见不鲜。

参议院对于多数部长的任命都迅速批准,但有时对有争议的个别阁员的任命,往往多次举行听证会,仔细进行审查,拖延批准,对总统形成某种压力。这就使得总统在任命高级官员时不得不慎重考虑,并事先征求参议院两党领袖及有影响的参议员的意见。由于总统提名被拒绝,是一件难堪的事,因此,参议院很少在全院会议上公开拒绝总统的提名,许多提名是在委员会中被拒绝的,有时则迫使总统撤回其提名。

参议院对批准最高法院大法官的任命特别慎重。一是因为大法官的职务特别重要,总统总是任命与自己观点相同的人为大法官。二是大法官是终身任职,除经过弹劾定罪不得免职。在美国历史上,总统提名的大法官有20%被参议院拒绝。

(四)弹劾权

宪法规定,国会有权对犯叛国罪、贿赂或其他重罪和轻罪的"总统、副总统和合众国的所有文职官员"进行弹劾。弹劾的决议由众议院以多数票通过,由参议院作为弹劾案审判法庭进行审制,由众议院议长担任起诉人。如被弹劾者是总统,则由最高法院首席大法官主持审判。判决须由出席参议员2/3多数票通过。如被弹劾者被判有罪,惩罚限于免除职务和今后不得再担任联邦职务。免职后作为平民,有可能还要被普通法院追究刑事责任。

自1781年以来,有13名联邦官员受到众议院弹劾,12人受到参议院审判。12人中,法官9人(其中1名大法官)、参议员1人、安德鲁·约翰逊总统、格兰特政府陆军部长。9名法官中4人被判有罪而免职,5人被宣布无罪。参议院以无管辖权驳回了关于参议员的弹劾案。约翰逊总统在1868年以一票之差被宣告无罪,陆军部长于1876年被宣告无罪。1974年,众议院司法委员会已批准对尼克松进行弹劾的指控,由于他于8月9日宣布辞职,众议院也就没有进一步采取行动。总之,国会的弹劾案虽然不多,但作为一项有潜在威力的权力对行政系统有很大的制约,即威慑作用。

(五)立法否决权

所谓立法否决,就是国会在一项法律中写进这样的条款:总统或行政机构根据该法委托的权力,为执行该法而采取的行动和制定的条例,必须得到国会的同意方可付诸实施。国会可以在一定期限内(一般为30~90天)以两院共同决议否决该项行动或规章。立法否决一定程度上是直接干涉行政的行动。在行政机构被国会授权后,其行动又不能令国会满意,则会被国会制止。

(六)"夕阳法"

所谓"夕阳法"是指国会在批准成立一个新的机构或批准一个机构的计划项目时,规定了该机构或该项目的结束日期。在到结束日期之前,国会对该机构或项目进行审查,以决定它们是否应继续下去。"夕阳法"能限制行政机构的膨胀,使行政机构无法拖延。

(七)调查权

国会的调查权,宪法中并未提到,是由立法权引申出来的。即调查能使国会搜集事实以帮助立法。最高法院一贯认可这一解释,但认为不得仅仅为揭露个人的私事而使用这类调查剥夺公民的基本权利,如言论、出版、结社自由等。自1792年国会对军队被一个印第安部落击败一事调查以来,国会对行政部门进行调查就成为经常现象。[9]

国会的调查是由现有的或专门设立的委员会进行的。国会的委员会可以发出传票。任何无视传票的人,国会可以以藐视国会罪将他送进监狱或提交法院论处。但总统和其主要属僚,常援引"行政特权"拒绝回答国会的询问。国会的调查其中引人注目的有对中央情报局和对联邦调查局的调查,参议院水门委员会对水门事件的调查,国会两院成立的"伊朗门"事件联合会对"伊朗—尼加拉瓜"事件的调查等。总之,按三权分立相互制衡的原则,国会能以以上诸项权力有力地监督行政部门,使行政机构的权力无法过度扩张。

第四节 总统与最高法院

一、法院简介

美国的法院分为两个系统,即联邦法院系统和州法院系统。二者各有其管辖权,在组织上没有隶属关系。1789年,国会根据宪法规定制定了司法法。这一法律建立了联邦法院系统,规定了各级法院的管辖权。联邦设最高法院,13州各设一个美国地区法院,作为第一审法院。地区法院之上设立三个巡回法院,由两名最高法院大法官和一名地区法院法官组成,受理对地区法院裁决的上诉案件。联邦法院系统以后又有许多变化,设立了领地法院、专门联邦法院等。

由于美国的法院,包括联邦和州法院,都拥有司法审查权,任何法院都有权解释美国宪法,有权裁决任何法律、行政命令、规章条例违宪,以至无效。因此有人认为,美国的所有政治问题最后都成为司法问题。各法院的司法审查权,以联邦最高法院的裁决为终审裁决。

宪法规定,最高法院大法官(含首席大法官)由总统提名、参议院批准而任命。2006年,首席大法官年薪21.21万美元,与副总统的工资相同。其他大法官的年薪20.3万美元,高于内阁部长。年满70岁任联邦法官10年以上,或年满65岁并担任联邦法官15年以上的法官,可以领全薪退休或辞职。

美国宪法规定,"最高法院和下级法院的法官如行为端正,得继续任职,并应在规定的时间得到服务报酬。此项报酬在他们继续任职期间不得减少"。没有规定任期。终身任期往往使大法官们工作到年老体弱,不能再胜任的情况下才提出退休。如著名的大法官霍姆斯就是在1932年年过90才提出退休的。不仅如此,据统计,有一半以上的大法官是死在任职期间的。法官不得在任职期间参加政治活动,有不端之行为,如犯叛国罪之后,将受到国会的弹劾。

二、司法审查权

1803年,最高法院马歇尔首席法官做出马伯里诉麦迪逊案的裁决,第一次确立了法院的司法审查权。[10]1800年,联邦党人约翰·亚当斯总统寻求连任被民主共和党人托马斯·杰斐逊击败。杰斐逊是在职副总统。亚当斯在卸任前一日,1801 年 3 月 3 日,匆匆任命了 16 名巡回法院法官和哥伦比亚特区的 42 名治安推事,又任命他的国务卿约翰·马歇尔为最高法院首席大法官。联邦党人控制的参议院迅速批准了这些任命。亚当斯当晚签署了委任状,这就是著名的"午夜"任命事件。将在次日离任的马歇尔连夜在委任状上加盖国玺并发出,由于时间太紧迫,仍有 17 份治安推事的委任状未能发出。

杰斐逊和新任国务卿麦迪逊被亚当斯的行为所激怒,拒绝发出那 17 份委任状。未得到委任状的威廉·马伯里和另外三人雇用律师直接向最高法院起诉,要求法院向麦迪逊发出职务执行令,使他发出委任状。1789 年,司法法第十三节已授权最高法院颁发这种职务执行令。原国务卿马歇尔现在已是首席大法官,有权裁决这个案子。但他如果裁决下令发出委任状,麦迪逊在杰斐逊的支持下可能会拒绝执行,而且杰斐逊的共和党人控制的国会还可能对他提出弹劾。如果他不理马伯里等人的要求,让麦迪逊按其意愿行事,则不仅会使联邦党人失望,而且也将削弱最高法院的权力。

马歇尔避实就虚判决如下:(1)马伯里应等到他的职务,麦迪逊拒绝发出委任状是错误的。最高法院有权发出职务执行令,强迫政府官员履行法律规定的职责。(2)然而,就此案而言,最高法院却无权颁发职务执行令,因为给予最高法院此项权力的法律违宪。(3)司法法第十三节说,寻求此种命令的人可以直接而不是通过上诉向最高法院提出其要求。然而宪法第三条明确规定最高法院具有第一审管辖权的案子并不包括马伯里这类案子。国会的法律改变宪法关于最高法院第一审管辖权,是违宪的和无效的。也就是说,最高法院有权发出职务执行令,但马伯里不应当直接向最高法院起诉,因为这件案子不在最高法院第一审管辖权内,因此对这件案子,最高法院不颁发职务执行令。这样,最高法院避免了同杰斐逊派摊牌,未命令麦迪逊发出委任状。事件本身以麦迪逊的胜利告终,但结果却意义深远,即确立了法院的司法审查权。

马歇尔代表最高法院撰写的判决书写道:"所有制定成文宪法的人认为, 宪法构成国家的根本法和最高法律。……解释法律显然是司法部门的权限范围和责任。把规则应用于具体案件的人必然应当阐述和解释该项规则。……违反宪法的法律是无效的;法院和其他部门都应受到该文件(宪法)的约束。"这项判决书明确提出:(1)宪法是国家的根本法和最高法律。(2)司法部门有权解释法律。(3)违反宪法的法律是无效的。最高法院第一次宣布国会通过的司法法中第十三节有关最高法院第一审管辖权的规定是违宪的、无效的。

最高法院获得司法审查权后,便能有力地制约国会和行政机构。杰斐逊认为,法官解释宪法,实际上使宪法变成法官任意修改的"一种蜡质"。林肯在就职典礼上说:"凡属正直的公民,都一定会承认,政府的有关全体人员的问题的政策如果一成不变地必须由最高法院的决定来确立它的地位……那么人民就将终止为他们自己的统治者了,他们已于无形之中,在实际上把他们的政府转变给那个最高的法庭了。"于是有人试图修改宪法,限制或取消最高法院的这一权力,并使法官由选举产生,规定任期等等。但另一派认为法院是三权分立中最弱的一方,如果剥夺司法审查权,就会破坏制衡原则。由于修改宪法极为困难,最高法院便一直保有这项权力。

三、国会对法院的制约

国会可以采用批准它愿意批准的法官任命,弹劾它不喜欢的法官的办法,逐渐改变法院的组成。国会有权改变法官的人数,可以大量增加法官的人数,给总统任命他中意的法官的机会。

国会和各州一起,可以用宪法修正案推翻最高法院的判决。有九条宪法修正案都是为这个目的而提出和批准的。如第十一条修正案:制止公民在联邦法院控诉一个州,从而推翻了1793年奇泽姆诉佐治亚州案的裁决。第十三、十四、十五条修正案:推翻关于奴隶制的德雷德·斯科特案裁决。第二十六条修正案:年满18岁的公民在联邦和州选举中均享有选举权,从而推翻了1970年俄勒冈州诉米切尔案的裁决。

国会可以稍加修改重新通过被宣布为违宪的法律。这种情况发生了三十多次。由于最高法院立场变化,就不会再度废止这项法律了。当然,国会对法院的行动,许多情况下都是总统通过政党,施加压力或利用舆论等操纵的。因此,法院对行政的制约是以废止法律这种直接手段。总统对法院则有任命法官和通过国会两种方式。

第五节　总统的继任和弹劾

正常情况下,总统四年任职期满,即由新选总统接任。在任总统如谋求第二任竞选,当选后再任四年。而当总统免职、死亡、辞职或丧失履行总统权力和责任的能力时,总统职务应移交副总统。副总统几乎就是为此专设的。当总统和副总统同时出缺,则由国会的法律规定由何人代理总统,直到总统恢复任职能力或新总统选出。

按照宪法有关规定,国会先后制定了三个法律来解决正副总统都出缺时的处理办法。1792年的法律规定,正副总统都出缺时,依法由参议院的临时议长和众议院议长代理总统职务。1886年国会通过了第二个总统继任法,规定正副总统都出缺时,由内阁级部长按各部建立的先后次序代理总统职务,其顺序是国务卿、财政部长、陆军部长、司法部长、邮政部长、海军部长、内政部长等等。1947年,国会根据杜鲁门总统的建议修改了1886年的继任法,新法律规定:正副总统都出缺时,代理总统职务的人的顺序是:众议院议长、参议院临时议长、按各部建立先后排列的内阁级部长。此法至今依然有效。

但是有两个问题仍未得到解决:(1)宪法和法律都未规定副总统继任总统后,如何填补副总统的空缺。因此,在美国历史上有八位副总统因在职总统死于任内而成为总统后,他们遗留下的副总统职位便一直空着。(2)宪法规定,总统丧失工作能力时,总统职务应移交副总统。但是,总统怎样才算是丧失工作能力,由谁来确定总统已经丧失工作能力,宪法却没有明确规定。

美国历史上曾多次出现总统因健康原因不能理政的情况。1881年,詹姆士·加菲尔德总统遇刺后一个夏天不能理政,直到去世,才由切斯特·A.阿瑟继位总统。威尔逊总统中风之后,到任期满前近一年半时间不能工作,国家事务几乎是由威尔逊夫人主持。艾森豪威尔总统也几次因病不能理事。这三位总统在丧失工作能力时都无人代理总统职务,以致总统大权旁落。[11]

1963年,肯尼迪遇刺身亡,总统继任的问题再次受到人们的热切关注。人们感到,在此核武器时代,国家不可一日无领导,必须解决上述两个问题,于是国会提出了新的宪法修正案。宪法修正案于1967年2月10日被各州批准,是为第二十五条修正案。修正案第一、二两款规定:"如遇总统免职、死亡或辞职,副总统应成为总统。""凡当副总统职位出缺时,总统应提名一名副总统,经国会两院都以过半数票批准后就职。"这就解决了副总统空缺问题。修正案第三、四两款解决了第二个问题:"凡当总统向参议院临时议长和众议院议长提交书面声明,声称他不能够履行其职务的权力和责任,直到他向他们提交一份相反的声明为止,其权力和责任应由副总统作为代理总统履行。"

前面讲过,里根动手术时,就这样安排。但如果总统已经神志不清或不愿声明时怎么办?宪法修正案第四款规定:"凡当副总统和行政各部长官的多数或国会以法律设立的其他机构成员的多数,向参议院临时议长和众议院议长提交书面声明,声称总统不能够履行总统职务的权力和责任时,副总统应立即作为代理总统承担总统职务的权力和责任。"这里所谓"国会的法律设立的其他机构成员的多数",即授权国会可以设立这样一个机构,但国会至今没有设立。

如果副总统等人捣鬼怎么办?宪法修正案又规定:"此后,当总统向参议院临时议长和众议院议长提交书面声明,声称丧失能力的情况不存在时,他应恢复总统职务的权力和责任。除非副总统和行政各部长官的多数或国会以法律设立的其他机构成员的多数在四天之内向参议院临时议长和众议院议长提交书面声明,声称总统不能够履行总统职务的权力和职责。在此情况下,国会应决定这一问题。如在休会期间,应为此目的在四十八小时以内集会。如国会在收到后一个书面声明以后的二十一天以内,或如适逢休会期间,则在国会按照要求集会以后的二十一天以内,以两院的三分之二的票数决定总统不能够履行总统职务的权力和责任,副总统应继续作为代理总统履行总统职务的权力和责任;否则总统应恢复总统职务的权力和责任。"

1973年,副总统斯皮罗·阿格纽因偷漏所得税事件被揭发而辞职,尼克松援引第二十五条宪法修正案提名众议院共和党领袖杰拉尔德·福特为副总统,福特经国会两院批准后就职。次年8月9日,尼克松被迫辞职,福特根据同一修正案继任总统,并提名纳尔逊·洛克菲勒为副总统,同样得到国会的批准。这样,美国历史上第一次出现了不经过选举产生的总统和副总统。

对于如何免去总统,1787年的制宪会议有些争论。一些代表坚持总统不应被免职,否则有失国家元首的尊严。富兰克林则表示,用弹劾免去总统职务比用暗杀搞掉总统要可取一些。经过短暂的讨论,会议暂决定总统"可因渎职和玩忽职守被弹劾和定罪予以免职"。代表们一致同意由众议院弹劾总统,因为众议院代表人民。但在众议院通过弹劾案后,由什么机构对总统进行审判则有争议。一些代表建议由最高法院审判。这种意见一度占了上风。但是一些代表反对这种意见,认为最高法院的大法官是由总统任命的,不可能进行充分的独立审判。代表们最后表决由参议院审判。

宪法规定:(1)众议院"独自拥有弹劾权",弹劾案以简单多数票提出。(2)"参议院独自拥有审判一切弹劾案的权力。"合众国总统受审时,最高法院首席大法官主持审判。无论何人,非经出席参议员三分之二的同意,不得被定罪。(3)"总统、副总统和合众国的所有文职官员,因叛国、贿赂或其他重罪和轻罪而受弹劾并被定罪时,应予免职。"这个弹劾程序复杂而严格,很难实施,也很少应用。在美国历史上,第一个受到弹劾的总统是第十七任总统安德鲁·约翰逊,任期为1865—1869年,林肯被刺杀后,由副总统接任总统。1868年,众议院以他违反1867年公职任期法,未经参议院同意即免除了陆军部长职务而对他提出弹劾案。实际原因是他的一些亲南方的政策激怒了国会。弹劾案在参议院以一票之差(35票:19票),未能将他定罪,因而继续任职。[12]

尼克松因"水门事件"而辞职,是美国历史上第一个辞职的总统。[13]从水门事件的结局可以看出,美国对于行政部门,包括最高行政长官总统,有比较健全的监督机制。首先,是司法部门。在这个"美利坚合众国诉理查德·尼克松"案件中,总统与特别检察官的官司从地方法院打到最高法院,尼克松败诉,交出了自己的罪证。其次,是立法部门。参议院成立了水门事件委员会,进行调查。最后,还要进行弹劾,迫使尼克松辞职。第三,行政部门内部,总统也没有绝对的权力。司法部长任命的检察官,独立地行使其权力,对事件进行调查。司法部长不服从总统的命令将检察官解职。

福特认为:"这是美国宪法制度起了作用。"参议员欧文说:"三权分立的优越性是难于同时腐蚀联邦政府的三个部门。"还有舆论的监督。由《华盛顿邮报》带头,各报参加的调查揭露丑闻,电视实况转播,将尼克松淹没在公众舆论之中。因此,美国的新闻自由制度和"三权分立"的宪法,可以说是促使尼克松下台最主要的两个力量。

最后,当尼克松辞职后,继任的总统立即赦免了他。如果采取更为严厉的做法,可能会使当权者对放弃权力非常恐惧。如果尼克松知道他辞职后还会进监狱,他可能会采取更加恶劣的手段,动用更多的行政力量来掩盖罪行,而不会轻易地辞职。孔夫子曾说:"过犹不及。"政治的智慧是宽容和妥协。民主宪政的环境下,政治斗争并不是你死我活的斗争。

[附录]

死于贫困交加的7位美国总统

大约不会有人想到,天下第一强国、富国的美国,它的总统居然有死于贫困交加的,并且还不止一位。第一个死于贫困的是第三任美国总统托马斯·杰斐逊(Thomas Jefferson)。他出身贵族家庭,属于富有阶层。后于1809年3月4日离任,死于1826年7月4日。杰斐逊的墓碑上刻着:"托马斯·杰斐逊,美国《独立宣言》和弗吉尼亚宗教自由法的执笔人,弗吉尼亚大学之父,安葬于此。"杰斐逊8年的总统生涯,使他欠下了11000美元的债务,不得不另举债偿还前债以离开白宫。离开白宫,回到蒙蒂塞洛庄园之后,虽然他拥有几间小作坊和一个小农场,但入不敷出。尽管他忍痛卖掉一些土地还债,仍然还有几乎5万美元的债务。

1814年美英战争期间,英国军队占领华盛顿并焚烧了国会图书馆。杰弗逊将自己价值5万美元的藏书,以23500美元的低价卖给国会,偿还了将近一半的债务。尽管手头拮据,他却从1816年起,以全部身心投入筹建弗吉尼亚大学的运作之中。在他的积极游说之下,州议会批准每年支付15000美元以资办学。杰弗逊到处募捐用于建校。1825年3月7日,大学开学,尽管只有30名学生。

杰弗逊终于因为贫困兼之过度劳累而病倒。当杰弗逊经济极其困难的消息传开之后,美国各地为之捐款16000美元,但这并不足以偿还他的债务并解决他的医疗费用。6月24日,他写下生平最后一封亲笔信,抱歉地推辞掉华盛顿纪念《独立宣言》五十周年的纪念活动。他终于满足了活到7月4日的最后愿望,中午12时50分,离开人世,享年73岁。

此后,美国总统离任过着贫困生活的还有第五任总统詹姆斯·门罗(James Monroe),第七任总统安德鲁·杰克逊 (Andrew Jackson),第十一任总统詹姆斯·波尔克 (James Knox Polk),第十三任总统米勒德·菲尔莫尔 (Millrd Fillmore),第十八任总统尤利西·格兰特(Ulysses Simpson Grant),第二十八任总统伍德罗·威尔逊(Woodrow Wilson)。[资料来源:史哲:死于贫困交加的7位美国总统[J].发现.2008(2).]

[附录]

美国历任总统

	总　　统	所属政党	任期/年
1	乔治·华盛顿 (George Washington)	无	1789—1797
2	约翰·亚当斯 (John Adams)	联邦党	1797—1801
3	托玛斯·杰弗逊 (Thomas Jefferson)	民主共和党	1801—1809
4	詹姆斯·麦迪逊 (James Madison)	民主共和党	1809—1817
5	詹姆斯·门罗 (James Monroe)	民主共和党	1817—1825
6	约翰·昆西·亚当斯 (John Quincy Adams)	民主共和党	1825—1829
7	安德鲁·杰克逊 (Adrew Jackson)	民主党	1829—1837
8	马丁·范布伦 (Martin Van Buren)	民主党	1837—1841
9	威廉·亨利·哈里森 (William Henry Harrison)	辉格党	1841—1841
10	约翰·泰勒 (John Tyler)	辉格党	1841—1845
11	詹姆斯·诺克斯·波尔克 (James Knox Polk)	民主党	1845—1849
12	扎卡里·泰勒 (Zachary Taylor)	辉格党	1849—1850
13	米勒德·菲尔莫尔 (Millard Fillmore)	辉格党	1850—1853
14	福兰克林·皮尔斯 (Franklin Pierce)	民主党	1853—1857
15	詹姆斯·布坎南 (James Buchanan)	民主党	1857—1861
16	亚伯拉罕·林肯 (Abraham Lincoln)	共和党	1861—1865
17	安德鲁·约翰逊 (Andrew Johnson)	民主党	1865—1869
18	尤里西斯·辛普森·格兰特 (Ulysses Simpson Grant)	共和党	1869—1877
19	拉瑟福德·B.海斯 (Rutherford B. Hays)	共和党	1877—1881
20	詹姆斯·加菲尔德 (James Garfield)	共和党	1881—1881
21	切斯特·A.阿瑟 (Chester A. Arthur)	共和党	1881—1885
22	格罗弗·克利夫兰 (Stephen Grover Cleveland)	民主党	1885—1889

23	本杰明·哈里森 (Benjemin Harrison)	共和党	1889—1893
24	格罗弗·克利夫兰 (Stephen Grover Cleveland)	民主党	1893—1897
25	威廉·麦金莱 (William McKinley)	共和党	1897—1901
26	西奥多·罗斯福 (Theodore Roosevelt)	共和党	1901—1909
27	威廉·霍华德·塔夫脱 (William Howard Taft)	共和党	1909—1913
28	伍德罗·威尔逊 (Woodrow Wilson)	民主党	1913—1921
29	沃伦·G.哈定 (Warren G. Harding)	共和党	1921—1923
30	卡尔文·柯立芝 (Calvin Coolidge)	共和党	1923—1929
31	赫伯特·胡佛 (Herbert Hoover)	共和党	1929—1933
32	富兰克林·德拉诺·罗斯福 (Franklin Delano Roosevelt)	民主党	1933—1945
33	哈利·S.杜鲁门 (Harry S. Truman)	民主党	1945—1953
34	德怀特·D.艾森豪威尔 (Dwight D. Eisenhower)	共和党	1953—1961
35	约翰·F.肯尼迪 (John F. Kennedy)	民主党	1961—1963
36	林登·约翰逊 (Lyndon Johnson)	民主党	1963—1969
37	理查德·尼克松 (Richard Nixon)	共和党	1969—1974
38	杰拉尔德·福特 (Gerald Ford)	共和党	1974—1977
39	吉米·卡特 (Jimmy Carter)	民主党	1977—1981
40	罗纳德·里根 (Ronald Reagan)	共和党	1981—1989
41	乔治·H.W.布什 (George H.W. Bush)	共和党	1989—1993
42	比尔·克林顿 (Bill Clinton)	民主党	1993—2001
43	乔治·W.布什 (George W. Bush)	共和党	2001—2008
44	贝拉克·侯赛因·奥巴马(Barack Hussein Obama)	民主党	2008 至今

资料来源:中国社会科学院美国研究所.美国年鉴(2005)[Z].北京:中国社会科学出版社,2006.

说明:美国总统的“届”——总统选举每四年举行一次,任期四年,任满四年为一届。如果总统在任期内死亡或因故去职,由他人接任,继任总统和前总统为同一届总统。“任”——某人连续担任几届总统职务,仍为一任。但如果一人在不连续的几届总统选举中先后当选,当选几次就算几任。“位”——指担任过总统的实际人数。

【参考文献】

[1][美]汉密尔顿,杰伊,麦迪逊.联邦党人文集[M].北京:商务印书馆,1980.

[2][美]理查德·霍夫施塔特.美国政治传统及其缔造者[M].北京:商务印书馆,1995.

[3][9]李道揆.美国政府和美国政治[M].北京:中国社会科学出版社,1990.

[4][美]吉尔贝·希纳尔.杰弗逊评传[M].北京:中国社会科学出版社,1987.

[5][6][8]刘玉霞.美国总统选举面面观[M].北京:北京出版社,1988.

[7][美]卡尔·桑德堡.林肯传[M].上海:上海三联书店,1978.

[10][美]伯纳德·施瓦茨.美国法律史[M].北京:中国政法大学出版社,1990.

[11]梅人.美国四十任总统[M].北京:时事出版社,1988.

[12][美]加尔文·D.林顿.美国两百年大事记[M].上海:上海译文出版社,1984.

[13]啸天.尼克松[M].浙江:浙江人民出版社,1987.

第二章　中央行政部门

第一节　总统的助手和辅助机构

美国的政治学家把富兰克林·罗斯福以来的总统称为“当代总统”，认为“当代总统”在以下几个方面不同于早期总统：(1)早期总统只是可能对立法工作感兴趣，当代总统则积极倡议立法，并更多地行使否决权。(2)早期总统只行使宪法授予的很少的单方面权力，当代总统则从法律、法院裁决和先例得到多得多的机会以未经国会正式批准的行政命令和其他行动直接决策。(3)早期总统只有很少的工作人员，当代总统则有在总统办事机构中工作的和从行政部门“借调”的为数众多的工作人员供其差遣，去实施其倡议。(4)公众对在职总统的注意力发生了数量和质量的变化。大多数美国人认为，当今复杂多变的政治世界只能由总统来处理。人们期望总统是信心的象征，期望总统提供政治领导，解决国家和个人面临的种种问题。

西奥多·罗斯福总统认为总统是人民的服务员，有权力和义务“做国家需要的任何事情”，除非此种行动被宪法和法律明文禁止。富兰克林·罗斯福则大大超越了老罗斯福，他认为：“总统有权力按照公众利益的需要采取行动，即使法律没有明文授权，有时甚至违反法律的规定。”杜鲁门说：“外交政策由我决定。”肯尼迪说：“总统必须懂得如何领导国会，何时要同国会协商，何时独作主张。”尼克松说：“总统的主要责任就是领导”，而不是“说服”。[1]总之，总统的权力大大地扩张了。而这一结果，与总统的辅助机构的扩张大有关联。总统的助手和辅助机构包括副总统、内阁及白宫办公室等机构。

一、副总统

美国的副总统，除非总统发生意外而由他继任，否则并无实权和重要影响。制宪者最初设立副总统职位，是为了当总统逝世或因健康原因不宜继续任职时继任总统。宪法规定副总统兼任参议院议长，但又限制他的权力。副总统主持参议院会议，只有在参议院表决出现赞成票和反对票相等时才可以投上一票，以打破僵局。除此之外，宪法没有规定任何职责。美国第一位副总统约翰·亚当斯认为，副总统一职“只不过是人们创设或想象出来的一个最无关紧要的职位”。

近些年来，副总统的职责加强了，成为总统的重要助手和顾问。但这些职责还不稳定，随总统本人的态度而变化。克林顿政府时期，副总统戈尔颇为活跃。他与克林顿在 1992 年的总统竞选中就形成了密切的私人政治关系，得到信任，并赋以重任。戈尔负责全面监督政府的行动，是总统对内政策的主要顾问。在政府的经济纲领和其他几乎每个重要问题上，克林顿都听取他的意见。在对外政策上，戈尔发挥了作用，如波黑问题。戈尔的任务还包括幕后的一些工作，充当白宫的说客，帮助克林顿赢得国会对政府建议的支持等。克林顿还把副总统的班子同他自己的班子合并，以促进团结协作，防止以前白宫出现过的某些对立。[2]

二、内阁

制宪者由于强调分权原则，不愿采用英国的内阁制。当时有一些元老希望设立某种形式的政务会，向总统提供建议。但宪法中既没有提到内阁，也没有政务会，只简单地规定：总统可以“要求各行政部门长官以书面发表与其各自职务的责任有关的任何问题的意见”。而总统则由此处于政府行政部门的唯一突出的地位。华盛顿任总统时，开始召集各部部长议事，听取意见。这些早期会议便被称为“内阁”会议。华盛顿的内阁由国务卿、陆军部长、财政部长和检察长组成。但美国总统只把内阁用作商议和咨询机构，内阁从未起过一个集体决策机构的作用。

英国内阁的紧密结合是建立在英国制度的两个相应关联的特点之上的——议会政治和英国政党结构。议会政治使内阁必须坚持统一战线以保证在下院占有多数，如果没有这个多数，内阁就必须辞职。英国政党结构是以严密的纪律和着重意识形态的政党组织为基础的，这种结构在政党的最上层产生一批思想比较一致的党员，他们对政府的各种问题在态度上十分相似。另外，英国内阁成员大多数在下议院有过同样长期的锻炼过程。由议会后座议员的地位向上爬，先担任本党低级职务，然后担任较高级职务，最后进入内阁，他们多半经历过作为反对党处于在野地位的年头。这样就形成一个不会轻易破裂的结合。

美国的内阁则不同，并不正式向国会负责。虽然由于国会的立法授予各位部长行动的权力，国会批准拨给他们资金，国会的各委员会密切注视着他们的工作，因此他们必须注重国会的要求。但毕竟是总统雇用了他，也可以解雇他，他们更多地注重总统的要求。

美国总统在任命各部首脑时所受政党约束较小，他也许更注重竞选时出过力气的人。总的来说，他最主要的是考虑合适的才能，而不注重资历。他会任命商人、学者、前州长、国会议员、法官、律师、工程师，而不管他们在党内的地位，甚至还可以任命反对党人物进入内阁。内阁成员之间关系不太密切，他们宁愿就涉及本部门的问题单独与总统对话，而不愿意在内阁会议上发表反对其他各部的意见。

内阁是否受到重视，因总统而异，但总的来说，地位没有大的变化。内阁成员主要作为部门首脑向总统负责并行使自己的权力，而不是一个集体决策机构。小布什政府的内阁有

22人组成：总统、副总统、15个部的部长、白宫办公厅主任、环境保护局长、管理和预算局长、国家毒品管制政策办公室主任、美国贸易代表。[3]就内阁会议本身，其作用为：(1)总统给阁员们解释他已选定的政策的机会；(2)阁员们按总统的要求在某个问题上对国会和新闻界采取一致的立场；(3) 利用内阁会议在公众中制造某项政策得到内阁赞同的印象，以增强该项决定的权威性。[4]

三、总统办事机构

在很长时间里，总统并没有办事机构，总统往往只能自掏腰包雇用几个办事员。1857年，才为总统设置了一名由国库支付薪水的私人秘书。直到1932年，白宫工作人员只有3个人。1939年，国会通过改组法。同年，罗斯福总统根据这一法律，建立了总统办事机构，作为总统的助手和顾问班子。这个办事机构的职能主要有二：其一，协助总统；其二，协调庞大的联邦行政机构的工作。由总统的亲信、顾问、专家和行政人员组成。其人员在战后迅速上升，由1945年的853人，到1975年的4716人，其后又予以削减，到1982年，为1613人。[5]现在，总统办事机构已不再限于代表总统与各行政部门进行联系，而日益成为凌驾于各行政机构之上的决策机构。

(一)白宫办公厅(White House Office)

由于白宫办公厅是为总统个人服务，其班子由总统任命，无须参议院批准。而他们在决策中的作用，特别是作为总统顾问和助理，常常超过内阁部长。

从建国初期到1933年罗斯福执政之前，讨论政策和贯彻总统决定均由各部部长进行。当时总统的幕僚群体还未形成，幕僚仅仅处于总统私人雇员的地位，其地位根本无法与内阁成员相提并论。从罗斯福到艾森豪威尔，总统幕僚地位上升，但内阁成员仍处于主导地位。此时幕僚开始承担许多总统交付的重要工作，并与内阁成员争夺权力。在肯尼迪上任到尼克松时期，幕僚地位迅速上升，而内阁成员地位下降。这一时期，总统的权力增强，其职权也由内阁向白宫转移。幕僚的地位大大超过内阁部长。尼克松时，总统的国家安全事务助理基辛格独揽了外交事务，使主管外交的国务卿罗杰斯辞职。从尼克松下台后，慑于国会、政府和公众的压力，总统的权力扩张和总统幕僚的专权行为不得不有所收敛。但白宫班子的权力和地位仍非常重要。白宫人员和内阁部长们仍时常发生冲突。[6]

现在，包括总统在内的白宫工作人员共有431名，他们的平均工资为6.8万美元/年，比美国公民的平均工资高出0.8倍；美国总统布什的工资为40万美元/年；副总统切尼的工资为21.21万美元/年；紧跟其后的17位高官的工资为15.7万美元/年；布什的私人秘书埃什利·埃斯杰斯的工资为7.3万美元/年；白宫内从事“辅助性”工作的几十名工作人员的工资为3~4.5万美元/年；最低的要数白宫内部的话务员和邮政人员，他们的工资只有2.4万美元/年。[7]

(二)国家安全委员会(National Security Council)

国家安全委员会由1947年国家安全法建立，根据1949年改组方案划归总统办事机构。委员会由总统任主席，法定成员是：副总统、国务卿、国防部长。法定军事顾问是参谋长联席会议主席。法定情报顾问是中央情报局局长。由总统国家安全事务助理负责委员会的工作。委员会的职能是:就与国家安全有关的内政、外交和军事的综合政策向总统提供咨询意见;在美国政府外交国防的最高决策方面发挥重要作用。

中央情报局成立于1947年,名义上属国家安全委员会。其正副局长由总统任命,参议院批准。里根总统给予该局局长内阁阁员地位。该局除向国家安全委员会就政府各部和机构同国家安全有关的情报工作提供咨询意见,协调联邦政府各情报系统的情报和反情报活动外,主要是在世界各地从事搜集情况、反情报和颠覆活动。它没有国内安全的职能,这是司法部属下联邦调查局的职能。

(三)行政管理和预算局(Office of Management and Budget)

该局是总统办事机构的一个重要单位,正副局长由总统任命,参议院批准。行政管理和预算局协助总统编制联邦年度预算,监督预算执行。此外就是协助总统改进政府行政管理,包括研究联邦政府的组织机构和管理程序,提出提高政府行政效率的建议,制定协调政府各项工作的措施,并扩大机构间的合作。审核协调各部和机构关于拟议中的立法所提出的建议,并就总统对国会通过的立法应采取的行动(批准或否决)提出建议。审核拟议中的行政命令和公告等等。行政管理和预算局共雇用六百多人,几乎全是职业文官。

行政管理和预算局之所以获得以上权力,主要是因为联邦行政机构缺乏以上职能。在英国,这些权力基本上是由财政部行使的,而且是数百年根深蒂固的传统。美国则不同,财政部从来没有对政府各部的开支起过严密的监督作用,或者把政府的开支总额同政府收入联系起来。1921年前,几乎没有国家行政预算。各部拟定了概算计划并提交国会,财政部长的职责就是简单地把这些概算编纂成一本概算册。1921年,预算和会计法规定总统应向国会提交美国的年度预算,并成立了预算局来协助他工作。预算局名义上设在财政部,但该条例规定预算局局长应直接向总统汇报工作并对他负责。1939年,预算局便划归新设立的总统所属机构。

行政管理和预算局可能是总统使用的一个最有权威的协调机构。它了解政府机构的每一部分,并同它们有广泛的接触,能以修改概算计划的权力成为控制政策的权力。由于美国政府的结构很松散,局长只有得到总统的支持,才能有力地行使该局的权力。最后,即使局长有总统支持,他们的决定还可能被国会推翻。而英国的财政部长则基本上可以获得议会的支持,因为他们是议会多数党,党内纪律严明。

(四)经济顾问委员会(Council of Economic Advisers)

从20世纪20年代末大萧条之后,美国政府就开始力图控制经济发展的总的方向和速度,控制通货膨胀,防止经济萧条,保证经济增长。国会在1946年通过就业法案,根据这个法案成立了经济顾问委员会。该委员会的职能是就未来经济趋势向总统出谋划策,制定并向他推荐能够“推动就业、生产和购买力,使之达到最高水平”的政策,进行经济研究并推荐有助于达到这一目的的立法。委员会要起草总统向国会提交的年度经济报告,提出政府对当年经济方面可能发生的问题的看法,并就经济政策提出建议。这个委员会主要是一个咨询机构。委员会由三人组成,由总统任命,参议院批准。其中一人由总统指定为委员会主席。委员会下属还有一支庞大的工作人员队伍。

(五)美国贸易代表办公室(Office of the U.S. Trade Representative)

该单位的前身是1963年总统行政命令建立的贸易谈判特别代表办公室。1974年贸易法把它划入总统办事机构,负责管理贸易协定计划,协调外贸政策。1979年的改组计划赋予此办公室规定和管理外贸的全面政策的职责。美国贸易代表领大使衔,为内阁阁员。另有大使衔的副代表3名。

美国贸易代表是关贸总协定,或后来的世贸组织的双边及各边贸谈判中美国首席代表,也是内阁级的贸易政策委员会主席,进出口银行董事会董事和海外私人投资公司董事会董事,国际货币和金融政策全国顾问委员会委员,并负责指导美国所有的贸易谈判和制定美国贸易政策。

(六)政策发展办公室(Office of Policy Development)

1970年,尼克松为协调国内政策创建国内事务委员会。1978年改为国内政策室,后来又改为政策发展办公室。这是一个国内事务的决策机构,协助总统拟定、协调和实施经济和国内政策,检查政府的主要国内政策。它由总统政策发展助理负责。

总统的办事机构另外还有1969年设立的环境质量委员会,1976年设立的科学和技术办公室,1977年设立的管理局等等。

第二节 联邦行政机构

美国的联邦行政机构,主要指联邦政府各部,独立的管理委员会,政府企业组织。宪法对于联邦行政机构的设置及其权限未做任何规定。联邦行政机构是国会根据美国经济、政治和社会发展的实际需要,以法律逐渐建立的。

1789年,联邦政府初建时,行政部门只设立了陆军部、财政部和国务院3个部,共雇用文职人员351人。在以后的岁月里,联邦行政机构发展缓慢。1816年,为4479人。南北战争前夕,为3.5万人。内战后由于工业化的迅速进展所产生的问题,联邦政府职能扩展、人员增加,1900年达23万人,1930年为59万人。20世纪30年代的大萧条及两次世界大战,使政府职能急剧扩大。1945年,行政机构人员猛增为380万人。以后历经裁减又再扩大,20世纪80年代大致保持在280万人。其中,在首都华盛顿工作的约有30万人,其余均在各部、局、办公室设地方机构中任职。这批官员中,职业文官约170万人,占行政部门雇员的60%。[8]

一、联邦政府各部

联邦政府各部部长,按传统和惯例,都是总统内阁的成员,因此这些行政部又称为内阁部。克林顿政府和布什政府共有14个内阁部。

(一)国务院,成立于1789年,其前身为外交部

根据1789年7月27日发布的《关于建立一个称作外交部的行政部法》,建立了外交部。在当时政府机构只有三个部的情况下，外交部不仅管理外交事务，还管理国内事务。因此，1789 年 9 月 15 日国会又通过了一项关于将外交部改名为国务院的法律，从此国务院的名称延续至今。目前国务院主要管理外交事务，但名称依旧沿用国务院的称谓。

国务院是美国政府中成立最早、资格最老、地位最高的内阁部，号称“美国内阁第一部”。美国历届政府除了内阁外，通常还有一个“核心内阁”，由与总统关系最密切，与总统最接近的国务院、财政部和国防部等部部长组成。国务院的职责主要是管理外交和其他对外事务，过去还主管过许多内政事务，如颁布法律、货币管理、专利发行、人口普查、保管国玺和档案、负责联邦政府与州政府之间的联系等。随着联邦政府机构的不断扩大，很多内政事务已转交其他有关部门。目前在内政方面，国务院仅保留颁布有关法律、保管国玺、保存法律和条约的原件等少量事务。此外，总统发布的某些文告，国务卿还履行副署的职责。

(二)财政部，成立于 1789 年

职责：制定和建议有关经济、财政、税务和国库收入的政策；负责发行货币、公债、征税、管理国库、筹划政府经费、管理专卖事业和麻醉品的进出口；负责处理国家的财政事务、金融、赋税、关税、偿付债务、监督通货发行，各种有价证券的印刷；管理国内外酒精销售，监督邮票印刷及调度国际财务交易；负有保卫总统、副总统及其家属以及政府高级官员和外国来访首脑人物安全的任务。

(三)内务部，成立于 1849 年

主要职责：发展美国的自然资源和保护美国的环境。

(四)司法部，成立于 1870 年

司法部的首脑检察长一职，设于 1789 年，是总统内阁的成员，但不是一个行政部的首脑。司法部成立后，便以检察长为该部首长，又译为司法部长。美国的司法部长也是联邦总检察长，是联邦政府的首要执法官。他或他的助手们在所有法律事务中代表美国。

(五)农业部，成立于 1889 年

国会于 1862 年建立了农业部，由农业专员领导。1889 年，该部职权扩大，成为联邦政府的第八个行政部，农业专员改为农业部长。

(六)商务部，成立于 1913 年

(七)劳工部，成立于 1913 年

(八)国防部，成立于 1949 年

1789 年设陆军部，1798 年增设海军部，1947 年成立空军部，1949 年三部并入国防部。国防部长为内阁阁员，陆海空军仍为三个部，各有部长，但不是内阁阁员。

职责：领导所属的参谋长联席会议和陆海空三军军部，并通过参谋长联席会议实施对三军的作战指挥。此外，国防部还负责制定统一的军事政策，编制三军预算与扩军计划，统一领导国防科研、军事院校和后勤，负责向外派遣军事顾问团等事宜。按照《联邦公法》，国防部长必须由文官担任。

据美国国防部人力资源中心 1993 年 2 月 28 日统计，美国陆海空和海军陆战队总人数为 1739877 人，其中陆军 591069 人，海军 520150 人，海军陆战队 182190 人，空军 446468 人。

(九)卫生和公众服务部,成立于 1953 年

(十)住房和城市发展部,成立于 1965 年

由许多处理美国大都市社区生活问题的机关合并而成。有些机关以前是独立的,有的以前是设在其他联邦部门内的。

(十一)运输部,成立于 1966 年

(十二)能源部,成立于 1977 年

由原来约 50 个政府有关部门合并而成。

(十三)教育部,成立于 1979 年

(十四)退伍军人事务部,成立于 1989 年 3 月

其前身是 1930 年成立的退伍军人管理局(独立机构)。该部负责处理退伍军人及其家属的福利事宜。

这 14 个行政部都是由国会的专门法律设立的,法律对设立每个部的目的和职责都做出了规定。各部一般均设正副部长各 1 人。部长是部的首脑,其职责是指导和监督本部的行政工作。在该部主管方面作为总统的主要顾问,向总统提出政策建议。部长是该部的主要发言人。副部长是部长的顾问,协助部长指导和监督该部工作,在部长缺勤时代理部长工作。助理部长协助部长工作,或主管 1 个部属部门。有 7 个部除 1 名副部长外,还有专门负责某方面事务的专业副部长。能源部、司法部、财政部各 1 人,农业部、国防部各 2 人、商务部 3 人、国务院 4 人。各部下辖若干个局,局下为处,设局长和处长。各部部长、副部长、助理部长等高级官员,是政治任命官员,由总统任命,参议院批准。总统可以随时解除他们的职务,而无须参议院批准。他们通常与总统共进退。局长以下官员多半是职业文官。

联邦政府把全国 50 个州、关岛、波多黎各和维尔京群岛划分为 10 个标准联邦大区,各大区办公室分别设在波士顿、纽约、费城、亚特兰大、堪萨斯城、芝加哥、达拉斯、丹佛、旧金山、西雅图。各部及其下属司局和办公室也往往在这些大城市设立大区办事处。大区办事处之下有地区办事处,再下有地方办事处。各部工作人员多半在这些办事处工作,留驻华盛顿的只占一小部分,仅占全部工作人员的 12%~13%。如农业部下属农场主家园局,负责向农场主提供用于生产和修建住宅的低息长期贷款。该局在全国设有 2200 个地方办事处。卫生和公众服务部下属社会保险局在全国设有 10 个大区办事处,6 个服务中心,1300 个办事处。[9]

从理论上说,政府各部是总统控制最严的地方。但由于总统本人精力有限,内阁没有英国内阁那样的作用,总统办事机构受到各部不同程度的抵制,这种控制事实上颇为松散。另外,由于国会加强各部局的权力和独立性,使政府的权力更加分散。国会可以通过法令明确地授权给局长,使他们行使职权时可以不受总统或部长的控制。国会把详细的程序写入法律,使一个局的做法与部里其他部门的做法有很大不同。国会干预各部的工作,对各部的拨款规定得非常详细,以致部的领导人对该如何使用资金很少有自由决定权。国会所属各委员会主席倾向于同局长们发展直接的关系,而各局局长则可能会利用有权势的众议员或参议员来对抗政府中上级的权力。因此权力分散是美国联邦政府的一大特点。[10]这种权力的交叉与分散,看似杂乱,但富有活力。二战以后,尤其是尼克松时代,联邦政府内的集权程度加强,但“水门事件”以后,又有反复。

二、独立的管理委员会

独立的管理委员会是国会以立法为某一专门目的而设立的,不属于各行政部管辖,直属于总统领导。独立的管理委员会的职责是监督和管制企业,制定企业必须遵守的规章制度,发放许可证,制定税率和收费标准等。它也接受申诉,举行听证会,做出具有约束力的裁决。当事者不服,可以向联邦法院申诉,而对违反其裁决者,委员会将向法院控告,要求课以民事犯罪惩罚。因此,独立的管理委员会既是一个行政机关,又有半立法和半司法的职能。

这些委员会不实行首长负责,而实行委员会负责制,由一个委员会领导。委员会由总统任命,参议院批准。他们的任期固定,在5年到14年之间。总统没有正当理由,如效率低、玩忽职守、渎职等过失,不能免除他们的职务。这样,当一位总统就职时,就会面对一整套机构,其负责人是由上一任总统任命的,新总统无权将他们免职。只有在他们出缺时,才能补任。各委员会的组织在立法中还有明确的规定,如委员会成员必须从两党产生。所有这些规定都使这些管理委员会有极大的独立性,被认为是美国政府中“无人领导的第四部门”。

由于这些委员会的决定足以使某些人发财致富,又使另外一些人倾家荡产,必然成为其管制对象竭力控制的对象。而总统也总是试图施加压力,以便能名副其实地领导这些机构。由于国会拥有对各委员会的最终立法权,国会议员也常常以此胁迫委员会。这样一来,这些委员会既不能被任何部门有效控制,也不能在没有压力的情况下做出决定。[11]这些委员会中有:州际商务委员会(管理铁路、公共汽车和公路运输,规定收费标准、路线和营业守则);联邦储备系统董事会(7名董事组成董事会,是美国的中央银行,制定货币和信贷政策,管制参加联邦储备系统的商业银行);联邦贸易委员会(全面监督商业活动,其中包括监督不公平交易和限制措施,控制广告宣传和商品商标以及一系列其他方面的商业管理办法);国家劳工关系委员会(全面管理集体劳资谈判,监督工会的活动,制止“对劳工的不公平待遇”,在雇员中进行秘密投票选出雇员代表,以及处理工会间的法律纠纷等等)。

美国国会通过立法设立的另外一些独立机构还有:关于信贷的机构,如农场信贷局、联邦信贷局、联邦住宅信贷委员会。处理劳资关系的,如联邦调解和解局、国家调解委员会。有关联邦政府人事管理的,如人事管理局、联邦劳工关系局、功绩制保护委员会等等。其他的还有:联邦选举委员会、征兵局、小企业局、行政服务总局、中央情报局等等。这一类独立机构实行局长署长负责制。正副局长署长及某些高级官员由总统提名,参议院批准。

三、政府公司

政府公司有两种,全为政府所有或部分为政府所有。全为政府所有的公司,有一种是独立的,如田纳西流域管理局、宾夕法尼亚大街开发公司、退休金福利保证公司等等。另一种是各部和其他独立机构所属的政府公司,如教育部的美国盲人印书馆、农业部的商品信贷公司、联邦农作物保险公司、司法部的联邦监狱工业公司、美国国际开发合作署的海外私人投资公司等等。

政府公司在日常业务方面有较大自主权,可以制订自己的预算,以自己的名义向银行贷款,有权取得、发展和处置其不动产。政府公司由董事会领导,下设总经理负责日常管理工作。董事由总统任命,参议院批准。董事任期固定,总统不得随意把他们免职。

【参考文献】

[1][美]詹姆斯·威尔逊.美国官僚政治[M].北京:中国社会科学出版社,1995.

[2][4][5]李道揆.美国政府和美国政治[M].北京:中国社会科学出版社,1990.

[3]中国社会科学院美国研究所.美国年鉴(2005)[Z].北京:中国社会科学出版社,2006.

[6]资料来源:2004 年 7 月 13 日《华盛顿邮报》.

[7][8]吴大英,沈蕴芳.西方国家政治制度比较研究[M].北京:社会科学出版社,1996.

[9][10][美]查尔斯·A.比尔德.美国政府与政治[M].北京:商务印书馆,1987.

[11][美]加尔文·D.林顿.美国两百年大事记[M].上海:上海译文出版社,1984.

第三章 地方政府

到美洲大陆的最早的移民,或者是为了躲避宗教压迫,或者是为了发财致富而冒险。他们按定居的区域自然形成一些相对独立的殖民地,各殖民地有英王委任的总督,有殖民地议会。独立战争前,共有13个殖民地。1781的邦联条例,仍然承认各殖民地拥有主权,邦联是13个主权殖民地的联盟。1887年制定、1789年批准的宪法,使各殖民地丧失了主权,成为联邦的13个州,联邦的地方政府。而美国人心目中的所谓地方政府,指的仍然是州的地方政府,即州以下的县市政府。美国的州不是按民族标志建立的,而是历史、地理因素的产物。由于这些因素,美国地方政府的区划、职能及与中央政府的关系等方面有一些与其他国家截然不同的特点。

第一节 美国地方政府的层级区划

美国独立战争时,是13个殖民地。1803年,美国从法国购买了土地,设立路易斯安那等13个州。1845年与墨西哥战争,兼并了新墨西哥、得克萨斯等6个州。1846年兼并了俄勒冈地区,设立俄勒冈州等5州。直到1959年又接纳了阿拉斯加州和夏威夷州。至此,美国共有50个州。[1]美国各州的面积和人口差别很大。面积最大的是阿拉斯加州(Alaska),约为150万平方千米,面积最小的州是罗得岛(Rhode island),仅3000平方千米,哥伦比亚特区只有176平方千米。2000年的人口普查显示:人口最多的是加利福尼亚州(California),有3387万人,而人口最少的怀俄明州(Wyoming)只有49万人。它们同样各有两名参议员。

州政府是美国最高一级地方政府。其他地方政府的产生一般要经过州的批准,并接受州的领导和监督。由于各州有自己的宪法和立法机关,因此,各州的地方政府的体制和设置标准不统一。美国有46个州设县,每县有两个或两个以上的镇和若干村。大州可达几百个县,小州则可能只有几个县。如得克萨斯州(Texas)有 250 个县,而特拉华州(Delaware)只有 3 个县。美国在建国初期,各殖民地普遍设县。其后,随着工商业的发展,人口向城市流动,城市便迅速发展起来。因此有的州便把一些县撤销。有的州则将县与城市合并,设立市政府。于是,县的数目大大减少,目前有 3034 个县。

市政府是由州政府特许而设立的。其特许状详细列出市政府的目标、权力、功能以及管辖的疆界和市政府的组织。市政府具有较大的自治权力。以特许状形成自治城市,是欧洲的一个古老的传统。最初,美国只要有一定人数的居民愿意组成市政团体,实行地方自治,他们就可以向州政府提出申请,由州议会通过一条特别法案,批准其成立。

由于自治市的成立涉及许多利益集团的利益,当州议会在制定或审定自治市的法案时,他们便大肆活动,造成混乱,因此近年来有许多州的宪法禁止以特别法案的方式设置市政府,而改用按人口和经济教育状况,把市划分为几类,每一类各制定一种法律,规定该种市政府的组织与职权。

镇和乡政府是美国的基层政府。这些基层政府的情况差别较大,有的是城镇型居民区,有的是农村区域,有的是自治团体,具有法人资格,有的则不具有法人资格,仅仅是县政府之下的行政单位。还有一类地方政府如学校区和特别区政府,承担某种专门职能,称为特区。特区在法律上不隶属于地域所在的县或市,直接受州的管辖。特区政府是地方自治团体,具有法人资格,是起诉和被起诉的对象。截至 2003 年 6 月 30 日,美国存在着 87849 个地方政府,各级政府组织数量为:3034 个县、19431 个市、16506 个镇、13522 个学校区、35356 个特区。地方政府其层级机构如表 2-3-1 所示:

表 2-3-1　美国地方政府层级机构

联邦政府		
州政府		
县政府	市政府	特区政府
乡、镇政府		

数据来源:U.S Census Bureau, 2003 Census of government, http://www.census.Gov

第二节　各级政府之间的权力关系

一、联邦政府与州政府

美国是联邦制国家,在中央和地方的权限划分上属于地方分权制类型。美国宪法第十条修正案规定:“凡宪法所未授予联邦或未禁止各州行使的权力,皆由各州或人民保留。”联邦政府和地方政府按以下原则进行权力划分:联邦政府的权力采取列举式,即联邦宪法明确规定联邦政府所应具有的权力;而州政府的权力,除少数列举的条款之外,主要采取保留式。

联邦宪法也明确规定禁止双方使用的权力,如规定联邦政府未经州的同意,不得改变州的疆界;未经州的同意,不得剥夺州在参议院的平等权利等,以保护州的权益;禁止各州缔结条约、发行纸币等,以保护联邦的统一和联邦政府的最高地位。这样,按照美国宪法的分权原则,联邦政府和各州拥有所谓的"专有权力",即在某一方面或某一领域,只能由一方行使的权力。如外交权,是联邦政府的专有权力;对州以下政府的监督,是州的专有权力。联邦政府和州政府在某些方面共同行使的权力,为"共有权力"。如征税,双方都可以以自己的名义,根据自己的需要,进行征税。

按照美国宪法和其他有关法律,联邦政府和州政府的权力划分如下:

(1)明确授予联邦政府的权力。征税、供款和发行货币;管理对外贸易和州际贸易;制定统一的归化法和破产法;制定伪造合众国证券和货币的惩罚条例;设立邮局和兴建邮政道路;颁布专利权和版权;设立联邦法院;规定和惩罚公海上的海盗行为和违反国际法的犯罪行为;宣战、颁发捕获敌船许可状、制定陆上和水上的捕获规章;建立陆军和海军;征召民兵;管理领地和财产;管理度量衡;管理外交事务和缔结条约;批准新州加入联邦;提出宪法修正案。

(2)根据宪法列举的权力,经最高法院判定,联邦政府的引申权力有:设立银行和其他公司,引申于征税、借款和管理商业的权力;为修建道路、举办学校、健康和保险事业等提供经费,引申于兴建邮政道路、提供公共福利、国家防务和管理商业的权力;设立军事院校和海军学院,引申于建立和维持海军陆军的权力;发电和出售剩余物资,引申于处置政府财产、管理商业和宣战的权力;帮助和管制农业,引申于征税、提供公共福利、管理商业的权力。

(3)保留给各州的权力有:管理州内的商业;建立和监督州以下的地方政府;保护健康,维持安全和道德;保护生命、财产和维持秩序;批准宪法修正案;举行选举;改变州宪法和州政府。

(4)联邦政府和州政府的共有权力:征税;借款;设立银行和公司;设立法院;制定和实施法律;为公共目的而征用财产;举办公共福利。

(5)禁止联邦政府行使的权力:不得对从任何州输出的商品征税;间接税税率必须全国一致;权利法案所作的保证不得剥夺;在商业上,不得给予任何一州优惠于他州的待遇;未经州的同意,不得改变州的疆界;不得把新接纳的州置于低于创始州的地位;不得许可奴隶制;不得授予贵族爵位;不得通过公民权利剥夺法案或追溯既往的法律;不得中止人身保护状的特权,除非发生叛乱或外敌入侵;不经正当法律程序,不得剥夺任何人的生命、自由和财产。

(6)禁止州行使的权力:不得铸造货币;在和平时期不得保持军队和兵舰;不得缔结条约;不得制定损害契约义务的法律;不得否定人民享有法律的同等保护;不得违反联邦宪法或阻挠联邦法律的实施;不得因种族、肤色或性别而剥夺公民的选举权;不得对进口货和出口货征税;不得允许奴隶制;不得授予贵族爵位;不得通过公民权利剥夺法案或追溯既往的法律;不得中止人身保护状的特权,除非发生叛乱或外敌入侵;不经正当法律程序,不得剥夺任何人的生命、自由和财产。

联邦政府刚建立时,中央政府的权力有限。州权派采用列举权力的方式限定了联邦政府的权力。其后二百年,由于社会经济发展的客观需要,联邦政府的权力逐渐扩张,在列举权力之外,获得了大量的引申权力。这些引申权力是从最高法院对宪法的解释中产生的。如1819年麦卡洛克诉马里兰州案。1816年,国会建立了美国第二银行,麦卡洛克是该行在马里兰州巴尔的摩分行的出纳员。马里兰州对该分行征税,麦卡洛克拒绝支付。于是马里兰州向州法院起诉,麦卡洛克向最高法院上诉。[2]

这一案件涉及的宪法问题是:国会是否有权建立银行?马里兰州是否有权向该行的分行征税?马里兰州的辩护如下:(1)联邦政府的权力是由各州授予的,只有各州才真正是至高无上的。联邦政府行使权力必须服从各州,只有各州才拥有最高权力。(2)授予国会的列举权力中没有设立银行的权力,国会设立银行是违反宪法的,因为这不是为执行列举权力"所必要和适当"的法律。马里兰州作为一个主权州有权征税,包括向美国银行征税。

在美国宪法第一条第八款列举了国会的权力后,宪法又规定:国会有"制定为行使上述各项权力和由本宪法授予合众国政府或其任何部门或官员的一切其他权力所必要的和适当的所有法律"。马里兰州认为设立银行不是执行列举权力"所必要和适当"的法律。最高法院判决:(1)联邦宪法是由人民批准的,联邦政府是由人民建立的,它的权力是人民授予的。它的权力虽然受到限制,但"在其行动的范围内是至高无上的"。在联邦和州的关系上,"重大的原则是:联邦宪法和依照宪法制定的法律是最高法律,它们控制各州的宪法和法律,而不能受后者的控制"。(2)列举权力中没有建立银行的权力,但宪法在列举权力之后,规定国会有权"制定为行使上述各项权力……所必要的和适当的一切法律"。这一"必要和适当"条款扩大和增加了,而不是减少和限制了已经授予国会的权力。国会建立银行的权力是从明白授予的权力,即从处理财政的权力和"必要和适当"条款引申出来的"默示权力"。国会为行使授予的权力,"如果目的是合法的,是在宪法范围之内的,则一切适当的手段,凡是明显合乎目的,未被禁止而又符合宪法的文字和精神,都是合乎宪法的"。因此,"建立银行的法律是合乎宪法的"。(3)"征税的权力包含摧毁的权力"。"州无权以征税或其他办法延误、妨碍、困扰或……控制国会为行使授予总政府的权力而制定的合乎宪法法律的实施"。

因此,马里兰州向美国银行征税的法律是违宪的和无效的。这一判例确定了一个重要的宪法原则:联邦政府既拥有明白授予的权力,又拥有从授予权力引申出来的"默示权力"。"必要和适当"条款成为默示权力的宪法依据。由于默示权力几乎是可以无限制地引申出来,它成为扩大联邦政府权力的主要法律和理论依据。

由于最高法院的司法审查权几乎可以任意解释宪法,通过一些判例,使联邦政府的权力大大扩张。如宪法规定联邦政府有权管理州际商业。通过最高法院的解释,商品的生产流通、交通运输,以及工资、工会,到公民权利和犯罪行为,只要可以说影响到州际商业,就都属于联邦政府管辖范围内,而且凡联邦政府权力所及处,联邦的地位就高于州。但有时候最高法院的法官中州权派占了上风,他们的判决便倾向于限制联邦政府的权力,而维护州权。

1895年,最高法院判决波洛克诉农民信贷公司一案中,裁定联邦政府1894年征收所得税的法律违宪。理由是所得税属于直接税，而按照宪法第一条第九款规定，联邦征收直接税，应根据各州人口比例加以分摊。即某州占全国人口百分之几，就应分担联邦征收直接税税额的百分之几。但是由于各州富裕程度相差悬殊，按人口分摊会引起穷州的强烈不满，从而使联邦无法通过直接税征收议案。1913 年，国会和各州通过了宪法第十六条修正案，推翻了这一判例。修正案规定：联邦有权征收所得税，既不必问其来源，也不必按人口分摊。从此，联邦政府有权向个人或公司征收所得税，这一税种成为联邦的主要收入来源。在 20 世纪 70 年代初，所得税约占全部税收的 60%。

联邦政府征税权扩大，财源充足，便对各州进行财政补助。按补助制，联邦政府向各州或州以下的地方政府提供经办某种事业的经费，但州和地方政府必须接受联邦政府规定的各种条件，其中包括有关政策、人事机构、联邦监督，以及州和地方政府提供一定的资金份额等方面的条件。

补助制从 20 世纪初开始推行，到 60 年代规模急剧扩大。当时，约翰逊总统提出"向贫困开战"、建立"伟大社会"的福利国家方案。从 1962 年到 1972 年的 10 年中，这种补助从平均每年 80 亿美元猛升到 550 亿美元左右。在补助时，不仅由联邦规定有关方案的政策，并由联邦加以监督，而且发展到由联邦官员与州官员共同商讨执行。各州当局一方面由于自己的财政困境而激烈争夺联邦的补助，同时又反对联邦规定的各种条件，认为这种制度侵犯了州的权利，威胁到联邦制的生命力。

20 世纪 70 年代初，尼克松攻击过去民主党政府使联邦强大得"肌肉僵硬"，而州和地方则"虚弱无力"。他号召建立联邦和州、地方政府之间的"新的伙伴关系"，使各州和地方分担更多的责任，"分享岁入"。其后，联邦政府执行"税收分享制"，使各州和地方拥有较大的自主性。20 世纪 80 年代以后，美国政府进行政府改革，州和地方政府的权力进一步扩大。[3]

从总的趋势来看，联邦政府的权力在二百年来一直呈扩张之势，州权则不断削弱。同英国一样，中央政府对地方政府的控制方法不是行政干预，而是财政调控。虽然联邦政府可能已经为一项计划提供了大部分资金，对实施这项计划规定了十分明确的条件，但却不能向州政府和地方政府下达命令。他们对地方政府的制裁手段主要是撤回资金，而地方政府人员则可以动员本州参议员和众议员向有关的联邦政府部门施加压力。这种斗争中，胜负难以预料，因此，联邦官员和地方官员往往强调合作。

二、州与州之间的关系

美国州与州之间的关系是"平等与合作"。宪法第四条第一款规定，各州对其他州的法令、官方文件和诉讼应有"完全的诚意与信任"。由于各州对宪法的解释和执行有很大差别，因此各州之间常有矛盾。一般来说，某一州承认的产权、遗嘱、合同等，在其他州也被承认，但像离婚之类的问题就不同。某一州判决的离婚，其他州也许就不承认，往往是出于宗教的原因。某一州发的出生证、汽车驾驶证，在其他州也被承认，可是某一州所发的律师、医师执照，其他州往往不予承认。因为这牵涉到律师和医生的就业机会的竞争，被这两个利益团体所反对。

宪法第四条第二款规定:"每州公民得享受各州公民之一切特权与豁免权。"从文字上讲,指的是对他州公民不得加以歧视。在实际执行中,意味着某州公民有权在其他任何一州拥有产权、旅行、进行诉讼,任何州不能对外州公民征收超过本州公民的税等等。但外州公民不能享有仅本州居民所享有的权利,如选举权、在州大学中缴纳低学费等等。

宪法第四条第二款还规定:"在任何一州被控告犯有叛国罪、重罪或其他罪行的人,逃脱法网而在其他州被寻获时,应根据他逃出州行政当局的要求将他交出,以便送到对犯罪行为有管辖权的州。"即罪犯逃往外州后,外州州长在犯罪所在州州长的请求下,应该将罪犯交付后者。但根据最高法院的解释,引渡逃犯仅是州长的"道德义务",联邦无权强迫州履行这一义务。各州之间经常为引渡逃犯而发生冲突。有的州当局往往拒绝引渡。[4]

各州之间可以志愿结成和发展各种合作关系,这种志愿合作关系有以下几种:(1)订立州际公约或协议;(2)建立各州政府委员会的固定组织,由各州州际合作委员会官员组成,作为处理和改变州际事务的常设机构,其总部设在芝加哥;(3)召开各州行政、议会或司法高级官员的会议,如每年召开一次的全国州长会议,以及各地区,如南部、西部、新英格兰、中西部各州的州长会议;(4)州法律统一化。

三、州与地方政府

美国州以下的地方政府,都是根据州的法律而建立的。这些地方政府的权力、职能都由相应的法案规定,它们与州政府的关系为:(1)州政府将所制定的行政管理方案通知地方政府,使之参照执行;(2)下级政府可独立地行使法定的管理权力,州政府可以派人视察下级政府的工作,但无权直接控制下级政府;(3)在多数情况下,州政府得应下级政府的请示拨款协助下级政府的行政管理工作;(4)州政府有权审核下级政府的财政收支;(5)在法律规定的范围内,州政府有权纠正或制止下级政府失当的行政管理活动。

由于州以下地方政府的种类很复杂,以上各条在实际执行中差别很大。近年来,联邦政府实行一些拨款计划时,往往绕过州政府,直接和地方政府合作,特别是在实行城建计划时直接同市政府一起工作。对这种情况,州政府往往会设法阻止。

总的来说,美国联邦、州、地方政府之间很少直接的行政隶属控制关系,它们各自按照宪法和法律授予的权力行使各自的职能,通过法院处理纠纷。其间最重要的联系渠道是联邦政府的拨款和州政府给下级政府的拨款。美国联邦政府、州政府以及地方政府——县、市、镇之间的关系,最充分地体现了通过多元组织形成权力分散与制衡的原则。

第三节　地方政府的组织结构

一、州政府

美国各州都有自己的宪法,州议会、州法院及行政机构的职能权限、组织方式都由宪法规定。由于各州加入联邦的时间不同,各州的宪法制定的时间也不同。大约有1/5的州的宪法还是18世纪、19世纪的产物。马萨诸塞州和新罕布什尔州的现行宪法还是独立战争时期制定的,比联邦宪法的历史还早几年。

跟联邦宪法一样,州宪法也很难推倒重新制定,多数情况下只能进行修改。因此某些州的宪法已经有几百条宪法修正案。只有弗吉尼亚州等少数几个州才在20世纪70年代重新制定了宪法。美国50个州,只有内布拉斯加州实行一院制,其他各州均为两院制议会。参众两院议员人数、任期长短,由于各州宪法不同,也有所不同。各州法院自成体系,从小城镇、乡村的治安法庭、市区法庭到县法院、巡回法院,直到最高法院。州最高法院通常也有司法审查的职能。

美国州政府最主要的行政长官是州长。州长在本州的地位和作用类似于联邦总统在美国联邦政府的地位和作用。各州和联邦政府一样实行"三权分立",州行政权主要由州长掌握和行使。州行政权一般包括人事任免权、行政统率权、财政权、军事权等。除以上行政权外,州长还有立法方面的职权,如向州议会呈送咨文、召集议会特别会议、对议会通过的法案行使否决权等。州长有某些准司法职能,如赦免权,以及缓刑、假释、免除罚金、减刑等权力。各州之间引渡罪犯,也是州长的准司法职能之一。

美国各州州长多数由选民直接选举产生。少数州,如密苏里州,是间接选举,即由选民选举选举人,再由选举人选举州长。绝大多数州的州长任期为4年,少数州为2年。多数州的州长可以连选连任,不规定任职次数。州长的罢免,可由州议会行使弹劾权或由公民行使罢免权。州政府的另外一些重要官员是秘书长、检察长、审计长等。其他职能部门还有农业、教育、资源保护、卫生、公路、劳务、税务、人事或文官等。各州根据本州的法律设立,或为首长负责制,或为委员会制,各州名目和数目各不相同。[5]

二、县、镇、村及特别区政府

美国有三千多个县,除了新英格兰地区的6个州外,县是其他州最主要的地方行政单位。在这些地区,镇级行政单位仍旧存在,但不起什么作用,也没有什么权力。美国县政府不像州、联邦那样实行分权制衡原则建立政府。其县政府是一个兼管立法、司法、行政的地方机关。这个机关的官员多半由民选产生,称为县管理委员会,或县议会。另外再设置一些同样由民选产生的官员或委员会,负责某些专门事务。如县行政司法长官、检察官、秘书长、审计官、司库,乃至测量员、法医、学监、陪审员等等。

美国县政府的这种组织结构,是从英国地方政府的传统形式移植过来的,即模仿英国的郡。从英语来说,郡与县是同一个词(Country)。我国或译为县,或译为郡。由于Country是英国中央政府直属的一级政府,类似于中国古代秦汉时郡的地位,所以译为郡,实际上相当于中国目前的省。而在美国,Country是州以下的地方政府,相当于中国的县的地位,所以译为县。

英国的郡级地方政府,也称地方议会,是由议会的各个委员会行使行政职能。这种形式是先选举议会,再由议会任命相当于行政部门的委员会,集权程度较高。美国则除了县议会,还有单独选举的法官、检察官、司库等等,与县议会有某种程度的独立性,这样就使行政权无法统一,权力分散。因此虽然是模仿英国的郡,却又有美国特色的分权制度。虽不是州政府、联邦政府那样截然分开的三权分割,却也不是英国议会的一元制,是一种混合体制。这样的县政府由于缺乏一个权力高度集中的行政首脑,难免导致效率低下。目前县政府正在改革,推行县经理制,即由县议会聘任一名县经理,县经理对县议会负责,县议会掌握立法权,县经理掌握行政权。

县以下的行政单位,是镇或村。通常这些镇或村是地方自治单位,有法人资格。村长或镇长由民选产生。另外一些官员,如秘书、司库、警官、消防官、卫生官、福利官也由民选产生。在最初的移民登陆新英格兰的地区,县政府作用不大,最主要的基层政府是镇。镇的权力机关是镇民大会,一切重大事项都在由全体公民参加和投票表决的全镇大会上处理。镇民大会每年召开一次,必要时可召开临时会议。镇民大会将讨论当地的税率、通过下一年度的财政预算、选举镇管理委员会委员、警官、消防队长等等。在镇民大会闭会期间,由镇管理委员会具体负责行政事务。这个委员会一般由镇民大会选举委员三人组成。[6]

三、市政府

美国的市政管理主要有三种组织模式,即市长议会制、委员会制和委员会经理制。

(一)市长议会制

市长议会制是美国实行最早的一种市级管理模式。这种模式基于分权原则,在组织结构上与州或联邦中央类似,实行立法、司法、行政分立。市长由选民选举产生,是市行政部门的首长。市行政机构的其他官员,有的由选民选举,有的由市长任命,有的由议会选举。市议会是市的立法或决策机关,行使州的立法权。

这种模式有两种不同情况,一种是弱市长制,另一种称强市长制。弱市长制是市长由民选产生,市长以外的其他主要行政官员也是选举产生的。他们与市长共同分担责任,各负其责。市长可以任命的官员很少。这样一来,市长对各行政部门基本上无法指挥和监督。同时,市长对市议会没有否决权或仅有有限的否决权,无法与议会抗衡。这样的行政机构往往使行政管理陷入混乱,因此市议会往往直接行使行政权。各行政部门是一些行政委员会,如警察委员会、供水委员会、教育委员会等。强市长制是在一切行政官员中,一般只有市长才是选举产生的,市长集中了所有的行政权,有权任命和罢免其他的行政官员,能对市议会的决议行使否决权,对市的预算具有较强的控制权。

这两种体制走到了极端,就出现少数城市的市长权力极大,几乎达到了一个人说了算的地步。或者会出现市长只是个挂名的首脑,大权掌握在议会手中,市长对议会的活动根本无从过问。最初的市政府组织一般是弱市长制,由于效率低下,不能适应城市社会经济的发展,才逐渐改进为强市长制。

(二)委员会制

委员会制始于 1901 年德克萨斯州的加尔维斯顿市。当时该市洪水泛滥,损失惨重,市长和市议会无力应付。于是,该市商人首先组织了一个特别委员会,以改善港口,并起草了新宪章,提请州议会批准。州议会当年批准了新宪章,建立了委员会制的市政府体制。起初,市委员会的五名委员中有三人由州长任命。由于这一规定否定了地方公民有选择政府官员的权力,被法院判决为违宪,于是州议会修改宪章,将五名委员都交由选民选举。选举产生的市五人委员会具有市的一切立法与行政权力。除被推举为市长的一人以外,其他委员都直接领导一个行政部门。

这种模式被其他一些城市仿效。各城市有一些差异,一般来说:委员会由三到九名委员组成。委员会定期举行会议,制定市的政策和规章制度,履行市议会的职能,即在集会时,它们是立法机构的成员,构成市的立法机关。平时,则作为各部门的行政首长,分别负责财政、公共工程、卫生福利等等。委员会成立时,在第一次会议上进行职务分配,确定某个委员负责某一行政部门。

(三)委员会经理制

这种模式于1908年由弗吉尼亚州的斯丹顿市第一次采用。到20世纪50年代,已有近千个城市采用。

委员会经理制的产生和运行机制是:选民以全市为一个大选区,选举一个由五至九人组成的委员会。该委员会是市的立法机构,负责制定规章,决定政策,控制财政并根据市政管理的需要,聘请一个受过专业训练的市政专家为市经理。市经理领导和负责市的行政工作。市经理在受聘时,不必为本市居民。市委员会对市经理有聘任、监督和随时撤换的权力。市经理要执行市委员会制定的政策和规章,并对市委员会负责。作为市委员会聘任的行政首长,市经理有权任命、监督和罢免各行政部门的官员和其他行政人员。有权监督和指导各行政部门的工作。在委员会经理制的体制下,市长担任市委员会的主席,但他只作为市立法和礼仪上的首长,不掌握行政权,不得插手和干预行政部门的工作。

在委员会经理制下,城市的各行政部门为局,各局实行首长负责制。一般有卫生局、安全局、教育局、福利局、工务局、公用局等。另外还有一些辅助机关如法律处、人事处、供应处等。在实行市长议会制的城市,各行政部门是一些行政委员会,如警察委员会、供水委员会、教育委员会等。

比较三种模式,委员会经理制可以克服前两种模式的缺点而又能吸取其优点,因此在美国有许多城市采用。有些县也采用这种模式。同时,德国、加拿大、瑞典、芬兰等国的城市也采用了这种行政管理的组织形式。

【参考文献】

[1][3][美]费雪.州和地方政府财政学[M].北京:中国人民大学出版社,2000.
[2][美]伯纳德·施瓦茨.美国法律史[M].北京:中国政法大学出版社,1990.
[4][5][美]查尔斯·A.比尔德.美国政府与政治[M].北京:商务印书馆,1987.
[6][法]托克维尔.论美国的民主[M].北京:商务印书馆,1996.

第四章　文官制度

第一节　文官制度的演变

一、政党分肥制

按照1787年宪法建立的联邦政府牢牢地建立了资产阶级的统治，而同时期的英国，国家的统治权还在土地贵族手中。然而，在建国之初，美国的民主程度仍然是有限的，社会上绝大部分成员并没有参与政治的权利。

在美国宪法中，没有规定什么样的人可以享有选举权，把制定选举法的任务留给各州自行决定，但是宪法却规定了无权参加州政府选举的人也不能参与联邦政府的选举。当时，美国的各州政府都对享有选举权的公民规定了很高的财产资格。各州的规定虽各不相同，但大致可以分为以下三类：第一，德拉瓦、佐治亚、马里兰、北卡罗来纳和宾夕法尼亚等州规定选民必须拥有50英亩土地。弗吉尼亚的规定也是如此，但是拥有25英亩土地及25平方英尺房屋者也可以享有选举权。第二，在新泽西州，享有选举权的人必须有100英亩土地或者价值50英镑的动产。而在南卡罗来纳州，人们必须拥有100英亩以上的土地才能享有选举权。第三，新罕布什尔等州规定拥有50英镑不动产者即可参与各级政府的选举。这些规定多数是殖民地时期遗留下来的，美国宪法制定后各州依然保存着这些同人民主权原则明显相悖的制度。另外，各州往往还对选民规定了严格的宗教资格，如某些州剥夺了公谊会教徒或犹太教徒的选举权。在某些州，人们要获得选举权必须经过宗教测验，或由教会证明其品行端正。这样一来，当时美国至多只有13%的成年人享有选举权。担任公职的财产资格更加严格。在新泽西州和马里兰州，担任参议员必须拥有1000英镑财产；而在南卡罗来纳州，担任参议员必须拥有2000英镑的财产，担任正副州长必须拥有高达20000英镑的财产。田纳西州1796年制定的宪法中也规定，当选州议员必须拥有20000英亩土地的资产，而州长必须在拥有5000英亩土地的议员中挑选。[1]可以看出，这一时期美国政府是掌握在一小批种植园主和商人资本家等有产者手中，与之相对应，联邦政府的行政官员，也大致在这个小圈子内。

美国在独立战争之前,各殖民地的总督都是由英王直接委派,都是英王偏爱的个人亲信。各总督所任用的下属行政官员也完全随私人好恶为进退。当然各殖民地议会也设法尽可能地限制总督的任用权。当总督提出官员名单时,议会可以利用财政权否决其中某些议会不喜欢的人。

联邦宪法生效后,按照宪法和一般惯例,联邦政府的少数高级官员由总统提名,参议院同意;中级官员由总统直接任命;各部门的低级人员由各部首长任命。从华盛顿到亚当斯,任用官员的标准主要是个人品格。联邦政府的创始人认为应以合适的品格和能力作为任用政府工作人员的标准。所谓"合适",当时主要是指个人的政治信念同总统保持一致。毫无疑问,大致相同的政治信念是建立在大致相同的资产之上的。当时任命的行政官员,或者是总统所熟悉的人,或者是高级行政官员、参众两院议员及总统亲友推荐的人。这些人一般出身于中上层家庭,受过良好的教育,往往在独立战争以及以后的政治活动中相当活跃,正是所谓的有"合适"的品格和能力者。

然而,在华盛顿任期的末期,美国的两党开始形成并越来越具有政治影响力,也日益表现于官员的任命上。亚当斯任职期间,官员的任命已有了明显的政党偏好。"午夜任命事件"即是一例。

杰斐逊当选总统是美国宪政史上的一件大事,是政党轮流执政的开端。杰斐逊被亚当斯的"午夜任命"所激怒,他谴责亚当斯的"不光彩做法":"他知道自己落选了,马上任命了一大堆官员,半夜12点任期届满,到夜里9点他还在任命。"杰斐逊说他将把亚当斯1800年12月12日得知选举结果后任命的官员一律解职。他的任免同样带有明显的政党色彩,解职的都是联邦党人,任命的都是共和党人。

联邦政府刚刚成立时,只有三个内阁部,官员数量很少。至1792年,只有780名雇员。1801年,也不过1000名上下。杰斐逊在短期内赶走几百人,可以说是个"大换班"。但杰斐逊并没有把所有的联邦党人免职。比如在国务院,原国务卿马歇尔的两名助手曾在"午夜任命"事件中为亚当斯提供任命法官的名单,并且在杰斐逊就职前夕为了在委任状上加盖国玺而一直干到深夜。杰斐逊还是让他们留任了。杰斐逊的意图是两党在职官员大致平衡。他在就任后不久写信给霍雷肖·盖茨,说道:"我们如果能正确行事,安抚被称作联邦党人中的诚信之士,并公正对待那些长期被冷落而未被授予官职者,就可望消除联邦党人与共和党人的分野,或甚至将二者联合起来。"在316个由总统任免的职位中,1803年共和党占158人,联邦党占132人,26个在中立者手中。

由于杰斐逊的政策同联邦党人的政策相去并不甚远,也由于杰斐逊没有从政府中全然排除联邦党人,并且还利用许以官职来争取联邦党人中的温和派,联邦党迅速衰落,很快形成共和党一党独大的局面。此后的19年,总统的选举被国会控制,"国会政党干部会议提出的总统人选与民众的意愿相去甚远,而且,由于1816年和1820年的选举几乎不存在争夺,获得'政党干部会议'提名就等于成了当然选定的总统"。官员任命的标准又与建国初期趋于一致。如杰斐逊任职期间坚持受过高等教育是当官的必要条件,但当时仅有千分之二的人才受过高等教育。这一时期,由于没有反对党的挑战,行政官员变动很少。"自杰斐逊执政以来,官员班子几乎没有重大变动,其成员占住职位就不动了。"因此,美国一些学者称这个时期为“绅士政府”时期。当时距独立战争已有40年,但那些在战争中获得名望的人仍在政府中任职,有的官员已经老得基本上无法工作了,实际上已经演变为某种终身制。另外,由于一党独大,在国会两院中均获得绝对优势,又控制了总统选举和各级行政官员的任命,美国宪法刻意安排的权力分散与制衡在某种程度上被破坏了。因此,当时的官场颇为腐败。

“然而,人民,没有财产的民众已开始参与政治,起初是静悄悄地,几乎未引起注意。1812年至1821年间,西部六个州加入合众国,它们的宪法不是规定了白人成年男子的普选权,就是规定了极为类似的制度;1812年至1821年,四个历史较长的州实质上取消了对选民规定的财产资格的要求。贫穷的农场主和工人逐渐取得了投票权。”这时,也就出现了一类政治活动家,“领导大众的能人,投合群众情绪的人”,这些人在政界一般处于陪衬地位,肥缺也没有他们的份,因而大力向民众鼓吹官员的人选及政策的制定应由民众意愿决定。他们把民众对政治小圈子的不满引向对政党干部会议制度,指责这种制度公然篡夺人民的权利,并宣传一种信念:必须从社会名流或一群专职官僚手中夺回政治和行政管理权,并将它开放,让民众参与其事。他们的意思是通过从政来获取成功,必须成为多数人的合理愿望。1824年,当杰克逊首次接受总统提名时,新兴政客和普通民众似乎都认为更重要的任务是“打破既定的政治机器。正是在这种背景下,杰克逊当选总统,并开始他的大刀阔斧的改革。

杰克逊顺应他的支持者的要求,提倡平民政治,宣扬官职轮换说,他说:“如果任职晋升之途不分贫富,无论农民或印刷工都一视同仁,唯诚信正直及能力是考查标准,我相信定会具有一种最令人欣喜的倾向:维护未遭削弱的行动自由。”1829年,杰克逊在他对国会的首次年度国情咨文中宣称:“一切公职须承担的责任都十分简单明了, 或至少可以做到简单明了,任何有识之士都可担当,并且,我只能相信长期连续任职之所失多于通常凭经验之所获。……在一个公职完全为人民之利而设的国度中决无一人本来就比他人具有更多的任职权利。”

于是杰克逊大批罢免政府官员。从他最初的意图看,撤换官员并不完全是为了空出职位酬劳民主党人,还有清除腐败官员,整顿吏治的一面。比如当时财政部被解职的官员中,就有许多是揭露出来的贪污者。同时,杰克逊出任总统后,罢免官员的规模也并不很大。当时的联邦雇员有一万多名,其中高级官员大约六百名,杰克逊撤换了三分之一,地位较低的一万名官员中,只变动了大约十分之一。正如比尔德夫妇所说:“虽然威胁令人可怕,但事实上对清正者的杀戮,并不像敌对派指控的那样严重。其实,许多人只是得到了他们应有的惩罚……诚然,有上百名年老忠诚的官员被撤掉了,但另一方面,也有成百的官员仍然留任,尽管有来自杰克逊追随者乞求职位的严重压力。”[2]

官职轮换,使官员可上可下,上则担任公职,下则为普通公民。一方面可以扭转官员本人的一些特权意识——他并不总是高高在上的“管理者”,甚至“统治者”,一段时间后,就成为与别人一样的普通人。另一方面,在民主社会建立的初期,普通公民对于官员难免还存留有传统的敬畏之心,而官员常上常下,昔日之官,今日之民,或今日之民,他日之官,甚至自己也有担任公职的机会,当然就不会再把官员看成一种高居于民众之上的特权阶层。

"在一个公职完全为人民之利而设的国度中,决无一人本来就比他人具有更多的任职权利。"杰克逊及其追随者提出担任公职是每个人的权利,从而打破了上流社会对公职的垄断,无疑是一个巨大的进步。然而,以政党分肥来完成官职轮换,却并不能保障公民担任公职的权利。事实上,是政党取代了旧有的特权集团而成为新的特权集团,各级政党组织控制了各级政府的公职分配。而从下至上,又是由大大小小的党魁控制了政党组织,结果,公职的分配权落入了这些党魁的手中。

当然,杰斐逊之后的几任总统,因为都是共和党人,也不存在因政党原因大换班的条件。而杰克逊在1824年的大选中虽然得票最多,却未能成为总统,这些事导致共和党分裂,成为杰克逊的民主党和反杰克逊的国家共和党。当1828年杰克逊终于当上了总统,便有了一个两党抗衡的局面,也使政党分肥规模化。

1840年,辉格党人哈里森当选总统。此后数十年,两党频频轮流执政,政党分肥愈演愈烈,官员更换的规模越来越大,终于成了真正的大换班。而所有自认为有资格当官的人,或希望当官的人,便开始疯狂地追逐官职。

杰克逊当选总统时,一批求官的"暴徒"几乎使白宫陷于瘫痪。后来的一些总统就职时,尤其是一个政党下台另一个政党上台时,白宫就肯定要瘫痪几个月,直到全部官位填满或事先答应的任命全部兑现为止,有时为此需要大量增加官位。当1861年林肯出任总统时,他面临着这样的状况:"三十年中,除了辉格党当政的八年之外,数以千计的联邦政府官职一直都是民主党人瓜分的战利品。按照惯例, 新上台的执政党将清除所有的旧人员,代之以本党的新邮政局长、港口税务官、警官、督察员、主计官以及他们的副职、助理和下手。成千上万的钻营职位者都曾为共和党的胜利卖过力气,掏过腰包,并且几乎都得到过明确的封官许诺。"于是,"从整个北部地区,得胜的共和党人像老鹰扑食般地飞来了"。当时内战即将爆发, 然而,"新总统每天不得不在任命联邦官员和对付申请职位的人上面花费大量的时间。而这些时间比处理当天的工作日程表上其他全部项目所花的时间还要多"。从1861年林肯出任总统到1865年被刺杀这四年零一个月里,林肯在他行使任免权的大约1639名高级官员中撤换了1457人,留任的不到200人。[3]

官员任用中的腐败,很快就向社会蔓延。美国内战之后,政治腐败恶性膨胀,笼罩了整个美国社会。以内战为转折点,美国开始了大规模的工业化进程。在这个过程中,"政治似已全然受制于经济变化,国家命脉似已完全掌握在产业企业家手中,这在本国实为史无前例"。马克·吐温称这一时期为"镀金时代",其基本特征是政治腐败恶性膨胀,笼罩了整个美国社会。

其实,早在南北战争期间,由于联邦政府的职能陡然扩张,政府官员手中的权力相应地迅速增加,官场腐败已比战前大大地加剧。政府需要大量的军械、钢材、煤、军服、马鞍等军需品,这类政府订货足以使商人暴富,不可避免,争夺政府订货合同的竞争便异乎寻常的激烈,并为官员们提供了前所未有的权钱交易的机会。

内战之后,美国工业的飞速发展使一些人获得了巨大的财富。与内战时期不同的是他们设法行贿收买,已在某种程度上控制了政府的官员,或者是成功地把他们的代理人送进了官场。起初,工业家们愤愤不平地认为:"我们当时不得不同那些不干实事、装腔作势,只顾领取薪金的政治冒险家们作生死搏斗。”可是不久,他们就有了制服政客的法宝。一个行贿者振振有词地写道:“如果需要破费才能促成正当之事,则破费就是唯一正当的手段。我认为,如果某人可任意为非作歹,不受贿就不肯干正事,一个人的责任就是贿赂法官,这样就可赢得失去的时间。大声反对这种做法的人自己也会这样做。”

官员们的反应如何呢?“搞政治的也学会了工业界的这种处事方式。以工业家为楷模,顾虑较少的政治家们纷纷追求财富和富裕生活。工业家们获取和享有的财富为消费和仿效树立了标准。财富大量涌入政界,政治家发财致富的机会成倍增加。检验政治上成功与否的标准变成了金钱,不再是典型的政治家们原先追求的纯粹自我表现或为公众服务及荣耀。布赖斯勋爵发现美国政治中的凝聚力就是‘做官及将官职作为获取利益手段的愿望’。赞成政党分肥制的政治家将权力作为分享总财富的手段,作为仿效工业巨头的发财手段,只是规模较小,水准较低而已。如此强烈的动机是前所未有的,而如此大量的诱惑也是前所未有的。”

政党分肥同样腐蚀了政党本身。“内战以后的时期中,各党派均依后台老板的意旨行事,并无原则可言。他们的分歧不在论点上,而在争夺官职上。……把公然索取官职提高到共同的信条的水平。”“推动政府机器的力量并非来自几位总统,而是来自共和党的派系领袖和党魁。”西沃德曾说:“从某种意义上说,政党是一家联合股份公司,贡献最多的人可以左右全公司的行动和管理。”党魁们操纵了总统选举,也决定了文官职位的分配。哈里森在1888年的竞选中勉强当选。魁伊说,哈里森决不会知道,“为使他当上总统,一些人差不多要跨进监狱的大门了”。而哈里森不久也就意识到人们要他扮演什么角色。他叹息道:“我掌了权才发现党内的头头把权统统揽了过去,我连任命自己的内阁都办不到。他们把所有的职位都出卖了,为的是偿还选举时欠的债。”

这一时期政府官员已到了不以腐败为耻的程度。本杰明·巴特勒在任新奥尔良要塞司令期间曾向市内一家银行征收了八万美元,并且始终没有说明用途。银行后来雇请律师对他提出起诉,起诉获得了胜利。这位律师指责说,他在洛厄尔的邻居会瞧不起他,因为他靠来路不明的钱生活。巴特勒却答道:“人们只会把我看成傻瓜,为什么不要两倍的钱。”甚至总统也不例外。格兰特比任何人都更崇敬大资产者,他认为总统接受富人的大笔馈赠并无不妥之处。克利夫兰总统于1895年给自己的经纪人写道:“你知道,像我这样的富有的投资者如今得说明收入情况了。”“我发现自己赚钱的欲望变得很强烈”,并且竟然说,“我认为目前是纵容这种倾向的好时期”。

当时,一般人的特点是不顾一切和腐败,而改革者的特点则是孤立。党棍们把政治中的“好”人视为反常的怪人,他们未受世风影响并不是由于品德优良,而是因为性情乖张,是“庸碌之辈”,称他们虚荣狂妄,人数不多却叫嚣得很厉害,拘泥形式而不切实际,妄自尊大,自命不凡而力不足……的确,最初的改革者们在政界既孤立又一事无成。[4]然而,这并不意味着人们对腐败能够永远忍耐或无法纠正。

二、彭德尔顿法

如前所述,美国是地域极为辽阔的国家,地区和社会阶层间利益差别很大,但却形成了两个全国性的大党。从某种意义上讲,两大党是作为选举机器而存在的。也正是因为这个原因,政党分肥最符合两大党的需要。

按照分肥制,党员为某党效力,付出时间和金钱,以争取选举的胜利,获胜的政党按照为党派出力的大小推荐他们作为本党的公职候选人或直接酬以官职。得到职位的党员必须把2%的薪金交给政党作为酬报。同时,他们又利用手中的公共权力,做出有利于本党的决策。这些权力包括:政府订货、公共工程承包、政府的专买专卖权和财政资助等。因此,美国人认为政党分肥制有六种功能:(1)使党组织保持生命力;(2)增强党的团结;(3)吸引支持者;(4)解决党及候选人的开支;(5)促使政府推行有利于本党的政策;(6)制定政策时体现出党的原则。[5]

古德诺认为,采取所谓的"政党分肥制",可能是由于没能把行政与政治分开。"从政治理论的观点考虑,政党分肥制就在于把所有被赋予执行法律权力的官员,主管的或从属的,委任的或选任的,都置于在美国政治体制中承担协调政治与行政功能任务的团体——政党的控制之下。"古德诺认为政党分肥制有两个缺陷:"第一个是,当它被运用于政府委任的官员时,它严重地损害了行政效率。第二个是,即使把它用于选举的官员(自然用于委任的官员时更是如此),除了出于维持政党组织的需要以外,它没有任何理论上的正当理由。它有助于政党机器的形成,而这种机器的组成与其说是为了有利于国家意志的表达,不如说是为了保证政党执政。因此,它有助于使政党成为一种目的,而非一种工具。在很大程度上,就是由于政党分肥制,党逐渐不再像它应该做的那样,全力履行有利于国家意志的表达的功能。在事实上,在许多情况下,它都成为一种障碍,而不是一种帮助。"[6]

一言以蔽之,分肥制有利于政党机器的形成和发展,但这种机器的组成仅仅是为了执政,因此分肥制的受益者仅仅是获取公职者,他们不仅可以得到丰厚的薪金,往往还可以利用手中的公共权力得到额外的收入。在内战以后的年代里,额外收入已大大超过了薪金。无疑,分肥制的狂热鼓吹者和坚定支持者,是那些得到公职以及掌握公职分配权的党魁。这些人是行政部门的高级官员和参众两院的议员。

按照宪法,美国联邦政府的官员除总统由选举产生外,其余的均为任命产生,任命权属于总统和高级行政官员。但宪法也规定,高级行政官员的任命需要得到参议院的认可。通常的做法是,参议院将审查被提名者的品德和才能。另外,宪法规定,国会有权以立法设立和撤销所有的部、署、委、局,并规定其组织机构和编制,有权建立各种行政职位并规定其权限和各级官员的薪水,有权确定行政部门的开支。最后,国会有权弹劾包括总统在内的全部行政官员。因此,由于联邦政府的高级行政官员是由总统挑选和雇佣的,他们向总统负责。但由于国会的上述权力,他们又非正式地向国会负责。总统在当选执政之后,由于拥有巨大的声望和权力,往往可以在一定程度上摆脱政党的羁绊,按自己的意愿行使权力,但要使他的政策在国会通过从而付诸实施,又必须获得国会的支持。虽然宪法将立法权和行政权分开了,但二者之间仍有千丝万缕的联系,双方需要妥协和谅解。在分肥制盛行的时代,妥协主要表现于共享官职的分配权。当选总统及各部首长必须接受大量的国会议员推荐的人选。了解了上述情况,就不难明白为什么文官制度改革在行政部门和国会均得不到支持。

正是在政党分肥制最猖獗的年代，国会对宪法赋予总统本人的权力提出异议，制定了《官员任职期限法》，规定总统未经参议院批准不得解除他根据参议院建议和同意而任命的任何官员的职务。这项法律使总统无法调动内阁成员的职务，并规定总统如果未经与参议院的磋商即撤换这些官员，即为犯有可弹劾罪(一种“重罪”)。如此，则国会能够限制总统对行政官员的罢免权，或者说，国会将分享总统的这项罢免权。这项法律于1867年3月通过后，导致1868年国会对约翰逊总统的弹劾。1887年，《官员任职期限法》被废除，官员的罢免权终于被承认只属于总统一人。[7]这个立法部门与行政部门争夺官职控制权的事件表明，美国当时有一种削弱乃至破坏分权的倾向，最终受到了其刚性宪法的阻止。

早在内战前，已经有人对政党分肥制造成的腐败进行抨击，然而，“大声反对这种做法的人也会这样做”，在野者一旦赢得大选的胜利，由分肥制的受害者变成了受益者，马上就忘记“改革”。1841年大选前后，辉格党人便是如此。1853年，国会通过考试法，要求华盛顿各部文官必须参加合格考试，今后任命的文官必须是考试成绩合格者。这项法律所规定的是一种资格考试，即参加考试者往往只限于被提名的少数人，而非竞争性考试，并不能解决政党分肥问题，而且行政部门既不认真执行，国会也不予以严格监督，几年之后就荒废了。

1855年5月，英国政府颁布《关于录用王国政府文官的枢密院令》。尽管这只是一些有限的改革措施，仍起到了某些良好作用。美国一些人士对英国的改革产生了浓厚兴趣，与英国文官改革领袖特里维廉和诺思科特爵士建立通信联系，了解英国文官改革情况。美国舆论界随即鼓动文官制度改革，一些议员也仿效英国提出改革议案。1865年，托马斯·A.詹克斯在众议院提出文官改革议案。这项议案虽然未能在国会通过，却在社会上形成很大影响，《纽约时报》等报刊纷纷发表文章鼓动改革。1867年全国制造商协会通过决议，支持詹克斯法案。

在这样的社会压力下，美国国会于1871年设立了文官制度改革委员会。然而，这一举措很大程度上只是一个姿态，向愤愤不平的公众表示国会愿意进行改革。该委员会成立之后，进行了大量的调查研究，制定了一系列有关文官制度改革的规则。1873年，由于国会拒绝提供经费，委员会遂不得不中止工作。

改革家们仍在不屈不挠地努力。1877年，纽约文官改革协会成立。1881年，在纽波特召开了全国文官改革代表大会，成立了全国文官改革联盟，会议要求各文官改革协会联合行动，用报刊、演讲和请愿等方式促使国会通过文官改革立法。[8]

进入19世纪80年代，文官改革已上升为美国政治生活中的首要问题。议员们提出了形形色色的改革议案，其中最引人注目的是民主党参议员彭德尔顿在1881年提出的文官改革法案。1880年的大选中，共和党和民主党都在其纲领中写上了文官制度改革的内容。加菲尔德总统在就职演说中也表示要建立常任文官制：“文官制度除非依法管理，否则绝不能令人满意……我将在适当时候请求议会把行政部门中的次级官员的任期固定下来，并规定任职者被免职的具体理由。”1881年7月2日，就职仅四个月的加菲尔德总统在华盛顿火车站被一个谋求公职但未达到目的的人枪击。总统因脊骨中弹而血液中毒，于9月19日去世。这一事件为公众对政党分肥制的义愤火上浇油。公众情绪在纽约《论坛报》的大字标题上得到反映:“为政党分肥制所杀？”《民族》周刊社论指出:“我们看到的报纸,没有不在某种程度上认为这种犯罪是‘分肥制’的产品。”“我们报刊的无数页,每个阶层和阶级,每天都怀着忧虑、羞辱和憎恶的情绪,百感交集地议论这一事件。”继任总统阿瑟本人就是核心集团政治和政党分肥制的公认的受益人,但他在国情咨文中也表示,愿意执行国会通过的文官改革法案。

然而,此后的一年多,文官改革依旧毫无进展。1882年,由于近十几年来税率过高,美国国库积累起来的资金空前膨胀,这些资金开始为一系列政党分肥的法案开放绿灯,为一些浪费而往往无益的计划提供资金。阿瑟总统试图缩小政党分肥的范围,但遭到来自本党的强烈反对。对阿瑟总统的不乱花钱和削减关税政策的反对意见甚嚣尘上,历久不衰。

1882年12月,《彭德尔顿法》在国会通过,1883年1月6日阿瑟总统签署生效。这一行动颇为突然,以至于政治专家们都感到惊奇。《彭德尔顿法》的产生,深层原因多半在于公众持久不衰的压力,而直接原因可能是两大党政治势力的消长变化。

对于政党分肥制所造成的贪污和腐败,公众的情绪日益强烈,其中,格兰特政府最肆无忌惮的腐败案件被一一公之于众之后直接推动了美国的文官制度改革。

1869年,即格兰特就任总统的第一年,两名股票投机商企图在黄金市场上囤积居奇,尽量买进国家黄金储备,在9月24日“黑色星期五”引起一场金融恐慌。格兰特政府在市场上抛出400万美元的黄金,金价在15分钟内从162美元跌到133美元,使许多投资者破产。这一案件牵涉到大批的总统亲信。事后,犯罪者逍遥法外,并未受到惩罚。1872年是大选年,民主党为了击败格兰特,揭露了更多的政治舞弊行为。纽约《太阳报》指责南太平洋铁路公司用股票贿赂政府官员,这一案件牵涉到在职副总统斯凯勒·科尔法克斯(此人因此未获得党的再次提名)、新的副总统候选人参议员亨利·威尔逊。地方上的舞弊行为也被大量揭露出来,其中最著名的是“老板”案件。控制了纽约市民主党组织坦幕尼协会的“老板”特威德因盗窃几百万美元公款受到审讯,此后他以欺诈罪被判处12年徒刑,最后死于狱中。这个纽约州强大的贪污集团被摧毁。1873年,格兰特连任总统。这时共和党在国会两院把持2/3的多数,而民主党则已失去其大部分政治权力。国会通过“大幅度增薪条例”,大大提高了总统和所有政府高级官员的薪金,激起民主党人的愤慨。这一年,受欧洲经济萧条的影响,美国发生“1873年恐慌”的三年大萧条。此后,财政部长理查森、总统私人秘书巴布科克将军和总统的几位密友、陆军部长贝尔耐普、众议院共和党领袖布莱恩相继牵涉到舞弊行为中。

“1873年恐慌”和格兰特政府层出不穷的腐败丑闻引起公众的失望和不满,转而支持民主党,在内战中遭受沉重打击的民主党的力量由此逐渐上升。在1873年第四十二届国会,共和党在参众两院均有绝对优势。但从1875年以后,民主党几度在众议院获得多数,并一度控制了两院。1882年,民主党在中期选举中再次取得对众议院的控制。在总统选举中,同样反映出民主党已经恢复元气。1876年,民主党候选人蒂尔登获得明显多数的普选票,通过幕后交易才使共和党候选人海斯入主白宫。1880年大选中,共和党候选人加菲尔德当选总统,共获得4453295张普选票,只比民主党候选人汉考克多9000票左右。可以预见的将来,民主党必将获得胜利。一旦出现这种情况,按照政党分肥的惯例,必将有一次空前规模的大清洗。对共和党而言,无疑是一场大灾难。1884 年,克利夫兰当选总统,出现了近 25 年来的第一位民主党总统。

克利夫兰原为纽约州州长,他“作为一个改革家和反核心集团政治的人物而享有盛名”。1881 年,布法罗市举行市长选举。人们对市政府的腐败无能普遍不满,克利夫兰以无党派人士的身份参加竞选。他提出了建立“诚实和廉洁政府”、“重振经济”等口号,还以一把扫帚作为竞选的标志,以示他决心清扫积弊。结果,克利夫兰以多数票当选为市长。上任后,他采取了一些改革措施,如否决了一批由政客和投机商勾结签订的承包合同,打击贪污受贿者,因而声望大振,不到一年即被民主党州代表大会提名为纽约州州长候选人,并于 1882 年 11 月当选。而本次共和党的总统候选人布莱恩因腐败行为被揭露,1876 年和 1880 年均未得到党的提名。这次布莱恩取得候选人资格,导致党的分裂,持不同意见的“脱党者”转而支持民主党候选人克利夫兰。布莱恩最终被击败,也显示出公众对腐败政治的不满。

正是由于上述政治形势的变化,即民主党于 1882 年在众议院的胜利和在总统大选中咄咄逼人的表现,使执政的共和党人意识到他们已经难以长久把持任官权,从而使在朝的共和党和在野的民主党能够联手促成《彭德尔顿法》的生效:参议院 38 票赞成 5 票反对,众议院 155 票赞成 47 票反对。

美国宪法使联邦政府的立法、行政和司法三权分立,政党组织则是三权之间的纽带,使“国家意志的表达”对“国家意志的执行”既能有必要的控制,又能有适当的协调。在文官制度改革之前,以分肥制为动力,政党的力量空前强大,削弱或破坏了权力之间的制衡与监督,“政治”与“行政”之间的联系过于紧密,这是当时行政部门极度腐败和低效的原因所在。

《彭德尔顿法》的核心原则是政治中立,即建立常任文官制,使文官脱离政党的控制。为实现这一目的,法案从几个方面做出明确规定。第一,法案授权成立文官委员会。“总统有权在参议院的提议与同意下,任命三人为文官委员会委员,其中与总统属于同一党派的不得超过两人,上述三人组成美国文官委员会。三名委员在美国不得兼任任何其他官职。”委员会的主要职责是:“根据总统的要求,协助总统订出执行本法令的细则。”以后,委员会的权限有所扩展,包括决定应考试的职位并执行考试;办理职位分类事宜,建立分类的统一标准;确定文官的待遇、工资数额表,推行退休制度;拟定有关实习、考核、晋升、调转、请假、奖惩、离职等人事行政规章,监督人事制度的推行;审理有关违纪案件,处理文官纠纷,进行文官忠诚调查;从事人事行政研究,向总统及各行政部门提出人事行政建议等。总体而言,文官委员会是一个准立法、准司法的有相对独立地位的行政部门。文官队伍的控制权在很大程度上从政党转移到文官委员会之后,不仅基本上摆脱了国会议员的干预,也在某种程度上削弱了行政首长对文官的支配权。第二,法案规定:在录用时,“任何公务人员不因此而承担向政治基金会捐款的义务,也不因此承担提供政治服务的义务。他们不因拒绝上述捐献和服务而受到歧视。参议员和众议员都不得推荐任何申请在本法令条款适用机构内获得职务的人”。

然而,如果没有一个科学合理的录用方式,求职者必然依旧需要通过私人或政党关系谋求公职。为此,法案规定了举行公开竞争考试,择优录用的原则。这条规定切断了政党对文官的主要控制权力。《彭德尔顿法》规定文官被免职需要有正当的理由,而不能出于政治原因或仅仅是个人偏好。此后,随着文官退休和惩戒制度的建立和完善,文官常任制度遂得到保障。可以看出,政治中立,对文官既是一项义务,更是一项权利。

《彭德尔顿法》缩小了政党分肥的范围,也撤销了许多根据政党分肥设立的职位,但并没有废除政党分肥。直到1885年克利夫兰总统上任时,仍需任命88%的联邦行政人员。克利夫兰一开始就撤换了数千名邮政局长,仅留下少数几个税务官员。[9]

但是,《彭德尔顿法》确立了文官制度的基本原则。此后,随着政党分肥范围的进一步缩小,终于建立了一个常任文官集团。像英国一样,这个"永久存在的文官行政机构"是真正的"第二院"和"宪法制约",从而在某种程度上恢复了权力的分散与制衡,提高了行政效能,减少了腐败。

古德诺在《政治与行政》一书中评论美国文官制度改革时指出:"进入文官队伍的公开竞争考试,尽管在大多数人心目中体现了文官改革的所有目标,但实际上只是这个改革的一小部分。文官改革的最终目标在于,应当使政府类似于司法行政的那种功能的行使不受政治的影响获得承认。"

美国的文官制度改革很大程度上受到英国改革的影响。当然由于两国历史背景、政治环境差异很大,美国的文官制度有自己的特点。下面我们详细介绍其管理机构、职位分类、薪金制度、考选考绩制度、纪律与惩戒、退休与抚恤、培训制度等等。

第二节　文官及其管理机构

一、文官管理机构

美国的文官管理机构最初有两类。一类是具有超然独立地位的文官委员会。与英国不同,美国除联邦政府之外,还有2/3左右的州,以及部分市也实行文官制度,因此,除了联邦文官事务委员会之外,还有州、市文官委员会。第二类管理机构是隶属于各行政部门以推进日常人事管理工作的人事监督处。这种机构同样存在于联邦部门、州以及地方政府各部门。

(一)各级文官委员会

1.组织

美国的联邦文官委员会于1883年按"文官法"重新获得,由三名委员组成。文官委员会委员由总统提名,参议院批准。最初,委员的任期未作规定,后来定为六年。三名委员中,不得有两人属于同一政党,以保持委员会的独立地位。委员在任期内不得担任其他公职。委员会负责文官的考选、考绩、待遇等事项。文官委员会最初是委员们互推一人为主席,1949年以后,由总统指定一人为主任委员,一人为副主任委员。

文官委员会下设办公室、行政助理办公室、法律顾问处、上诉及审查委员会、劳资关系处、国际组织忠诚委员会、新闻处、研究室、部际顾问团、上诉审议室、考试局等机构。另外，联邦政府还在全国设立了十个办事处，对华盛顿以外五十个州的联邦雇员提供服务。十个办事处下属三千多个考试委员会及服务中心。各州及县市文官委员会多半仿效联邦文官委员会的形式。

2.功能

文官委员会的功能，包括考试、任用、待遇、考绩、训练及福利等方面。其最初的目的主要在使政府的用人摆脱政党的干涉和影响，排除分肥制，推进以才能为标准的考试用人的功绩制。其后，则进一步追求科举管理和加强人事管理，提高行政效率，改进工作方法等。

文官委员会的职责，有的是行政的，如文官的晋级、复职等；有的是顾问性的，如有关卫生、福利、工作环境等方面；有的是立法性的，即制定规则；有的是准司法性的，如忠诚调查、裁决纠纷等。

(二)人事监督管理处

行政部门内部设置的人事监督管理处，在大的行政部门，可能下辖若干个职能科室，如职位分类、薪金、雇佣与任用、培训等等。在下层或地方行政部门，则可能因事务较少而不再详细划分。

这类人事监督管理处的职能有几个方面。其一，作为人事专家，他们是部门首长的人事顾问，应该对如何充分调动员工的积极性，协调各方关系，改进机关工作，提高效率等提出意见，以便制定政策。他们对本系统各单位的人事工作有监督控制的职能。其二，与文官委员会协调，执行文官委员会制定的规章、政策，并就本部门的特殊情况，对已有的政策提出补充修改建议，或提议建立新的政策规章。其三，办理本部门的具体人事管理工作，如职位分析、工作评价、确定机关所需补充人员的种类等级、数额等。办理任用、升迁、考绩等事务，管理薪俸及工资等事务。

总之，文官委员会负责研究和制定人事政策，各部门的人事监督管理处负责按这些政策办理本部门的具体人事事务。当文官与其工作部门发生冲突、纠纷，文官委员会则接受申诉，做出裁决。

二、职位分类

美国文官制度的最大特色在于有一种格外精密细致的职位分类方法。实行文官职位分类，首先要调查所有文官的职务和责任，加以系统的记载，然后依据职务的性质和责任的轻重分别定出若干门类和等级，各予以一定的职称和级别。有了这样一个基础，在处理文官的任用、工资、升降、转调范围、培训以及退休等等问题时，就以这种分类记载为准绳，人事行政因此可以走上科学管理的轨道。

美国联邦政府的文职官员或称为公务员的范围很广，是个庞杂的群体，如下表 2–4–1 所示：

表 2-4-1 美国联邦政府文职官员范围

<table>
<tr><td rowspan="7">联邦文职人员</td><td rowspan="4">不适合功绩制的人员</td><td>1.民选人员</td></tr>
<tr><td>2.特种委员会人员</td></tr>
<tr><td>3.政治任命人员</td></tr>
<tr><td>4.基于特别契约而进用之长期或临时人员</td></tr>
<tr><td rowspan="3">适合功绩制的人员</td><td>5.公开竞争考试录用人员</td></tr>
<tr><td>6.非竞争考试录用人员</td></tr>
<tr><td>7.免除考试录用人员:①工勤人员;②机要或制定政策人员;③部分工作时间或临时人员;④其他非用考试录用人员。</td></tr>
</table>

大致而言,凡适合功绩制人员的职位,基本上都适用职位分类的规定。1923 年,国会通过职位分类法,按各个职位工作的轻重繁简,将各部人员共分为五类,并规定其年薪范围。这个分类方法在 1928 年、1930 年、1949 年,又有修正变化。其中 1949 年的职位分类法将公务职位分为两大类:第一类为一般表或普通表,包括以前的专门类、次专门类、文书管理类等;第二类为技术保管类。第一类共分为十八级,第二类分为十级,这两类都不包括邮政、外交、教育、医务、警察、消防人员。这些人员的分级与待遇都另有法律规定。职位分类的目的主要是要解决工资同职务不相称的问题,实现不论种族、宗教信仰、性别而同工同酬。

美国在 19 世纪时,尚没有一套标准的工资体制,即使到了实行竞争择优体制的 20 世纪初,也没有形成一套系统的工资体制。在传统上,政府雇员的工资一般低于私人企业,因为政府在工资之外还向其雇员提供职业保障和其他福利。1962 年的《联邦工资改革法》和 1970 年的《联邦雇员收入法》改变了这一状况,联邦白领雇员的工资与私人企业中相应人员的报酬能大致持平。工资体制由若干级和级中的若干等构成,与职位分类相联系。即某类某等职位的工资都列成表格,文官按其职位和出任该职位的年资和工作成绩对号入座,领取相应数额的年薪。

在联邦政府中,现在低级雇员的工资与私人企业大致持平,而高级文官就要低得多。私人企业经理级人员往往可达十几万到几十万,政府部门就不可能这么高。

由于美国在 19 世纪时政府雇员工资很低,文官的收入只够眼前的生活,很难存起来养老。这样,当时就有人提出来应该发给文官退休金,以便让他们安心任职。1870 年,参议员科克雷尔提出用退休制度摆脱"寄生于各部门,毫无作为的活化石",就是淘汰那些不能胜任工作,年岁太大的文官,但联邦政府并没有建立系统的文官退休制度。

1912 年,经济效率委员会对文官退休问题提交了一份研究报告。报告指出:"政府职员有很多年纪高迈,不但工作无用,且情形亦颇可怜。华盛顿各部职员,每十四人中即有一人在六十五岁以上,其中不少已经是发秃齿落的八旬老人,间有九十岁的仍然支领政府薪金。且有残疾人坐摇车到政府办公者……”这是因为文官年老离职后没有退休金，往往无法生活，因此只好在八九十岁仍然坚持上班挣工资，死而后已。

直到1920年，国会才通过《文官退休法》，明确文官退休问题。这项法案后来经过多次修改完善，扩大了适用范围，增加了福利待遇项目。法案规定文官享受退休待遇的年龄是：服务30年的55岁退休；服务满20年以上的60岁退休；服务满5年以上的62岁退休。退休金是工龄乘以最后3年至5年的平均工资，再乘以百分之一到百分之二之间的一个数字。比如，退休前三前的平均年工资是10000美元，工龄为20年，若其工作的性质系数是1.5%，则退休工资为：10000×20×1.5%=3000美元，即退休年金为3000美元。退休金也像英国一样随物价指数上升。[10]

第三节 文官的考选、考核制度及纪律

一、考选制度

美国政府的文职人员规定必须的考试录用的，只是职位分类人员或适合功绩制人员中的一部分事务官。当1883年《彭德尔顿法》通过时，这部分文官只占文职人员的10.5%，主要限于华盛顿特区的文书人员、邮局和海关人员。但《彭德尔法》授权总统可以通过行政命令扩大适用范围。于是历任总统常常扩大竞争择优的范围，现在已达90%以上。

美国的文官录用考试注重应试者对特定职位所需要的知识与能力，其性质是实际的、技术性的。不太注意人文科学的通才，比较注重专业知识和工作经验。这种尊重专家、轻通才、尚技术的传统，有其有利的一面，就是内行领导。尤其在有关经济、科学、技术部门，其优越性很明显。英国人很欣赏这一点，《富尔顿报告》某种程度上就是希望借鉴美国的经验，打破英国人对通才的迷信。

然而，这一点被过分强调后，也有其弊病。即专家的适应能力、领导才能往往不足，专家的知识面太小，处事不够灵活，统筹兼顾能力较差。尤其是担任高级行政职务时，这个弊病就更加明显。因此美国人也反过来借鉴英国人的经验，希望能在文官中引入一些行政通才，慢慢地开始注重大学毕业资格，考试方法和内容也有所变化。

美英两国的专家治国与行政通才的传统都有其深刻的社会背景和所植根的土壤。正如《富尔顿报告》产生的改革收效甚微一样，美国想取消专家也同样困难。综合美英两国经验，高级行政领导以通才为宜，中下级官员以专家为优，英美两国的文官制度均向这个方向缓慢地发展。美国文官考试录用中的报名资格规定、考试方法与报名手续、行政部门的录用以及试用等，均与英国类似。

二、考核制度

美国文官考核制度在1887年便已实行，但当时考核的范围不大，规章条例也不健全。此后，文官委员会一直努力推进考核制度的推广完善。1912年，国会授权文官委员会建立

系统的考核制度,由文官委员会下设的考核司负责。1916 年,考核司从文官委员会独立出来,改称效率局。在该局筹划下,总统于 1920 年下令第一次实行统一的考核制度。1941 年,国会通过立法扩大统一考核制适用的范围,除联邦中央行政机构外,也在派出行政机构及立法机关实行考核制度。1946 年,国会通过法案规定,各机关考核必须用文官委员会核准的制度。

美国国会于 1950 年 12 月通过"工作考核法",同时废止以前的统一考核法。工作考核法要求对职员所任职位的内容,作为客观的科学的职务分析与工作评价,由监督员或专家对每项职位的工作数量、质量及所需知识能力等定出比较具体的标准,作为考核的客观尺度。

文官委员会对各机关使用的工作考核制度有统一的要求, 必须具备以下有关规定:(1)必须让职员熟知其工作的要求与标准。(2)各职员的考核根据其工作标准与要求而公正地评价。(3)运用工作考核的目的在于促进工作效率。(4)加强考核者与被考核者的联系,双方对工作的要求,以及考核要互相沟通意见,促进了解。

各机关的工作考核制度必须经过文官委员会审核批准之后才能实施。例如,海军部考核每年举行一次,截止日期为 3 月 31 日。海军部的考核内容分为三大项:其一为工作数量,其二为工作质量,其三为工作适应能力。三项内容的每一项又细分为若干条款。各项考核内容的评分为三条:不满意、满意、特别优异。不满意指未达到标准;满意是指合乎规定的工作要求;特别优异是说工作显然超出规定的要求。凡评为不满意或特别优异者,考核人必须以书面形式陈述其事实,并附上规定的工作要求为对照。海军部的考核是由主管长官进行初考。初考结果得出前,主管长官应当与被考核者进行商谈,交换意见,然后才予评定。

部门首长负责复核考核的结果,以求尽可能地公正,并对评为不满意者予以惩处,对特别优异者予以奖励。部门内设考核委员会,负责审查本部门的考核结果有无违反考核法规,并按被考核人的要求,对某些评价再作复审。各部门还有考核复审委员会,共有三名委员。一名委员由文官委员会派出,主持复审;一名委员由机关职员选举;一名委员由部门首长委派。如果职员对考核结果不服,可以向考核委员会或复审委员会申诉。

文官考核的结果是奖惩最主要的依据。考核成绩优良优异者,可得到加薪奖励甚至晋升。考核成绩低劣者,即受到减薪降级甚至免职处分。对文官进行奖惩的权力在机关首长,但他必须严格按照考核委员会审定的考核成绩。文官若对奖惩不服,可向文官委员会申诉。

联邦政府各部门基本上按考核分数晋升,但仍有部分机关按年资晋升,即文官在机关工作,达一定年数而无过失者,不必经过考试或考核的手续,即可晋升。有时,机关也采用混合晋升制,即以服务年限及工作成绩两项作为晋升的基础。文官服务达到一定年限,在工作上也有相当成绩,或考核分数达到一定标准,才能晋升。有的机关还可能举行晋升考试。

文官晋升的机会总的来说不如私人企业多。这主要有两个原因。其一,政府机关中有很大一部分属于民选官员或政府任命官员,职业文官不能升到这些职位上去。这样就减少了职位空缺。其二,文官职业有保障,很少辞职或被免职,不像私人企业那样人员流动量大。当然,私人企业的众多晋升机会是有代价的,即经理级管理人员也会随时被解职。

第四节 公务员制度改革

二战以后,美国的文官制度也暴露出许多问题,引起公众的不满。正如卡特在1978年1月19日的国情咨文中所说,文官制度的改革是“绝对必要的、极其重要的”。“这个制度有严重的缺陷。它已成为官僚主义迷宫。这座迷宫忽视功绩制,容忍拙劣的工作表现,容许滥用雇员的正当权利,使每件人事行动都陷入繁杂、拖拉的公事程序,延误和混乱的泥沼。”其中,最引人注目的是效率问题。

“由于政府业务的扩增以及公务员受到甚多的保障,使得公务员人数不断增加,而行政效率却反而降低。”具体而言:“对一个公务员如要使其不自动加薪,一定要对他的工作考列不佳,此乃任何主管均要深思熟虑的问题。主管如要将考绩分数打少,须对受考核人在90天前予以预告,在此期间,受考核人可对其主管的指控提出一连串上诉,因而举行大规模听证,拖延数月不决。主管为避免此种麻烦,就对每一下属打上一个及格分数算了。要免职一个人那就更困难了。主管如因某属员未有效做好工作而要免职,需在30天前以书面形式向受考核人说明,被考核人可向上级提出申诉,如被驳回可再向联邦公务员上诉局要求举行听证,如裁决仍对其不利,还可以再向联邦法院提出控诉。主管要想免职一个属员,常需6至18个月,期间,平均每天得花费1/4到一半的工作时间,估计将浪费纳税人10万美金。若有一个职位出缺,补进一个人也要费很长时间,从要求分发到新人实际报到,平均需要58.6天,职位愈重要所需时间愈长。”[11]

卡特总统上任后,于1977年5月成立了一个改革文官制度的立法小组。1978年1月,政府将改革草案送交国会讨论,至当年10月,改革法案在国会通过,次年1月开始生效,定名为“文官改革法”。改革法案强调了九项功绩制原则,有些是新的,大部分则是原有的,要求真正予以实施。这些原则包括:(1)应从合适的来源、合格的个人中招聘人员,以求建成一支由社会各个部分组成的文职队伍,并且应保证人人机会均等的公正公开考试,只根据能力、知识和技能来决定录用和提升。(2)所有雇员和求职者,不论党籍、种族、肤色、宗教、国别、性别、婚姻状况、年龄或身体状况,在人事管理的各个方面,均应受到公正合理的对待,而且应适当注意为他们保密和注意他们的宪法权利。(3)应为价值相同的工作提供相同的报酬,应适当考虑到私营部门雇主支付的全国和地方的工资率,并对优异工作者给予适当鼓励和承认。(4)所有雇员均应保持高标准的正直、高标准的行为和对公众利益的关怀。(5)联邦公务员队伍应有效地予以使用。(6)雇员工作成绩良好的应继续任职,工作成绩不够好的应加以改进,雇员工作成绩不够标准或不去改进其工作成绩以满足规定的标准者,应予解雇。(7)如果教育和训练会改进一个组织和个人的工作,应当为雇员提供有效率的教育和训练。(8)应保护雇员免受专横行动或个人好恶之害,或被迫为政党的政治目的而从事活动:应禁止雇员使用其权力和影响去干预或影响选举结果,或竞选提名结果。(9)雇员应受到保护,不得因进行合法揭发而遭到打击报复,如果他有理由相信其揭发表明:一项法律、条例或规章已被违犯;存在着管理不善、资金严重浪费、权力滥用,或对公共卫生和安全有巨大和特别的危险。可以看出,这次改革的一部分内容是引入现代管理方式,如改善人事管理、下放文官管理权、重视培训、加强激励、改革考绩制度和工资制度等。

“文官改革法”对担任高级行政职务的7000名成员和一般行政级13、14、15等的110,000名男女官员,从1981年10月1日开始,将不根据他们的工作年限实行等内加薪,而是根据他们的工作成绩及他们所主管部门的成绩的正式评价来加薪,即“功绩工资制”。其具体方法是,将文职官员原来的工资分为两部分,基本工资和“可比性工资”。所谓“可比性工资”即根据文职官员的工作成绩的好坏进行分配。工作成绩突出的,还可以在功绩加薪之外给予现金奖励,奖金一般为10,000到25,000美元。

改革法要求联邦机构各部门的主管人员必须在1981年10月1日以前用书面形式提出每项职务的关键内容以及工作表现的客观标准。今后将以雇员工作的关键内容,而不是按照笼统的考核表格评价他们的工作。同时,改革法要求,各单位在做出培训、奖励、提升、降级、留用、重新委派工作、开除等人事决定时,必须以考核为依据。只有在给予雇员以合理的时间和机会改进工作表现以后,方可免职或降级。

“在英国,大中学毕业生似乎不太愿意进入工业界,而更愿意在伦敦市商业银行或政府机构任职。其原因,既有对传统和名誉方面的考虑,也有经济方面的考虑。”即工业界的经济待遇较差,而文官的收入较高且风险很小。而美国则相反,政府雇员工资偏低。其中,“高级文官比起低级文官的报酬制度更缺乏刺激力。高级文官工资约比私营同级职员差2~3倍。结果能干的人倾向于寻找其他工作,而政府中只留下勉强合格的人。”上述“功绩工资制”以及比照私营部门的工资率改善公职人员的工资,无疑将有利于改善这一状况。

“文官改革法”在某些方面进一步强化了公务员的权益保障,也有减少官僚主义和提高效能的作用。如在录用和任用中,更强调公开和平等;强调同工同酬,提高工资水平;保护雇员免受专横行为或个人好恶之害,或被强迫为政党的政治目的而从事活动;保护雇员因揭发他人的违法行为免受打击报复等。改革法明确规定:具有人事权限的人员,一律禁止下列行为:“(1)歧视任何公务员或申请人。(2)对于请求为某种人事处理或其人事处理正在研议中的个人,促成或考虑与其有关的任何推荐;但推荐内容为该个人的工作情形、能力、性格、资格、品性、忠贞以及适应力之评价,不在此限。(3)利用职权,强迫推展政治活动、要求政治捐献,或对拒不照办者予以报复。(4)对于任何个人,就其参与竞争以取得联邦职务的权利,予以故意欺骗或阻挠。(5)对于任何人施予影响,使其退出竞争考试,至其目的究在改善或恶化任何其他申请人之情况,均非所问。(6)超越法定权限,对于职位申请人或职员许以任何特殊优惠待遇或利益。(7)在本机关内任用、进用、调升或晋叙其亲属……”另外,改革法虽仍然“禁止公务员罢工、怠工及派人阻止业务的正常推行”,但确认了联邦公务员有“组织、参加及协助工会的权利”,并规定“所有的管理措施除基于特定之管理外,均可作为集体交涉之事项。”这项规定对保障公务员的权益至关重要。[12]

但是,这次文官制度改革也在某些方面有降低保护或使文官政治化的倾向。改革之前,文官的处分程序非常复杂。某个部门要处分一名文官,必须提出大量的“充分理由”。而所谓的“充分”,是指“大多数有理智的人看了报告书中所提出的理由,都会认为处罚该人是应当的”。可是在美国这样的国家里,要求大多数人有一致的看法是非常不容易的,这就使处分在事实上往往成为不可能。结果,对工作成绩差的下属,其上级根本不愿意费力去处分他,而听之任之。改革之后,要求处分文官时应提出“具体的证据”,即“在一个或任何有理性的人看来都是充分的”。这一修改略微减少了被处分者申诉成功的可能性,而处分成功的可能性就相应地增大了。按照当局有关人士的说法,这样修改的目的并不是为了开除几个人,而要产生一种有效的威慑,督促文官努力工作。

美国的职位分类制度也许是世界上最完整的,同时也是最复杂的。这套分类方法有助于落实同工同酬的原则,有利于吸收和提升专业人才,从而避免英国那样的“通才”充斥的局面。英国20世纪60年代末的文官制度改革增加分类和强调专业化,某种程度上就是希望吸收美国这方面的成功经验。但是,专业人才的内行领导,虽然有其优越的一面,尤其在有关经济、科学、技术部门,却也有其不足之处,即专家的适应能力和领导才能往往不足。与行政“通才”相比,专家的知识面太小,处事不够灵活,统筹兼顾的能力较差,尤其在担任高级行政职务时,这些弱点更加明显。另外,职位分类按照职系和职级晋升,职务的变动同时意味着职权、责任和待遇的变化,文官往往不愿意被调往工资待遇较差的职位。按照旧制,文官本人如不同意职位变动,可以提出申诉。这样就造成了文官能上不能下,调转很困难。对于中低级文官,毕竟优点大于缺点,即更为公正。但对于高级文官,任用缺乏灵活性则弊大于利。

1978年的改革将高级文官即一般行政级GS16、17、18三等以及行政长官4级和5级职务的人员合并为约9200个“高级行政职务”。这种体制与英国的“开放结构”有点相似。自愿参加“高级行政职务”的文官,像英国一样“级随人走”,职位变动不改变其工资。部长可以在其职权范围内调动他们的工作。对这种调动,文官必须服从,不能申诉。这部分高级文官现在可以担任某些以前只有政治任命官员才能担任的职务,如部长助理,同时原来享有的待遇并不因此被剥夺。而在以前,这样做却意味着丧失了常任文官的身份,可能被随时解职,而不受文官制度的保护。对担任高级行政职务的官员,从提高工作效率、节约开支、减少文牍工作、提高其下属工作效率和符合肯定行动目标等方面进行考核,考核的总评语分为三类:(1)一项或多项“完成圆满”;(2)最低限度的“满意”;(3)不满意。总评语为“不满意”者,可以从高级行政职务中除名;5年中两次被评为“不满意”者,必须除名;任何人在任何3年中,没有一次得到“完成圆满”者,也必须除名。从高级行政职务中除名的常任文官尚可继续担任一般行政级15等或15等以上的职务。高级行政职务的年薪最少不低于GS16级,一半的高级行政官员可以得到相当于基本工资20%的奖金。总统每年可以对5%的高级行政官员授予“功绩行政”衔,发给奖金10,000美元;对1%的高级行政官员授予“杰出行政长官”衔,发给奖金20,000美元。可以看出,设立“高级行政职务”,是对职位分类制度的调整。而1到15等的中低级文官仍按原来的分类制度,严格地实行同工同酬。[13]

1978年的改革对人事管理机构作了大的调整。对以前的文官委员会,公众的批评主要有以下几个方面:(1)文官委员会独立于行政系统之外,对他们主管的考选、任用、考核、待遇等人事行政事务很难有透彻切实的观察了解,因此委员会制定的政策规章难免不能对症下药,难以恰中时弊,真正解决问题。(2)总统及各州州长任用文官委员会的委员时,并不考虑其对人事行政方面有无经验学识,所衡量的只是他们的政治关系和社会地位。因此被任用者往往是律师、记者和政客,人事专家很少,他们也许对人事问题一无所知,很难有效地推行工作。(3)文官委员会的职责庞杂不清,既是政府方面的顾问,制定政策,又要保护政府雇员不受不公正的待遇和维护功绩制不被破坏。这两重任务所代表的主体截然不同,实际执行中不免矛盾。

改革之后,文官委员会被撤销,其职责分散到新成立的三个机构:(1)人事管理局,负责实施功绩制,制定人事政策,监督各部门的人事工作,是一个庞大的纯行政部门。(2)功绩制保护委员会,是一个具有准司法职能的独立管理委员会。它的三名委员由总统经参议院同意以两党为基础任命,任期七年,期满不得连任,非有正常理由不得中途解职。该委员会的职能是接受申诉,审查人事管理局的规章,保护功绩制和每个雇员不受权力滥用和"被禁止的人事行为"之害。(3)联邦劳工关系局,是一个独立管理委员会,三名委员由总统经参议院同意以两党为基础任命,任期五年,任期交叉,非有正当原因不得中途解职。该局的职责是解决联邦政府机构的工会与行政部门的争端,监督集体谈判组织的建立,监督代表雇员进行谈判的工会选举,监督关于谈判范围条例的实施,听取受到不公正待遇的雇员的申诉等。这次机构调整明确划分了各机构的职责范围,有助于人事管理的合理化和有效性。与英国不同,美国的改革并未降低这些机构的独立地位。

美国政府的这次文官制度改革的主要目的是改进政府的效率,如下放人事管理权,改变考核奖励办法,改善工资待遇,设置高级行政职位(职位分类),改变处分程序,调整人事机构等,让机关首长在进用、开除和调转人员时更为容易,对工作成绩优良者能给予金钱报酬和奖励,从而加强激励,提高公务员的工作热情。尽管有来自公众和政府的关于提高效率的巨大压力,改革几乎涉及公务员制度的每一个方面,美国这一次文官制度改革大体上仍在《彭德尔顿法》的轨道上前进。如强调功绩制的九项原则,某些方面强化而不是削弱了对文官权利的保护。文官委员会的职责一分为三,但并没有过度贬低这些机构的独立地位和职权。建立高级行政职位和改变处分程序,略微有将高级文官政治化并降低保护的作用。但总体上来看,是企图在管理权力(效率)与公务人员的保护之间取得平衡,并没有走得太远。之所以如此,则与美国理论界对效率、分权问题的观点在六七十年代,尤其是水门事件以后的变化有关。

由于极特殊的历史原因,美国建立起了一种高度分权的政治体制,主要表现在三权分立和联邦制之中。1883 年的文官制度改革,在某种程度上仍然是这种分权传统的延续。这种分权传统从 19 世纪末期开始遭到非议,被认为是对英国都铎时代政治体制的不成功的模仿,来自那个时代的移民者,是落伍的。因为英国后来的体制构建和发展并非如此。这种非议部分来自传统的美国行政管理学研究,起始于 1887 年威尔逊出版的《行政之研究》。威尔逊的行政理论的中心概念是:权力越分化,责任越放弃。换句话说,权力越是集中并趋于单一中心,责任就越明确。威尔逊的行政理论,奠基于"政治"与"行政"之间的明显区分。完整的行政组织是从等级秩序和专门训练的公共部门获得的,而效率则从完善的组织结构中获得。因此,等级秩序的完善性,作为现实政策中的最小能耗,可以获得最大的效率。

韦伯的官僚制理论认为，现代国家就应是一种“独裁”或单一集中制。行政理性取决于等级关系的结构。韦伯相信，相对于其他所有组织形式而言，官僚组织具有优越的技术性能。准确性、时效性、知识性、连续性，谨慎、统一和严格的从属性，以及摩擦和消耗的下降，人员价值等等，都是官僚制行政的明显特征。韦伯比喻说：“职业官僚，仅仅是运动中机器的一个简单的齿轮，而且是固定在一定机器部件之上的。”[14]

美国的行政管理研究受到了韦伯的明显影响。韦伯的观点就其基本精神而言，与威尔逊一致，并且阐述得更加细密。这样，以威尔逊的基本理论规范为基础，公共行政研究人员逐渐形成一些行政管理原则。例如，统一指挥，加强调控，建立系统，以及主要功能的部门化，单一行政领导等等。这些管理原则可以概括成“效率标准”。它确定，要建立一种有责任和有效率的首脑行政作为权力中心、指挥中心和行政管理中心。所有活动的系统组织都必须控制在有首脑行政领导下的合格的人事管理者之手，而且要建立起适当的管理和人事机构以扶持行政首脑的工作。一个明显的事实是，正是19世纪末，以泰勒为起点的现代管理学在工厂和经济领域中兴起。美国行政管理学研究，也许全世界的行政管理学研究都受到了管理学的影响，把在车间和公司中成功运用的效率标准引入了行政管理学系统之中。

但在美国的当代行政管理学研究中有人则持不同观点，他们指出，官僚制并非如此完美有效。G.塔洛克在《官僚制的政治》(1961年)中指出，在一个大型的公共官僚制度组织中，理性而自利的个人追求最佳战略会产生什么样的结果。塔洛克的“经济人”是个颇有野心的行政雇员，他为了获得晋升，常常寻找丰富自己工作经历的机会。然而，谋求发展必须依赖上级的有利推荐，想得到提升的公务员就要为取悦于上司而表现自己，传递对自己有利的信息，压住对自己不利的信息。信息的歪曲使官僚组织的控制力减弱，并产生背离组织行为本意的前景。于是庞大的官僚制度本身在应急性方面变得易犯错误，用加强控制的方法纠正官僚制度的功能失调将会产生更大的错误。结果，唯一的期望是缩小组织规模。组织规模越大，它的活动与产生的比值就越小，而耗费在管理上的精力就越大。塔洛克认为，大型公共官僚机构中控制行为的有效性衍生了“官僚式的自由组织”，组织内的个人或小团体在履行工作任务时为自己制造出额外补偿机会，包括贪污、受贿等。个人的自利性使他们为了转移目标，躲避风险，编织冠冕堂皇的理由应付上级机关的检查，掩盖可能暴露的弱点，造成组织机能的失调。官僚制度渐渐易犯错误和失控，直到公共行为迅速成为背离有关公共目标的形象——与其对外宣传的目标和任务相矛盾。最后，发展到了采用补救措施只能加剧问题的严重性而不能解决问题的程度。

“本尼斯列举了官僚体系的十大缺点：妨碍个人的成长和个性成熟；鼓励盲目服从和随大流；忽视非正式组织的存在，不考虑突发事件；陈旧的权力控制系统；缺乏充分的裁决程序；无法有效地解决上下级、部门之间的矛盾；内部交流、沟通受到压制、隔阻，创新思想被埋没；由于相互不信任和害怕报复而不能充分利用人力资源；无法吸收科技成果与人才；人的个性被扭曲，个个变得阴郁、灰暗、屈从于规章制度的‘组织人’。”我们还能注意到这种在私人企业产生的管理学理论由于将注意力全部放在效率（其实是由此而来的经济收益）上，即使有时为了纠正上述官僚制的弊病而注重组织中的个人，也是为了更有效地“调动人的积极性”，即“民主”和“参与”都是手段。这与以政治学为基础研究行政管理的出发点有所不同。政治学是宏观的,强调个人的权利和价值,“民主”、“参与”、“权利”和“权利的保障”是政治现代化的重要组成部分,并非纯粹的手段,而是目的本身。

为了克服官僚制度这种固有的弊病,美国的政治经济学者重新研究美国的政治传统,即美国政治制度中的分权的长处,得出与传统行政理论相悖的观点。《危机》的作者认为,指挥的统一性最充分地体现在独裁制度之中,独裁结构意味着所有的官员都被列入只有一个最高权力中心的金字塔内。而在美国体制中,一种权力决定一类事务,另一种权力决定另一类事务,是一种合成形式。这种政府体制在联邦级政府和政府各部门的各种决策机构中,在不同层次的政府的每一级,实际上都存在着权力分散的特点,保持着多种多样的公共事务部门。各级政府都关心得到选民的支持,并都面临种种立法、行政和司法的紧张关系。同时,这些公共事务部门将发展成类似于公共服务业那样的多重组织机构,因此,联邦制管理必然依赖于权力交叉。在这种状态下的协作式管理才不会被局限于官僚政治的指挥和控制中,而且能通过合作、竞争、矛盾冲突和矛盾解决来实现管理。

按照古典行政理论,政府权力的交叉与分立是造成美国政府管理制度失败的主要原因,然而,实际情况并非如此。托克维尔认为,美国民主的基本精神反映在主要根据自愿合作和自治政府原则组织起来的民主管理体制中。美国人依赖大约八万个各种级别的等级,而不依赖于唯一的公共权力等级。“浮在表面上的无序现象导致人们设想,社会应处在专制状态里。”但喧闹杂乱中展现出秩序:“在美国,指挥管理的权力很不规范,很不明确,而且很缺乏技巧,但却比欧洲成百倍的强大。”“在世界上没有哪个国家的公民为了公共福利而发挥如此大的才能,我了解,其他国家的人都没能建立如此众多和如此有效的学校,没能把公共教堂安置得那么适宜于公民的要求,或者没有哪个地方的道路被保修得这么好。”与法国中央集权管理相联系的设计单一、追求细节精确和管理的尽善尽美,造成一种负效应:“它善于预防,但却不善于行动。”中央集权的国家中的公民对自己生活的公共社会的利益会变得漠不关心——即分权并没有太多地损害效率,甚至恰恰相反。

但是,美国在二战前后直至尼克松时代的行政改革似乎更多地体现出传统行政管理理论,即追求效率,消除“有效政府”的障碍。《危机》的作者认为:“水门事件触发的制度危机,实际上是长期以来强化行政权和总统行政公署对联邦行政的控制权的结果。这种强化过程的演变反映了美国公共行政理论的一个主要信条:指挥统一。”并且,“强化一种具体的行政权,看来已经取得了很大的成功。”

水门事件所触发的制度危机,引发了人们对强大行政权的顾虑,一定程度上克服了对“效率”的过分偏爱,由此使国会对总统的权力做出更积极的限制,如果这样做并没能完全阻止行政权扩张的步伐,也至少减缓了其进程。这一点,对美国的公务员制度改革也必然产生了影响。

美国的政治体制,在其产生之初即充分地体现了分权制衡理论:分配给政府各部门的权力应被分划,以使各部门对分给其他机构的权力能行使潜在的否决权。权力的分散既表现于联邦制中:在联邦、州和地方政府权力并存的联邦制结构中,公民依靠运用一种控制他人篡夺政府的机制,而成为自己命运的主人;也体现于不同层次政府的每一级:立法、行政和司法的三权分割,政府所有部门都按照自治政府的原则去建立。这种体制意味着公共管理被限制于把集权和等级保持在最低程度的状态,从而使命令指挥权保持在最低程度。《危机》的作者认为:"我们赞成汉密尔顿和麦迪逊的假定:人类社会有能力通过思考和选举建立起良好的政府。在一种以大量的权力分散和权限重叠为特征的政治制度中,宪法原则能够得到加强。这样一种宪法制度有能力保持与官僚行政的截然不同,并作为一种具有普遍意义的民主公共行政。……他们(公务员)是为公共商品的使用者和消费者服务的,而不是为政治主子服务的。一个民主社会的公务人员对其上级的命令既不是中立的,也不能唯命是从。他们将拒绝执行剥夺公共福利或使用强力去损害人们权利的非法行为。""行政民主理论不仅专心于简单、整洁和匀称,而且致力于分散、差异和对下属倾向的敏感性。民主行政制度依赖于阐明一种在社会关系中有序的复杂性。"因为,"与政府自由成比例的,必然是它的复杂性。简单只属于一个人统治全体的地方……在那里,法律不是科学,不需要讨论,而只是必须服从的命令"。在这里,不是通过单一的官吏等级制的指挥和控制,而是通过"合作、竞争、矛盾冲突和矛盾解决来实现管理"。[15]

正是这样一种来自美国的政治传统的根深蒂固的观点,使美国人在构建自己的公务员制度时,体现了更多的美国特色:不仅有公开竞争考试和无过失不被免职的常任文官制,而且有权力更广泛、地位更独立的文官委员会。权力的分散制衡和权利的保障体现在考选、考核、晋升、惩戒、工资等公务员制度的每一个环节中,职位分类代替品位分类,以及行政公开化等。基于同样的政治传统以及对水门危机的警惕,美国1978年的公务员制度改革中,虽然有提高效率的巨大压力,却没有一味地强调集权和统一,而是在"极端地保护文官"与"极端地保证行政效率"之间试图取得平衡。

【参考文献】

[1]张希哲.美国选举制度[M].台北:中华文化事业出版社,1964.

[2][4][美]理查德·霍夫施塔特.美国政治传统及其缔造者[M].北京:商务印书馆,1984.

[3][美]卡尔·桑德堡.林肯传[M].上海:上海三联书店,1978.

[5]杨秀云.1978年美国文官制度改革存在的问题[J].经济研究导刊,2010(31):258-259.

[6][美]古德诺.政治与行政[M].北京:华夏出版社,1987.

[7][9][美]加尔文·D.林顿.美国两百年大事记[M].上海:上海译文出版社,1984.

[8] 黄贤权. 美国知识分子与现代文官制度的形成 [J]. 西南师范大学学报,1997(3):112-117.

[10]杨百揆,陈子明,陈兆刚.西方文官系统[M].四川:四川人民出版社,1985.

[11]傅良肃.各国人事制度[M].台北:台湾三民书局有限公司,1986.

[12][13]田炎培.公务员的理论与时间[M].北京:中国社会科学出版社,1993.

[14][15][美]V.奥斯特罗姆.美国行政管理的危机[M].北京:北京工业大学出版社,1995.

第五章 美国20世纪80年代以后的政府改革

20世纪70年代末以来,从英美等发达资本主义国家发端,迅速扩展到整个世界,开展了一场深入持久的政治经济和行政改革。这一场以公共管理市场化和社会化为核心的新公共管理改革运动,在很大程度上化解了各国的公共治理危机,推动了公共治理模式的重大变迁。

20世纪八九十年代,在公共部门出现了一种针对传统行政模式的缺陷的新管理方法。这种方法可以缓解传统模式的某些问题,同时也意味着公共部门运转方面发生了引人注目的变化。这种新的管理方法有很多名称:“管理主义”、“新公共管理”、“以市场为基础的公共行政”、“后官僚制典范”或“企业型政府”。到20世纪90年代后期,人们越来越倾向于使用“新公共管理”的概念。

美国是现代管理科学的摇篮,“20世纪的美国文化是以信奉管理为特征的”。美国的“新公共管理”改革尽管不像英国那样,有明确的起点和目标,但似乎开始得更早(可以从1978年卡特政府的“文官制度改革法案”的实施算起),并且带有更明显的管理主义或“新泰勒主义”倾向。里根政府大规模削减政府机构和收缩公共服务范围,当时负责推行改革的格鲁斯(Grace)委员会的基本职责是将私人部门成功的管理方法(“最好的实践”)引入公共部门管理领域之中以提高政府效率。格鲁斯委员会诊断出的美国公共部门的低效及失败的主要原因是:(1)国会对联邦政府机构的日常管理的过多干预;(2)人事尤其是高层人事缺乏连续性;(3)缺乏追求高效和经济的诱因;(4)会计和管理信息系统不完善;(5)缺乏强有力的中央财政和会计管理。布什政府则全面推行质量管理。1993年克林顿上台后,开始了大规模的政府改革——“重塑政府运动”(Reinventing Government Movement),其目标是创造一个少花钱多办事的政府,并坚持顾客导向、结果控制、简化程序和一削到底原则;改革的基本内容是精简政府机构、裁减政府雇员、放松管制、引入竞争机制以及推行绩效管理。这场改革的一个纲领性文献是戈尔所领导的国家绩效评价委员会(National Performance Review, NPR)的报告《从过程到结果:创造一个少花钱多办事的政府》(简称

"戈尔报告");其先导则是奥斯本和盖布勒的《改革政府》一书。

奥斯本和盖布勒在《改革政府》一书提出了"企业化政府"模式,这一模式包含如下十大基本原则或基本内容:(1)起催化作用的政府:掌舵而不是划桨;(2)社区拥有的政府:授权而不是服务;(3)竞争性政府:把竞争机制注入提供服务中去;(4)有使命的政府:改变照章办事的组织;(5)讲究效果的政府:按效果而不是按投入拨款;(6)受顾客驱使的政府:满足顾客的需要,而不是官僚政治需要;(7)有事业心的政府:有收益而不浪费;(8)有预见的政府:预防而不是治疗;(9)分权的政府:从等级制到参与和协作;(10)以市场为导向的政府:通过市场力量进行变革。这十大原则构成《改革政府》前十章的标题。奥斯本和盖布勒在书中对这十个原则进行了详细的论证,并在最后一章(第十一章)中加以汇总组合。该书成了1993年开始的美国"重塑政府"改革的理论基础。克林顿总统给予该书很高的评价:"美国每一位当选官员应该阅读本书,我们要使政府在90年代充满新的活力,就必须对政府进行改革。该书给我们提供了改革的蓝图。"[1]

"戈尔报告"指出:从20世纪30年代到60年代,美国建立起庞大的、从上而下的、集中化的官僚体制来处理公共事务,这种体制以那时的公司结构为模式,采用分等级的科层制形式——它将任务加以分解,落实到不同层次的雇员,而这些雇员及机构则由严格的规章制度所约束。由于对标准化程序的先入之见、垂直的指挥链条和标准化的服务,这些官僚机构是稳定的,但是也造成机构臃肿和反应迟缓。当代迅速变化着的世界、闪电般的信息技术、全球性竞争和需求式的顾客,使得庞大、自上而下的官僚体制(无论是私人的,还是公共的)已经失效。该报告提出政府改革的四项主要原则:(1)消除繁文缛节,由注重过程的系统转变为注重结果的系统;(2)把顾客放在首位;(3)授权雇员以取得成果;(4)一削到底,并创造出一个少花钱多办事的政府。"戈尔报告"还引用了英国、新西兰和澳大利亚的改革经验,指出美国在发展新公共管理方面已经落后了。

美国20世纪80年代的政府改革涉及行政管理体制和政府活动的各个方面,但改革的基本主线是重新界定政府与市场的关系,并提高行政效率,改革的内容也主要是围绕政府功能的重新定位、政府公共服务提供方式的转变、政府内部管理体制的改革以及政府部门引入私营部门管理理念与技术等四个方面来展开的。

第一节　优化政府管理职能

一、放松管制

二战后,伴随着凯恩斯主义的盛行,美国加大了对经济活动的直接干预力度。随着国际国内形势的变化,特别是经济技术条件的变化和进步,市场管制的负面作用也逐渐显露出来。到了20世纪70年代,放松市场管制既是企业界的迫切要求,也是政府刺激经济发展,摆脱"滞胀"困境的重要途径,而纳税人也期望由此而带来多样化的市场收费体制,因此,放松市场管制,收缩政府经济职能,便成为美国政府职能调整的基本趋势。而美国放松市场管制的改革也是西方各国中最积极、最彻底的:1978 年,美国国会陆续通过了一系列放松管制的法案,取消或放松了航空、电信、铁路、汽车运输、公共汽车、石油、天然气、金融等产业的市场准入和价格管制。

美国放松市场管制的改革取得了明显的成效:政府收费水平明显降低;收费种类与体系发生了很大变化(如引进减价制度);企业经营环境大大改善;政府用于市场管制方面的行政开支也有所减轻。不过,值得注意的是,20 世纪 80 年代以来美国放松管制改革也带来了一些失控现象,特别是对银行管制的放松,曾经导致严重的金融投机现象与金融危机;另一方面,20 世纪 80 年代以来美国政府放松管制主要只是部分放松经济性管制,而对环境、健康和安全有关的新社会性管制、程序性管制却大幅度增长了。

另外,美国政府还对国有企业进行了私有化改造。所谓国有企业私有化,是指国家以实物或股份形式将国有企业资产全部或部分出售给个人、社会组织或外国投资者的行为。为促进国有企业的改革,美国联邦政府分期分批出售其控制的国有财产,其中在里根政府时期最为突出。里根政府曾先后向私人垄断企业出售联邦铁路货运公司、联邦政府部分国有土地等国有资产。在递交给国会的 1987 年财政年度预算建议中,里根政府提出了包括出售电力销售机构、全国铁路客运系统等在内的十二项出售或停止联邦补助计划。在 1988 年财政年度总统预算建议中,提出了七大项出售和取消补助金计划。根据这一计划,1988 到 1992 年,联邦政府出售联邦资产和削减补助金共达 250 多亿美元。当然,因为美国的国有企业所占的比重太小,所以在这方面的改革并不十分突出。[2]

二、压缩福利

自罗斯福新政以来,美国政府职能的扩张首先表现为其社会职能的不断膨胀,这集中体现为政府社会福利项目与支出的迅猛增加。据统计,在这一时期,社会福利开支在财政支出总额中所占比重是增长最快的。1960 年、1970 年、1980 年它在财政支出中所占比重分别是 18.1%、24.9%、29.4%。到 20 世纪 80 年代初期,社会福利开支已经占整个联邦预算支出的 40%。为减轻财政压力及由此带来的种种负面效应,美国政府进行了包括老年退休金、住房、收入补贴、医疗保健、病人和残疾人补助在内的五项公共福利政策改革,以压缩社会福利项目,进而收缩政府所承担的社会职能。1996 年克林顿政府推出了《1996 年美国个人责任与工作机会协调法案》,其主要内容有:

(1)提高接受福利者的资格要求。在福利项目维持不变的状况下,通过调整福利标准,提高享受福利的“门槛”,可以直接减少受益对象,如把退休年龄从 65 岁提高到 67 岁,从而达到压缩福利开支的目的。另一个做法是变社会福利为“工作福利”,即要求福利领取者必须以是否参加工作作为领取福利的一个先决条件,即参加某种形式的工作或接受工作培训,并能够在一定期限内找到工作,以工作或培训换取福利。其目的在于增加工作动力,降低潜在的福利领取人数。有资料表明:在 1993—1997 年间,美国享受福利的人数下降了 20%。

(2)促成福利项目市场化。由政府直接提供公共福利的公共选择机制存在着效率低下、交易成本过高、容易诱发寻租现象、成本与收益相分离从而造成过度需求等弊端,而市场个人选择机制恰恰可以克服这方面的弱点。因此,美国政府把许多福利项目交由私营部门经营管理。这样既可以提高社会资源的配置效率,更能够直接起到减轻财政负担的效用。如美国政府发展了私营部门的瑞修计划,其特点是退休金直接由受益者所交的预付金来支付,政府不直接给予财政补贴,而只是在税收上给予优惠。据美国劳工部统计,仅仅在1983年,参加私营部门退休计划的劳动者就比1980年增加了1000万人,总数达到5000万人。

(3)逐步采取联邦、州与地方政府三级管理体制,分散社会福利事务权限与财政分担。1984年联邦政府把食品券、未成年家庭儿童补助等44项社会福利项目交由州与地方政府管理。此后,明确财政收支,划分管理权限,对福利项目实行分权化管理,使管理层接近受益者,是美国政府职能改革的一个重要取向。

(4)适当加重个人的负担份额。其中一个重要取向是提高社会保险税率。美国社会保险税率在1973—1977年间为5.85%,1979—1980年升至6.7%,1985年为7.055%,1986—1989年又上升到7.15%。另一举措是变以前的退休金发放数额与生活开支指数化的政策为与个人毛收入指数化政策，如规定个人可支配收入在25000美元以上或共同收入在32000美元以上的个人,其退休金补助的50%来源于收入税,从而使得退休金更多地由个人自己承担。[3]

在福利制度改革的具体操作中,为了减轻政策实施的阻力,美国政府往往推迟政策的执行时间,只对新生人群实施新制定的政策。

第二节　公共服务市场化

进行职能压缩与调整，仅仅只是20世纪80年代以来美国政府行政改革内容的一部分。在庞大的财政负担和严重的财政能力不足与纳税人日益增多的公共服务要求并存的情形下，美国政府的唯一选择只能是在一定的财政能力基础上尽可能做到提高其公共服务的供给与输出能力。事实上,20世纪80年代以来美国各级政府正是以公共服务市场化,即通过在公共输出领域引进市场机制,将政府权威与市场交换这两种制度安排的功能优势有机结合,来提高政府公共服务输出的功效和能力。这是20世纪80年代以来美国政府行政改革最富有成效,也是最有活力的组成部分。

1993年的戈尔报告,作为联邦政府进行公共服务改革的纲领性文件,明确提出要“使公共服务的供给组织开展竞争”,“创造市场动力”,“利用市场机制去解决问题”。因为在公共服务的供给方面,无论是公营部门、私营部门还是第三部门都有自己在公共服务方面达到最高效率的领域。所以政府为公众提供的公共服务，不一定非由私营部门承担才有效率,关键因素是公共服务的供给者之间需要竞争共存以竞争取代垄断,这样才是提高公共服务效率的关键。

美国政府实施公共服务市场化的首要目的是借助市场机制吸引各种社会与私人资源进入公共服务领域,以提高公共服务的供给能力和供给效率。在美国,公共服务市场化首先发端于州和地方政府,是州和地方政府在巨大的财政压力下进行的自发探索。而州和地方政府的公共服务市场化改革也比联邦更为普遍和深入。

美国联邦政府、各州、地方政府行政体制改革在实践中创造与发展出公共服务市场化的多种多样的方式与办法。其中的主要方式有:

一、合同承包

20世纪80年代初,美国至少有24个城市对一些交通路线实行投标承包,其中包括洛杉矶、堪萨斯城、迈阿密和丹佛等大城市。马萨诸塞州的切尔西市与波士顿大学签订合同,由该大学承包经营该市的学校系统;该州前州长则把大部分收税事务承包了出去;而南加州的72个城市把它们的大部分服务事业外包给公营或私营单位。据史密斯1996年《公共行政》第74卷发表的《公共服务的转型:美国社会和医疗服务的合同出租》一文所言,美国地方政府把能够承包出去的公共事务(包括儿童保护、家庭照顾、慢性病人的医疗照顾、垃圾清扫)全部承包出去了。据美国有关方面的调查统计,合同承包每年能为美国地方政府节省15%~30%的资金。

在联邦政府方面,1979年利用合同出租形式出让的项目数额为13亿美元,而到1989年,这项数额已增至737亿美元;美国服务总局90%以上的业务必须竞标;美国联邦政府与私人公司、研究机构和个体顾问每年签订的合同所涉及的经费数额占联邦总开支的14%;国防部通过合同支出大约2/3的资金,能源部和国家航空航天总局则是联邦政府中最大的合同签约者。

二、公私合作

同合同承包一样,公私合作这种市场化方式在20世纪80年代也得到普遍运用。如印第安纳波利斯市与私人开发商联合创办了一家合营企业,每天焚烧2000吨垃圾,生产出来的热能再出售。与合同出租不同的是,在这种方式中,政府不需要以纳税人的税收去购买私营部门提供的服务,而是以政府特许或其他形式吸引中标的私营部门参与基础建设或提供某项服务。其中,私营部门拥有一定的投资收益权,即可以通过向消费者收费的形式追求投资回报;而政府则负责对投资项目的审批与监控,有时还可以按规定获取数量不等的收益。由于这种方式既借社会资源提高了公共服务的生产能力,又借价格机制显示了真实需求,同时还减轻了政府的财政压力,故而成为美国各级政府实现公共服务市场化的一种基本方式。

三、用者付费

所谓用者付费,是指家庭、企业和其他私营部门在实际消费政府提供的服务和设施时,向政府部门交纳费用。用者付费的关键要素是付费取决于实际消费的服务量,不消费者不付费,多消费多付费,它是具有企业家精神的政府所采用的更为进取的方法之一。森尼韦尔市从收费中获得占其日常开支预算37%的资金;普通地方政府(不含学区)则一般通过用者付费筹集其收入的25%以上。当然,用者付费制度并非普遍适用的。它的适用一般要符合两个条件:其一,提供的服务应该是具有可分性的所谓半公共产品,如下水道服务、娱乐设施、车辆停放、保健服务、突发事件中的警察服务、建筑检查和区域规划服务等。其二,能够进行有效的收费,如若收费成本大于所得收益或根本无法确定收费标准,则不适宜进行用者收费。

四、有价证券

所谓有价证券,是指政府部门给有资格享受某种公共服务的特定个人发放的优惠凭证。当美国各级政府希望帮助特定集团的人获得购买特定货物或劳务的能力时,通常会采取发放有价证券的方法。许多州提供有价证券或其他类似凭证以帮助低收入居民支付托儿费。弗蒙特州和缅因州共有一百多个城镇发有价证券给高中生以帮助他们上私立学校。事实证明,由于实行有价证券制度实际上是把资源放在消费者手中,让他们自己来选择,因此是使服务提供者对其顾客的需要做出有效反应的最好方法。同时,这种制度安排也可以使公共服务供给过程不受政治影响、避免寻租行为发生并降低交易成本。

公共服务市场化改革一来实现了美国政府功能优势与市场功能优势的有机配置,形成一种提供公共服务的复合性制度安排,从而实现了公平与效率的有机结合;二来在一定程度上解决了由政府直接供给公共服务与产品出现的种种问题,如由于成本收益的分离所导致的成本过高与需求过度,政治寻租,以及由于这些所必然导致的效率低下等。

美国公共服务市场化在产生显著效益的同时,也暴露出一些问题和缺陷。其一,政府在组织竞标时常常面临备选对象数量不足的困境。公共服务市场化中的服务签约外包,主要是希望在较多数量的潜在提供者之间制造充分的竞争,以此来降低服务价格和改善服务质量。然而,在改革实践中,1/3的美国联邦合同只能通过非竞争的途径授予,政府往往只能在少数几个承包者中选择。特别是那些技术复杂、耗资庞大的公共服务,几乎没有任何一家公司能够单独具备所需的技术能力和专业知识。其二,市场化后一部分公共服务的质量并未达到政府和公众的要求。在节省政府资金的同时,保持并提高公共服务的质量,是美国政府推行公共服务市场化改革的初衷。尽管大多数的改革实现了既定的目标,但也有相当数量的公共服务在市场化改革后出现服务质量下降的局面,与政府和公众原先的期望有一定的差距。其三,公共服务市场化进程中始终笼罩着腐败和丑闻的阴影。承包商们往往会通过给予政府官员回扣和贿赂来获得合同,并在投标过程中互相勾结作弊。[4]

第三节 政府内部管理改革

一、放松政府内部管制

制度化与规则化是官僚制政府的基本运行准则之一。不过,“美国比其他任何工业化国家更依靠规章进行控制”。其结果是政府内部机构及其工作人员受到日益繁琐的规则限制。但是,随着技术与社会的发展,不仅政府事务日趋复杂,公民对政府的效率与回应力的要求也越来越高。因此,政府必须不断提高其决策及应变能力,一切依规则办事的传统政府运行机制的弊端日显突出,放松管制逐渐成为美国朝野所倡导的一个改革主题。1993年美国政府发表“戈尔报告”断定:美国政府绩效不佳,问题不在于政府职员的懒惰和无能,而在于繁文缛节和规则是如此令人窒息,以至于扼杀了政府职员的创造性,其出路在于抛弃繁文缛节,摆脱那种驱使人只对规则负责的旧体制,创立一个激励人对结果负责的新体制。由此,美国各级政府在20年里开展了以放松管制,健全运行管制为基本取向的内部管理改革运动。其基本内容如下:

(1)废除过时的规章制度。1993年9月11日,克林顿总统签署了第12861号行政令,要求废除联邦政府内部管制的1/2,并于同年签署第12866号行政令,要求对规章制度的制定进行严格审查。在联邦政府的推动下,州与地方政府也积极放松管制,维塞利亚市甚至决定每签署一个新的规章就必须取消两个旧的规章。

(2)建立有使命感的预算制度。美国现行预算体制的明细分类会计科目既划分得过于狭窄,又限定得过死。它不仅不鼓励执行人员厉行节约,反而成为各机构追求预算最大化的一个制度性推动因素。为此,1993年戈尔报告有关政府内部放松管制的第一项主张就是要改革预算体制,建立具有使命感的预算制度。不过,由于预算体制改革权掌握在国会手里,联邦政府这方面的改革没能取得实质性进展,倒是州与地方政府预算体制改革步伐较快。其改革的主流是建立结果(绩效)取向或者说是有使命感的预算制度。总体说来,尽管具体实施方式多种多样,但基本宗旨都是鼓励各组织去争取实现自己的使命,而不受预算资金支出科目所限定范围的影响与束缚。截至1998年,美国有31个州通过立法推行结果取向的预算制度,另有16个州则通过行政程序来推行该项制度。

(3)改变照章办事的人事制度。20世纪90年代的一份调查报告指出,在美国政府内部管理体制中,“没有任何问题……能像文官雇用程序那样引起如此一贯的和强烈的反应。管理人员一致认为,它不是有助于而是妨碍雇用合适的雇员。他们还以某种痛苦的情绪,把文官制度说成是妨碍完成他们使命的最严重的因素”。各级政府改革文官制度的要求日益高涨。1978年文官改革法案在机构重组、绩效制改革以及权力下放等方面取得了一些进展。但是,这一法案是在“以规则为基础的模式内进行的分权式改革”,对过度的人事管制问题不仅没有进行改革,反而增加了更多的规则要求,如绩效标准、改进期限以及一套更为复杂的投诉处理规定。20世纪90年代以后,美国联邦政府文官制度改革仍然没能取得实质性进展。不过,州与地方各级政府却采取了更多的行动,前佛罗里达州州长甚至说服了州立法机关同意限期取消文官制度,放手让行政部门去创造一种新的替代性人事制度。总体上,20年来,美国各级政府在文官制度方面主要采取了简化规则与程序、淡化职位分类、绩效工资以及充分授权等几种放松管制方式。

(4)改革采购体制,简化行政程序。改革前,美国《联邦采购条例》厚达1600页,此外还有行政部门必须遵守的相关条例2900余页。这使得联邦采购体制充斥着僵化的规则与程序。其他各种行政体制也都充斥着如此僵化的运行机制与程序限制,“政府实施的几乎每一套规章制度都蕴藏着这种控制人的动力……每一条规则在最初制定时的用意是极其美好的。但日积月累,它起的作用是阻碍性的”。另一方面,在一些具有创新精神的官员及机构的推动下,各级政府开始了对这种行政运行机制的改革的探索过程。美国国防部助理部长鲍勃·斯通把军事基地建设管理手册从 400 页减少到 4 页,把军队用房管理手册从 800 页压缩成 40 页;美国国会也于 1994 年通过联邦采购改善法案以简化联邦政府采购程序。事实上,由于程序管制是行政管制的重要组成部分,简化运行程序构成任何一个领域行政管制改革的应有之义。对于政府采购体制而言,简化其运行程序更是关键所在。

二、适度分权,重构政府间关系

美国的建国者们出于对民主政治的信仰和对专制暴政的警惕,在政治体制上采取了三权分立和联邦制的做法。因此,美国在处理中央和地方关系问题上,历来采取联邦制原则,实行有限分权。受 20 世纪 30 年代经济大萧条和二战后经济重建工作的影响,联邦政府逐渐趋向于集权。但自 20 世纪 80 年代以来,在州和地方政府能力的不断提高、州和地方政府管理优势的逐渐显现、集权化联邦政府管理模式的弊端日益暴露等因素的推动之下,美国政府走上了与新政以来联邦集权化不同的分权化道路。

在改革实践中,各级政府对分权改革的要求都很实际,且目标有很大不同。对联邦政府而言,分权改革的主要目标是压缩政府规模,削减预算开支——也就是向州与地方政府转移财政负担。这个目标是压倒一切的,其他的次要目标都要服从这个目标。其次,要充分调动州与地方政府的积极性,在承受预算压力下提高公共服务的供给能力。不过,尽管 20 世纪 80 年代以来,美国政府,尤其是联邦政府改革的总体思路基本上是前后一致的,但是,与共和、民主两党的立场相对应,美国政府的分权改革又存在保守主义与进步主义之分。共和党执政期间奉行的基本上是以压缩社会福利为核心的保守主义分权观。民主党执政期间则在压缩财政开支的同时,力图维持半个多世纪来为中下层公众争取到的福利与权利。

对于州与地方政府而言,分权化改革的预期目标主要有两点:其一是联邦及上级政府下放财权,提高本级政府财政资源的实际提取能力;其二是下放决策权,决策权不仅仅是决策执行权,更应该是公共服务供给的决策权。事实上正由于各级政府的预期目标有着较大差异,美国 20 世纪 80 年代以来分权化改革的成果相当有限。这期间,美国政府分权化改革的具体途径有四点:

(1)以整笔补助取代分类补助。所谓分类补助,简单地讲就是专款专用,其补助资金有特定的项目用途和使用程序,有特定的服务对象及效果要求。州与地方政府接受的分类补助越多,所受限制就越多。而且,分类补助正由于其项目划分过细,服务对象明确等特点而存在利益集团寻租动力强劲、交易成本过大、责任机制不明确等弊端。而所谓整笔补助就是在一个更大主题之下合并相近的分类补助。这一形式不仅能更好地避免上述问题的产生,而且,赋予州和地方政府更多的自主权与责任,进而既压缩了联邦与上级政府的社会福利支出,又提高了州和地方政府公共服务的供给能力。1981 年,里根政府推动国会通过法案,以 9 笔整笔补助计划取代了 57 项分类补助,其直接结果是使联邦政府对州与地方政府的财政补贴出现自 1946 年以来的第一次下降,从 1981 年的 959 亿美元降至 1982 年的868亿美元,降低幅度达15%。随后,里根政府先后于1982年、1983年提出“新联邦主义创议”,并将34个分类补助项目(涉及资金210亿美元、跨1984—1988年5个年度)合并为4个“超级整笔补助”项目。但是,由于过于强调减轻联邦政府财政压力和向州与地方政府转移负担,在州与地方政府及相关政治势力的强烈反对之下,这两项提案均未获得国会支持而告失败。但这一方式一直被共和党所坚持。里根在1986年《国情咨文》中重申,通过整笔补助,能够消除繁文缛节,并且允许州与地方官员设计和管理对当地和纳税人重要的项目。20世纪90年代共和党人又提出“授权给人民”的主张,其实质是:人民应该对自己负责,政府将收缩社会福利政策,人民不能再依赖政府。其政策主张是以整笔补助来替代直接削减自然权利项目,把潜在财政负担和政治压力转嫁给州和地方政府。事实上,在财政压力之下,民主党人也在尽可能不削减社会福利的前提下采取这一方式。如克林顿的住房与城市发展部就将4个分类补助合并成一项整笔补助,而1998年的《地区授权与灵活性法案》则赋予一个示范项目中的60个社区合并项目的权利,以提高补助资金使用灵活性与效率。

(2)税制改革。在向州与地方授予事权的同时,联邦政府也注意通过税制改革以授予州与地方政府一定的财权。里根政府在1981年、1986年进行的以减税为主题的两次税制改革,使州与地方政府能够在一定程度上提高征税能力,扩大财源。1980—1986年,州与地方政府的收入提高了2309亿美元;仅仅1986财政年度州政府的开支就比1985年增长了8.9%。同时,州政府给予地方政府以更大的权力,1979—1987财政年度,地方政府的总开支增长26%,达到3320亿美元。不过,与此同时,联邦政府对州与地方的补助却大幅减少,如1987财政年度的联邦补助比1981年减少33%。由此可见,整个20世纪80年代的联邦分权改革,其首要目标正是转嫁负担。事实上,这是20世纪70年代以来共和党执政期间较为普遍的做法。2001年小布什上台后的一个重大政策就是类似的税制改革,同时压缩联邦福利开支。但在主要是民主党人执政的20世纪90年代,美国政府在这方面一般很少有重大举措。

(3)鼓励社区自治,直接向社区分权。20世纪90年代,美国政府间分权改革与20世纪80年代大有不同,在强调分散负担的同时,并不希望过多压缩政府的福利开支,其改革重点主要放在鼓励社区自治,直接向社区分权上。即通过各级政府制定标准,提供必要的资助,运用各种激励措施来提高社区自治能力,并进而鼓励社区自我提供各种公共服务。1993年美国联邦政府设立了以副总统戈尔为主席的社区事业委员会(The Community Enterprise Board),其任务是在联邦与州政府的资助下,整合、提高社区及私营部门的创造与自治能力。事实上,由于直接授予社区这一改革取向既能较好地保证分权结果的实现,也符合当代国家权力向社会回归即权力社会化这一民主发展趋势,它已经成为美国政府,尤其是州与地方政府社会化改革的基本手段和方向。不过,授权社区时有两个问题值得注意:其一,要创造各种有利环境与机会鼓励社区自主设计解决各种问题的方法,但政府不能强迫人民来自己控制自己的住房、学校和社区,尤其是对那些长期依赖别人的服务对象,让他们实现自立就必须给予适当的过渡性支持;其二,各级政府或有关部门要提供必要的、有针对性的资助,当政府把公共服务的所有权与控制权交给社区时,政府的责任并没有因此而结束。它仍然对保证满足居民需要负有责任。为此,政府就有必要对授权项目始终行使掌舵的职责。

(4)下放人事权力,包括录用、薪酬、晋升、考核等权力。20世纪80年代的里根政府就提出“还政于州”的口号,扩大地方政府的人事管理权。克林顿政府上台后提出的政府运行评审计划,其中一项内容就是向基层单位和地方政府下放人事权,改过去的控制命令模式为信任和责任模式,给一线管理者以更大的人事管理的实际权力。在基本原则指导下,各部门可以自主设计符合部门实际的人事制度。分权化改革缩小了官僚机构的规模和集中化程度,通过较小的、灵活的行政单位的建立,权力下放到地方和执行机构,增强了政府机构及其公务员的自主性、能动性和灵活性,大大提高了行政效率。它还增加了公务员接触民众与获取信息的机会,使政府的运作更贴近公众,更富有回应性和针对性。[5]

第四节　政府引入私营部门的管理理念与技术

一、顾客导向

传统的公共行政模式是“机构导向的政府”,其主旨在于便利管理人员和服务提供者而非公民。民主政府应服务于公民,但大多数政府部门甚至弄不清究竟谁是它们的服务对象,且服务水平低劣,以至于不管在等级制度中是什么职位,官僚都是以代表整个组织的权力和声望的身份行动的。他的官方角色被授予了明确的权力,这常常会产生一种实际表现出来的盛气凌人的态度。其结果是:人民认为政府官员们是“人民公仆”,而实际上,他们常常是高人一等。

顾客导向(Customer Orientation)的思想,来源于市场中自由竞争的企业经营理念。以顾客为尊,追求顾客满意已成为企业管理和获取竞争力的基本法则。随着新公共管理运动的开展,公共服务需要对它的使用者做出更好的回应,“顾客至上”逐渐成为公共管理领域的一种时尚。

美国1993年颁布的《政府绩效与结果法案》要求联邦部门普遍实施顾客满意度调查。该报告第二部分以“顾客至上”为题提出了四条具体建议:(1)倾听顾客的声音,让顾客来选择;(2)使公共组织之间相互竞争;(3)创造市场动力;(4)利用市场机制解决问题。同年9月,克林顿发布了第12862号总统令,要求联邦机构设定“顾客服务标准”,公开接受公众监督。“公务官员必须推动一场革命,实现联邦政府做事方式的根本转变。这要求对行政机构的管理进行持续性改革,使公共部门的服务赶上或超过私营部门的水平。”总统令的主要内容包括服务标准设定、顾客服务状况报告、顾客服务规划三个方面,并对落实的时间做了具体要求。顾客服务标准设定包括以下八方面的具体要求:(1)明确部门的服务对象或顾客;(2)通过顾客调查确定公共服务的类型和质量,了解他们对现有服务的满意程度;(3)设定服务标准和评价服务质量的尺度;(4)设立顾客服务标杆,比较部门绩效和私营部门的最佳绩效;(5)对第一线雇员进行调查,确认部门绩效差距的成因,探讨赶超私营部门最佳绩效的途径;(6) 在服务提供机构和服务提供方式等方面给予顾客充分的选择权;(7)确保顾客在接受服务和信息方面的便利;(8)建立有效手段处理好顾客投诉。

1994年,有100多个联邦公共服务部门制定并公布了服务标准,美国国家绩效评论出版美国有史以来第一本政府的服务标准手册——《顾客至上:为美国人民服务的标准》,介绍政府各部门制定服务标准的情况。[6]1996年,联邦政府共有200多个机构,全力执行3000多种服务标准。此外,联邦政府各机构亦通过电子邮件及计算机网络,将各种业务尽可能地合并,例如民众可在土地管理局或林务局一次办妥土地图册、垂钓信息及导游许可证等多项隶属不同单位的业务;美国民众亦可经由计算机网络办理多项行政事务,例如,民众可透过网络从企业咨询处得到相关问题的解答,亦可从网络下载国税局的报税表格,或是打印中小企业处的贷款表格。1995年,社会安全局的免付费电话的服务质量,经数家知名的管理调查公司一致评定为全美第一。

将以顾客为导向的企业管理理念引入公共管理领域尚待解决的问题是,政府服务于多元化的利益需要,而这些利益经常彼此互相矛盾。在资源有限的情况下,政府不可能满足每个人的需要。为确保公共利益,有时也会压制某些公民的需求。另外,政府服务于促进公平竞争、公民秩序和社会经济发展等整体性社会目标,这意味着政府不仅仅是提供服务,还需要承担责任和履行义务。不可否认,在这一点上,政府机构与私人企业组织之间存在差异。但改革者将以"顾客"为导向的企业观念引入公共管理领域,期望借此提高公共服务品质,其初衷和理念的合理性毋庸置疑。

二、绩效管理

在整个20世纪80年代,绩效评估和绩效管理的理论研究和实践运用进展缓慢,其原因是实践部门认为绩效评估对政策制定没有意义。"许多公共部门患有'DRIP'综合征——资料丰富但信息贫乏——并得出结论认为,在绩效评估和绩效管理上的金钱和时间的投资并不能取得很好的结果。"[7]正因为如此,理论研究得不到实践部门的物资支持,实践部门也不愿意采纳绩效研究的成果。"对产出数字或单位工作时间的过分关注,导致了联邦政府部门对绩效的狭隘理解。这就导致了政府项目的孤立和短视,既得不到上级的支持,也没有持久性……"[8]进入20世纪90年代以来,公共行政领域的焦点又重新集中到对政府绩效评估的研究。推动政府绩效评估复兴的重要动力包括:公民对政府信任度的持续下降、公民的抗税运动的频繁发生、立法部门企图控制政府支出的努力、公共服务私有化的迅速推进、英国和新西兰等国家为减少财政赤字的创新行动以及美国地方政府的首创精神。

在这种理论和实践背景下,克林顿提出了"缩小政府规模,建立一个工作更好、成本更小的政府"的竞选诺言。克林顿政府绩效改革运动主要由三大部件组成:

(1) 颁布《政府绩效和结果法案》(Government Performance and Results Act,GPRA,1993):第一,阐述绩效改革立法的目的和意图;第二,制定战略规划(五年);第三,制定年度绩效计划和绩效报告;第四,强调管理的责任和灵活性;第五,实行新的绩效预算;第六,重视国会的审查和立法等几个方面的内容。

(2)建立绩效改革运动的直接领导机构——国家绩效审查委员会(NPR)。为了贯彻和执行《政府绩效和结果法案》的目的和意图,加强总统对绩效改革运动的领导和控制,1993年3月,克林顿宣布成立国家绩效审查委员会(NPR),并任命副总统戈尔主持该委员会的工作,负责统筹联邦政府绩效改革计划的实施。[9]

(3)争取国会和相关部门的支持。克林顿政府的绩效改革运动首先争取国会的支持并最终获得成功,《政府绩效和结果法案》得以顺利通过。同时,克林顿政府还积极谋取联邦政府相关部门的协助和支持,如管理和预算局(OMB)、联邦会计总署(General Accounting Office,GAO)和人事管理局(Office of Personnel Management,OPM),这些部门在绩效改革运动中发挥着至关重要的作用。

绩效评估和绩效管理在美国各级政府得到广泛的认可和执行。在联邦政府层次,自1993年GPRA颁布以来,所有的联邦政府部门都制定了绩效目标并评估其实现绩效目标的结果;同时,所有的联邦政府部门都制定了长期战略规划、年度绩效计划和年度绩效报告。美国会计标准协会(GASB)和国家行政科学院(NAPA)在1996年联合进行了一次广泛的政府绩效状况调查,“调查结果显示, 通过立法或行政政策,50个州中的47个已经建立了绩效评估和绩效管理制度;83%的州政府部门和44%的城市政府已经建立了各种形式的绩效评估制度;65%的州政府部门和31%的城市政府已经建立了评估产出或结果的绩效指标”。[10]波斯特(Poister)等学者在1999年对人口在25,000人以上的城市政府的绩效评估状况进行了一次调查,得出了类似的结论,“23%的城市已经广泛地执行绩效评估计划”[11]。

【参考文献】

[1][美]戴维·奥斯本,特德·盖布勒.改革政府:企业家精神如何改革着公共部门[M].上海:上海译文出版社,2006.

[2][4][5]李和中,陈广胜.西方国家行政机构与人事制度改革[M].北京:社会科学文献出版社,2005.

[3]宋世明.论当代国外行政改革的三大主题——对国外行政改革20年的回顾[J].天津社会科学,1999(3):27-32.

[6]宋世明.美国行政改革研究[M].北京:国家行政学院出版社,1999.

[7] Theodore Poister H. Performance Measurement in Municipal Government: Assessing the State of the Practice[J]. Public Administration Review, 1999:325.

[8]Dineen. Productivity Improvement: It's Our Turn[J]. The Bureaucrat, 1985:10.

[9]Rogers, Garry. National Performance Review's Government Reinvention[J]. Dissertation, 2000:25.

[10]Katherine Willoughby. The State of the States: Performance -Based Budgeting Requirements in 47 out of 50. Public Administration Review[J], 1998:66.

[11]Poister T H, Streib G. Performance Measurement in Municipal Government: Assessing the State of the Practice. Public Administration Review[J], 1999,59(4):325.

专题分析

反思资本主义:2008年美国金融危机的起源、反危机措施与效果评价

由次贷危机(Subprime Mortgage Crisis)引发的美国金融危机给全世界金融和实体经济带来了巨大损失,也对现有的世界政治格局产生了强烈的冲击。几年后的今天,这场席卷全球的危机仍然没有结束,许多人察觉这次危机与以往的危机有很大的差异,甚至担心可能会发生更深的危机。因此,不仅需要对这次危机产生的原因进行反思,也需要对各国政府的反危机措施进行反思,甚至需要从根本上对资本主义这种生产方式进行反思。

一、美国金融危机的爆发

(一)危机产生的背景

2000年底,美国科技股的泡沫破裂,为了避免引起经济下滑,美联储采取激进的经济政策,2001—2003年连续13次降息,最低时只有1%。长期的低利率水平使资金像开闸的洪水一样涌向了市场,造就了美国经济的繁荣,美国经济继续保持全球经济领头羊的位置,美国房地产的价格一路高歌猛进。

在2002年至2007年,美国房地产市场投机严重,房价上涨速度惊人,房地产市场出现泡沫。据估计,2007年初美国房地产市场房屋总价值约21万亿美元,其中有8万亿美元是投机的价值,泡沫占房屋总价值的38%。期间,按揭市场的两个变化为后来的危机埋下了隐患。第一,银行以前给购房人提供贷款,往往自己持有按揭,在未来25~30年的时间里不断从购房人那里收取本金和利息。现在,放贷机构则把按揭出售给投资银行或其他金融机构。这些投资银行再把不同的按揭放在一起,变成一种“有按揭支撑的证券”在市场上出售。第二,金融机构在2004年抛出所谓的次级按揭借贷。借贷者买房时不再需要像以前那样交纳20%或更高的首付,银行也不再对借贷者的背景和收入情况进行任何审查。[1]

美国抵押贷款公司和银行等金融机构看好美国楼市的前景,把资金贷给信用程度较差和收入不高的借款人,发行次级债券,借以分享美国经济发展所带来的房地产市场的繁荣,获得了良好的收益。因为在美国经济向好的背景下,美国房地产的价格一路飙升,到时即使借款人还不起贷款,把房子卖掉,也能赚一大笔钱,所以当时这种贷款收不回来的可能性几乎是不存在的。由于美国经济处于上升时期,前几次的次级债衍生产品(各种

期权债券如CDO等)都获得了相当高的收益,于是,华尔街的投资基金、保险公司,甚至其他国家的银行也纷纷买入,这场投资游戏越玩越大,而这个长链条累积的风险,也越积越大。[2]

但是到了2006年,利率迅速攀升,有些借了次贷的人开始无力偿还债务。2007年,不能按时偿还按揭的人的比例变得越来越高。与此同时,在2007年的第二季度,房价的泡沫也达到了顶点。从2007年2月到2008年2月,房价在旧金山下跌了17%,在洛杉矶下跌了19%,在菲尼克斯下跌了21%,在迈阿密下跌了22%,在拉斯维加斯下跌了23%。结果是10.3%的房屋拥有者欠的债务比他们房屋的价值还要高。投资者突然发现他们所持有的证券的风险非常高,更糟的是,他们根本不知道自己所承担的风险究竟有多高。这些投资者发现,他们持有的证券所涉及的可能有数百个做按揭贷款的人,而他们对这数百人的情况却毫无所知。[3]

(二)危机的爆发

2007年2月,美国新世纪金融公司(New Century Finance) 发出2006年第四季度盈利预警。同月,汇丰控股宣布为在美国次级房贷业务方面增加18 亿美元坏账准备。2007年4月2日,为应对来自华尔街的174亿美元的逼债,新世纪金融公司宣布申请破产保护及裁员54%,自此拉开了“次贷危机”的序幕。[4] 随后,新世纪金融公司、美国住房抵押贷款投资公司、印地麦克银行、贝尔斯登、房利美和房地美、雷曼兄弟、美林、华盛顿互惠银行先后申请破产保护,甚至花旗、汇丰等也不例外。美国的次贷危机,演变为一场金融危机并进而对实体企业形成冲击,首当其冲的是汽车工业和能源工业,美国三大汽车公司都已“岌岌可危”面临倒闭的风险,裁员、失业也在所难免。欧盟、日本等世界主要经济体都遇到了类似的问题。[5]

(三)美国金融危机的演进历程

危机冲击的第一波(2007年7—9月):不少与次贷相关的金融机构破产,美联储和欧洲央行联手救市并降息,美国抵押贷款风险浮出水面。2007年7月10日,标普降低次级抵押贷款债券评级,全球金融市场大震荡。紧接着,贝尔斯登旗下的对冲基金濒临瓦解,麦格理银行声明旗下两只高收益基金的投资者面临25%的损失,欧美股市全线暴跌,美国住房抵押贷款投资公司(American Home Mortgage Inrestment Corp) 申请破产保护,法国最大的银行巴黎银行宣布卷入美国次级债危机。8月14日,美国、欧洲和日本三大央行再度注入超过720 亿美元救市,亚太央行再向银行系统注资。8月16日,全美最大商业抵押贷款公司股价暴跌,面临破产,美国次级债危机恶化。美联储、日本央行、欧洲央行、英央行、澳联储分别通过降息、向银行注资等措施加大救市力度。

危机冲击的第二波(2007年10月—2008年2月):主要金融机构出现严重亏损,美联储注入资金并加大降息力度,五大央行联手救市。2007年10月24日,受次贷危机影响,全球顶级券商美林公布2007年第三季度亏损79亿美元。历时近两个月后,美国银行、花旗银行和摩根士丹利三大银行达成一致,同意拿出至少750亿美元帮助市场走出次贷危机,美国银行开始带领花旗、摩根大通为超级基金筹资800亿美元。12月12日,美国、加拿大、欧洲、英国和瑞士五大央行宣布联手救市,包括短期标售、互换外汇等。2008年1月22日,美联储紧急降息75个基点。1月30日,美联储再次降息50个基点。2月19日,美联储又推出一项预防高风险抵押贷款新规定的提案,也是次贷危机爆发以来所采取的最全面的补救措施。

危机冲击的第三波(2008年3—8月):金融机构损失加剧。早在2007年6月,美国第五大投资银行贝尔斯登的两家对冲基金倒闭。房利美和房地美两大房贷公司因严重亏损陷入困境,迫使美联储和财政部再次"救市",美国财政部注资2000亿美元,联邦住房金融局(FHFA)接管两房。3月14日,美国投资银行贝尔斯登向摩根大通和纽约联储寻求紧急融资,市场对美国银行业健康程度的担忧加深。3月17 日,美联储意外宣布调低窗口贴现率25个基点,摩根大通同意以214亿美元左右收购贝尔斯登。3月19日,美联储宣布降息75个基点,并暗示将继续降息。4月12—13日,七国集团和国际货币基金组织召开为期两天的会议,表达了对当前金融市场震荡的担忧,并要求加强金融监管。4月29日,英国3月购房抵押贷款许可数量跌至该数据开始统计以来的最低水平,德意志银行宣布5年来首次出现净亏损。美国第十大抵押贷款机构——美国住房抵押贷款投资公司8月6日正式向法院提出申请破产保护,成为继新世纪金融公司之后美国又一家申请破产的大型抵押贷款机构。8月8日,美国第五人投资银行贝尔斯登宣布旗下两只基金倒闭。次日,法国第一大银行巴黎银行宣布冻结旗下三只基金,同样是因为投资了美国次贷债券而蒙受巨大损失。此举导致欧洲股市重挫。8月13日,日本第二大银行瑞穗银行的母公司瑞穗集团宣布与美国次贷相关的损失为6亿日元。其后花旗集团也宣布,7月份由次贷引起的损失达7亿美元。

危机冲击的第四波——华尔街大地震 (2008年9月以来):雷曼兄弟宣布申请破产保护,美林被迫售予美国银行,危机全面升级。9月15日,美国第四大投资银行雷曼兄弟公司陷入严重财务危机并宣布申请破产保护,更加严重的金融危机来临。9月20日,布什政府正式向美国国会提交拯救金融系统的法案,财政部将获得授权购买最高达7000亿美元的不良房屋抵押贷款资产。9月25日,全美最大的储蓄及贷款银行——总部位于西雅图的华盛顿互惠公司(Washington Mutual Inc.)被美国联邦存款保险公司(FDIC) 查封和接管,成为美国有史以来倒闭的最大规模的银行。高盛和摩根士丹利于9月22日被批准为银行控股公司,巴菲特投50亿美元入股高盛。10月2日,美国参议院以74票对25票通过了布什政府提出的7000亿美元的新版救市方案,美参议院投票表决的救市方案总额从原来的7000亿美元提高到了8500亿美元,增加了延长减税计划以及将银行存款保险上限由目前的10万美元提高到25万美元的条款,目的是安抚紧张的美国公众及支撑经济增长。10月8日,各大央行同时行动,对金融市场的动荡作出明确的回应,接连宣布降息。[6]

二、金融危机爆发的原因争论

(一)美国政府不当的房地产金融政策——"居者有其屋"

有些学者认为,美国诸银行之所以源源不断地向次级借款人放出房贷,基本不是利润驱使,而是受迫于美国政府的《社区再投资法》(CRA,Community Reinvestment Act)和《平等信贷机会法》(ECOA,Equal Credit Opportunity Act)。美国的次级抵押贷款是指向低收入、少数族群、受教育水平低、金融知识匮乏的家庭和个人发放的住房抵押贷款。按照美国的评级标准,这组人群的信用评分低于620分,其基本内容为:(1)贷款人个人信用记录较差，信用评级分较低；(2)贷款人房贷月供支付高于每月收入；(3)贷款人难以交付首付房款，或只能支付利息，或无收入证明文件；(4)贷款人拖欠率和取消抵押赎回权比率较高。对于成熟金融市场的银行来说，这四类人属于不能贷款的对象。

1977年，民主党的卡特政府为了实现人人有屋住(Affordable Housing)的理想，通过了《社区再投资法》，次年又通过了《平等信贷机会法》，强迫银行向低收入家庭和社区提供住房贷款。为防止银行因风险太大而不对穷人贷款，卡特政府又将这两部法案作为金融监管的政策列入了《联邦监管法典》。监督实施CRA法案的主要是四大联邦政府机关：联储体系，货币监理署，财政部的储蓄监督办公室，联邦储蓄保险公司。依据这两个法案，各银行和贷款机构不能因借款人的种族、肤色、年龄、性别、宗教信仰、原国籍和身份差异有任何信贷歧视。银行如果因为贷款人的收入低或者信用不好而拒绝向申请贷款购房者贷款，有关社区组织就可以向监管部门投诉。一旦出现社区组织投诉某家银行的情况，根据上述法案，这四大政府机构可以直接终止或延缓这家银行的所有发展业务。为避免不必要的麻烦，银行只能不顾信贷风险，选择开辟高风险的次级房贷业务。

次贷危机中有两个主角，是房利美和房地美。20世纪30年代，大萧条时期，美国内需萎靡不振，罗斯福新政的决策之一就是设立房利美，为国民提供住房融资，帮助民众购买房屋，刺激内需。1938年，美国联邦住房按揭贷款协会［Federal National Mortgage Association，简称 Fannie mae(房利美)］设立。1968年，共和党的尼克松政府对房利美进行了重组，重组后的房利美成了一家私人控股的民营企业。为了打破房利美在住房按揭贷款二级市场上的垄断地位，尼克松政府又于1970年批准设立了另一家民营企业联邦住房抵押贷款公司［简称Freddie mac(房地美)］，规模与房利美相当。

民主党的克林顿执政之后，又于1992年通过一项法案，要求“两房”以更大的力量支持政府的“居者有其屋”计划。1993年初，克林顿政府要求增加《社区再投资法》(CRA)管制条例，以便让农村以及城镇贫困区也可以得到更多的按揭贷款。1995年，新CRA生效，其中增加的条款不仅鼓励社区组织投诉没有给具体的群体足够贷款金额的银行，并要求银行不仅要给本地区贷款，还要有相当比例的贷款给低收入人群。为了让银行不仅愿意放出次贷而且有钱放出次贷，1995年出台的CRA有个极具创新性的解决银行资金的办法，那就是准许银行将按揭打包成证券出售。创新的办法引出了创新金融衍生品CDO，即债务抵押债券(Collateralized Debt Obligation)，以及CDS，即信用违约互换(Credit Default Swap)。按揭证券化后，风险就可以转嫁给投资按揭证券的个人和机构投资者，银行如果顺利套现，就有了资金再做按揭。所以，新CRA实施的结果是，各银行都设立社区信贷部门专门借出次贷，以免违反政府规定而引出不必要的麻烦。这样就形成了房地产市场与金融市场联动的资金流。政府的这一番努力，使美国的房贷从1997年以前80%优贷、14%次贷、6%次优贷的情况，转变为1997到2006年全部房贷中有40%为次贷的局面。

房利美和房地美虽是私人持股的企业，但却享有政府隐性担保的特权，因而其发行的债券与美国国债有同样的评级。“两房”凭借其背后隐含的国家信用担保，低息借债买下次贷，然后通过资产证券化的方法，将其转换成债券，以次债的形式在市场上发售，吸引华尔街的投资银行、各国的中央银行和商业银行等金融机构来购买；华尔街的金融机构又再次衍生,利用"精湛"的金融工程技术,将次债进行分割、打包、组合,构造出一系列令人眼花缭乱的次债信用衍生品并出售。在这个过程中,最初一元钱的贷款可以被放大为几元甚至十几元的金融衍生产品,从而加长了金融交易的链条,助长了短期投机行为的发生。在迅速发展业务的过程中,"两房"忽视了资产质量,这就成为次贷危机爆发的"温床"。

美国政府实施"居者有其屋"计划,必须有相对宽松的货币环境配合,一旦货币环境变化,成功之路就可能成为失败之途。美国的宽松货币环境始于2001年初美联储连续13次降息使联邦基金利率降低到了1%,是过去46年来的最低水平。这种货币环境反映在房地产市场上表现为30年固定按揭贷款利率从2000年底的8.1%下降到2003年的5.8%;一年可调息按揭贷款利率从2001年底的7.0%,下降到2003年的3.8%。因此,虽然银行迫于政策压力必须低息给次贷人群放贷,但次贷人群也因为房贷利率较低而很少出现坏贷。但从2004年6月起,美联储的低利率政策开始逆转,联邦基金利率从1%上升到5.25%。利率的连续上升提高了房屋借贷的成本,按揭违约风险开始增加。

美国国会通过的《社区再投资法》和自克林顿政府开始推行的"居者有其屋"政策,严重地扭曲了住宅信贷中的商业谨慎原则。房地美和房利美这两个美国政府担保的机构,发行债券规模极度膨胀,直接持有和担保的按揭贷款和以按揭贷款做抵押的证券由1990年的7400亿美元,爆炸式成长到2007年底的4.9万亿美元。在这次危机发生的时候,房地美和房利美持有一半左右的住房抵押贷款。这是政府政策导致的道德风险行为。而且,据统计,美国居民住房的自有率从1995年的64%上升到2006年的69%左右,其中低收入家庭的获益最大,在1995—2004年间,低收入家庭的住房自有率上升了6个百分点。近年来,房地产价格持续上涨,促使美国民众乃至信用极低的穷人蜂拥进入房地产领域,无责任的房地产贷款最终导致次贷大量出现。[7]

(二)新自由主义的资本主义导致的金融危机

美国学者大卫·科茨从新自由主义的资本主义的角度来解读美国金融危机爆发的原因。

1945—1973年,无论是在美国还是在全世界,管制的资本主义都占支配地位。这种形式的资本主义的特征有:(1)政府对经济和金融系统实行严格管制。(2)为保证低失业率而对宏观经济的主动调控。(3)国家制定大量社会福利政策。(4)大型企业与工会的合作关系。(5)大型企业之间比较克制的竞争。(6)国际贸易和资本流动受国家和国际机构的控制。

20世纪80年代,这种处于统治地位的资本主义形式发生了急剧变化,新自由主义形式的资本主义取代了原来国家管制的资本主义形式。新自由主义形式的资本主义的特征有:(1)放松对经济和金融的管制,允许自由市场的存在。(2) 政府不再对宏观经济进行积极调控,追求低通胀率而非低失业率。(3)社会福利急剧减少。(4)大型企业和政府打击、削弱工会力量,劳动市场格局改变,资方完全控制劳方。(5)自由、残酷的竞争取代了有节制的竞争。(6)商品、服务和资本在不同国家之间相对自由的流动。

新自由主义的理论家们宣称,如果没有国家的管制,金融市场会更有效率,人们就能把有限的资源投入回报率最高的领域。但是他们忽略了一个重要的事实,即没有管制的市场非常容易发生危机,而且在新自由主义条件下金融危机会变得更加严重。

这一点已被历史所证明,美国在19世纪实行的是比较自由的市场经济,那时大约每10年左右就有一次非常严重的金融危机。到1929年,自由市场经济导致了美国金融体系的崩溃。此后,美国于1945—1973年期间实行的是管制的资本主义,在此期间没有发生一次大的金融危机,也没有一家大的金融机构破产。但是自1980年以来,随着新自由主义的抬头,美国经济出现了一系列的资产泡沫,并伴随着产生了相应的金融问题。比如,20世纪80年代,美国出现了一次比较大的危机,一种特别的金融机构——储蓄银行破产了,中央银行不得不耗资数千亿美元来挽救这些银行。90年代,美国股票市场又出现了一个吸引了全世界范围资金的巨型泡沫,这个泡沫在2000年破裂的时候也造成了数千亿美元的损失。进入21世纪以来,美国房地产市场又出现了一个巨型泡沫,而这个泡沫目前也在破裂。

为什么新自由主义的资本主义更容易导致金融危机?二者的关联性体现在两个方面。

第一,解除对金融的管制。解除管制是新自由主义的资本主义的一个重要特征。没有国家严密监管的金融市场是非常不稳定的。1945—1973年间,在国家管制的资本主义条件下,美国中央银行和政府迫使金融资本尽量把钱借贷给实体经济部门的企业。这种情况下,金融机构不能按照自己的意愿去追求最大限度的利润,相反,它们被分成各种不同的类型,只能从事指定类型的业务。1980—1982年间,美国国会通过了两个重要法案,解除了对金融机构的管制。这样,美国的银行及其他金融机构就可以自由地追逐最大利润。因此,越来越多的金融机构被吸引从事投机性业务。由于能给金融机构带来很高的回报,诸如次级贷款和由按揭所支撑的证券以及其他的所谓“创新”不断增加。例如,避险基金(对冲基金)每年的回报率高达25%,而要获得如此高的利润率,只有一种途径——把大量的钱借出去,提高债务水平。

第二,贫富分化日益严重。新自由主义造成了日益严重的贫富分化,GDP增长的绝大部分都进入了少数富有阶层的口袋。2005年,美国最富有的1%和1‰的人所拥有的财富都达到了1928年以来的最高水平。最富有的1‰的人口只有30万,他们的收入与最穷的50%的人口的总收入是相当的,而最穷的50%的人口有1.5亿。从1980年到2005年,最富有的1‰的人口的收入占社会总收入的份额翻了一番。其所以如此,原因在于在新自由主义条件下,工人和工会在与资本的博弈中处于弱势地位,社会缺乏为工人提供援助的相应政策和计划,导致工资不升反降,而利润却不断上涨。

贫富分化带来的问题是,谁来购买不断增加的产出?结果是,进入21世纪以来,工薪家庭的收入水平或者停滞或者下降,他们不得不把房屋作为抵押进行借贷以保持之前的生活水平。到2006年,这种债务已经变得过高而无法持续下去,工薪家庭发现他们已经很难再靠其收入进行正常借贷了,之前的债务也无力偿还了,于是,暴发了危机。[8]

可以说,这次金融危机是1980年以来新自由主义在全世界泛滥所导致的一个非常符合逻辑的结果。

此外,还有一些分析者提出了另外一些观点,如:

1.消费过度论

美国是个消费经济极其发达的国家。大多数美国人并不进行储蓄,他们热衷消费,而美国经济的发展也高度依赖于消费。面对住房抵押贷款等系列创新的金融工具,消费者买下一套昂贵的住房由于种种优惠措施——浮动利率房贷、零首付、优惠的先期利率而变得简单,对于未来房价上升的预期又是那么美好,即使是最为理性的人也难以抵挡其魅力,于是消费者变得莽撞。因此,贷款购房一时在美国蔚然成风。过度的住房消费,转过来推动了美国房价的陡升。为了防止这一通货膨胀趋势的加剧,美联储连续调高利率水平,基准利率的调高,导致房贷利率不断提高。借款人的月供负担逐渐加重,断供现象大量出现,抛售住房的现象到处蔓延,最终酿成了次贷危机。

享誉全球的投资专家索罗斯就指出,美国金融危机的根本原因是整个社会超越产出的过度消费。由信贷支撑的过度消费一旦引发危机,信贷的偿还就难以保证,金融机构的资金无法回收,结果就会促成金融危机。

2.投行贪婪论

华尔街大投行的贪婪使其成为金融危机的巨大推手,自始至终扮演着重要角色。这些投行在过去的十几年间,享受着股市牛市带来的巨大的财富增长,更加贪婪地追求财富。他们创造出一个又一个反复包装的复杂的金融产品——次级抵押证券、信用违约互换、对冲基金等。

次贷危机本身规模并不大,美联储2008年9月的数据显示整个次级贷款规模约为5400亿美元,其坏账约为1500亿美元。但在华尔街投行的介入下情况不同了。华尔街投行把次级抵押贷款打包成各种金融衍生品,并在信用评级机构获得好的评级,将衍生品销售世界各地,以此分散风险。这些金融衍生品都具有高杠杆率,把次级贷放大到了几十倍、几百倍。2007年,以次级贷款为基础的各种金融衍生品总额超过600万亿美元,是全球GDP的10倍。[9]

三、美国政府应对"次贷危机"的措施

(一)布什政府时期的反危机措施

1.美国财政部应对"次贷危机"的措施

(1)1500亿美元的一揽子财政刺激计划。

(2)援助并接管"两房"。

(3)推出有史以来最大规模的金融救援计划。2008年10月3日,美国总统布什批准了《2008年紧急经济稳定法案》,推出7000亿美元的金融救援计划。

(4)金融监管体制改革。2008年3月31日,美国财政部公布改革蓝图。这项计划被视为美国自20世纪经济"大萧条"以来规模最大的金融监管体制改革计划。

2.美联储应对"次贷危机"的措施

(1)新的流动性管理手段。

(2)以降低房地产市场风险为核心的住房金融政策和次级贷款利率冻结政策。

(3)对金融机构的直接救助。[10]

(二)奥巴马政府时期的反危机措施

1.更大规模的经济刺激法案

(1)2009年2月14日，美国国会众议院通过了奥巴马政府筹划的7870亿美元第二轮经济刺激法案。

(2)实施累进税以平衡收入分配。

2.大规模、针对性地主动干预金融市场

(1)加大对金融行业的财政支持。

(2)加强对金融行业的监管。

(3)刺激金融市场的扩张性货币政策。[11]

(三)金融危机救助措施的效果评价

1.救助措施的积极效果

(1)有效缓解金融市场的流动性,金融市场整体状况有所改善

2009年以来,金融市场整体状况均有所改善。包括:市场对金融机构的信心显著增强,主要金融机构财务状况明显改善,金融机构对政府担保融资的依赖降低,已经开始独立融资。市场流动性得到充分保障,美联储2009年以来一直维持0~0.25%的极低利率,反映流动性风险溢价的泰德利差已基本回到正常情况下的水平。全球股票市场也大幅反弹。

(2)有效刺激了消费,扩大了需求

由于各国政府纷纷采用大规模的经济刺激计划,金融体系趋于稳定,居民和企业信心逐渐恢复,有效地刺激了消费、扩大了需求,实体经济出现进一步企稳迹象。[12]

2.救助措施的负面效果

(1)金融救助和稳定政策难以有效提高金融机构和金融体系防范风险的能力。从目前的相关措施来看,以美国为首的西方国家尚未有效处置巨额有毒的金融衍生产品及其他有毒的金融资产,金融机构杠杆化程度依然较高,金融机构和金融体系的质量并未得到真正改善。

(2)扩张性货币政策难以拉动经济复苏却可能导致通货膨胀抬头。目前,西方主要国家的利率政策已经遭遇到了“流动性陷阱”:利率几乎降至零,经济却依然萎靡不振。“量化宽松”政策的实施尽管向金融体系注入了巨量基础货币,经济体系的货币供给却没有明显增加,金融机构的信贷紧缩问题依然严重。同时,过度宽松的货币政策已经导致西方主要经济体潜伏着通货膨胀的风险。

(3)扩张性财政政策作用有限且导致巨额财政赤字。政府减税政策在经济低迷、预期悲观的情况下难以有效刺激消费和投资;政府投资的增加由于“挤出效应”的存在不利于私人投资的增加。同时,大规模财政刺激计划却已经导致巨额的政府财政赤字。根据经济合作与发展组织(OECD)2008年12月公布的数据,日本政府债务总额高达591万亿日元,超过了日本2008年的GDP，如果将地方政府的债务包括在内，日本政府系统的负债总额与GDP的比例高达180%。根据美国国会预算办公室的估计,美国2009年财政赤字预计将达到1.7万亿美元,2010年将达到1.1万亿美元。财政赤字长期维持在高水平,有可能会引发

国家信用危机,对经济发展造成严重危害。如果政府在未来通过财政盈余的方式逐步消除财政赤字,则可能会由于紧缩性财政政策而导致经济增长率的下降。

(4)各种产业发展政策的效果仍然存在不确定性。[13]

四、反思资本主义

2008年金融危机爆发几年后,人们对危机产生的原因,以及相关联的劳资关系、分配制度、政府与市场的边界乃至整体的经济与政治体系的认识逐渐深化,对于如何走出危机产生了激烈的争论。

1.劳动者的地位下降

100多年来,由于工人阶级的抗争,由于社会主义思潮的压力,工会崛起,政府由帮助资本镇压工人运动转而保护劳动者利益,劳动者的处境一直在改善:劳动时间由16小时甚至18小时,缩短为10小时、8小时,每周40小时、35小时;社会福利制度建立,有了失业、医疗、养老保险,有了最低生活保障;废除了计件工资,有了闲暇时间,可以去晒太阳,当球迷;收入在增加,劳动者的报酬占GDP的比例持续上升,大量的劳动者成为体面的中产阶级。

然而,随着全球化的加剧,资本在世界范围流动的成本下降,资本从高税收、高福利的发达国家,流向"亚洲四小龙",再流向中国,流向印度,流向越南,疯狂地追逐最廉价的劳动力,劳动者的处境越来越艰难。办公室职员、技术精英、公司经理,这些城市白领、粉领、金领,工作时间延长,工作压力加重,收入却不断缩水,亚健康、抑郁症、过劳死有增无减。

资本主义把人从宗族、社群等共同体里解构出来,还原成一堆追逐金钱,或被迫在"市场"里谋生的社会原子,并把他们组织起来为攫取利润的"资本主义永动机"服务。[14]

过度的自由竞争形成对人力资源的摧毁。"近20年来, 大的发明创造基本都来自美国,美国什么都要争第一,竞争非常残酷,你要么就是NO.1,要么就什么都不是,没有中间层次。美国永远都在用最新的人才,开发不出来新产品,可能整个部门就都被裁掉了。很多人40~50岁还在找第二份工作,因为自己以前从事的行业被淘汰了,只能重新找工作,而这对所有人来说都是很难的。"[15]

2."大到不能倒"

关于这次金融危机的原因是什么,有无数种观点,其中最让公众愤怒的是"华尔街的贪婪"。

金融海啸来袭,催生了"大到不能倒"(Too Big to Fail)这一热词。美国政府投入上万亿美元拯救花旗银行、AIG、美林、高盛等金融机构,用全体纳税人的血汗钱去帮助贪婪的银行家脱困。这些巨无霸公司凭什么"大到不能倒",不需要为自己的错误行为埋单?美联储主席伯南克的言辞曾如此无奈:"因为讨论AIG的事情,我几次摔了电话。我理解为什么美国人民对AIG的事情感到愤怒,因为这绝对是不公平的,纳税人要用自己的钱支持一家逃避监管肆意赌博的企业。但我们别无选择,否则受波及的不仅是金融体系而是整个美国经济。"[16]一方面,贫富差距越来越大,大亨们攫取了巨额的财富,劳动者日益窘迫;另一方面,直接引发金融危机的罪魁祸首非但得不到惩罚,反而又趁机从公众的口袋里掏钱帮助他们摆脱困境。美国人民怒火万丈,于是有了99%与1%的对峙,有了“占领华尔街”。

人们反思,资本主义的经济危机只是“经济危机”吗?早在2008年以前,克鲁格曼就已嗅到了经济危机的气息。其先兆,和1929年的经济危机如出一辙,就是财富集中到了少数人的手里,而制度和政策偏向于富人,政府在某种程度上已经被金融资本绑架。他认为,是不平等的政治在决定不平等的经济,而不是相反。而一个在结果上高度不平均的社会,基本上也必然会成为一个机会不平均的社会。因此,有研究者指出,当资本主义的生产体系产生了经济不平等、社会不平等的后果时,国家不能袖手旁观(更不用说还去帮资本家),从正义的角度上讲,它有政治义务去纠偏,并让那些受害的人们得到某种程度的补偿。[17]

3.政府干预起什么作用?

如何走出经济危机?一种观点认为,市场具有自我调节能力,只要给市场以时间,它就会自我修复。然而这种修复需要多长时间?将付出多少代价?这种观点并未给出答案。1929年,大萧条爆发。面对空前的经济危机,时任美国财长的金融大亨安德鲁·梅隆建议胡佛总统:只要“清理劳工、清算库存、清算农场主、清算房地产”,就可以“剔除经济体系中的腐烂部分,使过高的生活水平降下来,人们会过上一种更加道德的生活”。这显然是一种彻底的“让市场自行恢复”式建议,可惜实际效果是情况越来越糟。

另一种观点认为,为了减少走出危机所需的时间并降低其代价,政府应该出手干预,但应以帮助市场“恢复平衡”为目的。1933年,小罗斯福上台,实行“新政”,实质上就是通过财政手段上马新项目,增加就业,扩大销售网络。这些措施部分地恢复了美国经济,但并未解决市场失衡问题。后来,萧条再次蔓延到欧洲,很大程度上决定了第二次世界大战的爆发时间。此后,发达国家创立了许多“更充分的市场”以预防危机的发生,如1957年诞生的欧洲债券市场,20世纪80年代初出现的国际石油期货市场等,各种各样的新式衍生金融产品源源不断地被创造出来。而这些金融衍生产品却又成为2008年危机的主要推手之一。

最后,悲观的分析者总结道:“如果对经济危机无所作为,则市场不但有可能无法克服危机,而且有可能走入危机不断扩大的恶性循环;如果采取干预措施,则在一个时间段内,市场是能够走出危机、恢复平衡的;然而,如果把各个时间段连成一部历史看,那么任何干预措施都不过是转换了危机形式或者转变了危机的空间或者推迟了危机的爆发时间。”[18]

此外,有些研究者还提醒人们注意政府干预更为恶劣的一面:政府干预往往意味着权力与资本结合并导致腐败,侵害了作为市场经济要义的公平竞争秩序。[19]事实上,政府的干预有时会造成比市场失灵更大的危害,即“政府失败”可能产生更严重的后果,美国次贷危机就是政府“居者有其屋”政策、住房投机者与贪婪的金融家共同吹大的泡沫的破灭。政府控制经济,甚至会引发灾难,如大跃进、人民公社、大炼钢铁,造成了“三年自然灾害”的大饥荒。直到新世纪,朝鲜仍会发生“粮食危机”。

有研究者指出,资本主义造就出一个高度复杂、充满风险的现代社会。几百年来,资本主义让人类得到了太多,主要是物质财富,但它也让人类失去太多,尤其是,一个相对简单、可以慢下来而没有什么风险的社会。正是如此,哪怕只是少数人的贪婪、金融监管缺位、货币政策的缺陷等,也可以引爆系统的风险,引发一场全球性的危机。在欧洲,有人喊出了这样的口号:“资本主义改不好了,必须予以摧毁。” 2009年3月28日,德国柏林,数千名示威者上街为“资本主义”举行葬礼。[20]

李北方介绍了两位批判性社会理论家伊曼纽尔·沃勒斯坦和大卫·哈维的著作《这一次不一样》,从更高的理论视野对此轮资本主义危机的本质进行了解读,有助于我们理解资本主义的结构性危机和资本主义的未来。

资本家是这样一群人:他们将一定的资本投入市场,组织起劳动和其他要素,通过一定的技术和组织手段生产出产品,在市场上以高于成本的价格销售,获取利润。资本家不会将利润全部用于消费,而是将一部分利润再次作为资本投入生产,以获得更多的资本。

作为一种生产方式,资本主义最根本的逻辑是资本的无限累积,其他一切都要为此让路。这意味着,资本追求增值的冲动是盲目的、无止境的、以增长为导向的,而增长的目的并不是为了满足需求,而是进一步的增长。这导致了资本主义经济体系的持续扩张。有研究表明,自1750年以来,资本增值的速率约为3%,如何消化这新增的3%正是资本主义要解决的第一大难题。消化资本剩余顺利的时期被称为繁荣期,无法消化剩余、增长乏力的时期则被定义为危机,即经济衰退期。

纵观历史,资本主义的发展呈现波浪式前进的态势,学界称之为康德拉捷夫长波,分为A段(繁荣期)和B段(停滞期),一个周期为50~60年。一种流行的观点认为,决定经济周期的是技术进步,革命性的技术发展会带来新的增长点,引发经济繁荣,当市场达到饱和之后,就进入停滞和衰退的周期,直到下一个技术革新将经济带出低谷。根据这种理论,此轮危机是信息技术的带动作用衰竭导致的,接下来,世界要指望清洁能源技术创造下一次高速增长期了。

沃勒斯坦和哈维,梳理了过去的历次危机。他们悲哀地指出,人类从未从过去的失败中吸取教训,政策制定者和投资者在每个经济周期中都盲目相信“这一次不一样”,从而走向了下一次危机。

但有很多人谈论“这一次不一样”时,表达的是另外一种意思,即此轮危机严重到不可解决的地步,资本主义不会再像以前那样找到从低谷重回高峰的途径。

这一次资本主义经济危机的原因是什么?说法五花八门。有人说是人性的弱点导致的,华尔街的贪婪引发了过度的金融投机,美联储前主席格林斯潘就持这种看法。有人认为是体制的原因,缺乏监管,解决的途径在于重新梳理监管体系。有的经济学家认为危机根源于错误的理论,现在是时候回归凯恩斯主义了。在德国和法国,有人将此归结为文化的原因,他们说危机是一种“盎格鲁—萨克森”病毒,但很快他们就发现无可避免地被危机影响。

(1)沃勒斯坦论资本主义结构性危机。

沃勒斯坦是“世界体系分析”理论的奠基人,他的基本看法是资本主义的发展走到了极限,进一步扩张的动力已经衰竭殆尽。

沃勒斯坦提示,要区分假定的市场和真实的市场之间的区别,现代经济学意义上的纯粹市场只是一种意识形态式的说辞,不仅从未存在,也不会被允许存在。资本家是最不喜欢自由市场的人,在自由市场上,竞争会使利润接近于零,使资本累积变得不可能。资本累积只能通过垄断实现,虽然纯粹意义上的垄断也难以建立,但通过国家的干预,寡头垄断或准垄断的格局是可以实现的。资本主义的危机就是垄断的危机,走出危机的希望在于创造新形式的准垄断。

资本累积的能力取决于两个方面的因素:销售价格和成本。由于一定程度的竞争存在和有效需求的限制,资本家不可能随意制定价格。要想保持足够高的利润率,就需要尽可能地控制成本。沃勒斯坦将成本归纳为三大类:人力、生产投入和税负,而在他看来,成本增长是一个不可扭转的过程。两方面的作用挤压着资本积累的能力,构成了资本主义的结构性危机。

沃勒斯坦认为,资本主义在二战后进入了一个新的康德拉捷夫周期,在1970年前后达到顶点,进入周期的B阶段,典型标志是生产活动的利润率降低。如今,世界仍处于这一轮周期的尾声。

这一个B周期持续的时间更长,根据沃勒斯坦的论述,有以下几个原因:首先,美国财政部、美联储、世界银行、国际货币基金组织等与欧洲和日本的机构携手干预市场,支撑着世界经济度过了若干次危机。其次,大量资本从生产领域进入金融领域,通过投机获得高额回报。再次,在新自由主义全球化的进程中,大量生产活动向边缘地区转移,暂时性地降低了生产成本。从人力成本的角度看,发展中国家存在大量农业人口,提供了廉价的劳动力,同时,生产转移带走了发达国家的工作岗位,加剧了工人的竞争,压低了发达国家的劳动力价格;从生产投入的角度看,发展中国家对生产的监管力度低,以环境破坏、自然资源枯竭等为代价给了资本家将成本外部化的机会;从税负的角度看,发展中国家往往以税收优惠为筹码争取资本的流入。

经过数十年的全球化,资本主义经济体系又遇到其增长的极限,一度被逆转的成本上升的趋势再次抬头。全球化的伴生物是城市化,最初转移到工业的农业人口将逐步在城市定居,其劳动力再生产的成本随之提升,资本家必须要面对工资增长的现实;发展中国家不能无限制地容忍环境破坏和资源浪费, 一部分此前被外部化了的成本需要支付;而税收同样要随着税收优惠期的结束和发展中国家建立公共服务体系的需要而增加。

沃勒斯坦说,新自由主义全球化虽然一度从三方面都降低了成本,但始终未能将成本控制回1945年的水平。而新一波成本上升的趋势,将使资本主义生产的利润空间挤压殆尽,严重威胁到资本累积的能力,这会使资本主义成为一个“不值得再玩下去的游戏”。

这不是说资本主义在过去一些年做得不够好,相反,资本主义做得太好了,以至于很可能穷尽了未来的发展空间。

(2)哈维论资本主义的新形态。

对20世纪70年代新自由主义浪潮开始以来的资本主义形态的演变,哈维作出了卓越的概括。他对这一轮经济危机的本质也作出剖析,预言了不乐观的未来。

二战后,资本主义世界出于防止危机再次发生的动机,建立了一种以大规模生产和大规模消费相结合为特征的经济社会机制,这种机制来源于老亨利·福特的管理实践,学术界根据他的名字将其命名为福特主义。福特主义有强烈的国家干预色彩,通过对宏观经济形势进行控制,避免经济的大起大落。

资本增值的速度是惊人的,不用为资本剩余的消化问题而焦虑的时间总是很短暂。历史表明,从一场战争的破坏中恢复平均只需要10年,在德国,1951年的工业生产能力就已经超过二战之前了。

消化资本剩余主要通过两个向度,即空间和时间。在福特主义的黄金时期,资本很幸运地拥有扩张的空间,美国经历了工业生产和居住的城郊化过程,南部和西部高速发展,出现了新的工业中心。对外方面,欧洲和日本的重建为资本提供了更广阔的空间,建立起了"边缘福特主义"生产方式。在时间向度上,体现为大规模基础设施的投资和建设。到了1970年前后,资本再次遇到了市场饱和的问题,即资本剩余无法得到有效利用。二战后开始的资本主义发展的黄金时期在这个时候终结了。

世界随后迎来了里根—撒切尔时代,新自由主义政策登上历史舞台,在撒切尔"别无选择"的宣言中,全球化的进程也开始了。新自由主义全球化这一进程即便在哈维看来也有难以解释之处,智利等国家是在美国的干预和裹挟之下加入了,但中国则是自主的选择。更多国家加入全球化,为资本的转移提供了新的空间。

为维持资本累积的正常速度,新自由主义政策破除了福特主义生产方式,一种新的、被哈维概括为"灵活累积"(Flexible Mode of Accumulation)的生产方式浮出水面,也有人将其称为后福特主义。这种生产方式的特点包括强调信息技术的使用、以细分市场定位替代大规模生产、对劳动力素质要求提高、破除劳动者的组织化等。

在全球化的大环境下,"灵活累积"体制最直接的后果是劳动者地位的下降,劳动的时间和强度都有增加,经过长期斗争得来的权利逐步丧失。已经被工业化大生产时代淘汰的家庭作坊式生产体系复苏,在纽约这样的国际性大都市中也出现了血汗工厂。

新自由主义时代资本主义具有清晰的野蛮化倾向。世界劳工组织估计的数据,世界范围内有超过1200万的强制劳动力,也就是奴工;另有数据估算,全球有7000万左右人口从事不同性质的卖淫活动,还有更多的人介于有工作和失业的中间位置。总之,新自由主义全球化创造了一个庞大的"下层"。

20世纪70年代以来,OECD(世界经合组织)国家工资占GDP的比重持续下降,美国的实际工资水平则在过去的40年间没有增长。这就导致了有效需求的不足,给老百姓发信用卡成了应对问题的方法,美国家庭的平均负债从1980年的4万美元增长到2007年的13万美元。房地产市场的次贷危机就是在这样的背景下发生的。

哈维还提出了"劫掠式累积"(Accumulation by Dispossession)这一概念,指少数人通过剥夺本属于公众的资产集中财富和权力的现象。"劫掠式累积"更清楚地表明了新自由主义进程的野蛮化,哈维将其与马克思描述的资本原始积累相比较。"劫掠式累积"的方式主要包括以下几种:

私有化,将原本属于公共所有的财产变为私人所有。

金融化,资本主义国家放松监管使金融体系迅速发展,成为财富再分配的主要手段之一。哈维概括说,自20世纪80年代以来,西方国家确立了不惜一切代价保卫金融机构的原则,所谓救市政策清楚地表明了这一点。

操控危机,西方一些政府和国际组织联手在弱国制造危机,逼迫弱国破产,再通过提供政策框架让弱国再次遭受损失。20世纪70年代以来,全球范围内发生了大大小小超过300次金融危机。

战争,通过战争以及相配套的霸权机制,占有资源,打开市场。

新自由主义时代的资本主义通过种种方式维持了资本累积的速度,但其"利润私有化,风险社会化"的基本取向积累下了严重的后果。最突出的表现是贫富差距的剧烈分化,现如今的世界要面对的不仅仅是20%与80%之间的财富悬殊,还有前20%中的1%和其他19%的分化。

如同严重的债务危机一样,资本主义本身已经在解决危机可能性的时空向度上过度透支。哈维预言,新的危机仍将发生,而且时间间隔会越来越短。正如我们已经看到的和即将看到的,危机无法消除,只能是进行"地理上的转移"。

"未来不会像过去那样了。"这是哈维对资本主义未来的基本判断,世界将更严重地分化,美国的霸权地位也不会如过去那样牢固。可以预见,未来的世界将充满动荡、危机和更频繁的战乱。

哈维认为,要解决资本主义的问题,首要的任务是改造思维方式,落到现实中,需要改变的是处置资本剩余的方式,将其社会化,服务于社会目的,而不是继续追求增值。

沃勒斯坦预言,资本主义世界体系还有40~50年的寿命,这将是一段令人不悦的时间,之后将出现分野,有两种可能的发展方向:一种是以更强的等级制、压迫性为特征的世界体系,一种是更加倾向于平等和正义的世界体系。沃勒斯坦表示,他更倾向于后一种。[21]

【参考文献】

[1][3][8] [美]大卫·科茨.美国此次金融危机的根本原因是新自由主义的资本主义[J].红旗文稿,2008(13):32-34.

[2][5]李正远.金融风暴的来龙去脉及对我国的影响[J].科教文汇,2008(12):225.

[4][6]许传华,徐慧玲.美国新金融危机的历史、演进及探源[J].国外社会科学,2009(2):72-77.

[7]安佳.居者有其屋计划与次贷及金融危机[J].社会科学论坛,2009(2):34-43.

[9]罗莹.美国金融危机原因的观点总结及评价[J].大众商务,2009(7):3.

[10]徐瑞娥.剖析美国"次贷危机"引发金融危机的观点综述[J].经济研究参考,2009(12):41-45.

[11]宋玉华,李锋.奥巴马政府的经济政策走向[J].国际经济评论,2009(2):1-7.

[12]孙颖.次贷金融危机政府救助特点及政策效果[J].西南金融,2010(2):22-23.

[13]胡乐明,曾宪奎.西方国家的反危机措施及其效果[J].管理学刊,2010(3):12-15.

[14][17][20]石勇.有办法控制资本主义吗？[J].南风窗,2012(7):47–49.
[15]邢少文.反思的中国启示[J].南风窗,2012(7):58–60.
[16][19]陈和午.谁为全球化埋单？[J].南风窗,2012(7):55–57.
[18]贾晋京."市场"如何克服经济危机 [J].南风窗,2012(7):44–46.
[21]李北方.资本主义还有未来吗？[J].南风窗,2012(7):52–54.

第三部分　日本行政制度

日本（Japan）位于亚洲东北部，是太平洋中的一个岛国，与中国、韩国和俄罗斯隔海相望。国土面积约为 37.8 万平方千米，居世界第 60 位，包括北海道、本州、四国、九州 4 个大岛和其他 6800 多个小岛屿。人口 12748 万(2011 年)，居世界第 10 位，主要民族为大和族，占总人口的 98%，北海道地区约有 2.5 万阿伊努族人，琉球群岛上约有 120 万琉球人。通用日语，神道教和佛教比较盛行。首都东京(Tokyo)，人口约 1319 万(2011 年)。目前，明仁天皇(Akihito)为日本第 125 代天皇，生于 1933 年 12 月 23 日，1989 年 1 月即位，年号“平成”。2011 年，中国按国际汇率计算的 GDP 为 72981 亿美元，超过日本名列世界第 2 位，日本 GDP 为 58694.71 亿美元，排名世界第 3 位。

第一章　日本行政体制改革的历史

日本古代行政制度向现代行政制度的转变,主要经历了两个阶段。其一为明治维新的后期,其二为战后民主改革时期。两次改革主要都是受到外部的压力与影响。其中明治维新后期的改革自主性较强,基本上是在西方影响和内外危机中的主动学习。二战后的改革则几乎全部按照美国占领军制定的框架和内容操作。但也正因如此,日本才比较彻底地完成了对政治与行政制度的改造——至少在法律条文上如此。

第一节　明治维新

一、明治维新前的行政制度

明治之前,掌握国家权力的是"武家政权"的德川幕府。政治中心设在江户(今东京),所以称为江户幕府。日本的封建时代,经过三个时期:镰仓时代、室町时代和江户时代。这三个段落之间也各有过渡时期,而每一个段落由一家系继承"征夷大将军"的名号。其所辖"幕府",为实际的中央政府。幕府的组织,在各世纪中大同小异,每一段落历时约两个半世纪,有似中国之朝代。此时,天皇驻于京都,不仅毫无实权,而且与其公卿同样生活艰苦。天皇的地位,只相当于一个贫弱的大名(诸侯)。

江户幕府是由德川家康(1542—1616 年)创立的。此人原是三河一带(今爱知县)的地方诸侯,因随同织田信长(1534—1582 年)、丰臣秀吉(1536—1598 年)统一日本,势力大增,在 1600 年的关原大战中击败与之对立的诸侯,从而奠定了日后"总揽天下"的基础。1603 年,德川家康从天皇那里取得"征夷大将军"的称号,并于江户创设了军事封建的武家政权。此后,德川一家世袭相承,历经 15 任(代)将军,长达 260 年。

德川幕府实行所谓"幕藩体制",幕府将军为国家权力的顶端和主宰者,也是最大的封建主,拥有全国 1/4 的土地,产量达 700 万石(注:日本之石,通常为一人一年之消费量,较中国之石为大)。此外,幕府将军还直接控制大阪、长崎、京都、奈良、骏府与山田等城市,占有佐渡、石见和伊豆等地的金银矿山,握有铸造金银货币的经济大权。其余3/4的土地则分封给全国各地260多家大名,号称“三百诸侯”。各地大名,即藩,其爵禄以境内产米计,凡一万石以上者称为大名。最大的大名前田氏,领地超过100万石。江户幕府初创时,共有大名295人,后来减至265人。

各地大名的领地,即藩国,大小不等,相互交错。大名在自己的领地内拥有相对独立的统治权,诸如设置“藩厅”,管理行政,决定领地内的租税率,乃至设置关卡,征收赋税和拥有相应数量的武士军队等。

各地大名的政治地位有别:根据与德川家的远近、亲疏,各地大名被分成“亲藩”、“谱代”和“外样”三种。亲藩是指德川家康的子孙后代被册封为大名的,他们有权继承将军职位和参与幕府的决策。谱代是指早年跟随德川家康打天下,幕府建立后被册封为诸侯的武士,他们依赖幕府将军,有资格就任幕吏。而外样,则是1600年关原大战后,被迫臣服于幕府的地方势力,他们无权过问幕政,并且是幕府最为警戒的对象,多配于边远地区。其中便包括后来成为倒幕主力的萨摩藩和长州藩,及肥前、土佐等西南强藩。

而日本天皇及其公卿,则早已失去权威,他们不过问政治,只是维持传统的贵族地位。还在室町幕府时代,中国明朝受其进贡时,即称其将军足利义满为日本国王。后来万历帝拟与丰臣秀吉言和时,也准备封之为“日本国王”。丰臣秀吉只称“关白”,有摄政之意,而未就将军之职。可以明白,天皇早已没有实际权力。同时,皇室领地最多只有3万石,连同130多家公卿的领地,也不过10万石。

德川幕府为了控制各地大名,制定了《武家诸法度》,严防各地诸侯私自联姻结党,不得随意新建和修筑城郭,更不得擅自出兵藩外。幕府在其能力所及的范围内,可以削藩、改封、易封、减封,随时制裁违反“法度”的诸侯。

自1635年起,日本实行所谓“参觐交代制”,所有藩主都要亲至江户,参加将军近旁的各种仪节,并且在名义上担任防卫工作。各大名基本上分为两批,每年轮流驻扎于江户,并自备府寓。凡随从人员、经行道路、器具装备,都有极详细的规定,而且期满藩主回藩,其家属仍留江户,可以说是留作人质。有历史学家认为,由于此种制度使东京形成了大规模的消费市场,使财富集中,刺激了金融经济的发展。幕府还规定各藩剩余之谷米,只许在江户及大阪发卖,更促成都市的繁荣。这些都为日后日本经济向资本主义发展打下了基础。

从经济方面来讲,江户政权既为封建制,则诸藩财政上自给自足,各大名除有不定期及不定量之“献金”外,不向幕府缴纳赋税,其内部开支亦由诸藩自理。幕府军事行动或大兴土木时,诸藩供应人员,并且担任后勤。平时则各藩自理其境内治安,自理其诉讼事件。各藩自行颁布其“家法”,亦大致仿效江户。法律带有儒家伦理气息,如奖励向学、严禁骄奢淫逸等等。

幕府封建制是一个严格的等级社会,有“士、农、工、商”四个等级。其实日本之士为武士,称侍,相当于中国春秋以前之士,是下层贵族,与秦汉以降的士(读书人的通称)不同。农工商则皆属平民,地位远低于士。

日本的侍为大名陪臣,各有采邑,但土地不能买卖。按照传统习惯,武士髡发与旁人不同,身带二刀,长刀战斗,短刀准备战败自裁。上自将军属下之大名及“大老”(正副首相)、“年寄”(高级顾问)、各种“奉行”(特派经理人员),下至“御家人”(下士官),同属于侍,不得与一般平民通婚,对一般平民有无限权威,可以“斩舍御免”——对抗命之平民可以宰割,虽杀之无罪。

工商两个阶层虽然也受到压制,但因有一个巨大的消费市场,其中有些人的实际地位在缓慢地提高。在幕府末年,已经有了一些财富巨大的商人。而农民的处境则最为困苦。日本土地税额极高,正规的土地税(年赋)通常为四公六民(取收成的40%),或五公五民,实际上可以达到六公四民,甚至七公三民。此外,尚有其他附加杂税,如口米、久米、小物成、助乡役等。农民不得买卖土地,不得自由迁徙和改变职业,村内有五人组即五户联保制。同时,幕府及各大名均不向全民直接课税,其税额是集体课予每一村庄,因而地方威权力量不可忽视,而农民则又多了一层盘剥。

农民生活的艰难,可以从人口的增长看出。日本全国人口在1721年近3000万,以后的近一个半世纪至明治维新前,仍在3200万左右,其中有人口绝对减少的时期。这在所谓的承平时期,是不可思议的。主要原因在于人口大量被饿死,农民也可能送儿子进庙宇为僧,或杀婴。农民的痛苦无以复加,暴动常有。德川时代共发生2800多起暴动,平均每年10起以上。因此日本进入资本主义体制的过程,人民曾付出极大的代价。

为了维持这种封建统治,各封建主除武力镇压外,还设法灌输儒家的纲常伦理。宣称:“子之于父母,臣之于君上,犹如仆妾之事主。”“人有四等”,“劳心者居上,劳力者居下”,“若颠倒之,小则天下不平,大则天下乱矣”。“明刑弼教,国有常法,此乃公于天下之所立,盖天意而非人为也。”

在对外关系上,德川幕府采取锁国政策。1612年至1639年间,幕府连续颁布了严禁基督教和不准国人出海的法令。如1636年禁令规定:“严禁派遣日本船驶往国外”,“如有偷渡者,应处死罪。船及船主一并扣留,并备呈报”,“已去外国并在外国构屋营居者,若近抵日本,应即处死罪”,“如有发现传播基督教之南蛮人或其他邪言惑众者,应即依照往例,押解到大要藩之牢狱”。后来,外来船只仅限中国及荷兰籍。因荷兰人承允不作传教工作,交易限于长崎。日本在港口内筑有人造岛屿,称为“出岛”,荷兰人只许居留岛上。葡萄牙人曾两次派员与幕府交涉,希望稍宽成命,但使节团61人随即被拘禁斩首,只有少数人被遣返报告经过。

由于幕府及各地大名负责各自的政治、经济、军事和法律事务,贵族同时也就是中央和地方的官员,他们有封地或采邑,而不支领俸禄,所以从上到下的职业官僚很少。由于以上从军事、法律到锁国及教化的防范,日本社会似乎应当停滞不前,但实际上在几百年间还是有了缓慢的变化,主要是商业的发展改变了社会的经济状况及社会结构。

到德川幕府的中后期,以城市大商业高利贷者为代表的“町人”势力越来越大,而幕府及各地大名在财政上则越来越困难。所谓町人是指住在城市,从事手工业和商业的居民。在参觐交代制中,各地大名为了维持他们的两地生活和沿途费用,不得不将其领地内的“年贡”进行变卖和转运。此类事务交给各地,特别是江户、大阪和京都等城市的特权商人,他们负责经销大名们的实物,掌管收支,以及为各地大名汇兑货币等。他们还向大名们举借放贷，通融资金，从中谋取巨利。到18世纪以后，“现今之诸侯，无论大小，无不倾心垂首于町人，依赖江户、京都和大阪等地的富商，以求续计渡世”。“商贾已有素封之富，千里控制之权已半归其手。……虽躬身于公门，但实有吞食千乘之心。”大小诸侯见到“子钱家”(高利贷者)，“如畏鬼神”，乃至忘记自己“侍”的身份而匍匐于町人面前。各地大名大多财政亏空，入不敷出，“诸侯虽有大国，但平生所有金银，大多是从豪门之家所借耳”。

与此同时，封建制也已经逐渐变质，带有了官僚组织成分。17世纪的趋向，是各大名将藩内陪臣的采邑废除，将他们调至藩主的守城，付以禄米，派以流动的任务。之后迄1800年，90%的藩主已将下属全部采邑废除。这类似于中国战国时代，虽然列国并立，但列国内部则开始废封建而置郡县。以上变化，使大名负债累累，度日艰难，为以后的废藩置县创造了条件。而官僚组织的初步成长，虽稍有规模，却不如中国明清的庞大严整，这为向新体制的转换创造了条件，又不至于在以后的明治维新中产生官僚阶层的巨大的阻碍。

正是由于上述原因，日本的明治维新进行得相当顺利，只花了30年时间就使日本变成了一个世界强国，而中国则多用了三倍的时间。当然，这次改革很不彻底，并没有摧毁日本封建制度的根基，也没有形成真正意义上的现代民主政治。

二、明治维新

日本的明治维新在短时间完成，主要动力是西方的压力。1844年7月，荷兰军舰抵达长崎，以中国的鸦片战争为例，要求日本对外开放。以后十年内，美、英、荷的军舰不断到达日本。1853年7月，美国东印度公司舰队司令培里率领四条黑船组成的舰队到达浦贺，携带美国总统的信件，要求日本开港。此时幕府已相当软弱涣散，无力解决危机，只好征询各地大名的意见，并企图利用天皇及其朝廷应付局面。这一做法为日后天皇地位上升埋下了伏笔。

1854年3月，日本被迫与美国缔结《日美和亲条约》，规定开辟下田、函馆两港为美国船舰的停泊地，供给美国船舰需要的淡水食品和燃料，允许美国在上述两地设领事，今后日本给予其他国的一切权益，也同样无条件地给予美国。此后，陆续就有了1854年10月的《日英约定》，1856年1月的《日荷和亲条约》，1856年2月的《日俄通好条约》等。这些条约要求：最惠国待遇，治外法权，日本关税不能自主，租界等。所以此时的日本处境与中国无异。1870年的日本：“试看今日都下之情景，骑马乘车，趾高气扬，令人回避者，多是洋外之人。偶有巡逻、行人或驭者车夫，与之发生口角，洋人则旁若无人手打脚踢，而(我国)怯懦卑屈之人民竟无还手之力。洋人即便为非作歹，但忍气吞声不去诉讼者也不在少数。或是因商卖交易等事前往五港之地起诉者，其结局由彼国人裁判而定，实不能申冤。其状恰如弱小之新妇在老悍之姑婆身边一样。”

日本在内忧外患之下，以西南强藩的下级武士为主体的“尊王攘夷”势力开始反幕活动。上层领主也企图乘机参与国家机要，与下层武士相通，联络宫廷势力。1859年，幕府方面首先发难，制造了“安政大狱”，吉田松阴等改革派50余人被捕，或杀或监禁。土佐藩主山内丰信等大名也被令以“谨慎或隐居”。1860年，萨摩藩武士杀死幕府大老井伊直弼，即“樱田门外之变”。1862年1月，新任老中安藤正信被刺伤辞职，即“坂下门外之变”。1862

年10月,天皇宫廷在萨摩藩和土佐藩的武士策动下,派出敕使,令将军家茂“破例上洛”(朝觐天皇),由1863年5月10日起,实行“攘夷”。这样,朝廷与幕府的地位倒转,朝廷成了政局的中心。1863年至1864年,由于英萨战争和下关战争,萨摩藩和长州藩被英国及英、法、荷、美四国联军击败,维新派遂放弃攘夷活动,专注于改革内政。1866年1月,萨长两藩缔结同盟,合力倒幕。

1866年5月,幕府发动征长战争,失利,同时引起内部的农民暴动。7月,幕府将军家茂在大孤病死,幕府军撤回。1866年12月,一桥庆喜继任将军。随后,孝明天皇也突然死去,年仅16岁的明治天皇继位后,朝廷内部的倒幕势力进一步增强。1867年5月,萨长藩诱使广岛藩与之建立攻守同盟。10月,三藩兵力东进,朝廷也向萨长两藩下达了“讨幕密敕”。1867年11月9日,德川幕府第十五代将军德川庆喜在内外交困之中,上表请求“奉还大政”,江户幕府至此结束。

1868年1月2日夜晚,在五藩藩士的护卫下,三条实美等朝廷公卿、亲王与萨摩、土佐、艺州、尾张、越前五藩的藩士代表在宫中召开会议,商讨新政,确定要求德川庆喜“辞官纳地”和宣布“王政复古”的新政号令:“德川内府奉还前所委任之大政及辞退将军职位,今以断然允准。……圣意决定,王政复古,以立挽回国威之基。自今而后,废绝摄政、关白、幕府,暂设总裁、议定、参与三职,处理万机。”至此,取代德川幕府的新政权成立。

三、明治时期行政体制

新官制的“三职”体制,以栖川宫炽仁亲王为总裁,倒幕派公卿三条实美、岩仓具视为副总裁。皇族、公卿、诸侯就任议定。各藩藩士代表就任参与。1868年1月13日,德川庆喜上书朝廷, 对免除其将军职务表示不满, 声称朝廷如此行事,“有污皇国数千年来之朝廷”,指责新政府成员是“侥幸新任陪臣之辈,歪曲圣断,以一时之陋见,处置决定如此大事”。他要求“朝廷事宜,无论大小,皆应依据先帝之遗志,按照往日所出之圣言,万事依旧”,试图保持和维护旧日幕府的势力。

1868年1月27日,德川起兵攻京都,被萨长为主的新政府军击败,德川逃回江户。4月,政府军占领江户,德川庆喜受到宽大处理,由德川家达继承德川氏的家业,并被作为领有70万石的地方势力存续下去。1868年4月6日,日本天皇率领公卿诸侯祭祀天地,宣布了《五条誓文》。其中有:“广兴会议,万机决于公论。”“求知识于世界,大力振兴皇基。”这两条反映出日本要在某种程度上效仿西方的议会制度,并放弃其“锁国”政策,对外开放。

1868年6月,日本的新政权确定《政体书》,宣称:“天下权力总归太政官,使无政令出于二途之患”,并将“太政官之权力分为立法、行政与司法三权,以无偏重之患”。“立法官不得兼任行政官,行政官不得兼任立法官。”“各府、各藩、各县皆出贡士以为议员,立议事之制。”“诸官四年轮换,当用投札公选之法。”如此展开,有三权分立,有官员的选举和任期,必然是英美式的民主。但具体制度的设置,却与英美式民主大相径庭。新政权实行的第一次“太政官制”为:在太政官内设置议政、行政、神祇、会计、军务、外国、刑法七官。当时的日本如中国秦汉时期,官名与机构名称一样。

1868年9月,江户改为东京,太政官及天皇相继迁到东京。在此期间,法律条文上的变化还有:放宽对基督教信仰的自由,修订旧刑法,督促地方各藩设置"议事之制",及任用官吏时"应不拘以往沿袭之门阀,务必登庸人材,以公举为旨,其人员黜陟,应经常上达太政官"云。一方面放松人身等级限制,一方面试图集权于中央。1869 年 3 月,大久保利通、木户孝允等首先促成萨、长、土、肥四个强藩的藩主联名上表,请求"奉还版籍"。此后,又有 200 余藩相继仿效。新政府于 6 月下达了"准许"各藩交还版籍的文告,并指令尚未表明态度的 30 余藩照例奉还。废藩成功的原因有以下几个:各藩大都财政紧迫,负债累累;各藩不敢对抗新政府等。废藩后各藩主变为由中央任命的藩知事。

同时,废除公卿、诸侯之称,改为华族。中下级士、大夫改称士族。原有俸禄领地一并收回,改为支付禄米。原来的士农工商的界线从形式上取消。1870 年,准许一般平民使用姓氏。1871 年颁布法令,禁止武士随意刀伤下民,废除"秽多"、"非人"等贱民称谓,准许华族、士族与平民通婚和职业自由。1872 年,禁止人身买卖,准许农民自由择业。

1869 年 7 月,新政府第二次改革官制。首先原隶属于太政官的神祇官提高到与太政官并列的地位,强调"政祭一致",全国掀起神道国教化风潮。其次行政机构下设民部、大藏、兵部、刑部、宫内及外务六省,各设长官(卿),分掌实务。1870 年 8 月,新政府颁布《废藩置县诏书》,260 余藩尽行废除,整个日本由中央统辖的 3 府 302 县组成。后合并整顿,划分为 3 府(东京、京都、大阪)72 县。1876 年又合并为三府 31 县。废藩后,政府承担了原藩的债务,并给予藩主生活上的保障与安排,一律迁居东京,由中央任命的府知事或县知事来行使地方权力。

同时,日本中央机构第三次改革,将太政院分为正院、左院和右院。正院为天皇亲政之所在,内设太政大臣(相当于宰相)、左右大臣和大纳言(不久废除),以辅佐天皇,再以下设置若干参议以辅佐各大臣。这些官僚相当于日后的内阁成员,是当时国家权力的核心。左院为立法机关,但决定采纳与否需要经正院议定。右院由各省长官、次官组成,只是行政事务上的横向联系与调整,1875 年撤销。在具体行政上,经过这次改组,分为外务、大藏、兵部、司法、文部、宫内和神祇等省。此后,日本相继更改了兵制和警察制度。在岩仓使团出访归来后,又废除了封建秩禄,士族禄米一次性以公债支付。政府举办官办产业,扶持私人企业,改革教育体制等。

此后近 20 年间,虽然经济高速发展,政治上却无民主改革。直到 1889 年,日本颁布明治宪法,终于确立了以西方立宪制度作装饰的君主专制体制。1871 年 12 月,日本新政权决定派遣"欧美使节团"。此行几乎出动了当时日本新政权的主要成员,先至美国,半年后转向欧洲,历经英、法、比利时、荷兰、德、俄等 12 国,历时一年九个月才分批回国。这次出访,使日本确定了向西方学习,发展工商的方针,也使日本政府自认为在政治体制上找到了所要追求的方向,即德国的君主立宪制。当时的德国,是"一个以议会形式粉饰门面,混杂着封建残余,已经受到资产阶级影响,按官僚制度组织起来,并以警察保卫的,军事专制制度的国家"——这与当时的日本有许多相似之处,也是日本"王政复古"以来想完成而没有全部实现或正在实现的目标。因此对岩仓一行有格外的吸引力。他们认为,德意志帝国"有酷似我日本之处,研究德意志的政治与风俗,比研究英法之事更能受益"。"可取法者……德国为第一。"

进入19世纪80年代后,伊藤博文排除了政僚中的激进分子并压制民权运动,主要按照他的思路设计了日本政体,并出台了明治宪法。伊藤博文为了制定宪法,在1882年3月至1883年8月,曾受命去欧洲考察,其中有八个月在德国。他认为,他在德国学到了国家组织之"天体",并"充分树立了巩固皇室基础,使大权不坠的大目标",同时也学会了"挽回""现今国内误信英、美、法国之自由,几使国家倾倒的""道理和手段"。他极力主张君主立宪之君主、君权,必须居于立法、行政二权之上;若以立法为意志,以行政为行为,那么君主当为元首,当为首脑,君主固有之权,不得以宪法、国会限制之。

同年,伊藤等人开始秘密起草宪法草案。为了对宪法进行审议,他组织了宪法委员会,并按照宪政程序建立新的中央权力机构。1885年参照德国建立内阁取代了太政官,建立枢密院作为最高咨议机关。对明治政府的国家机构设置进行调整,建立文官制度。[1]

19世纪80年代,日本的自由民权运动曾一度高涨,当时日本朝野有人主张宪法应提交国民议会或官民共同组成的宪法议会讨论。伊藤内阁则将宪法草案首先提交枢密院审议,而不是提交给议会讨论。1888年4月,伊藤内阁坚持钦定宪法的立场,将宪法草案直接呈交天皇。为此,伊藤辞去内阁总理大臣(也称首相)之职,就任枢密院议长。在天皇亲临审议之下,经过若干修改,《大日本帝国宪法》在枢密院得以通过。1889年2月11日,以御赐宪法的形式正式颁布。同时颁布了《皇室典范》、《贵族院令》、《议员法》、《众议院议员选举法》等宪法附加法。

1889年2月14日,日本举行颁布宪法的盛大典礼。当天在皇宫丰明殿举行了由天皇颁赐宪法的仪式。参加这次典礼的德国医生伯尔兹说,这次典礼给他留下了庄严、华丽的印象,但是,滑稽的是,在东京街头早就筹划游行和庆贺的人们,谁也不知道宪法的内容。[2]

明治宪法产生的政治体制为:

第一,高度集权的君主专制。宪法规定:"大日本帝国由万世一系的天皇统治之。""皇位依据皇室典范之规定,由皇室男子孙继承。""天皇神圣不可侵犯。""天皇为国家元首,总揽统治权。""天皇由帝国议会协助行使立法权。""天皇裁定法律,命令其公布和执行。""天皇召集帝国议会,命令其开会、闭会、休会和解散众议院。""天皇统帅陆海军。""天皇宣战、讲和及缔结各种条约。"将国家权力尽集于天皇一身。天皇直接掌握国家的一切军政、经济、社会、神祇事务的权力,而且高居议会立法权力之上,拥有以令代法和随时解散或召开议会的权力。对天皇独揽大权稍有牵制作用的机构是枢密院和元老院。宪法规定天皇在行使统治权时应征询顾问官的意见,重大国务都由这两院进行审议,并向天皇提出建议,由天皇最终裁定。[3]日本国民的权利与义务则有:服兵役、纳税等。有关居住、迁徙、言论、出版、集会和结社的自由,都是在"法律允许"的范围内的权利。而宪法规定,天皇甚至可以用"敕令"代替法律。连法律都没有权威,更不用说国民的"法律允许"的权利了。

第二,议会形同虚设。议会在国家权力机构中地位低下,其权限仅为对政府预算进行审议,起"协赞"天皇立法的作用。而且,议会由众议院和贵族院组成。贵族院是身份议会,由皇族、华族的男性和天皇敕定议员(从有勋老学识者和多额纳税者中任命)组成。权力大于由选举产生的众议院,如众议院通过的议案遭到贵族院的反对,此案即无效。众议院议员的选举有严格的财产资格限制,实际上有资格当选者在全国人口中只占1%。而且,众议院占据多数席位的政党，无权组织自己的内阁。如果议会与政府作对，政府可以通过天皇发布命令、紧急敕令等形式代替法律，或干脆解散众议院重新大选，议会显然居于国家政治的陪衬地位。日本没有经过一次真正的革命，没有任何议会政治的基础，议会的权力不是人民争取到的，而是少数人的赐予，因而众议院地位低下即为必然。

第三，军事机构置于政府管辖外。按照明治宪法的规定，天皇直接统帅军部，军部由参谋本部、海军司令部以及内阁中的陆军省、海军省四个直属天皇的机关组成。内阁的陆海军大臣不采用文官制度，而由天皇通过军部直接任命。这样就使军队脱离了政府的管辖，成为天皇统治下的御用军队。由此，军部就成为日本走向军事封建帝国主义的武装力量的指挥中心。

此外，明治宪法文字简要，在许多诸如国家机构设置的问题上没有具体的明确规定。这就为后来掌权者分配政治权力提供了方便，也为天皇和军部在对外扩张过程中逾越政府内阁和议会，对外推行侵略政策、对内实行高压统治留下余地。[4]

日本的内阁建立后，事实上是掌握在藩阀手中。在1871年改革政府体制时，藩阀就确立了在国家政权中的优势地位，藩阀元老们以坐镇枢密院，出任内大臣，任命内阁总理大臣操纵国政。日本的天皇在重大的国政问题上有时会直接作出决策，有时也对遴选总理大臣起关键作用。不过，根据天皇一般不参政的原则，天皇“决定行政各部文官制及文武官员之俸给，任免文武官员”的权力主要由藩阀掌握。即先由藩阀元老提名，或由上届总理大臣推荐经元老同意后报天皇批准。名为“提名”或“推荐”，实际是总理大臣人选的决定权。这种运作程序使处于国家权力中枢的内阁的产生不决定于民选的议会，政党不能施加影响，选择内阁总理大臣及其他大臣的权力掌握在极少数的贵族元老手中，而且其中的过程是不公开的，全为幕后动作。

此后，日本的中央集权专制体制大致延续下来，并且由于对外扩张，军人的势力膨胀，甚至连明治宪法中原有的一些形式上的宪政民主的政治程序都形同虚设。

1912年，日本爆发护宪运动。1924年，爆发了以实现普选制、建立政党内阁为目标的第二次护宪运动。[5]护宪三派，即政友会、宪政会和革新俱乐部三派，在众议院选举中取得多数席位。1924年6月，以宪政会总裁加藤高明为首的立宪三派建立了联合内阁，政党内阁取代了军阀官僚内阁。但是，明治体制的根基未动，军部势力依然独立于内阁之外。1932年5月15日，宪政派内阁首相犬养毅被法西斯分子刺杀，政党内阁结束。代之而来的是军部海军大将斋藤实为首的“举国一致内阁”。同年，成立了以军部认可的法西斯分子组成的广田内阁。[6]

第二节　战后民主改革

1945年8月15日，在受到中、美、苏、英等盟国的沉重打击后，日本正式宣布投降。美国违反盟军联合计划委员会规定的多国分区占领原则，派出15万军队单独占领了日本全部国土。9 月 22 日,美国政府发表《占领初期美国对日本政策基本原则》,宣称:“美国对日本的最终目标是:保证日本不再成为美国的威胁,不再成为世界安全与和平的威胁;最终建立一个和平与负责的政府,此政府应尊重其他国家的权力,并应支持联合国章程的理想与原则中所显示的美国的目标。”《占领初期美国对日本政策基本原则》规定:“天皇及日本国政府的权限,从属于最高司令部。”麦克阿瑟作为盟军最高司令官,成为凌驾于日本政府之上的最高统治者。[7]

按照《波茨坦公告》以及美国的战略需要,美军占领当局对日本进行“非军事化”和“民主化”改革,第一,解除日本全部军备,保证其不再成为世界和平与安全的威胁;第二,在日本建立一个民主和平的独立政府。

在非军事化方面,盟军司令部发布命令:解除日军武装,解散日本全部军队,解散日本的军事机构。指令日本政府废除以往战时军事体制下的有关法令,如《兵役法》、《战时紧急措施法》等。禁止日本生产和研制任何武器装备。根据《波茨坦公告》,盟军在东京设立远东军事法庭,分批逮捕了东条英机等 108 名重要的战争罪犯,并着手进行审理。解散日本的各种法西斯军事团体。整肃社会舆论和学校。对在战争期间鼓吹和从事军国主义教育的法西斯主义分子,采取解除公职、不许另加任用的惩处。对有关日本天皇的战争责任问题,美国不顾许多其他国家以及美国人民追究并惩处天皇的强烈要求,对其采取了特殊的保护政策。在远东军事法庭对战犯进行审理时,涉及天皇的调查都被终止,有关材料一律被美国占领当局封存。

在民主化方面,占领当局推行了“宪法民主化”、解散财阀、金融与产业重组的经济民主化和农地改革。占领之初,盟军司令部向日本政府发出五项民主化指令,其中包括:解放妇女,给妇女以选举权;鼓励成立工会;教育民主化、自由化;废除秘密司法制度;经济机构民主化。并监督日本政府相继制定了民主化的选举法、工会法、宗教法等,实现了政教分离、信仰自由,使日本的神道教成为一般宗教。[8]

日本政治民主化改革最核心的环节是废除原有的日本帝国宪法,制定新宪法。美国占领当局与日本政府的主要分歧是天皇在日本政治制度中的权力与地位问题。1945 年 10 月,美国占领当局指令币原内阁起草新宪法草案。次年 2 月,币原内阁将草案提交盟军最高司令部。但该草案依然保留了天皇在日本政治制度中至高无上的地位和最高军事统帅权,甚至在宪法中原封不动地保留天皇制,把天皇说成多数国民“不可动摇的坚定信心”。这与美国既要保留天皇制,又要以民主的方式改造天皇制的意向根本抵触。于是,盟总民政局在授权之下起草了《日本国宪法草案》,完全按美国政府的意见使天皇仅仅保留为象征性的国家最高元首。日本政府在占领当局强大的压力下,被迫按照这一宪法蓝本修改了原有宪法草案。1946 年 11 月 3 日,《日本国宪法》正式公布于世,次年 5 月 3 日正式生效。

日本新宪法几乎是美国宪法的翻版,但在政体上保留了君主制,并放弃了战争权力。宪法第一条规定,天皇只是日本国家统一的象征,主权以全体国民的意志为依据。废除枢密院等御用权力机构,首相由国会提名通过,内阁对国会负责。这样,就将明治以后的专制君主制变为立宪君主制。另外,宪法第九条规定,日本永远放弃以国家权力发动战争,不承认国家的交战权。

在经济改革方面,占领当局开始解散日本的财阀。1945年9月21日,麦克阿瑟发出解散财阀的指令,于10月20日责令最大的三井、三菱、住友、安田等15家财阀集团向盟总提供营业内容和资本结构报告,并于11月2日冻结以上财阀集团的资本。从1946年9月到1947年9月,盟总指令解散了83家大型财阀企业。1947年,日本政府相继颁布了《禁止垄断法》、《经济力量过分集中排除法》。1948年秋季后,美国占领当局的对日政策发生了变化,停止解散财阀,使部分财阀的残余势力保存了下来。[9]

农地改革是另一项重要的民主改革。日本政府于1945年10月18日提出《农地调整法修改案》,但该法案遭到无地农民的反对,盟军司令部也对方案极为不满。占领当局于1945年12月9日向日本政府下达了《关于农地改革的备忘录》,要求日本政府根除"那些长期以来损害土地结构的恶弊",并在3个月之内提出改革计划。1946年5月,第一届吉田茂内阁成立,并按照占领当局的意见起草第二次农地改革草案,最终经盟总同意,于同年11月21日颁布实施,到1950年7月基本完成。农地改革的主要措施是,政府大量收购地主、寺院、教会、神社的多余非自耕地,然后以低价出售给无地和少地的农民。同时,也规定了出租土地的地租率。按照规定,地主的自耕地和佃耕地总共不得超过三町步,超过一町步的出租地由政府收买转售给佃农。经过农地改革,在560多万农户中,承购土地的农民约400万户,卖掉土地的地主约150万户。改革使佃耕农几乎绝迹,大部分农民成了自耕农。[10]

其实,明治维新时期的日本"三农"政策就比较成功。从19世纪80年代初开始,明治政府放弃了过去生搬欧美农业经验的做法,实行新的农业政策,即立足于日本农业实际,以日本原有农业为基础,吸收欧美特别是德国的农学经验,逐步形成近代日本农业的一套新农法。张五常认为,土地使用权长期化,加上自由转让权,这是日本明治维新最核心的制度变革。通过自由转让土地,农民大量涌向城市,"农转工"进程大为加快,进城农民数量大大超过政府的预估,但是政府没有干预。[11]因此,当时的日本没有形成数量庞大的"候鸟型农民工",城市化进程较为顺利。而日本战后的农地改革也温和而富有成效,没有出现中国式的巨大的城乡差距。日中经济评论家西忠雄认为,在实施农地改革后,农民有了土地,在城里人还没有找到稳定的生活的时候,日本农民先富了起来。但是,一旦工业、城市发展起来了,无疑会迅速超过农业、农村。日本政府主要采用高价收购大米等农产品的方式,实施对农民的补贴。通过在农村建立农产品流通体制、在国家财政上长期拨巨款补助农业,维持了农村的稳定与富足。富庶的农村,带来了日本社会的稳定,也带来了日本政治的稳定,这也为日本经济的发展提供了保证。[12]

关于明治维新的起因,与中国当时的改革一样,皆由于外在的压力。不同之处在于,中国的洋务运动,"中学为体,西学为用",只想学习西方具体的工业技术,进而拥有兵舰及开花大炮,而不屑于学习西方企业的管理,因而未能建立有效率的经济组织,更谈不上政治体制的改革。而具体的技术学习,设备引进,因旧体制的制约、官僚的腐败,收效甚微,基本失败。唯一的成就是引入设备和技术的同时,对西方的了解进一步加深,为以后的进一步改革或革命准备了一些思潮与理论。日本的明治改革,其口号为"和魂洋才",与中体西用颇为相似。但改革后工商教育取得发展,国力有所增强,人民生活得到改善。其成功的原因学术界一直在讨论,并没有统一的观点,比较一致的看法是,明治时日本官僚甚少,因而官僚的阻碍较小。第二次世界大战后进行民主改革时,占领当局将日本的旧官僚清除了不少,也使改革的阻力降低。因而这两次改革都比较顺利。

对于明治维新的评价,以往多持肯定态度。二战之后,日本内外反思,认为遗留的问题也很多,隐患很大。如明治体制,对内人民没有民主自由的权利,对外实行军国主义政策,这类问题在二战后被占领时期通过更深入的民主改革得以部分解决。从近几十年来日本政治和经济的发展状况来看,战后民主改革遗留的问题也很多。当然,任何改革都不可能毕其功于一役,任何国家的现代化都是一个极为曲折的过程,大国的转型尤为艰难。1980年以来,日本内部要求改革的呼声很高,但改革的进展并不顺利。这似乎说明日本向西方的两次学习,外形毕肖而未得其神韵,最深层面的"硬核"并未受到足够的触动,因此,日本目前处于又一个进一步改革的关键时刻。

【参考文献】

[1][3][4][6][8][9]刘小林.当代各国政治体制——日本[M].兰州:兰州大学出版社,1998.

[2]本节以上有关日本明治维新的资料,主要引自米庆余.明治维新[M].北京:求实出版社,1988.

[5]李世安.世界现代史[M].北京:高等教育出版社,2000.

[7][10]赫赤,谭健.日本政治概况[M].北京:中国社会科学出版社,1984.

[11]陈玉婷."百年维新"带来的强盛——19世纪中期日本明治维新对中国的启示[J].经营管理者,2011(9):128-128.

[12]张芳.概述日本战后经济快速发展的原因[J].科技信息,2008(3):55-56.

第二章 战后政治体制

第一节 战后宪法

1945年12月,美、苏、英三国外长在莫斯科会晤时决定成立由11个盟国组成的远东委员会,作为决定对日政策的机构。当时,远东委员会与美国占领军司令商谈决定,修改宪法属远东委员会的权限范围,并于1946年2月26日正式开始工作。当时参加远东委员会的英国、苏联、中国、澳大利亚和菲律宾的代表都在不同程度上主张废除天皇制度,美国国内舆论也主张废除天皇制。[1]然而美国政府出于自身利益的考虑,主张保留天皇制度。

占领当局命令日本政府尽快修改宪法。日本的币原内阁成立后,在内阁设立了宪法问题调查委员会。该委员会委员长是松本丞治国务大臣,因此也称为松本委员会。松本委员会于1946年2月制定了宪法修改纲要,即所谓松本方案,提交给盟军司令部。盟军司令部认为,该方案比最保守的民间方案还要落后。因此,麦克阿瑟命令总司令部政治局按照新宪法的三原则(第一改革天皇制;第二放弃战争,不保有战力,否认交战权;第三废除各种封建制度)起草宪法修改草案。这个宪法草案,即所谓麦克阿瑟方案,于2月10日完成。[2]币原内阁在强大的政治压力下,为了天皇制度不致被远东委员会彻底废除,不得不将这一草案上奏日本天皇,后者表示赞同这一宪法草案。此后,日本政府在占领当局的具体指导下,以这一宪法草案为蓝本,重新起草宪法草案。

1946年3月5日,日本政府发表了以美国草案为蓝本的《宪法修订草案纲要》,并把纲要整理成口语体的条文,于4月17日向全国公布,交国民自由讨论和国会审议。日本国内各政党、团体和知识界对宪法草案进行了广泛的讨论,提出了各种修改宪法的补充意见。日本国会两院对新宪法草案进行了长达一百多天的讨论,众议院在8月24日通过宪法草案,投票结果是421票赞成,8票反对(共产党6票、无党派人士2票)。贵族院的表决结果298票赞成,2票反对,通过了经过修改的宪法草案。在两院的审议过程中,对政府的宪法草案作了一些重要的修正和补充,主要有以下几项:主权属于国民;日本国民衷心谋求基于正义与秩序的国际和平;内阁总理大臣及其他国务大臣必须是文职人员;国务大臣的半数以上人员必须在国会议员中选任;关于公务员的选举,保证由成年人普选;天皇的一切财产属于国家。[3]

1946 年 11 月 3 日,经议会两院审议通过的《日本国宪法》正式公布,1947 年 5 月 3 日正式生效。战后《日本国宪法》全文共 103 条,分为前言、天皇、放弃战争、国民权利与义务、国会、内阁、司法、财政、地方自治、修订等 11 章。从文字上看,这部宪法基本上是以美国和欧洲国家的宪法为原型,所强调的基本原则和具体条文也相似。

在宪法修订程序上,这部宪法的第九十六条规定,修改现行宪法必须经过国会参众两院议会 2/3 以上的多数赞成,并将修改条文由国会交全体国民讨论、投票表决,只有当半数以上国民投票赞同时,该修改条文方可成立。从这些规定上看,日本宪法属于"刚性"宪法。战后以来,日本国内的修宪派势力从未间断过修改现行宪法的舆论活动。20 世纪 50 年代末,他们提出所谓宪法是"被迫接受的宪法",并以此为根据"追查犯人",即追查宪法第九条的提案者,组成了修改宪法的调查委员会。当时以东京大学教授高柳贤为会长的这个委员会对宪法制定过程作了 4 年的调查,结果与改宪派的愿望恰恰相反,宪法根本不是被迫接受的,第九条的提案者就是当时日本政府的首相币原喜重郎。20 世纪 80 年代后,随着日本国力的增强、国际地位的提高,自民党的右翼势力主张的所谓"自主宪法制定论"开始登台表演。20 世纪 90 年代又出现了以"联合国合作、国际贡献"为目的宪法改正论,并且已经通过了《联合国维持和平行动合作法》,但是要想从根本上修改宪法并非易事。[4]

在宪法修改颁布、生效的同时,日本议会和内阁还相继制定、通过了《内阁法》(1947 年 1 月 16 日公布,同年 5 月 3 日施行)、《地方自治法》(1947 年 4 月 7 日公布,同年 5 月 3 日施行)、《国会法》(1947 年 4 月 30 日公布,同年 5 月 3 日施行)。宪法开始生效后,又制定并通过了《国家公务员法》(1947 年 10 月 21 日公布,1948 年 7 月 1 日施行)、《国家行政组织法》(1948 年 7 月 10 日公布,1949 年 6 月 1 日施行)。除此之外,1947 年后还颁布了《裁判所法》、《监察厅法》、《律师法》以及《行政诉讼法》等,对与明治宪法体系相关的国家组织法进行了重大的民主改革。[5]

日本战后新宪法采用了欧美国家普遍实行的三权分立原则和英国式的责任内阁制。根据这部宪法,立法权、行政权、司法权分别由国会、内阁、法院行使。宪法规定,"国会是国家最高权力机构,是国家唯一的立法机关",由众议院、参议院两院组成,两院议员均由全体国民普选产生,废除了明治宪法中规定的贵族院议员由天皇敕任的规定。国家主权由代表全体国民的议会行使,国会议员代表全体选民行使国家最高立法权,并且拥有财政监督权和国政调查权。在参、众两院的关系上,众议院居优先地位,不仅拥有政府预算的先议权、对内阁的信任与不信任表决权,而且在政府预算案和条约的承认、总理大臣的指定、会期延长、法案的决议等较之参议院更为优先,甚至众议院通过的法案如果被参议院否决,众议院可以 2/3 多数再次通过,该法案即可成立。当众议院被内阁解散时,参议院在此非常期间成为国家唯一的立法机关。而当新的众议院选举产生后,参议院在非常时期通过的法律还要得到众议院的认可,否则将失去法律效力。

日本新宪法规定内阁直接从国会中产生,由国会议决产生内阁总理大臣,同时规定内阁总理大臣与内阁的半数以上成员必须是国会议员。新宪法规定,内阁是国家最高行政机关,行使行政权。内阁行使行政权必须对国会负责。内阁是否继续执政,由众议院决定。如果众议院通过对内阁的不信任议案,内阁或是总体辞职,或是在10天之内解散众议院,举行大选,由国民重新选出的众议院再决定内阁的去留。关于内阁行使解散众议院的权力问题,日本国内有很大争议,有人主张在内阁行使解散权时,应当经过最高法院裁定,以保证内阁的决定符合宪法。[6]在一个行政部门长期占有主导地位的国家,公众有这样的顾虑是可以理解的。但从长远来看,这样的规定可能会破坏议会与内阁两者之间权力的平衡。新宪法对明治宪法中军人可以执政的规定进行了修改,规定内阁的成员完全由文官组成,禁止现役军人担任内阁职务。

新宪法规定司法权属于法院。宪法第八十一条规定,“最高法院为有权决定一切法律、命令、规则以及处分是否符合宪法的终审法院”。制定违宪审查制度是现代欧美国家普遍采用的一种制度,日本基本上是模仿美国的方式,直接将审查权交由最高法院行使,而不再建立专门的宪法法院或宪法审议委员会。法院独立审判,不受立法机关、行政机关的干预。同时规定最高法院有权决定一切法律、法规、命令、规定是否符合宪法,从而具有对国会和内阁的立法权、行政权的制约作用。为了保障法院和法官的独立审判权,宪法还做出若干规定,如“不得违反本人意志,被免官、转官、调职、停职、减少报酬”。同时又规定法官由内阁任命,国会议员可以组成“弹劾法院”,审判受到罢免控诉的法官。这体现了三种权力之间的相互制约。[7]

第二节 天皇制度

一、战后宪法对天皇制度的规定

战后初期,国际舆论和联合国许多国家的代表都主张把日本天皇作为首要的战争罪犯判处死刑,但占领当局竭力开脱日本天皇的战争罪责,战后宪法没有废除天皇制度。[8]日本最终保留天皇制,也与日本国内的支持有关。据1946年5月《每日新闻》关于宪法草案的舆论调查,支持天皇制的人占85%,反对者占13%。工农大众的支持率最低,但也占55%。[9]

根据新宪法的条文,对天皇制度做出如下规定:

第一,宪法第一条称:“天皇是日本的象征,是日本国民的整体象征,其地位以主权所在的全体国民的意志为根据。”新宪法同时也对天皇的职责作了具体规定。天皇行使公布宪法修正案以及其他法令、政令与条约,召集国会、解散议会、公布国会议员选举,任命内阁大臣和最高法院院长,颁发认可大使、公使的委任状,接待各国首脑及接受各国大使及国书等权力。但行使这些权力都要“根据内阁的建议与承认”,不得擅自行使。同时,这些权力本身也是形式上和礼节上的象征性的国家权力。而此前日本天皇所拥有的决定政策、人事任免、实施国政、监督立法与司法权力都不复存在。原来辅佐天皇的实际权力机构枢密院、贵族院等也被废除,以往天皇制存在的支柱——军部也早被摧毁,天皇仅仅是一种象征而已。

第二,新宪法铲除了天皇制的神权政治根基。按照1889年《大日本帝国宪法》,天皇的统治是万世一系的、神圣的。同时,明治政府把天皇神格化的神道教奉为国教,实行政教合一的统治。这使近代天皇制度蒙上了一层神圣的宗教外衣。在这种双重统治下,日本国民长期以来已经习惯于把天皇奉为神灵的神话看成是真实的现实。1945年12月,在宪法颁布之前,美国占领当局做出了使天皇神格化的神道教与国家分离的指令。1946年元旦,在麦克阿瑟的劝告下,天皇发表了《关于建立新日本的诏书》(即《人间宣言》),明确表示了自己是人,而不是现实的神,"朕与国民同在,从来都与你们利害相关、休戚相关。朕与国民的关系始终是相互信赖与敬爱的关系,而绝不是神话和传说所创造出来的。把天皇说成是现世神,把日本民族说成是比别的民族优越的民族,进而认为日本负有统治整个世界的使命的观念是没有根据的"。

第三,彻底改变了天皇的经济地位。日本的皇室经济曾是日本社会经济中最大的一种经济势力。皇室的财产不属于国家,皇室的费用开支都由皇室经济产生,不在国家预算范围之内。明治维新以后,皇室经济随日本经济的发展而迅速膨胀,到二战以后为止,天皇拥有的土地为135万町步,相当于今天日本群马县与栃木县的两县面积的总和。此外,皇室财产还包括大量的金条、银锭和现钞,以及各大公司的股票、公债和其他有价证券。如果再加上皇室拥有的各种文化财产,按战后初期的物价计算,皇室经济的规模约有660亿日元。根据占领当局的指令,天皇的所有财产被全部冻结,转归国家所有。新宪法规定,皇室的一切财产属于国家。皇室的一切费用开支全部编入内阁制定的国家预算,预算必须通过国会的审议、批准。[10]

二、日本公众对天皇制度的心态

关于日本天皇在政治制度中的地位和作用,日本公众大体上有三种不同的观点:

第一种是"废止论",主张打倒天皇、追究天皇的战争责任。战后初期,日本的部分知识分子认为,天皇对对外发动侵略战争、对内施行法西斯统治负有不可推卸的责任,废除天皇制度、追究天皇的战争责任是符合正义的。当时,苏联、英国、中国和许多东亚国家主张废除日本的天皇制度,甚至美国也有相当一部分人主张废除天皇制度。1945年,美国国内的舆论调查显示,71%的人都持此见解。当然,在今天现实的日本政治中,仍要坚持废除天皇制度的见解已经为数不多。这主要是由于在战后几十年的政治实践中,天皇始终受到宪法的约束,处于远离现实政治的无权地位。

第二种是"象征论",主张彻底解除天皇在国家权力中至高无上的地位。这基本上是战后宪法中规定的天皇地位。

第三种是"存立论",主张天皇制度不仅应当存在,而且应当修改该宪法使天皇成为实际统治者,恢复天皇在战前历史上的专制独裁地位。持这种观点的是部分不甘心日本战败、力图把日本重新变成军事大国的右翼分子、旧军人团体等军国主义者。在战后日本宪法制定过程中,他们先是鼓吹维护日本国体、力主天皇制度应当继续存在,在新宪法颁布后,又发起了宪法修改运动,试图恢复战前的天皇制度。

一个日本国民自幼接受的有关国家的教育,包括国旗、国歌、社会、历史、守法观念、公民权利义务等等,天皇的名字几乎无处不在。从这些方面看,天皇制度虽然远离了有形的国家的权力,但是作为一种精神力量却依然在日本的社会政治生活中发挥着不可低估的作用。

从20世纪90年代初开始,天皇的国际交往活动明显增多。在自民党内和新党等一部分保守势力关于政治改革的对策议论中,如何改变以往天皇与实际政治分离的状况成为他们关注的问题之一。在这方面,他们主张积极扩大天皇对国内国际政治的影响,提高国家元首的实际政治地位。当然,这在很大程度上涉及日本现行宪法的修订,也由此引起其他政党的异议和反对。社会党、社会民主党、共产党等政治力量,在不同程度上对改变天皇的地位持反对态度,认为应当维护战后和平宪法关于天皇地位的规定,反对加强天皇制。在20世纪80年代以来的民意调查中,日本公众主张维持天皇现有地位的人数有逐渐增多的趋势,已经由以往的70%增加到80%之多,而持加强天皇制和取消天皇制意见的人数都有所减少。[11]

第三节 国会简介

一、日本议会制度的历史演变及主要政党情况

1889年,日本宪法颁布。根据宪法,1890年日本首次开设议会,称为“帝国议会”。帝国议会由贵族院和众议院两院组成。贵族院由“皇族、华族及敕认之议员”组成。构成贵族院的皇族、华族和敕认议员的资格及人数,由贵族院令规定。[12]众议院议员由选举产生,规定年满25岁以上、交纳直接税15元以上的男子才有选举权。实际上,在1890年第一次议会选举中,享有选举权的选民人数只占全国人口的1.24%。[13]

当时的议会权力极小。从立法程序上看,法律经过议会讨论通过后并不能成立,还必须经过枢密院(根据宪法设立的天皇咨询机构)的审议以及天皇的批准才能生效。同时,天皇还可以不经议会的参与,以敕令、紧急敕令以及其他方式任意制定法律,议会不得干预。从议会与内阁的关系看,内阁不从议会中产生,而是直接受命于天皇,因此内阁仅对天皇负责,不对议会负责。另外,国家预算提案权属于内阁,而不属于议会,议会只能审议内阁提出的政府预算案。对于天皇批准的特别经费和皇室经济开支,议会根本无权过问。按照帝国宪法的规定,帝国议会只能起到陪衬和有限的议政作用。天皇统帅之下的近臣,即明治时代的开国元勋、枢密院、宫内大臣以及重臣(退职的总理大臣)、军部却握有实权。

从1890年议会成立到1945年第二次世界大战结束为止,日本近代议会制度的发展

大致经历了三个阶段。第一阶段是从议会成立到1890年第三次伊藤内阁倒台为止,是日本议会制度的初创时期。议会的活动主要围绕政府预算的审议开展,自由党和改进党是众议院中最活跃的"民党"。他们针对政府积极扩军备战、军费开支膨胀的问题,提出"节减经费"、"修养民力"的主张。但在关键问题上,天皇发布诏书,确认未经政府同意,议会无权削减既定的经费,致使民党不得不屈从于政府,并由此发生分裂。

第二阶段从1898年大限内阁成立到1932犬养毅首相在"五·一五事件"中被法西斯分子杀害为止,这一阶段日本经历了日俄战争、日本吞并朝鲜、第一次世界大战、日本政党内阁的出现等重大事件。特别是在大政时代和平的国际环境以及世界民主潮流的影响下,议会的作用有所加强。这一时期的各届内阁逐渐注重与议会保持形式上的良好关系,否则政府无法顺利地施政。1898年,天皇任命当时议会的多数党(宪政党)的首领组织内阁,表明日本议会政党地位的提高。1924年,在议会中占多数的宪政会总裁加藤高明受命组阁,成立了以他为首的三派(宪政会、政友会、革新俱乐部)联合内阁,标志着日本议会政党内阁的出现。

第三阶段从海军大将斋藤实成立"举国一致内阁"开始,到日本战败投降为止。这一阶段日本在国内公开建立军国主义、法西斯独裁统治,发动了侵华战争,并不断扩大侵略范围,最终导致第二次世界大战的全面爆发。当时,本来权力就非常有限的议会,在集权统治面前,影响就更加微不足道了。到1940年,日本政府在取缔了共产党之后,宣布全面禁止一切政党活动,成立了由统治阶级各方代表组成的"大正翼赞会",作为唯一的辅佐天皇的政治组织。至此,帝国议会成为赞助法西斯主义战争的御用机构,议会制度名存实亡。[14]战后民主改革之后,日本议会制度发生了重大变化,主要特点是从1955年起,形成了自民党一党长期执政,社会党、公明党、民社党、新自由俱乐部、社民联、共产党等政党为在野党的格局。20世纪90年代初,这种一党执政的局面才被打破。

截至2005年9月12日,即日本第44届众议院选举结束后,在日本国会众议院拥有席位的政党主要有:[15]

(1)自由民主党(简称"自民党")。1955年11月由原自由党和民主党合并而成,在议会中形成稳定多数,独掌政权。[16]自民党是历史较长的传统保守政党,在中小城市和农村势力较强。

(2)民主党。1998年4月27日成立,由原民主党、民政党、新党、友爱和民主改革联合四党组建而成。该党主张推行民主、稳健的政治路线,构筑新自由社会。

(3)公明党。1964年11月成立,其母体为宗教团体创价学会。该党基本政策坚持稳健的政治路线,提倡和平主义。

(4)自由党。1998年1月成立,绝大多数成员来自原新进党。该党属保守政党,内外政策与自民党十分接近,主张实现小政府,建立自由、公平、透明的社会,使日本成为与大国平起平坐的"普通国家"。

(5)日本共产党。1922年7月15日成立,战后获合法地位。20世纪70年代中期出现了发展的高峰期。进入20世纪90年代,日共根据冷战后的新形势,对政策主张再次进行调整。2000年11月,日共召开第二十二次全国代表大会,修改党章,把党的性质由"工人阶级的先锋政党”改为“工人阶级政党”和“全体日本国民的政党”。该党虽支持阶层比较稳固,基层组织较健全,但支持力量不多,且比较分散。此外,由于既拒绝企业团体的捐款,也拒绝政府提供的资金,因此经费不足,在政党选举中成绩不佳,影响力不及其他在野党。

(6)社会民主党(简称“社民党”)。1945 年 11 月成立,1996 年 4 月由社会党易名为社会民主党。该党主要成分是工会和农协的活动家、中小企业主和知识分子。冷战期间,该党作为革新派政党与保守的自民党长年对峙,近年来实力大减。

(7)保守党。2000 年 4 月由自由党 26 名成员脱党组成。该党主张要体现“保守主义”的真正含义,维护国家、社会的安定及和谐。[17]

(8)自由联合。1989 年 11 月 25 日作为“保守政治改革派”宣告成立。1994 年,其所属国会议员达到 8 人,正式作为政党注册。但后来分化组合频繁,一度在国会中竟无一个席位,失去作为政党而存在的资格。目前,在国会中占有两个席位。[18]

二、日本国会的组织

战后日本国会仍采用两院制,由众、参两院组成。西方其他国家采用两院制的多半是联邦制国家。在日本宪法制定过程中,麦克阿瑟方案曾规定为一院制,受到日本政府的反对,最终还是设置了两院。[19]但新的两院制以众议院为第一位。

日本新的两院议员均由民选产生。众议院任期为 4 年,参议院任期为 6 年,每 3 年改选其中半数。但由于宪法规定内阁可以解散众议院,所以众议院的实际任期一般达不到 4 年。参议院不能被解散,只能按期进行选举。目前,众议院的议员名额是 480 名,其中 180 名是按比例代表制,由全国 11 个选区按比例选举产生,另外 300 名则根据小选区制选举产生。参议院的议员名额是 242 名,其中 100 名由比例代表制选举产生,另外 142 名则从以都道府县为单位的 47 个选区中产生。[20]

国会会议有常会、临时会、特别会。常会在每年 12 月召开,一般会期为 150 天。临时会议由内阁建议召开或由 1/4 以上的议员建议召开,主要讨论和通过紧急的议案。特别会议是大选后为指定内阁总理大臣召开的。

根据法律的规定,众、参两院还分别设有各种专门委员会和其他事务机构。专门委员会的设置与内阁的省厅设置相对应,数目增减也与省厅机构的增减密切相关。[21]在两院的关系方面,众议院的权力大于参议院。如果众议院通过的决议案在参议院被否决的话,只要经过众议院出席议员 2/3 以上多数表决再次通过,就可以成为法律。对总理大臣的提名、条约的批准和预算的批准,众议院也较参议院处于优先地位。除修改宪法问题外,两院决议不一致或在规定的期限内,参议院仍未做出决议的情况下,则以众议院的决议作为整个国会的决议。众议院还有权通过或否决对内阁提出的信任或不信任案,决定内阁辞职或继续执政,而参议院则无此权力。[22]

三、相关的选举制度

日本战后宪法直接规定的国民参政权包括 4 个方面,即选举权与罢免权、被选举权、请愿权、国民投票权。关于选区划分,战后采取了“中选举区制”。全国划分为 129 个选区,绝大多数选区都选举产生3~5名众议员。参议院的议员定额变化不大，即全国选区为100名,地方选区为150名。1992年冲绳回归日本后,参议院地方选区议员定额增至152名,全部参议员定额为252名。[23]

1994年1月29日,日本国会通过了内阁提出的“政治改革关联四法案”(即公职选举法、政治资金规正法、政党助成法、众议院议员选举区划定审议会设置法),其中涉及众议院议员选举制度改革的主要内容有:将原有中选举区制改为小选举区比例代表并立制,将全国划分为300个小选区和11个比例代表选举区;众议院议员定额从过去的511名改为500名,其中300名来自小选区,200名来自比例代表区;比例代表区以选区为单位提交候选人名簿,并以选区为单位计算选票,然后以顿特式计算方法(此种计算方法是将各党在比例代表区中的总得票数按多少顺序排列,再以1、2、3等整数依次相除,在所得商数中选择一个将议席分配恰当的基数)确定各党的议席数额,按候选人名簿的顺序决定当选者。另外对当选者也做出了规定。新选举制度同时也强化了对违法乱纪者的处罚。如果违反《公职选举法》,不仅与其事有关的候选人亲属及其直接责任者要受处罚,而且候选人的秘书和竞选活动的组织者也成为连坐的对象,候选人本人的当选无效,且5年内不得参加竞选;罚款由过去的5~30万日元提高到20~100万日元。[24]

选举制度改革是20世纪90年代前期日本政治改革的核心，对冷战后日本政党体制的转型具有重要的影响。新选举制度的“小选区”特征,对小政党不利,削弱了中小政党的力量。相反,对第一大党(自民党)有利(1996年、2000年、2003年的选举结果均可证明此点)。此外,有的学者还认为,新选举制度不仅在选票的计算上有利于第一大党,而且对选民产生的心理效果也容易形成一党优势的局面。因为当选民认为与自己愿望最接近的候选人当选的可能性很小时,在多数表决的选举制度下,会转而采取支持最有力候选人的行为方式。[25]

四、国会的职权

根据战后日本宪法,“国会是国家的最高权力机关,是国家唯一的立法机关”,国会行使以下职权:

(一)立法权

制定法律是国会最重要的职权,也是国会活动中最主要的工作。根据日本宪法和《国会法》,立法倡议权属于国会和内阁。在实际立法过程中,国会审议和通过的绝大部分法律都是内阁提出的。按照宪法规定的立法审议程序,通常分提案、审议、表决、公布四个阶段。

议员提案:要求众议院提案要由20人以上联名,参议院提案要由10人联名。涉及政府预算的提案,众议院要由50人联名,参议院要由20人联名,并附带提案理由说明。有的提案经过国会专门委员会审议,在各党许可后,作为委员会提案,不需要附属赞成者。

内阁提案:首先由内阁下属各省厅及其他行政机关制定草案,经内阁法制局审议后,提交内阁会议通过,最后以内阁总理大臣的名义向国会提出。

议案提出后,先交由与议案相关的国会专门委员会审议。提案议员或内阁成员应向该委员会说明法案宗旨,经委员会成员的质询、发表意见,然后进行表决。只要半数以上委员赞成即可通过。如赞成与反对票数相等,则由委员长裁定。委员会的立法审议过程只限于国会召开常会期间,而且基本上是秘密进行的。委员会对法案的审议在立法过程中具有极为重要的实质性意义,而最终的议员全体会议表决往往只是形式上的赞同或反对。一项法案经委员会讨论通过后,由该委员会的委员长代表该委员会向议院全体议员提出,再经过质询、讨论,最终进行表决。表决程序规定,众议院、参议院两院均必须由 1/3 以上的议员出席才能进行表决,表决时原则上为过半数通过即为有效。[26]

(二)具有任免首相和组织行政机构权

日本宪法规定,国会是国家的最高权力机关,内阁向国会负责,国会监督内阁。国会的这项权力包括了以下几个方面内容:(1)决定内阁总理大臣人选。首相的提名权属于国会。如在首相提名问题上众、参两院意见发生分歧,应召开两院协议会协商解决;协商仍无法达成一致意见时,或众议院提名表决后 10 日内参议院不作提名议决时,“即以众议院之决议为国会之决议”。国会提名和选举内阁总理大臣是依据票数的多少决定的。因此,内阁总理大臣一职一般都是由国会中的多数党领袖担任的,少数党的领袖只有在相互联合取得议会多数的前提下才有可能成为总理大臣。(2)众议院有权迫使内阁辞职。宪法规定,“内阁在众议院通过不信任案或信任案遭到否决时,如 10 日之内不解散众议院必须总体辞职”。中央行政部门局以上机构和公务员的总数也是由国会法律规定的。

(三)对行政部门的监督权

国会有权对行政部门执行国会制定的法律的状况进行经常性的监督,并可以在国会全体会议或各个委员会的会议上向行政官员提出质询。宪法规定:“两院得各自进行有关国政的调查,并得为此要求证人出席作证或提出证言及纪录。”

(四)对外交的监督权

日本宪法规定,政府对外缔结条约必须得到国会的承认。内阁有权处理外交关系,但与别国缔结条约时必须事前或事后获得国会的批准承认,否则条约不能生效。同时,宪法还规定总理大臣应向国会作有关对外关系的报告,国会议员还可以向总理大臣就对外政策方针提出质询。

(五)对财政的监督权

审议和通过政府预算和财政议案是国会的一项重要职权。日本国家的年度财政预算、补充预算和决算,都必须经过国会的审议和通过。宪法第八十三条规定:“处理国家财政的权限须根据国会决议行使之。”根据宪法规定,政府应将编制后的国家预算送交国会审议。除预算案的审议外,国会还有权审查国家的年度决算,有权变更现行赋税的法律。

(六)对司法的监督权

根据宪法,国会有对法官进行弹劾的审判权,即由两院议员组成弹劾法院,对受到公诉罢免的法官进行审判。

日本的国会议员全部由法定程序选举产生。与各发达国家的议员人数相比较,日本的国会议员人数多 1/3 以上。议员在日本享有丰厚的工资报酬和各项津贴,社会政治地位也相当高。

日本国会议员领取相当于政务次官的工资,副议长领取相当于大臣的工资,议长领取相当于内阁总理大臣的工资。按照1997年修改后的《议员岁入法》规定,国会两院议长的月俸为155万日元,副议长为113万日元,议员为84万日元。除月薪外还有立法事务费60万日元、文书通信费65万日元、议员秘书津贴(一秘39.998万日元、二秘22.86万日元),每年还有275万日元的奖金,另外还有各种名目的补贴,包括会议补贴、住房补贴、国外差旅费以及退职金等等。[27]

【参考文献】

[1][3][8][16]赫赤,谭健.日本政治概况[M].北京:中国民主法制出版社,1990.

[2][12]董播舆.日本国会[M].北京:中国民主法制出版社,1990.

[4][5][6][7][9][10][11][13][14][17][21][25][26][27] 刘小林. 当代各国政治体制——日本[M].兰州:兰州大学出版社,1998.

[15][18]孙书林,韩铁英.日本[M].北京:社会科学文献出版社,2005.

[19][20][22]徐万胜.日本政治与对外关系[M].北京:人民出版社,2006.

[23]王新生.现代日本政治[M].北京:经济日报出版社,1997.

[24]宋长军.日本新选举制度与政治改革[J].当代亚太,2003(3):42-47.

第三章 中央行政机构

日本实行责任内阁制,内阁是中央政府的核心,是国家最高行政机关。它在内阁总理大臣的领导下,总揽全国行政大权,领导和监督各级行政机关的工作。

第一节 内阁历史简况

1885年12月22日,根据明治天皇第六十九号敕令,日本内阁正式建立。当时,明治宪法尚未颁布,伊藤博文内阁代替太政官制度为开设议会做准备,由此称这届内阁为“敕令内阁”。按照《内阁职权》的规定,当时的内阁总理大臣的权限是以遵从天皇的意志,“指导大政方针,督统各行政部门”。

1889年,明治宪法颁布。但宪法中只有政府字样,根本没有“内阁”一词。内阁总理大臣由天皇征询明治维新元老们的意见后任命。这一时期的国家最高行政权属于天皇,内阁不是国家的最高行政机关。内阁是“天皇的内阁”,对天皇负责,而不是对国会负责。同时,明治宪法第五十五条规定:“各国务大臣辅弼天皇以任其责。”这又使各大臣单独对天皇负责,进一步削弱了内阁总理大臣的权力。

第二次世界大战期间,日本内阁制度的最大变化是军人在内阁中的地位日益突出。根据明治维新以来的制度,军部负责人、陆军总参谋长和海军军令部长都拥有“帷幄上奏”权,即不需要通过总理大臣而直接上奏天皇商议国事的权力。后来这种权力又进一步扩大到陆、海军大臣。相比之下,内阁总理大臣的地位虽略高于其他国务大臣,但无权控制整个内阁。内阁的活动受到陆、海军大臣的极大制约,经常出现陆、海军大臣与内阁不合作的现象。从1885年到1945年60年间的43届内阁和29位总理大臣,内阁总理大臣的人选初期以藩阀为主,中后期则为军阀势力取代。在29名内阁总理大臣中,有15位是军人。[1]

第二次世界大战结束后,日本废除了敕令内阁制,实行议会内阁制。按照战后新宪法,国会是国家的最高权力机构,内阁由国会产生,内阁对国会负责,而不再对天皇负责。新宪法规定的组阁程序如下:首先,由在国会中的各个政党推选本党总理大臣候选人。然后,国会众参两院分别提名总理人选。经过两院投票,获得多数选票的候选人即成为国会正式指定的内阁总理大臣人选。两院指定内阁总理大臣后,上奏天皇,由天皇正式任命。内阁总理大臣产生后,将内阁成员名单上奏天皇,经天皇认可、总理大臣任命,完成组阁。

内阁是行使国家行政权力的最高机构。根据《日本国宪法》,内阁的主要职权有:执行法律,总理国务;处理对外关系,缔结条约;编制并向国会提出预算;制定与实施宪法和法律所需要的政令等行政法规;决定大赦、特赦、减刑、刑法执行的免除及恢复权力;召开国会或决定召开国会临时会议,宣布国会议员大选;可视需要解散众议院,举行大选即众议院议员的选举;提名最高法院院长人选,任免各级法官;向国会提交国家决算和会计检察院审查报告;向国会及国民报告国家财政情况。[2]

内阁的职权由内阁总理大臣及其他国务大臣实施,内阁总理大臣作为政府首脑,日本宪法规定其具有以下主要权限:总理大臣代表内阁向国会提出议案,就一般政务以及外交关系向国会提出报告;总理大臣根据内阁会议决定的方针,对行政部门进行指挥监督;法律和政令由主管的国务大臣署名,并须有总理大臣签署;主持内阁会议;根据国家公安委员会建议,总理大臣有权宣布全国或部分地区处于紧急状态,并可以调动自卫队,但事后必须报请国会追认;当主管部门大臣之间的权限发生争议时,总理大臣有权通过阁议裁决;总理大臣有权中止各行政部门做出的处分和命令,以待内阁开会进行重新处理;批准对国务大臣的追诉;凡检察官对内阁某大臣提出公诉,或需要加以逮捕时,必须事先得到总理大臣的批准与承认;任命国务大臣。[3]战后日本新宪法授予内阁总理大臣的权限远远超过了战前。

在战后初期,日本的各届内阁基本都是外务省出身的官僚。在处理日本投降事宜的战后第一届东久内阁下台时,东久就讲到,"今后应该有充分了解英美的人组织内阁,在与盟军密切联系下开展政务"。随后由币原喜重郎组成战后第二届所谓"超党派"内阁。币原战前曾多次出任外务次长和外相,人称他为"亲英美的外交家"。其后相继执政的吉田茂等都是外务省的官僚。在美军占领期间,麦克阿瑟指挥的占领军司令部凌驾于日本政府机构之上,是当时日本的实际统治者。因此,此时的各届内阁总理大臣的主要任务就是与占领当局交涉,这是外交官出身的官僚屡任内阁总理大臣的原因。[4]

1955年10月,社会党左、右两派召开合并大会,重新统一。同年11月,自由党和民主党也宣布合并,成立了自由民主党。合并后自民党所属议员为399名,成为国会中超过半数议席的第一大党。统一后的社会党在国会众议院中有156席,成为国会的第二大党。自民党和社会党两党占据了国会80%以上的议席,日本战后多党纷争的政治格局被为数不多的几个比较稳定的政党代替。同时,自民党在下院中通常又有超过社会党一半以上的优势,建立了长期稳定执政的自民党保守政权。此后很长一段时间,日本内阁的更迭是以自民党内派系之争决定的。这种日本独特的政治格局,被称为"55体制"。

从20世纪70年代起,自民党开始衰落,大选中多次出现执政党、在野党势均力敌的局面。但由于在野党内部分歧严重,无法达成一致,仍然无力击败自民党。1992年,自民党副总裁、竹下派领导人金丸信因收受佐川快件公司90亿日元以及大量金条、股票和证券的巨额贿赂而被捕入狱。日本民众群情激愤,自民党的信誉直线下降。1993年6月,日本国会围绕政治改革法案展开激烈争论。当时的宫泽内阁对党内外各种意见分歧无力协调,决定放弃在本届国会上通过政治改革法案。于是,社会党、公明党、民社党向国会提出了对宫泽内阁的不信任案。由于自民党的羽田派投票支持这一提案,国会通过了不信任案。宫泽内阁不得不宣布解散众议院,举行大选。竞选期间,自民党发生分裂,羽田孜和小泽一郎组成新生党,武村正义等组成先驱新党。大选后,自民党只获得223席,不足511个议席的半数,失去了单独组阁的条件。社会党也在这次大选中失利,仅仅获得70个席位。

当时在野党有两大势力,一方是新生、社会、公明、民社、社民联5党,一方是新党和先驱新党。最终,新党、先驱新党与新生党等5党联合,推出新党领袖细川护熙为总理大臣候选人,战胜了自民党候选人河野洋平,当选为日本第79届内阁总理大臣,产生了1955年以来第一个非自民党的8党联合政权。至此,“55体制”结束。

1994年4月8日,由于细川从佐川快件公司借款1亿日元和购买日本电话电信公司股票之事受到了在野党的严厉追究,加上联合政权内部矛盾重重,细川内阁宣布辞职。1994年4月25日,在众参两院全体会议上,联合政权推选的新生党领袖羽田孜战胜了自民党候选人河野洋平,当选为日本第80届内阁总理大臣。这一届内阁执政不到两个月,由于联合政权内部分裂,失去下院多数,不得不宣布内阁集体辞职。

1994年6月,自民党与社会党结盟,再联合先驱新党,形成了议会多数。1994年6月29日,社会党委员长村山富士在众议院第二轮投票中,以261票对220票,战胜竞选对手海部俊树,当选为日本第81届总理大臣。“大联合政权”由此产生。在村山内阁的成员中,自民党占13人,社会党占7人,新党魁党占2人。日本许多评论认为,现在除了共产党外,所有政党都进入了自民党政治的帷幕之下,日本政治已经走上了“总体自民党化”、“总体保守化”的道路。[5]

1996年1月,在第40届众议院议员选举中,自民党获得了211个议席,较前次增加了10个议席。自民党向原联合政权各党提出由桥本担任内阁总理大臣候选人。其后,桥本当选为联合政权的总理大臣。1996年10月,日本举行了第41届众议院议员选举。这次选举是按照1994年通过的新的选举制度进行的。自民党获得239个议席,新进党获得了156个议席,民主党仅仅获得52个议席。自民党在1993年以后,再次建立起一党执政的内阁,桥本龙太郎继续留任内阁总理大臣。

桥本内阁自1996年1月上台,共维持了30个月,是20世纪90年代日本“寿命最长”的内阁。在1997年7月发生的亚洲金融危机中,日本的大型金融机构接连倒闭,金融动荡急剧蔓延,有人提出“最大的经济对策就是桥本下台”。1998年7月,自民党在参议院选举中惨败,桥本被迫辞去总裁和首相职务。[6]

小渊内阁放弃了桥本路线,转向“景气优先”战略。2000年4月,小渊惠三患脑血栓住进医院,小渊内阁总体辞职。其后,小渊病情不断恶化,最终以身殉职。[7]接替小渊的森喜朗上任时,经济形势稍有恢复。但在森喜朗执政期间,日本经济再现滑坡迹象。与此同时,自民党腐败丑闻一再暴露,森喜朗本人又大讲“日本是神之国”之类的言论。日本公众对这位在小渊死后由自民党少数领导人关起门来商定推出的接班人是否具备首相基本素质产生怀疑，指责自民党"腐败肮脏"，批评森喜朗首相是"密室政治"的"私生子"。[8]森喜朗上台不到一年，就遭到在野党提出的不信任案，支持率也降到了一位数，终于被迫辞职。[9]

2001年4月，小泉纯一郎当选为自民党总裁，出任内阁总理大臣。小泉竞选自民党总裁时以"结构改革"为口号，他上台后甚至把自己的内阁称为"结构改革内阁"。虽然小泉内阁出台了多项结构改革等框架性计划，取得若干积极进展，但在金融重建和减少政府对经济活动的干预方面进展甚微。

2003年11月10日，日本第43届大选揭晓，执政三党获得了绝对稳定多数议席，从而保住了组阁权。各党获得的议席如下：三党联盟中的自民党237席(选举前247席)，公明党34席(选举前31席)，保守新党4席(选举前9席)，在野的民主党177席(选举前137席)，共产党9席(选举前20席)，社民党6席(选举前18席)。众议院共有480个议席，余下的为无党派人士获得。在这次大选中，最大在野党民主党的议席显著增加，似乎显示日本政治进入了两大保守政党对峙时代。[10]但是，在2005年9月12日，日本第44届大选结束后，各党派拥有的议席发生了变化：执政两党获得327席，占议席总数的2/3。其中，自民党296席(选举前212席)，联合执政的公明党31席(选举前34席)，民主党113席(选举前177席)，共产党9席(选举前9席)，社民党7席(选举前5席)，两个新党5席及无所属席19个。

2006年9月20日，日本官房长官安倍晋三被选为自民党新任总裁，在9月26日的日本国会的特别会议上成为日本首相。2007年7月，自民党在参议院选举中失利。2007年9月，因在野党在参议院已经占有半数以上席位，政府和自民党提出的《反恐特别措施法》修正案遭到民主党的坚决反对，无法在国会通过，安倍晋三宣布辞职。2007年9月23日，福田康夫当选自民党总裁，9月25日成为日本新一任首相。

2008年9月1日，日本首相福田康夫宣布辞职。9月22日，68岁的自民党干事长麻生太郎当选自民党总裁。24日，众议院选举麻生太郎为新首相。

2009年8月，鸠山由纪夫带领民主党在众议院选举中取得历史性胜利，终结了自民党的长期执政地位，于9月当选首相。2010年6月，由于未能兑现将驻日美军普天间基地迁到冲绳县外的承诺，鸠山由纪夫辞职。同月，菅直人竞选民主党党首，并出任首相。2011年4月日本发生大地震，菅直人在处理福岛核电站事件中的表现让民众失望。8月，菅直人辞职，野田佳彦当选民主党新党首，并出任第95任日本首相。

1955年到1972年是日本经济高速增长的17年，先后任首相的有鸠山、石桥、岸、池田、佐藤5人，平均每位首相在位3.4年。从1972年到1982年的10年间，先后有田中等5人任首相，平均每任在位2年。从1982年到1993的11年间，有中曾根等5人任首相，平均每任两年多一点。"55体制"结束后，内阁更迭更为频繁。1991年以来，从宫泽、细川、羽田、村山、桥本、小渊、森、小泉、安倍、福田、麻生、鸠山、菅，至目前的野田佳彦，日本已换了13位首相。其中，在克林顿的8年任期内日本换了7位首相。小泉在2002年8月说："日本在10年里换了10位首相，一首打油诗讥讽'一个克林顿，抵上七首相'。无论什么公司，如果10年换10位社长一定会倒闭。"[11]

日本内阁频繁更迭的原因比较复杂，与其他多党制的国家有所不同。在"55体制"时期,内阁变换的主要原因是自民党内派系林立,轮流坐庄,即每一个派系都要争取组阁,于是党内尽可能地限制总裁的任职时限,让每一个大派系的头领都有机会出任首相。20世纪90年代初的频繁变动,与当时政党力量的急剧变化有关。政党迅速地分化组合,联合内阁不容易获得稳定多数。20世纪90年代后期,则主要是由于历届首相平庸,内阁改革不力,经济长期不景气。而内阁缺乏人才,则与自民党内部的人才选拔机制有关。

日本的观念中历来比较注重资历。只有在明治维新和战后改革时期,能够起用新人。在这些特殊时期,出身低下之人也可以成为最高领导者。从20世纪60年代以后,在自民党的长期执政过程中,实行了以当选次数为指标的人才选拔机制。当选众议院5到6次担任大臣,有两次担任大臣的经验后成为某派系的实力人物。当选10次左右就可领导派系,做得好可以担任首相。由于仕途漫长,及早投身政界变得有利。这样一来,二代候选不断增加。对于这些年轻时即进入政界,不知其他世界情形,长期效忠于派系领导,经过20年或30年就可担任首相的人,要求他们有大胆的领导作风是不可能的。同时,由于在野党软弱,自民党内也没有压力必须选择可以领导激烈征战的人才担任总裁,而是在党内按照论资排辈升迁,由一些熬出头的循规蹈矩的官僚来担任总裁。[12]

第二节　中央机构改革

一、改革前的内阁和中央各省厅

2001年改革之前,日本内阁由内阁辅助机构、总理府和12个行政省三部分组成。

(一)内阁的辅助机构

根据原《内阁法》的规定,日本内阁的辅助机构包括内阁官房、内阁法制局、人事院和安全保障会议。

内阁官房即政府办公室。内阁官房长官是内阁中掌握实权的职务,一般都由总理大臣在其亲信中任命。2001年末,内阁官房共有工作人员337人。[13]

内阁法制局是内阁的法律咨询机构。法制局局长不是内阁的成员,但可以出席内阁成员的所有会议,对政府的立法活动起重要作用。2001年末,内阁法制局下设长官总务室和4个职能部。[14]

人事院是协助内阁管理人事行政的机构。日本的人事官具有一定的独立性、稳定性,不受内阁更迭的影响。从2001年1月开始,下设机构改为总务局、人才局、勤务条件局和公平审查局4个职能局和公务员研修所,还设有由会长和4名委员组成的国家公务员伦理审查会,在地方设有8个派出机构。[15]

安全保障会议前身为国防会议,1986年改为现称,安保会议是日本内阁国家安全保障方面的咨询机构,实际是日本国家安全方面的决策机关。参加会议的成员包括内阁总理大臣(担任议长)、副总理大臣、外务大臣、大藏大臣、防卫厅长官、经济企划厅长官和国家安全委员会委员长等。其主要任务是审议决定国防基本方针、防卫计划大纲以及防卫计划有关的产业调整。出动自卫队一般要经过这个会议的批准。

(二)总理府及其下属机构

总理府本府。总理本府总务大臣由总理大臣在国务大臣中任命。总理府下设大臣官房和4个局,以及审议会等附属机构。

3个委员会是总理府的直属机构,其职责是研究制定政策,管理并协调某个方面的具体工作。这3个委员会分别是:国家公正交易委员会,负责《禁止垄断法》的实施,促进企业竞争、公平交易、禁止垄断;国家公安委员会,负责管理国家警察、调整警察行政、监督地方警察工作,委员会下设警察厅,统一指挥警察行动;公害调整委员会,负责调停、仲裁、裁决各种重大公害事件引起的纠纷。

总理大臣直接领导9个厅的行政工作,各厅的长官多为内阁大臣,由总理大臣亲自任命。各厅根据法律规定设置机构,按法律的规定掌握一个方面的行政职权,分别为宫内厅、总务厅、防卫厅、经济企划厅、科学技术厅、环境厅、国土厅、北海道开发厅、冲绳开发厅。上述9个厅的机构设置与行政省一样,它们名义上是直属总理府之下的行政机关,但实际上与内阁各省的作用近似。

(三)内阁12个行政省

第二次世界大战结束后,在美国占领当局的监督之下,日本政府废除了以往适应战争需要的陆军省、海军省、军需省、内务省和大东亚省。在此基础上经过多次调整,形成了日本中央行政机构12个省的建制。各行政省都设有大臣、政务次官、事务次官、大臣秘书官等职位。各省之下均设有大臣官房机构和若干局。

外务省是主管国家一切外交事务的中央行政机关,在日本中央政府中占有重要的地位。大藏省是日本主管财政、金融、税收的中央最高行政机构。通产省是主管工商企业、国内外贸易的中央行政部门。法务省是执行有关司法行政事务的中央行政机关。农林省是日本促进农业、林业、渔业和畜牧业发展的中央行政机关。邮政省是主管国家邮政事业的中央行政机关。文部省是主管国家教育行政事务的中央行政机关。厚生省是主管国家有关公共卫生和社会福利等行政事务的中央行政机关。建设省是主管国家有关土木、建筑等综合行政事务的中央行政部门。运输省是主管国内外陆、海、空运输事务的中央行政机关。劳动省是主管以劳动保护为中心的中央行政机关。自治省是主管地方自治事务的中央行政机关。[16]

二、日本行政改革

(一)改革的原因

二战后,在占领军的主导下,日本制定新宪法及内阁法等相关法律,对战前行政机构进行了比较彻底的改革。然而,日本虽然在战后实行了内阁制,在法律上国会是政策形成的中心,在实际的政治过程中,真正主导日本政策的却是行政系统。形成这种政治格局的原因很复杂,一般认为有以下因素:一是战前形成的“强行政,弱议会”的传统对战后日本内阁制的运作有深刻的影响。二是“强行政,弱议会”的传统和战后国家主导的现代化发展对行政的实际要求,使得行政系统的政策能力要大大强于国会系统。三是战后自民党长期一党独大的统治,形成了以自民党为核心的政策决定过程。自民党因与官僚建立了极为深刻的权力关系而获得很强的政策能力,并通过官僚行政系统充分实现自己的政策主张。[18]日本战后改革未能有效地改造其官僚体系,却使战前的"行政官厅"几乎未受损伤地被延续了下来。这些行政官僚在战后掌握了巨大的权力:

(1)控制审议机构。日本现有200多个审议机构。这些审议会在政策研究、决策和利害关系协调方面发挥着重要作用。名义上,审议会是大臣或首相的咨询机构,但审议会的事务局大都由主管官厅的官僚控制,审议会委员的人选由官僚决定,审议的信息资料由官僚提供,咨询报告由官僚起草。

(2)控制法案制定权。虽然国会议员和政府内阁都有向国会提交法案的权力,但大约90%的法案是由内阁提出的。一般说来,由官僚制定并以内阁名义提交国会的法案,绝大部分都能够获得批准。

(3)控制行政法规制定权。日本的行政法规包括由内阁制定和颁布的"政令"、以首相和大臣名义制定的"总理府令"和"省令"。日本的官僚习惯于通过控制立法过程,在法律中只确定一些抽象的原则,又以政令、省令的形式发布实施细则,以强化自身的权力。

(4)控制行政审批权。由于法律具有抽象性,官僚在审批时,往往拥有很大的"量裁"余地。日本行政机关所控制的审批形式名目繁多,包括许可、认可、执照、特许、批准、认证、登记、裁定、认定、确认、决定、指定、报告、申报等。甚至一些专家也无法说清其中的细微差别。官僚通过行使审批权,对社会经济进行广泛干预。

(5)控制特殊法人的运营。特殊法人(广义的"公企业")主要由以政府投资为基础的公共事业组成。控制特殊法人的实际运营是各主管官厅的基本权力。以民营化前夕的日本国有铁道等全国性大型公营企业为例,政府事实上掌握着总裁任免、预算、事业计划、定价、铁道路线规划等经营大权。

(6)控制财政投融资的运营。财政投融资制度是大藏省官僚操纵国家经济大权的重要工具,不仅规模庞大,而且在制度上可以逃避国会的审议和公众的监督。一些主要依靠财政投融资的特殊法人在20世纪80年代后债台高筑,濒临破产。1997年,仅"日本道路工团"和"国铁清算事业团"两家特殊法人财政投融资累计债务就分别达到22万亿日元和16万亿日元。

(7)行使"行政指导"权。日本的"行政指导"被中央和地方政府广泛应用。凡是响应行政指导的企业,通常都可以获得来自政府的政策性优惠待遇,反之,则会受到某种政策性歧视或惩罚。日本通产省是以"行政指导"干预产业活动的典型。日本的这种"官僚主导"模式,对其经济发展产生了很恶劣的负面作用。行政官僚对经济的过度干预,直接抑制了民间竞争和自主创新。总务厅资料表明,截至1996年3月31日,日本中央政府各省厅直接掌握的审批事项多达10983项,属于严格限制性审批事项的有4358项,与1985年的调查结果相比,审批事项增加了29项。在官僚的过度干预下,日本企业的活力与自主创新能力已明显落后于美国企业。

在日本,控制各类特殊法人的运营是与官僚在职期间的权力范围及退休后的切身利益相关的。正因为如此,各主管官厅的官僚才极力阻止“管制缓和”和公企业民营化的进程。舆论界批评,特殊法人实际上是官僚控制下的“自留地”,是他们利用国家权力为自己营造的供退职享用的“乐园”。[19]

20世纪80年代以后,西方主要发达国家都在努力削减公共支出,日本的公共支出却更进一步扩大。从20世纪70年代中期开始,日本经济因受两次石油危机的影响而导致增长潜力下降,税收收入减少。同时,社会保障费用等项目的支出却因人口老龄化而大幅度增加,社会性资本也需要不断充实。为弥补财源不足、维持财政运营,日本走上了持续发行巨额国债以弥补财政赤字的道路,形成一种所谓“国债依存型”的财政体制。进入20世纪90年代以后,日本经济因“泡沫经济”的破灭而一直在谷底徘徊,甚至一度出现负增长的局面。为刺激经济增长,政府不得不采取扩大公共事业投资在内的多种景气对策,而陆续出台的各种财政措施只能靠发行国债筹措资金,致使国债余额进一步扩大。截至1998年3月末,日本的国债余额达259.6万亿日元,超过发展中国家累计债务的总额。

官僚控制超大规模的公共投资,产生了大量的权钱交易机会。1993年,31.8万亿日元的巨额公共投资流入建筑业,当年的公共支出总额约73万亿日元,即约占国家预算的43%被投入建筑业,加上民间住宅的建设和土木工程,建筑支出总额约90万亿日元,约占国内生产总值的19.1%。相比之下,美国(国土面积比日本大25倍)的公共事业支出只有54万亿日元(约5000亿美元)。换言之,日本的建筑支出是美国的2.6倍。如从单位国土面积来比较,日本的支出是美国的32倍。巨额公共投资支出的谜底是:公共投资的1%和契约资金的0.5%被送给了政治家。从公共投资预算规模来计算,每年有数千亿日元的资金从公共事业流入了政治组织或个人的腰包。正是在这种高回报的刺激下,日本的所谓公共事业才得以大规模地、持久地、变本加厉地进行。[20]不断出现的高频率、大金额的官僚腐败案件,使日本“官僚一流”的神话不断遭到重创。20世纪90年代,日本经济长期低迷不振,公众认为:“不改革官僚机构,就没有日本的再生。”“在日本走向市场化的道路上,最大阻力来自官僚阶层。”[21]

(二)行政改革的内容

改革从1996年11月正式启动,经过漫长的决策与准备,2001年1月方案正式实施。[22]

第一,改革内阁制度,试图解决日本现行内阁由“各省割据”造成的“弱势首相”问题,并实现政治家对官僚的控制[23]。

依据战后法律,日本政府的最高决策权在内阁,内阁是“决策班子”,首相是“班长”。但在实际政治过程中并不是这样。首先,所有重大行政决策在提交内阁会议决断之前,须先获得次官会议的通过。次官会议本是部门之间的高层综合协调机构,但在实践中只有得到次官会议全体一致通过才能提交到内阁会议表决,这个协调机构有取代内阁的决策角色之嫌。其次,由于“一致同意”是内阁会议的决策规则,只要一个部门不同意,首相同意的决策方案也不能通过。这样,内阁会议只是名义上的最高行政决策机关,首相也无决策的领导权,“班长”的角色名不符实。一致同意规则是日本行政割据的一种体现,因为它是基于“行政运行以各部为中心和行政事务由各部分割管理”的原则而制定的。因此,改革的首要目标是强化内阁职能,突出首相的领导作用,改变权力过分集中于官僚的状态,加强政治领导在行政决策中的主导地位。日本新一轮行政改革的指导思想是重新确立国民主导权与内阁主导权地位。国民选举国会,国会任命首相,首相组织内阁,内阁领导政府各省厅,这是日本宪法与政治体制的要求。因此,从国民到首相(政治家)再到官僚的正向控制是正常的,从官僚到首相再到国民的反向控制是不正常的。简言之,内阁应该控制官僚,而官僚不应该控制内阁。

根据日本国会1998年6月出台的《中央省厅改革基本法》,为了强化内阁职能,突出首相的领导作用,日本政府采取了以下措施[24]:

(1)明确规定首相在内阁会议上拥有对重大国政的动议权,加强其领导地位。将内阁会议的表决规则由原来的"一致同意"改为现在的"多数通过"。以前,即使首相同意的事情在表决时如果一个省厅不同意,也会被一票否决。改革后的决策规则旨在瓦解以部门分割为主导的行政管理运作体制。

(2)以内阁府取代原来的总理府,并加强其决策辅助、综合协调的地位。由原总理府、经济企划厅和冲绳开发厅合并而成的内阁府,是首相的辅助机构。内阁府凌驾于其他各省厅之上,负责制定国家战略,有权协调、统筹各省厅之间的合作事项。内阁官房(办公厅)就重大方针政策进行规划。内阁府设置了由首相和有识之士组成的经济财政咨询会议、综合科学技术会议等审议机构,作为辅助首相决策的咨询机关。经济财政咨询会议负责就宏观经济政策、财政运用管理、预算编制的基本方针以及社会资本的综合规划进行审议。这样内阁府辅助首相决策的职能大大增强。根据新的《内阁法》,增加两名辅佐首相的辅佐官。为处理突发事件,首相秘书官、内阁参事官、内阁调查官的人数可以政令的形式决定增加。首相还有权直接任命、邀请民间人士担任内阁府的官职或首相顾问。

(3)在新的省厅中设置副大臣与大臣政务官,以强化各省厅政策制定过程中的政治主导、分离计划与实施职能。副大臣属于政务官,主要是督促各行政部门在政策制定过程中贯彻首相的政治意图。[25]

第二,将1府12省9厅按职能精简整编为1府12省厅(10省2厅)。日本中央省厅之间"割据性"很强,条块分割管理是固有的体制弊端。纵向之间,特定省厅与特定产业联系密切,形成上下一气的利益集团体系。例如,围绕削减废气排除量问题,因通产省与环境厅的意见对立而迟迟难以设定数值指标。随着这种条块分割的管理弊端日趋严重,对内造成政令不统一、阻碍国民经济健康发展,对外则影响国际贸易的管理与协调。桥本首相在1996年的演讲中说道:"行政问题正在一天天超越省厅框架,变得越来越复杂。而且,由于现行的22省厅的体制将省厅划分过于细致,要分担、合作某些工作正变得越来越困难。"[26]

整编后采取了大部制模式,将分散在各个部门的相似或相同的职能进行横向上的同类合并,以内部的协调来代替外部的冲突,从而最终解决"部门割据"问题。这是日本采取大部制对中央部委进行重组的主要原因,但不是唯一的原因。自民党行政改革推进本部事务局局长柳泽伯夫认为,"希望通过省厅的合并改组,能推动省厅决策与执行的分离,以及推行权力下放"。研究日本行政改革的资深专家增岛俊之认为,采取大部制易于政治家的控制,但不利于公民对超大型组织的控制,不利于提高管理的透明度。[27]同时,也整顿了条块分割的政治审议会。在现行211个审议会中,审议基本决策的有176个,整顿后压缩为90个,审议基本政策的有29个。

第三,以"从官办到民办"、"从国家到地方"为口号,推进放松管制、地方分权等。设立邮政公社,将邮政业务转给邮政公社。通过改革管制行政与补助金行政及重新认识公关事业等措施减少行政业务总量,提高行政效率。

第四,简化行政组织,压缩公务员的规模。本次改革一共精简了10个省厅,省厅以下原有的128个局级单位精简为96个,原有的1166个处室精简为995个。日本公务员在总人口中所占的比例,是法国的1/3,是美国和英国的1/2,每1000人中只有公务员40人(包括特殊法人的职员)。自1967年以来的30多年中,日本公务员人数不仅没有增加,反而减少了4万人。尽管如此,《中央省厅改革基本法》仍规定10年内至少削减10%,而小渊在竞选自民党总裁时将削减目标提高到20%,自民党和自由党联合执政达成的协议又进一步提高到削减25%,这一削减目标已列入《中央省厅改革基本大纲》。日本除自卫队以外的国家公务员共85万人,其中有30万人于2003年邮政公社成立时移转至邮政公社,剩下的大约55万人到2009年必须减为41万人,即要裁减近14万人。

第五,进行公务员制度改革。包括:引入包括政府全体在内的人才总体管理体系,面向强化内阁职能充实人员,确保人才多样化,彻底实行与能力、实际业绩相一致的待遇,修改退休管理制度。

第六,妥善运用行政信息公开制度。《行政信息公开法》从2001年4月开始实行。[28]

第七,完善监察机制。先前的监察机制主要体现在总务厅的行政监察局,该局每年调查约20项政策,一旦发现浪费或须改进的问题,即向有关省厅提出劝告,但这种劝告既无强制性又无惩罚规则,缺乏时效性。因此,为了完善对某项政策进行"是否应修正或废弃"的评估机制,新成立的中央各省厅导入了"政策评价制度"。这种评价制度分以下两种情况。一是单独省厅的政策评价:各省厅分别设立"课"以上级别的评价机构,评价对象往往是限于仅涉及本省厅的一些政策,按照"计划评价—实施评价—实施废止"的顺序进行。二是跨省厅的政策评价:由总务省负责进行评价,评价对象包括:从政府的总体角度出发,有必要进行横向评价的情况;跨省厅的评价;对各省厅独自做出的评价进一步加强客观评估。评价的操作过程为"在行政评价局进行评价—在政策评价·独立法人评价委员会审议—答复报告大臣—劝告省厅(如不接受劝告可向首相申诉)"。[29]

(三)改革后的机构设置

内阁机构调整后,内阁府直辖国家公安委员会(National Public Safety Commission,下辖警察厅)、宫内厅、金融监督厅,负责综合调整、企划、大典、正式制度等。内阁还直接管理内阁官房(负责综合战略)、内阁法制局、安全保障会议和人事院等机构。

各省的机构设置及职责权限如下:

(1)总务省(Ministry of Internal Affairs and Communications),其下还设有邮政事业厅、消防厅、公正交易委员会、公害协调委员会,负责行政组织、运营管理、人事管理、行政监察、地方自治、选举、电气通信、广播电视、恩给(退休)、统计、邮政事业、消防、公正交易、公害协调等事务。

(2)法务省(Ministry of Justice),其下还设有司法考试管理委员会、公安审查委员会、公安调查厅,负责法律秩序维持、出入国管理、人权保护等事务。

(3)外务省(Ministry of Foreign Affairs),负责外交、安全保障、对外经济、开发援助、国际交流等事务。

(4)财务省(Ministry of Finance),其下还设有国税厅,负责税收财政、国库、通货、财政投融资、国有财产管理等事务。

(5)经济产业省(Ministry of Economy,Trade and Industry),其下还设有资源能源厅、特许厅、中小企业厅等机构,负责通商、产业、经济交易、中小企业、能源、工业所有权等事务。

(6)国土交通省(Ministry of Land,Infrastructure,Transport and Tourism),其下还设有气象厅、海难审判厅、海上保安厅、船员劳动委员会等,负责国土计划、都市、住宅、土地、治水、水利、道路、铁道、机场、港湾、北海道开发、运输事业、海上保安、观光、气象等事务。

(7)农林水产省(Ministry of Agriculture, Forestry and Fisheries),其下还设有食粮厅、林野厅、水产厅,负责食粮生产、储备、食品加工、流通、农村、山涧地域、水产、森林、治山等事务。

(8)环境省(Ministry of the Environment Government),负责自然环境保护、公害防止、废弃物等事务。

(9)厚生劳动省(Ministry of Health,Labour and Welfare),其下还设有中央劳动委员会、社会保险厅,负责雇佣确保、劳动基准、劳动保险、保健卫生、医疗、年金、福利、医药品安全、社会保障等事务。

(10)文部科学省(Ministry of Education, Culture, Sports, Science and Technology),其下还设有文化厅,负责生涯学习、教育、文化、体育、科学技术振兴等事务。[30]

日本内阁机构调整前后各省厅情况如下表3-3-1:

表3-3-1 日本改革后的机构设置

<table>
<tr><th>原有机构</th><th colspan="2">再编后机构</th><th>原有机构</th><th>再编后机构</th></tr>
<tr><td rowspan="2">总务厅</td><td rowspan="4">总务省</td><td>消防厅</td><td>文部省</td><td rowspan="2">文部科学省</td></tr>
<tr><td>邮政事业厅</td><td>科学技术厅</td></tr>
<tr><td>邮政省</td><td>公正交易委员会</td><td>厚生省</td><td rowspan="2">厚生劳动省</td></tr>
<tr><td>自治省</td><td>公害协调委员会</td><td>劳动省</td></tr>
<tr><td>法务省</td><td colspan="2">法务省</td><td>北海道开发厅</td><td rowspan="4">国土交通省</td></tr>
<tr><td>外务省</td><td colspan="2">外务省</td><td>国土厅</td></tr>
<tr><td>大藏省</td><td colspan="2">财务省</td><td>运输省</td></tr>
<tr><td>环境厅</td><td colspan="2">环境省</td><td>建设省</td></tr>
<tr><td>农林水产省</td><td colspan="2">农林水产省</td><td>通商产业省</td><td>经济产业省</td></tr>
</table>

如上所述,战前势力强大的行政官僚在战后初期的改革中顽固地延续了下来,与国家主导的发展战略、自民党一党独大的政党结构以及“官尊民卑”的历史传统相结合,形成了日本独特的“官僚主导”的政治格局。在20世纪90年代国际竞争压力加大、经济处于长期低迷、资源配置方式正在发生根本变革的背景下,日本这一次行政改革的重点是对根深蒂

固的官僚体制进行“创造性的破坏”,改变中央省厅的官僚支配体系,重新调整政治与行政之间的关系,并希望借此推进旨在调整政府与企业之间关系的放松管制改革,推进中央政府向地方政府的分权,推进日本经济发展潜力与社会自主性的提高。

然而,1998 年中央省厅改革基本法颁布后,日本的大众传媒对行政改革问题的深入讨论明显少了起来,而对主要依靠大众传媒获取信息的公众来说,他们最关心的是日本低迷的经济何时恢复,好像对行政改革问题不那么关心了。

这次行政改革的具体内容很多,如强化内阁职能;对省厅体制进行精简整编;减少行政业务总量,提高行政效率;改革国家公务员制度等其他关联制度。但公众印象深刻的似乎主要在将日本的 1 府(总理府)22 省厅,改为 1 府(内阁府)12 省厅。传媒批评改革只是“把省厅的数目合并了一下而已”。“政府部门比过去要少得多,但条块分割依然没有大的变化。”[31]官僚对经济的过度干预也并没有根本的改变。人们担心,如果官僚的权力依旧,合并后空前强大的省厅将面对空前数量的管制事务,社会公众对这些超大型组织如何控制?行政效率如何提高?腐败如何减少?人们认为,行政改革要取得预期的成果,需要改革公务员、政治家及公众的意识和态度,因为无论是什么样的制度和组织,都是由人来运转的。如果人们没有充分理解改革的意义和重要性,不改变意识、态度和文化,就无法取得预期的效果。为此,还需要对影响政治家与官僚关系的更深层次的问题进行改革,需要建立一种新型的政治家与行政官员的合作关系。更需要信息公开,让媒体和全国公众不断注视改革的实际进展和结果,从外部施加压力以推动改革。[32]

【参考文献】

[1][4][5][7][8][10]刘小林.当代各国政治体制——日本[M].兰州:兰州大学出版社,1998.

[2][13][14][15]孙书林,韩铁英.日本[M].北京:社会科学文献出版社,2005.

[3]赫赤,谭健.日本政治概况[M].北京:中国社会科学出版社,1984.

[6]冯昭奎.小泉还有时间改革[N].环球时报,2002-9-23(6).

[9]陈志江.日本首相更迭如穿梭,辞职演说似百科[N].光明日报,2000-4-6(3).

[11]苏北.日本大选结果揭晓:执政党联盟领先,小泉有望连任[EB/OL]. 人民网日本频道.http://japan.people.com.cn/,2003-11-6.

[12][日]北冈伸一.从小渊内阁到森喜朗内阁[A]//戴晓芙,胡令远.日本式经济政治社会体系.上海:上海财经大学出版社,2002.

[16]邹钧.日本行政体制和管理现代化[M].北京:法律出版社,1994.

[17][29]徐万胜.日本政治与对外关系[M].北京:人民出版社,2006.

[18]郑励志.日本公务员制度与政治过程[M].上海:上海财经大学出版社,2001.

[19][21][28]文明.论官僚主导与日本行政体制改革[A]/戴晓芙,胡令远.日本式经济政治社会体系.上海:上海财经大学出版社,2002.

[20]胡令远.第二次世界大战后日本发展模式的再检讨[A]//戴晓芙,胡令远.日本式经济政治社会体系.上海:上海财经大学出版社,2002.

[22][27][32][日]堀江正弘.日本的政府行政改革回顾与展望[A]//戴晓芙,胡令远.日本

式经济政治社会体系.上海:上海财经大学出版社,2002.

[23][25][30][日]冈田彰.行政改革与内阁制度[A]//戴晓芙,胡令远.日本式经济政治社会体系.上海:上海财经大学出版社,2002.

[24][26]许耀桐,杜刚建,宋世明.关于日本行政改革的学术考察报告[EB/OL]. http://kyhz.nsa.gov.cn/,2002-5-23.

[31]吴寄南.新世纪日本的行政改革[M].北京:时事出版社,2003.

第四章　地方制度

第一节　日本地方制度的历史沿革

一、日本近代地方制度

日本近代的市町村制度是在1890年正式确立的。明治维新后,日本于1871年实行废藩置县的改革政策,到1880年,日本已经形成3府43县。在此过程中,明治政府确认了市町村为地方自治体,以有限制的选举方式,由居民直接选举产生的议员组成市议会和町村议会。在此议事机关的基础上,推选出市町村的行政首长,经中央政府的批准后担任行政长官职务。1890年,明治政府又确立了府县制。府县制与市町村制度构成明治时期的地方制度。[1]

明治政府虽然称这种地方制度为地方自治,但地方政府实际上自治的程度很有限。当时,府县议会议员以间接选举产生,是由各市町村选举的代表再选举产生。府县知事的人事权由内务大臣掌管,是中央政府任命的官吏。知事凌驾于地方议会之上,形成所谓"为民做主"的体制。即使是被视为完全自治体的市町村,也得接受由内务省、府县厅具体实施的严格的中央行政统治。内务大臣拥有市长的选拔任命权,知事拥有町村长的认可权。[2]

二、战后地方自治制度的改革

二战后,美国方面认为改革日本的地方制度是推进民主化的重要环节。在美国占领初期,开除了战争结束前在地方担任市町村长、地方议会议员、市町村长助理、会计等职务者的公职。1946年9月,在占领当局的压力下,日本政府进行了初步的地方制度改革。改革扩大了地方议会的决议事项,并进行府县知事等地方官员的公选。

战后的日本新宪法专门设置独立的一章规定地方自治事宜。宪法界定了中央与地方两类政府各自的职能,并明确规定:"关于地方公共团体的组织和运营事项,根据地方自治的宗旨由法律规定之。"1947年4月,《地方自治法》颁布。虽然宪法和自治法确定了地方自治的基本原则,地方政府的实际自治权与法律规定的还有较大的差别,被称为只有“三分自治”。战后几十年来,日本地方制度整体上变化不大,直到20世纪90年代后期,才进行了比较大的改革。

战后日本地方制度的发展变化,大致可以分为以下几个阶段:

第一阶段:自《地方自治法》颁布后举行统一的地方自治选举到20世纪50年代初,自治体主要配合日本中央政府推行一系列的改革政策。例如在政府推行的“农地改革”中,地方政府积极配合,在农村广泛实施改革的具体措施,促进农业生产以利于国家的经济恢复。城市自治体主要围绕如何解决工人失业问题,积极促进城市劳动者参加生产,推进工业恢复。

第二阶段:20世纪60年代以后,日本中央政府开始推行“经济高速增长”政策和“国民收入倍增计划”。这一时期,地方自治体根据中央政府制定的“全国综合开发计划”,在地方积极推行“地域开发”。1960年,中央政府将自治厅改为自治省,1963年设置了“地域开发事业团”,1965年设置了“地方行政联络会”。这些措施加强了中央政府首脑和内阁各省厅对地方自治体的工作指导与联系。

第三阶段:20世纪70年代,自民党政府制定了新的“地域开发综合计划”和“国土开发计划”。在建立“广域市町村圈”的基础上,准备建立以东京、大阪、名古屋等7大城市为中心的7大经济开发区,并将原来的都道府县的行政建制分别纳入经济开发区。这个方案与宪法和法律规定的地方自治体的权利地位有所冲突,引起社会强烈反应。社会党、公明党等在野党坚决反对削弱现有地方自治体实际地位,主张地方自治必须是“地方居民自治”,以扩大地方居民自治权。与此同时,由地方居民团体发起的大规模民间“地方自治运动”开始兴起。围绕在20世纪60年代经济高速增长中过度开发引起的环境污染、城市急剧膨胀、农村人口大量流失等社会问题,地方居民要求各级地方政府加强地方社会发展综合管理,振兴农业,兴建公共设施,提高居民的实际生活质量。

第四阶段:20世纪80年代以来,日本地方自治体开始通过地方立法和地方行政干预的手段,对日本社会长期积蓄的种种社会问题进行整治。地方立法和地方行政从保护居民利益的立场出发,对非法购入高龄农民耕地造成土地荒芜,土地投机妨碍城市规划建设,以及造成环境污染的种种开发活动等进行治理,得到了地方居民的广泛支持。地方自治体的实际权在这一阶段逐渐增强。在一些地方自治体处理地方土地纠纷和非法占地问题上,甚至与中央政府之间产生矛盾冲突。地方行政首长以保护当地居民利益的立场反对中央行政机关对地方事务的干预,得到地方居民的支持,但往往在内阁和总理大臣的直接干预下,不得不放弃原有立场做出妥协。例如,在1996—1997年冲绳美军基地占用农民土地问题上,冲绳县知事与中央政府之间发生了激烈的冲突。地方行政长官向地方法院提出诉讼,指控中央政府违反宪法、侵害私人土地。最终桥本首相直接出面以国家最高行政首脑的身份以行政命令迫使地方行政首长接受服从。[3]

第五阶段:20世纪90年代中期,日本启动大规模的地方制度改革。有关改革的具体情况,安排在本章最后一节介绍。

第二节　地方政府的组织机构

日本是实行地方自治制度的单一制国家。按照日本的《地方自治法》,地方自治制度的直接实施者为"地方公共团体",它又可分为"普通地方公共团体"(一般所称的地方政府)和"特别地方公共团体"(职能简单、不设民选的议会和行政长官的地方团体)。其中,"普通地方公共团体"又可以分为"广域地方公共团体"(都、道、府、县)和"基础地方公共团体"(市、町、村)两类。这实际上就构成了日本的行政区划,即日本的行政区划是由都、道、府、县和市、町、村两个层次组成的。除此之外,日本还有一些政府色彩较为淡薄的地方组织。

所谓都、道、府、县是日本47个广域地方公共团体的统称,其中,"都"指东京都,"道"指北海道,"府"指京都府、大阪府,"县"指余下的43个县。而在市、町、村这一层级中,"市"与我国的"城市"相同。"町"相当于我国的"镇"。"村"则有别于我国的"村",即它与市、町是平级,没有隶属和领导或指导关系,同属于地方政府。截至2001年11月,日本共有47个都、道、府、县和671个市、1986个町(镇)和566个村,即共有3270个"地方自治体"。[4]

根据《地方自治法》的规定,由都道府县和市町村组成的地方自治体,每个地方自治体中都设有拥有一定立法职能的议决机关(议会)和行政机关(政府)。地方居民选举产生的议会是地方自治体的立法机关,任期4年。地方自治体的行政长官皆由选举产生,任期均为4年。

一、地方行政首长及其职权

都、道、府、县各级地方行政首长称为知事,市以下的地方行政主管称为长官。知事不能兼任其他职务。假如知事不能处理按照国家的法律或法令规定的行政事务时,总理大臣有权加以撤换。同样,知事有权撤换其下属机构(如市或町村)的长官。但地方主管长官可以对这种撤换向法院提出不服申诉。如果胜诉便可以恢复其职务。在都、道、府、县或市以下议会以2/3的多数对其主管官员提出不信任案时,该主管应予罢免。

都、道、府、县的知事有权任命1~3名副知事,有权任命、监督或撤回所辖地区的主要官员,有权制定该辖区内的预算,并负责征收税款,审核、支付财政拨款以及财产的经营管理。另外,知事还可以以国家机关负责人的身份,命令和监督市、町村地方政府,并有权解散地方议会。遇到紧急情况,可以下令征用私人财产,动员居民自卫,甚至有权不通过议会而进行立法,行使议会的职能。都、道、府、县的行政机关可以在所辖区域内设置支厅和地方事务所,分别掌管地方主管事务。另外,还可以分别设置总务、财务、卫生、劳动、商工等局或部。

在地方行政首长和地方议会之间的关系中,地方行政首长虽然是当地选民选举产生的,但他同时又是中央政府的代表,有义务执行中央政府的一切法令。违反中央法令者,中央有权罢免之。因此,当地方行政长官认为地方议会通过的法案违背中央法令时,地方行政长官有权在接到议案后10天内提交议会重议。

二、地方议会

(一)地方议会概况

地方议会是地方自治体的决策机关,分为都道府县地方议会和市町村地方议会两级。按照《地方自治法》的规定,两级地方自治议会都采取一院制。地方选举采取相对多数代表制,投票以单记名方式进行。每个选民有一个投票权,选一个候选人,获得最多选票的候选人当选。

地方议员资格要求年满25周岁,投票前为该自治体居住3个月以上的日本公民。按规定,人口低于2000人以下的町村,议员定员为12人,高于2000人的町村按人口比例增选议员。人口在30万以下的市,议会定员为48人,高于30万、低于50万的市,每增加10万人口增选4名议员;人口在50万以上的市,每增加20万人口,增选4名议员,但是议会议员总人数不得超过100人。都道府县人口在70万以下的,议员总人数不得少于40人,70万以上的,每增加5万增选1名议员;人数在100万以上的,每增加7万人增选1名议员,但议员人数不得超过120人。

地方议会从议员中选举议长、副议长各一名。议长的职权是主持议事、维持议会秩序、管理议会事务,并对外代表议会。议会议长的任期与议员相同。地方议会与国会没有行政上的上下级隶属关系,彼此独立。

(二)地方议会的职权

地方议会的主要职权是制定与修改地方法令条例,对地方行政长官提出的财政预算和地方公共财产的管理拥有审议权和决定权。地方议会每年必须定期召开例会4次。如有1/4以上议员建议,可以召集临时会议。法律规定,地方议会会议均由地方行政长官召集。按照《地方自治法》的规定,地方议会有以下职权:(1)法案审议、决定权。《地方自治法》规定,普通地方公共团体的议会必须做出决议的事务共有15项内容。主要涉及:制定或修改、废除条例;决定预算;认定决算;决定地方税收以及各种由居民分担的地方费用;地方财产的管理、协调等。议员有法案倡议权,但预算和决算的提案权属于地方行政长官。(2)地方行政监督权。议会有权要求地方行政长官以及相关的行政机关责任者向议会提出工作报告,并接受议会的质询。(3)建议权。地方议会有权对涉及本地方的公益事业的事务向有关行政机关提出建议,或要求地方行政长官做出明确说明。(4)公务调查权。议会有权对地方行政机关进行调查,检查和审阅地方行政机关的有关文件,并可对此传唤证人、调阅有关材料和记录,有权要求地方监察委员会提交有关地方自治体事务的监察报告。(5)管理选举有关事宜和参与人事决定权。地方自治体的选举活动直接由地方行政机关的选举委员会管理,但议会可行使属于它的有关选举的权限,如禁止议员担任选举委员会的委员,对选举过程和结果的最终认定等。地方自治体行政机关的主要公务员的任命须经地方议会的同意。

地方议会的议事、审议、投票和公布法令的程序与国会基本相同,主要的立法活动也是在常设的议会各专门委员会中进行的。

三、地方议会与地方行政长官的关系

日本地方议会与地方行政长官之间的关系不同于国会与内阁总理大臣的关系。因为地方行政长官是直接从选民中产生的，而不是从议会的多数党派中产生的，地方行政长官不对地方议会负责，而直接对地方全体选民负责。地方议会与地方行政长官的关系是立法与行政的关系，议会对行政拥有监督权。按照《地方自治法》的规定，地方行政长官的职权大于地方议会。

首先，地方行政长官拥有议会的召集权。法律规定，地方议会每年至少召开 4 次会议，但会期的选择、会议所要审议的主要议案，由地方行政长官决定。其次，地方行政长官对议会决议有要求复议权。地方议会通过的决议案如与地方行政长官的意见冲突，行政长官有权在 10 天内将该议案重新提交议会复议，议会必须以 2/3 以上多数议员同意通过，该议案才能生效。如果行政长官认为议会通过的议案违背法律，而议会仍坚持议案，行政长官可向法院提出对议会的诉讼。第三，地方行政长官拥有对议会的解散权。地方行政长官在接到地方议会通过的不信任案时，可在 10 日之内解散议会。只有在新议会再次通过不信任案时，地方行政长官才必须辞职。但地方议会的不信任案必须有 2/3 的议员出席，还需要有 3/4 的与会议员的同意，方能通过。第四，地方行政长官拥有不经议会审议的紧急行政立法权。

可以看出，日本的地方议会权力有限，地方政府基本上控制在地方行政长官的手中。仅从议员和行政首长的工资水平来看，根据日本全国町、村议会议长会 1981 年所做的调查，当年地方议员的平均月薪为 11.4 万日元，仅是行政首长月收入的 24%；议长的月薪为 15.6 万日元，也仅是行政首长的 33.3%。[5]这从一个侧面反映了地方议会所处的弱势地位。

第三节　地方政府与中央政府的关系

战后以来，地方自治权力较之战前已经发生了显著的变化。例如，在明治时代，中央国家机关是以公开合法的方式对地方行政进行干预的，并且具有监护性的监督权。中央政府的内务大臣对府县一级的行政机关实行监督，拥有对府县一级议会以及市町村一级议会的解散权；拥有对府县一级行政机关的命令权和处分权；拥有对市、町村条例的制定、修改和废除的批准权等等。战后，宪法和相关的自治法废止了中央政府对地方自治体的监护性监督权。中央政府的监督仅仅是那些在全国范围必须统一实行的事务。战后日本中央政府对地方自治体的监督控制主要有以下方式：

一、立法控制

地方议会制定的条例，其内容必须在国会或内阁通过和颁行的法律、决议和政令所允许的范围之内，否则一律无效。这些条例不能涉及司法或其他国家规定的事务。条例的制定、修改或废除必须上报内阁自治大臣核准。

以上有关地方自治体的条例制定权的规定,有助于维护国家法律的统一,但在日本实际的政治环境中,也有许多负面的作用。中央政府的严格控制,使地方自治体失去了立法活动中的自主性,成为中央政府立法活动的附属品,实际上大大限制了自治法的适应范围。这方面最突出的例证是中央政府与地方政府在公害问题上的立法冲突。20世纪60年代,日本经济高速增长时期,由于过度开发,日本出现了普遍的环境污染问题,地方自治体的居民成为最大的受害者。各级地方自治体为了维护居民的权益和保障居民的人身安全,纷纷制定了一些防止公害、治理环境的条例。中央政府通过国会立法以及政府政令的形式也出台了一些有关防止公害的法规,如1967年佐藤内阁时期国会通过了"公害协调基本法"。但国家制定的法令注重"经济的健康协调发展",仍以经济发展为前提。各地方政府制定的地方性条例则重视居民的健康,把人的安全放在首要地位。由于日本中央政府在根治公害问题上的不彻底态度,使20世纪60年代到70年代随着工业化、城市化的进一步发展,公害不仅没被遏制,反而更为严重。各地兴起了以保护环境、维护居民利益为目标的市民运动,居民与造成公害的企业,特别是得到中央政府许可兴建的一些企业之间发生激烈的冲突,中央政府也成为市民运动攻击的对象。[6]

二、财政控制

地方政府可以自主支配财力是地方政府自主性最直接的体现。日本中央政府对地方自治体的财政控制是通过地方财政预算、税收和分发国库支出金的方式进行的。地方政府的财政预算必须按照中央政府的财政预算比例进行,并且接受内阁自治大臣的监督;地方政府可以发行用于地方建设事业的地方公债,但公债的发行、数量和回收方式也要得到内阁自治大臣和大藏省的许可。在地方税收方面,国会在每年通过预算时,同时规定地方税收的种类,确定地方税收的标准率,地方政府必须执行,不得违反。地方征收的国家税收金额必须如数上交,地方无权自由支配。税费上缴后,再由中央政府按照每年国会通过的地方财政拨款的方式,将一部分拨给地方财政使用。国库支出金则是地方政府为了执行中央政府委任给地方的事务,由中央政府拨给地方使用的资金。国库支出金分为负担金和补贴部分。负担金是国家在义务教育、保健、福利和基础设施建设等方面所负担的费用。补贴是中央政府拨给地方政府的专项补助费用。

三、中央政府对地方政府的行政指导和监督

(1)机关委任事务:根据法律和政令的规定,中央政府委任给地方首长的国家事务。这些事务地方议会无权干涉。据统计,在日本行政改革前,机关委任事务占地方自治体业务的70%以上。

(2)中央政府向地方政府输送大批干部。中央各省厅派到地方的官员,成为"下凡"干部,由自治省安排。这些干部到地方任职后,往往容易听取原来所在机关的指示,对地方行政起到一定的牵制与影响。

(3)当有关的中央省厅大臣认为都道府县的知事管理公务不善或违反法令时,可以对知事提出指责,发布命令,限期改正。当该大臣认为知事没有执行他所发布的命令时,可以

上告到高级法院。在知事被传讯时,有关大臣可以代行知事职务。

(4)内阁总理大臣有罢免知事之权。总理大臣对于不能依照法律或法令规定处理公务的知事,有权加以撤换。总理大臣对都道府县知事违反法令、支出不当、损害公共利益的行政措施,可以要求地方行政首长“纠正”或“澄清”。总理大臣在特定情况下甚至可以主持地方选举。在召开某些涉及国家事务的事关重大的地方自治体协议会时,必须经过总理大臣许可,总理大臣可以直接参加这些会议。[7]

总的来说,日本战后虽然实行了地方自治制度,几十年来却一直未能实现真正意义上的自治,实际上仍然是中央集权程度较高的国家。[8]

第四节　日本地方分权改革

战后宪法规定,日本属于实行地方自治的单一制国家,其地方政府“都、道、府、县”与“市、町、村”均实行地方自治。在法律上,中央政府与地方政府的事权与财权的划分也比较清楚。但地方政府的实际权力与法律规定有相当的差距,在不同时期也有所不同。

20 世纪 80 年代以前,中央政府凭借着在产业发展中的“政府指导”地位,以及相对优势的财源与人力资源,实际上集中了地方政府的若干权力,降低了地方自治的实现程度。地方政府承担了大量的行政活动,但承担的事务中有相当一部分是中央有关部门委任事务(机关委任事务),因此地方政府大部分职责由中央政府的各部门从上到下按部门主导。同时地方自主财源不足,过分依赖中央政府的财政补贴。这两方面的原因严重削弱了地方政府的自主性。[9]

日本舆论与学术界对这种“三分自治”的批评已经有几十年时间,但在 20 世纪 90 年代以前,地方分权改革很少付诸实践。战后日本改革进展缓慢的原因主要有两个方面。一方面,是官僚集团及相关既得利益者的阻挠,另一方面,由于战后经济高速增长使日本公众对战后体制有一种较强的迷恋情结。至 20 世纪 80 年代后期,日本经济空前繁荣,人均 GDP 远远超过美国,但日本公众却产生了“没有富裕的实感”的感觉。人们的追求和价值观发生了一些变化,对那些由中央政府统一规划建设的生活服务设施不再感到满足,而开始追求个性化和多样化。比如,日本人过去常为全国到处都有漂亮的小学校和儿童娱乐场而感到自豪,后来却为这些设施在全国各地都是一个面孔而愤愤不平。依靠原来的中央政府官僚主导的集权体制,难以解决这些多样化的“对人服务”问题。[10]而与公众最近的地方政府在提供这种公共产品方面却更有效率。

20 世纪后期,新自由主义思潮在欧美各国兴起。里根总统在美国开始实行向各州下放权力的“新联邦主义”,使美国出现了地方分权的浪潮。英国自撒切尔夫人执政后,也逐渐开始向地方下放权力,其后陆续建立了苏格兰议会、威尔士议会和北爱尔兰议会,地方分权改革进展很大。20 世纪 90 年代,日本经济长期低迷不振,公众认为经济缺乏活力与中央政府官僚对地方的过度控制有关。在世界潮流的影响下,日本公众要求“遵守国际标准”,也进行了地方分权改革。

早在1989年2月20日,第二次临时行政改革审议会提出的《关于中央与地方的关系的咨询报告》中,就提出了设立“地方政府广域联合体”和“地方核心城市”的建议。1992年,第三次临时行政改革审议会提出设立地方分权试验区“特别自治体”的建议。由于中央政府官僚的抑制,没有取得实质性的进展。但正是在这一时期,日本政治的“55体制”崩溃,各政党的分化组合加快,许多新的政治人物活跃起来。在政治争夺趋于激烈的形势下,各政党对社会舆论变得更加敏感,许多政客都选择“地方分权”作为其竞选口号。在1993年举行的众议院选举、1995年的参议院选举、1996年的众议院选举中,几乎所有的参选政党都把地方分权作为自己竞选的口号和政策纲领。同时,“55体制”的终结,使自民党与财界、官僚组成的铁三角关系松动,也给地方分权改革提供了契机。

1993年6月,国会参众两院通过了《关于推进地方分权的决议》。1994年1月,内阁设立了行政改革推进本部,并在其下设立了地方分权部会。该部会提出的意见书中写明应该废止机关委任事务。与此同时,财政团体等各种民间和半官方团体也都行动起来,要求进行地方分权改革。作为半官方团体,全国知事会、都道府县议长会、市长会、市议长会、町村会、町村议长会地方六团体于1994年9月提出了要求废除机关委任事务的意见书。

1994年12月25日,日本社会党党首村山富士担任首相的联合内阁制定了《关于推进地方分权的大纲方针》,确定了地方分权的基本方向,并确定要制定有关的法律和计划及成立有关的推进机构。1995年5月,日本国会通过了《地方分权推进法》,同年7月3日开始实施。根据该法设立的“地方分权推进委员会”于1995年7月开始工作。“地方分权推进委员会”先后于1996年2月,1997年7月、9月、10月向日本政府4次提出设计改革方案的“劝告”。桥本内阁据此于1998年5月制定了“第一次地方分权基本计划”。1998年11月,地方分权推进委员会又向内阁提出了第五次“劝告”。第二年3月,内阁又根据这次“劝告”制定了“第二次地方分权基本计划”。1999年7月,国会两院通过并公布了《地方分权法》,2000年4月开始实施。[1]

日本这次地方分权改革的重点集中在:废除中央省厅等机关的委任事务,扩大地方自主决策的权力,扩大地方公共团体(即地方自治政府)立法与条例制定范围;重新调整中央与地方公共团体相互关系的规则;调整国库负担金与国库补助金制度,充实地方自主财源。根据2000年开始实施的《地方分权法》,将423项原中央政府的机关委任事务的54.7%即298项改为地方政府的自治事务,将其余的45.3%的机关委任事务即247项改为法定委托事务。可见,地方政府的事权明显增加。同时与事权相适应的条例制定权也随之增加。

重新确定中央与地方关系调整的新规则。按法定主义的原则(职权法定)、公正透明的原则来处理中央与地方政府的关系,并将中央政府对地方自治事务与法定委托事务的管理权限进行明确分类,试图将中央政府的影响控制保持在较小的范围内。对地方政府的自治事务,中央政府法定权限是提出劝告、要求地方提供资料、与地方进行协商;对地方政府的法定委托事务,中央政府的法定权限是提出劝告、要求地方提供资料、与地方进行协商、许可、认可、承认、指示、代执行。中央向地方提出的要求必须以书面的形式提出,且须遵守法定的程序。在改革后的总务省设置“中央地方纠纷处理委员会”,公平独立地审查中央与地方的矛盾。如果对处理意见不服,可向法院提出上诉。

推动都、道、府、县向市、町、村下放权力。日本的都、道、府、县与市、町、村之间存在着较为紧张的关系。因为后者一直在要求前者下放权力。在他们看来,市、町、村的行政,才是真正意义上的居民身边的公共团体来处理居民身边事务的行政。日本中央省厅历来坚决主张将更多的权限交给市、町、村。《地方分权法》中规定了若干措施来推动这种管理重心下移的改革。增加地方机构设置与人力资源配置的自主性与灵活性,以充分满足地方政府的特殊要求。

整顿中央对地方的财政补贴制度,增加地方政府的自主财源。整顿国库负担金与国库补助金;尊重地方征税的自主权;交付给地方使用的税收,在确保总量稳定的基础上,简化手续,允许地方对交付额度的计算方法提出异议;在协商的前提下,废除中央政府限制地方政府发行公债的许可制度。

影响日本地方政府自治实现程度的有两大因素,一是中央委任事务比重太大,二是自主财源比重太小。日本中央政府 10 多年来权力下放的实践表明,“事权下放的力度大于财权下放的力度”。将原中央政府的机关委任事务的 54.7%即 298 项改为地方政府的自治事务,地方政府的事权明显增加,但财权增幅相对较小。

日本大藏省 2000 年 2 月的数据表明,1987 年中央政府的税收占全国税收的比重为 63.7%,地方政府税收的比重为 36.3%;1993 年,中央政府占 63.0%,地方政府占 37.0%;地方政府 1994 年占 37.6%,1995 年占 38.0%,1996 年占 38.9%,1997 年占 39.4%,1998 年占 41.3%,1999 年占 42.1%。即从 1993 年到 1999 年,日本地方政府的税收占全国税收的比重只增加了 4.5%。据日本学者村松歧夫在《日本的行政》一书中提供的数据,所有地方政府的年财政支出只有约 1/3 来自自主财源(地方税),另外 2/3 的财政来源则以地方交付税和各类财政补贴的形式由中央政府下拨。[12]

日本的这次地方分权改革虽然因废止机关委任事务而使地方分权程度有所提高,但还没有形成真正意义上的地方分权型社会。因为在这次改革中,中央与地方关系中最具有实际意义的财政方面未取得实质性的进展。[13]机关委任事务虽然取消了,但也只是在法理上否定了地方政府是中央政府的一个机关,就其实质来看,“法定受托事务”与“机关委任事务”区别不大。改为自治事务的部分,也仍然要受到中央政府直接出面纠正地方政府的错误和“直接代替执行”等强制措施的“统制”。许多改革措施,如将中央政府的“许可”改为“大臣同意”等,究竟在执行过程中有多大差别也令人怀疑。[14]

【参考文献】

[1][3][6]刘小林.当代各国政治体制——日本[M].兰州:兰州大学出版社,1998.

[2]郑励志.日本公务员制度与政治过程[M].上海:上海财经大学出版社,2001.

[4][5][8]孙叔林,韩铁英.日本[M].北京:社会科学文献出版社,2005.

[7]邹均.日本行政体制和管理现代化[M].北京:法律出版社,1994.

[9][12]许耀桐,杜刚建,宋世明.关于日本行政改革的学术考察报告[EB/OL].http//:kykz.

nsa.gov.cn/,2002-5-23.

[10][11][14]韩铁英.日本行政体制变革的东动因与前景[A]//戴晓芙,胡令远.日本兵式经济政治社会体系.上海:上海财经大学出版社,2002.

[13]增岛俊之.日本的行政改革[M].天津:天津社会科学出版社,1997.

第五章　公务员制度

第一节　日本公务员制度改革的历史沿革

日本的现代公务员制度是在被占领期间移植的美国体制。二战之前，则是学习了普鲁士官制。

一、明治维新以后的文官制度

以1797年的《普鲁士公法》为标志，国家官吏的考试录用制度在普鲁士完全确立，在欧洲，这是最早采用考试选拔官员的国家。然而，当时的普鲁士还是一个中央集权的绝对专制国家。虽然官吏称为"国家勤务者"，但国家是国王的，而非人民的，"国家勤务者"也就并非"公务员"，实际上只是国王的"勤务者"。因此，普鲁士官制的核心是忠诚和服从。作为"国家勤务者"，官吏必须绝对忠诚于国家，而君主是国家的"第一勤务者"，因此所有官吏都有对君主的包括人格在内的从属关系。围绕对君主的忠诚与服从，普鲁士以法律规定了许多禁令，如禁止兼职、保守秘密、渎职责任、上级对下级负连带责任等[1]，是一种义务本位的官吏管理制度。这套官制与中国隋唐以后的封建官制在基本精神上是一致的，只是管理技术略逊一筹。1871年，德国统一之后，选举对政府官员的产生没有实质性的作用，官吏制度并无多大进展。这种状况一直维持到第一次世界大战以后。

日本在明治政治期间，曾一度试图采用英国式的立宪君主制、英国文官制、美国的文官限任制，但实施不久就放弃了。通过仔细考查，还是采用了普鲁士的政治体制——这一选择本身就在某种程度上说明了日本的国情。

日本的官制，也模仿普鲁士：第一，强调对天皇的个人忠诚，官吏是天皇的私有工具。明治宪法第十条规定，天皇有官制大权、任官大权，由天皇制定行政各部之官制及文武官员之薪俸，并任免文武官员。《官吏服务纪律》第一条规定："凡官吏以对天皇陛下及天皇陛下之政府的忠顺勤勉以主，依法律命令各尽其职。"也就是说，官吏的人身完全依附于天皇,其身份由天皇恩赐,从而与其身份相应的服务义务以及报酬和荣誉自然也是天皇恩赐的。第二,绝对服从。职务上的上级同时也是身份上的上级,即使在私生活方面也可以命令属僚,并要求其服从。同时,对官吏的职务外活动也加以一定限制,比如,《官吏服务纪律》第三条规定:"官吏不问职务内外,要重廉耻,不得有贪污行为。"另外,官吏自今虽在职务外,对公众就政事或学术观点进行演说或叙述虽无限制,但都要听从各长官之监督(明治22年内阁训令)。不过,对职务外的限制,因官吏种类的不同而有广狭之分,比如陆海军人如果没有上级的许可概不得结婚,便是严格限制的极端例子(《海军军人结婚条例》明治25年第89号)。第三,身份保障。由于官吏所处的特殊地位,其权利比普通公民有更多的保障。其具体措施主要体现在《文官身份令》之中。不过,由于内阁的不断变动,引起文官身份保障的不稳,在实践中常常受到侵害。特别是1932年《文官身份令》的修改,规定依机关事务之变化,必要时可令其休职,使身份保障变得名存实亡。后经斋藤内阁对《文官身份令》再次修改后,才又加强了文官的身份保障。修改的要点是建立了新的文官身份委员会,规定了内阁机关根据需要命令文官休职时,必须向该委员会咨询。第四,实行考任制……早在伊藤博文完成在德国的宪法考查回国时,于明治18年(1885年)便实行了考试任官的基本方针,第二年公布了《帝国大学令》,接着制定了《文官考试试用及见习条例》,从而确立了官吏考试任用制度。[2]

可以看出,日本的明治官制政务官不由议会产生,不对选民负责,而是对天皇或其政治主子负责,还不是真正意义上的"公务员"。而官制中也没有政务官与事务官的分别,不存在一个相对独立的文官群体,没有权力的分散与制衡,是一个建立在旧有的身份等级制度和人身依附关系(下级依附于上级、全体官吏依附于君主)之上的封建官制——没有形成官僚与政客那种相互制约、相互监督又相互补充的新型官场结构,而仍然是旧官僚的一统天下。

当时日本的文官制度将官员分为三等,敕任官、奏任官、判任官。敕任官、奏任官以天皇的名义任命,判任官由各机关首脑任命。文官考试分为两种,奏任官通过高等考试,判任官通过普通考试任用。另外规定:"法科大学、文科大学及东京大学法学部、文学部之毕业生,可不经过考试而任用。"这条规定使东京大学毕业生在奏任官的任用中占绝对优势。1893年(明治26年)改革文官任用令,取消了优待官学出身者的规定。1901年(明治32年),山县内阁再度修改文官任用令,对敕任官的任用也设置了某些限制的规定。在这一时期,日本政府还颁布了文官俸给令、文官惩戒令等各种法规。日本的旧官僚文官制度大致完成,一直沿袭到第二次世界大战结束之后。[3]

二、战后公务员制度改革

日本在第二次世界大战中成为战败国,在占领军的主导下,制定了日本新宪法,从原则上确定了公务员制度的根本指导思想,即公务员是国民的公务员而不是天皇的官吏;是全体国民的服务者,不是某一部分人的仆从(宪法第十五条)。占领军强调,要摧毁一切旧的统治原理,扫除一切阻碍民主化的障碍,实行现代民主政体。但占领军实行间接管理,所有改革原则上仍由日本政府自己进行。

对于官制改革,币原内阁提出了《关于修改官吏制度的条例》,主要内容是:统一官名;简化官等;抑制官吏更迭,保持相对稳定;改善考试任用制;实行研修及考绩等。显然,这只是对明治官制的修补,而未从根本上改变旧官制的性质。有鉴于此,占领军总司令部为官僚制的改革确定了两大目标:其一,通过导入科学人事行政的现代原理,以求行政的效率;其二,瓦解统治旧日本的关键——根据君权神授的封建观念和特别权力关系理论对人们行使统治权的官僚制。

1946年2月,日本内阁法制局再度提出官吏制度改革法案,其中包括简化过去极度复杂的工资、津贴等规定,修正高等文官考试内容以及废除以往高等官与判任官的区别,并将官职等级简化为敕任、奏任、判任三级等等。这项改革法案从实质上仍然沿袭了币原内阁的提案。于是,总司令部采取进一步行动,直接参与官制改革。1946年11月30日,以布莱恩·胡佛为团长的美国人事顾问团访问日本,对日本现存官制进行了大规模调查,并于1947年6月11日向片山内阁提出了人事顾问团的建议。

日本政府对该项建议作了如下修改之后,提交国会讨论:其一取消了禁止职员争议行为的规定;其二取消了保障人事院独立地位的各项规定(如独立预算权、独立的规则制定权、直接向国会提出提高报酬的工资表修正权、终审性质的准司法权等)。国会在讨论中,社会各界提出各种意见,要求作如下修改:第一,应充分体现宪法第十五条的精神。第二,应建立国民对不良官吏弹劾的制度。为了明确人事官的民选原则,三人中两人可由国会提名,另一人应通过无记名投票直接从国家公务员中选举产生。第三,作为国民代表的国会应该参与人事行政,为了取代过去基于任官大权的敕令,并且从法律所要求的新宪法的精神来说,也应该限制人事院规则制定的权力,至少职阶制、考试制应由法律规定。第四,没有必要担心美国那种分肥制的弊病。美国所谓科学的人事行政,其目的在于矫正由过度的民主制带来的弊端。有鉴于此,日本今后必须建立科学的民主制度。因此,应该扩大特别职的范围,增加政治性任命的官职,还应该取消限制政党干部就任人事官以及限制职员政治性行为的规定。第五,废除将公务员与一般国民分开,并使其身份特权化的制度。第六,实行人事院的彻底民主化,实行合议制,设立咨询性的人事委员会。第七,缩小上下层官僚之间的差别,特别要承认旨在救济下级职员生活贫困的团体协约缔结权。国会依上述要求修改后,于10月16日两院通过,11月1日开始施行。

胡佛从美国归来后,大为不满,认为与原议案之间存在"悲剧性的差别":第一,取消了禁止公务员行使阻碍政府活动之类的争议和罢工权的规定。第二,取消了人事委员会的独立预算权。第三,将人事院改为人事委员会,这个名称只能用于临时性的行政机关,作为中央人事机关的名称是不恰当的。第四,取消了对人事委员资格的详细规定和对委员长行政责任的规定。第五,人事委员会完全从属于内阁总理大臣,未经总理大臣的同意,不能制定人事院规则,也不能就报酬准则向国会提出建议。胡佛依靠日本人事院官员并借助总司令部的压力,修改了公务员法,于1948年11月向国会提出修正案,并获通过。修正的内容有:首先,缩小了特别职的范围,从而保证了公务员的中立性。其次,改人事委员会为人事院,强化了其组织权限。最后,取消了职员的结社权、团体交涉权、争议权("劳动三权")及政治活动权。基本上恢复了胡佛原案。至此,日本公务员制度的基本框架便以美国模式确立了起来。[4]

综观美国人事顾问团与日本政府的争执,其主要分歧是:胡佛的主要目的在文官常任制,包括缩小特别职即政务类公务员的范围,强化人事院的独立地位及权限等,其实质与《彭德尔顿法》的基本精神是一致的。日本方面反对或对此不以为然。至于有关“劳动三权”的争议,美国方面的观点受到当时的国际形势的影响,其后,日本修改了《国家公务员法》,承认了“劳动三权”。

20世纪90年代以来,随着自民党一党执政局面的改变,1993年8月政治改革的四个法律文件得以在国会通过,以选举制度为中心的政治改革逐步展开。近几届日本内阁都提出了上台后要精简政府机构、提高政府工作效率的目标,但是对国家公务员管理制度的具体改革都采取小心谨慎的态度,实践当中没有推出重大的举措。实际上,如何加强对政府各省厅次长以上高级官员的选任、监督是政治改革的主攻方向,但在这方面日本政府一直无所作为。这等于是避开了日本政府制度中存在的根本弊端“金权政治”问题和政、官、财三位一体的政治体制问题。2001年12月25日,小泉内阁通过了《公务员制度改革大纲》,对日本公务员制度进行了较大的改革。

日本公务员分为中央和地方两大类。其中地方公务员按照宪法和地方自治的精神,另成体系,并于1950年制定了“地方公务员法”。地方公务员由都、道、府、县或市、村等地方公共团体各自管辖,在形式上中央政府无权管理,但其体制则与国家公务员制度类似。

第二节　公务员管理机构

根据战后颁布的《国家公务员法》,1948年日本政府设置了专门管理人事的中央人事行政机关“人事院”。1965年5月,国会通过了经自民党政府提出修改的《国家公务员法》,在中央人事行政机关中加入了内阁总理大臣,负责与效率、福利保健、服务等有关事务的综合协调。另外,各部门一般设有具体的人事行政实施机关。

一、人事院

日本的《国家公务员法》规定:“在内阁的管辖下设人事院。”人事院的独立性很强,内阁作为上级部门对其工作状况的监督控制相当弱,以此来保证人事院的超然独立地位。但是,人事院的工作并非全然不受监督。其一,《国家公务员法》规定的人事院人事官任用方法比较严格,且可由国会弹劾免去。其二,人事院工作必须公开,如人事院的议事日程,任用人员名册等,必须张贴或放置于一定场所,供公众阅览。其三,人事院的工作失误处,当事人可向法院起诉。由此看出,人事院的独立地位主要在于摆脱了行政干涉。

人事院的最高决策机构是由3名人事官组成的人事院会议,其中一人经两院同意和天皇认证并由内阁任命为人事院总裁,综理院务并代表人事院。人事院中设置事务总局和法律顾问。其中事务总局是人事院的执行机关,负责人为事务总长。事务总局下设5个局

(管理局、任用局、俸给局、公平局、职员局)、4个委员会(公平委员会、苦情审查委员会、实施补偿审查委员会、职员团体登记委员会)、1个训练所(公务员训练所)、8个事务所(札幌、仙台、东京、名古屋、大阪、广岛、高松、福冈)和1个地方办事处(琉球地方办事处)。从2001年1月开始,下设机构改为总务局、人才局、勤务条件局和公平审查局4个职能局和公务员研修所、国家伦理审查会及在地方设置的8个派出机构。

同时《国家公务员法》对人事院的职责也一一做出了规定。它主要负责制定和实施人事院规则,管理与国家公务员有关的制度,审查和裁决对国家公务员所作处分的申诉,组织实施国家公务员的考试、录用、进修等事务。《国家公务员法》于1965年修改时,将人事院的部分职权改由内阁总理大臣掌管。

二、人事行政实施机关

人事行政的具体实施,属于具有任命权的各机关首长。按照《国家公务员法》第五十五条规定,任命权除别有规定外,属于内阁各大臣、会计检查院长、人事院总裁及各外局首长。这些机关首长的任命权限于该机关内的职员,内阁的任命权限于直属机关的官职,而外局局长的任命权则属于各大臣。各机关首长必要时又可以将任命权委任于下属的高级官员。除任命权之外,各机关首长实际上也行使有关职员的休职、复职、退职、免职以及惩戒处分的权限。其余诸如工资制度的具体实施、效率的增进、服务的监督等,也属于各机关首长。

三、日本公务员的分类状况

日本的公务员首先可分为国家公务员与地方公务员两大类,其区别标志有三点:一是由中央机关还是地方自治体主持考试、录取及晋升。二是在中央政府机关的组织中任职还是在地方自治体内任职。三是由国库支付工资还是由地方财政支付工资。根据这三点原则,凡通过国家考试录取,或在中央政府各部门、司法部门、国会、军队、国立学校及医院、国营企业等机构中任职,从国库中领取工资者都是国家公务员。这是一个覆盖面非常广泛的定义,其成员极为庞杂,因此还须细分。按《国家公务员法》,将国家公务员分为特别职务和一般职务。

所谓特别职务,是《国家公务员法》所规定的属规定范围内的职务。特别职务公务员包含了五类人员。其一,政治职务,即或须经过国会选举产生,如内阁首相,或根据私人之间的感情、党派关系、信任等推荐任命者如国务大臣、政务次官和秘书官。其二,需要获得国民或其代表信任而就职的官职,即议会分享任命权的职位,如人事官。其三,职位特殊,不能按一般管理的官职,如侍从长、驻外大使、自卫队官员等。其四,非常勤人员,指本人另有专门正式职业,担任公职是社会兼职,如联合国教科文组织日本国内委员会委员。其五,国家为了落实失业对策而从"公共职业稳定所"聘用的失业者职员等。

一般职务则指包含特别职务以外的国家公务员的一切职务。但日本国家公务员中的一般职务仍然不是通常意义上的职业文官。一般职务又分为现业职员和非现业职员。所谓现业职员指在国营五大事业,即邮电、林业、印刷、造币、酒精专卖事业中工作的公务员。此外都属于非现业公务员。日本国家公务员的职位分类,只适用于一般职务中的非现业人员。因此,这部分非现业职员才是通常意义上的公务员。

日本政府官员和职员的人数由专门法律作了明确规定,政府从内阁到各具体部门的机构设置和人员配置都有具体规定,不得任意增减。1947 年 11 月颁布的《内阁法》规定,内阁由总理大臣和不超过 20 人的国务大臣组成。内阁官房只设长官 1 人,副长官 2 人。《国家行政组织法》规定,总理府、各省以及委员会、厅、各设长官 1 人,政务次官、事务次官和秘书官各 1 人,只有大藏省、农林省、通产省可设政务次官 2 人。1969 年,佐藤内阁实施《总定员法》,此法规定,冻结国家公务员(不包括自卫队和 5 个公共企业)总人数的最高限度,不得超过 1967 年末的定额 506571 人。因此,日本公务员的数目增长非常缓慢。

截至 2002 年底,日本共有公务员 436.1 万人,其中地方公务员 324.7 万人,国家公务员 111.4 万人。在国家公务员中,特别职务公务员 31.2 万人,一般职务公务员 80.2 万人。但邮政、林业、印刷、造币等所谓现业的公务员又占了 29.9 万人,扣除现业的公务员,再除去国立大学的教职员、国立医院的医生、药剂师和护士等,作为一般行政官和外交官的公务员约 25 万人。[5]

第三节 考选、任用与研修制度

根据日本《国家公务员法》的规定,日本公务员的录用、晋升必须通过竞争考试。但作为例外情况,某些职位的录用可不进行公开竞争考试,而仅仅以某种方式考查其能力后即可录用。晋升考试并非面向社会,多半是在公务员系统内部人员间举行。同样,某些职位的晋升也可全凭以前的工作成绩。该法还规定:“考试以判定是否具有执行职务的能力为目的。”也就是说,主要测验应考者对特定职务所需要的知识和能力,对于是否有发展潜力等并不考查。这种考试方式与美国制度比较接近,和日本战前制度以及英国制度相差较大。

一、录用考试

公务员的录用考试根据人事院规定的规则进行,实行公开招考。有关录用考试的通知,必须用公告形式宣布,公告中要记载有与考试有关的官职的职务及责任的概要、工资、参加考试的资格、考试的时间及地点、领取及提交申请书的地点、时间及手续,以及其他必要的参加考试的手续和人事院认为必要的其他注意事项。公告还必须保证能使人事院规则规定的所有具有参加考试资格的人都知道参加考试的必要事项。由此可以看出,日本的组织录用考试宣传等事项是相当周到全面的。

日本大部分的录用考试都由人事院组织安排。法务省、外务省还有某些部门则由人事院授权自行组织,人事院予以监督。由于日本国民尤其是大学毕业生把公务员看做是一种比较理想的职业,因此考试竞争非常激烈。

二、任用

(一)任用候补者名册

《国家公务员法》第五十条规定:“在通过考试任用职员时,根据人事院的规定,必须制作任用候补者名册。”任用候补者名册有录用候补者名册和升任候补者名册两种。把在录用考试中取得合格分以上的人员的姓名及分数,按得分顺序,加以记载形成录用候补者名册,记载于该名册上的人,作为可以被录用担任该职者。同样,把在升任考试中取得合格分数以上的升任候补者的姓名及分数,按得分顺序,加以记载做成升任候补者名册,记载于名册上的人,作为可以被升任该职者。该法还规定,对于任用候补者的名册必须应参加考试者、任命厅及其他有关人员的请求,随时提供阅览。任用候补者名册作为录用和升任的基础,是为了达到公开平等和完全以能力、成绩任用的原则,即无论何人,仅凭成绩竞争,而不因人种、信仰、性别、社会身份或政治意见而被歧视。

(二)任用

按照国家公务员法,除法律另有规定外,任命权属于内阁、各大臣(指内阁总理大臣及各省大臣)、会计检察院院长以及人事院总裁和各外局局长。这些机构首长所拥有的任命权,限于其直属机构所属的官职,但对外局局长的任命权属于各大臣。作为机构首长的任命权者,可将其任命权委托于部内的高级职员,但该委托必须在有效日之前,以书面形式提交人事院。

对于录用和升任原则,要求通过录用候补者名册录用职员,即对每一个录用名额都要在该录用候补者名册中 5 名最高分数的志愿者中选拔。同样,要求通过升任候补者名册提拔职员, 即对每一个升任名额, 都要在该升任候补者名册中 5 名最高分数的志愿者中选拔。

大多数公务员由各省厅长自行任命。任命时,任命官职者先向编制候补者名册的机关提出“任用候补者提示请求书”,该机关即按分数选出 5 人,通知有任命权者,有任命权者从中选择任用一人后,应当送“任用候补者选择结果通知书”给该机关,该机关将落选者仍列入候补者名册,将任用之人名字删去。官员录用或升任后,在此官职上至少工作 6 个月,在此期间,当以良好成绩执行了其职务时,方可成为此职位的正式职员。

为防止考试任用中的作弊行为,《国家公务员法》还对此作了相关规定。如不得承诺接受金钱及其他利益,不得在考试、选拔、任用或者人事记录方面,作虚假或不正当的陈述、记载、证明、判分、判断或者报告,考试机构所属人员及其他职员不得阻碍考试或者任用,以及提供以对考试或者任用产生不正当影响为目的的特别或者秘密的情报等等。

三、研修制度

公务员的在职培训或进修,日本称为研修。按照人事院规则,研修制度是为了增进现任公务员,或将要担任或升任较高级职位的公务员的有关知识和技能,各省厅的首长要按照规定的研修内容,经常督促和推进公务员的研修工作。研修的目的,总括而言是为了培养公务员的服务精神,并促进行政效率。

日本公务员的研修主要有以下几种:(1)行政研修。日本公务员的行政研修目前有:综合初任研修,是最初一级的研修,属于岗前培训。股长级行政研修,以各省厅股长级成员中成绩优异、年龄在33周岁以下的职员为对象,目的在于通过研修,开拓他们的视野,扩充他们的社会知识,进一步提高他们的管理能力和领导艺术。课长辅佐级职员的行政研修,对象是各行政省厅中成绩优秀、年龄在40岁以下的课长辅佐级官员,时间约20天。更高一层的研修是管理者研究会,其培训对象是各省厅的课长级官员,目的在于进一步充实丰富他们的行政知识,使行政管理能力进一步提高。(2)地方机关职员研修。这是指由人事院统一主持组织各省厅在各地派驻机构工作的职员进行的一系列培训和进修制度,包括新录用职员研修、中坚股员研修、股长研修、课长辅佐级研修、课长研修和秘书业务研修等。(3)研修指导者研修。这是培训各省厅中负责指导公务员培训、进修的职员,即师资和管理者的培训,由人事院负责实施。(4)行政官员出国研究员制度。此种制度分为长期和短期两种。长期是指由各省厅长官从工作满5年的职员中推荐优秀分子,经人事院选择审查合格后,派往国外的大学学习研究2年,原则上去读硕士学位。短期是指先由各省厅的长官从工作满6年以上,职务相当于课长或课长辅佐级的优秀职员中推荐,经人事院选择审查合格后派出,学习期限为半年,派出地点一般是外国的政府机关及国际机构。行政官派出国外期间,必须定期向国内提交研究报告。回国后还必须向人事院提交完整的研究成果。(5)行政官国内研究员制度。从1976年后,日本政府每年从各省厅工作满3~6年的优秀行政官中,推荐到筑波大学等高等学校的政策科学研究科攻读硕士研究生课程,专门从事行政研究,时间为2年。整体来看,日本政府十分重视公务员的培训进修。人事院和各行政省厅每年都必须制定并实施公务员的培训进修计划。

第四节　考核、晋升、惩戒

根据国家公务员法的规定,公务员的考核之权属于各机关首长,考核的结果应与适当的奖惩手段相联系,以便提高工作效率。有关考核的手续、记录等政策,由内阁总理大臣以政令颁布。而各机关实际办理考核的程序等,则由各机关自行制定单行规章办理。

一、考核

考核种类有特别考核(对试用人员,在试用期间内,至少要进行一次考核。另外,考核机关认为必要进行服务成绩评定的其他成员,也可按照需要情形随时予以考核)和定期考核(凡参加特别考核以外的职员,均参加定期考核)两种。日本对公务员的考核内容共有工作、性格、能力和是否适合该职位四大项。每项之下又有具体的考核内容。如工作考核中会涉及工作情形、态度、速度等。

考核的实施机关是各省、厅的首长。各机关首长办理考核时,须与人事院协议,制定有关考核实施的规程,且各机关首长可以授权所属的高级职员办理考核。因此,考核的实施不是集中统一的,而是分散分权的。各机关依据上述考核内容,按照一定的考核程序,采用合适的考核方法,自行制定适当的考核表进行。

二、晋升

实施考核后,考核成绩分为A(服务成绩超群)、B(服务成绩优良)、C(服务成绩普通)和D(服务成绩低劣)四等。考核列为A等或B等,并且与职务相关的性格、能力以及适应能力均为优良者,准予特别晋级,即将本来需要1年的晋级期限缩短3个月到6个月,或一次予以晋两级。考核列为C等者,依例一年晋一级。考核列为D等者,在工作上应当予以指导、矫正,或训练,或变更工作安排,或调换工作单位,以谋求增进效率。情形严重者,按《国家公务员法》规定的"服务成绩不良者,可依人事院规则的规定予以降职或免职"办理。

三、惩戒

依《国家公务员法》规定,公务员违反本法及基于本法之命令、违反职务上的义务或懈怠职务、有不适为国家公仆的不良行为者应受到惩戒。公务员的惩戒处分,由有任命权者按一定的程序行使,并未专设惩戒机构,但人事院得经国家公务员法所定的调查后,将职员交付惩戒。惩戒处分的种类有免职、停职、减俸和申诫四种。

第五节 工资和退休制度

一、工资制度的原则、种类和数额

日本《国家公务员法》规定:"职员的薪给依其官职的职务与责任确定。"即工资与职务相联系,以职务的复杂性及责任大小来决定职员的工资。同时有条文表示,公务员的工资不能完全按官职的等级来划分,而必须首先以生计费为基础,至少保证最低职级公务员的起码生活水准。在这个基础上,再按职等设计一个上升的幅度,拉开档次。同时,再按照私营企业的工资水准作调整,使公务员的生活水准与社会上的薪水阶层大致持平。另外,法律规定公务员的工资要按照物价波动及私营企业的工资升降不断改订调整。这项工作由人事院负责,其提交方案,国会决定。日本公务员的工资种类,可分为以下几种:本俸、职务加给、特别职务加给、抚养津贴、交通津贴、特殊勤务津贴、加班费、在公休日上班者支给、期末奖金及勤勉奖金。

1978年修订的《关于一般职公务员薪金的法律》对公务员的工资又进行了调整。该法规定,一般职公务员的薪金分为行政、税务、公安、海事、教育、研究、医疗、指定职8种。每类职业又分为4~8等,每一等按工作年限分为若干级,以示工资差别。例如,行政公务员的薪金分为8等,每一等之内分为15~24级。每一级的工资差别在2千~1万日元。在各类公务员中,第八类指定职公务员(政府事务次官、各省厅的局长、大学校长、研究所所长等职)的月薪高者在80万日元以上,低者在40万日元以下。医疗职、大学教员和行政、税务、公安等公务员的月薪高者在40万日元上下不等, 一般职公务员的月薪低者在10万日元左右。除指定职外,国家医务人员和大学教员的工资最高,脑力劳动者比体力劳动者工资高。

特别职国家公务员的薪金较一般职公务员的薪金高得多。1977 年,总理大臣、国会议长、最高法院院长的月薪为 155 万日元,国务大臣的月薪为 133 万日元,国会议员和东京大学校长的月薪为 84 万日元。日本现行工资制度的最高薪金与最低薪金的差额在 15 倍以上。

二、退休制度

日本的退休制度,即所谓的恩给法适用的范围是政府的文官、警察、监狱官以及地方公务员等等。政府企业雇员则不在适用范围,而由共济组合制度——社会保障制度解决。

退休金有以下几种:普通退休金(普通公务员任职 17 年以上者,警察监狱人员任职 12 年以上,无失职原因而退职者领取)、增加退休金(公务员因公致伤疾或残废而无失职原因退职者支领)、伤疾年金(公务员因受永久性的伤疾不堪任职,并无失职原因而退职者支领)、遗族补助金(支领普通恩给者死亡及公务员因公致伤疾死亡者支领)、一次退休金(公务员连续任职 3 年以上不满 17 年,警察监狱职员不满 12 年,无失职原因者支领)、一次扶助金(公务员在职 3 年以上不满 17 年,警察监狱职员不满 12 年,无失职原因在职死亡者支领)。

退休金额:在职满 17 年者,退休金额为退职时年薪的 1/3。17 年以上,每增加一年,加给退职时年薪的 1/150。在职超过 40 年者仍按 40 年计算。警察及监狱职员的普通退休金,其在职 12 年以上等于其他文官在职 17 年以上,其余计算相同。增加退休金的金额按该公务员伤残原因及程度,数额为退职时年薪乘以 104/150~123/150。如有抚养眷属,每人 4800 日元。退休金的主管机关是总理府的恩给局。退休金由国库支付办理。在职公务员必须每月缴纳其工资的 2%于国库,作为退休金的一部分。

第六节 世纪之交的公务员制度改革

一、日本战后公务员制度的特点

自战后公务员制度改革后,日本又多次对其公务员制度进行改革,但这些改革往往只注重机构设置和公务员规模的控制等方面,且片面强调集中统一,而忽视权力的分散与制衡的巨大优越性。在关于公务员制度的基本构架和基础制度方面,也一直进展不大。在日本,“官尊民卑”、“派阀门第”、“等级森严”、“政党猎官”等特点,始终未能消除。例如内阁继续奉行派阀均衡的人士安排,各省厅之间按照派阀体系各自为政。官厅与企业结成特有的关系网,如大藏省与金融界,通产省与制造业,运输省与运输业等。美国式的职位分类未能实施,所执行的官员分级,与旧时代的钦任官、敕任官、奏任官、判任官之间仅仅是形式上的差别，按照学历、年功序列确定的升级制度和上下关系与战前的官阶制度没有本质区别。战后实行的国家公务员甲级高等考试与战前的高级文官考试同样仅仅是对那些少数权贵精英开放仕途之门。“官治主义”的传统并没有真正解体，政府各省厅的官僚掌握着工商企业和金融业的经营准许权、补助金发放权，对国民大众依然是采取事实上的君临统治。战后的国家公务员与日本企业一样采用终身雇佣、年功序列的用人方针，任何外来者都不可能被政府机关中途录用，由此形成了日本国家行政管理机关用人制度的闭锁。

将英、美、日三国公务员放在一起比较，就可以看出，英、美两国的公务员制度是从内部发生的，因而具有一种内在的需求。虽然刚开始只是一些单项的法规，以后则不断改革扩展，成为一整套制度。对日本而言，占领军强加的民主体制仿佛是个从外部投入的怪物，而不是从内部自然而然成长起来的，也就是说，相应的社会条件未必具备，因此虽然立即建立了一整套法规制度，最初却难免有格格不入之感，需要某种变异之后才能生存，并且通常不是所有的环节都能得到实施。事实上，许多前殖民地国家，往往都会出现这种情况。与英美不同，日本先有强大的行政官僚机构，然后才于二战后建立了现代的政党与议会体制。这个差异使日本的政党与官僚的关系呈现出与英美不同的特点。

日本现代意义上的官僚出现于明治维新之后，并发展成比较完备的官僚体制。明治维新以后，日本开始走上现代化道路，并一开始就选择了国家主导型的现代化发展模式，在政治体制上则选择了君主立宪制。这种发展模式和政治体制促成了官僚在日本现代化发展中的主导地位。日本战前的现代化虽然因军国主义而最终失败，但官僚在指导和组织日本社会发展中的主导地位并没有被动摇。这在很大程度上得益于战后初期以美国为首的联合国军司令部在占领日本时对其实行的“间接统治”。因为这种“间接统治”主要是通过比较完好地从战前延续下来的官僚队伍实现的。于是，“尽管经过战败但丝毫未触动官僚制度”。“官僚制度几乎没有受‘伤’。在战前抖擞威风的内务省诚然解体了，但其‘精神’和‘人才’仍然被建设、自治、厚生、劳动、警察等各省厅接收了”。[6]占领结束后，日本重新开始的现代化发展依然遵循国家主导型的现代化发展模式，这客观上就为官僚保持其在国家政治生活中的重要地位提供了基础和条件。

与官僚相比，日本现代意义上的政党出现要晚些，而且由于战前的政治体制是限制政党发展的，因此，明治维新后出现的政党，在国家政治生活中的处境要远远差于官僚。三四十年代的军国主义独裁政治又把政党力量完全消解。战后的民主改革，才使日本战前成立的政党得以恢复和发展。但由于行政官僚机构的既有势力比较强大，官僚集团成为一个自成系统的利益集团，非但使政党和议会对它的控制相当松散，反过来，这些职业官僚具有通过渗透而有控制政党和议会的企图和能力。“地盘、名气、金钱”在日本被称为政客的“当选三要素”。其中，地盘往往要靠各官厅的官员去拉选票，金钱也往往要靠官厅与企业的关系作中介。战后初期，“政治家为了把布满自己选区的官僚机构用于自身的选举，而迎合了官僚”。另外，当时的保守党由于被整肃等原因而人才不足，在吉田茂时期主动在官僚队伍中发展党员，以求扩大党的势力。

在日本，报刊上有所谓“出官界，进政界”的说法。这是指一些公务员退休或辞去原来担任的事务官职位后，通过控制就任期间与之关系密切的公司，使他们成为官厅外围的追随者,然后,摇身一变,进入政界,从事政党活动,成为政治家,最终担任政务官。据统计,日本政府中绝大多数部一级的政务官,原来都曾做过政府事务官。到1972年,日本在20世纪出任政府首脑的35人中,只有5人没有担任过政府事务官或军官。另据日本1954年统计,众议员中的18%,参议员中32%的人曾担任过事务官。1954—1961年间内阁成员中也有高达35%的人是过去的高级事务官。[7]而在英美,政务官是来自于政党中的活跃人物,职业文官很少有改任政务官的现象。之所以形成上述状况,当然与日本的传统官僚制的惯性作用、民主基础薄弱、政党制度不健全等有关。但与公务员制度存在某些破绽未能起到应有的作用也有关系。上面这些情况,一方面使官僚对保守政党形成比较强的渗透,促成保守执政党的"官僚化",也使保守政党在政策制定中出现了对官僚比较强的依赖。

官僚势力的强大,使日本在战后仍然承袭了一些战前官僚制的缺点:官尊民卑的特权意识,宗派主义,缺乏责任心和自律机制,法律万能主义,中央官厅妨碍地方自治,保持着学阀特权,特权官僚一统天下。

从20世纪60年代中期以后,随着日本社会经济状况的发展和政党政治的改进,官僚的主导地位开始下降,自民党对官僚的依赖也逐渐有所降低。值得注意的是,这一进程也与自民党自身的进一步"官僚化"有关。吉田茂时期,官僚入党后一般都占据比较重要的党内职务,很容易成为国会议员或进入政府的核心。此后,自民党确立了"先任权"制度,即一般以当选议员的次数来安排所属议员在党内或内阁中的职位。这与日本官僚制中依工作年限和工作实绩逐级晋升的人事制度很相似。此制使退出"官界"进入政界的官僚难以获得高位。于是,自民党内重要职务由官僚出身者担任的情况不断减少,终于形成了政党占据主导地位,即"党高官低"的局面。然而,由于特定的政治环境,日本始终保持着自民党与官僚的牢固结合。这种牢固关系,一方面基于它们之间在战前就已形成的传统关系,另一方面则基于自民党在其长期支配统治过程中对这种关系的组织化与制度化。这种牢固的结合破坏了现代政党政治必须遵循的"文官政治中立"的原则,使官僚和特定的政党走向一体化。在现代民主政治下,作为民主政治重要支柱之一的官僚被特定政党所"垄断",不但大大限制了日本民主政治的健康发展,而且也在制度和体制上助长了日本政治中难以克服的政治腐败。频频爆发的日本政坛丑闻,常常涉及政界最上层人物,显示出日本的民主制度还存在着重大缺陷。如此众多的上层腐败案件,当然有许多原因,但常任文官集团没能起到英美那样的真正的"第二院"、真正的"宪法制衡"作用,则是显而易见的。因为许多舞弊行为如果没有相关的行政执行官员的合作或默许,是不可能完成的。

日本的公务员法虽然在条文中写入了美国公务员制度的主要原则,某些方面甚至有过之而无不及,然而,同样的法律条文在具体的运作中,由于不同的环境,却会出现某种窒碍。比如,日本特别职的比例还要低于美国的政治任命官员,但这种区分的作用却被官僚整体上的"政治化"和政客整体上的"官僚化"所抵消。另外,职位分类的推行在日本受挫,也是一个典型。

日本在《国家公务员法》颁行时,只对职阶制(职位分类)作了一些原则规定,需要国会制定出具体的《职阶法》之后才能付诸实施。1950年,日本颁布《职阶法》,人事院专门设立了职阶部,组织了300多名专家对职阶制的实施进行准备工作,并在以后向国会提交了

“关于基于职阶制制定新的工资津贴准则”的提案。但此后有关方面提出应重新考虑职阶制,新的工资津贴准则遂未提交国会审理。而《职阶法》则由于配套的工资制度无法生效和实施,被束之高阁。日本目前的人事分类制度,实际上依据于1950年制定的《一般职职员工资津贴法》,称为工资分类制。这种分类方法本意是作为过渡方案,但沿用至今,与美国的职位分类有很大的区别。日本没有实行职阶制,其深层原因在于:“日本民族文化特点及传统习惯与职位分类的精神不符。”[8]

欧美的组织管理思想起源于古希腊的西方文明，明显富于个人主义的特点和契约关系的成分。从西方人的角度来看，任何不同个人之间的社会关系都可以用契约来加以说明。西方人从个体主义方法论出发,强调个体的权利,强调个体之间的平等,偏重契约关系与市场规范的管理模式。日本的传统文化则一向认定家是组成社会和国家的基本单元,个人只是组成家这一基本单元的一分子，独立的个人是无足轻重的，倡导个体对群体的归属,强调群体内部的序列与和谐统一。同时,儒教中的等级观念、忠孝思想、宗法观念等等也影响到其管理风格。尽管日本人对家的观念与中国传统文化中的家有很大的区别,但在强调长幼之别,强调下对上的服从与对权威的尊重方面则别无二致。这与强调个人主义和个体权利的西方公务员制度颇有差异。这些日美之间的文化差异表现在管理模式上就有:首先,日本实行终身雇佣制,职员就业及升迁的指向性很强,都是从自己所在的单位的底层开始。这就决定了日本的人事管理对人的学历、资历和经验等品位因素的重视远高于对职位因素的重视程度。其次,日本非常重视团体意识,强调团体利益高于个人利益的价值观,团体尽量避免公开竞争,尽可能地让同等能力的人结合在一起,以缩小他们之间的差异。在政府机构的设置上,习惯于按部门划分职责,至于部门内部如何分工,则完全取决于部门领导的指派,这与职位分类的精神是不相符合的。再次,日本的资格序列意识非常强,年纪大、资格深的人绝对可以指挥年纪轻、资格浅的人。这种意识是日本实行年功序列工资的渊源,因此无法实现职阶制以工作决定报酬的要求。

也就是说,职位分类制度具有增强公务员个人的工作独立性,将上司的命令减少到最低程度,从而降低上司对下级的支配权的内涵,其基本精神是与《彭德尔顿法》一致的,而与“日本人长于模仿,短于创造,长于实干,短于见识,长于服从,短于自主”的“个人缺乏主体精神”和不重视个人权利的文化传统及特定的政治环境格格不入。以推行职阶制的失败为基点,日本公务员制度的其他环节也与美国有了很大的不同。

日美公务员制度的这些差异,还与一个更大的世界性的潮流有关。自从民族主义兴起之后,所有的民族为了处于强国的地位,都特别强调政府的效率,那些后进的国家尤其如此。为了有效地动员国家的一切资源,包括人力资源,更快地发展工业和科技——实为军备,以增强国力,为了服从国家的意志,服从国家的利益,个人的自由、个人的权利被忽视了,或被有意识地抛到了一边。管理学意义上的效率原则不仅是手段,也是目的本身,而增进人的自由与权利这样的目的,则不见了。像日本这样的国家,还有德国,都曾经将全体国民像军队一样组织起来——军队中当然只强调服从,决不允许自由,只讲义务,而不提倡权利。经过两次世界大战,效率成了至高无上的原则,也成为现代管理学向行政学加速渗透的动力。

最后,日本的明治维新虽然曾经作过中国“康梁变法”的样板,但日本明治维新的精神,所谓“和魂洋才”的蓝本,却是中国“洋务运动”时的“中体西用”。日本战前与战后,实际都奉行着同一个原则。

综合而言,按照美国公务员制度,事务官的权利得到相对充分的保障,不仅使整个文官集团相对独立于政党,而且在公务员系统内部,也尽可能地减少了自上而下的支配权。公务员个体的权利保障体现于公务员制度的各个方面和各个环节,均以多元机构作为权力的载体,实现权力的分散与制衡。日本则不同,出于各方面的原因,得到保护的是整个文官集团的利益,文官个人则仍然受到上司的过度支配。这种支配在某种程度上建立和维系了上下级之间的身份等级和人身依附关系,不可避免,在文官系统内部造成了各种小团体、小派系(如同自民党内部的派系和集团)。那些控制这种小派系的高级事务官在政治上的影响力扩大,成为政党争取和依赖的对象,某种程度地政治化了。这些高级事务官在条件成熟后,辞去职务,轻而易举地进入政界。一旦担任了政务官,便可借助过去的影响与关系,在文官系统内进一步扩大其控制力量。而政务官与事务官的这种非正常的紧密联系,必然使事务官失去其独立性和制衡作用,腐败也就必然地发生了。

二、小泉改革

2001年12月25日,小泉内阁通过了《公务员制度改革大纲》。大纲中提出了以下内容:第一,它第一次提出了贯彻能力主义的原则,以取代沿袭已久的在确定职务、薪水和晋升时一味论资排辈的做法;第二,宣布将对审议官以上的高级公务员实行年薪制;第三,允许新聘用的公务员保留在民间企业的职位;第四,严格限制退职官员对原先任职机构的游说活动等等。

(一)任用制度的改革

根据行政改革会议的建议,从2001年度起,日本废除了外交官考试制度。有志加盟外务省的应届大学生只要通过国家公务员考试就可以了。2001年12月25日,内阁会议通过《公务员制度改革大纲》,对未来公务员的录用有以下规定:

(1)从年功序列制转为“能力主义”。《大纲》宣布废除按照工资年限决定官员薪水待遇的“级别定数”,改为若干能力级别,职务和薪水均按照能力大小来确定。[9]

(2)推进官厅和民间的人才交流。为促进优秀的民间人士进入官厅工作,日本曾制定过《官民交流法》。但是由于这项法令规定民间人士必须辞去民间企业的职务才能进入官厅,而民间人士一旦离开原有企业,原有的就业保险也就随之中断。这就使得许多民间人士有后顾之忧,不愿接受政府的聘用。《大纲》明确宣布,将修改此规定,今后凡官厅聘用的民间人士可以继续保留他们在民间企业的职务。[10]2002年以后,中央省厅从民间聘用的注册会计师、律师和智库研究员等明显增加,仅2001年3月到2002年3月一年间,就由21人增为63人。仅内阁情报调查室新成立的卫星信息分析中心,就从民间聘用了10多名专门从事卫星图像分析的专家。[11]

(二)重塑公务员的伦理道德

日本的公务员由于教育水准高,专业知识全,总体素质较高。而且,一般来说,公务员都有一种强烈的社会使命感、责任感,敬业精神很强。因此,日本公务员在社会上普遍受到尊重,社会地位较高。然而,从 20 世纪 80 年代开始,田中角荣的卢克希德公司受贿案、竹下登和金丸信的舞弊案、神户地震中官僚的行动迟缓及相互推诿等等,使得日本公务员“廉洁奉公”的神话逐渐破灭,其道德伦理受到公众的一再谴责与质疑。

为此,在新一轮的行政改革中,如何重塑公务员的伦理道德问题成为一个十分重大的课题。除了加强对公务员的考核外,新的举措主要有:[12]

(1)颁布《国家公务员伦理法》。根据该法,各省厅设伦理监督官负责对本部门的违纪事件进行监督处理。人事院专门成立“国家公务员伦理审查会”,审查课长以上公务员接受企业馈赠和工资外收入的实况,并根据公众需要随时公开这方面的处理情况。各省厅负责人根据“国家公务员伦理审查会”的审查,可对违反《国家公务员伦理法》和《国家公务员伦理规程》的公务员予以必要的处罚。

(2)规范公务员与政治家的关系。小泉内阁通过的一项决定中规定,今后凡是国会议员或议员秘书就个别的行政事项向有关省厅游说,其内容明显有悖政府的方针或有损公众、公平原则时,公务员须立即将此类游说的时间、经过、内容等向主管大臣报告,由大臣向有关人士确认后再采取措施。在随后制定法律时,这一条修改为对于来自政治家的游说等如何处理应由主管大臣确定,省略了向有关人士确认的程序。这就更有利于抑制和减少政治家对中央省厅的非法干预。[13]

(三)对“天神下凡”现象开刀

日本公务员在法律上没有明确的退休年龄,而由各省自行规定,一般在 58 岁到 60 岁之间。但实际上熬到退休年龄的公务员并不很多,这是日本公务员体制中一个特有的现象。对于一个任职时间较长、资格较老的高级文官来说,如果同届中有数名晋升为局长,留下的多数人将被鼓励转业到民间单位、公团、事业团体等。如果同届中有人担任了次官,那么其他人会自动提出离职。这是因为这些人都没有希望再升到这个位置上去了,下一次提拔次官将会从更年轻的某一届中选择。

由于日本人论资排辈比较严重,假如有同届的甚或老前辈在,新任的局长或次官很难充分地行使职权。而这些人在比他们年龄小的局长或次官的监督指挥下,也会觉得不自在。考虑到这两方面的因素,还是离开为好。这是与美国全然以才能为准则而不考虑资历的文化传统不同。也就是说,日本的官职大致是年长者官高,年轻者职低。凡在晋升中落后一步者,就会被自然淘汰。由于日本人上级对下级比较严厉,不同于西方人的民主作风,年长者在年轻的上司手下的确很难堪。这种自然淘汰制度使晋升的竞争非常激烈,因此公务员工作都很努力谨慎。

另外一面,英国人对文官退职后在私营企业任职很反感,认为这很难保证文官在职时的公正廉洁。日本的公务员与私营企业却有一种相互信任的密切关系。官方鼓励公务员退职后去私营企业任职,这就使公务员在被淘汰后的出路较为广阔,加快了公务员系统的更新。

日本的退职官僚尤其是退职的高级官僚到政府系统的特殊法人和民间企业任职的现象被称作“天神下凡”,其副作用比较严重:有悖于社会公正原则(因为一般的日本公民到了五六十岁很难再谋到一份工作,而退职官僚却可以轻松获得高薪美差),容易造成特殊法人机构的臃肿和效率低下,也容易为钱权交易铺就温床等。

小泉内阁对"天神下凡"现象的改革主要从以下几方面着手:(1)加强监管。2001年6月,小泉内阁成立不久,就由内阁官房所属的"行政改革推进事务局"提出一项《公务员改革的基本设计》。其中规定,国家公务员在退职后能否到民间企业和特殊法人任职的批准权由人事院下放到各有关省厅。这是因为所在省厅对其职员及其新任职企业、团体更加熟悉,可以防微杜渐,从严把关。(2)堵塞漏洞。在《公务员改革的基本设计》中,专门加了一条限制,就是如发现"下凡"到特殊法人或民间企业的退职官僚向退职前所在官厅游说或打招呼的,一概予以禁止。(3)扩大限制范围。《大纲》扩大了退职官员到民间企业或特殊法人等任职的限制范围。过去,人事院只公开课长以上退职官员的情况,《大纲》把公开对象扩大为企划官以上的退职官员。(4)纠正收入上的弊端。小泉内阁在《大纲》中明确规定,从2001年起,凡国家公务员"下凡"到特殊法人,以及从特殊法人到独立行政法人时退职金一律削减50%,薪水削减10%。这有助于纠正退职官员重复领取退职金,聚敛钱财的弊端。(5)逐渐纠正提前退职的陋习。虽然日本明文规定公务员60岁退休,但从1999年到2001年间,通过国家Ⅰ级考试的官员的平均退职年龄为54岁。2002年12月,小泉内阁拟定一项计划,打算以2008年为目标,5年内将高级职员平均退职年龄延长3岁。[14]

(四)增强行政组织的灵活性

为了适应新的环境变化,改革僵化的行政组织体制,日本政府拟采取增强行政组织灵活性的若干措施,主要有:(1)机构和组织的弹性化管理。各省厅根据具体情况可以适当调整内部机构的设置,人员的聘任改变过去封闭性的轮岗方法,可以将聘任对象扩大到其他省厅。(2)成立国家战略小组。根据内阁总理大臣的自我判断,通过积极的公开招聘选拔国家重要政策研究和制定的优秀人才,成立国家战略小组。各省厅也可以根据自身需要,成立相关的具有灵活性的工作小组,辅助首长的工作。(3)减少加班,创造宽松的工作环境。

【参考文献】

[1][2][4]田炎培.公务员的理论与实践[M].北京:中国社会科学出版社,1993.

[3]郑励志.日本公务员制度与政治过程[M].上海:上海财经大学出版社,2001.

[5][9][10][11][12][13][14]吴寄南.新世纪日本的行政改革[M].北京:时事出版社,2003.

[6][7]林尚立.党高官低:日本政策决定过程中的政党与官僚[J].复旦学报:社会科学版,1996(10):41–44.

[8]江秀平.中日传统家族制度对管理模式的不同影响[J].学术研究,1996(4):84–88.

专题分析

从“一亿总中流”到“一亿总下流”：泡沫经济破灭前后的日本

2009年,中国用庞大的一揽子经济刺激计划和商业银行所提供的巨额信贷迅速从全球金融危机中脱身,但在实体经济恢复尚不到位的背景下有大量的资金进入了股市和楼市。一些国际评论认为“中国将遭遇日本经济在20世纪80年代后期的状况”,“中国正冒着吹大不动产市场和原料市场泡沫的风险来换取经济发展”。

一些国内学者谨慎地表示,中国经济发展路径与20世纪80年代的日本经济走势只是“在表象上的确存在高度的相似性”,诸如:出口拉动经济高速增长,消费需求明显不足;本币升值吸引境外资金大量流入;房价暴涨;宽松货币政策保证资金充裕,实体经济投资机会相对不足;国内企业海外扩张,对外投资持续增强等。[1]

有些人则更直率地表达了他们的担忧。他们认为,当前的中国和当初的日本是如此相像:人民币面临同样的升值压力;全世界最偏僻地方的矿山都会传来普通话的声音;纳斯达克大屏幕会主动在春节打上祝福虎年的标语;中国早已成为美国国债的最大持有国;包括地产在内的资产价格同样疯狂上涨;所谓“中国模式”正在一批由西方人撰写的诸如《当中国统治世界》、《中国大趋势》之类的畅销书中被贴上金箔……

中国是否真的会步日本经济盛极而衰的后尘并陷入长期萧条?深刻分析日本泡沫经济产生与破灭的原因,认真总结日本政府重振经济的经验与教训,细致观察日本政治、经济和社会发展的现状与特点,才能让我们未雨绸缪,避免重蹈其覆辙。

一、日本泡沫经济产生的原因及表现

(一)泡沫经济产生的背景与主要原因

1.泡沫经济产生的背景

20世纪80年代的日本,实现了丰裕的社会,几乎赶超了深陷越战后遗症的美国。这得益于战后日本实行的财富竞争战略,而非二战前的领土竞争战略。所谓领土竞争战略,是尽可能地夺取更广域的领土、获得更丰富的资源来发展国家的帝国主义战略,最终导致了日本的战败。而财富竞争战略,并非以军事力量为背景获取大量领土和资源,而是使经济实力更加立体的战略,即只要拥有坚实的产业,再加上繁荣的贸易,就能够使国家发展。即使没有宽广的领土,没有丰富的资源,只要通过进口和加工,再把工业产品积极出

口的话,就能够获取财富。

20世纪80年代,亚洲四小龙(韩国、中国香港、中国台湾、新加坡)也正是奉行这一战略,在狭窄的土地上,在资源匮乏的情况下,实现了高速发展。日本在同亚洲四小龙竞争的同时,通过贩卖资金和技术,变得更加富裕。这样,在80年代的时候,日本的外汇储备一跃成为世界第一。这时,美国学者傅高义创造了“日本世界第一”(Japan As No.1)这一名词。它实际上并不是指日本已成为世界第一经济大国,而仅仅是在说日本企业的物品制造由于其一贯的经营战略,其生产性已达到了世界第一,作为经济大国的NO.1则依然是美国。但是,这一名词却使美国的劳动者和日本的国民都产生了错觉。美国的汽车业、电器制造商中失业的劳动者们,认为是日本夺走了他们的工作。他们把东芝的晶体管电视机放在丰田汽车上,再用铁锤敲碎它们,进行了激烈的抗议行动。而在日本国内,政论家、经济学家们诸如“日本将成为世界第一经济大国”、“日本将成为继美国之后的下一个霸权国家”、“21世纪将是日本的世纪”的发言层出不穷。[2]

1985年9月22日,世界五大经济强国(美国、日本、西德、英国和法国)在纽约广场饭店达成“广场协议”。当时,由于美元汇率过高造成大量贸易赤字而陷入困境的美国,与其他四国发表共同声明,宣布介入汇率市场。此后,日元迅速升值。当时的汇率从1美元兑220日元左右上升到一年后的1美元兑150日元。由于汇率的剧烈变动,由美国国债组成的资产发生账面亏损,因此大量资金为了躲避汇率风险而进入日本国内市场。日本政府为了补贴因为日元升值而受到打击的出口产业,开始实行量化宽松政策,于是产生了过剩的流通资金。另外,从20世纪70年代后期开始,日本的银行烦恼于向优良制造业企业的融资案件,开始倾向于向不动产、零售业、个人住宅等融资;80年代以来,全球性的通货紧缩形成了股票市场的上升通道。在以上各种因素的综合作用下,日本的泡沫经济开始了。

2.泡沫经济形成的原因

日本泡沫经济形成的原因极为复杂。尽管许多研究者进行了分析,但仍然没有达成一致意见。郑秀君、陈建安[3]对日本泡沫经济形成的原因以文献综述的形式进行了总结,整理如下(见表1):

表1 日本泡沫经济成因

日本泡沫经济成因整理	主要代表文献
持久的超低利率	陆静华,1994
源于英美的诱导	凯瑟·沃尔夫,1998
泡沫经济的产生需要具备几个条件	三木谷良一,1998
金融相关比率较高	高黄正新,2001
金融自由化	马文秀等,2004
综合性因素	蔡友英,2007;段玉彬,2004;宇辉,2008;汪燕,2001;李小牧,1997
日元汇率升值	李众敏,2008;周见,2001
货币政策失误	李跃军,2007
产业结构升级失败	鹿朋,2008

虽然有些人认为"广场协议"后的日元升值是日本泡沫经济形成的主要原因,因而坚持某种"阴谋论",但一些研究者认为,日本政府应对日元升值时宏观经济政策的失误,尤其是1986—1989年货币政策的三次重大失误,才是根本性的和内在的原因。

Yukio Him iyama [4] 具体分析了来自日本地方的土地利用变化趋势调查报告(1980—2005),揭示了政府政策以及地方权力机构的意图是如何影响土地利用的,不同类型的土地利用是如何响应泡沫经济的,而泡沫经济又对土地产生了怎样的影响。

(1)政府误导引发的土地泡沫

从20世纪80年代初开始,日本政府就热切期待东京成为国际金融大都市,当时国土厅预测东京圈到2000年之前至少需要建设250栋超高层大楼。因此,到了1987年,日本政府制订了"第四次全国综合开发计划",提出要建设以东京为中心的国际交流网络,从而将东京建设成为世界都市。这个计划本身进一步助长了人们对东京"一极集中"的期待。在这项计划的推动下,包括外国金融机构在内的国内外企业纷纷进入东京,导致对办公楼需求的急速上涨,引起办公楼的供给严重不足。由于对土地需求的迅速扩大,大大地刺激了地价的上升,特别是东京商业用地价格急速上涨。1990年日本全国商业用地的平均价格相当于1985年的大约4倍。同时,政府根据"国民对闲暇的需求迅速增强"的判断,又制定了"综合保养地域整备法"(所谓"休养地法"),刺激了地方开发休养地的高潮。在政府的预测与计划的误导下出现的土地泡沫,成为日本泡沫经济的一个重要组成部分。

(2)金融失策引发股市泡沫

20世纪80年代最后几年出现的泡沫经济,主要表现为地价和股价双双连动地攀升,大大超过了其合理价格。股市泡沫,在很大程度上是由于政府的金融失策造成的。日本政府在不适当的时机调低利率,导致了股市泡沫乃至整个泡沫经济的进一步胀大。

1987年2月,日本银行将官定利率从1986年的5%下调至2.5%。在这一战后以来空前的低利率下,大量游资涌向股市,导致股价急剧上涨。而在揣摩股票价格会继续上涨的心理作用下,人们争相购入,最终一股空前的"全民炒股"热潮席卷日本。当时的日本大兴所谓的"财技术",典型的例子就是证券公司面向家庭主妇开设的"股票投资讲座"场场爆满,所有人都期望在股市中获益,并认为这是轻而易举的,股票价格因此被越炒越高。1989年12月29日日经平均指数达到创纪录的38915.87日元,股市泡沫膨胀到顶点。

而来自金融市场的个人资产收益又刺激了消费的膨胀,消费热点转向高价商品。同时,地价的上升则导致其作为担保的价格上升,引起建筑、土地交易空前活跃。金融机构则积极开展融资活动,向企业、个人提供设备投资资金、住宅投资资金和消费资金;民间企业则对办公楼、厂房及机械设备也进行了过度的投资,从而由股市泡沫诱导的泡沫经济进一步膨胀。

泡沫破灭后,人们发现,政府在1987年的调低利率政策显然是不合时宜的。虽然1985年"广场协议"以后的日元升值曾经导致一时的萧条,但是由于本币升值引发的交易条件改善的效果逐渐体现,以及金融、财政方面的景气政策发挥了作用,日本经济在1986年开始走出低谷,增长明显加速。相比之下,1987年空前的低利率不仅没有给本国经济带来生机,反而成为泡沫经济急剧膨胀的契机。1988年日经平均股价涨至1985年的两倍,1987年日本经济增长率达到4.8%。在股价上涨、经济形势过热的情况下,日本金融当局仍然没有调整其金融政策,维持2.5%的官定利率直至1989年5月,从而给金融泡沫的膨胀创造了足够的时间并最终造成了难以收拾的恶果。[5]

日本政府之所以在金融政策上出现如此重大的失误,究其原因,主要是为了忠实履行以美国为中心的“国际协调”责任。1985年在美国的要求下,5个主要发达国际财长就曾达成协议,各国通过抛售美元介入外汇市场,以保持美元汇率的稳定。到了1987年,再次出现了美元汇率过低的问题,为了阻止美元过度贬值引起世界性货币动荡,发达国家在巴黎达成协议,利用本国利率低于美国利率的利率差,来保持美元稳定。由于当时美国已经降低利率,为此日本就不得不继续维持其超低利率,从而为日本国内泡沫经济的膨胀创造了机会。[6]

而日本必须“忠实”地追随美国,一些日本人认为是因为日本的防卫和粮食是依靠外国的。“所以当被要求这要求那的时候,根本没有讨价还价的资本。这是没有办法的事情。”

(二)日本“泡沫经济”时期的表现

土地泡沫是日本泡沫经济中最主要的部分。

日本人一直定居于岛国,原本是以种植大米为生的农耕民族,因此在日本人的价值观里,土地是最重要也是最值钱的。近代日本的第一价值观是“努力”,而人们经常用一个词来形容“努力”,叫“一所悬命”。这里的“一所悬命”,指的就是用自己的生命来保护一块土地, 这体现了农耕民族最根本的精神。正因为对于日本人来说土地是价值的源头,因此,当日本人手头的钱变得宽裕时,土地自然成为投机的对象。当时,“仅东京23区的地价就能买下美国的国土,还能有找零”;“卖掉皇居的话能买下加利福尼亚一个州”;“日本国土的地价能买两个美国国土”等说法层出不穷。在北海道空无一人的原野上,一块毫无用处的原本1坪(1坪=3.30378 平方米)5日元的荒地涨到了1坪5万日元,涨了一万倍。[7]

这一时期,日本人不但大力推高本国的地产价格,还无所忌惮地表示要“买下美国”。

20世纪70年代,整个欧美仍陷在“滞涨”之中,直到90年代初,持续高速增长的日本经济在世界上可谓一枝独秀。日本成了“世界工厂”,日本制造的工业产品行销世界各地,所向披靡。1985年的“广场协议”使日元不断升值到接近原来的3倍,虽然出口确实受到了影响,但日本人也因此变得空前富有了。他们手中的日元可以换来更多的美元,过去那些根本买不起的美国货,现在唾手可得。于是,日本人开始到美国大肆购买。

1989年6月,日本索尼公司宣布,他们以34亿美元成功购买了美国文化象征之一的哥伦比亚影业公司。此前,日本三菱公司以14亿美元购买了美国的洛克菲勒中心。在洛杉矶,日本人购买了闹市区几乎一半的房地产。在夏威夷,96%的外国投资来自日本,并且主要集中在饭店、高级住宅等不动产方面。到20世纪80年代末,日本人共购买了美国10%的不动产。

当时日本的报纸上有这样一条新闻:有日本人要买美国人的一整座大楼。美国人报价4亿多美元,双方没有讨价还价就谈定了。可是,过了两天,日本人拿来的合同书上却写着日方付款6.1亿美元。美方惊奇不已。日方解释说,他们的老板头一天在吉尼斯世界纪录里看到,历史上整座大楼出售的最高价是6亿美元,日方要打破这个纪录!

日本人在美国大量购买资产,引起了美国社会的极大反响。美国舆论甚至惊呼,历史上日本曾偷袭珍珠港,而今天日本正在经济入侵美国全国!美国人还预测,照此下去,有一天,日本人会买走自由女神像!

但后来的事实表明,“买下美国”只不过是一场噩梦。日本三菱公司购买美国洛克菲勒中心不久,就因为经营不善,难以承受巨额亏损,不得不以当时购买的半价再次出让给美国原主。日本索尼公司购买哥伦比亚影业公司后,虽然索尼最终实现了向娱乐公司转型的战略,但花费了数倍的成本和时间。

到了20世纪90年代以后,日本人以前收购的那些资产大多变成了经济包袱,不但不能带来收入,还得想办法摆脱。IT等新技术的迅速发展,更降低了日本收购的那些传统产业的盈利能力。最终,人们不得不承认,当初那些被认为目光短浅、唯利是图的美国房屋、企业等资产出售者其实是对的。他们在出售资产时,把它们日后可能的盈利都提前变现了,而且,美国得到了大量资金,为新技术革命奠定了基础。始终只考虑经济指标的美国商人不但赢得了经济效益,而且还在未来的发展中再次抢得先机。[8]

《东方早报》的一篇报导——《疯狂的银行业:日本泡沫经济的最佳缩影》(王国培),非常直观地描述了日本当时的疯狂情景。

记者采访了当时担任日本第一大都市银行第一劝业银行的分店营业课长宫本孝。宫本讲述了银行业的许多荒唐行为。

1.以扩大内需的名义

自从1873年日本第一家银行诞生开始,银行职员的本职工作便是筹集储蓄。筹集越多,能力就越被认可。在当时,银行里发放贷款的职员处于强势地位。“因为是我借钱给你,所以我可以跟你提要求。”宫本说。

然而,到20世纪80年代,变化开始了。银行的领导层开始发话:从现在开始,请转变思维。原来你们都是努力增加银行储蓄,现在,请努力增加贷款。

宫本告诉《东方早报》,这是因为那时日本政府开始喊“扩大内需”的口号。在此之前,日本经济一直靠向美国的出口支撑。但当美国市场开始衰竭,日本必须从本国找出路,“这需要在日本国内大量花钱”。于是原本要慎重选择并评估贷款对象的时代过去了。银行迫切想着的是怎样才能把钱贷出去。银行负责贷款的职员成了“孙子”。银行开始给每一个员工下指标:每个月必须贷掉多少亿日元。于是,成千上万的银行职员开始使出浑身解数把钱贷出去。

2.几乎不用担保

名人成为银行眼中的“大鱼”。

旅日华人记者徐静波讲了一则“银行和‘大鱼’”的故事。

唱红了《北国之春》后,千昌夫成为20世纪80年代日本最受欢迎的男歌星。于是,银行的职员上门了。当时,富裕的日本人流行到夏威夷去结婚,但那里还没有专门面向日本人的酒店。“于是,银行的人就对千昌夫说:‘你应该去夏威夷投资,建酒店。’千昌夫说:‘我没钱。’银行就说了:‘没钱没关系,只要你签个字就可以了。’但借多少呢?”

徐静波说:“打个比方,银行说:‘1000亿。’千昌夫说:‘不,500亿就够了。’银行就说:‘不,你这个一定要1000亿的。’于是,没有任何担保,1000亿就给了千昌夫。”

但故事没有结束。紧接着第二个银行又来了。他们这样劝导千昌夫:“听说您要在夏威夷建酒店?日本人去夏威夷,住酒店,在沙滩泡好澡,还要去打高尔夫球。你应该再建个高尔夫球场。”虽然千昌夫说自己没钱,但是银行仍然不要担保就把钱贷给了他。“那时候,千昌夫这样的名人就被日本大的银行财团玩弄于股掌之间。后来,千昌夫的贷款总额达到了5000个亿。”徐静波说。

当然,银行对普通贷款者仍然要求具有担保,最开始贷款额只能达到担保物价格的70%。然而,这一原则到后来逐渐被漠视。

宫本告诉记者,最开始时,如果担保的是一块价值1000万日元的土地,他们只会贷款700万。但是当后来看到土地几乎一天一个价时,银行的心理防线开始松动。到最后,1000万的担保一开始就会毫不犹豫地贷1000万给客户。而当土地价格上升到2000万时,他们会劝客户把多余的1000万也贷过去。

3.“神奇”的“土地活用”

并不是所有人都像千昌夫那样容易被劝服。而“土地活用”则成为当时的银行职员们屡试不爽的劝贷理由。“土地活用”一词亦成为当时的流行词。

所谓“土地活用”,是对于拥有土地所有权的人,银行会劝他们以该土地为担保,用贷来的款修一栋建筑或者在原有的建筑上加盖几层。“我们会给他们算账:你这块地,盖这样一栋房子,租出去每个月可以收入多少,而这完全可以支撑你的还贷。”宫本说。

当年同样在日本银行系统工作的山本则描述得更详细:“有一天,我去总部的审查部去申请一项贷款。所谓审查部,就是审查贷款对象资质,以决定能否给他贷款,能贷多少款。当时,有一个客户拥有价值1亿日元的土地,原则上,他只能贷到7000万。但是,我向审查部建议说,贷1亿也可以吧?审查部一开始当然会说:‘发什么昏呢?别说蠢话!你不知道只能贷担保资产价值的70%吗?’我一点都不心虚,理直气壮地就回话了:‘你说什么呢?这个土地虽然现在才1亿,但是明天就涨到1亿2000万了,后天就是1亿3000万了,大后天就涨到1亿5000万了!到1亿5000万的话,70%就是1亿零500万了,现在就是这个行情,反正马上就会涨的,不是很好吗?’审查部负责人经我这么一说,沉思一会儿,把章就盖上了。不是我一个人这样,所有银行都这么干。就是那么一个时代。”

在当时,因经受不住“土地活用”的吸引力而贷款的平民不计其数。不仅有富人,更有穷人,甚至也有七八十岁的老人。

“大银行的支店长,或者副支店长,或者课长,来到你贫困的家里,说能给你三四十亿,从来没见过那么多钱,你能受得了那诱惑吗?”宫本说。

宫本坦言,现在回过头来看,是如此不可思议。“现在的话,银行是怎么也不会想到把钱贷给那些靠养老金过日子的老人吧?但是那时候,这些人也是银行放贷的对象。说句不好听的话,这些人说不定贷款第二天就去世了。而且,有些贷款的还款期限是30年,很有可能还没还完就过世了。但是那时候银行可不管这些,审查贷款的课长就说:‘那可不一定,日本人长寿着呢,活到一百多岁也不是没有可能!’”宫本告诉记者。

4.沉浸在赶超美国的喜悦中

不仅如此,对于贷款者如何使用贷款,银行也从监督控制渐渐变为放任自由。

“只要你贷款了，银行只给你圈定一个范围，在这个范围内，随便你怎么花这个贷款。”宫本说。甚至，银行只需要贷款人支付花的那部分钱的利息。“即使你贷款，一分钱不花，就那么放在那儿也行。只要你不花，银行就不会要你的利息。”在这种攻势下，被劝说对象的神经已经完全麻痹。从来没有贷过款的人，刚开始并不敢用。后来开始买股票。刚开始还比较胆小，可能只投进500万。然而，这就像赌博一样，胆子越来越大，到最后动辄就投进去几个亿。

一名要求匿名的时任日本住友银行的支店长向记者讲述了他的亲身经历。他的客户在贷款后，是坐着直升机在空中购买土地的。在空中，看到一块地交通不错，就决定来造高尔夫球场，直接在飞机上完成几十亿的交易。而实际上到底下一看，那块地根本不适合建高尔夫球场。然而，作为一名银行职员，他不用管那么多，只要能够把钱贷出去就是胜利。

宫本摊着手对记者说：“换作现在，金融厅绝对会否决银行的这种大胆行为。但是在那个时候，大藏省听完银行的汇报后，会点头说：‘是吗是吗，这样啊！对，要扩大内需，就这么干吧！’”

就是在这种买卖游戏中，日本的不动产价格的泡沫越吹越大。

《朝日新闻》金融记者山田告诉《东方早报》，虽然他写了文章警告了这种情况的危险性，然而，那时候人人都很兴奋，根本听不进去。就像当初，当日本政府决定要进攻中国、进攻美国的时候，虽然有些媒体也进行了警告，然而根本不起作用。“在人类兴奋的时候，他只喜欢听他喜欢的东西。在泡沫经济的时候，他们只喜欢媒体告诉他们什么股票会上涨，投资什么好。”他感慨。

另一名《朝日新闻》的记者则指出，在当时，虽然有极少一部分人曾经警告说这是泡沫，然而整体而言，无论是经济学家、政治家还是媒体，都没有给出警告的声音，无一不沉浸在即将赶超美国的巨大喜悦当中。

(三)泡沫破裂

20世纪90年代以来，日本经济发展和此前相比较经历了“炙热和深寒”的更迭。此前，日本经济在“资本泡沫”的推动下，实现了较长时期的经济增长。然而，进入90年代后，以地价下降为导火索，日本资本泡沫砰然破灭，经济陷入了“10年萧条”。GDP增长率从1990年的5.1%下降到1993年的0.3%，此后，除1996年增长5.0%外，其余年份增幅都在1.6%以下，甚至在个别年份出现了负增长；失业率由1990年的2.1%上升到2001年的5.3%，为日本自第二次世界大战结束以来的最高；日本经济出现了明显的通货紧缩，自1995年以后物价连续下跌，消费物价指数呈现下降趋势；泡沫化的资本严重缩水，日经指数大幅下滑，土地价格持续下跌，日本经济逝去了繁荣的时代，在低迷中徘徊。[9]

日本资产价格上涨开始于1982年，日经225股票指数在1989年底达到顶峰的38915点，是1985年时的3.1倍，而土地价格的上涨紧随股票价格之后，在1990年9月到达顶峰，是1985年9月土地价格水平的4倍。据统计，在日本资产价格上涨最疯狂时期，日本国土的价格是当时美国国土价格的4倍，而日本国土面积不过相当于美国一个州而已。日经平均股价达到最高点后开始下跌，土地价格也在1991年左右开始下跌，泡沫经济正式破裂。到了1992年3月，日经平均股价跌破2万点，仅达到1989年最高点的一半，8月，进一步下跌到

14000点左右。土地价格水平到1999年时比1985年9月下降了20%,比1990年的顶峰时期下降了80%左右。大量账面资产在短短的一两年间化为乌有。[10]进入21世纪后,地产价格仍在继续下跌,2010年前后,建筑用地和房价下跌到了20年来的最低点,大约相当于泡沫经济顶峰时期的1/8。

泡沫经济破灭后日本经济随之陷入10年的萧条之中。1990年3月，日本大藏省发布《关于控制土地相关融资的规定》,对土地金融进行总量控制,这一人为的急刹车导致了本已走向自然衰退的泡沫经济加速下落，并导致支撑日本经济核心的长期信用体系崩溃。此后,日本银行也采取金融紧缩的政策,进一步导致了泡沫的破裂。由于土地价格也急速下跌,由土地作担保的贷款也出现了极大风险。当时日本各大银行的不良贷款纷纷暴露,对日本金融造成了严重打击。

大幅短期衰退的可怕在于各项资本投资标的物都出现了来不及脱身的大量“套牢族”,从房屋、土地到股市、融资都有人或公司大量破产,之后产生的恐慌心理使得消费和投资紧缩的加乘效应,不只毁掉泡沫成分也砍伤了实体经济,且由于土地与股市的套牢金额通常极大,动辄超过一个人一生所能赚取的金额,导致了许多家庭悲剧。所以这四年爆起爆落的经济大洗牌等于转移了全社会的财富在少数赢家手中,而多数的输家和高点买屋的一般家庭则成为背债者,对日后长达一代人的日本社会消费萎缩、经济不振种下了因子。[11]

二、泡沫经济破灭之后日本政府采取的措施及效果

日本泡沫经济崩溃后,虽然政府和央行采取了一系列救助措施,如清理不良债权、为银行注入公共资金、对问题金融机构实施国有化、执行非传统的超宽松货币政策(零利率政策、数量宽松政策)等,但应对金融危机过程中的政策失误致使日本耗费长达十余年才解决不良债权问题,摆脱长期经济萧条的困境。

1.处理不良债权时机拖延

在不良债权产生之初,日本政府一直采取隐瞒、拖延方式,延误了尽早解决金融危机的最佳时机。迫于投资者压力,日本当局直到1993年才开始“挤牙膏式”地逐步扩大不良债权披露范围。1998年《银行法》修改后,作为金融机构义务,信息披露制度的重要性才得以确立。2002年10月《金融再生计划》出台,主要银行才开始客观地进行资产评估,切实为减少不良债权比率而努力。

2.注入公共资金

日本最初在处理不良债权问题时成立了民间组织——共同债权购买机构,但由于自身经营目标限制,加之不良债权金额巨大,由民间机构处理相当困难。为维护金融体系稳定,政府通过购入不良债权、注资、破产处理、提供担保等方式投入公共资金,日本泡沫经济破灭后日本政府共投入47万亿日元,至2008年9月末累计回收32万亿日元。

3.促进金融与产业同步重组

在处理不良债权问题时，日本政府最初只将视点集中在资金供给方的金融机构方面,忽视了资金需求方的产业、企业的同步重组。金融机构收益源自企业部门,如同一个

硬币的两面，解决不良债权问题的关键不仅仅在于银行方面，拥有过剩债务的企业也扮演着至关重要的角色。2003年成立产业再生机构之后，采取包括强化企业收益和企业再生对策的综合性措施，使不良债权问题得以标本兼治。

4.对金融机构注资严格审查，注重完善公司治理机制

日本最初于1998年开始对金融机构注资，旨在解决银行“惜贷”问题，为陷入资金周转困境的银行提供帮助，但并未取得预期效果。日本长期信用银行破产后，日本为了改善其经营基盘进行注资。2003年，为解决理索纳银行资本充足率低下问题，日本政府实施了新型注资方式，即严格评估银行持有的不良资产，对经营者实行责任追究，并要求银行制订经营健全化计划，督促银行完善经营体制。[12]

泡沫经济崩溃以来，日本政府也不断调整其财政政策，伴随日本政局的不稳定，日本的财政政策经过各届内阁的多次修改，经历了扩张、紧缩、扩张、紧缩、扩张的交替过程。总体上，日本的财政政策仍可概括为以扩张性财政政策为主，即扩大政府支出，增加公共投资力度，减少税收，力图刺激消费。尽管如此，有学者认为，日本增加公共投资所引致的投资并未达到预期效果，改革后的税收功能也收效甚微。冰冻三尺，非一日之寒，日本财政危机“积重难返”并非日本政府未给予重视，只能说是日本政府措施不力和国际、国内背景下的多种原因造成的。[13]

在2008年秋季发生的世界金融危机期间，日本政府吸取了20世纪90年代应对金融危机的教训，对于中小企业，通过紧急保证制度、金融顺畅化法、雇佣调整补助金等综合政策，来努力实现企业融资的顺利实施。大企业金融对策的重点则放在了个别救助上。[14]

日本政府从2008年8月起四次出台经济刺激对策，总额为132.2万亿日元，其中金融对策约占80%。值得关注的是，2009年4月最新推出的总额56.8万亿日元的“经济危机对策”成为日本政府有史以来最大规模的经济刺激计划，相当于日本GDP的3%，其中财政支出为创纪录的15.4万亿日元，金融对策41.4万亿日元。日本银行也紧急推出多种举措，与政府合力拯救受到重创的金融环境和实体经济。[15]

三、日本政治、经济和社会发展的现状与特点

(一)日本目前的经济发展状况

20年来，日本的经济可谓多灾多难。在泡沫经济破灭后，1997年亚洲金融危机爆发，日本经济再受打击，许多评论者宣布日本模式破产。2008年，受美国次贷危机的牵连，经济发展再次受挫。在进入2011年后，日本经济呈持续改善之势，但日本大地震却成为一个转折点。主要是由于前所未有的地震海啸灾害与核电站事故影响错综复杂，令企业生产、消费者心理等诸多层面遭遇重创。一旦事态长期化，国内产业空心化和日本经济潜在增长力下滑的局面或不可避免。

大地震后，人们变得谨慎克制，大幅削减弹性消费，加之零部件供应链断裂和计划性停电措施给生产现场造成了混乱，汽车等支柱型产业的生产不得不放慢速度。经济活动的停滞已从灾区蔓延至企业在海外的网点。多家民间调查机构相继预测，日本2012年的夏季奖金将创泡沫经济破灭以来的最低水平，原因是东日本大震灾和海外经济低迷导致

上一年度企业业绩下滑。虽然眼下日本经济正持续缓慢回暖,但也有人担心奖金的减少会导致原本坚挺的家庭消费降温。

目前,日本政府的主要举措是推动"产业结构调整"。但是,日本国内的多数产业发展水平在当前的国际产业分工结构中,处于相对层次和技术含量较高的顶部阶层。由此,此种"优中选精"的结构转型战略需要攻克的障碍更多、难度更大,自然会引发日本经济内部的一系列结构调整、规则再定、制度重审等现象频繁发生。日本此轮产业结构转型,其战略路径是追求更高的技术含量和更科学的市场操作。同时,充分考虑日本国内的现实情况,高度重视拉近高新技术产业与现实的生活、生产之间的距离,尤为注重服务型产业的提升与发展。

此外,日本的产业结构转型还隐含着淘汰产业、低端产业的新一轮向外转移,以系统性地构建"内外混合、以外助内"的完美统合。换言之,日本国内的产业升级与外部经济体并不是完全隔断、彼此独立的,恰恰相反,二者巧妙地融合为一个整体,形成互为支撑、互为补充的经济结合体。而且,外部经济体将通过发挥承载由日本国内转移而出的部分产业的有效机能,进一步改善并深化其在日本产业链整体发展中的重要分工及位置安排。

日本经济产业省公布的《2011年通商白皮书》指出,随着日本企业加速转移至新兴市场国家,带动国内中间产品的对外出口,以及对外直接投资收益和专利权等收入的相应增长,这些获利资金回流至日本国内,有效地刺激了国内的技术研发及设备投资的追加,对日本经济产生了正面、积极的促进作用。

(二)日本繁荣时期的"一亿总中流"

二战后,伴随工业化、城市化的发展,日本城乡差距急剧扩大,由此引发了大城市人口过密、农村人口过疏、农村经济日渐凋敝等一系列问题。面对严峻的城乡差距问题,日本政府不断调整农业、农村政策,采取了多种行之有效的政策措施缩小城乡差距,经过几十年的发展,最终使日本成为世界上城乡差距较小的国家之一。日本是一个人口流动完全自由的国家,《宪法》规定了公民迁移的自由。日本《户籍法》规定实行"户口随人走"的制度。在日本,"住民票"不具有限制迁移自由的权力,只是为了方便居民缴纳税款、领取国民退休金和行使选举权。战后经济高速增长期,日本政府面对农村剩余劳动力的大规模转移,通过加强农村地区的社会化服务体系,完善城乡统筹的养老、医疗、教育制度的方式,使城市和农村在法律地位、居民政治权利、社会保障、治理模式等方面具有一致性,有效解除了农民进城或城市居民"下乡"的后顾之忧。此外,还建立了较为完善的农业耕地和农村住宅流转体制,鼓励城市居民到农村或者城市远郊居住或投资。因为不存在人口身份上的差别和歧视,所以在基本公共服务趋同的情况下,城乡人口之间的双向流动不断增强,城乡界限变得越来越模糊。

在20世纪80年代之前,日本的收入差距比较小,均富社会思维是贫富差距较小的重要的社会文化原因。在当时,10%最富裕阶层的收入,仅是10%最贫困阶层收入的4.5倍,而美国、英国为10~15倍之间。日本橄榄型的社会结构,是在1961年国民经济倍增计划实施后逐渐形成的,到1973年,日本国民收入增加了两倍,从此形成了一个强大和稳定的中产阶层,极端富裕阶层和极端贫困阶层的人数很少,大约有一亿中产阶层过着较为富裕的生活。这一社会结构的形成，与日本文化中注重人人平等、推崇佛教“和”的理念密切相关。早在江户时代，日本人就十分推崇“世间满意”这一朴素的社会贡献理念，进入现代后，即便是那些收益很好的日本大企业，也都有着将部分利润返还社会，通过投资公共事业、社会发展事业，让全社会共享财富的倾向。

(三)泡沫经济破灭后的“一亿总下流”

日本厚生劳动省发表的2007年度国民生活基础调查数据显示：截至2006年，日本家庭平均收入为566 万日元，比经济高峰时的1994 年减少近100 万日元；感觉“生活艰难”的家庭比例连续6 年上升，达创纪录的57.2%。与此同时，日本家庭的构成呈进一步老龄化和少子化态势：2007 年，拥有65 岁以上高龄人口的家庭的比重首次突破40%；在这些“高龄”家庭中，有48%的家庭全部由老年人组成，三代同堂式家庭的比例仅占18%，而由老年人照顾老年人的所谓“老老看护”型家庭的比例则继续上升。

毋庸讳言，今天的日本正直面经济高度成长以来的最大危机：贫困。而且，这种贫困，是干不干活都贫困，甚至是越干越贫困。诗人、评论家吉本隆明命名为“新贫困社会”，认为现在的情况已经接近战败初期的贫困时代，“近四五年，社会进入应称之为‘第二战败期’的阶段……干活、干活，可无论怎么干生活也难以轻松的实感，正在年轻一代蔓延”；这种状况导致人的心病陡增：“今天的日本，相当于产业革命时代的肺结核的，怕是精神疾患吧。”[16]

种种迹象表明，长期以来以所谓“一亿总中流”傲然于国际社会的日本超稳定的中产社会结构正经历着崩溃、分化与重构的过程。在三浦展的通俗社会学著作《下流社会》成为畅销书之后，媒体甚至有“一亿总下流”的说法。在这个“化学反应”过程中，“物质”(传统的社会组织结构)本身所释放的巨大能量及其带来的剧烈震荡不仅是前所未有的，而且会在相当程度上改变日本的世道人心，乃至可能使日本进入21 世纪以来正迅速变身的社会转型“中途改道”。[17] 如今的日本，人均国民收入已经下降到世界第19位，而且是一个存在巨大贫富差距的社会，相对贫苦率仅次于美国，列世界第2位。无论如何拼命工作都无法成为正式员工、薪水一生都不会涨的现象正不断增加。日本成为这样一种格差社会的契机，正是20世纪80年代末发生的泡沫经济。[18]

任何一个国家，在完成了经济起飞后，增长速度都会降下来，回归到一个较低也较正常的水平。当然，许多国家非常幸运的是在一个相对长的时间段内完成这种由高到低的转变，产业结构顺利转变，人民平静地享受着虽然不会一年比一年更好但实际上比较富裕的生活。非常不幸的是，日本在即将进入这个拐点时，形成了一个巨大的泡沫，于是以泡沫破灭的惨烈方式一下子掉到了谷底，并且由于在创新方面输给了美国，在加工制造方面又受到中国这样的庞然大物的夹击，很难在渡过危机之后又重新进入高增长的轨道。这种状况确实让日本公众很难接受：曾经每年的工资奖金都会增加，有时会增加一大笔，现在反而可能会降低；曾经以为会像父辈一样享受终身雇佣，现在却即使努力工作也变不成正式员工，收入微薄，并且永远没有加薪的希望；人到中年，却被无情地解雇，失去体面的工作，失去体面的社会地位，茫然四顾，精神几乎崩溃……他们一直认为这是政府的问题,因而频繁地更换内阁。

20年之后,虽然很艰难,但已经有一些日本人接受了现实,包括昔日或多或少有点俯视中国这样的发展中大国崛起的现实的人,对日本以后的国际地位也有了理性的认知。日本人松本健一这样写道:“有预测称,到2025年,中国、印度的GDP将分别占到世界总GDP的15%和10%。而届时,日本的这一比率只有5%。实际上,这一数值和1820年西洋的近代化尚未波及亚洲诸国之时的数值一样。1820年,以英国为中心的西洋列强尚未进入亚洲,彼时中国的清朝、印度的莫卧儿帝国、日本的德川幕府尚无覆灭的征兆。从那时起,经过200年的近现代化,到2025年,中国、印度、日本占世界GDP的比重恰好和200年前一样。这是多么不可思议的事情!”他认为,20年前经历了泡沫经济破灭的日本,在结束“近代的最终过程”后,不应当再意欲描绘增长的神话。日本应当有抱负地提出21世纪新的文明形态和其理念——共生。相对于作为西洋近代文明成长神话的支柱——“民主”来说,“共生”的内涵为通过“以和为贵”超越贫富不均之社会。当然,也会有一部分日本人不会同意他的观点,甚至可能还会从“财富竞争战略”再次回到“领土竞争战略”,试图恢复所谓的“大日本帝国的荣光”。这对周围的邻居很危险,当然,对日本自身更危险。

【参考文献】

[1]詹向阳,刘彪.日本经济盛极而衰对中国的启示[N].金融时报,2010-01-25(3).

[2][7][18][日]松本健一.日本泡沫经济破灭20年祭[N].王国培,译.东方早报,2010-03-16(3).

[3]郑秀君,陈建安.日本泡沫经济研究文献综述:1993—2010[J].经济研究,2011(1):33-39.

[4]Yukio Him iyama. The bubble economy and land-use change in Japan [J].Advances in earth science, 2006,21(2):120-130.

[5]Motomichi Ikawa. Where is the Japanese Economy Headed? [J]. Pacific Economic Review, 2005, 10(4):493-514.

[6]刘敏.泡沫经济与日本经济政策分析[J].亚太经济,2004(1):23-25.

[8]张焕利.日本当年购买美国资产的警示[J].半月谈:内部版,2011(10):89-91.

[9]邵雪峰.日本“泡沫经济”破灭后的税收政策评析[J].现代日本经济,2007(1):40-43.

[10]鹿朋.产业升级视角下日本泡沫经济反思[J].现代日本研究,2008(4):13-17.

[11]孙执中.日本泡沫经济新论[M].北京:人民出版社,2001.

[12][15]刘瑞.金融危机与日本的金融对策:影响、措施、效果及课题[J].经济学动态,2009(6):49-62.

[13]李彬.日本财政政策的调整轨迹:1989—2010年[J].日本研究,2011(4):18-23.

[14][日]池内拓郎,胜田秀树,嶋崎俊,等.日本政府的企业金融危机对策及其效果[J].日本学者论坛,2011(2):61-66.

[16]人民网日本频道.日本产业结构转型步履蹒跚[EB/OL].http://japan.people.com.cn/,2012-4-20.

[17]刘柠.日本“下流社会”何去何从[J].南风窗,2008(20):83-86.

第四部分　转型国家的行政制度

最广泛意义上的“转型”，是指传统国家的现代化过程，包含了政治、经济和社会的全面而深刻的变化。成功转型，在政治层面上，是指牢固树立了人民主权，建立了宪政民主制度；在经济层面，市场将在资源的配置中起到基础性的作用；在社会层面，其标志是公民社会的充分发展。

关于转型国家，本书选择印度、韩国和俄罗斯三个国家进行介绍和分析。印度作为一个人口与土地矛盾尖锐，民族和宗教冲突激烈的农业国，是诸多的亚、非、拉发展中国家现代化艰难历程的缩影。20世纪90年代初，印度经济开始高速增长，引发了中印之间的“龙象之争”，中国和印度都产生了研究和学习对方的巨大兴趣。所谓的“亚洲四小龙”，台湾和香港只是中国的一个地区，新加坡是一个人口400多万的城市国家，只有韩国是人口众多、地域广大的民族国家，并以“汉江奇迹”实现了经济腾飞，通过朝野妥协比较顺利地完成了由威权政治向民主政治的转型，堪称新兴工业化国家的代表。俄罗斯是由计划经济向市场经济转型的典型，波兰、匈牙利、捷克、乌克兰等东欧和西亚国家有大致相同的经历。苏联解体和“休克疗法”更是震动世界的大事件，并对全球政治格局产生了巨大而深远的影响。印度、韩国、俄罗斯这三个国家现代化的成功经验和失败教训，值得我们进行更细致的观察和更深入的思考。

第一章 印度行政制度

印度共和国(The Republic of India)位于南亚次大陆,面积约 328 万平方千米,居世界第 7 位;人口约 12.1 亿(2011 年),居世界第 2 位。印度民族和种族众多,号称“民族博物馆”,其中印度斯坦族人口最多,占全国总人口的 46.3%。人口 1000 万以上的民族还有泰鲁固、孟加拉、泰米尔、锡克、马地拉、古吉拉地、阿萨姆、奥里雅、坎拿达、马拉雅拉姆等,此外还有那加、米佐等几十个少数民族。印度各民族肤色各异,有白种人、黄种人和黑种人,甚至印度斯坦人的肤色也从浅褐至黑色都有,其中上层较白,下层较黑。印度居民 83%信仰印度教,11%信仰伊斯兰教,还有少数居民信仰基督教、锡克教、佛教等。印度民族语言众多,印地语和英语同为官方语言。首都新德里(New Delhi)。1990 年印度改革初期,GDP 为 3268 亿美元,居世界第 13 位。2011 年,印度 GDP 为 16761 亿美元,排名世界第 11 位。

第一节 印度行政制度的历史沿革

印度是世界四大文明古国之一,曾创造了灿烂的印度河文明。公元前 325 年形成统一的奴隶制国家。1757 年以后逐步沦为英国殖民地。1947 年 6 月,英国公布了“蒙巴顿方案”,实行印、巴分治。同年 8 月 15 日成立印度自治领。1950 年 1 月 26 日宣布为共和国,仍为英联邦成员。

一、古代印度行政制度

古代印度政治史有两个显著的特点,即政治上的长期分裂和外族的频繁入侵,并对古代印度政治制度产生了重大而深远的影响。在古代,以占据北印度作为权力中心的强大王朝,都向南扩张它们的势力,并在次大陆达成了某种程度上的政治统一。南印度的统治王朝一般是独立发展的,国力强盛时也向北拓展,但始终未能成为全印度政治的统一中心。这个时期印度的政治体制可分为君权政体和神权政体。它们既相区别,又相联系,均植根于印度的国土上。

据史载，雅利安人于约公元前1500年入侵次大陆北部。此后千余年间，他们的各部落既从事内部斗争，又征服当地土著部落，并逐渐东移，向恒河流域及其周围地区扩展势力。他们的社会则经历了原始公社解体、阶级社会产生和国家开始形成的时期。到公元前6世纪，恒河及其支流一带先后形成16个大国，此外还有不少的小城邦。

约公元前324年，孔雀王朝建立，成为古代印度历史上的第一个大帝国。阿育王用武力扩展了版图，把孔雀帝国推上了兴盛的巅峰。约公元前185年，孔雀王朝灭亡后，印度陷入分崩离析。约公元前1世纪时，贵霜帝国建立，成为印度古代史上的重要帝国之一。随着贵霜帝国的衰落，北印度再次分裂，产生了许多小王国，还有一些自治的部落。7世纪初，戒日帝国的建立，使印度再度获得政治上的统一。在短暂的统一之后，帝国灭亡，其后的政局更加混乱。公元12世纪，德里苏丹国的建立是穆斯林在印度建立的第一个伊斯兰教强国，前后5个王朝，历时300余年。公元15世纪莫卧儿帝国，是穆斯林在印度建立的最强大的一个国家。公元1707年为莫卧儿帝国统治时期的下限，尽管在名义上它一直延续到1858年。

古代的印度国家，在每一个强大的王朝统治之时，虽然都建立了中央集权的官僚行政机构，维持着一支庞大的军队，但其政治制度在整体上是不具备的，没有立法机构，没有国家颁布的法律(除个别例外)及完整的司法程序，财税制度很不健全。而且，古代印度上下数千年，在不同地区建立了为数众多、大小不一的王国，它们崇奉的宗教各不相同，其政治制度也必然千差万别。从总体和趋势上考察，孔雀王朝时期政治体制已初具规模，而莫卧儿体制可视为古代印度政治制度的定型。

(一)中央政府

(1)国王(苏丹、帕德沙，即皇帝)：享有在一切事务上至高无上的权力，如决定大政方针，颁布诏书法规，任免主要官吏，裁决重大案件，率军亲赴战场等。

(2)辅弼大臣：各大臣主管一个或几个部门，对国王负责。一般设有首席大臣或宰相，伊斯兰国家称为“瓦济尔”(德里苏丹国时主管财政部，并兼管其他部门)；元帅或军事大臣，主管军事部；司法大臣或大法官，主管司法部(伊斯兰国家的大法官管理司法和宗教事务二部)；税务长或迪万，主管财政税务部(莫卧儿王朝时，迪万为政府的主要行政长官，地位似乎要高一些)；王室事务总管，管理王(皇)室的一切事宜。应当说明的是，各王朝的中央政府部门设置多寡不一，名称也各不相同。

(3)大臣会议：古代印度有的国王设有大臣会议为其提供咨询。如德里苏丹国的“马季利斯—尹—哈勒瓦特”(参事会)，由苏丹的朋友和亲信组成，遇有重要国事便征询意见。

(4)官僚与官阶制度：由于没有可供使用的翔实资料，故难以确切叙述各王朝的官吏等级、人数、薪俸及叙用制度。但粗略的考察可以归纳其共性：高级官吏的任免由国王独断，其中有的官吏逐渐转为世袭；官吏的薪俸或以现金支付，或赐予土地；选拔官吏并不总是依他们的种姓、信仰或国籍为准；在许多情况下，文官与军官并没有截然地划分，并常常可以彼此调任。

(5)密探制度：一些大的王国往往采用密探制度，明察暗访，传送情报，以保持对省区的控制,维护中央统治的权威。如孔雀王朝,雇有大批密探,散居于全国各地,侦察并监督各级各类官吏。

(二)地方政府

(1)省级政府:根据王国辖区的大小、中央权力的强弱及行政管理的需要,将全国划分为若干省区。如,孔雀王朝有 14 省,德里苏丹国时有 20~25 省,莫卧儿帝国的阿克巴时有 15 省,奥郎则布时增至 21 省。省的行政首脑为省长或总督、副王,一般由王室成员任职。有些省督或副王大权在握,一遇中央式微,他们便宣布独立,自封为王。省长或总督由省级行政官襄助,其设置大致与中央相仿。以莫卧儿帝国为例,省迪万由皇帝任命,协助省督;法官由皇帝任命,且不受省督或省迪万控制;省收税官,除税务外还兼理农业生产等事务;将军,负责省级军务,由元帅推荐,皇帝任命。

(2)县级行政:省之下的行政单位为县,由县长任主事,并设置若干县级官吏协助。如,笈多王朝时县长由省长提名,有行会主事、录事长及地方上的其他首领协助。戒日王朝时,因地域狭小,县长亦由国王任命。在县署所在地有"青藏",由文书官员负责记载政事善恶、灾祥变迁。

(3)村级行政:村(大村、联合村)设村长,由村中长老选任,有村会(潘查雅特)协助;大村另有会计和书吏等乡村小吏。甚至到莫卧儿帝国时,最基层的乡村仍由潘查雅特管理。古代印度乡村的村社制度,历经王朝兴衰而少有改变,显示出它的惊人的稳定性。

二、殖民统治时期的印度行政制度

现代意义上的印度国家及其政治统一,是在英国统治时期最终形成的。英国殖民者有意识地将他们的政治制度嫁接在东方国家体制之上,从而形成了一套完整的殖民统治制度。

英国殖民者入侵前夕的印度社会处于中世纪晚期,政局混乱,社会矛盾尖锐,莫卧儿帝国最后一位有作为的皇帝奥朗则布的去世标志着帝国解体的开始。当时, 人民起义不断,主要有马拉特人和两支在印度北部的锡克人起义和印度教徒起义,反映出阶级矛盾的激化。积贫积弱的帝国又遭到了周边国家的侵扰。1738 年,波斯人在纳迪尔沙的统帅下进攻印度,并进占德里迫使莫卧儿皇帝投降。从 1748 年开始,阿富汗对印度 10 次入侵。内外交困之时,统治阶级之间内讧不断,国家内战频繁,分立势力纷纷崛起。阿富汗人打败了马拉特联盟,使印度国家唯一的一支强有力的力量不复存在。政治上的混乱与分裂,为英国殖民主义者的入侵提供了良好的契机。这样,"大莫卧儿的无限权力被它的总督们打倒,总督们的权力又被马拉特人打倒,马拉特人的权力被阿富汗人打倒,而在大家这样混战的时候,不列颠人闯了进来,把所有的人都征服了"。

从 1757 年的普拉西战役到 1849 年征服旁遮普, 英国殖民主义者用了近一个世纪的时间完成了对印度的征服。英国征服印度的大体过程是:1757 年征服了最富庶的孟加拉,接着把奥德变成公司附属国。此后,东印度公司从其已建立的马德拉斯据点和孟买据点同时出发,从东西两海岸分别向内地扩张。经过三次激烈的战争,征服了南印度实力较强的国家迈索尔。又经历了四次战争征服了西印最大的国家马拉特联盟。到 19 世纪 20 年代,印度已经没有任何国家有力量和英国抗衡,数百王公纷纷接受签约,成为公司的附属国。

英国人用一部分时间巩固征服成果，然后于19世纪30年代征服了信德3个小国,40年代征服了最后一个独立国家——旁遮普。

英国人采取“分而治之”的政策,将其管辖的领地分成“英属印度”和“印度土邦”,从而在事实上保持着印度的分裂。这个时期以1857年印度民族大起义为界,前期为东印度公司统治,后期为英国王室直接治理。不过,这两个阶段虽有表面的区分,却并无实质的差别。

(一)东印度公司统治时期

东印度公司在征服印度的过程中使用了直接占领和建立附属国两种手段，征服后产生了两种统治形式:直接统治的殖民地——英属印度和间接统治的附属国——土邦印度。

1.英属印度。

东印度公司直接统治的部分为“英属印度”。这部分地区原来的统治机构全被摒除,公司成立了统治机构,建立了新的体制。这样,公司转化为政权,同时保留其商业职能。新的统治体制以伦敦的东印度公司董事会为统治印度的最高权力机构。对英属印度,从方针政策的制定到文武官员的任命都由它行使最高权力,印度的政府就是它的执行机构。对各较大的土邦,公司董事会派驻扎官和军队进驻,以控制王公。

在征服印度前，公司在印度划分了3个商业管区并各设其领导机构——管区总督和参事会,都直属公司董事会,没有全印统一的领导机构。征服印度后,3个商业管区成了3个省,原商业机构成了省政权,管区总督成了省督,参事会成了省政府。后来省增加到9个,新建省政权基本都是按这个模式建立的。1773年开始设立事实上的全印总督和总督参事会。省以下的行政单位是县,县政权也都是新建的,主要官员是由省督任命的收税官和治安长官。关于行政官员的来源,最初是由公司商业职员兼任,后商业职员和行政职员分开,行政职员成为专业官员,由公司董事会任命。

2.土邦印度。

在征服印度后,附属国体系被作为分而治之的统治形式有意地保留下来。名义上这些附属国是公司的盟国,与公司处于平等的地位,实际上,不但军事、外交上要受公司的监护,王位继承也要经公司批准,王公只在内政方面有自主权。王公原来的统治机构全部保留,照常行使统治权,这是不同于公司直接治理的地方。印度土邦共554个,星罗棋布遍及印度各地,人口占全印度1/4,面积占2/5。英国实现了印度的统一,却又人为地把分裂状态在一定程度上固定下来,造成统一中的不统一,对后来的印度政治、经济的发展产生了非常消极的影响。

3.议会和东印度公司双重重心管理体制的形成。

从1773年起,英国议会通过一个又一个印度管理法,逐步削弱公司对印度的管理权,把决定大政方针的权力归属议会。在行政上的主要改变有:设置全印总督,由公司推荐,国王任命,其人选不限于公司职员;设立专门的学院,培训官员,提高素质;建立印度文官系统,通过竞争考试选拔官员等。1833年议会取消了公司的商业职能,公司仅仅作为行政机构存在,受国王委托管理印度。

(二)英王接管印度统治时期

1858年8月2日,英国议会通过《印度政府法》,规定结束东印度公司对印度的统治,印度由英国女王接管并以她的名义统治。英王统治下的印度,继续分为“英属印度”和“土邦印度”两个部分;最高决策中心在英国议会和内阁;建立中央集权的行政系统;立法职能和行政职能逐步分开,文官制度被继承。取消议会监督局,在英国内阁设印度事务大臣职位,负责管理印度事务。先前由监督局和公司董事会分别行使的权力统归印度事务大臣。印度总督由英国女王任命,是其在印度的直接代表,职权不变。1858 年,女王诏书又给总督加上副王官衔。总督在有关印度的大政方针上接受印度事务大臣指导,但在具体政策的制定上和日常管理上有决定权。原总督坎宁被任命为英王统治后的第一位总督和副王。总督参事会过去没有成员间的分工,事无巨细都要共同管理。英王直接统治后,1861 年英国议会通过印度参事会法,规定实行分工,成立内政、外交、税收、财政、法律、军事等部门,每个成员负责一个部门,这就是政府部长制的开始。

1877 年,英国议会宣布英王兼任印度皇帝,这意味着不仅英属印度的人民,而且所有土邦的人民都成了英王的印度臣民。英王宣布对土邦拥有最高权力,完成了把土邦印度变成英国附庸国的最后一个步骤。此后,对土邦的管理权由总督以副王的名义行使,具体事务由总督参事会的政治部负责。[1]

三、殖民统治终结和印度共和国成立

东印度公司的残酷掠夺和专制统治很快激起了印度人民的反抗。第一次给英国人以强大震撼的是 1857—1859 年的印度民族大起义,总计卷入起义的地区占全印面积的 1/6,人口占全印的 1/10。这次大起义是印度人民第一次以驱逐英国统治者为目标而进行的全国性起义,从此以后,印度资产阶级政治势力登上政治舞台,成为领导民族斗争的主角。

印度资产阶级产生于 19 世纪 60 至 70 年代。1885 年印度国大党的成立标志着地区性的运动已发展为全国性的运动, 国大党成为印度资产阶级和知识界要求政治改良的全国性组织、主要讲坛和领导中心。

印度独立的目标不是通过武装夺取政权的道路实现的, 而是通过一次次不合作运动逼使殖民统治者逐步让出立法和行政权,最后全部移交政权。国大党把领导开展不合作运动的全权授予甘地。甘地领导开展了 1920—1922 年的不合作运动,1930—1933 年的不服从运动和 1940—1941 年的反战不服从运动。

第二次世界大战后,疲惫不堪地走出战场的英国,自知继续抗拒印度的独立要求已力不从心。加之战后印度爆发海军起义,军心动摇,全国人民反英情绪高昂,国大党和穆斯林联盟的矛盾尖锐,1946 年 3 月,英国首相艾德礼终于承认印度有权独立,决定和平移交政权。1947 年 6 月 3 日,英国最后一任总督蒙巴顿制定了移交权力方案,在取得国大党和穆斯林联盟同意后,由英国议会立法通过。1947 年 8 月 14 日、15 日,英国分别向印度和巴基斯坦两个自治领的制宪会议移交权力,英国近 200 年的殖民统治就此结束。

1947 年 7 月 18 日,英国议会通过《印度独立法》。该法规定从该年 8 月 1 日起,原英属印度成立印度和巴基斯坦两个自治领。自治领设总督,作为英国国王的代表,由英王任命。1947 年 8 月 15 日,原英印总督蒙巴顿宣誓就职,担任印度自治领总督。8 月 15 日,自治领政府成员在总督的主持下宣誓就职。贾·尼赫鲁担任总理,萨达尔·帕特尔为副总理。

新政府成员共14人,其中国大党人8名,非国大党人6名,是以国大党为主的联合政府。

1946年底,印度建立制宪会议,12月6日举行第一次会议。在印巴分治方案确定后,属于未来巴基斯坦地区的制宪会议代表单独成立了巴基斯坦制宪会议。这样,印度制宪会议也就成了印度自治领制宪会议。1946年底,尼赫鲁提出了宪法目标决议案,获得制宪会议通过,其中包括印度成为独立主权共和国,实行联邦制,国家权力来自人民,人民享有各种自由、平等权利,保障宗教信仰自由,保障少数教派和弱势种姓、部落的权益等。这些设想成为后来制定的宪法的根本原则。1947年8月29日,制宪会议选举产生了宪法起草委员会,由7位法学专家组成。制宪工作于1949年11月26日完成全部程序,宪法草案在制宪会议上通过。

四、英国殖民的遗产

印度是一个文明古国,曾有过光荣与辉煌的历史。英国在印度的长达近两个世纪的殖民统治,给印度社会历史的发展带来极大的影响。马克思在英国侵略印度问题的分析中提出:"英国在印度具有双重的使命:一个是破坏的使命,即消灭旧的亚洲式的社会;另一个是建设性的使命,即在亚洲为西方性的社会奠定物质基础。"

(一)对政治方面的影响

英国殖民主义的统治在印度的确立,结束了印度诸侯割据内战不断的局面,但土邦制的保留则又突出表现了英国对印度社会内在分裂状况的维持,长期推行的结果拉大了各民族间的心理距离,使印度社会内部民族矛盾更加复杂,为印度民族意识的形成和民族凝聚力的加强,设置了重重障碍,产生了极为深刻的消极影响。

英国殖民者在印度不断建立和完善统治机构的过程,客观上是一个将资本主义政治制度不断引进印度的过程,如建立了从中央到地方的各级行政统治政权,引进了现代司法系统,设立了文官考试制度,建立了带有现代资本主义性质的政治体制,这都是印度社会前所未有的,它极大地冲击了印度古老的前现代政治体系。

英国的殖民统治破坏了印度社会的整个结构,摧毁了作为东方封建专制主义基础的村社制度,使印度社会出现了新的阶级分化和阶级力量的新的组合。印度民族资产阶级的出现是印度社会阶级力量变动的最突出表现。

(二)对经济方面的影响

英国殖民者对印度的征服与统治就是对印度财富掠夺的过程。英国殖民者"在故乡还装出一副很有体面的样子,而一到殖民地它就丝毫不加掩饰了"。普拉西战役后,一次从孟加拉宫廷就洗劫到了6000万英镑的财富。[2]1757—1815年的58年,英国就掠夺了10亿英镑的财富。[3]英国殖民政权扶植利用原有的封建租佃关系,使自己成为最高的土地所有者,以超经济的政权的力量剥削印度农民。通过垄断贸易对印度的殖民掠夺,则构成了英国工业革命的物质基础。

19世纪中后期,在国家政权配合下,大机器生产出来的质高价廉的棉纺织品像潮水一样涌入印度,造成了广大手工业者和城市平民的纷纷破产。在农村,土地关系的变动,赋税形式由实物向货币的转变,土地兼并的盛行,使大批农民丧失了土地,失去了千百年来赖以生存的基础。

资本输出是垄断资本主义阶段英国对印度的另一种主要掠夺方式。发行国债和直接的生产投资是英国对印度的资本输出的主要形式。投资的方向主要用于修建铁路,兴修水利设施,发展种植园,开设银行信贷,开发工矿企业和发展原料加工工业。资本输出并不完全排挤商品倾销,而是恰恰相反,它正是为商品倾销创造条件的。英国商品输入额 1813 年为 54634 英镑,1850 年 1370 万英镑,1877 年为 37440 万英镑。[4]

同时,英国对印度的大量产品倾销使作为东方封建专制主义基础的古老的村社制残余被彻底瓦解,农村中土地私有制迅速发展,印度农村逐渐卷入了资本主义世界市场。作为原料供应地,印度农村经济开始围绕着资本主义世界市场的需求而运转。在工业中,资本投资的增加,为印度民族资本主义的发展创造了有利条件。资本主义性质的现代大工业给印度带来了新的生产力形式,为印度跨入现代社会奠定了物质基础。

(三)对社会与文化的影响

英国殖民者蔑视印度民族文化,大力推行奴化教育,意欲造就一大批印度肤色、英国情趣与思想的忠顺的奴才。但近代西方教育的推行,也使印度出现了现代教育体制。以英语为教学手段的各类各级学校的建立,传播了近代文明,培养了一大批掌握西方现代文化的知识分子,为近代科学技术在印度的发展奠定了基础。“英国教育打开了印度人的眼界”,知识分子开始睁眼看世界,开始了对自己国家民族命运的思考,开始了对祖国发展前途的探索。他们创办各种报刊,宣传现代文明,倡导新文化新思想,反对封建愚昧意识,积极推进社会改革。在资产阶级知识分子的参与推动下,开始了在印度社会思想文化的主体部分——宗教领域的改革。印度教、伊斯兰教等都在教义上、组织上进行了革新,力求适应现代社会。他们成立各式各样的组织,向顽固的印度社会的陈规陋习挑战,如革除萨蒂制、提高女权、破除种姓歧视、兴办民族报刊与民族教育。这些都极大地冲击了印度社会生活中消极落后的一面。

在殖民统治的压力下,在印度先进知识分子的启蒙下,印度民族意识开始觉醒,印度作为一个统一民族国家的观念开始深入人心。各种社会组织的成立,乃至 1885 年国大党的建立都是印度民族主体意识形成的重要标志。[5]

第二节 独立后的印度行政制度

一、印度行政制度的确立

(一)宪法的制定

1950 年 1 月 24 日,宪法会议选举拉·普拉沙德为印度首任总统。1 月 26 日总统就职,同时颁布总统令,宪法于 1950 年 1 月 26 日正式生效。宪法规定印度为主权共和国。

(二)联邦制确立

在政治体制方面,宪法规定印度实行联邦制和议会制。宪法把全国统一划分为29个邦,联邦的宪政构成单位为邦。联邦的立法权力机关由总统、人民院和联邦院构成。邦一级的立法权力机关是邦长和立法院。邦立法机构制定的法律须报联邦总统批准。

联邦的行政权力由总统及协助他的部长会议行使,总统是国家的行政首脑。总统的行政权力是名义上的,实际行使权力的是以总理为首的部长会议。邦长由总统任命,邦的行政权力由邦长和以首席部长为首的邦部长会议行使。宪法对联邦和邦的职权范围作了具体的划分,列出了各自的和共同的职权范围表。联邦和邦在一般情况下只能在自己的职权范围和共同的职权范围内行使立法和行政权力。

印度联邦制具有单一性强和强中央的特点,表现在全印度奉行统一的宪法,实行统一的法律、统一的文官制度和会计审计制度,只有单一的公民资格(都是印度公民),邦立法都要由邦长提交总统批准。联邦总统可在必要时宣布全国或部分地区处于紧急状态,可暂时接管邦的统治权力,实行总统治理。联邦会议可实行邦改组或改变邦的边界,邦没有退出联邦的自由等。宪法制定者们在宪法中宁肯用Union一词,不用Federation,也说明了这一点。

(三)印度议会民主制的确立

宪法规定印度实行以成人普选权为基础的议会民主制,采取内阁制的体制。议会民主制在联邦和邦两级实行。凡年满21岁(后改为18岁)的公民,不分性别、宗教信仰、种姓、财产状况和社会地位,都有选举权。

在议会民主制下,立法、司法和行政三权分立。宪法规定最高法院对联邦会议通过的法律有审查权,可以判定一项法律违宪。宪法也赋予议会以修宪权。政府可以运用在议会中的多数,通过修改宪法的提案,使自己提出的法案和颁布的政策法规不致被判定违宪。实行议会民主制要求有稳定的文官系统,1951年议会根据宪法有关规定制定了全印文官法。

二、印度中央行政部门

印度的行政实权掌握在以总理为首的部长会议手中。印度宪法中虽无内阁设置,但它却是部长会议的领导核心,一切重要的政策由内阁制定和执行。

(一)总统

总统的权力和作用。宪法规定,总统是印度的“国家元首”,享有非常广泛的权力,他既是联邦行政机构的组成部分,又是联邦最高立法机构的组成部分,并且还享有部分司法权力。但在一般情况下,总统只是名誉元首,是国家统一的象征。

总统的产生和任期。印度总统和副总统都是通过间接选举产生的。总统由联邦议会两院议员及各邦议会(邦立法院)议员按比例代表制原则选出的“选举团”选举。副总统由联邦议会两院议员选举产生。总统、副总统任期5年,可连选连任,但按惯例,一般不超过两届。

(二)总理、部长会议和内阁

总理是印度政府的首脑,由总统任命人民院多数党议会党团领袖担任,任期5年,可连选连任。按照宪法规定,总理拥有组织和领导政府的大权。部长会议的全部成员都是经总理提名由总统任命的。总理也有权提请总统随时免去某个(或某些)部长的职务甚至彻底改组政府。由于总理既是议会中的多数党领袖,又是部长会议的首脑,这种特殊地位使其成为这个国家政治生活的核心人物。

部长会议由总理和全体部长、国务部长和副部长组成,集体对人民院负责。部长会议所有成员都必须是联邦议会的议员,如非议员被任命为部长会议成员,必须自任命之日起6个月内被选为议员,否则就自动终止其部长会议成员资格。部长会议通常由40~60人组成。人数可由总理根据工作需要随时决定。印度宪法中并无设立内阁的规定,只规定设立部长会议。但实际上部长会议很少开会,经常开会的是内阁,他们的人数很少,便于总理及时通过内阁处理一些重大问题。

内阁由总理和各部部长(或称“内阁部长”)组成。国务部长和副部长不参与内阁。内阁成员通常在12~20人之间。

(三)联邦政府各部

1.政府各部总览

联邦政府各部是主管政府某一方面事务的行政管理机构, 各有其明确的职权。1952年建立的第一届政府只设21个部。英·甘地政府 (第七届政府) 时部的数目已增加到31个,此外还设有4个委员会(包括计划委员会)。纳·拉奥政府(第十届政府)则增加到42个部。

除各部外,印度还设有若干个委员会,其中计划委员会最为重要,被称为“印度的经济内阁”,其地位略高于其他部委。计划委员会于1950年成立,负责制定国家的发展计划和编制各个五年计划。最初委员会具有咨询性质,后来权力逐步扩大,成为重要的决策机构之一。

2.部门设置的几种类型

联邦政府各部由于职责范围不同,机构设置情况也各不相同。大体上分为四种类型。第一种类型:部机构设置“大而全”。这类机构设置庞大,层次齐全,人员众多。财政部可作为这方面的典型,其他类似的部有国防部、农业部、工业部等。第二种类型:部机关的机构设置很简单,部的业务主要由该部所属机构和附属机构承担。邮电部、劳工部、旅游和民航部属于这种类型。第三种类型:中等类型的部。其典型是外交部、司法和公司事务部、卫生和家庭福利部、新闻和广播部等。第四种类型:部机构设置“小而简”。“小”指机构小、人员少;“简”指层次简单。这种类型的典型是议会事务部,其他类似的部有福利部、电子部、原子能部、科技部等。这类部实际上只相当于我国国务院的直属局。

三、邦、中央直辖区和地方政权机构

在印度和巴基斯坦两个自治领成立时,除海德拉巴、朱纳格和查谟—克什米尔3个土邦未决定归属外,其余都加入了印度或巴基斯坦自治领。印度自治领建立后政府在土邦问题上面临两项急迫的工作:一是继续对尚未做出决定的3个土邦展开工作,争取它们尽快加入印度;二是对已加入印度的500多个土邦进行全国性的行政整合。经过努力,印度使

3个未加入的土邦都加入了印度，尽管克什米尔被印巴分别控制。接着展开全国行政区划和政治体制的统一工作。1947年底到1950年初的两年多时间里，完成土邦合并。合并结果是，加入印度自治领的557个土邦中，有3个土邦保留原状，278个土邦进入5个土邦联盟，216个土邦归并到临近省，其余土邦成了中央直辖区的部分。保留的土邦和土邦联盟按规定都建立立法会议，人民得到部分参政权利。

目前印度共有25个邦和7个中央直辖区。

(一)邦行政机构

邦行政机构由邦长、部长会议和邦检察长组成。

1.邦长

印度宪法规定，各邦设1名邦长，由总统任命，任期5年。邦长在任期内可以由总统免职，也可以向总统提出辞职。虽然邦长是总统任命，但由于联邦政府中，以总理为首的部长会议掌握实权，所以邦长的人选实际上是总理选择的。

邦长的地位和职权类似于总统，被认为是总统在各邦的再造和缩影。虽然从法律上说，邦政府的一切权力归邦长，以他的名义行使，首席部长为首的部长会议“协助邦长行使职权并向其提供意见”，但实际上，这些权力由部长会议实施。

2.邦部长会议

各邦设部长会议，由首席部长领导，任期5年。邦首席部长由邦长任命，其他部长根据首席部长的建议任命。邦部长会议不是对邦长而是集体对邦立法院负责。这就是说，部长会议的每一个成员都要对政府的每一个决定负责，任何不准备接受集体责任制的部长都应辞职。

以首席部长为首的邦政府的地位是否稳固取决于它能在多大程度上获得中央政府和邦议会的信任。如果在邦政府和联邦政府执政的是同一个政党，它又在邦议会占有绝对多数席位，那么实际上由总理任命的首席部长及其在邦政府的地位在其任期内不会受到挑战，政权危机不会发生。

(二)中央直辖区政府机构

1956年开始实施的“省邦重划法案”和宪法第七次修正案把全国划分为邦和中央直辖区两种行政区。现在的中央直辖区有：安达曼和尼科巴群岛，昌迪加尔，达德拉和纳加尔阿维里，德里，达曼和第乌，拉克沙德韦普群岛等。

中央直辖区是印度政治体制的特殊产物，是对联邦制的一种背离。许多中央直辖区不满没有自治权力的地位，要求升级为正式的邦。所以原来的一些中央直辖区，如喜马偕尔、特里普拉、曼尼普尔、米佐拉姆等相继改为邦的建制。目前，依然作为中央直辖区的7个行政单位，可以分为四类：一是德里直辖区，为联邦政府所在地；二是昌迪加尔，因两个邦对其归属发生争执，故由联邦政府管辖；三是达德拉和纳加尔阿维里等原葡萄牙和法国的小块殖民地；四是孟加拉湾和阿拉伯海许多小岛屿组成的两个群岛。由于情况不同，这些中央直辖区的行政机构也有很大的区别。

(三)地方政府机构

在印度，县和县以下的政府叫地方政府，分为农村政府机构和城市政府机构。

1.农村政府机构

1952年,印度推行村社发展计划。根据这项计划,原有的县和县以下的行政机构进行了改组,建立了新的行政机构网络,即村社发展区。每个村社发展区的范围大约100个村庄,8万人口。设立村社发展区的目的是要增强农村群众参与国家建设计划的意识,加速农村经济的发展。这个计划被印度已故总理尼赫鲁称为推动印度农村发展的一场悄悄的革命。

经过几年的实践,村社发展计划未能取得令人满意的结果。1956年,印度政府任命了一个以巴尔旺特拉伊·梅赫塔为首的委员会,对村社发展工作进行了广泛深入的调查。梅赫塔委员会发现,由于实施村社发展计划的过程中采取了高度"官僚主义"和"集中化"的方式,未能动员人民参加社会经济发展计划的主动性,因此建议恢复乡村评议会议制度,以便使民主制度下放到地方,在地方建立一套新的自治机构。

乡村评议会,又称潘查雅特或五人长老会,是古代印度村社中种姓制度的最重要的裁决和批准机构。英国殖民统治时期,村社组织遭到破坏,乡村评议会逐渐消亡。梅赫塔委员会建议,以乡村评议会为基本模式,建立三级地方自治机构,即县委员会、区委员会和村评议会。

2.城市政府机构

在印度,大、中、小城市都有自治机关,分别叫市政自治体(Municipal Corporation)、市政公会(Municipality)和镇地区会议(Notified Area Council)。

市政自治体:一般来说,像孟买、加尔各答、马德拉斯等大城市,设市政自治体。市政自治体由邦议会通过特别法律的程序成立。这些城市设市自治会议,由选民按行政区选出的委员会和邦政府指定的委员会组成。指定的委员会通常只参加议案的审议和市政事务的讨论,没有表决权,市政自治会议委员如果不兼任各常设委员会等工作,其职务属义务性质,不拿薪水和其他报酬。市政自治会议选举市长和副市长。市长和副市长是荣誉职务,主持市政自治会议,没有实权。市政自治会议制定市政管辖的总政策和总规定,由它从委员中选举产生的成员组成若干常设委员会,负责各部门工作,包括税收、卫生、教育、市政工程、公用事业和社会福利等。市政机关的绝大多数官员由市政自治会议任命,但掌握实权的市政专员或行政官由邦政府指派,各类官员的职责由它规定并受它监督。

市政公会:邦会议可以通过法律,在中等城市设立市政公会。市政公会委员由市民按行政区选举的委员组成,其人数不少于9名,不超过50名。市政公会是城市自治机构,任期4年,委员们不领取薪金。如果邦政府确认该城市行政管理陷于严重混乱状态,它有权解散市政公会,接管其自治权力。市政公会在其第一次会议上,从委员中选出主席和副主席,他们的职责是召集并主持公会会议。主席和副主席可以辞职,也可以由公会全体会议以2/3多数通过予以免职。邦政府也可以以不忠于职守免除其职务。每个中等城市还设1名行政官,由邦政府任命,负责实施市政公会通过的决议并在该市与邦政府之间起联络作用。

镇地区会议:人口在0.5万~5万间的小城镇设镇地区会议。镇地区会议的组织机构多少与大中城市相类似,只是带一些由乡村向城市过渡的特色。镇地区会议同样由选举产生的委员和指定的委员组成。有些地区,其代表全部由政府指定。从这点看,这些镇地区会议没有多少自治机构的意义。

城市自治机构的收入主要有两个来源:一是靠邦政府的预算拨款和贷款;二是靠各种各样的税收、通行税和货物入市税,以及在城市地区开办工厂、商店的许可收费证等。这些自治机构的收支情况要由主席每年以预算的方式向自治会议报告。邦政府也有权对地方机构的预算进行检查。

(四)联邦和各邦的行政关系

宪法规定,邦长作为邦的首脑由总统任命,高等法院法官由总统任命和调动,邦议会选举在总统任命的选举委员会监督、指导和控制下进行。同时,各邦行使行政权力时,应遵守联邦议会通过的法律和适用于该邦的现行法令,联邦行使行政权力时应向各邦下达必要的指示。如果邦政府违反上述法律和指示,中央政府可以宣布该邦处于紧急状态,也可以派遣中央后备警察部队进入该邦强行实施这些法律。联邦政府可以在某些情况下对各邦实施行政管理,包括就它认为具有全国意义或军事意义的交通线建设和维护问题向各邦下达指示。

四、印度行政官制度

印度行政官制度(ISA),又称“公务员制度”,英国殖民统治时期称“文官制度”。印度是世界上最早实行近代文官制度的国家之一。

(一)行政官制度的历史沿革

印度行政官制度是由印度文官制度演变而来的,其历史可追溯到18世纪下半叶英国东印度公司统治时期。1757年普拉西之战后,东印度公司实际上已开始成为印度领土上的统治者,由原来的商业性机构逐渐变为统治这个国家的官僚机构。官员由公司董事会任命,“卖官”成了董事们的一项主要收入。1786年以前,公司行政部门就已通过订立契约等方式招收了一批职员。“文官”(Civil Service)这个名词,最初就是由公司杜撰出来专指这批人的。1786—1793年康华里任印度总督期间,为了制止公司职员们的贪污腐化、营私舞弊,他重新改组了公司在印度的行政机构,使商业和行政彻底分开,并制定了3条主要原则:高薪;文官不得经营商业和接受礼物;年薪在500英镑以上的职位必须从同公司订立有契约关系的文官中任命。此种职员称“契约官员”,其制度称“契约文官制”。

1853年,英国议会通过法案撤销由董事会任命官员的权力。自1855年起,公开考试在伦敦举行。凡大英帝国臣民(包括印度人)都可以参加考试。“契约文官制”正式过渡到“文官制”。1858年以后,印度改由英国政府直接统治。1861年英国政府制定了“印度文官法”,随后又陆续制定了一系列有关文官考试、任用、纪律、年金等条例和规则。这些法规把自1858年开始实行的“通过竞争考试择优任用文官”的原则,以及“高薪”、“严明纪律”、“严格监督”、“明确划分职责范围”等原则,用法律形式固定了下来。

由于法规中规定的竞争考试的地点在伦敦,报考人的最高年龄不得超过19岁,因此,在很长时期中,只有极少数印度人能够远涉重洋通过考试取得文官职位,这种状况引起了印度上层人士的严重不满。为了缓和印度上层人士的不满,英国政府曾多次指派委员会到印度。1886年,根据查理士·艾契逊委员会的建议,印度的文官被分为三类:帝国文官、省文官和附属文官。省文官由各省在当地自行招收;帝国文官报考人的最高年龄放宽到23岁,但考试地点仍坚持在伦敦。1912年,以艾斯灵吞为首的皇家公职委员会建议两种最重要的印度文官,即"印度文官"和"印度警官"中25%的职位应在印度录用。1919年英国议会通过"印度政府法案",规定在印度设立"公职委员会",负责文官的录用事宜。自1922年起,竞争考试在英国和印度同时举行。1925年建立了一个委员会,以便通过竞争性考试录用印度籍官员。1935年《印度政府法》给予省自治权,并规定要建立省公职委员会,实施咨询职能。

印度独立后,随着英国人的离去和印巴分治,留在印度的文官被印度政府全部接收下来,并受到了重用。从1948年起印度政府着手对原有的文官机构进行调整、扩充和改革。

(二)行政官制度的结构

1.文官的构成

印度的文官主要由以下三部分人组成:行政官员,其中主要职责是协助行政当局制定政策并保证政府政策的贯彻执行;职能性官员,从事某项专业工作,如外交官、海关人员、审计人员、税务官员等;科学技术专家,如工程、教育、医药卫生人员等。

2.文官的分类

根据文官的归属和使用情况,印度的文官被分为三大类:(1)全印文官。全印文官是在联邦和各邦之间通用的文官,由联邦公职委员会统一招收。联邦和各邦的重要行政官职务,通常由他们担任。1963年以前,只有两种全印文官,即印度行政官和印度警官。1963年以后,根据联邦会议人民院的决议,新创立了三种辅助性的全印文官,即工程、林业和医药卫生文官。(2)中央文官。中央文官分两类,一类是非科技性的,如中央秘书人员、速记人员、办事员、外交官员、经济官员等;另一类是科技性的,如中央工程师、中央电机工程师等。中央文官在中央所属各部门使用。(3)邦文官。邦文官由各邦单独(或几个邦联合)招收、使用和管理,通常被指派担任县以下的区的行政职务。邦文官成员经过选拔可提升为印度行政官成员。有些邦文官之下还设有"潘查雅特"(村庄"五人长老会")型乡村文官。除上述三大类文官之外,印度还有一大批文官是在武装部队中工作的。

3.文官的分等

以上三大类文官,均分为四等。其中一等(包括副秘书级和下秘书级)和二等(包括股长级和助理官员级)是官员,三等是办事员,四等是勤杂人员(包括清扫工)。狭义的(严格意义上的)"文官",指的就是二等以上的官员。三等以下的人员,只是政府的"雇员"。

(三)对印度行政官制度的评论

首先,印度行政官制度是在英国殖民统治时期的文官制度的基础上发展和演变而来的。兰德希尔·B.贾殷教授评论道:"英国体制的最大特点便是所谓'印度文官',即由精英分子组成的一批官员,他们既是决策者,又是执行者。在英国统治时期,政治权力高度集中于行政机关,大体上掌握在'印度文官'手中。印度文官制度具有一套结构特点,诸如以大学成绩为基础的公开录用制,精心策划的培训制,终身服务的常任制,中央政府、省(邦)政府及区县政府的全部非技术性负责职位只授给这些精英官员的制度,按期逐步加薪并享有退休金及其他福利待遇的制度，以及以年资为主要条件的晋升与调任制度。印度独立后,这些特点在现行体制中全部保留下来,只是细节上略有变化。”英印文官制度作为行政机构的重要组成部分,在促成全印一体化方面、参与国家建设、维护公共工程以及举办社会服务等均取得了不少成就,对印度社会起着一定的积极作用。特别是英国殖民势力退出印度时保留下来的几万名文官队伍,在印度独立后仍起着重要作用。

[附录]

印度独立以来联邦政府历任总理

执政时间	构成政府的党/政党联盟	总理
1947.08.15—1964.05.27	国大党政府	贾瓦哈拉尔·尼赫鲁
1964.05.27—1964.06.09	国大党	古尔扎里·拉尔·南达(代总理)
1964.06.09—1966.01.11	国大党政府	夏斯特里
1966.01.11—1966.10.24	国大党	古尔扎里·拉尔·南达(代总理)
1966.01.24—1977.03.24	国大党政府	英迪拉·甘地
1977.03.24—1979.07.28	人民党政府	莫拉尔吉·兰奇霍季·德赛
1979.07.28—1980.01.24	人民党(世俗派)政府	查兰·辛格
1980.01.14—1984.10.31	国大党政府	英迪拉·甘地
1984.10.31—1989.12.02	国大党政府	拉吉夫·甘地
1989.12.02—1990.11.10	全国阵线政府	维什瓦纳特·普拉塔普·辛格
1990.11.10—1991.06.21	人民党(社)政府	钱德拉·谢卡尔
1991.06.21—1996.05.16	国大党政府	纳拉辛哈·拉奥
1996.05.16—1996.06.01	印度人民党	阿塔尔·比哈里·瓦杰帕伊
1996.06.01—1997.04.21	联合阵线政府	德韦·高达
1997.04.21—1998.03.19	联合阵线政府	因德尔·库马尔·古杰拉尔
1998.03.19—1999.10.13	全国民主联盟政府	阿塔尔·比哈里·瓦杰帕伊
1999.10.13—2004.05.22	全国民主联盟政府	阿塔尔·比哈里·瓦杰帕伊
2004.05.22—	国大党联盟政府	曼莫汉·辛格

[附录]

印度独立以来历任总统

NO.	姓　名	在任时间	备注
01	拉金德拉·普拉萨德	1950.01.26—1962.05.13	唯一连任两届
02	萨瓦帕利·拉达克里希南	1962.05.13—1967.05.13	
03	扎基尔·侯赛因	1967.05.13—1969.05.03	
	瓦拉哈吉里·文卡塔·吉里	1969.05.03—1969.07.20	代理总统
	穆罕默德·希达亚·乌拉	1969.07.20—1969.08.24	代理总统
04	瓦拉哈吉里·文卡塔·吉里	1969.08.24—1974.08.24	
05	法赫鲁丁·阿里·艾哈迈德	1974.08.24—1977.02.11	
	巴萨帕·达纳帕·贾蒂	1977.02.11—1977.07.25	代理总统
06	尼兰·桑吉瓦·雷迪	1977.07.25—1982.07.25	
07	吉亚尼·宰尔·辛格	1982.07.25—1987.07.25	
08	拉马斯瓦米·文卡塔拉曼	1987.07.25—1992.07.25	
09	尚卡尔·达亚尔·夏尔马	1992.07.25—1997.07.25	
10	科切里尔·拉曼·纳拉亚南	1997.07.25—2002.07.25	
11	阿卜杜尔·卡拉姆	2002.07.25—2007.07.25	
12	普拉蒂巴·帕蒂尔	2007.07.25—2012.12.25	首任女总统
13	普拉纳布·慕克吉	2012.07.25—	

第三节　印度行政制度的发展

印度独立后确立了议会民主制度。据研究,二战后,在人均收入非常低的国家里,只有印度实行了民主政治制度,印度成为西方民主在发展中国家展示的一个“橱窗”。一个贫困的多民族国家的议会民主制,其发展有区别于发达国家之处,相关的政治制度,如政党与选举,中央与地方的关系,以及对经济与社会发展的影响,都具有自己的特点。

一、议会民主制度

(一)议会民主制度的确立与运行

印度的议会民主制,在独立后通过宪法以国家根本大法的形式确立下来。这部宪法经过多次修订,多达395条,1000多项具体条款,号称“世界上最长的宪法”。它宣称要保障所有公民的平等权、自由权、文化教育权和私有财产不可侵犯权,并一次性地确立了成人普选制度。

印度的政治民主制度基本上是从英国人手里全盘接收过来的，虽然形式上与西方民主制基本上一致,但不是像西方民主国家那样建立在资本主义工业化的基础上,而是建立在农业占主导地位,传统阶级、社会结构没有根本改变的基础之上。印度学者迪潘克·纳亚尔指出,印度的民主制度,既不是反对专制主义的结果,也不是承认个人主义这一社会观念的结果,甚至不是民族主义运动的直接后果。印度的民主制度实质上是掌握了统治权的上层精英提供给人民,而不是人民从下面争取而得来的。[6]

但随着议会民主制的运行,民主制度已深深地在印度民众的心中扎根,并激起了人民的参政意识和竞选热情,政治民主化的发展趋势已不可逆转。印度第一届大选有1.73亿成年投票人参加投票,59个政党(全国政党14个)的17000名候选人竞选3800个人民院和邦议会席位。至第十一届大选时,参加投票的选民猛增至5.9亿人,参加角逐的大小政党达443个。因而,印度自诩为世界上最大的民主国家。

议会民主制之所以能够在印度推行,很大程度上可以说是因为印度社会的“分裂”。作为世界上异质性最强的国家之一,印度社会分裂为各种各样的种姓、宗教、地方势力集团,社会矛盾很多。为了平衡各个集团间的力量,就必须要有相应的体制安排,议会民主制正好适应了这一需要。在议会民主制下,各个势力集团通过政党等政治组织以及议会选举,使各自利益得到表达,达到一定的平衡,社会矛盾得以缓解。印度从独立到现在,虽历经三次总理被暗杀和各种宗教、民族冲突,但民主体制运作基本良好,政治异见基本能够在宪政程序框架内加以解决。一届又一届政府的更替，都是根据议会制度和选举程序有序进行。独立以来,印度议会民主制的运行比较正常,在发展中国家可谓首屈一指。[7]“印度是由种种不同因素拼结起来的一个笨重的、难有指望的、绝非高雅精致的组合体,不仅生存下来了,而且作为一个具有民主制度的政治实体,令人瞩目地良好地运作着——这个实体实在是由于实施民主而维系的。”[8]尽管印度的穷人占大多数,种姓制度根深蒂固,犯罪甚至恐怖主义事件不断发生,但印度的民主制度大大消减了社会不平等的冲击力和破坏性。

(二)印度议会民主制度的缺陷

印度的民主制度还不完善,广大下层民众还没有真正从这个制度中得到多少好处。多年来,经济现实与人们所希望的和政府所允诺的相距很远。经济发展的好处大多数为富人享有,而穷人却被发展进程所抛弃,这是由于“国家从实质上说是工业资本家阶级、土地所有者阶级和受过教育的统治精英的联合体”。[9]经济发展的好处主要被三大特殊利益集团所获得:工业资本家在经济计划和各种补贴中受益巨大,富裕农民得到了土地改革立法、农村发展计划、潘查亚特制度的好处,官僚集团则通过经济计划和经济补贴得到了大量寻租机会。而大部分的穷人生活状况未见任何改善。

尼赫鲁逝世后,新的一代领导人进入了国大党。印度社会中原有的不同团体、不同宗教、不同种姓的利益,随经济发展有了进一步的分化,中央领导权力日渐衰弱,政治地区化日益明显,独立时形成的政治共识逐渐被破坏。与此同时,人们越来越清楚地知道,政府是由人民选举的,任期届满就会更换新的一届。要赢得大选就必须依靠占人口大多数的穷人的选票。印度的政治领域,在20世纪70年代后,有了两个明显的变化。第一,由于有一个通过投票以获得人民支持的选举制度,引发了所谓大众主义的竞选性政治。所有的政党和政治领导人,都努力向人们允诺各种好处,无论是在一党在大多时间执政的中央,还是在不同的党派在不同的时间执政的各邦,都是如此。第二,经济发展和民主政治之间的关系日益紧张。一方面,由于特殊利益集团的存在,随经济的发展贫富差距愈来愈大;另一方面,民主又赋予穷人手中大量的选票,造成所谓"经济排斥穷人"伴随"民主拉拢穷人",导致经济和政治的不协调,而政府在其中的调和能力越来越弱。

民主政治以社会的平等为前提,很难想象在一个贫富差距极大的社会里能建立起真正的民主制度。[10]印度没有从根本上培育出民主制度所需要的社会平等的土壤,是造成印度民主制度扭曲的根本原因。印度民主政治的关键问题是如何限制特殊利益在政治中的影响,这对印度来说是个非常大的难题。

印度议会民主制度的运转也存在很多问题。从立法上,虽然规定每个成年人都有选举权,但由于印度社会根深蒂固的等级制度,仍然存在许多歧视。为赢得选举,一些人不择手段,许多人在选举中受到威胁或贿赂,导致了许多从政人员的犯罪。例如在北方邦1994年的邦议会选举中,将近一半的邦立法者或立法委员会的成员有犯罪记录。[11]另外,在根深蒂固的种姓制度之下,选民往往按照本种姓的利益进行投票,在广大的农村尤其如此。为此,各政党在选举前,需要仔细研究种姓的地理分布状况,努力在势力占优的种姓中发展党员,从中推选出本党在该地区的候选人,借此保证本党在该地区获得选举的胜利,使印度政治打上了深深的种姓烙印。

印度行政权力十分突出,在三权分立的结构中占有绝对主导的地位。英国殖民地时期建立的文官制被保留下来,经过良好训练的公务员结构曾在独立后的一段混乱时间里解决了大量的行政管理难题,保持了国家行政运转的连贯性。自20世纪70年代以来,政治的分化影响了官僚体制。公务员几乎全部政治化了,公务员在许多邦都以种族划分,政策的执行由此受到了严重的影响,腐败几乎成了官僚制的特征之一。官僚成为寻租的代名词。

司法部分在实践中也经常出现问题。据估计,当前积压的案件已达3000万件,即使已经开始审理的案件,也往往持续多年才能结案。[12]

二、政党政治

印度独立后,与多元化社会相适应,政党如雨后春笋般出现,现存的政党总数在200个以上。这许许多多的政党,其思想意识不同,宗教信仰各异,群众基础不一,实力大小不等,各有不同的宗旨,活动范围和政治上起的作用也各不相同。其中,印度国大党是印度所有政党中历史最长、人数最多、力量最雄厚、最富有政治经验的政党。随着印度经济的发展和改革的进行,政党政治也出现了新的变化。

(一)国大党的兴衰

1.国大党一党执政

在尼赫鲁总理执政时期(1947—1964年),印度被普遍认为是非西方世界中少数几个政治稳定的民主国家之一。这一时期印度能够保持政治稳定的主要原因是它有一个强大的政党。在独立后的前20年中,印度政坛上虽然存在着几十个政党,但是没有任何一个政党能够向国大党的执政地位挑战。国大党能够在印度政坛上长期保持一党统治地位,主要有以下几个原因:

第一,拥有雄厚的政治资本和广泛的社会基础。20世纪20年代初,国大党把民族主义运动"从一个由出身上层、受过英国教育、彻底西方化的知识分子所领导的圈子扩展成为一个受到广大中间阶层和小城镇支持的民众性运动"。作为民族运动的领导力量,国大党为赢得民族独立做出的贡献,使它在广大民众中获得了很高的声誉和雄厚的政治资本。民族主义运动的遗产为独立后国大党掌握国家政权奠定了广泛的社会基础。[13]

第二,提出了颇能吸引人心和鼓舞民众的发展理念。印度独立以后,以尼赫鲁为首的国大党政府把社会主义、世俗主义和民主政治作为建国的基本原则:在社会经济政策方面,高举社会公正、经济平等和建立福利国家的旗帜。尼赫鲁时期实行的许多重大内外政策,如不结盟政策、混合经济政策、自力更生政策以及"温和的"土地改革政策,本质上是一种民族主义和民主社会主义的混合物。在当时的印度,国大党的主张对动员和吸引各个阶层选民的支持起到了重要的作用。

第三,拥有比较完善的组织机构。在领导民族独立的运动中,国大党为动员民众,建立了从村、区、县、市、省直至中央的各级党组织。这些组织几乎遍及全国各地,起着与政府机构平行的作用。20世纪30年代后期,英国殖民当局曾经在印度实行省级政府自治,国大党在一些省议会的选举中获胜并组织了政府。这在客观上给国大党提供了政府管理的实践机会并积累了一定的政治经验。独立以后,国大党又进一步发展、完善了它的各级组织机构并使之在政权和民众之间起到了重要的桥梁和纽带作用。

第四,"调和政治"的统治策略。国大党之所以能够长期把持政权,"实际上是因为它能在实事求是地适应变化时很好地运用其能力,因为它在处理内部冲突时具有高度精练的技巧,更因为它已经形成了一套做出决策的程序,可以集合党内意见极为分歧的各派追随者的要求。"[14]在国大党内外,尼赫鲁采取了避免极端和激进的"调和主义"政治,强调在制定重大国家政策时的意见一致。这种做法比较有效地抑制了党内的分裂和党外反对党势力的增长。

2.国大党的衰败

长期执政和半管制的经济管理体制是腐败滋生的温床。由于一党治天下,当权的国大党人没有强有力的监督,大量利用手中的权力如许可证的发放权、信贷的投放权、进出口配额的分派等为自己、为党捞取好处。由于国大党政府控制了企业生杀予夺的大权,政府与企业进行权钱交易就有了前提。国大党的"政治家越来越依靠这套系统作为换取竞选献金的工具,官僚则依靠它来捞取贿赂、工作机会、权力、声望和赞助"。国大党的这种无节制的寻租行为导致了反对党的攻击,更让大众对国大党失去了信心。

随着权力的争夺,国大党经过了两次分裂,大大削弱了组织基础。基层组织往往处于一种无组织的状态,党的候选人在选区竞选时就只好求助于地方上有钱有势的人来动员大众,金钱代替了党组织,在竞选中的作用日益明显。这些有产者占据了邦及以下各级管理机器的重要位置。国大党(英)政策的制定和实施受这一权力格局的影响。许多消除贫困的计划和社会福利措施的执行权都握在这些有产者的手中,他们阳奉阴违,要么不贯彻,要么贯彻时大打折扣。

随着国大党(英)在1971年以压倒优势取得胜利后,它的队伍剧烈地膨胀,这种狂热扩张也产生了一些问题:国大党内部因种姓、年龄、教育和意识形态等的不同出现严重的派系斗争,内讧不断。国大党(英)内部出现多个力量相互排斥的权力中心,政策的低效就可想而知。

国大党执政时期，其经济发展和社会分配政策没有在实现社会公平方面起了明显的作用,不仅没有实现消除贫困、缩小社会差距的社会主义目标,反而拉大了贫富差距,农村富农和地方资本家阶层从中受益更大,政治和经济优势日渐突出。广大民众越来越失望和不满,国大党逐渐失去了执政之基。

1967年举行的第四届大选是国大党权力衰败的第一个转折点，标志着它已盛极而衰。在这届人民院选举中,国大党获得的席位下降到54.6%,仅以微弱多数保持了在中央的执政地位。在当年举行的各邦立法会议选举中,国大党也同样遭受了重大的挫折,它仅获得席位总数的48.6%,在17个邦中的8个邦失去了执政地位。印度著名的社会科学家拉吉尼·考塔里称那次大选标志着“印度党派政治演变中的新门槛”,“国大党的组织垮下来了,以国大党为代表的全国共识也随之遭到了破坏”。

(二)多党政治和联合政府

印度独立后实行的议会民主制保证了政党的自由发展，保证了反对派可以合法地聚集在反对党的旗下表达自己的观点和维护自己的利益。当执政的国大党由于长期一党执政而越来越腐败时,反对派也能够通过反对党积累力量,最终用一种渐进的方式完成政党执政的轮替。

1984年第九届大选前夕，拉·甘地的亲信和重要阁员维·普·辛格等一批领导人退出国大党,另建新人民党,举起反对国大党及其政府腐败的旗帜,一时颇得民心,国大党成了众矢之的。第九届大选结果,国大党虽然勉强保住了议会中最大党的地位,但远不及超半数的执政条件。此后印度的多党议会民主体制进入了一个悬浮议会和联合政府的新时代,哪一个政党也无力单独地赢得过半数选民的授权了。这一时期,国大党日益衰落而其他政党又无力取而代之,致使联邦政府更迭愈加频繁,严重地影响国家的政治稳定和社会经济发展。

在国大党走向衰落的同时,具有民族主义和印度教教派色彩的印度人民党逐渐崛起。印度人民党正式建于1980年,但其前身印度人民同盟则是1951年建立的老党。新、老两党都是著名的印度教民族主义的右翼政党,组织严密,干部训练有素,还有工、青、妇等外围组织。新党相比老党,政策较为温和。

印度人民党利用印度出现的强大的印度教复兴思潮，提出了自己的意识形态和政策主张。在政治方面,该党批评国大党压制民主和政治腐败,提出了“政治应以价值为基础”的主张。“价值在这里具有很强的宗教色彩,意味着只有印度教的价值才是医治印度政治弊病的灵丹妙药。”[15]在经济方面,印度人民党批评国大党发展战略威胁了印度文化的生存,主张用圣雄甘地的社会主义和经济民族主义取代尼赫鲁式的社会主义。在文化价值观念方面,该党主张靠印度教文化的复兴实现国家的强盛和民族的振兴。这些主张显然迎合了印度当前的社会思潮,为该党在政治上崛起奠定了基础。

(三)地区政党力量的增强

印度的地区政党一般都是代表某一邦的地区利益或者是某一特殊种族、宗教或种姓集团的利益,因此在地方上有着深厚的社会基础。在某些邦,如泰米尔纳杜邦、印控克什米尔和西北部地区的所有邦,全国性政党的力量基本上没有什么影响。一些所谓的全国性政党,如大众党、人民党、平等党、印共和印共(马)实际上也只具有地区特征。20 世纪 80 年代以来,越来越多的地区政党的实力和影响不断增强,有的在本邦建立了政权,有的成了邦内最大的在野党。

地区政党势力的上升大大削弱了全国性政党的势力。由于地区政党在人民院获得的席位越来越多,全国性政党只有在地区政党的支持下才能上台执政。中央政府的命运在很大程度上取决于地区政党对它的支持与否。这种情况大大增加和增强了中央政府对地区政党的依赖性和小党为了地区的利益向中央政府讨价还价的能力。印度政治权力地区化和分散化的趋势不仅导致中央对各邦控制能力的削弱,而且使国家的一部分权力从中央向地区转移。目前,在一些重大的国家政策方面,甚至在对外政策方面,邦政府有了越来越多的发言权。

三、联邦制的发展

(一)印度联邦制的确立和特点

在印度漫长的历史中,很长时期都处于外族入侵和列国纷争的分裂局面,几乎从未实现过国家的完全统一。英国殖民者声称统一了印度,但在约 2/5 的领土上仍有数百个大大小小的土邦以独立或半独立的形式林立于次大陆。长期的王国林立和地区政治势力割据不仅使印度人形成了根深蒂固的地区意识、种族意识和语言意识,而且也使印度的政治文化具有很大的多元性和分散性。

独立后,印度建立的联邦制具有强烈的中央化倾向,许多学者认为印度的联邦制实际是“集权主义的联邦制”。[16]印度联邦制的这一特点和它独特的历史和宪法特征相联系。首先,正如许多学者指出的,印度的联邦制是为了适应印度民族、语言、宗教多样性而设立的。[17]印度的联邦制实际是给各地以适当的自治权来换取国家的统一。要将各分散因素统一整合到一个国家中,必须靠联邦制来涵容,但为保持国家的凝聚力,更有必要建立以中央政府为主导的集权化权威。其次,独立以来的长时间里,印度从中央到地方都被一个政党——国大党所控制,因此,无论印度联邦制名义上怎样分权,印度的一党独大都强化了中央集权。第三,印度宪法赋予了一个强大的中央政府,这也是实行混合经济和计划手段,使各邦执行“社会主义类型”社会发展目标的战略需要。中央计划委员会认为这种联邦制“使印度中央政府有可能在不同层次的政府内,集中所有可利用的资源,通过合作的方式和渠道达到为人民谋福利的目的。[18]印度所确立的带有强烈集权化倾向的联邦制,再配以计划经济的宏观控制,中央权力远远超过了一般的联邦制国家。

(二)集权化联邦制下的分权化改革

1.传统体制下联邦制对地方经济发展的影响

独立后的印度实行混合经济模式和计划手段。虽然经济计划的实施由中央和地方政府负责,但在计划的编制上,起主导作用的是国家计划委员会,中央的计划制订过程几乎没有地方的参与。中央政府对邦政府发布强制性的指令计划,而不顾各邦情况的差异,这造成了两者矛盾的发展。在计划经济中,公营企业由中央政府选址,提供资金,实行管理,其所在地将会对邦经济发展起促进作用,所以引起各邦对公营企业的争夺,中央政府往往将其与政治因素挂钩,在选择上有所偏重,造成地方对中央经济上的依赖。对私营企业,中央政府通过许可证制度对各邦私营企业的发展实行严格的控制,规定了烦琐的审批手续,阻碍了地方经济的发展。

中央政府设立的补助金制度,其分配存在多个渠道。由于对发展计划的强调,计划委员会成为对邦财政资金进行分配的主要部门, 同时中央各部门对地方相对应的部门通过特定项目也给予一定的补助金等。这种由中央到邦政府的财政分配和转移,标准不一,时而以人口多数为依据,时而以经济发展程度或人均收入为依据,使有些邦受益较多,而有些邦分配很少,导致了各邦间财政横向的不平衡,同时也造成了地方对中央的片面依赖。中央政府长期以来所执行的财政分配方案以及经济发展政策加强了自己的经济地位,而邦政府却因缺乏自主性、经济停滞不前,财政赤字不断扩大,对中央的依赖越来越强,各邦的收入差距也不断拉大。

2.分权化改革

1991 年开始的自由化改革,一个重要方面就是中央权力的分散化,向地方分权。[19]自由化改革后,管制放松与结构调整使中央政府财政收入大幅度下降,进而引起投资率急剧下降。与此同时,由于改革中的利益补偿需要,预算支出有增无减。面对这一难题,为使改革成本最小化,中央政府选择由地方政府作为一个层次的经济管理主体,承受一部分财政压力,将其财政压力分散化,并通过调动各级地方政府财政收入的积极性,保证全国财政收入的增长。更为重要的是,如果地方各级政府直接操作改革事宜和发展地方经济,增强地方对各项改革措施的承受能力,将有力地支撑经济体制改革。[20]

印度分权化改革具体表现在以下几个方面:在立法上,宪法第四十四条修正案修改了以前某些加强中央化的立法。但总体的改变不大,中央依然掌握大量的立法权。在行政权方面,通过了第 73 号和 74 号修正案,使宪法承认了潘查亚特一级地方政府。同时修正案也提出了一份需要邦宪法包括进去的地方职责清单, 并成立邦一级的财政委员会来监管邦和地方政府之间的财政关系。备受诟病的总统治理权也受到限制,到 1998 年中央对地方的总统治理全部解除。在经济发展权方面,改革后,计划委员会的地位明显下降,中央政府基本上把经济发展权交给了各邦,允许各邦自由筹集资金发展当地经济。在财政分配方面,也向落后邦倾斜,鼓励向落后地区投资。经过改革,虽然中央仍掌握着国家的财政税收控制权,但中央与地方关于经济财政问题的争执减少了。

(三)印度自由化改革对联邦制度的影响

为了减少中央政府的财政赤字,1992 年以来印度中央政府进行了减少中央税收和向地方转移关键性税源的改革,财政委员会批准了将近3/4的中央税收转移到各邦政府。瓦杰帕伊曾谈到对邦政府财政补贴的害处,他认为对基层财政的无目的的补贴,无效率的支持和贷款的滥用,导致了一些邦的所谓的“恶性竞争的大众主义”。为改变这种情况,国家发展委员会提议每个邦政府规划各自的改革计划。另一方面,计划委员会建议批准一系列中央政府的财政转移,要与有目的的邦政府项目支出计划联系起来。由于此项改革面临的巨大的阻力,中央政府对邦政府计划的补贴,经过一段时间的减少,又逐渐增长。而对直属邦的补贴基本维持不变。因此印度渐进的市场经济改革并没有很显著地改变中央政府和邦政府的财政关系。但随着1990年以来允许外资的流入,推动了一些邦政府以外国投资替代中央补贴的财政资源,中央政府逐渐扮演一个促进邦政府财政稳定的角色,而作为邦政府主要财政来源的重要性在逐渐减少。

由于经济改革带来的国际投资和资本在印度的引入和流动,各级政府纷纷采取措施,如优惠税收政策、提高政府服务质量,以及对相关促进经济发展的投资进行补贴等以吸引投资,使一些邦政府的发展战略和经济结构发生了变化。这些发展政策的调整和变化,加剧了各邦政府间的竞争,这种竞争主要集中于对外国直接投资、侨民投资和邦工业优惠政策的竞争。[21]

总之,经济自由化改革加强了各邦和地区间的竞争,特别是在一些收入中等以上的邦,竞争优势日益显现。政党的重组和政治稳定也是某些邦吸引外资的关键因素。那些两党制发展较完备的邦比那些具有不稳定的多党制的邦对外资更有吸引力。

第四节　印度行政制度改革与印度经济崛起

一、印度经济的崛起

印度从20世纪50年代独立到70年代末的近30年,平均经济增长率只有3.5%。但是经过20世纪90年代的经济自由化改革以后,其经济实现了高速增长。印度团结进步联盟政府执政以来,印度经济创年均增长8.6%的优异记录。其中,2006—2007年度增长9.2%。

印度经济高速增长的原因是多方面的,坚持经济改革和对外开放是推动印度经济高速增长的主要原因。这个成就应归功于曼莫汉·辛格总理在1991年担任国大党财政部长以后历届政府坚持改革开放的政策。综合有关学者的研究,印度经济高速增长的主要原因如下:

第一,民主体制使印度经济的改革和增长扎实、持久。印度1991年开始的以市场化和全球化为目标的改革,是在经济长期不振的压力和世界经济一体化的推动下展开的。在民主体制下,印度的任何改革措施都在赞成、建议、批评、反对等各种声音中出台并推行。在这些不同立场观点的作用和牵制下,一方面,合理的、可行的改革得以顺畅贯彻,如私有部门的开放、贸易自由化等;另一方面,难度大的、敏感的改革逐步谨慎地展开,如公营企业的私有化、补贴政策、劳工法等,从而使改革稳步、扎实、持久,避免了改革大起大落或社会动荡等负面情况的发生。

第二,市场化程度加大,减少对公营企业的干预,放松对私营企业的管制。改革前,印度经济被称为"半管制经济",市场化程度不高。20 世纪 90 年代以来,市场化程度加大,政府逐渐退出或淡出经济领域,私营经济得到充分发展。金融、银行、资本市场等领域已向私营部门和外资开放,并且都以国际通行标准和市场原则运作。商业银行不良贷款的比例在 10%~20%之间,坏账在"可控制范围之内"。资本市场繁荣而规范,以美元计,2003 年股市增长 73%,这个业绩在世界名列第五。印度上市公司的管治得 6.6 分,而中国仅 4.3 分。

第三,大力发展服务业,为经济稳定增长提供了持续的动力。长期以来,印度比较重视服务业的发展,具有较好的服务业基础。20 世纪 80 年代后期,拉·甘地政府抓住机遇,放松对软件产业发展的限制,积极鼓励软件产业发展,支持软件服务出口,使印度软件服务出口获得重大发展。目前,印度软件服务年出口额超过 200 亿美元,使印度成为世界重要的软件开发中心。近年来,印度抓住西方国家公司向国外转移各类服务的机遇,大力发展外包服务,有效地促进了印度外包服务业的发展。目前,印度外包服务年收入额接近 200 亿美元,使印度成为世界接受外包服务的重要国家。印度也因软件出口和外包服务成为"世界办公室"。2005—2006 年度,服务业在印度国内生产总值中的比例已经超过一半,达到 54%。

第四,大力发展对外贸易,积极吸引外资。印度曾非常强调自力更生发展经济,长期实行进口替代发展战略,严格限制商品进口,在一定时期内还限制商品出口,对外国投资实行严格限制政策,从而导致印度对外贸易长期发展缓慢。进行经济改革后,印度政府大幅度降低商品进口关税,平均关税率从 20 世纪 90 年代初期超过 100%下降到目前的 20%以下。同时,印度政府还逐渐取消阻碍商品进口的非关税壁垒,到 21 世纪初期印度彻底取消了商品进口数量限制,从而进一步开放了商品市场。同时,印度支持出口生产,鼓励出口贸易,加强出口加工区建设,大力兴办经济特区,促进对外贸易快速增长。自 20 世纪 90 年代以来,印度对外贸易年增长率都超过 10%。

第五,努力学习中国的成功经验。近几年,印度从企业到政府,反复强调要好好向中国学习,主要表现在吸收外国直接投资、发展经济特区以及加强制造业等方面。2000 年,政府对外国直接投资实施"自动批准路线",全面开放投资领域,允许更多的领域外资可以达到 100%。全球性的经营咨询公司 AT Kearney 公布的研究报告说,印度现在已经是外国直接投资最好的地方之一,仅次于中国和美国。从 2000 年开始,印度大力建立旨在发展出口加工业的经济特区。在制造业方面,学习中国,树立将制造业产品推向国际市场的意识。印度自信有良好的工业基础,有大量高素质的工程技术人员和熟练的工人,劳动力便宜,各种成本低廉,在低技术的制造业方面有潜力赶上中国。

二、印度经济发展与议会民主制度

印度经济体制改革是在议会民主制这一制度环境下进行的,它决定了改革的进程。经济改革政策的制定和实施过程中政治因素的影响无所不在，印度政府在推行改革的过程中,不得不考虑印度议会民主制的政治特性。

一方面,议会民主制使改革进程缓慢甚至停滞。这突出体现在选举政治对经济体制改革的影响。相关理论研究认为,由于议会民主制度的选举周期,往往导致政府的短期行为,因此议会民主制将会影响长期政策的制定和执行。大选中任何不受民众欢迎的改革措施的颁布都无异于政治自杀。1993 年 10 月乌拉圭回合谈判时,正是 11 月 4 个印地语中心邦以及德里和米佐重新进行选举的前夕,拉奥政府暂停了改革措施的推进。

长期以来,印度行政体制对经济生活的"干涉主义"使官僚变成了一个庞大的既得利益集团,自由化框架下的改革影响了他们的权力、特权和保护人的身份。因此要使他们从"老板"身份急速转变必然遭遇许多障碍,许多私有化和撤资建议的延迟,就是因为他们还远未适应由官僚的身份变为谈判者和行动者的身份。高达总理在议会中承认,即使内阁做出的某些决定,有时也被官僚推翻或不被执行。有很多投资也因这种行政障碍而撤销。各种利益集团的干预也往往导致改革议程偏离预定的轨道。政治家们缺少动力对亏损巨大的公共企业私有化,因为他们害怕会丢失这些组织部门的大批选票。他们对取消电力、化肥和用水补贴迟疑不决,因为考虑到穷人大众手中握有的选票。他们不削减对私营企业设置各种障碍的监察员,因为他们也不想疏远政府公务员这个庞大的选票箱。地方和村社中的种姓保守派、尼赫鲁社会主义力量的左派和新生的市场和全球化资本主义力量等,在民主框架下这些力量的协调,将带来成千上万的讨价还价。因此,印度的民主制度使经济改革的进程必然十分缓慢。

另一方面,议会民主制对推行经济体制改革也有有利的一面。民主体制可以从内部机制上纠正改革的过失,避免过分快速的改革步伐所造成的痛苦,从而保证了经济迅速转变期的社会稳定和将冲突维持在较低的层次上。在印度,立法必须通过联邦院和人民院的同意,联邦院是由邦立法会议成员选举组成,所以,要修改一项很有争议的法案是非常困难的,政府每推出一项改革措施往往要费很大的周折,需要多次提出和讨论。所以,国际货币基金组织多次抱怨印度结构调整的步伐缓慢。但实践证明,与拉美或其他一直在实施结构调整的发展中国家相比,印度的改革计划完成得比较平稳,公众的痛苦是最少的。

三、印度经济发展与政党政治

随着国大党一党统治的体制被打破,国大党的绝对优势不再,人民院诸党相争,力量分散。这使得不再拥有议会半数以上席位的执政党在决策上受到了很大的制约,不能随意自作主张。虽然多党竞争和制衡的政党政治,极大地改变了以前一党执政的僵化的政治格局,有利于避免一党执政可能带来独裁与专制的弊端,但由于联合政府是多个政党组成,在政策上必须协调各个成员的不同主张,其施政方针及政策都必须听取不同意见,争取其他政党的理解和支持。因而,1991 年以少数派政党执政开始的改革,在许多方面都受到牵制。虽然 1991 年的经济危机引发了印度各党对于 20 世纪 80 年代发展战略的争论和反思,并通过 1991 年各个政党的竞选宣言,表达了经济改革的愿望,但对改革中的具体政策,各党缺乏共识,从而使一些与经济改革有关的议案很难在议会通过。"没有谁能肯定什么是共识和如何能在巨大的利益差别、破裂的司法和法律下产生出共识。"[22]印度人民党、国大党和印度共产党(马)等各大政党对经济改革各有主张,印度的经济改革受到了各种政治经济利益集团的制约,这种制约使共识难以达成,也必然使经济改革经历一个相对缓慢的过程。

其次,政府任期不确定,政党和政治领导人所想的只能是任期内的发展,短视行为随之出现。因此,中国学者孙士海先生在比较中国和印度的经济改革时指出:"印度经济改革的主要弱点是缺乏有力、稳定的中央政府,印度的政治领袖们一直没能克服他们党派利益的局限性。"[23]

当然,各政党之间的牵制和联合政府的决策平衡,也使已经实施的改革进程保持延续性,促进了经济改革的持续进行。拉奥少数派政府执政时期,印度人民党鉴于当时选民已经厌烦了在一年半里举行两次大选,决定暂时非正式地支持国大党,但不参政,其他各反对党都表示,鉴于印度目前面临的严重政治经济问题,他们都不会为难政府。拉奥政府抓住时机,向全印推行自由化经济改革,掀开了印度经济发展新的一页。

四、印度经济发展与竞争型联邦制

印度联邦制和地方政府间竞争的效果是混合的, 对印度的经济改革和经济发展既有积极作用也有消极影响。

第一,印度由"集权化联邦"向"竞争型联邦"的转变促进了改革的平稳进行。虽然联邦制使印度中央政府的很多改革措施在地方得不到迅速的贯彻实施, 有时甚至使某些改革措施变形扭曲,使联邦政府的良好愿望在基层落空。但另一方面,合作竞争型联邦制也对印度经济改革起了积极作用。

第二,分权化改革和竞争型联邦制缓和了原来紧张的中央与地方关系,使中央与地方关系的矛盾下移。分权化改革后,联邦政府解除了对邦政府经济发展权的控制,消除了他们对联邦政府不满的一个重要原因,同时也满足了地方性政党的权力和利益需求。当然,经济改革可以使社会政治中上层的矛盾得到缓解, 但困扰印度几千年的社会下层问题一时很难得到缓解。印度社会中的一些主要矛盾只不过由联邦政府与邦政府的矛盾转为邦内地区与次地区之间的矛盾。

第三,竞争型联邦制加剧了地方发展的竞争,促进了经济的发展和市场化经济制度的确立。地方政府在市场经济竞争的压力下,必将发挥出空前的组织和管理地方经济的积极性和主动性,充分挖掘和利用本地区的发展潜力与优势,形成各具特色的发展道路和各具特色的自主发展格局。地方政府之间的竞争,带来了更多的市场关系及市场意识,客观上也就成为促进市场经济发展的一个重要环节。各地方政治精英、普通民众关注的焦点均转移到经济发展上,致富的观念、积极竞争与合作的商业文化氛围深入人心。各邦政府在自主发展过程中,借助于全国性的改革所带来的推动力,加快了本地区的改革开放步伐。

印度政府的自由化改革和市场的运转也促进了各邦、各地区之间的经济联系和相互依赖,这将促使他们相互合作,使联邦制中的地方关系日益融洽。但分权化和邦际竞争也有许多弊端。首先,邦际竞争带来的一个消极后果是中央政府安排的发展政策在各邦执行的不一致，造成了中央政府的发展目标和大多数邦各自的发展政策的冲突。分权化改革削弱了中央财政，造成中央政府失去宏观调控所必需的财力，因而弱化了调节地区间发展的能力。虽然改革没有完全改变印度中央政府与邦政府的财政关系，但一些邦政府已经成功地靠外资的引入等来补充它们的财政，在一些邦，国外直接投资逐渐取代了公共投资和国内私人投资。其次，地方竞争强化了地方保护主义的倾向，干扰了市场的正常发育，在一定程度上阻碍了全国统一市场的形成。第三，地区间竞争的加剧将会进一步拉大地方经济差距。除了经济因素外，非正规的分权化还必然带来中央与地方及各地之间的众多纠纷，产生或助长地方对中央的离心力倾向和地方间相互封闭倾向。一旦地方政府各行其是，并互相产生摩擦，就会引起政体的不稳定。

【参考文献】

[1]林承节.独立后的印度史[M].北京:北京大学出版社,2005.

[2]培伦.印度通史[M].黑龙江:黑龙江人民出版社,1990.

[3][印]罗梅什·杜德.英属印度经济史——早期英国统治下的印度经济史[M].上海:上海三联书店,1956.

[4][印]罗梅什·杜德.英属印度经济史——维多利亚时代的印度经济史[M].上海:上海三联书店,1956.

[5]林泉.英国殖民主义在印度的两重使命[J].延安大学学报:社会科学版,1995(1):58-63.

[6][9]Deepak Nayyar. Economic Development and Political Democracy: Interaction of Economic and Politics in Independent India [J]. Economic and Political Weekly,1998,33(49):21-31.

[7]高鲲,张敏秋.南亚政治经济发展研究[M].北京:北京大学出版社,1995.

[8][印]阿马蒂亚·森.以自由看待发展[M].北京:中国人民大学出版社,2002.

[10][美]罗伯特·达尔.论民主[M].北京:商务印书馆,1999.

[11]Drew, Jean, Sen, Amartya. India Development and Participation[M]. Oxford: Oxford University Press, 2002.

[12]Khanna S K. Crisis of Indian Democracy[J]. Commonwealth Publishers, 1998:75.

[13][14][美]斯坦利·A.科查内克.印度国大党一党民主制的动力[M].上海:上海人民出版社,1997.

[15]Shaila Seshia. Divide and Rule in Indian Party Politics [J]. Asian Survey,1998(11):1036.

[16]Bonita Aleaz. Struggles Of Indian Federalism[M]. Caloutta: Punthi-Pustak, 1997.

[17]Sabur A K. Challenges of Governance: Fundamentals Under Threat[J]. Bangladesh Institution of International and Strategic Studies,1995:18-26.

[18]Government of India, Planning Commission, Ninth Five Year Plan, 1997-2002.

New Delhi: Planning Commission,1997:6.

[19][美]詹姆斯·布坎南.经济自由与联邦主义//刘军宁.经济民主与经济自由[M].上海:上海三联书店,1997.

[20]周振华.体制变革与经济增长——中国经验与范式分析[M].上海:上海人民出版社,1999.

[21][美]A.斯纳克.经济改革的政治共识:可能吗?[J].经济政治周刊,1999:1562.

[22]孙士海.中国与印度的经济改革比较[J].南亚研究,1998(1):8-14.

[23]林承节.印度现代化的发展道路[M].北京:北京大学出版社,2001.

专题分析

龙象之争:中印改革的路径选择、发展优势与前景

目前世界上频出风头的金砖国家(金砖五国)包括巴西、俄罗斯、印度、中国和南非,是在金砖四国的基础上演化而来的。金砖四国的英文为“BRIC”,是由巴西(Brazil)、俄罗斯(Russia)、印度(India)和中国(China)四国的英文名称首字母缩写而成,由于“BRIC”发音与砖块(brick)相似,故称为“金砖四国”。南非(South Africa)于2010年12月正式获邀加入“金砖国家”合作机制,“金砖国家”由四国变成五国,其英文表述变为“BRICS”。十年前,由高盛公司的吉姆·奥尼尔创造的这一概念如今风靡全球,成为新兴经济体的代名词。2008年,金砖之国以群体崛起的姿态,改变了两百年来世界经济主要依靠发达经济体驱动的历史。而中国和印度作为世界上人口最多的两个经济体,其经济发展受到广泛关注,两个国家所拥有的相似禀赋让许多人对中印充满兴趣。

表1　金砖五国(BRICS)基本情况

国家	人口数(万)	国土面积(万平方千米)	2011 年 GDP(亿美元)	GDP 世界排名	人均 GDP(美元)
巴西	19325	854.7	24929.08	6	12789
俄罗斯	14037	1707.5	18504.01	9	12993
印度	121594	328.8	16761.43	11	1389
中国	134141	960.1	72981.47	2	5414
南非	4991	122.1	4080.74	29	8066

GDP及人均GDP数据来源:IMF数据库(2012年4月17日公布)

印度是一个有活力的发展中大国,印度经济的飞速发展开始让人们越来越多地把中国和印度这两个世界上最大的发展中国家放在一起来研究。两国不仅仅是传统的邻国和潜在的对手,而且还都是人口大国,也是“金砖五国”中最耀眼的两个国家。最关键的是,两国的快速发展都来自于一场改革之后,但却有着不同的政府体系和经济制度,因而也出现了中国和印度两种截然不同的发展模式。[1]中国和印度的发展路径,是继日本和亚洲四小龙之后,学术界研究的一个新热点,并成为诸多经济论坛的中心议题。[2]

一、中印改革的共同点与不同路径

(一)改革的共同点

同为发展中大国,中国和印度的改革与经济发展有很多共同点,其中最重要的有两点:

1.中印两国都推行渐进性的市场化改革,使微观层面的活力和竞争力显著增强。改革开放以来,中国首次肯定了私营经济和市场化改革的地位和重要性,在法律和制度上保障私营经济和市场经济的发展。相对而言,印度的私有化进程走得更快也更彻底,更多表现为政府逐步退出市场,"还市于民",包括取消许可证制、外商投资限制和部分国有企业的私有化,在金融安排上为私有企业提供各种便利和优惠。

2.中印两国同属人口大国,享受到巨大的"人口红利",虽然结果有所不同:丰富的廉价劳动力,在中国更多转向劳动密集型制造业,促进了制造业(特别是加工型制造业)的快速发展;而在印度,则相对更为明显地体现为外向型服务业的发展,并依靠服务业的发展推动本国经济的快速增长。

(二)中印发展道路的选择

对于中国和印度的发展模式,学界对此比较有共识,下面将以学者隋斌斌和张喜梅[3]的论述为主分析中国和印度的发展模式并结合陈琳[4]的观点来分析中印经济发展的优势因素。

中国:以经济增长为中心,兼顾政治和社会改革的发展道路。中国自1978年开始的改革是以经济优先策略开始的。改革开放30多年来,中国经济迅速增长,国际地位不断攀升,但同时也带来了新问题,那就是制度缺失以及社会公平问题逐步困扰着中国社会。中国政府逐步认识到仅仅靠经济发展并不能解决所有的社会和政治问题,必须在推进经济体制改革的同时深化政治体制改革和社会层面的制度变革。

印度:继承宗主国政治制度基础之上的经济自由化改革。独立后的印度在政治上继承了英国统治时期的自由主义法律和政治制度,给予普通大众选举权,实行议会制民主。从获得独立开始,印度就是为数不多的经由自由之路发展的非西方国家之一,其中对人的自由和参与的重视与对经济增长的重视等同。

在经济上,至1991年自由化之前,印度主要奉行的是"尼赫鲁式的社会主义"政策,走的是一条国家主导的计划经济路线。但是,这种选择并没有为印度人带来预期的福音。自1965年经济增速减缓后,印度计划经济的弊端开始明显显现,20世纪70年代初,印度经济更陷入了停滞状态。但印度全面的经济自由化改革却在争论中至1991年才得以实行,比中国晚了整整14年。

二、中印两国国家发展的优势分析

两国对各自国家发展模式的自信主要来自于两国在发展中所显现出来的成绩,另一部分则来自于外界对两国发展越来越多的关注和肯定。

(一)中国发展模式的优势

1.东亚模式的先验性

对于中国来说,与中国道路相似的模本——东亚模式的成功先例已经向世人证明这个道路是有效和可行的。新加坡、韩国等国家都成功地在政治和社会尚未充分转型的条件下,抓住了经济发展的契机,实现了经济的腾飞和国家的成长。这些国家在发展的关键时期走的都是一条政府主导的统合式发展道路。政治和社会层面的改革也是在经济起飞的过程中由政府主导推动的。作为儒家文化中心的中国,更有理由适应这种发展模式。

2.短时间内,经济增长奇迹的创造以及由此带来的社会效益

中国改革30多年来经济持续的高速增长无疑是中国自信于自己发展道路的一个重要砝码。1978年至2006年的28年间,中国国内生产总值年均增长9.67%,远高于同期世界经济3.3%左右的年均增长速度。另据统计,即使在国际金融危机初步袭来的2007年和国际金融危机全球化的2008年,中国的国内生产总值的增长也分别达到了11.4%和9.0%。而且,最重要的是,这种经济的快速发展的确为中国解决了许多问题。最显见的影响就是中国普通民众在改革后物质生活条件得到很大的改善。据统计,从1978年至2008年,中国城镇居民人均可支配收入由343元提高到15781元,农民人均纯收入由134元提高到4761元。与此同时,中国人的受教育程度、平均寿命等都有普遍的提高。

3.循序渐进式改革的有效性和稳定性

中国渐进式的改革能够在不触动基本权力平衡的前提下对各种社会问题进行容纳和消化。渐进式的改革是以现有体制中薄弱的环节作为切入点,从局部到整体,以一种试错的方式和逐步过渡的策略推动改革的前行。这种改革的显著特点之一是以一种短期的、收益较快的、务实的制度变迁来换取社会大多数人对改革的支持,将改革带来的潜在危险控制在改革的收益之下,从而使改革得到社会大部分人的支持。渐进式改革的另一优势则在于改革节奏的易掌控性和稳定性。在渐进改革的过程中,政府可以比较容易地控制各种社会问题和矛盾,可以及时地总结经验、教训,调整政策,从而保证改革的进行。

4.发展模式和传统文化的契合

作为儒家文化的中心,中国在发展道路的选择上不可避免带有传统哲学的痕迹。中国的传统哲学更着重强调人格化力量在社会发展中的作用。在这其中,权威的力量受到重视,同时人与人之间的关系对经济和社会发展也具有相当的重要性。从现实的角度看,尽管受过现代教育的中国人可能会趋向于民主、自由的制度选择,但是,在实际的社会生活中,儒家传统的伦理哲学仍旧会占据着重要的地位。因此,在文化的角度,中国这种重视权威和精英的发展模式是符合中国历史和政治文化现实的。

陈琳则从以下几个方面总结了中国的相对优势。

1.中国拥有更为发达的基础设施

华民认为:从投资环境看,中国有比印度更好的基础设施。因此,中国要比印度更适合发展制造业。李明宗在比较中印两国在软硬件方面的不同优势时,总结道:在交通设施、电力投资、房地产投资和通讯设施等方面,中国都具有明显优势。

2.中国成功的基础教育,为制造业的发展培养了一大批合格的产业工人

华民认为:中国劳动力的总体素质要高于印度,因此更加有利于制造业的发展。摩根斯坦利(Morgan Stanley)的一份报告指出:中国在基本教育和培养基本技能方面,远远走在印度的前头。

3.迅猛增长的外商直接投资

20世纪90年代以来,不断增长的外商直接投资(FDI)无疑对中国经济的快速腾飞作出了积极贡献:不仅缓解了当时国内资本存量的相对不足,而且带来了先进的技术和管理经验。方晋在理论和实证上都证明了:FDI对促进发展中国家经济发展起到积极作用,而在这方面中国要远远优于印度。但是印度在FDI政策上,更看重投资的质量,因此其吸引的外商直接投资主要流向基础设施产业、高技术产业与现代服务业,与中国吸引的FDI主要流向制造业,特别是劳动密集型制造业,存在较大差别。

4.政府效率方面的优势

从政府效率上来看,中国政府(至少在目前看来)无论在行政效率上,还是在政府廉洁度上,都要优于印度;在经济发展的进程中,也体现出更为明显的政府主导特征。相比于印度增长的"金融现象",中国的经济增长是得益于政治执行能力的提高,更像是一种"财政现象"。

(二)印度国家发展模式的优势

1.短时间内国家经济持续增长的实现

自1992年至2002年,印度经济平均增长率为5.9%,这种增长率在当时的新兴经济体中仅次于中国内地。2003年,印度经济增长率更是达到8.5%,而2005和2006两个财政年度,印度的GDP增幅都达到了9.0%。其中,印度的服务业、制造业、软件业都以惊人的速度在发展。在2006至2007财政年度,印度经济增长9.4%,是1991年经济改革以来发展最快的时期。2007至2008财政年度,印度经济增长依旧非常强劲,国内生产总值增长9.0%。

2.相对完善的制度基础

相对于中国的经济改革,印度在制度基础上占据了一定的优势。印度继承了英国统治时期的市场制度基础,使印度在经济市场化和全球化的过程中可以免去许多由于制度缺失而带来的问题。

3.不断进行的民主实践

第一,民主程序和民主制度提高了印度社会的利益沟通能力,从而保证了印度发展的持续性和稳定性。作为一个多种族、多阶层的国家,印度社会具有明显的冲突性特征。在民主的程序和制度之下,印度各种族、各阶层具备了一个政治参与平台。在这个平台之上,印度社会各种团体之间具有了妥协和协商的可能,印度社会和政府之间达成了一种制衡的关系。社会内部间的利益沟通以及社会和政府之间的制衡保证了改革的适应性和稳定性。

第二,民主选举的实践使印度政府的和平更迭、权力和平移交得以实现,也为印度经济的可持续发展提供了稳定的屏障。从印度的实践可以看到,尽管印度政府在国家经济转型期间更迭频繁,但是每一次权力的转移总体上都是和平进行的。

第三,通过代议制民主和持续性的选举,印度社会得以达成权力的平衡,印度社会不同的种族都有机会通过民主程序来推选自己的政治代言人。这对于平缓印度社会冲突、消解社会矛盾具有重要作用。

4.善于妥协的文化特性

印度文化具有明显的安贫乐道、淡于进取、善于妥协的“出世”精神。这种文化特性造就了印度人淡泊物质、追求精神境界的国民性格。从经济发展的角度,这种民族性格并不是一种刺激经济增长的有利因素。但是折射到印度目前的经济自由化改革上,这种国民性则有助于印度社会的和谐安定。

印度的优势更多体现在软环境上,主要包括:更为成熟的资本市场、更为完善的法律制度、竞争性的微观基础等,学界对此的看法比较统一。陈琳认为印度的优势主要体现在以下几个方面:

1.印度成熟的金融和资本市场

印度经济的增长主要是依赖印度人自己的智力资源和金融资源,而不需要像传统制造业那样从国外引进技术、设备和产品。尽管印度的金融市场和资本市场也存在某些缺陷,但在本国私营企业的发展上确实提供了很多资金支持。李明宗在综合比较中印两国证券市场的发展状况和制度安排后,总结道:(印度的)资本市场在资源配置和产业提升方面,发挥了积极作用,而且透明性和效率更高。

2.更为活跃、更具国际竞争力的微观基础

尽管目前在宏观层面上,印度可能无法与中国相提并论,但在微观层面印度却要略胜一筹。印度政府在改革过程中,更为注重私人部门的发展和壮大,因此印度也拥有相对更多的私有世界级企业。印度发达、健康、活跃的私营企业是维系其经济活力的重要因素,这一点很值得中国学习。相比于中国国有经济的主导特征,印度经济在企业家精神的推动下,具有更多更具国际竞争力的私营企业。中印两国在公司治理方面的巨大差异,也影响到两国资本市场的运行和发展。

3.更为完善的司法制度,特别是注重对于知识产权的保护

相比于中国,印度尽管在1945年脱离英国统治,成为一个独立国家,但是尼赫鲁政府基本上都秉承了殖民地时期的英国式法律,法律体系更为完备,更为注重对私有产权和知识产权的保护,而且具备更好的与欧美国家法律体系的兼容性。李云霞将印度健全的法律制度作为印度相比于中国的三个优势之一(另外两个是强大的私营经济和快速发展的服务业)。

三、两国发展过程中所面临的问题和挑战

中印两国经济发展光环笼罩之下的,不仅仅是成就,同时也有各种隐患和问题。

(一)中国的问题

解决经济改革所带来的社会问题,构建和谐社会的挑战迫在眉睫。

1.社会公平问题有待进一步解决

中国的改革所要解决的核心问题之一就是效率和公平之间的和谐平衡。“效率优先,

兼顾公平”是中国改革的一个重要原则。从实践中看,改革开放30多年,中国发展的效率是有了很大的提高,但是社会公平问题却遇到了挑战。市场化在使一批人先富起来的同时,也潜在地剥夺了另一些人的权益。市场化必然伴随着产权的重新分配。在产权重新分配的过程中,原本政企一体的公有制和平均主义被打破,在这个变革的过程中,需要政府在社会保障制度、分配制度等方面对潜在的弱势群体的利益进行调和。因此,中国的改革需要在经济增长和社会公平之间进行新的权衡。

2.现有制度在为公民提供一个有效的政治参与渠道方面尚有不足

改革开放多年,与市场经济一起成长起来的还有中国的公民社会,中国公民逐步具有了参与意识和权利意识,但缺少一个国家与公民对话的良性机制和平台。在这种情况下,公民容易采用其他非制度化的政治参与渠道,这显然会对政治稳定和经济社会发展带来负面影响。

3.法治化和制度化的不完善对经济改革构成不利影响

法治化和制度化从根本上讲是相互依托的。法治的过程同时也是一种制度化的过程,它为制度化的实现提供了保障。而制度化的过程也必然伴随着法治的进行,它为法治的实行提供了基本机构框架。但是中国目前的法治建设和制度化建设都处在一个过渡的阶段。中国的改革目前还很难脱离对旧制度的“路径依赖”。如何突破现有的制度局限,进行新的变革显然是中国发展的另一大挑战。

4.权力监督和制衡制度不完善所导致的深层次社会问题也是中国发展的一大障碍

由于缺乏对权力的有效监督和制衡,使得腐败问题成为中国社会发展的另一个痼疾。

(二)印度的问题

解决经济自由化与民主政治的协调发展问题刻不容缓。

1.印度民主有“多数暴政”的倾向

相对于西方国家,印度是在尚未完成工业经济现代化的情况下实行大规模投票选举的。在这种情况下,印度民主具有了鲜明的“穷人民主”的特点。即使在经济开放的今天,印度平民的投票率也大大超过其社会的中上阶层。印度民主实践的主要参与人群是处于社会中下阶层的平民,本应担当起民主发展重任的中产阶层却由于文化、传统等因素而产生政治冷漠。而底层的普通民众,由于其所处的社会阶层和教育背景使然,在对待经济自由化和市场化的态度上容易趋向于保守。这样,印度的民主在某种程度上反而成为经济自由化的一块绊脚石。在这一点上,印度政府既不能放弃经济自由化的步伐,也不能忽视改革中的民主化因素:对大批选票持有者平民大众利益的考虑。对以上两者之间关系的衡量和把握显然是对印度未来发展的一大挑战。

2.印度民主有沦为政党斗争和投机工具的危险

这是由印度民主制度设计所造成的。印度选举采用的是比例投票制。这种投票方式尽管照顾到了印度多党制的政治现实,但同时也带来了政党竞争的恶果。在这种制度下,政党的利益并不取决于社会大多数选民的选择,而是和某一特定阶层的选民相联系。而另一个方面,印度的民主之所以会受到底层平民的欢迎,其关键的因素之一在于,底层民众注意到了民主在实现其个人利益上的工具性意义。而且印度民主的制度设计也使得民众有可能在一个较短的时间内获得政治参与的收益。这一点是保证印度民主尤其是选举得以持续和稳步进行的关键所在。但问题是,如果民主只被当做一种工具的话,那么它最终的结果很可能是充斥着政治投机行为的无序混乱。因此,从某种意义上讲,印度现有的民主制度不仅使印度社会面临着新的阶层分化的威胁,也使印度民主更易沦为政党和少数投机分子牟取私益的工具。

四、印度发展的独特之处

英国《金融时报》的记者爱德华·卢斯在其著作《不顾诸神:现代印度的崛起和发现》中从以下几点论述了印度的奇怪崛起。[5]印度的崛起是奇怪的,或不同寻常的。它正在崛起为世界舞台上一支重要的经济和政治力量,印度社会却仍然笃信宗教,崇尚精神性,在某些方面甚至充满迷信色彩。按照许多国家的标准判断,这的确与众不同。同样,在众多大国中,印度尚未拥有相当规模的中产阶级或大量有文化的选民,就已完全实行民主化,无论过去还是现在这都独一无二。

印度经济未经历大规模的工业革命却发展迅速,这是又一个与众不同之处。印度的大量劳动力仍然生活在农村。印度经济引擎的主要动力在于有较强竞争性的服务行业,而非来源于众多工厂、制造业或者劳动力密集行业。印度的服务行业在经济中占据重要地位,使它与一些拥有更发达、成熟的经济体的国家,如美国、英国等,有了更多相同点。

印度崛起的独具一格还在于它不稳定的、有时甚至是粗糙的政治体系。印度的某些联合政府由24个政党组成,这在民主政体中绝无仅有。可以预见,分散且不连贯的政府将是印度的一大特色。于是, 由此产生的腐败和行政上的犬儒主义将减缓印度的发展进程——在某种程度上确实如此。在情形极其类似的意大利,那里流传着一则笑话:“经济在晚上增长,而那时政府正在睡觉。”不过在过去的20年中,印度的经济增长率仅次于中国。

最后,印度崛起的与众不同之处还在于,一些国家明确期望它崛起,并且在某种程度上为它推波助澜。面对中国日益提升和壮大的军事力量,世界上许多国家心存忧虑,无论这种担心是否必要,并且它们认为,在国土面积以及思维模式上,只有印度能与喜马拉雅山脉另一侧的中国旗鼓相当,可以牵制这个庞大且不断发展的邻国。对于这种既定的角色,印度时常感到愤怒。然而无论它喜欢与否,印度的确享受了这种关注,它作为中国潜在的平衡力量,是西方以及其他国家政策制定者考虑的重要因素。在地缘政治棋盘上,印度最为重要的一颗棋子或许就是其不断增长的核力量。

另有学者李钢和董敏杰[6]也对印度独特的竞争力结构进行了分析:

1.劳动力素质

在20世纪后半叶“东亚奇迹”的诸多影响因素中,初等教育被认为作用最大,中学入学率的提高以及教育性别差异的缩小也被认为十分重要。近年来,印度政府在教育方面投入力度不小,但这些投入主要用于高等教育,因此,印度的高等教育虽然比较先进,基础教育发展却相当落后。其结果是,只有极少部分精英或贵族才能受到良好的教育,不同阶层人群受教育程度的差距非常明显。例如,1999年,印度最富有的20%阶层平均受教育年限为10年,初等教育完成率为87%,儿童失学率为2%;而最贫困的20%阶层平均受教育年限仅为3年,初等教育完成率为31%,儿童失学率高达35%。另一方面,对女性的歧视使教育的性别差异也十分明显。2006年,印度男性的成人识字率为76.4%,比女性的53.4%高出20多个百分点。

与印度相比,中国劳动者受教育的程度更为平均,总体水平较高。在受教育机会方面,2007年,中国的初等、中等与高等教育入学率分别为99.5%、75.5%与21.6%,均高于印度的88.7%、54.0%与11.8%。在教育成果方面,2005年中国的男性、女性青年识字率均有99%,男性、女性成人识字率分别为95%与87%;而印度的男性、女性青年识字率只有84%与68%,男性、女性成人识字率只有73%与48%,远低于中国。另一方面,印度的教育质量、管理学院质量与在职培训要强于中国,再加上上层社会普遍使用英语,印度的高素质劳动力要优于中国。由于制造业需要的是比较匀质的劳动力,而服务业既可以吸收素质较低的劳动力,又可以吸收素质较高的劳动力,因此形成了中国以制造业为主、印度以服务业为主的出口结构。

2.基础设施

在过去的20多年,中国的基础设施迅速改善,印度则没有大的变化。2005年,中国人均用电量为1781千瓦时,印度为480千瓦时,约为中国的1/4。2007年,中国每百人固定电话与移动电话拥有数为69部,印度为24部,相当于中国的1/3;中国每周运输里程达到72.2亿千米,印度仅为27.2亿千米,相当于中国的1/3。

基础设施的差异有助于解释中印两国在制造业竞争力方面的差异。一方面,良好的基础设施有助于中国吸引国外投资,这些投资主要集中于制造业,促进了中国制造业的发展。另一方面,通过降低国内制成品价格,基础设施的改善能起到促进出口、替代进口的作用。研究表明,中国各地区基础设施的基本建设投资与该地区制造业的出口和进口呈现显著的相关性。与中国形成鲜明对比的是,印度落后的基础设施建设已经成为制约其工业发展的主要因素。根据日本学者对在印日资企业的调查,基础设施落后是它们面临的最大问题。相对于制造业,服务业对基础设施的要求较低,因此,选择服务业能使印度绕开基础设施落后这一劣势,实现发展经济的目的。

3.政府作用

20世纪60年代和70年代早期,在缺乏市场机制和私有财产权的情况下,中国政府的行政分权尝试深深地动摇了中国的中央计划机制,为1978年后所进行的地方分权和其他以市场为导向的改革举措扫清了障碍。而印度则形成了一个社会经济体系的"印度均衡",在很长的时期内几乎没有发生变化,这产生了一个相对稳定的特权阶层,为经济改革设置了许多障碍。事实上,与中国相比,印度的经济改革在较大程度上是由外在压力推动的,被认为具有更强的"选择性"。[7]

许多发展中国家都面临着制度不完善的问题。在制度不完善的情况下,政府参与经济活动可能是一种"次优选择",更有利于经济的发展。对中国的实证研究发现,在产权不安全、资本市场不完善、税收制度不健全的环境下,政府对公司治理结构的控制要比私人控制更为有效。同时,有效的集中决策有利于组织更好地应对迅速变化的外部环境,重视制造业的发展战略使中国把握住了国际产业转移的有利机遇,实现了制造业的迅速发展,政府制定的政策也被认为是中国出口绩效“与众不同”的重要原因。[8]

相对于中国,印度的产权保护、法律体系更为完善,同时,印度还被认为是最大的民主政体。正因为此,有些学者认为印度更具有增长潜力。然而,这些制度要充分发挥作用,必须要以一定的社会、文化条件作为基础。受历史原因的影响,印度的民主制度与种姓、宗教与部族有着紧密的联系。由于各种姓、教派的利益往往不一致,印度政府难以根据不断变化的国内外经济形势,快速制定或者实施有效的经济政策。正是由于政府在经济政策制定方面的低效率,印度并没有像东亚四小龙与中国那样采取积极措施应对全球产业结构调整,错失了发展制造业的有利时机。

另外,政府提供基础设施的方式以及财政体制的不同也是造成两国基础设施差异的原因。一方面,中国的基础设施是由政府设立的不同公司提供、运营、维持的,印度则是由政府自身承担的,因此,中国的基础设施成本更易收回;另一方面,中国的财政分权体制使地方政府有更多的激励与能力推动基础设施建设,而印度相对集中的财政体制使地方政府缺乏基础设施建设的资金。这样,政府在两国的基础设施建设上有不同的作用,正如上文所提到的,这在一定程度上导致了中印两国竞争力的不同表现。

4.社会异质性

中国与印度都有过被“异族”统治的历史,阿富汗人、伊朗人、土耳其人与阿拉伯人等“异族”曾长期统治过印度,满人等少数民族也曾统治过中国。但是,从文化角度看,满人与汉人的文化差异较小,印度的情况则截然相反。而且,与中国相比,印度统一的历史非常短暂,只是在公元前3世纪阿育王时期、17世纪莫卧尔帝国时期、19—20世纪中期英国统治时期,才实现过统一。

频繁更换的异族统治、短暂的统一历史使印度的社会差异性远比中国复杂。人种方面,印度既有克什米尔、帕坦人等白种人,也有达罗毗荼等黑种人,同时还有那加人、尼泊尔人等黄种人;宗教方面,印度不仅有印度教、伊斯兰教、佛教,还有基督教、锡克教、耆那教、拜火教、犹太教等多种宗教;语言方面,印度的文字和方言有200种以上,主要的民族语言有15种,缺乏一种通用语言。

社会异质性不仅带来了教派冲突、种族冲突等问题,而且制约了经济的发展。首先,在民主制度下,社会异质性往往难以达成被各方都接受的经济政策。[9]其次,社会异质性阻碍了人们在不同地区之间的自由流动,丰富的劳动力资源难以转化为现实的竞争力优势。再次,社会异质性强化了种族制,导致各地方的独立性很强,无法形成统一的国内市场,难以为工业品提供足够的国内市场。最后,缺乏政治统一也强化了种姓分裂现象,这也是造成印度劳动力优势难以发挥的重要因素。

印度社会异质性不利于经济增长的一个实例是印度语言的多样性。印度目前实际上没有一种全国通用的语言,印度被不同人群作为母语使用的语言有几十种,而被最广泛使用的语言也仅有不超过15%的印度人将其作为母语。因而当不同地区的印度人在一起开会时,使用英语成为无奈的选择。虽然中国各地也有自己的方言,但除少数民族地区外汉文字在各地是通用的。由于普通话的大力推行，中国40岁以下青年基本都可以使用普通话进行交流，这大大促进了劳动力及商品的跨地区流动，从而使资源能更有效地配置。

5.宗教文化

在印度的多种宗教中，印度教占主体地位，对印度文化有着深远影响。至少在三个方面，印度教制约了经济的发展。第一，印度教倡导因果轮回说，提倡并鼓励人们摆脱世俗的各种欲念。这使人们很少关注现实生活，压抑了人们对物质财富的追求，缺乏积极进取的工作精神。第二，作为印度教的显著特征之一，种姓制度将人分为不同等级，不同种姓之间不仅鲜有往来，而且固定地从事不同的职业。如果说种族制限制了劳动力在不同地区之间的流动，那么种姓制度则限制了劳动力在不同职业之间的流动。第三，在很大程度上，种姓制度造成了“两个印度”，即“贵族化的印度”与“贫(平)民化的印度”。由于手工业主要是由最底层的种姓——首陀罗承担的，掌握权力的印度“贵族”在制定发展战略时更倾向于采用技能密集型的发展模式，尽量绕开劳动密集型的产业发展，这在教育政策上体现得十分明显。杨浩勇提出，印度人缺乏时间压力决定了这个地区很难发展对国际大企业代工的制造业。

在韦伯看来，儒家伦理也阻碍了中国资本主义的发展。但是，近些年的研究则认为，“儒家的群体主义可能更适合大工业化的需要”。这是因为，伦理所倡导的集体观有利于培养员工的责任感，使员工团结一致，为共同目标而努力；忠诚观使员工对公司怀有归属感，提高对企业的认可度；和谐观能促进员工团结合作，提高管理效率；勤俭观促使员工积极地工作，并会增加储蓄扩大生产资本投入。儒家文化特别是家族观念对于中国民营企业的发展起到了重要的作用。在中国改革开放初期，民营企业基本不合法，如果没有家族的力量，民营企业很难发展；因而一般中国家族力量强的地区，民营企业的发展更好一些。因此，宗教与文化也在一定程度上影响着中印两国劳动力资源优势的发挥，进而造成了两国在国际竞争力方面的不同表现。

6.海外侨民

庞大而富裕的海外侨民被认为是中国的一大优势，海外华人对中国的贡献要远超过海外印度人对印度的贡献。20世纪90年代，中国吸引的外资中有一半来自于海外华人，而印度的海外侨胞对印度的投资额不到其所获取外资的10%。这部分是因为，印度的社会异质性较为强烈，再加上国内对印度海外侨民成功的憎恨，海外侨民缺乏类似于中国海外侨民的归属感；另一方面，中国的侨民拥有丰富的资本，印度侨民拥有更多的知识资本，但并没有掌握太多的资本。相对于制造业而言，服务业需要的人均资本较少而知识技能较多，因此，海外侨民的不同特征也在一定程度上导致了中印两国竞争力的不同表现。

五、中国和印度的发展前景

大多数学者从以下三个方面对中国和印度未来发展的潜力作了分析：

1.印度金融业和金融市场比中国先进、完善；

2.印度私营经济发达；

3.印度民主政治已成气候。

除此之外,学者胡书东[10]认为真正决定中印两国未来经济发展潜力的因素,还是传统制度能否对现代化及时作出适应性调整以及两国经济能否在世界经济一体化进程中趋利避害。

在中印两国不利于现代化的制度因素中,体制和政策这些由政府造成的因素相对而言容易克服,但是对于社会传统中所固有的不利于现代化的因素却不是短时间能够解决的。对于印度而言,主要是以种姓制度为代表的阶级差异。直至今日,这种与市场经济格格不入的落后制度仍然十分顽固。除此之外,宗教和民族冲突也严重威胁着印度经济的发展。相反,中国自1949年以来历经各种政治运动,传统等级制度在大多数人的观念中被基本清除,客观上为适应市场经济的现代观念(例如通过个人努力可以改变本人或下一代命运等与市场经济相适应的观念,这十分类似于韦伯所谓的资本主义精神)的普及铺平了道路。对中国而言,从未来发展着眼,制度方面需要改进的主要还是加快和深化改革自1949年以后建立起来的与市场经济不相适应的体制及政策体系, 大力推进政治文明,实现依法治国。

另外,世界经济一体化是影响中印两国未来发展的共同课题。中印两国都是发展中国家,在经济发展的很长一段时期,需要借助外部的现代化因子改造本国的传统经济,弥补国内现代化因子的不足。印度对外开放没有中国彻底、深入,但是印度企业的国际化水平却很高, 拥有一批国际竞争力比较强的本土企业。中国对外开放的成就主要体现在商品贸易的进出口上以及大规模吸引境外投资上。印度需要在保持本土竞争优势的前提下扩大开放,逐步增加外贸进出口,吸引更多的外商投资。中国则需要在规模的基础上提高对外开放的质量,无论是外贸进出口还是吸引外资,都要特别重视本国在其中的得利。

陈琳[11]则从中印各自的独特优势方面对两国的未来发展潜力作了分析。

1.中国的物质积累和劳动力优势将继续保持

物质资本积累将继续维持较高水平。尽管计划生育政策的长期效应以及中国人预期寿命的延长,将使这种较低的抚养比率因素逐渐消失,但在未来10年甚至20年里,低抚养比率仍将持续,从而可以预计的是:储蓄率和投资率也将继续保持在一个很高的水平上。尽管很多学者认为:中国经济维持了30年高速增长之后,由于人口红利的结束以及老龄化问题带来的储蓄率下降,未来的中国可能进入增长速度下滑趋势。但是根据中国社会科学院2005年发布的调查研究报告:在居民的储蓄动机中,教育一直处于首要位置,其次才是养老等其他因素。由此可见,计划生育的继续施行和预期寿命的提高,反而可能提高储蓄率和对子女教育的投资,从而通过人口素质的提高弥补由于出生率下降给劳动者数量带来的负面影响。

劳动力资源优势将继续得以保持。中国拥有7亿劳动力,而且整体素质不断提高,综合供给十分充裕。德意志银行的报告显示:未来15年,中国人均受教育年限将提高2年,劳动力优势得以继续保持。尽管很多经济学家担心中国未来的人口面临人口老龄化问题与出生率下降,可能造成劳动力供给不足,可能威胁到经济的持续发展,但是由于地区发展的不平衡,城市化过程中仍然存在诸多不当的限制,劳动力的流动机制尚未完全建立。因此在未来很长一段时间内,劳动力的跨地区转移与农村剩余劳动力的市民化进程仍将继续，而且得益于人均教育水平与智力投资的增长，加上人力资源配置效率的提高，劳动力的综合增长率将长期保持稳定增长，并为经济增长提供持久动力。

因此，有理由相信，中国经济将在未来一段时期内，继续保持稳定、快速的增长态势。

2.印度的软环境优势将继续保持，人力资本优势有待发掘

印度的经济增长模式，被学者权衡称为“自然而然”的印度教徒式增长。尽管在增长速度上依然无法匹敌中国，但是这种增长模式是建立在印度完善的法律体系、发达的资本金融市场与印度式民主制度等软环境优势基础之上，不仅拥有更高的固定资产投资效率，也具备更高、更稳定的全要素生产率。从另一个层面分析，印度经济增长拥有更为稳定的发展基础，受国际需求变化与经济发展环境转变的影响较小。在高盛公司一篇针对金砖四国的专题研究报告中指出：印度是唯一可以保持现有增长速度长达30~50年的金砖四国成员。

印度，相比于中国，还拥有另外一个非常重要的潜在优势，即它的人力资本优势。尽管当前，由于印度在基础教育与技术教育等方面的薄弱环节，以及宗教、社会、传统等方面的不合理制度限制了印度劳动力优势的发挥，导致印度的制造业，特别是劳动力密集型制造业难以有效发展，但相信，随着印度经济的进一步发展与各方面制度的进一步完善，其人口数量优势有朝一日必将转化为经济发展的比较优势。权衡预测：印度将在2050年左右迎来其经济增长的“人口红利”，而且印度将拥有比中国更合理的人口年龄结构以及更低的人口抚养比率，因此届时储蓄率也将随之上升。

学者李晓[12]对中印的经济发展前景作了预测。

一些学者以印度金融体系的效率更高为由得出印度经济增长效率高于中国的判断。但是，金融体系的效率同经济增长的效率并不能等量齐观。判断一国经济增长效率的标准有许多，对于中国和印度这样两个人口众多的发展中国家来说，经济增长效率高低的一个重要的判断标准，就是能否让更多的人享受到经济增长的成果，具体说就是能否拉动就业的增加。

由于中印经济和产业发展模式的差异巨大，两国经济结构及其对就业的拉动作用明显不同。印度包括服务业在内的第三产业占GDP的比重高达50%~60%，而中国则刚好相反，包括制造业在内的第二产业占GDP的比重为50%~60%。同印度“发达国家化”的产业结构相比，中国的产业结构及其变动趋势无疑可以更好地长期吸收就业，拉动国民收入的增长。据统计，目前印度的人口负担率(低于或高于标准劳动年龄的人口与劳动年龄人口之比)比中国低，要到2030年前后才会超过中国，但现阶段中国的就业率却高于印度近20个百分点。同中国相比，印度是典型的高增长与低就业并存。IT业的一枝独秀对未来印度社会经济发展的正面影响究竟有多大，恐怕不容乐观。

不仅如此，越来越多的情况表明，IT产业的发展正在对“两个印度”特征的强化起到推波助澜的作用。由于IT产业中心班加罗尔所在的南印度地区经济发展迅速，带动了不动产、商业和金融服务业的发展，形成了巨大的消费热潮，导致消费增长方面巨大的南北差距。就20世纪90年代以来农村消费市场的比率变化来看，北印度地区由16.4%下降至12.2%，而南印度地区则由38.7%增至57%。

此外,许多国人担忧印度因其IT产业的发展正在成为“世界办公室”,因而可能超越中国“世界工厂”的地位。但事实上,两者有一点是相同的,即都缺乏自主创新能力和自主品牌,都是处在发达国家跨国公司外包生产链条的最底端。不同的是,虽然两者的地位相近,但中国“世界工厂”的地位将会比印度所谓的“世界办公室”地位更能够持久拉动经济增长。因为相对而言,前者更有助于产业结构的有效提升和就业增加,后者将更加强化经济的“贵族化”特征。从这一点来看,大胆断言印度经济在短期内难于超越中国经济是有道理的。

再次,关于印度未来经济增长的预测,理性的学者未必十分乐观。印度政府前首席经济顾问Shankar Acharya明确驳斥了印度经济增长率将超过中国的观点,认为印度中期经济增长率很可能维持在年均6%的水平,即印度将继续保持20世纪90年代的经济增长速度。日本著名的印度经济问题专家绘所秀纪也同样认为,在今后相当时期内印度经济增长率将保持在6%~6.5%的水平,按目前印度人口1.7%的增加率计算,人均国民生产总值的增加率大约仅有4.5%的水平,到2020年前后人均国民生产总值才能达到1000美元。1998年,以印度总统卡拉姆为主席的“技术情报、评价与展望委员会”(TIFAC)公布了题为《2020年的印度——为了新世纪的构想》的报告书。该报告书虽然提出到2020 年要将印度建设成为“富裕的印度、强大的印度和发展的印度”的口号,但关于届时印度人均国民收入水平的规划目标却仅仅超过目前中国的水平——1539美元 (2004年中国人均国民收入为1290美元)。这只是较低的中等收入国家的水准。

总之,虽然印度已经站在经济加速增长的大门口,但倘若没有就业的大规模增加以及全体国民对经济增长成果的公平分享,它肯定是难以跨越这道门槛的。

张勇和古明明[13]对中印两国的深化改革提出了以下的政策建议。

印度的生产率的增长主要来自于人力资本和国内消费的增加,而中国主要来自于资本形成和出口,这导致印度的增长更有持续性。对于中国来说,拉动国内需求、提高消费对经济的贡献是关键;教育产业化、医疗市场化和房地产持续泡沫化的发展是中国储蓄率居高不下的重要原因,也是妨碍内需增加的关键。因此中国必须转变其现在的经济增长方式,适当借鉴印度内涵式的增长,在投资率无法进一步提高、出口下降、外国直接投资增长下降的情况下依靠拉动国内的消费、增加家庭储蓄和消费在总储蓄中的比例来作为经济增长点。因此,转变经济增长的模式、改变以投资和出口为主要推动因素的发展方式对于中国至关重要。

印度的改革尽管只有17年,而中国进行了30多年的改革,但中国的制度和政策环境造成中国的企业竞争力远低于印度,另外中国劳动密集型的产业使中国的商品附加值非常低,经济和产品结构的转变至关重要;而印度的企业盈利率和资本投资收益率一直是亚洲最好的,也远好于中国,印度成功地发展了一批现在能与欧洲及美国最强的公司竞争的企业,其中许多企业都属于尖端、知识密集型产业。在跨国公司竞争优势决定经济竞争优势的今天,显然中国传统上给国有企业巨大的特权和垄断地位来保持国企竞争力的做法让中国的企业明显处于劣势,中国不缺乏规模大的企业,也拥有世界上最赚钱的公司,但这种企业很脆弱,中国缺乏的是国际一流的企业,垄断地位的保护导致中国企业的竞争力始终没有增加,反而在不断地下降。中国的资本市场、金融体系以及制度建设更脆弱、更不完善,中国的证券市场远没有印度发达、规范,而且政府的力量仍然大于市场的力量,而软环境的建设显然比硬环境更难。

中国在改革的初期可以利用国家强制性的措施推进改革,而印度在改革初期既得利益者通过民主制度的舞台反对改革,使改革措施无效,甚至造成混乱,导致印度改革初期的表现不如中国。但在信息化时代,中国显然没有印度的制度基础更有优势,更能促进信息的流通,这样会形成一种自稳定的制度创新机制,而中国30多年的改革形成了一个庞大的既得利益集团,成为反对深化改革的"中坚力量"。比如地方政府和拥有住房的人可能反对泡沫严重的房价下跌而使政府的调控失效,石油部门既要求油价上涨赚取暴利又申请高额财政补贴,同时反对改革能源供应体系,反对引进别的竞争者。这些都是中国面临的挑战,突破既得利益者的阻力进一步深化改革以及合理的制度建立和适当的制度创新是关键。

对于印度来说,最重要的是增加储蓄率并提高资本深化程度,一个措施是像中国那样进行强制性储蓄; 其实印度如果能够成功地把投资率提高到25%就可以在2009年实现与中国相当的增长速度。另一个方面是实行人口控制政策,适度控制人口增长提高资本深化程度;引进外资也是补充投资的一个选择,但应该设法避开政府投资的低效率,同时降低政府的消费倾向。另外,中国大力发展劳动密集型产业的经验仍然值得印度借鉴,这对于增加就业水平、顺利转移剩余劳动力很关键。

作者认为,虽然许多研究者已经提到了中印两国的文化差异,但并没有对两个民族的工作状态方面的巨大差别给予足够的重视。与在炎热的天气里,喜欢躲在树荫下一边乘凉,一边胡思乱想(所谓的俗人),或冥思玄想(所谓的哲人)的印度人不同,中国人自古以来就是全世界最勤劳的民族之一。如今,在"市场经济"的皮鞭下,中国人又从人民公社和国有企业中的懒人,恢复了本来面目,再次成为全世界最勤奋的人。勤奋的中国人已经和正在创造很多可怕的世界纪录:工人和农民,在车间里,在大田里,工作时间最久,加班时间最长;许多商贩一年到头,根本就不休息,在大年三十夜里,仍然开门营业;用最短的时间,在世界最好的大学,拿到博士学位,除了聪明,当然还需要拼命熬夜;继每年获得博士学位的数量拿到世界第一后,又使SCI论文发表数量成为世界第一,在用英文写作学术论文方面,打败了英国人和美国人(仅就数量)。中国人已经轻而易举地超过日本人,获得了"经济动物"头衔。在世界上的每个城市,都有"中国制造";在地球的每个角落,从最危险的矿洞,到最尖端的实验室,都有中国人忙碌的身影。一句话,中国的增长率最高,一个重要的原因是我们干得最苦,流的汗最多。现在的问题是,我们应该永远如此吗? 以及,让"九零后"、"零零后",也应当如此吗?

2012年6月9日,《经济学人》杂志刊登了一篇题目为《再见,不可思议的印度》的文章。这篇文章认为,鉴于印度卢比大幅贬值(卢比连续8个星期下跌,2012年5月24日创出历史新低,美元与卢比的汇率为1:56.4,与2012年8月的1:44相比,卢比贬值高达 28.18%),GDP增速放缓(2012年第一季度为5.3%,是9年来的最低数字),私人投资枯竭,印度奇迹已经终结，经济重回高速增长道路的前景难测。2012年6月11日，标准普尔发布报告《印度将成为金砖国家中第一个坠落的天使吗？》，称印度经济增长乏力，经济政策的政治障碍重重，面临丧失投资评级的巨大危险。目前，标准普尔对印度的评级为BBB-，仅比垃圾级高出一级。在金砖国家中，是最低的评级，也是前景展望为负面的唯一一家。有人认为，金砖国家中的“I”将由印度尼西亚(Indonesia)取代印度。印度神话正在破灭吗？会成为金砖国家中第一块不再闪光的砖吗？

中国也曾多次被国际评论者给出了悲观的预测，关于“中国崩溃”的声音不绝于耳。虽然这些悲观的预测都没有被验证，但是，或许分析者对问题的致命程度有所夸大，而问题却一般都是真实存在的。事实上，发达国家的经济几乎会周期性地跌入低谷，但一般很难发生严重的政治与社会危机。而发展中国家则不但经济会大起大落，发生政治与社会动荡的危险也大得多。因此，中印作为成长中的新经济体，不但经济体系相当脆弱，政治与社会体系也面临着严峻的挑战，还有很长也很艰难的路要走。

【参考文献】

[1][13]张勇，古明明.龙与象：中印改革与发展的比较分析[J].统计研究,2008(10):18-20.

[2][4][10]陈琳.中印经济发展绩效的比较研究——基于全要素生产率[D].上海：上海社会科学院, 2010.

[3]隋斌斌，张喜梅.中国和印度发展模式的比较[J].实事求是, 2009(3):18-20.

[5][英]爱德华·卢斯.不顾诸神：现代印度的崛起与发现[M].张淑芳，译.北京：中信出版社, 2011.

[6]李钢，董敏杰.中国与印度国际竞争力的比较与解释[J].当代亚太, 2009(5):124-148.

[7]Bottelier, Pieter. What India Can Learn from China and Vice Versa. China & World Economy, 2007,15(3): 52-69.

[8]Mahadevia, Darshini. Urban Infrastructure Financing and Delivery in India and China. China & World Economy, 2006,14(2):105-120.

[9] Singh, Arvinder. Comparisons between China and India. China & World Economy, 2005, 13(3):72-79.

[11]胡书东.中印经济发展背后的逻辑及未来潜力比较[J].世界经济, 2005(1):76-79.

[12]李晓.印度经济能够赶超中国吗？——兼论“中印比较”的意义[J].国际经济评论, 2006(11):51-56.

第二章　韩国行政制度

韩国全称为大韩民国(The Republic of Korea),位于亚洲大陆东北,朝鲜半岛的南半部,东、南、西三面环海。面积9.96万平方千米,居世界第106位;人口4891万(2011年),居世界第24位。全国为单一民族,通用韩国语。宗教以佛教、基督教为主。韩国首都首尔(Seoul),人口1058万(2011年)。2005年1月,汉城市市长李明博(现任韩国总统)在汉城市政府举行记者招待会,宣布把汉城市的中文名称改为"首尔"。2011年韩国GDP为11162.47亿美元,世界排名第15名。韩国北面隔三八线非军事区与朝鲜民主主义人民共和国(The Democratic People's Republic of Korea,DPRK)相邻。朝鲜国土面积12.28万平方千米,占整个朝鲜半岛面积的55%,居世界第96位;人口2405万(2008年),居世界第48位。首都平壤(Pyongyang),人口约200万。朝鲜现任领导人为朝鲜劳动党第一书记、朝鲜人民军最高司令官、"朝鲜人民的最高领导者"金正恩。

第一节　韩国历史回顾

据韩国学者研究,神话人物檀君于公元前2333年在今日的平壤建立了韩国的第一个王国——古朝鲜。据中国的《史记》记载,公元前1046年前后,周武王伐纣灭商,纣的兄弟箕子带着商代的礼仪和制度到了朝鲜半岛北部,被商朝遗民和当地土著推举为国君,并被周王封为诸侯国,史称"箕子朝鲜"。对这段历史,目前有部分朝鲜和韩国学者有争议,不承认箕子朝鲜的存在。中国史籍记载:燕国人卫满率移民进入朝鲜,拜为箕子朝鲜的宫相。公元前194年,卫氏取代箕子朝鲜,建立卫氏政权,被称为"卫氏朝鲜"。公元前108年,汉武帝灭卫氏朝鲜,在朝鲜半岛中北部设立乐浪、玄菟、临屯、真番四郡,史称"汉四郡"。东汉末年,辽东的公孙氏在乐浪郡南部又设带方郡。其后,中原地区"五胡乱华",西晋灭亡,直到隋统一天下,才再次在中原建立了强大的王国。这一时期,朝鲜半岛南部形成了几个部落联盟,有沃沮、马韩、辰韩、弁韩等。后来马韩统一三韩,称辰国。公元前1世纪中叶,辰国开始解体。新罗、百济日渐强盛,公元4世纪,朝鲜进入高句丽、新罗、百济三国鼎立时期。此后,朝鲜有统一的新罗时代、高丽王朝、朝鲜王朝、日本殖民地时期,直到目前的南北分治。

一、三国时代(公元前57—公元676年)

高句丽、百济、新罗建于一世纪。期间古代国家的政治体系、宗教(佛教和儒教)文化得到发展。

二、统一新罗时代(676—935年)

新罗的统一促进了文化的发展,佛教也在这一时期得到普及。统一的新罗因贵族的霸权争斗而衰退,935年归属高丽。

三、高丽王朝(918—1392年)

高丽建于918年。佛教在这一时期被定为国教,给政治和文化带来巨大的影响。著名文物有高丽青瓷和《高丽大藏经》。高丽时代发明了直指。直指是世界历史上最早出现的金属活字本,比古登堡发明的金属活字本早了78年。14世纪中期以后,高丽衰退。

四、朝鲜王朝(1392—1910年)

1392年,李成桂将军建立了一个新的王朝——朝鲜。朝鲜早期的统治者支持儒家学说作为王国的指导哲学,以抵消在高丽时代占统治地位的佛教影响。儒教成为国教,对全社会产生了很大的影响。1443年发明了韩文字母。朝鲜的统治者以中庸政治制度治理国家。科举制度是选拔官吏的主要途径。这一时期,科举考试成为做官的重要途径。以儒家学说为导向的社会高度重视研究学问,但鄙视工商。由于日本(1592年,壬辰倭乱)和外国势力的侵略,朝鲜开始走向衰退。17世纪初,韩国的“实学”运动在思想开明的士大夫中开始兴盛起来,他们想借“实学”来建设一个现代化国家。他们极力建议改良工业、农业,主张大刀阔斧地对土地分配制度进行改革,但保守的贵族统治者尚无适应这种急剧变革的准备。

五、日本统治时期(1910—1945年)

1876年朝鲜王朝被日本强迫打开了门户。1910年,日本吞并韩国,直到1945年第二次世界大战结束。19世纪,韩国依然是一个“闭关自守之国”,坚决反对西方关于建立外交与贸易关系的要求。此后,一些具有帝国主义野心的亚洲和欧洲国家竞相对韩半岛施加影响。日本在战胜了中国和俄国后,于1910年强行吞并韩国,并开始对其实行殖民统治。由于日本禁止韩国人在学校使用韩国语授课,1919年3月1日,韩国人在全国范围内展开了抗议活动,发表了“三一独立宣言”,史称“三一运动”,数千人为此而牺牲。同年,朝鲜独立运动领导人先后在海参崴、上海、汉城成立临时政府。最后,三处临时政府并于上海“大韩民国临时政府”。1939年上海沦陷后,临时政府于1940年9月迁至重庆。1945年11月,大韩民国临时政府迁回朝鲜。

六、南北分治时期(1945 年至今)

1945 年日本投降后,以北纬 38 度线为界,朝鲜分别由苏联和美国军队接收。在美苏支持下，分别于 1948 年 8 月成立大韩民国,1948 年 9 月成立朝鲜民主主义人民共和国。1950 年 6 月 25 日,双方爆发朝鲜战争,中国和美国分别介入。1953 年 7 月 27 日,以临时分界线(三八线)为界,中朝联军同联合国军签订停战协定。2000 年,历史性的南北韩首脑会谈在朝鲜的首都平壤召开。

[附录]

中韩朝代对照表

韩国	中国	时间
古朝鲜	夏朝—西汉	B.C.2333—B.C.108
三国时代	西汉—唐朝	B.C.57—A.D.676
统一新罗时代	唐朝—后唐	A.D.676—A.D.935
高丽王朝	后唐—明朝	A.D.918—A.D.1392
朝鲜王朝	明朝—清朝	A.D.1392—A.D.1910

第二节 由威权统治向民主政治的转型

韩国复国之后的政治与行政制度的发展，大致可以划分为三个阶段：建国初期至 1960 年,是李承晚政府的独裁和腐败统治。朴正熙通过政变上台后,建立了军人政府的“威权统治”。这一时期韩国发生了“汉江奇迹”,成功地实现了经济的高速增长,成为“新兴工业化国家”。1992 年 12 月,民主运动活动家金泳三当选为韩国总统,标志着韩国完成了从威权政治向民主政治的转型,至此,韩国建立了相对稳定和民主的政治制度。

一、韩国威权政治的建立

1948 年,在美国的扶植下,大韩民国政府成立,建立了第一共和国。李承晚确立了西方式三权分立的制度框架,但这个李朝后裔非常“讨厌美国人强加给他的‘民主政治’。在 1950 年以前,他一直反对政党政治,说政党政治不适合韩国国情”。[1]因此,韩国的“民主共和”制度并没有成为宪政的有效屏障,只是成为李承晚排斥异己、镇压反对势力的工具。李承晚政权并没有改变传统的社会结构和文化,而只是“旧李朝政治传统的延续”。[2]

李承晚建立的独裁政权非常腐败。20 世纪 50 年代后期,韩国经济增长速度下降,甚至出现倒退。韩国国民生产总值增长率 1957 年为 8.8%,1958 年为 5.5%,1959 年为 4.4%,1960 为 2.3%。农业增长率 1959 年为-1.1%,1960 年为 0.1%。[3]韩国 50 年代 GDP 年均增长率为4.7%,60至80年代则分别为10.1%、9.3%、9.3%。[4]李承晚政权最终因“四一九学生运动”而于1960年4月垮台。李承晚下台后,韩国由总统制改为责任内阁制,民族党领袖尹潽善当选为第四届总统,张勉任内阁总理,组成民主党政府。民主党执政时期被称为第二共和国。

1961年,以朴正熙为首的军方发动“五一六军事政变”,迫使文人政府下台。1963年朴正熙当选为第五届总统后,成立了第三共和国。朴正熙掌握国家权力后,提出了“指导的资本主义”的原则:“自由企业的原则是明显的,但是政府将直接参与或间接参与或指导各种基础工业和其他领域。”军人的威权政治之始,意味着“韩国政治上连续冲突的终结”。为了扭转每况愈下的经济形势,朴正熙提出“发展经济置于一切工作首位”的思想,并从李承晚政府失败的教训中认识到要改变落后的经济状况,必须实行有效的行政管理。朴正熙上台后用高压方式实行集权统治,镇压了种种反抗势力,保证政局的相对稳定。

朴政府在1972年12月公布了第四共和国宪法(《维新宪法》)。1973年1月,韩国修改了政府组织法。朴正熙在1975年3月7日的国务会议讲话中曾指出:一国官吏的腐败及随之而生的国家行政的腐败,会招致该国政治体制破产,使现代化受挫,是最大的政治危机。因而朴政府推出了“庶政刷新”运动,其目的是通过提高行政和政治效率,消灭官场腐败;消除社会浪费和不公正,进行价值观和精神革命,以此来实现“民族复兴”。“庶政刷新”运动的主要任务是通过改变官员态度来清除腐败和提高工作效率,更改引起低效率和浪费的制度,并通过改变工作和生活条件来提高政府职员的威信。朴正熙政权的一系列行政改革,使经济增长获得了良好的政治环境,推动了韩国的现代化进程。

1979年10月26日,韩国中央情报局局长金载圭枪杀朴正熙总统,企图改变韩国政局使其迈向自由化。朴正熙被刺杀后,总理崔圭夏出任代总统,并于12月6日当选为总统。仅6天之后,陆军保安司令全斗焕发动“双十二政变”,夺取了统治权。

全斗焕执政时期称为第五共和国,但实际上是威权主义统治的延续。全斗焕政变上台后,学生与军人政府之间的仇恨与对立更为严重。1980年5月,光州爆发了反对军事统治的大规模学生与市民暴动。全斗焕派出空降特战部队平定动乱,造成近200名学生与市民死亡。全斗焕并以“煽动暴乱”罪逮捕了著名的民主人士金大中,封闭了国会和所有政党,随后成立了凌驾于总统和政府之上的“保卫国家非常对策委员会”。8月16日,第十届总统崔圭夏被迫辞职。全斗焕在8月27日的统一主体国民会议中当选为第十一届总统。10月,韩国修改宪法,规定总统由选举人团选举,该选举团于1981年2月以秘密投票方式选举全斗焕为第十二届总统。

二、汉江奇迹

朴正熙执政时期,致力于快速实现工业化。当时,政府成立了经济企划院,由副总理直接主管其工作。在这个近百人的机构中,20%的成员是经济学家,其他成员则是政治、工商管理和教育等方面的专家。正是这种充分注重“政府质量”的治国路线,一改过去韩国的经济面貌,使韩国的经济高速增长,迅速完成了重化工业的建设,实现了产业的高级化,同时造就了一大批享誉全球的大企业集团。

自20世纪60年代以来,韩国政府实行了以出口增长为动力的外向型经济发展战略,推动了本国经济的飞速发展。在这一战略基础上,韩国制订了很多发展计划。从1962年至2005年,韩国的GDP由23亿美元增加到7868亿美元,人均GDP由87美元增加到16291美元。在短短的20多年中,韩国由世界上最贫穷落后的国家之一,一跃成为中上等发达国家,创造了"汉江奇迹",与中国香港、中国台湾、新加坡并称为"亚洲四小龙"。

韩国在其第一个经济发展五年计划中,采取了"进口替代"战略作为总体的指导思想。其出发点是试图凭借本国的资源、技术和劳动力,生产一些经济建设中所需要的机械设备和生活用品,以此来尽量减少进口,缓和政府在国际收支上的紧张局面。为此,韩国政府采取了许多限制外国商品进口和保护本国产业的措施。这种贸易保护主义从表面上看,起到了保护幼稚民族产业的作用,得到了部分民族资本家的支持和拥护。但从长远来看,因为韩国土地面积小,人口密度大,自然资源比较匮乏,长期的战争和政治上的混乱使人民的购买力降低,国内市场有限,企业资本积累不足,其经济增长仅靠国内市场难以实现。

1961年朴正熙上台之后,抓住美国进行产业结构调整这一千载难逢的机遇,提出了"贸易立国,出口第一"的口号,开始推行以出口带动经济增长的外向型发展战略,并于1964年形成了比较健全的出口主导型经营机制,从而带动了国民经济的高速发展。

从总体上看,韩国的外向型发展战略大体可以分为两个时期:第一阶段是在20世纪60年代以轻纺工业品为主的出口导向战略;第二阶段是从20世纪70年代开始以重化工业品为主的出口导向战略。从1964年开始,韩国政府正式将出口量作为衡量综合国力的重要指标,政府出台了一系列的相关措施,重点发展以轻纺工业为中心的劳动密集型产业。这个战略由于抓住了有利的国际机遇,同时最大限度地发挥了韩国自身的优势,在极短的时间内就取得了很好的效果。这一时期韩国经济快速增长,出口额大幅度攀升,从1962年的0.65亿美元增加到1970年的8.35亿美元,在整个60年代出口增长率平均为38.1%。出口量的增加还使整个的产品结构发生了很大的变化,工业制成品的比例不断上升,从而带动了整个工业和国民经济的发展。

进入20世纪70年代,韩国的出口导向发展战略受到了严峻的挑战。随着越来越多的发展中国家加入出口加工区的行列,韩国原有的廉价劳动力的优势已经逐渐丧失。在生产科技附加值较低的产品时,由于竞争异常激烈,利润迅速下降。这种发展战略本身也需要从国外进口大量的原材料和机械设备,初级产品对机械设备和高科技产品的比价也在不断恶化之中。同时,进口物资升值和出口相对萎缩,也会造成国际收支逆差的出现。

这一时期,发达国家由于受到能源危机和国内产业结构调整的压力,相继将一些耗费能源和原材料较多、技术含量不高、对环境污染严重的重化工业转移到国外。这就为韩国进行产业结构的调整提供了的机遇。1973年,韩国发布《重化工业宣言》,集中力量开发比轻工业品具有更高价值的造船、机械、电子、钢铁、化学等产品,以世界市场为对象,努力谋求增加出口。1979年,韩国政府成立了以国务总理为首的"重化工业促进委员会",采取了一系列有效措施推进这一战略的实现:确定重点发展产业,从信贷和税收上给予大力支持;开辟专门用于重化工业生产的出口基地;将政府投入的60%以上用于集中发展基础设施,以解除重化工业发展的后顾之忧;培植大型企业,也支持中小企业的发展。这一战略决策的顺利实行使韩国的产业结构迅速向高级化方向转变，在很短的时间内建立了较为完善的国民经济体系，提高了技术水平，从而大大缩短了工业化的进程。

总的来说，韩国在20世纪50至70年代现代化的迅速发展是和这一时期国际经济，尤其是主要资本主义国家战后“黄金时代”的整体繁荣的大背景息息相关的。韩国充分地利用了这一时期世界市场上“三低现象”(低初级产品价格、低油价和低利率)的有利条件，利用发达国家进行产业结构调整的历史机遇，在美国和日本的支持下，大力吸收外来的资金和技术，融入了世界经济潮流之中，从而创造了经济腾飞的奇迹。可以说，韩国现代化进程的关键在于韩国实行了正确的国际化战略。这个阶段的韩国政权表现出的特征是“政府的程序化”和“行政权力的制度化”。

三、民主转型

韩国经济的发展使公众提出了更高的民主化要求。20世纪80年代，韩国的民主化运动不断高涨，在全斗焕的总统任期即将结束时，民主化运动达到了高潮，威权主义统治再也难以维持。

1987年6月底，被指定为执政的民主正义党的总统候选人卢泰愚，发表了八点民主化宣言，宣言包括尽快完成“总统直选制”修宪案，在1988年2月之前实现政权和平转移；特赦金大中，恢复其参政公民权；释放所有政治犯；保障人民享有民主、自由等权利等。可以说全面接受了反对党的要求。全斗焕也接受了这个民主化方案，并承诺举行总统直接选举，进行重大政治改革，这使得韩国紧张的政局发生急剧转变。卢泰愚此举赢得了在野党的理解和信赖，唤起了韩国民众对政府的信心，被西方舆论称为“创造了政治奇迹的政治家”。1987年12月，韩国顺利完成总统直选，由于反对势力的分散，卢泰愚赢得35.9%的选票，当选总统。1988年2月15日，卢泰愚正式接任总统，第六共和国开始。这是韩国首次以和平方式转移政权。

第六共和国被认为是一个从威权政权到民主政府的过渡性政府。第六共和国的政府体制是按照全斗焕在任时修改的宪法建立的，既保留了全斗焕政权的威权主义政治的特色，又在一定程度上反映了大众的民主意识和民主要求。卢泰愚宣誓就职总统之后，进行了全面的政治改革，加快了民主化进程，如保障言论自由、政党活动自由、特赦政治犯、合理解决劳资纠纷等。在经济建设上大力发展外向型经济，推进贸易自由化。同时大力推行了“北方(指社会主义国家)政策”，成功地举办了第二十四届奥运会(1988年)。第六共和国也推行了一些行政改革，主要是缩小总统的权力，从实质上强化了公民的基本权利，恢复了自1961年以来就被搁置的地方自治制度，实行了中央向地方的分权等等。

为巩固执政党地位，1990年，卢泰愚总统率领执政党与两大在野党合并，建立了新的执政党——民主自由党，改变了多年来韩国政坛存在的“朝小野大”局面，使民主自由党在国会中占有压倒性优势。为了保证第十四届总统选举能够公正地举行，卢泰愚于1992年9月18日发表了退出执政党的声明，并于10月7日接受了总理郑元植及内阁全体成员的辞呈。10月8日，国会批准玄胜钟担任总理，并负责组建了一个中立内阁。在1992年12月18日的总统选举中，长期从事民主运动的活动家金泳三以执政党候选人的资格当选为韩国第十四届总统,这是韩国三十年来第一位在直接选举中产生的文人总统。

韩国公众将金泳三政府称为“Moonmin”政府,意思是平民政府。上任伊始,金泳三政府便开始了大规模的行政民主化改革。与以前的改革不同的是,新的改革将“面向人民的政府”作为自己的首要目标。这不仅体现在政府改革的内容和原则上,也体现在行政改革的组织和过程上。从原则来看,金泳三总统提出了新政府的三个核心概念,即“人民为本的政府”(意在强调民众相对于政府的优越性和政府的放松管制)、“民主高效的政府”(意在强调民众自我管理,为民众提供更有效的服务)、“节约、干净和有能力的政府”(主要措施是精简政府机构,节省财政开支,实行官员财产公开制度,清算腐败官员)。而从改革的组织和过程来看:(1)强调制度化的改革,而不是以前的革命性行政改革;(2)采用“在线、实时”(on-line,real-time)的行政改革程序。总统行政改革委员会(President Commission Administrative Reform,PCAR)提出的建议应立即呈交给总统,接着立即实施;(3)重视行政改革的民众参与。总统行政改革委员会所有成员都从私营机构,包括商人、学者和新闻记者中招募,而不再像以前那样仅由少数精英组成。可以说,“现在的政府改革由私营部门领导,而以前的改革则由政府驾驭”[5]。

1997年12月,反对党候选人金大中当选为总统。金大中政府被称为“国民政府”,是韩国五十年的现代政治史上第一次通过执政党向反对党和平移交政权而产生的政府。卢武铉政府,即“国民参与政府”,成立于2003年2月25日,是韩国历史上第十六届政府。卢武铉政府提出了三项目标:“国民共建民主主义”、“建立国民共享,均衡发展的社会”和“迎接和平与繁荣的东北亚时代”。2007年12月,大国家党总统候选人李明博当选新一任韩国总统。

四、关于韩国民主转型的分析

20世纪80年代末至90年代初,通过当权者妥协和朝野协商的方式,韩国比较顺利地实现了政治转型,这是全世界发展中国家从威权主义政治向现代民主化政治转型的一个成功范例。

关于韩国成功转型的原因,国内外观察家有许多分析。韩国民主转型的进程受到一系列因素的推动和制约。按照其作用的方向,可以将这些因素划分为两大类。其中,起推动和促进作用的因素主要包括西方民主理念和公共行政文化在韩国的传播、政治发展、民众民主意识的增强、市场力量的兴起等等,起阻碍作用的主要有官僚的抵制和文化传统中的反民主成分。

与西方国家行政民主化过程中的“官僚政治化”相反,韩国政治发展中的一个突出现象就是“政治官僚化”[6]。韩国的官僚精英文化来源于儒家思想。公元1392年,李氏王朝将儒教定为国教,儒家思想成为韩国政治和行政文化的基础。儒家思想尤其强调入世精神、等级秩序和集团主义意识。这种观念造成了韩国官僚的优越意识、等级和服从观念、以天下为己任的责任取向和精英意识。一般民众也视等级官僚的统治为理所当然。韩国建国前50余年的日本军国主义的殖民统治,也给它留下了军国式行政的传统。在韩国,在金泳三之前的各个当政者都是由军事政变或依靠军事力量的支持而上台的,其统治缺乏合法性依据,如果推行民主政治,势必会动摇自己的统治。因此,出于个人利益和野心,他们不仅不会搞民主政治,反而会强化威权统治。而官僚自身也会利用政治家的意愿,以忠诚、服从和强力手段带来的业绩,来化解政治民主化的压力。

“西方政治理念与公共行政文化”主要是指美国的政治民主观与民主行政观。美国是韩国的军事和政治同盟,韩国的政治、经济和社会发展,无一不受到美国的制约。而美国号称“民主的先锋”,一直将“输出民主”作为自己的职责。除了第一共和国时期,美国出于反共的需要,支持了李承晚的独裁统治外,在其他时期,总是尽量以各种手段向韩国施压,要求后者进行民主化改革。一个明显的例证就是 1973 年 12 月, 美国国会通过 “海外援助法”。该法第三十二条规定“对于蹂躏人权等妨碍民主制度发展者,不应提供军事援助”。1974 年,美国对韩军事援助减少到 145 亿美元。美国国会规定,只有在韩国人权状况得到改善以后,军事援助才能得以追加。[7]这导致了美韩两国关系的退化,给韩国带来严重的影响,并最终成为导致朴正熙政权垮台的原因之一。

虽然民主在实践上遭到践踏,韩国的基本政治框架终归以西方民主为参照,民主作为政权合法性之基础的地位一直没有改变。韩国政党,尤其是在野党,一直没有放弃政治民主化的斗争。从历史上看,无论是在李承晚时期还是在朴正熙时期,在野党都在国家政治生活中坚持发挥自己的作用。

亨廷顿曾断言:“在相当大的程度上, 始于 1974 年的民主化浪潮是前 20 年经济成长的产物。”正是经济现代化的实现为韩国民主政治的诞生奠定了必要的经济、阶级、精神和人文基础。

市场经济向来被认为是推动政治民主化的重要力量。在韩国 40 余年的专制和威权主义统治时期,为了解决政权合法性的危机,政府一直将发展经济作为其首要目标。为此,历届政府普遍采取了政府主导型的经济发展模式。这种对经济进行强干预的做法,在一定时间内极大地促进了经济发展,同时也壮大了市场的力量。而市场力量的壮大,又反过来要求政府下放权力,实行经济自由化。20 世纪 80 年代,随着金融自由化政策的施行,韩国的大企业已具备自筹资金的能力,对政府的依赖大为减轻。尽管在压制劳工运动上与政府意见一致,但大企业已不再完全听命于国家的意愿了。

韩国的经济腾飞不仅意味着财富的增加, 同时还会引起快速的社会流动和持续的社会结构分化,最显著的特征是从事农业的人口不断减少,城市人口剧增,中产阶级力量壮大,并最终导致了多元社会、市民社会的形成。从 20 世纪 80 年代起,韩国的中产阶级,虽然在经济上受益,但在政治上被疏远,因而带有深深的“相对被剥夺感”。中产阶级更注重民主政治秩序,不希望再有独裁、压制性统治和侵犯人权行为,因此给政府的支持远远少于贫民。随着经济的不断繁荣,人民生活水平的不断提高,社会期望值也在不断变化。“越来越多的人主要关心的已不再是物质的增长,而是生活质量,特别是政治生活的质量。”人们评价政府的标准也不再主要集中于经济成就上, 而是能否朝多元化方向发展。经济繁荣、生活水平的提高、分配均衡、社会正义、公民权利与自由、秩序和稳定、国家安全等都可能成为人们的期望值。如果政府的目标取向与人民的主流期望不相符合, 即使经济成功了,也不一定能获得人民的支持。

经济的发展也促进了教育水平的提高。现代教育在培养理性态度和批判精神方面为社会民主转型提供了强大的动力。随着韩国在校学生数量的迅速增长,国民的文化程度迅速提高,民众的民主意识和参与意识也迅速增强。据 1986 年汉城大学的朴东绪、金光雄等 11 位教授的调查,对于民主主义观念的支持程度,韩国民众的平均分数是 4.032,而精英集团的平均分数为 3.928;对于选举的态度,45.8%的韩国民众将会参加投票,而精英人物则只有 35%将参加投票[8]。除此之外,韩国大学生在政治民主化进程中一直充当排头兵。韩国历史上的几位独裁者,如李承晚、全斗焕等,都是在学生运动的直接冲击下下台的。

[附录]

韩国历任总统年表

任期	总统姓名	任 期	说明
第 1 届	李承晚	1948.07—1952.08	由国会议员以间接选举选出
第 2 届	李承晚	1952.08—1956.05	直接选举选出
第 3 届	李承晚	1956.05—1960.04	因“四一九革命”下台
代总统	许政	1960.04—1960.06	外务部长官代理总统职务
代总统	郭尚勋	1960.06—1960.06	修改宪法,由国会议长暂代总统职务
代总统	许政	1960.06—1960.08	因选出新总统而离职
第 4 届	尹潽善	1960.08—1962.03	由国会议员以间接选举选出
代总统	张都映	1961.05—1961.07	“五一六政变”,国家再建最高会议议长
代总统	朴正熙	1961.07—1963.10	国家再建最高会议议长
第 5 届	朴正熙	1963.10—1967.05	直接选举选出
第 6 届	朴正熙	1967.05—1971.04	
第 7 届	朴正熙	1971.04—1972.12	
第 8 届	朴正熙	1972.12—1978.07	十月维新,由统一主体国民会议经间接选举选出
第 9 届	朴正熙	1978.07—1979.10	被暗杀
代总统	崔圭夏	1979.10—1979.12	
第 10 届	崔圭夏	1979.12—1980.08	全斗焕发动军事政变下台
代总统	朴忠勋	1980.08—1980.08	在新总统选出前暂代总统
第 11 届	全斗焕	1980.08—1981.03	
第 12 届	全斗焕	1981.03—1988.02	新宪法制定,由国会议员间接选举选出
第 13 届	卢泰愚	1988.02—1993.02	直接选举选出
第 14 届	金泳三	1993.02—1998.02	
第 15 届	金大中	1998.02—2003.02	
第 16 届	卢武铉	2003.02—2004.03	
代总统	高建	2004.03—2004.05	原总统因违法宣传而被国会弹劾
第 16 届	卢武铉	2004.05—2008.02	
第 17 届	李明博	2008.02—	

[附录]

韩国审判前总统全斗焕、卢泰愚

1997年4月17日,经过3年零9个月的审判,韩国大法院对前总统全斗焕和卢泰愚做出了终审判决,以“军事叛乱”和“内乱”以及受贿罪,判处全斗焕无期徒刑并罚款2205亿韩元(约890韩元合1美元),判处卢泰愚17年徒刑并罚款2628亿韩元。自判决之日起,前总统原享有的每月1000万韩元收入,两名私人秘书,家庭医疗费、汽车与电话费、公务旅行费(每月约2000万韩元)等将被剥夺。

1997年12月20日,韩国总统宣布,特赦因内乱罪和受贿罪正在服刑的两位前总统全斗焕和卢泰愚,并恢复他们的公民权。特赦令于12月22日实施。同时,有关的23名在押人员及6名缓刑同案犯也被特赦。

第三节　韩国政治现状

一、宪法

大韩民国的第一部宪法于1948年7月通过。宪法由法律学家按照两院制的议会原则起草,旨在建立以总统制为基本形式的政体。此后,韩国宪法先后经9次修改,最后一次修宪于1987年10月29日完成。

新宪法规定,韩国实行三权分立、依法治国的体制。总统是国家元首和全国武装力量司令,在政府系统和对外关系中代表整个国家,总统任期5年,不得连任。总统是内外政策的制定者,可向国会提出立法议案等;同时,总统也是国家最高行政长官,负责各项法律法规的实施。总统通过由15~30人组成并由其主持的国务会议行使行政职能。作为总统主要行政助手的国务总理由总统任命,但须经国会批准。国务总理有权参与制定重要的国家政策。总统无权解散国会,但国会可用启动弹劾程序的方式对总统进行制约,使其最终对国家宪法负责。韩国实行一院制。国会是国家立法机构,任期4年,国会议长任期2年。宪法赋予国会的职能除制定法律外,还包括批准国家预算、外交政策、对外宣战等国家事务,以及弹劾总统的权力。韩国法院共分三级:大法院、高等法院和地方法院。大法院是最高法庭,负责审理对下级法院和军事法庭作出的裁决表示不服的上诉案件。大法官由总统任命,国会批准。大法官的任期为6年,不得连任,年满70岁必须退休。

韩国宪法由序言、130项条款和6条补充规定组成,共分为十章:总纲、公民的权利与义务、国会、行政、法院、宪法法院、选举管理、地方政府、经济和修宪。韩国宪法的基本准则包括:国民主权、分权、实现南北韩和平民主统一、追求国际和平与合作、以法治国和国家有提高国民福利的责任等。

二、国会

韩国国会是一院制的立法机构，立法权属于国会。国会由299名议员组成，任期为4年。299名国会议员中，只有243名按普通投票选出，剩余的56个议员席位则按政党得票比例分配。国会分定期会议和临时会议两种。根据法律规定，定期会议于每年9月至12月间召开一次，临时会议应总统的要求和国会1/4以上议员的要求召开。定期会议的会期不超过100天，临时会议的会期不超过30天。如总统要求国会召开临时会议，则必须明确会期和说明要求开会的理由。

除宪法和法律另有明确规定外，必须有半数或半数以上议员出席会议及出席会议的半数以上议员投票同意，国会方能做出具有约束力的决定。若投票结果出现平局，该议案视为被国会否决。立法会议须向公众公开，但经半数以上国会议员同意，或议长考虑到国家安全利益认为有必要时，该规定可不予考虑。

宪法赋予国会诸多职能，但其首要职能是制定法律。其他职能包括批准国家预算、外交政策事务、对外宣战、向国外派遣军队、外国军队在国内驻军、检查或调查国事中的特别案件，以及弹劾。弹劾动议必须经国会1/3或1/3以上议员同意提出。必须有多半数议员投票同意方能批准弹劾动议。而弹劾总统的动议须经多半数议员同意提出，并有2/3或2/3以上议员赞成方能成立。弹劾动议一经国会通过，弹劾案件须交宪法法院审判。国会选举议长一人，副议长两人，任期两年。议长负责主持全体会议，代表立法机构，并负责监督国会的行政。副议长是议长的助手，并在议长缺席时代理议长的职务。

三、政党

韩国政党之间互相交错纵横，利益结构复杂。目前在韩国政坛最具有影响力的政党共有四个，分别是大国家党、开放国民党、新千年民主党、自民联。在韩国国会里面，大国家党和开放国民党党员的数额占到了整体的90%左右。同时，在国会，开放国民党占据着优势地位，而在地方议会，大国家党则占据着压倒性的优势。因此可以说，这两党在竞争与合作的关系下，主导着韩国的政坛。

属于政治上的温和派的大国家党一直是主导韩国政坛的第一大党，主张循序渐进的发展方式。该党的支持者大都是企业主、中产阶级以上的社会阶层，像现代汽车、三星电子等大企业集团，一直以来是大国家党的强有力支持者，也是大国家党竞选资金的主要提供者。开放国民党属于政治上的左派，党内主要人士年轻时都是政治运动的先锋，奉行激进的社会改良方法。该党的支持者大都为工人、平民和青年知识分子。

四、司法制度

韩国的法院共分三级，即大法院、高等法院和包括特别家庭法院和行政法院在内的地方法院。设在汉城的大法院对行政法令、规定和处置的合法性有最终裁决权。作为最高法庭，大法院审理关于上诉法院、地方法院和家庭法院，以及军事法庭所作出的裁决的上诉案。大法官由总统任命，但须经国会同意。大法院的其他法官由大法官推荐，总统任命。大法官的任期6年，不得连任，年满70岁必须退休。大法院的其他法官任期6年，按法律规定可连选连任,但年满 65 岁必须退休。

第四节　中央政府

一、总统

根据韩国宪法规定,大韩民国的总统是最高行政长官,由全国范围内的平等、直接和无记名投票选举产生。总统任期为 5 年,不得连任。

总统主要承担以下六项职能:第一,总统是国家元首,在政府系统和外交关系中代表整个国家。第二,总统是最高行政长官,有责任推行由立法机关通过的各项法律,并通过发布命令和训令来使法律得以实施。总统全权领导国务会议、各类咨询机构和行政部门。总统有权任命大韩民国的官员,包括总理和行政各部的长官。第三,总统是全国武装力量总司令,拥有广泛的制定军事政策的权力,包括宣战权。第四,总统是具有全国性组织的执政党领袖,可根据本党的举荐,指派行政部门的高级官员。第五,总统是首席外交官和外交政策决策者。总统有权任命和派遣外交使节,与外国签订条约。第六,总统是主要的政策和法律的决策者,可以向国会提出立法方案,亲自或以书面形式向立法机构说明自己的观点。总统无权解散国会,但国会可以利用弹劾程序限制总统,使其最终对宪法负责。

韩国现任总统李明博 (Lee Myung Bak),1941 年 12 月 19 日出生于日本,在韩国摆脱日本殖民统治后随父母回国。因家境贫寒,李明博青少年时期生活艰辛。后来,他考入高丽大学商学院,并靠勤工俭学完成了大学学业。1965 年,李明博大学毕业后加入现代建设公司(现代集团前身)。1977 年,年仅 36 岁的李明博成为公司有史以来最年轻的领导人。此后,他担任过现代集团 10 家下属企业的领导人。李明博是韩国企业界的传奇,被誉为“工薪族的神话”。1992 年,李明博当选为国会议员。2002 年 7 月,当选为首尔市市长。在 4 年任期内,李明博规划实施的清溪川重建项目和公交体系改造项目永久性地改变了首尔的城市风貌,显著的政绩赢得了首尔市民的好评。

2007 年 8 月 20 日,李明博正式成为大国家党的总统候选人。他在竞选纲领中提出“747 经济发展计划”,即年均经济增长 7%,10 年后人均 GDP 达 4 万美元,使韩国跻身世界七大经济强国行列。在外交方面,李明博主张在巩固韩美同盟、发展韩日友好的同时,加强与中国和俄罗斯等国的合作。他还强调要遵循六方会谈有关协议,构建韩朝经济共同体。12 月 19 日,李明博当选韩国总统,2008 年 2 月 25 日宣誓就职。

二、行政机构

根据韩国的总统体制,总统通过由 15~30 人组成并由其主持的国务会议行使行政职能。总统单独负责决定政府的各项重要政策。国务总理由总统任命,但须经国会同意。作为总统的主要行政助手,国务总理在总统的领导下监督各部的工作和管理国务调整室的工作。国务总理有权参与制定重要的国家政策,并出席国会举行的各种会议。财政经济部部长、教育人力资源部部长和科学技术部部长兼副总理,这三位副总理处理国务总理所特派的特别事务。

国务会议成员由总统根据国务总理的推荐任命。国务会议成员有权领导和监督自己的行政部门,筹划重要的国家事务,代表总统出席国务会议并说明自己的观点。国务会议成员集体和个人仅对总统负责。除国务会议外,总统还有几个直接由他本人掌管的部门制定和推行国家政策,这便是监察院、国家情报院、中央人事委员会、中小企业特别委员会和国家清廉委员会。这些部门的领导人由总统任命,但总统对监察院院长的任命须经国会同意。监察院有权审查中央和地方政府机关、国营企业和有关组织的账目。监察院还有权检查政府部门滥用职权和政府官员的渎职行为。尽管监察院仅对总统负责,但调查的结果须向总统和国会报告。国家情报院搜集国内外的战略情报,有关企图颠覆政权的犯罪活动和国际犯罪活动的信息。该院还策划并协调政府的情报和安全活动。中央人事委员会成立于1999年,负责对公务员进行公正有效的管理。

为了促进中小企业的发展,1998年成立了中小企业特别委员会。国民困难处理委员会成立于1994年。国民困难处理委员会作为监督机构对政府的不当做法和制度进行监督。国家清廉委员会于2002年成立。该委员会有权采取一切必要措施防止腐败。该委员会负责制定和评估反腐败政策,促进反腐败教育和公共关系,审查检举报告和保护举报人。

三、中央政府改革

1988年2月25日第六共和国成立后,卢泰愚总统接受民主共和推进委员会的建议,在1988年5月13日设置了行政改革委员会(1989年7月31日结束)。委员会的任务是针对政府组织、行政制度与行政行为改革等有关事项的研究与检讨,并向总统提出建议。行政改革委员会由学术界、舆论界、法律界、经济界、劳动界、女性界等各界代表21人构成,因而它被认为是行政改革机关中第一个由民间代表所组成的机构。1988年行政改革的基本方向是:民主化的推动与人权的保障;统一愿望之实现;顺应国际化时代;准备地方化时代;追求经济增长的持续;实现福利的均衡。这次行政改革委员会的改革范围是:重新设定政府与民间的角色;重新设定中央与地方的角色;改编政府的行政组织;改善行政制度与行政行为等。

1993年2月25日,金泳三就任韩国总统,结束了韩国自1961年以来长达32年的军人执政历史,开创了文人执政的新时代。他在就职仪式上向选民承诺将以加快行政改革为使命,尽快消除腐败,恢复经济和完善纲纪法规,以此来根治"韩国病",创新一个"新韩国"。

(一)改革的原则

(1)适时性。政府主导国家经济时代所推崇的政府作用和组织机构,应向正常的自由市场经济时代的政府作用和组织机构转变。国家机构应适应时代的要求,加以改组和调整。

(2)信息化组织。信息化社会要求由新的组织机构代替现今中央集权式的组织机构,这种信息化组织比传统性组织办事更有效率。

(3)高效率的行政。建立一个综合性的国家行政电脑网,使行政管理自动化,这才能跟上 21 世纪的步伐。必须对政府行政机构进行改革,使其高效率化。

(4)透明的行政。透明公正的行政是抵制腐败的防腐剂。没有透明的行政,便无法建设崇尚道德的新韩国。

(二)改革的措施

(1)肃贪惩腐,建立廉洁政府

金泳三在政府内部开展了"净化运动",要求所有内阁成员一律公开财产。1993 年 8 月和 1995 年 7 月,韩国先后宣布实行"金融真名制"和"不动产交易真名制",使官员的经济情况得到社会的监督与制约。1993 年推行的"金融真名制"是一场深刻的政治革命,有利于从根本上切断政经勾结和权钱交易的脐带。这一政策规定所有的金融活动必须以真实姓名进行交易,使政界人物不能再以假名账户收取贿赂,也可以防止企业或财团匿名设立秘密政治资金,从而堵塞了社会中营私舞弊的一条重要渠道,纠正了扭曲的金融程序,建立了能砍断政经勾结环节的制度性机制。仅此一项举动,金泳三政府就已增强了公众对政府坚决反对腐败问题的信心,提高了国内金融机构的声望,而且也抑制了大宗违法金融交易行为的发生。在整肃吏治方面,金泳三上任后的百日之内,被查处和革职的官员就有千余人。金泳三政府这种"匡谬肃贪"的举措,虽有些激烈,但多数民众认为还是有助于恢复选民对廉洁政治系统的信任感。

(2)精简机构,提高行政效率

金泳三政府提出了明确的行政改革目标:要迅速在公共行政部门推进改革,以期建立一个高效运作的、真正为公众服务的行政系统。为了加强政府机构之间更好地合作与协调,建立高效率的小政府,1994 年金泳三政府进行了政府机构改革,把经济计划院和财务部合并成"财政经济院",把商工部改变成通商部,从而协调了财政和金融政策,合并运营收入与支出、政府预算与结算。而且其他一些部门也进行调整,裁减了大约 700 多个高中级政府官员。为了防止政府官员的腐败,金泳三总统又在韩国历史上第一次采取了公开总统自己私人财产的措施,他发誓在职期间不接受任何政治捐赠,又对总统办公厅的预算进行程序性监督。金泳三总统以身作则将这种行为扩大到所有内阁成员和准内阁级的官员。一些官员由于没能公开其全部财产而被迫辞职。官职低于内阁的高中级官员们在任职的第一年内也必须公开其私人财产。这种行为扩大到政府公务员的最低级官员,尤其是那些地方政府中易于贪污受贿的低级官员。

(3)破奢倡俭,重塑"亲民"形象

金泳三上任伊始便宣布废除一直不允许普通市民接近青瓦台地区的禁令,接着又开放了总统府后面的仁旺山和总统府附近的高尔夫球场,拆除了议会大厦周围的铁栅栏并撤走了全部武装、戒备森严的守卫部队。在总统府内部,金泳三厉行节俭,革除了礼仪接待上的繁文缛节,并规定凡是在青瓦台举行的内阁各部署长官的午餐会,一律只用面条。

[附录]

韩国中央行政机构图

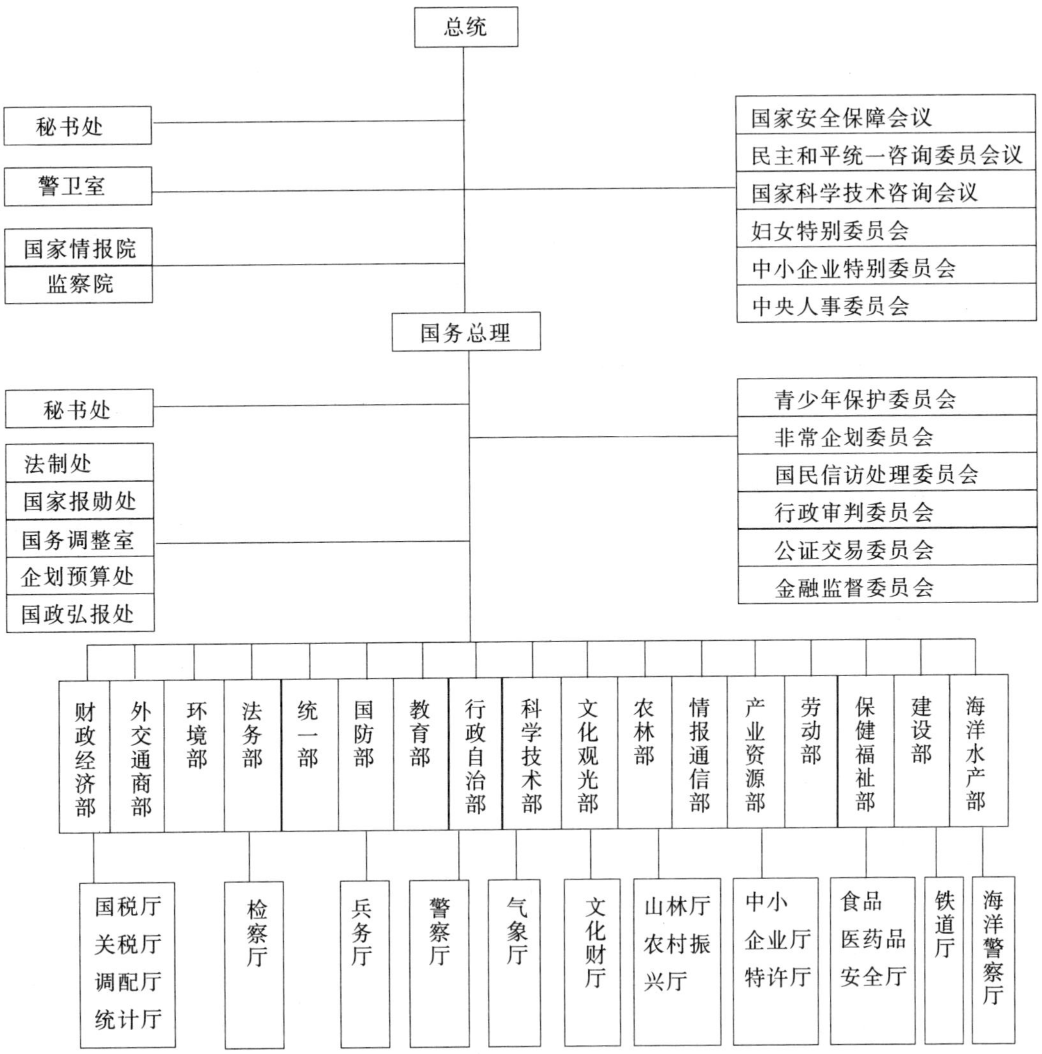

第五节　地方政府

一、地方政府职能

韩国现有16个道级地方政府,包括1个特别市(首尔特别市);9个道,即京畿道、江原道、忠清北道、忠清南道、全罗北道、全罗南道、庆尚北道、庆尚南道、济州道;6个广域市,即釜山、大邱、仁川、光州、大田、蔚山。大韩民国宪法第一百一十七条规定:“地方政府应负责处理当地居民的福利事务,管理财产,并可在法律和法规范围内制定有关当地自治的规章制度。”

高度的中央集权是韩国的固有传统,可以追溯到600多年前朝鲜王朝(1392—1910年)的建立时期。韩国复国后,虽然开始实施地方分权制和地方政府选举,但是经过漫长的发展,才实现了相当于先进国家水平的地方自治。

韩国地方自治法于1949年通过,地方议会一直工作至1961年被军政府解散为止。尽管社会各界,特别是民主人士呼吁恢复地方自治,但朴正熙独裁政府拒绝举行地方选举。直到20世纪80年代中期,中央政府才开始鼓励进行可行性研究,并计划恢复地方自治。

自1985年开始,韩国举行了多次公开听证会和研讨会,有关此一议题的文章和书籍也开始出现。1988年,韩国政府修订了地方自治法。根据新的法律,韩国于1991年3月举行了市、郡、区的地方议会选举,1991年6月举行了广域市和道的议会选举。直到1995年进行的全国道政府知事和广域市长选举,才使宪法承诺的地方自治在30多年后首次得到实施。此前,地方政府仅仅是中央政府的地方行政区。地方政府长官由中央政府任命,他们的自治决策权力实际上并不存在。

根据宪法选举出的地方长官其职能包括:中央政府所赋予的职能;管理公共财产和设施;评估和征收地方税和费用;向地方国民提供各种服务和物品;管理各种行政事务。

二、地方行政组织

目前,韩国共有16个道级政府以及230个下一级地方政府(市级政府),包括75个市政府,86个郡政府和道级广域市下的69个自治区政府。道级政府尽管具有一些独立职能,但基本上发挥着中央政府与市政府之间的中间作用。事实上,下级政府行政组织可与中央政府各部门一一对应,因此中央政府具体部门实行的政策与计划可以由道政府的相应部门进行处理。市政府的行政机制与道政府的行政机制类似。包括市政府下属的非自治行政区在内,各级政府的行政机制特点都可以用统一与全面两个词来概括。

市政府通过行政区机制向国民提供服务。这一机制由郡政府下设的邑与面和市政府所属的区政府下设的洞组成。每个市政府下设数个区,作为处理宪法具体需求的地方办事处。根据管辖区域范围的大小,每个区的人口从5000人到20000人不等。区办事处主要具有从事例行和简单的行政管理和社会服务职能。特殊和复杂的事务由市政府直接处理。还有一些公共安全、道路标志、防火和公立学校等基本职能由中央或道政府通过各区办事处进行处理。

截至2000年,地方政府公务员占政府公务员总数的约35%,与1998年32%的比例相比略有增加。行政自治部在人员与预算方面发挥主要的监督与控制职能。地方政府雇员的甄别、录用、晋升与报酬全部与中央政府官员相同。中央政府确定的政策统一适用于全国。

三、政府之间关系

地方政府在关于地方政府的作用与职能、组织与人员和预算的决策方面极大地依赖于中央政府。地方政府的主要职能是根据中央政府各部门与机构的指导与导向，落实中央的各项政策与计划。地方政府不具备司法、执法、警察或教育机制。中央政府制定所有相关政策并在全国范围内实施。

在组织与人事方面，根据法律，地方政府次官由中央政府(行政自治部)任命。次官具有管理地方政府全部行政事务的权力。重大组织与人事结构调整需要通过上一级政府批准，包括录用、提升、业绩评估、工作环境与报酬等全部相关政策都由中央统一制定。

地方政府在财政方面也极大地依赖于中央政府。这主要是由于在中央与地方政府之间税收渠道分布不均造成的。与政治上地方分权自治体制不同的是经济上高度集中的财政体制，是中央与地方联系的主要渠道。因为财权虽然集中在中央，但中央必须按法律规定将一部分财政收入转移给地方，用于支持经济不发达地区和参与全国性的跨地区的基础建设投资。

四、改革努力

地方政府问题一直以来是改革的主要领域之一，由中央政府启动的重要改革措施包括下列内容：向以公正和竞争为原则的自由市场经济转化，这就要求从过去那种庞大的政府机构转变成为小政府。小政府意味着政府向民间、中央向地方转移权力。加强政府部门之间的相互联系，通过减少人员和机构调整对行政机构、地方公共企业和经济上得到地方政府支持的其他组织进行精简并引入高效管理机制。

1995 年 6 月 27 日，韩国地方自治选举正式启动。1998 年 6 月 4 日，韩国进行了第二届选举。1996 年 1 月 3 日，总务处发表《国家机能转让地方政府方案》，地方政府事务在全体国家事务中所占的比率从 13%提高到 18%，进一步强化了地方自治功能，目的是让地方对重大事务自己做出决定，减少中央政府对地方的控制，提高地方政府机关的地位。因此把税务部门的相当一部分权力下放给地方政府，又限制或减少政府对企业的干预。从 1998 年到 2001 年，地方公务员裁减总数为 30%。除了进行组织与人力缩减外，行政自治部正在计划引入一系列业绩管理新机制，以提高地方政府的效能。根据这一计划，政府将聘用更多专家进行评估，取代此前的年度检查。

[附录]

韩国行政区划单位

1 级	2 级	3 级	4 级
道，特别市，广域市	市，区，郡	邑，面	洞，里

第六节 公务员制度

一、韩国公务员制度溯源

(一)朝鲜时代的吏制

公元4世纪,朝鲜进入三国时期。此后,朝鲜有统一的新罗时代和高丽王朝。最近的朝鲜王朝从1392年到1910年统治长达五个世纪。朝鲜王朝维持了根据儒家思想所设立的典型的君主统治结构,并建立了一个庞大的统治体系。国王是政府决定的最后裁决者,但国王大多数时候都受到官僚集团的制约。而且,正是国王与官僚集团的这种有限的制约与平衡使朝鲜王朝得以维持了五个世纪。所有服务于王室的官吏都要经过指定考试,竞争相当激烈。官吏没有工资,他们被赐予耕地作为补偿,而大部分耕地通常被转租给劳动者。官吏没有任期,国王可以随意开除任何人。然而,很多被开除的官吏经过一段时间后又回到了官吏队伍,因为他们是通过考试才获得官吏资格的。但是,官吏资格并不是被任命到政府组织中承担职位的唯一资格。在国王任命一个政府组织的官员时,他所属的等级可能更为重要。

(二)殖民地时期的公务员制度

1910—1945年间的日本殖民统治时期,朝鲜王朝的几乎所有官吏都被罢黜。统治者根据西方模式建立起来一种新的官僚制度,这种新的官僚制用正式条文将国家事务和统治者的个人事务明确地加以区分。

然而,殖民时期的公务员不服务于公众,他们是殖民者命令和控制韩国人民的工具。殖民地时期的官僚制启动了面对普通大众的招募制度。从这个意义上说,它是一个具有更多现代合法性的官僚制。公务员考试的科目不再限于儒家教义,而是包括法律、数学和其他专业知识等科目。日本人占据了大多数高级职位,以此来控制政府,只有低级职位才由本地人担任。考试的成绩只是通往公务员的途径之一,日本官员和有影响的韩国人的推荐是殖民地时期公务员招募的主要途径。全职公务员有固定的工资。殖民统治者给他们稳定的地位以获取他们对官僚体系的忠诚。公务员的人事管理,如培训、退休金、晋升和批准,都有合法的准则,但管理者可以随时修改这些规则和法律以方便殖民统治者。

二、韩国公务员制度的基本状况

韩国复国后,在民主共和宪法的基础上,韩国公务员制度以一种新的精神重建,韩国政府努力学习现代行政方式和先进的公务员制度。但是,韩国政府延续了殖民地的行政结构,保留了大多数公务员。这是因为,对于一个新独立的贫穷国家来说,高素质的人才相当缺乏,韩国除了利用殖民地公务员的行政专长以外别无选择。

韩国现代的公务员制度是从1949年韩国国会通过《公务员法》以后开始实行的。该法保留了较多的日本殖民时期的法令,随后在1950年、1961年和1963年进行了修订。1963年颁布了称为《国家公务员法》的新法,此法一直沿用至今。此后,国家公务员法经历过多次修改和调整,但其主要精神并没有变,这就是绩效制原则,去除分肥制,建立一个职业体系。虽然政权历经多次变革,但韩国公务员制度的主要运作框架仍然是国家发展的权威保护者。与其他西方国家政务官与事务官的区分一样,韩国公务员也被要求政治上中立,不允许他们干涉政党执政,即公务员与政党彼此脱节,实现了行政同政治的分离。总体来看,韩国公务员制度有一个清晰的等级体系和层级机构,并有着一整套根据官阶和资历制定的公务员工资和退休金制度。而韩国公务员制度最突出的特点在于它的严格考试录用制度,这也是它的合法性基础。

(一)韩国公务员的分类

韩国公务员分为两大类,即中央政府公务员和地方政府公务员。中央政府公务员是由中央政府机关选拔和录用并处理全国性事务的公务员。地方政府有单独的公务员体系。事务类公务员和政务类公务员在韩国称为职业公务员和非职业公务员。职业类公务员也就是职业文官,其地位受法律保护,根据一定的任职资格录用,终身任职。职业类公务员分为9级,从最高的1级到最低的9级:1至5级的官员由总统根据有关部处的长官推荐任命,6至9级的官员由各部长官任命。

根据工作性质,职业类公务员又可以分为:(1)一般公务员负责公共行政事务。(2)技术公务员为行政过程提供专业技能和技术服务。(3) 特殊公务员则是政府中精选的专业人员,包括公诉人、外交官、警察、消防人员、国家安全部人员以及法律规定的其他人员。

而非职业类公务员几乎包括所有政府高级职务:国务会议成员、政府各部次官、其他部级机构的负责人、大使和公使、法官、政界官员秘书、军事人员、国防部门的文职人员、道知事、汉城和五个大城市的市长。此外,所有国立大学的校长、系主任和教师以及所有中小学的教师统称为教育公务员,须服从《教育公务员法》。

(二)韩国公务员的录用

在韩国,成为公务员有两条途径:一条是通过公务员考试,另一条是所谓的"特别招募"。后者是出于对公务员委任的偶然和特殊的考虑。例如,朝鲜战争中阵亡的老兵的家属或对国家独立战争作出贡献的人有资格享受特别招募。人员进入国家公务员体系是以绩效制为原则的,这一原则统帅公务员制度的各个方面,是建立有效政府的基石。它要求在知识、技能和能力的基础上录用人员,其途径是通过考试及取得资格证书等。公务员系统由内阁级官员领导的总务处管理,总务处长官由总统任命。该处通过公开的竞争性考试招聘公务员。

一般的公务员考试分为5级、7级、9级三个级别层次,5级公务员的公开竞争性考试是最高层次的公务员考试。它也是为行政机关的中级行政岗位录用外部人员的一种重要方式。这种考试按照职业性质分为三类:行政人员、外交人员和技术人员。录用法官和检察官的考试称法律考试,都是由总务处组织进行。7级和9级公务员的公开竞争考试是为了招募办事员和工程人员。不同类别的考试有不同的年龄要求,5级公务员和7级公务员考试的年龄要求是20~35岁之间,9级公务员考试是18~28岁。《公务员任用考试令》规定的难度为5级考试相当于大学本科水平,7级考试相当于大学专科水平,9级考试是高中难度。但在实际试卷命题时,难度往往大于有关规定。如据总务处1991年统计,当年7级一般考试时,大学专科毕业生合格率才占3%,其考试难度由此可见一斑。5级公务员考试的竞争从1980年起就达到了100:1,不同职位的竞争度从60:1到164:1不等。即使是最低的9级公务员考试的竞争也达到了30:1,7级考试跟9级的竞争程度不相上下[9],所有的公务员考试都由政府行政部主持。

(三)韩国公务员的培训

1959年,国立汉城大学在美国的帮助下成立了行政学院。这个学院用先进的专业知识培养公务员,并为其他大学纷纷效仿。很快,行政管理就成为韩国社会科学领域最热门的科目。许多大学开设了实际上相当于公务员培训班的研究生夜校班。得到培训的学员很快在中央政府或地方政府的工作中显示出了实力,进一步激发了更多公务员和候选人学习管理知识的热情。政府也设立了一系列的培训学院。每个部都开设了几个培训班培训它管辖的6级以下的公务员。其课程设置分为公共要求的基础教育课与针对特定岗位的专门教育课。中央官员培训学院是政府的培训组织,一般培训各部和各机关的高级官员。所有将晋升的候选人都必须接受政府培训学院的正规培训。培训成绩是晋升评估的标准之一,所以公务员对待他们的成绩都十分谨慎,他们必须至少每5年就接受一次正规培训。除了正规培训,公务员也有许多机会接受学院或大学的研究生继续教育。高级公务员还有资格接受国外教育,一般为两年。一些优秀的官员在国外取得博士学位,还有许多公务员自费上夜校攻读学位。[10]

(四)韩国公务员的晋升与流动

韩国采用了类似美国式的职位分类制度,公务员要晋升到更高一级的职位,必须在同一个职组中的某个职位任满一定的年限。各个级别的要求有所不同,一般级别较高,所需要的年限也较长。由于5级以上属于中高级公务员的行列,所以从6级晋升到5级需要参加晋升考试,其他情况都不需要进行晋升考试。晋升标准是以实际工作成绩、资历和培训结果作为基础的,其中工作成绩占45%,资历占35%,培训分数和个人态度占20%。如果公务员因为其优异的工作表现而获得过奖励,或拥有与工作有关的某种证书,或者在特殊场合或政府教育学院工作,可以获得额外的分数。

实际上,中高级文官职位考试只是面向5级中约1/5的职位,其余4/5的5级公务员职位主要是由晋升取得的,也有少数是通过特别招聘而来的。而4级及4级以上一般公务员96.6%~99.4%根据内部晋升录用。因此通过公开竞争考试方式向中高级官员输送人才被认为是一种例外,由此也就造成了5级公务员考试的竞争格外激烈。一个公务员流动到同一职组同一级别的不同职位上称为调动。对于这种"职组间调动",公务员应参加一次考试,《国家公务员法》规定免予考试的除外。公务员允许进行部际调动,以便提供在政府各部门内不同岗位上的工作机会,不过这是以工作成绩为基础的。但实际上,大多数公务员都是在一个部门或机构中度过终生职业生涯的,部门之间转换职业的机会相当少,也少有公务员愿意冒险去一个不熟悉的机构,因此部门间的流动相当少。

(五)韩国公务员的保障与权利

韩国公务员制度提供了相当稳定的工作保障。公务员的人员变动率一般很小,工资由基本工资加上特殊津贴或奖金构成,基本工资占报酬的50%左右。每类公务员都有独立的工资表。基础工资由级别工资和同一级别中的官阶决定。特殊奖金包括季度奖金(每年4次)、工龄奖金(每年2次)和出勤奖。公务员津贴条例中规定的津贴有:特殊职业津贴、管理责任津贴、家庭津贴、交通津贴、健康津贴、法定休假津贴、儿童教育津贴、住房津贴、加班津贴、税务津贴、危险工作津贴、夜班津贴等。

韩国公务员薪酬结构由"公务员工资条例"和"津贴条例"规定。但是每一类公务员的工资表都得由政府行政部咨询预算办公室来制定。当然,有一部分预算必须通过立法部门审核。一般说来,韩国公共部门的平均薪酬水平比私人部门稍低。即使同属公共部门,公务员的工资也比公共公司低。在公务员中,一般公务员比特殊公务员的工资低,因为通常认为一般公务员可以得到额外的收入,如执行公共权威将对较少的工资有所补偿。工资增长是随着晋升和工资等级的提高而变化的,后者是由资历决定的,每服务一年,工资等级就上升一级。

此外,韩国建立了公务员上诉制度。公务员可以就惩罚性的撤职、得不到升迁、减薪、受到训斥以及其他对其不利的行动如降级、暂时退休、停职及撤换等情况提起上诉。公务员还可向作为第三方的有关机关表达其不满。5级及5级以上国家公务员提出的不满,由总务处的中央不满评估委员会进行评估。6级及6级以下公务员的不满,则由各部、处自己的委员会处理。

(六)韩国公务员的代表性问题

韩国是一个单一民族国家,使用同一种语言,属于同一种族,在公共部门中,不存在种族问题,迄今为止也未见有因宗教纷争引起的分裂。应当说,在公务员的构成上,不存在什么正式的歧视。任何通过公务员考试的人都能在公共部门任职。学校教育曾经是参加公务员考试的前提条件。然而,正是这种纯粹性的竞争,导致了一些社会代表性问题,如性别比例失衡等。统计显示,1995年在2384名新录用的公务员中,只有541名女性。女性占公务员总数不到30%。同样,由于竞争激烈,教育背景被夸大,因此,只需高中生资格的9级公务员中绝大多数却是大学生。

韩国的决策过程不是参与式的。通常由精英官僚进行决策,然后获得政治上的认同,有时会咨询商人和专家,但他们对政策的表述没有直接的影响。一般说来,只要不直接涉及政治合法性,人们是接受政府的行为的,对于公务员的代表性问题,从来也未受到质疑,因为公务员的招募都必须通过公平而竞争激烈的考试,这也成为普遍接受的或合法的方法。在公务员考试成为公务员唯一实现途径的地方,官僚精英的社会背景基础广泛,各不相同。在一个很长的时期内,人们的视线都集中在政治民主化方面。所有存在于政府中的反应迟钝和无效率都被看做是由政治体系的弊端而不是公务员制度造成的。

(七)韩国公务员的政治化问题

韩国的政治由总统控制,立法机关和多数党几乎完全受总统意志的支配。参加合法选举的政党候选人实际上是由政党领袖挑选的,这意味着政党领袖能够控制该党的事务。因为总统是多数党的领袖,他选择立法机关的发言人和领导人以及本党派的领导人物,因此,所有多数党的成员都必须服从总统。公务员必须考虑总统的政策偏好以便对政治制度作出反应。但他们不必对总统以外的政治压力作出反应。公务员在对军人集团的独裁统治和金泳三总统的民主政权的服从上,并无二致。在这个意义上,韩国公务员制度可以归类为典型的韦伯式官僚制度。

在政治日程的形成和执行上,韩国公务员制度是相当独立的。它是决策的原动力。公务员需要在各个领域收集专家和社会的意见,做出更好的建设性决策,而不是忠实地反应政治压力。韩国公务员制度维持独立的权力基础和专业知识。在政策形成中,韩国公务员制度的能力和效力未见遇到多大的挑战。即使是在它不断地卷入政治冲突,公众也始终支持它的中立性。韩国公务员比较容易保持政治中立,因为他们没有既得利益。许多公务员不是政府任命的,他们通过考试取得公务员身份,法律制度也能够满足公务员的政治中立。公务员在担任公职期间,不能参加竞选。像在法国、德国和日本,公务员必须辞职后才能参加竞选。高级公务员,尤其是来自多数党的,是政治候选人的主要来源。然而,相反的情形却少之又少,只有很少的政治家成功地转变为公务员。

在这个意义上,政治被官僚化了而不是官僚被政治化了。由于韩国公务员系统是政策制定和执行中最有影响力的组织,由于权力集中在高层行政官员手中,他们依靠公务员中的知识分子和专业人员掌握权力和制定政策。因而,韩国公务员制度虽然考虑了立法的压力,但立法政治不是决策中的最重要因素。事实上,立法机关很少做出独立的违背行政意志的法律提议。结果是立法机关不能有效地制约行政独裁的扩张。在行政机构之外没有其他的选择。只有执行机构可以违背其他部门的意志,而部门与部门之间的不同意见,往往只是来自不同的官僚集团利益,而不是出于人民利益。出人意料的是,部门之间的竞争是修正错误政策的最重要的源泉。

三、公务员制度的改革历程

李承晚总统的政府所面对的是致力于国家建设的任务,所以,公务员制度的改革在当时并不是一个重要的问题,最多只是对特殊事件的压力做出特别的反应。

1960 年,学生造反后,政府根据新宪法实行了内阁制。政府开始了许多满足人民需要的改革计划。但改革步伐被 1961 年朴正熙领导的军人团体终止了。朴正熙总统的政权始终是通过对公务员制度进行改革来实现军人团体合法化的。朝鲜战争后,接受过美国良好训练的军人集团比当时的公务员要先进得多,集团领导也正是根据军事管理知识来改革公务员制度的。改革的理念是集中化、效率化、标准化和加强控制。他们希望建立一个强大的行政机构来促进国家高效发展。所有的改革设计和执行都采取从上到下的方法。效率是改革正当性的关键,民主是他们努力想逃避的问题。公务员制度改革被大肆宣传,以求把人们的注意力从统治和政治合法性上转移开来。

卢泰愚执政时期,民主改革非常急切,公务员制度改革的焦点也因此而被转移到了民主政治的合法性机制上。分权和分治是公务员制度改革的主要目的。改革中采取了人民参与和批评等新的行政程序。公务员制度的民主化在适应新环境的过程中遇到了来自政治和官僚机构的阻挠。在民主化和自由化的过程中,随之而来的是组织涣散、执法不严和违背承诺。当然,也应当看到,在卢泰愚执政期间,公务员制度改革虽不系统化,但却为民主化设计了一条新的道路。

金泳三政府对民主改革寄予厚望。他在许多领域都成立了公务员制度改革委员会,包括行政程序和规则,劳工和贸易协会,教育和反腐败等领域。在他任期的前半部分时间里,公务员制度改革很有希望,如政府规模的缩减、分权和反腐败。但是,这些改革意图在实际上并没有完全实现,虽然有一个明确的公务员制度民主化的改革方向,而改革的方法和工具却不充分支持这个方向的实现。公务员也表现出了普遍的消极态度。改革的设计也不够系统化,无法克服各种抵制力。所以,金泳三政府的改革也跟他以前的历任总统一样,是一厢情愿和一意孤行的。公众对韩国公务员制度的大多数批评都是因为体制改革不充分。大多数行政改革都集中于司法权的改革或管理技巧。即使在政治体制已实现民主化以后,仍没有多少成功的民主程序和行政纪律的改革。每一个政权在就任之初都承诺了各种各样的公务员制度的民主化改革。大多数的改革努力都是在集团利益的驱动下出于政治目的的外因而不是出于公务员本身自发要求的内因进行的。这样,改革的推进就采取层级渠道的形式。由权力精英发起的改革都随着时间的推移而渐渐消失。

面对亚洲金融危机以及西方近年来人事制度改革的影响，韩国政府采取了较为有力的改革措施,如打破传统的、较为封闭的人事制度,改革晋升制度、报酬制度等,这些改革与过去的改革相比,不仅力度大,而且也取得了较为明显的效果。

【参考文献】

[1][2][4]尹保云.韩国为什么成功[M].北京:文津出版社,1993.

[3]赵自勇.东亚工业化的新经验[C]//各国现代化比较研究.西安:陕西人民出版社,1993.

[5]Yong Hyo Cho, George Frederickson H. The White House and the Blue House: Government Reform in the United States and Korea[M]. Lanham,Maryland:University Press of America,Inc.,1997.

[6]刘鹏辉,郑哲信.韩国——幕后的国家[M].北京:世界知识出版社,1995.

[7]Bun Woong Kim. Democratization and Administrative Reform in Korea [Z]. Portland: 1988 ASPA National Conference, 1988:16-22.

[8]赵炜.韩国现代政治论[M].北京:东方出版社,1995.

[9][韩]金判锡.韩国政府人力资源管理改革评述[J].国家行政学院学报,2000(5):44-48.

[10]汪玉凯,马庆钰.中国与韩国行政体制改革比较研究[M].北京:国家行政学院出版社,2002.

专题分析

三八线的分割:朝鲜半岛的历史与现状

1945年,朝鲜半岛被苏美两国分割为两个区域,相继成立了两个政权,后来演变为两个国家。韩国的政治与行政制度的形成、经济与社会的发展,都是在这一南北对峙的背景下展开的。要深入理解韩国制度的特点,必须要对三八线对面的朝鲜有一定的了解。此外,近年来朝鲜半岛频频成为吸引国际视线的焦点,是东亚地区最不稳定的区域之一。朝鲜半岛的发展走向,关系到周边若干国家的利益。回顾朝鲜半岛分割的历史,研究其现状,可以在一定程度上把握其未来发展趋势。

一、"三八线"的由来

1.日本投降与三八线的划定

1905年,日本强迫朝鲜签订《乙巳保护条约》,在朝鲜设置统监部,使朝鲜丧失了独立国地位。1910年8月,日本把统监部改为总督府,朝鲜沦为日本殖民地。

第二次世界大战期间,美国、英国、中国三国政府首脑于1943年11月22日至26日的埃及开罗会议上,签署了《开罗宣言》,并于12月1日在德黑兰会议结束时公开发表,庄严宣告:"把日本从它用武力或贪欲所攫取的所有土地上驱逐出去。我三大盟国念朝鲜人民所受之奴役待遇,决定在相当期间,使朝鲜独立。"[1]在1945年2月4日至11日由苏联、美国、英国三大国参加的雅尔塔会议上,斯大林和罗斯福单独磋商如何实施《开罗宣言》。谈及朝鲜问题时,罗斯福建议,在战争结束后朝鲜应由美国、苏联、中国三大国进行托管,期限为20或30年,以使朝鲜具备完全独立的能力。斯大林同意对朝鲜进行托管,但对托管期限未加明确表态。

1945年7月17日至8月2日,苏联、美国、英国三国首脑在德国柏林附近的波茨坦举行二战中的最后一次会议。7月26日,美国、中国、英国三国发表了《波茨坦公告》,要求日本无条件投降。公告第八条规定:"开罗宣言之条件必须实施,而日本之主权只限于本州、北海道、九州、四国及吾人决定之其他子岛之内。"[2]该公告再次重申了朝鲜应获得自由独立权。苏联8月8日签署承认联合公告,并随即撕毁《苏日中立条约》,对日宣战。

1945年8月10日,日本通过第三国向中国、美国、苏联、英国发出《日本乞降照会》,指出:"日本政府准备接受中美英三国政府领袖于1945年7月26日在波茨坦所发表其后经苏联政府赞成的联合公告所列举的条款。"

1945年8月8日,苏联依据《雅尔塔协定》宣布对日作战以后,迅速向朝鲜半岛推进,先后攻占了雄基、罗津和清津,并继续向半岛南端挺进,而此时的美国军队还驻扎在琉球岛,进入朝鲜半岛尚需时日。在此十分紧迫的形势下,美国政府为阻止苏军占领整个朝鲜半岛,向苏联提出了一个建议:“以北纬三八度线为界,把朝鲜半岛划分为南北两个区域,北部日军向苏联军队投降,南部日军向美国军队投降。”[3]杜鲁门承认,美国把三八线“作为一种切实可行的解决办法。美国希望把朝鲜划分为两个部分,以便于接受日本投降”。[4]

8月15日,杜鲁门在致斯大林的密信中,详细谈到有关日本部队投降的细则,其中规定:北纬38度线以北的日军向苏联远东军总司令投降,北纬38度线以南的日军向太平洋美国陆军总司令投降。同日,斯大林复函杜鲁门,对以38度线为界接受日军投降未提出异议。[5]美国的上述提议得到苏联的认可,这样“北纬38度线”便作为美国、苏联在半岛接受日本投降的临时分界线。斯大林接到杜鲁门密信后,即下令已进入朝鲜的苏军缓慢前进,致使8月12日便在朝鲜登陆的苏联红军,于24日才到达平壤。部分已越过三八线的苏联红军,又撤回三八线以北。

有一个广泛流传的关于三八线由来的传奇说法:1945年8月的一个晚上,在美国五角大楼的第三休息室里,一个名叫迪安·里斯克的年轻上校和他的同事接受了国防部长助理的命令。命令的内容是如何防止已经开始对日作战的苏联军队推进过快,从而影响战后美国在远东的长远利益。问题的核心是,苏军已经迅速地切断了日本关东军与其本土的联系,很快就会在朝鲜登陆。而远在太平洋上的美军,想抢在苏联军队之前进入朝鲜是不可能的。那么,究竟在哪里要求苏军停下来,才是合理的呢?这必须是一个能让斯大林接受,而且能满足美国的政治意愿,又符合军事现状的折中方案。迪安·里斯克只有30分钟的时间,因为美国国防部、陆军部和海军部的协调大员们,就坐在隔壁的会议室里一筹莫展。面对着眼前一张陌生的朝鲜半岛地图,上面既没有现存的行政区域的划分,也没有任何有关军事、政治和经济因素的参考,迪安·里斯克用手中的红色铅笔,干脆利索地在半岛的中部,画下了一条笔直的斜线。就这样,一个完整的主权国家,被一个从来没有到过那里的美军参谋,分割成了两半,这条红线就是著名的北纬38度线。

其实,三八线的划分并非没有依据,也不是这样富有戏剧性。

事实上,19世纪末期,北纬38度线曾是日本企图分割朝鲜的界线。1880年,朝鲜一些开化的知识分子发动了政变,即“甲申政变”。开化派的金玉均、俞吉浚等人提出了朝鲜半岛实行中立化方案,但由于各列强的争夺,该提议未能实施。俄国利用有些朝鲜上层厌恶日本,并想以俄国势力抵制日本在朝鲜扩张的机会,大力拓展在朝鲜的势力。1896年2月沙俄以保护公使馆为名调进一些军队进驻汉城,俄国驻朝公使韦贝伙同朝鲜官员李范晋、李完用等人,将朝鲜国王高宗从王宫迁到了俄国驻汉城公使馆,一直到1897年2月,高宗重返王宫,历时一年,此事被称为“俄馆播迁”。高宗的“俄馆播迁”,使亲日的金弘集内阁垮台,成立了亲俄的金炳始新政权。俄国由此在朝鲜的势力日益膨胀,日本在朝鲜的势力却江河日下。日本唯恐俄国控制全朝鲜半岛,向俄国提出以北纬38度线为界划分双方势力范围的建议,但遭到了占上风的俄国的反对。

此后,日本为抵御俄国在朝鲜半岛势力的进一步膨胀,于1902年1月同与俄国有矛盾的英国结成了同盟,即英日同盟。它规定:双方承认彼此有权干预中国和朝鲜的内政;一方如对第三国作战,他方应守中立;一方如对两个或两个以上国家作战,他方应予军事援助。[6]俄国意识到该同盟对自己的威胁，以及梦想将中国东北地区划入自己的势力范围，于1903年7月向日本提出在朝鲜半岛以北纬39度线为界，以南为日本人的势力范围，以北则为中立区。日本提出一个反建议，将分界线北移到鸭绿江，同时也要染指中国东北地区。1904年2月8日，日俄战争爆发，结果俄国惨败，1905年9月5日两国订立《朴茨茅斯合约》。合约规定：俄国承认朝鲜为日本的势力范围；将在中国辽东半岛的租借权转让与日本，割让库页岛南部给日本。

此外，在1945年2月，日本为了抵御苏军的进攻和美军登陆日本本土，对日军防区进行了划分：在朝鲜半岛以北纬38度线为界，以北的日军归关东军指挥，以南则由直属“大本营”的第17军指挥。[7]

可以看出，美国方面提出以三八线为军事分界线的建议时，日俄两国当年的纠纷，以及日本当时驻军的现状，都可能对决策者产生了影响。

1945年8月15日，日本宣布投降的当天，美国总统杜鲁门发布盟军总司令关于接受日本投降的第一号命令：以“三八线”为分界线，命令在朝鲜的日本军队位于“三八线”以北的，即原属于关东军指挥的日军向苏联军队投降，“三八线”以南的日本军队向美国军队投降。1945年9月7日至8日，美国军队开始分别在仁川和釜山登陆，向“三八线”以南地区进发。

2.三八线两边各自建立政权

在朝鲜半岛北部，1945年8月15日，驻朝鲜的苏军司令官崔可夫元帅发布命令，宣布朝鲜已成为自由国家，苏军帮助朝鲜建立民主政权，和在朝的一切反日民主政党广泛合作，清除亲日势力，在各道建立以共产主义者为中心的政权机关——人民委员会。1945年8月下旬，苏联军队占领了朝鲜“三八线”以北的全部地区。1946年2月9日，建立了北朝鲜人民委员会。[8]1948年9月9日，在苏联的大力支持下，朝鲜民主主义人民共和国成立，[9]金日成出任内阁首相、国家元首。

在朝鲜半岛南部，1945年9月7日，美国太平洋陆军总司令麦克阿瑟宣布自己对“三八线”以南地区以及居住于该区的居民实行军事管制。9月19日，进驻半岛的美军霍奇中将根据美国政府的命令，在美军占领区成立了军政府，军政长官为美军阿诺德少将,李承晚为民主议院的院长。1945年11月，美军在“三八线”以南成立了国防司令部，并于1946年先后建立了国防警备部(陆军)、海岸警备部(海军)。此后不久，成立了南朝鲜临时政府，并将军政府中的立法、行政、司法划归临时政府。[10]1948年8月15日，成立了大韩民国政府，李承晚为第一任总统。[11]1948年12月8日，联合国第二届大会通过了关于承认“大韩民国”政府和设立“联合国朝鲜委员会”的决议。1949年1月1日，美国政府宣布承认“大韩民国”政府，并与其建立正式外交关系。

1945年8月15日，北纬38度线正式成为接受日军投降的军事分界线，而在1948年9月9日，三八度线则成为政治分界线。

3.朝鲜战争与三八线的长久维持

1950年6月25日，朝鲜战争爆发。直至今天，南北双方仍在互相指责对方首先挑起了战争。一个相对模糊的说法是：1950年6月25日，“三八线”两侧响起了枪声，战争由此爆发，朝鲜军队占领了“三八线”以南的大部分地区。在战争爆发的第三天，即6月27日，美国总统杜鲁门命令美国军队进入朝鲜参战。7月1日，美国第一支军队登上了朝鲜半岛的土地。7月7日，美国以联合国之名拼凑了15个联合国会员国组成了所谓的“联合国军”介入朝鲜战争，“联合国军”的总司令为麦克阿瑟。为了制止朝鲜军队在朝鲜半岛的凶猛势头，9月15日，美军强行在仁川登陆，动用了19艘舰只、18万名士兵，9月28日占领汉城。10月7日，美韩军队越过“三八线”，并继续向中朝边境推进。

战争可以用士兵的鲜血铸就将军、元帅和决策的大人物的功勋、荣誉和久远的名声。麦克阿瑟在结束不久的二战中刚刚尝到了这个滋味，因而其表现很像战争狂。他狂妄地叫嚣：“我将使鸭绿江史无前例地血流成河！”10月25日，中国人民志愿军打响了抗美援朝的第一枪，至11月5日为止，彭德怀下令结束第一次战役。到12月24日，除襄阳一地外，中国人民志愿军同朝鲜人民解放军一道收复了“三八线”以北地区，第二次战役结束。12月31日，中朝两军发起了第三次战役，突破了“三八线”阵地，1951年1月4日占领汉城，将联合国军逼至37度线附近，并占领了水原、利川、原州一线，之后彭德怀命令停止进军。由于美军在朝鲜战争中的不断失利和麦克阿瑟的“傲慢与鲁莽”，1951年4月11日，麦克阿瑟被解职，其职务由李奇微接任。自此之后，双方在“三八线”展开了拉锯战。1951年1月25日，中朝军队展开了第四次战役。4月22日，中朝两国军队结束了防御作战，进入了反攻阶段，开始了第五次战役。但由于美军的顽强抵御，中朝军队被迫后退，双方又在“三八线”展开了对峙战。

在第五次战役后，交战双方展开了旷日持久的谈判，在此过程中小规模战斗始终未停止过，其中也包括美国的“细菌战”。经过艰苦谈判，1953年7月27日，在板门店，战争双方签订了《朝鲜停战协定》。接替李奇微任“联合国军”总司令的克拉克代表美韩在停战协议上签字，彭德怀代表中朝在协议上签字。[12]

1950年6月25日开始到1953年7月27日，历时3年1个月零2天的朝鲜战争结束。

这场战争的艰难程度远远超出了双方的预想。中国方面是面对当时世界上最强大的军队和最先进的海、陆、空兵器，伤亡极为惨重。美国方面也经历了一场噩梦，其对手是刚刚在一场人类历史上最大的内战中获胜的百战之师，他们训练有素、士气高昂、英勇顽强，善于对抗比自己强大的敌人，因而美军同样伤亡极为惨重。

关于这场战争的各方损失，或反过来说，另一方的胜利成果，至今仍没有精确的统计数据。

1976年，韩国国防部战史编写委员会出版的《韩国战争史》声称，联合国军方面的伤亡、失踪及被俘数是1168160人。而韩国军队的损失为984400余人，其中阵亡227800余人，负伤717100余人，失踪43500余人。据美国方面近年的数据统计，在整个战争中，美国军队共计阵亡33629人，其他原因死亡20600余人，负伤103248人，被俘后遣返3746人，另外尚有8142人失踪，估计也只好归于死亡一类，共计伤亡169300余人。战史专家、中国人民解放军国防大学教授徐焰认为，相对于韩国军队来说，美国军队的这个统计数字要更可靠一些。徐焰曾撰文指出，最新的统计数据表明，抗美援朝战争中，中国人民志愿军在战场阵亡11万多人，加上参战人员中伤病和其他原因的死亡，中国方面在战争中共牺牲了18

万人。另外,他又介绍说,根据卫生勤务部门准确的阵亡统计和医院接收伤病员统计,志愿军在抗美援朝战争中的总损失数是:战斗和事故死亡114084人;负伤383218人(因包含两次以上负伤而存在重复统计);患病后送入医院治疗455199人(因包含多次住院同样存在重复统计);战场失踪25621人。此外,战争期间根据解放军后方卫生部门的统计,医院中的负伤人员有21679人不治身亡,还有13214人病死。按以上数字总计,共有148977人牺牲。但这一数字未包括失踪人员中的死亡者,也未包括支前民工。整个战争中,朝鲜军队共计215000人阵亡,303000人负伤,101000人失踪或被俘。苏联有315人阵亡。共有大约300万平民死亡,这个数字是当时朝鲜半岛总人口的10%左右。

这是第二次世界大战后唯一的一次大国之间的面对面的碰撞,留下了极为惨痛的记忆。此后的60年,在真正的世界大国之间,没有再发生直接的战争。

朝鲜战争巩固了南北双方的分割状态,南北双方的对立更加严重。朝鲜方面声称,为了夺取革命在全国的胜利,一方面要在朝鲜半岛北半部有力地推进社会主义建设,另一方面还要在南部朝鲜进一步发展革命斗争。南方的李承晚认为“停战对我们意味着死亡”,“我们不得不单独作战也在所不惜”。朝鲜停战后,李承晚还继续叫嚣“北进统一”。1961年5月,朴正熙发动军事政变上台后,用“胜共统一”代替了“北进统一”的口号。从此,南北双方在250多千米长的军事分界线两侧,共计陈兵150万,并不时引发紧张局面。

随着国际局势的缓和,20世纪80年代的中后期,朝鲜南北双方间的接触、对话和往来变得较为频繁。但是,无论从麦金德 (Halford Markinder)的“陆权论”,马汉(A. T. Mahan)的“海权论”,还是斯皮克曼(N. J. Spykman)的“边缘地带理论”看,朝鲜半岛都是处在东亚的心脏地带,具有中心国、桥梁国、缓冲国的性质。特别是它与为霸权主义辩解的“成长尖端论”非常吻合,从而使它始终是东亚的重要战略要塞,成为扩张主义国家谋求的首要势力范围。[13]从地理的接近性和接触面大小所导致的安全利益大小以及历史上的交往程度等因素来判断,朝鲜半岛对其周边三大国影响程度的大小依次为:中国、日本和俄罗斯。然而,作为超级大国的美国虽不与朝鲜半岛为邻,但却是介入半岛事务最深的国家。显然,每个大国都是根据自身的安全利益和地缘政治战略制定和推行其朝鲜半岛政策的,朝鲜半岛问题的变数很大程度系于大国之间博弈。因此,朝鲜南北双方要取得突破性的进展难度较大。而南北双方关系可能发生变化的因素则有两个方面:一是随着国力的消长变化,从长远来看,俄罗斯和日本的影响会有所减弱。同时,韩国经济实力增强后,逐渐有了不当棋子而成为博弈者的要求,朝鲜发展核武,也是为了增加发言权。二是在世界性的改革潮流中,北方的金正恩是否会扩大改革开放,以及他是否有能力在改革开放中保持对政权的控制。

二、朝鲜政府领导人、基本政治构架及粮食危机

1.朝鲜历任最高领导人

金日成(1912年4月—1994年7月),朝鲜民主主义人民共和国开国领袖。1925年随父金亨稷赴中国东北,1927至1929年在中国吉林毓文中学读书,参加了反日斗争。1932年4月25日创建朝鲜人民革命军,在中国进行抗日武装斗争。1936年5月,创建朝鲜抗日民族统

一战线——祖国光复会，并被推举为会长。1945年8月15日，日本投降，金日成回国。1945年10月10日金日成创建北朝鲜共产党。1949年6月30日，朝鲜半岛南北的劳动党合并成统一的朝鲜劳动党，选举金日成为委员长。1946年3月23日颁布了《二十条政纲》，其中第11条规定：没收日本人、日本国家、卖国贼和继续出租的地主的土地，废除租佃制度，把全部没收的土地无偿分配给农民所有，并由国家管理一切属于灌溉业的设施。1946年8月10日，朝鲜颁布了无偿地没收日本国家、日本法人及私人和朝鲜民族叛徒的一切工厂、矿山、发电站、铁路运输、邮电、银行、商业等机构并实行国有化的法令。1947年2月，金日成出任北朝鲜人民委员会委员长。1948年9月9日，朝鲜民主主义人民共和国成立，金日成任内阁首相。1950年6月至1953年7月，朝鲜战争期间，金日成任朝鲜劳动党中央委员会委员长、内阁首相、军事委员会委员长、朝鲜人民军最高司令官。此后，领导朝鲜"完成城乡生产关系的社会主义改造，努力建设具有坚实自立民族经济基础的社会主义工业化国家"。1955年12月，金日成在对党的宣传工作者讲话中提出，要以朝鲜革命作为"党的思想工作的主体"，这是第一次提出"主体思想"的概念。到20世纪60年代下半期，金日成最终完成了对主体思想的体系化工作。主体思想在国家政策上的体现就是：政治上自主、经济上自足、国防上自卫。1972年12月，金日成在第五届朝鲜最高人民会议第一次会议上当选为国家主席、国防委员会委员长。1980年10月，在朝鲜劳动党六届一中全会上当选为党中央总书记、中央军事委员会委员长。1994年7月8日，因心脏疾病突发在其官邸内逝世，享年82岁。1998年9月，朝鲜修改宪法，金日成被追授为共和国永恒的主席，从此以后朝鲜不再设立国家主席一职。

金正日(1942年2月—2011年12月)，金日成长子，朝鲜第二代最高领导人。金正日于1945年随父亲回到朝鲜，于1961年7月22日加入朝鲜劳动党。1964年6月起先后担任朝鲜党中央委员会指导员、科长、副部长、部长等职务。1973年9月后，先后当选为劳动党中央委员会书记、党中央政治委员会委员，1980年10月，当选为中央政治局常委、中央军事委员会委员，后任党中央军事委员会委员长。1991年12月，任朝鲜人民军最高司令官，翌年4月被授予元帅军衔。1993年4月，当选为朝鲜国防委员会委员长。自金日成主席和朝鲜人民武装力量部前部长吴振宇元帅相继病逝后，金正日成为朝鲜劳动党中央政治局唯一常委和朝鲜人民军统帅，一直主持党政军全面工作。1997年10月8日，出任朝鲜劳动党中央委员会总书记。2011年12月17日上午8时30分，金正日因疲劳过度引发心脏病，在列车上去世，享年69岁。

金正日"在引导和推进朝鲜特色社会主义革命和建设的过程中"，十分重视军事工作，于1995年1月提出了"先军政治"思想。"先军政治"的思想就是将"军事第一"和"加强国防力量"作为国家第一要务，一切以军事工作为先，一切以军事工作为重。"先军政治"主要包括4个方面：一是突出军队在社会阶层中的最高地位，将军人置于工人、农民、知识分子三大阶层之前；二是执行"先军"领导方式，以治军方式推动全社会工作；三是保障军费投入；四是用军人的奉献精神启迪国民，增强国民凝聚力。在"先军政治"思想的指导下，军队几乎参与到"社会主义建设的所有领域，朝鲜也实现了军队和人民在思想、工作态度、生活作风上的完全一致"。

金正恩(1983年1月—),金正日第三子,现任朝鲜最高领导人。2010年9月27日,金正日任命金正恩为朝鲜人民军大将。2010年9月28日,金正恩当选为朝鲜劳动党中央军事委员会副委员长。金正日去世后,2011年12月30日, 金正恩被推举为朝鲜人民军最高司令官。2012年4月11日,朝鲜劳动党第四次代表会议决定,将金正恩推举为朝鲜劳动党中央政治局委员、常委和中央军事委员会委员长。本次会议还推举金正恩为朝鲜劳动党第一书记,将金正日"永远拥戴为朝鲜劳动党总书记"。2012年4月13日,朝鲜第十二届最高人民会议第五次会议推举金正恩为朝鲜国防委员会第一委员长。

2.朝鲜政府的基本政治构架

(1)宪法

1972年12月27日,朝鲜的第一部宪法《朝鲜民主主义人民共和国社会主义宪法》于第五届最高人民会议第一次会议通过。

宪法规定,朝鲜民主主义人民共和国是代表全体朝鲜人民利益的自主的社会主义国家。朝鲜民主主义人民共和国的权力属于工人、农民、劳动知识分子等所有劳动人民。劳动人民通过自己的代表机关——最高人民会议和地方各级人民会议行使权力。朝鲜民主主义人民共和国的一切国家机关均根据民主集中制原则组成并开展活动。朝鲜民主主义人民共和国在朝鲜劳动党的领导下进行一切活动。

1998年9月5日, 朝鲜最高人民会议第十一届一次会议对1972年颁布、1992年修订的宪法进行了较大幅度的修改和补充。新宪法在强调社会主义公有制和民族自立经济的同时,加入了"独立核算","运用经济杠杆",允许集体单位从事外贸,鼓励机关、企业、团体同外国的法人或个人进行企业合营和合作等内容。

2009年4月,最高人民会议十二届一次会议对1972年的宪法进行了第三次修订,新增"先军思想"作为国家活动的指导方针;宣布国防委员会委员长为朝鲜国家最高领导人,拥有最高武力统帅、重要人事任免、对外条约存废、特赦及战争动员等权力。

2012年4月13日,最高人民会议十二届五次会议通过宪法修订案,规定金正日同志为"永远的朝鲜民主主义人民共和国国防委员会委员长", 增设国防委员会第一委员长,并规定"国防委员会第一委员长为朝鲜民主主义人民共和国最高领导人"。

(2)最高人民会议

朝鲜宪法规定,最高人民会议为国家的最高权力机构。最高人民会议每年召开一至两次,每次会期只有几天,是世界上开会时间最短的议会之一。会议通常不经任何讨论及修改,无条件通过政府的各项提案。会议休会期间,由其常任委员会代行职能。由于朝鲜是一党执政的国家,最高人民会议的所有代表候选人均由执政党朝鲜劳动党挑选。

(3)国防委员会

在朝鲜实行"先军政治"后,国防委员会成为朝鲜实际上的中央最高权力机构,不仅负责国防,而且对经济、政治、党务等工作也有很大的控制权。委员长统率、指挥全国一切武装力量,并全面领导国防工作。

朝鲜国防委员会下设三个部和直属机构:人民武力部,管理人民军;国家安全保卫部,国家安全保卫机构(人民军番号为10215部队);人民保安部,警察机关,兼管人民内务军(原人民警备队)。直属机构包括:政策局、行政局、总务局、政治部、外事局。

(4)政党

朝鲜劳动党(Korean Workers Party)是朝鲜的执政党。机关报为《劳动新闻》(日报),党刊为《勤劳者》(月刊)。朝鲜劳动党中央委员会第一书记、中央军事委员会委员长、朝鲜国防委员会委员长为朝鲜武装力量最高统帅,体现了朝鲜劳动党对朝鲜武装力量拥有最高级别的绝对控制权。现任第一书记金正恩(2012年起)。朝鲜劳动党中央组织机构有中央委员会、政治局、书记局。地方组织机构是各道(直辖市)、市(区)、郡的党委员会。

朝鲜宪法规定,朝鲜民主主义人民共和国在朝鲜劳动党的领导下进行一切活动。朝鲜劳动党把金日成创立的主体思想作为“唯一指导思想”。按照主体思想,朝鲜社会主义革命和建设的主体是领袖、党和人民大众。党是以领袖为中心组织起来的,人民大众要在领袖和党的领导下,形成一个思想、一个组织。金正日提出“先军思想”也是以主体思想为基础,“先军思想”的原理清晰地解释了朝鲜党政军民之间的关系,即“军队就是党,是国家,是人民”。

朝鲜社会民主党(Korean Social Democratic Party),原名朝鲜民主党,1945年11月3日成立,1981年1月29日改为现名。由一部分中小企业家、商人、手工业者、农民、基督教徒等组成。该党承认朝鲜劳动党的领导,是朝鲜祖国战线成员。

天道教青友党,1946年2月8日成立,由信奉天道教的农民组成。该党支持劳动党的路线和政策,是朝鲜祖国战线成员。

此外,朝鲜还有祖国统一民主主义战线、祖国和平统一委员会等社会团体、组织。

3.朝鲜粮食危机

自1995年夏季以来,朝鲜持续出现粮食危机,给朝鲜人民的生活带来了极大的困苦,对金日成之后的朝鲜政府提出了严峻挑战,也引起国际社会的广泛关注。

分析者认为,朝鲜粮食危机产生的原因有以下几个方面:

第一,朝鲜自然条件恶劣,不利于粮食生产,粮食一直难以自给自足。20世纪90年代以来,朝鲜每年都遭受了不同程度的自然灾害,特别是1995年和1996年的特大水灾,给朝鲜的粮食生产和经济带来了巨大损失。据1995年9月朝鲜向联合国有关机构提供的报告:水灾造成的经济损失达150亿美元,相当于1994年朝鲜国民生产总值的75%;粮食减产约190万吨,相当于正常年份粮食产量的一半。1997年,朝鲜又遭受了严重的旱灾,据朝中社报告:干旱已毁掉29万公顷农田和70万吨粮食。

第二,在粮食不能自给的情况下,贸易环境剧变,加重了危机。冷战时期,朝鲜的外贸主要依赖于苏联和东欧市场,并且以易货贸易为主。随着东欧剧变,朝鲜的贸易环境越来越不利。由于缺乏外汇,粮食进口受到制约。由于原料、燃料缺乏,许多工厂被迫减少工作时间,造成生产严重不足。据估计,由于化肥不足,使粮食产量减少5%,农药缺乏造成的粮食损失达20%~30%;由于缺少零配件,大部分农业生产机械都不能使用。

第三,沉重的军事负担也影响了对农业的投入。冷战后,朝鲜半岛南北军事对峙的严重局面没有缓解,双方在三八线附近陈兵百万,消耗大量的人力、物力、财力。朝鲜目前的军费开支为60亿美元,在三八线附近部署120万军队,给本已恶化的经济带来了更加沉重的负担。

朝鲜政府的自救措施包括:政府向全国人民发出了开展“爱国节粮运动”的号召,通过减少粮食配给量,控制粮食的总需求;将经济发展重点由重工业转为农业、轻工业和贸易,增加对农业生产的投入;适当地扩大地方政府的经济管理权限;作为其政策调整的一部分,朝鲜农业部门最近实行了一种新的定额分配制:每一个集体农庄中的生产队可以享有自由支配其生产定额以外多余产品的权力,以调动农民的生产积极性;为了解决农忙时期劳动力不足的问题,政府还发动军队参加生产。

从“每一个集体农庄中的生产队可以享有自由支配其生产定额以外多余产品的权力”这一条措施可以看出,朝鲜的农业经济制度仍然是集体农庄制,据说这是一种公有制的“高级形态”。中国的人民公社搞了20多年,“人哄地,地哄人”,“干部吃干的,社员喝稀的”,饿得农民到处逃荒要饭。朝鲜的这个制度更比中国多维持了30年,挨饿大概是正常的。如果人人吃得饱,就必须“千万朝鲜尽舜尧”,或都是特殊材料制成的。

三、两次经济危机中韩国的表现

1.两次危机冲击

(1)1997年亚洲金融危机中的韩国经济

亚洲金融危机爆发前,韩国经济基本是稳定增长的,表现为财政收入稳定增加、中央财政略有盈余、外债负担较轻、通货膨胀率较低。1995年,韩国人均GDP达到10076美元,超过了人均万美元大关。[14]

1997年7月,发端于泰国的亚洲金融危机,导致菲律宾、印度尼西亚、马来西亚、韩国、日本等国相继卷入经济危机。短短的几周内,大量资本从上述国家流出,汇率崩溃,金融机构倒闭,股市一落千丈,国内产出急剧下降。韩国主要钢铁公司之一的韩宝钢铁工业公司因无力偿还借款,宣布破产。随之,韩国最大的酿酒商“真露”倒闭,起亚集团破产,几家与之有关的银行和融资机构随即被拖入困境。危机波及韩国金融市场,韩元对美元汇率开始波动。据韩国金融监督院的统计,在贬值政策的阴影下,大量资本从韩国流出,仅1997年11和12两个月,资本外流累计达到98亿美元,占韩国当年GDP的2%;危机前韩国共有各类金融公司2103家,危机后有765家在结构调整中破产撤销或被收购、合并重组,1998年,银行业因金融危机而遭受的损失达到14.48万亿韩元。当年,韩国国内生产总值首次出现负增长,通货膨胀率急剧上升。1998年比1997年的消费物价指数上升了11.1个百分点,失业率也由1997年的2.6%骤增至1998年的6.8%。

(2)2008年美国次贷危机中的韩国经济

亚洲金融危机之后,韩国政府根据与国际货币基金组织达成的援助计划,开始对其经济进行调整和改革,经济再度恢复高增长。然而,2008年的“次贷危机”再次重创韩国经济。从经济总量上看,虽然以韩元计价的GDP在2008、2009两年仍然保持增长态势,但由于韩元兑美元的汇率大幅度贬值,换算为美元的GDP经济总量在世界的排位持续下降。韩国不仅金融市场受到冲击,实体经济也面临重重困难,出口、投资、消费呈现低迷状态,汽车、房产等热点消费也出现不景气,国内物价上涨。根据韩国统计厅2009年4月15日公布的《3月份雇佣动向》,2009年3月份,韩国失业人数为95.2万人,失业率为4.0%,其中15~29岁的年轻人失业率高达8.8%,超过整个社会失业率一倍多。[15]

2.两次经济危机对韩国经济产生破坏性冲击的原因

从表现形式上看,韩国的经济危机主要是外债偿付危机。亚洲金融危机中,日本经济的不景气导致日本在韩国的投资资金突然被抽回,造成了韩国金融市场的不稳定,加之出口市场萎缩使其投资在东南亚的资金难以回收,从而使金融危机更加恶化。美国次贷危机导致整个次贷市场的动荡,引致金融机构的不实资产大量增加,造成美国大型银行的衍生产品价格下降,进而波及美国大量的中小型金融机构,最后影响到给美国金融业投资的世界各国的金融市场。韩国是投资美国金融业的国家之一,因此美国的次贷危机直接影响到整个韩国经济。[16]

其实,两次经济危机给韩国经济造成的巨大冲击还有其深层次原因。早在爆发经济危机之前,韩国就一直推行国家主导型的外向经济发展模式。政府通过制定产业政策、扶植重点企业、影响银行信贷等手段,在经济中发挥着决定性作用。这种模式忽视了市场效率和政策的透明度,缺乏有效的市场制约和调节机制,使企业在政府支持下不计成本地盲目扩张,为韩国经济埋下了隐患。[17]由于缺乏透明度,这一模式还导致了"政经勾结"等腐败现象的泛滥,违背了公平竞争的市场原则,加剧了经济发展的不平衡。

比如,韩国金融体制受到来自政府的严格控制,政府规定私人和私人机构不能单独拥有一家银行4%以上的股份,所有银行的行长和其他高级经理由政府任命。在这种体制下,政府高级官员和大企业之间的幕后协商常常决定了银行贷款的去向。瑞士国际管理学院(IMD)发表的《1997年度国家竞争力报告》显示,虽然当时韩国的经济规模居世界第11位,但其金融部门的竞争力在被调查的46个国家中排第43位,处于十分落后的地位。

自20世纪60年代以来,韩国政府通过一系列产业政策的推行,引导和推动韩国产业结构的变迁。这种产业政策,在产业组织方面造就了韩国所特有的企业经营模式——财阀。由于对未来的过度乐观,这些财阀企业过度扩张、过度投资、过度生产,在政府的支持和鼓励下,银行对这些企业给予低息贷款,形成畸形的企业投融资体制。[18]

3.韩国应对经济危机的策略

受到两次经济危机的巨大冲击,令韩国政府痛定思痛,重新审视造就"汉江奇迹"的经济体制和经济发展模式。

(1)应对亚洲金融危机的策略

①金融改革。韩国政府在1997年12月接受了国际货币基金组织583亿美元的援助后,开始了IMF建议的一揽子改革措施,其成果是投资者的偏好由高风险资产转向了稳定型资产,培养了长期、稳定的机构投资者,为韩国经济的发展提供了长期稳定的资金来源。

②调整经济结构,进行企业改革。一是大企业改革。二是扶持中小企业;新开业企业与破产企业之比,由1997年的3.4:1,增至1999年的12.3:1。[19]三是推进高新技术产业成长,计划使高新技术产业及服务业年均分别递增8.7%和12%。[20]四是改革劳动力市场,改善劳资关系。[21]

③适应国际规范,促进外汇制度先进化。1998年7月开始中期外汇引入和贸易信用自

由化,从1999年4月开始在企业和金融机构的外汇交易原则上自由化,从2001年开始个人使用外汇完全自由化,并注意减小外汇自由交易的副作用。

(2)应对美国次贷危机的策略

①金融政策。全球金融危机爆发后,韩国在近一个月的时间里连续三次降息;为拯救濒临倒闭的金融机构,注入了168万亿韩元(约1810亿美元)的资金;韩国金融监督院加强了对资本进出和外汇衍生品交易及外币流动性风险管理监控,强化对11家具有系统重要性的金融机构的监督。[22]

②短期财税政策。

首先,投放巨额转移支付,以援助弱势群体。2009年2月,韩国政府启用5.9万亿韩元用于帮助低收入人群维持生计和进行医疗补助;同年3月,韩国政府又宣布将紧急投入6万亿韩元,以帮助贫困人口和失业人员度过经济危机,并以现金的形式将这笔资金分发给援助对象。其中,约110万老年人和残疾人将在6个月内每月获得20万韩元的现金补贴。另外,因失业或停业生计受到威胁的86万人每月可获得83万韩元的现金和消费券。用于援助这些弱势群体的资金将从韩国政府为刺激经济而追加的预算中划拨。[23]

其次,增加财政支持力度,促进农业发展和就业。韩国政府2009年4月1日宣布,准备下乡务农的失业工人每人可获得最高达2亿韩元的政府创业贷款,同时还能获得2000万韩元的购房贷款。此项低息贷款年利率仅为3%,由农林水产行业从业者信用担保基金提供90%的担保。

再次,降低多项税费,缓解企业和个人的税收压力。出台"扶持中产阶级"法案,采取多种措施减免中产阶级的多项费用,使中产阶级的收入多元化。

③中长期财税政策。一是优化财政支出,以改善能源结构,减少石油、煤炭等化石燃料在整个能源结构中所占的比重,大幅度提高新、再生能源所占的比重。[24]韩国希望至2030年能源技术能由目前的发达国家中等偏上水平跃居世界一流水准。[25]二是启动"绿色新政",以适应未来的经济发展。2008年8月韩国颁布了"李明博政府的科学技术基本计划",其核心内容是,到2012年韩国要将科技投入占GDP的比重从2006年的3.2%提升到5%。[26]

④增加教育投资。2008年12月,韩国教育科技部推出为期五年的"教育福利促进计划",安排了高达17.2239万亿韩元(折合127亿美元)的预算,这笔资金将集中用于韩国今后五年扩大教育福利的举措。

亚洲金融危机和美国次贷危机,韩国都是亚洲受冲击最大的国家之一。但是,在本国政府和国际力量的共同努力下,韩国经济迅速恢复,成为"东亚地区遭受金融危机的国家中第一个摆脱危机的国家"。进入21世纪后,经过历次的战略调整,韩国经济始终以较平稳的态势前行。有学者认为,韩国政府在金融危机治理方面积累的经验对于广大发展中国家具有普适性借鉴意义。

也许是半岛的北南双方都急迫地想要证明自己道路的优越性,被三八线分割的两个国家都提出了雄心勃勃的经济发展目标。朝鲜在金正日执政的最后几年,提出要建设"强盛大国”,并把2012年作为打开强盛大国之门的元年。而韩国总统李明博则宣称要将韩国建设成为世界上领先的“一流大国”,并且有一个目标更为具体的“747”计划:GDP年均增长7%,10年内(至2018年)人均GDP达到4 万美元,GDP总量跻身世界第7位。但受美国次贷危机的冲击,韩元兑美元的汇率大幅度贬值超过13%,韩国的美元经济总量在世界的排名从2006年的第11位掉到2007年的第13位,进而继续掉到2008年和2009年的第15位。

事实上,即使没有次贷危机,韩国要实现这个“747计划”也非常困难。

目前世界上的各个发达大国,一般都在经济的某些领域取得了极富竞争力的优势地位。即使是成为“欧猪五国”(PIIGS)的意大利,也拥有极丰厚的底蕴:基础教育发达,创新能力强劲,有多人获得诺贝尔奖,不仅有世界顶级的时尚和艺术产业,钢铁、机械、石油、化工、军火等产业也有世界一流的竞争力。同时,这些发达国家在教育水平、劳动生产率、创新能力等方面,也已经达到了人类社会目前能够达到的最高水平,增长的空间很小,因而GDP的增速也比较低。观察全世界发达国家经济总量的排名,会发现各国的排名往往与其人口数量呈正相关关系。几十年来,发达国家之间也很少发生相互超越的情况。韩国正是因为还不够“发达”,因而经济增长速度仍然比较高。但当人均GDP接近发达国家的标准时,保持高速增长就会变得极为困难。因此,韩国(人口4891万,2011年,下同)在今后若干年内GDP超过澳大利亚(人口2223万)、西班牙(人口4602万)、加拿大(人口3406万)或有可能,但要超过意大利(人口6034万)就比较困难。要取代目前世界第7位的英国(人口6222万),则绝非是区区10年可能达成的目标。这样,韩国难以超越的发达国家就有美国(人口31000万)、日本(人口12748万)、德国(人口8160万)、法国(人口6296万)以及英国和意大利6个国家。

而世界排名靠前的几个发展中大国,如中国(人口134141万)、巴西(人口19325万)、俄罗斯(人口14037万)、印度(人口121594万),其增长的势头,比韩国更猛,增长的空间,也比韩国大得多。据高盛公司2003年的预测,到2050年,全球新的6大经济体将变成中国、美国、印度、日本、巴西、俄罗斯。朝鲜半岛目前的总人口超过7000万,人口的增长率也高于欧洲的发达国家。如果未来的某一个时间,朝鲜半岛成为统一的国家,这个新国家的经济总量有可能会超过德国、法国和英国。但毫无疑问这是个漫长的过程,并且存在许多难以预测的变数。比如,朝鲜半岛会统一吗?会在何时统一?以何种方式统一?以及,现在人口过亿的墨西哥和印度尼西亚等,届时会排在什么位置?等等。

韩国人目前的这种“赶超”心态,不仅会鼓舞公众的干劲,还会给国家主导战略提供强大的支撑。而韩国由两次危机中暴露出来的最大问题,恰恰是这个国家主导战略。

[附录]

2011年GDP排名前30位国家或地区

国家或地区	GDP(亿美元)	GDP排名	人口(万)	人均GDP(美元)
美 国	150940.30	1	31000	48387
中 国	72981.47	2	134141	5414
日 本	58694.71	3	12748	45920
德 国	35770.31	4	8160	43742
法 国	27763.24	5	6296	44008
巴 西	24929.08	6	19325	12789
英 国	24175.70	7	6222	38592
意大利	21987.30	8	6034	36267
俄罗斯	18504.01	9	14037	12993
加拿大	17368.69	10	3406	50436
印 度	16761.43	11	121594	1389
西班牙	14935.13	12	4602	32360
澳大利亚	14882.21	13	2223	65477
墨西哥	11547.84	14	10863	10153
韩 国	11162.47	15	4891	22778
印 尼	8456.80	16	23438	3509
荷 兰	8404.33	17	1661	50355
土耳其	7780.89	18	7134	10522
瑞 士	6360.59	19	779	81161
沙 特	5775.95	20	2611	20504
瑞 典	5382.37	21	933	56956
波 兰	5138.21	22	3809	13540
比利时	5133.96	23	1092	46878
挪 威	4836.50	24	491	97255
伊 朗	4824.45	25	7535	6360
中国台湾	4668.32	26	2333	20101
阿根廷	4476.44	27	4052	10945
奥地利	4192.43	28	838	59809
南 非	4080.74	29	4991	8066
阿联酋	3601.36	30	506	67008

GDP及人均GDP数据来源:IMF数据库(2012年4月17日公布)

【参考文献】

[1]世界知识出版社国际条约编委会.国际条约集(1934—1944)[M].北京:世界知识出版社,1961.

[2]世界知识出版社国际条约编委会.国际条约集(1945—1947)[M].北京:世界知识出版社,1959.

[3]Grey L Jr. The Thirty-Eighth Parallel[J]. Foreign Affairs, 1951,29(3):482-487.

[4][美]哈里·杜鲁门.杜鲁门回忆录.下卷[M].北京:东方出版社,2007.

[5][苏]苏联外交部.第二次世界大战期间斯大林同罗斯福、杜鲁门通信:卷2[M].北京:世界知识出版社,1963.

[6][苏]安杨维辛斯基.外交词典[M].北京:东方出版社,1986.

[7]沈志华.三八线的由来及其政治作用[J].上海师范大学学报,1997(4):57-60.

[8][韩]姜万吉.韩国现代史[M].北京:社会科学文献出版社,1997.

[9][11][朝鲜]金汉吉.朝鲜现代史[M].平壤:朝鲜外文出版社,1980.

[10] [苏]苏联外交部.朝鲜问题参考文件[M].章化农,译.北京:五十年代出版社,1950.

[12]朝鲜问题文件汇编.第2集[M].北京:世界知识出版社,1959.

[13]陈峰君.亚太安全析论[M].北京:中国国际广播出版社,2004.

[14]数据来源:世界银行数据库[EB/OL].http://data.worldbank.org.

[15]数据来源:韩国统计厅[EB/OL].http://kostat.go.kr.

[16]孙惠贞. 韩国1997年与2008年两次经济危机的比较分析[J].世界经济情况,2010(7):13-16.

[17]周立群,[韩]禹在基. 韩国的金融危机及其原因[J].社会科学战线,1998(5):53-60.

[18]Kar-Yiu Wong. Firm Failure and Financial Crisis: The Experience of South Korean[J].The Journal of the Korean Economy,2000,1(1):22-51.

[19]韩正忠. 韩国经济是怎样较快地摆脱金融危机的[J].江西财税与会计,2001(2):47-50.

[20]刘助仁. 韩国经济缘何迅速摆脱危机[J].当代韩国,2000:49-52.

[21]全国总工会国际联络部. 韩国劳资关系与工会运动[J].中国工运,2008(3):50-52.

[22][韩]韩国金融监督院[EB/OL].http://english.fss.or.kr.2011-01-11.

[23]马晶. 韩拟投40亿美元援助弱势群体[N].新京报,2009-3-13.

[24]鲁冬. 韩国的低碳绿色增长[N].学习日报,2010-06-14(002).

[25]曹世功. 韩国启动“低碳绿色增长战略”[N].经济日报,2008-9-20.

[26]韩国政府颁布绿色新政打造绿色产业[J/OL].中国国际科技合作网,2009-01-06.

第三章　俄罗斯行政制度

俄罗斯联邦(Russian Federation),横跨欧亚大陆,位于欧洲的东部和亚洲的北部,面积1707.54万平方千米(世界排名第1位，占原苏联领土面积的76%)；人口14037万(2011年,世界排名第9位)。俄罗斯共有130多个民族,其中俄罗斯族人占79.8%,主要少数民族有德意志、鞑靼、乌克兰、楚瓦什、巴什基尔、白俄罗斯、摩尔多瓦、乌德穆尔特、亚美尼亚等。首都为莫斯科(Moscow)。俄罗斯的前身——苏联在解体前(1990年)的国内生产总值达到了顶峰的5168亿美元(数据均按现价美元折算)。苏联解体后的第一年(1991年),俄罗斯的国民生产总值下降为5094亿美元。从1992年俄罗斯独立到1999年,俄罗斯社会生产长期下降。1999年,俄罗斯国内生产总值达到历史最低点——1959亿美元,世界排名跌至23名。此后,俄罗斯的经济总体上维持高速增长的态势,GDP排名也持续上升。2011年,俄罗斯GDP为18504亿美元,排名世界第9位。

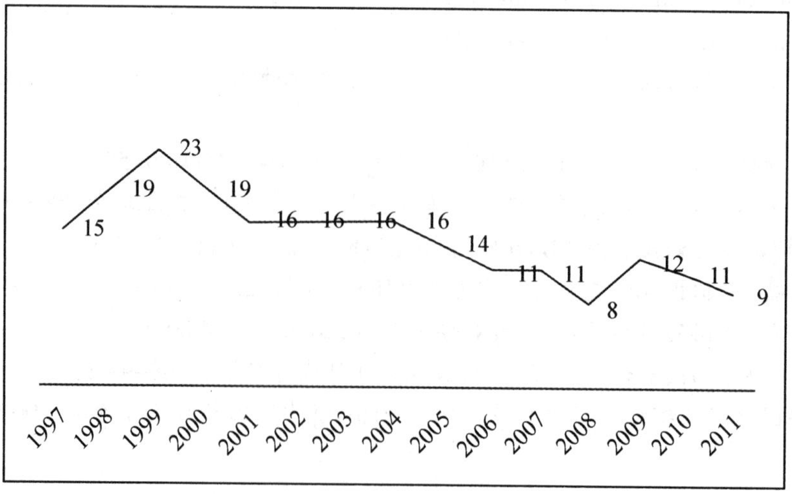

图4-3-1　俄罗斯GDP世界排名变化情况

第一节 俄罗斯历史简介

俄罗斯1000多年的历史可以划分为四个时期:留里克王朝、罗曼诺夫王朝、苏联和俄罗斯联邦。公元6世纪,东斯拉夫人逐渐向俄罗斯的欧洲部分等地区迁徙,因其居住在德聂伯支流罗斯河两岸,被称为罗斯人。此时的罗斯人,还处于氏族解体、向封建制度演进的历史阶段,形成了许多部落公国。9世纪时,来自北欧的瓦良基人首领留里克征服了罗斯人,建立了俄国历史上第一个国家。公元882年,留里克王朝定都基辅,称为基辅罗斯,自此统一的罗斯强大起来。公元988年,基辅大公弗拉基米尔让全体罗斯人受洗,改信东正教,大大加强了与西欧、拜占庭文化的融合,基辅成为连接东方与西欧的交通要道,商业和手工业得到发展。11世纪后期,由于王位之争及波兰、北欧等民族的入侵,基辅罗斯分裂,走向衰落。从公元1240年起,罗斯各王公处于蒙古金帐汗国的统治之下。

莫斯科建于公元1147年,13世纪初成为莫斯科公国都城。蒙古人统治时期,莫斯科大公从金帐汗国获得了凌驾于其他大公之上的权力,加强了自己的威望和力量。公元1480年,莫斯科大公伊凡三世(1462—1505年)打败蒙古人,罗斯脱离蒙古统治。公元1547年,莫斯科大公伊凡四世(伊凡雷帝,1533—1584年)改大公号为沙皇,并四处征战,扩大了疆土。1598年,伊凡四世的儿子费多尔去世后,留利克王朝绝嗣。1613年,贵族们推举伊凡四世的亲戚、16岁的米哈伊尔·罗曼诺夫为新沙皇,建立了罗曼诺夫王朝。这个王朝经历了18个沙皇的统治,末代沙皇尼古拉二世在1917年发生的俄国二月革命中被推翻。

17世纪时,欧洲许多国家发展迅速,而俄罗斯还是一个盛行农奴制度的落后国家。为了效法西方,彼得一世(1682—1725年)在1697年派遣使团赴西欧考察,自己也化名随团出访,回国后实行了一系列改革,史称彼得一世改革。彼得一世在政治、经济、军事、科学、文化等几乎所有方面都进行了西欧式的改革,国势日渐强盛,击败了瑞典等欧洲强国。1721年,彼得一世正式改国号为俄罗斯帝国。在此后的叶卡捷琳娜二世(1762—1796年)、亚历山大一世(1801—1825年)等沙皇统治的年代,俄罗斯的国力进一步增强,继续其领土扩张,并作为欧洲列强之一,与英、法、德等国在欧洲争霸。但在亚历山大一世、尼古拉一世(1825—1855年)、亚历山大二世(1855—1881年)时期,俄罗斯的国内政治越来越黑暗和腐败,经济发展也远远落后于西欧国家。

1917年,俄罗斯爆发了二月革命,推翻了罗曼诺夫王朝。1917年11月7日(俄历10月25日),布尔什维克在彼得格勒起义,夺取了政权。十月革命后,布尔什维克党人在俄罗斯建立了苏维埃政权,随即与德国签订《布列斯特和约》,退出第一次世界大战。在随后的几年里,由托洛茨基指挥的红军击败了白军和协约国的干涉。1922年,俄罗斯联邦、外高加索联邦、乌克兰、白俄罗斯等成立苏维埃社会主义共和国联盟,简称“苏联”。1924年1月21日,苏联的缔造者列宁逝世,约瑟夫·斯大林执掌政权。1926年,苏联开始了加速工业化的努力。1927年,苏联开始推行农业集体化政策,实行了全面的计划经济。1932年,苏联的第一个五年计划提前完成,苏联成为一个工业国家。这一时期,斯大林以肃反的方式对党、国家和军队的领导人以及持不同意见的知识分子展开了大清洗。

1939年,苏联与纳粹德国签订了《苏德互不侵犯条约》,同时秘密划分了双方在波兰、波罗的海国家、芬兰和罗马尼亚的势力范围。1941年6月,德国入侵苏联。1945年,苏联红军和盟军攻占了纳粹德国全境。二战后,苏联与其他社会主义盟国建立了华沙条约组织,同美国和北约相抗衡。1953年3月,斯大林逝世,苏共中央由马林科夫、贝利亚、莫洛托夫组成的“三驾马车”领导。1953年6月,贝利亚被逮捕和处决,由赫鲁晓夫负责处理“大清洗”时期造成的大量的冤案,这为赫鲁晓夫赢得巨大的威望,并于1953年9月成为苏共第一书记。赫鲁晓夫在1956年苏共二十大上的秘密报告中批判了斯大林及其个人崇拜,苏联的政治斗争从此向更加人道的方式转变。

斯大林去世和赫鲁晓夫执政的初期,被称为“解冻”年代。党内外民主扩大,中央向地方分权,东西方关系缓和。但这一时期世界各国的人们对计划经济和国家对经济的过度干预的危害并没有充分的认识,西方国家仍对凯恩斯主义坚信不疑,也正在雄心勃勃地建设“福利国家”。赫鲁晓夫的改革并没有触及苏联政治与经济体制的深层问题,又由于计划不周和急于求成,其经济政策和机构组织的调整出现了大量的混乱和错误。1964年10月,赫鲁晓夫在黑海索契休假时,被苏共中央解除了职务,勃列日涅夫被选为苏共中央第一书记。在勃列日涅夫执政的1966年至1972年,苏联进行了名为“新经济体制”的改革,裁减了政府机构,减少了对经济的行政干预,鼓励各种实验和创新活动,苏联旧体制的矛盾有所缓和。但此后勃列日涅夫就不再进行改革,苏联的政治、经济和社会的发展都陷入停滞状态。

1982年11月,勃列日涅夫病逝,安德罗波夫被选为苏共中央总书记。此时,英美等西方国家相继开始了大规模的政府改革,中国也在1978年开始了改革开放。安德罗波夫为了解决勃列日涅夫时期遗留的各种严重问题,再次启动了改革,如扩大企业自主权,提倡政治公开化等。1984年2月,安德罗波夫去世,执政仅一年有余,改革进程被中断。继任的契尔年科年老多病,并于1985年3月病逝,执政仅13个月。

苏联新一代领导人戈尔巴乔夫上台后,启动了称之为“新思维”的改革。最初,戈尔巴乔夫的改革集中于经济领域,但由于受到重重阻挠而失败。戈尔巴乔夫于是开始了大刀阔斧的政治体制改革。改革产生了意想不到的政治后果,1991年12月,苏联解体。苏联解体后,俄罗斯接受了西方国家的制度。叶利钦总统推行西方的休克疗法和大规模私有化,但这种急剧变化引起了巨大的震荡,俄罗斯经济长期陷入困境。俄罗斯加强了与西方的合作,但以美国为首的“北约”却不断推行东扩,压迫俄罗斯的战略空间。2000年普京担任总统后,“经济寡头”们遭到严厉打击,国际石油价格的飙升给俄罗斯这一能源出口大国带来巨大利益。俄罗斯在普京的领导下,经济恢复到苏联解体前的水平,军事投入大幅增加,对西方国家的态度更加强硬。

2008年3月,俄罗斯总统大选,梅德韦杰夫当选总统。2008年5月,新总统就职,随即提名原总统普京担任总理。2012年3月,俄罗斯总统大选,普京当选总统。5月,提名原总统梅德韦杰夫担任总理。

[附录]

俄国历代沙皇名录

姓名	任期	姓名	任期
伊凡四世	1547—1584	彼得二世	1727—1730
费多尔·伊凡诺维奇	1584—1598	安娜·伊凡诺夫娜	1730—1741
鲍里斯·戈都诺夫	1598—1605	伊凡六世	1740—1741
费多尔·鲍里索维奇	1605.04—1605.06	叶丽萨维塔·彼得罗夫娜	1741—1761
季米特里一世	1605.06—1606.05	彼得三世	1761—1762
瓦西里·叔伊斯基	1606.05—1610	叶卡捷琳娜二世	1762—1796
米哈伊尔·费多罗维奇	1613—1645	保罗一世	1796—1801
阿列克谢·米哈伊洛维奇	1645—1676	亚历山大一世	1801—1825
费多尔·阿列克谢耶维奇	1676—1682	尼古拉一世	1825—1855
伊凡五世	1682—1696	亚历山大二世	1855—1881
彼得一世	1682—1725	亚历山大三世	1881—1894
叶卡捷琳娜一世	1725—1727	尼古拉二世	1894—1917

第二节　苏联解体与政治制度剧变

一、戈尔巴乔夫的改革与苏联政治制度剧变

在安德罗波夫执政时期，戈尔巴乔夫是改革最坚决的支持者和执行者，从而得到安德罗波夫的器重，成为主管经济的主要领导人。契尔年科任总书记时，戈尔巴乔夫已经成为党内的第二号人物。1985 年 3 月，54 岁的戈尔巴乔夫当选为苏共中央总书记，苏联的改革再次启动。

此时，苏联建国以来运行了近 70 年的政治和经济体制所积累的问题都集中地表现出来了。戈尔巴乔夫认为，当时的苏联社会处于“危机前”的状态：生产的粗放式经营造成高消耗和严重浪费，生产成本远高于美、日；对自然资源的毁灭性开采与挥霍，不计后果，不顾环境；经济结构畸形、轻工产品等日用消费品严重短缺。总之，没有完全发挥出社会主义制度的“优越性和极大潜力”。基于此，戈尔巴乔夫提出“加速发展”和“完善社会主义”的口号，作为苏联改革的思想纲领。

戈尔巴乔夫改革的重心最初集中于经济领域，如加强发展社会经济和提高科学技术

水平,努力实现生产的集约化,扩大农工综合体的自主权,允许家庭承包和个人承包,改革外贸体制等。这些改革措施取得了一定的效果,但也受到重重阻挠。同时,戈尔巴乔夫对于改善苏联经济状况也有点急于求成,一些经济改革和社会改革措施不切实际。比如,戈尔巴乔夫提出"加速发展机械行业,赶超美国"。这个苏联式的"洋冒进"不仅导致资金和外汇的大量损失,出现信用危机,也打击了公众对改革的信心。戈尔巴乔夫上台的当年就开展了轰轰烈烈的反酗酒运动,也的确减少了酗酒。但却导致大规模的私酒生产和走私,国家税收锐减。1988 年,政府被迫放宽了对酒类的限制,反酗酒运动草草收场。

当时苏联面临的形势越来越严峻。20 世纪 80 年代中期,石油价格大跌,1986—1987 年苏联的石油外汇收入减少 1/3，政府黄金储备从 1985 年的 2500 吨降至 1991 年的 240 吨。1985 年,苏联财政赤字已达 170~180 亿卢布。1986 年,赤字超过 500 亿卢布。1986 年 4 月,切尔诺贝利核电站发生重大事故,殃及乌克兰、白俄罗斯、俄罗斯、波兰等,危害人口达 10 万之众,直接和间接损失达 1000 亿美元。

在经济改革未能达到预期目标之后，戈尔巴乔夫认为需要通过政治领域的改革来破除阻力,真正地解决体制深层问题。政治改革是从"公开化"开始的。切尔诺贝利核电站事故发生后,民众要求知道真相,国际社会也要求苏联提供真实的信息。戈尔巴乔夫把"公开性"作为推进民主的杠杆,1988 年,苏联结束了书报检查制度,苏联历史上第一次出现了言论自由和舆论多元化。[1]

于是,苏联原本被压抑的思想领域猛然解放,国外的各种思潮和本土的各种思想破土而出。这些思想风潮的指向,最初仅针对斯大林体制,反思造成各种问题的历史根源。接着,就开始否定列宁,再接着是否定社会主义和共产主义,最终马克思主义也遭到否定。全国掀起改国名、城名、路名的浪潮。

戈尔巴乔夫的政治改革还包括划分党政职能，贯彻党的集体领导原则，发扬党内民主,加强党内监督,改革选举制度和干部制度等。戈尔巴乔夫大力宣传"全部政权归苏维埃",希望通过改革苏共的领导来解决以党代政、党包揽一切的弊病。1988 年 6 月,苏共第 19 次代表会议决定,凡国家、经济和社会生活的全部重大问题,都由苏联人民代表大会及其常设机构最高苏维埃去解决,党不再对国家机关直接下达指示。他本人则于 1988 年 10 月 1 日当选为苏联最高苏维埃主席团主席。1989 年后,苏共党内出现了"民主纲领派"和"团结、争取实现列宁主义和共产主义理想"全苏协会等派别。

这一时期,国际形势发生了更为剧烈的变化。戈尔巴乔夫执政之初,在外交政策上倡导和平和裁减军备,并改变以往苏联领导人的僵硬做法,以积极的姿态与美国对话,但美苏关系没有取得实质性的进展[2]。1988 年,戈尔巴乔夫担任苏联最高苏维埃主席团主席之后,宣布苏联将放弃勃列日涅夫教条,允许东欧国家民主化。这个政策使东欧各国在 1989 年相继发生了政治制度的变化,除了罗马尼亚发生了暴力事件,其他各国都以和平的方式完成了过渡,与北约对峙的华沙条约组织从此瓦解。此举在实际上结束了冷战,因此,戈尔巴乔夫于 1990 年 10 月 15 日获诺贝尔和平奖。

东欧各国的变化反过来影响了苏联,形成了更激烈改革的要求。苏联改革最初是学习匈牙利模式,其后转而学习北欧和瑞典模式。在 1989 年东欧发生剧烈的政治制度变化后,戈尔巴乔夫也认为需要学习西方的政治模式。他认为三权分立对于提高苏联的管理效率具有关键性的意义,希望从权力制衡方面找到改革的出路。1989 年 5 月,苏联改革了国家权力机构,人民代表大会成为最高国家权力机关,最高苏维埃成为常设机构——议会。1990 年 3 月 14 日,苏联第三次(非常)人民代表大会通过《关于设立苏联总统职位和苏联宪法(根本法)修改补充法》,决定设立苏联总统,从而改变了由苏联最高苏维埃主席团集体行使苏联国家元首职权的制度。戈尔巴乔夫被大会间接选举为苏联总统。

1990 年,苏共中央二月全会决定,放弃苏共在政治体制中的领导核心作用。随后召开的苏联第三次人民代表大会又对关于苏共在苏联国家政治生活中领导地位的苏联宪法第六条做了修改。苏共二十八大通过《走向人道的、民主的社会主义》的纲领性声明,也明确规定,要"彻底完成全部政权交给各级苏维埃的工作"。苏共二十八大以后,除戈尔巴乔夫之外,苏共政治局委员均不再担任苏联国家和政府的领导职务。1990 年 10 月,苏联最高苏维埃通过《社会团体法》。至此,宪法、法律和苏共党纲都承认了多党制。1990 年,苏共在地方苏维埃的选举中失败。至此,戈尔巴乔夫由最初的经济改革,走到了激进的政治改革,苏联的政治制度已经向西方国家靠拢。然而,此时的改革已经失去了控制,不仅政治制度发生了剧烈变化,而且苏联也面临解体。

二、苏联解体的过程

1980 年 11 月,波兰团结工会成立,当年发展到 1000 万会员。此后,团结工会不断以罢工和游行示威为手段向政府施加压力。至 80 年代中后期,东欧各国改变政治制度和摆脱苏联控制的压力越来越大。1988 年苏联放弃对东欧各国的控制后,各国相继改变了政治制度。

此时,苏联内部思想意识上的多元化也促使民族主义不断膨胀,引发了一系列的民族冲突和民族纠纷事件。戈尔巴乔夫出任苏共总书记前没有民族工作的经验,对民族问题的严重性估计不足[3],此时的应对就比较仓促。为了平息各少数民族的不满,戈尔巴乔夫于 1988 年许诺重新划分联盟和加盟共和国之间的权限。1989 年 9 月,苏共中央全会通过了《党在当前条件下的民族政策》行动纲领。1990 年 4 月,苏联最高苏维埃通过了《苏联与联邦主体权力划分法》及其他有关法律。这些法律文件的基本思想是维护联盟存在并在联盟拥有国防、外交和重要经济部门的前提下,扩大加盟共和国对内部政治、经济的自主权。

1990 年 6 月,戈尔巴乔夫在联邦委员会上提出了"社会主义国家联盟"的构想,并正式提出缔结新联盟条约的问题。在新条约的谈判过程中,各加盟共和国争相要求扩大自身权限。经过半年多的争吵,1991 年苏联联邦委员会通过了新联盟条约草案,并把它作为蓝本提交各加盟共和国最高苏维埃审议。1991 年 6 月,苏联领导人提出了做出极大让步的《主权共和国联盟条约》草案,准备用其取代 1922 年的苏联《联盟条约》。与此同时举行的 9 个加盟共和国领导人和苏联总统的所谓"9+1"会谈宣布:各加盟共和国将于 1991 年 8 月 21 日签订《新联盟条约》。[4]此时,1940 年成为苏联加盟共和国的波罗的海三国——拉脱维亚、立陶宛、格鲁吉亚已经宣布独立。由于俄罗斯联邦总统叶利钦的阻挠,戈尔巴乔夫未能阻止这些国家的独立。[5]这三个加盟共和国的独立对其他加盟共和国有导向作用,其他加盟共和国的离心倾向也越来越严重。戈尔巴乔夫认为新联盟条约将有助于苏联尽快解决危机,但遭到党内强硬派的强烈反对,认为签署新条约必将导致苏联的分裂。

为了阻止新联盟条约的如期签署,1991 年 8 月 19 日,苏联副总统亚纳耶夫、国防会议第一副主席巴克拉诺夫、国家安全委员会主席克留奇科夫、总理帕夫洛夫、内务部长普戈、国防部长亚佐夫等 8 人组成苏联国家紧急状态委员会并发布《告苏联人民书》,宣布戈尔巴乔夫因健康原因不能履行苏联总统职责,由亚纳耶夫代行总统职权,同时宣布在苏联实行为期六个星期的紧急状态。

但是,“八一九”事件不到 3 天就失败了,而叶利钦在其中起了重要作用。

叶利钦本是戈尔巴乔夫选中的改革急先锋。戈尔巴乔夫将叶利钦从斯维尔德洛夫斯克第一书记提拔为苏共中央政治局候补委员、莫斯科市委第一书记。叶利钦上台后大刀阔斧地干了起来:他大声疾呼反特权,痛斥苏联社会的等级制;公开揭露官场腐败,指责官僚的“厚颜无耻”;冲击官僚体制,大量撤换干部。他当莫斯科市委书记的第二天,指令老市长立即退休,接着撤换市警察局局长、克格勃主席、报社主编等,一年内莫斯科市的 33 个区委书记撤换了 23 个。叶利钦的做法引起了轰动,也为他赢得了巨大的声望。

1987 年 10 月,叶利钦在苏共中央全会上公开抨击戈尔巴乔夫的改革无成效,指责苏共第二把手利加乔夫作风官僚。于是,叶利钦被逐出政治局。1988 年,当戈尔巴乔夫提出“一切权力归苏维埃”之后,叶利钦在莫斯科参加了人民代表的选举,并以占选区 89.44% 的压倒多数选票击败了苏共在当地推荐的正式候选人。1991 年 6 月 12 日,叶利钦公开退党,申明反共、反社会主义,当选为俄罗斯联邦总统。

1991 年“八一九”事件发生后,正在乌克兰南部海滨小城福罗斯度假的戈尔巴乔夫遭到软禁。当时,叶利钦等人也在乡间别墅休假,但发动政变的苏联国家紧急状态委员会派去逮捕他的克格勃最精锐的“阿尔法”分队,除组长一人外,全体成员都拒绝执行命令,听任叶利钦率军队进入俄议会大厦(白宫),组织反击。紧急委员会派去攻打白宫的军队,发生倒戈,许多坦克调转炮口,叶利钦登上坦克向欢呼的人群发表演说。亚纳耶夫的命令,无人执行,莫斯科、列宁格勒的很多人都选择了支持叶利钦和自由派、民主派。紧急委员会的成员被逮捕。

8 月 21 日,戈尔巴乔夫发表声明,强调他已完全控制了局势,并恢复了曾一度中断的与全国的联系,继续履行总统职务。但此时,俄罗斯加盟共和国总统叶利钦声望大涨,而戈尔巴乔夫和苏共的威望则大大下降。8 月 23 日,叶利钦签署了“关于暂停俄罗斯联邦共产党活动的命令”。8 月 24 日,苏联总统戈尔巴乔夫发表声明,宣布辞去苏共中央总书记职务,并建议苏共中央“自行解散”,“各共和国共产党和地方党组织的命运由它们自己决定”。同日,他还发布命令,停止各政党和政治运动在苏联武装力量、内务部和国家安全委员会以及其他护法机关、铁道部队、其他军事单位和国家机关中的活动。8 月 29 日,苏联最高苏维埃非常会议通过决议,决定“暂停苏联共产党在苏联全境的活动”。

在此情况下,各加盟共和国共产党或被中止,或禁止活动,或被迫自动解散,或在共产党的基础上改建新党,有的共产党甚至被宣布为非法。各共和国领导人纷纷宣布退出共产党。各加盟共和国则纷纷宣布独立:8 月 20 日至 31 日,爱沙尼亚、乌克兰、白俄罗斯、摩尔多瓦、阿塞拜疆、乌兹别克、吉尔吉斯宣布独立;9月9日,塔吉克宣布独立;9月23日,亚美尼亚宣布独立;12月16日,哈萨克宣布独立。

11月16日,叶利钦宣布了10项总统令,接管了包括贵重金属生产部门在内的一系列属于中央财政金融部门的权力,剥夺了联盟的重要财源,并停止向中央约80个部提供资金。稍后,叶利钦又宣布由俄罗斯中央银行接管苏联国家银行和对外经济银行,掌握了联盟的货币大权。

12月8日,俄罗斯总统、乌克兰总统和白俄罗斯代表签署了关于建立独立国家联合体的声明。12月21日,苏联的11个加盟共和国(包括了苏联中亚5个加盟共和国哈萨克斯坦、乌兹别克斯坦、吉尔吉斯斯坦、塔吉克斯坦和土库曼斯坦)首脑在阿拉木图会晤,通过了《关于独立国家联合体协议的议定书》、《阿拉木图宣言》等文件,正式宣告独联体建立和苏联的终结。12月23日,叶利钦来到克里姆林宫与戈尔巴乔夫会谈,要求戈尔巴乔夫交出武装力量的最高指挥权、发射2.7万个核弹头的"核按钮"、档案材料和克里姆林宫总统府等。叶利钦保证戈尔巴乔夫辞职后享有包括国家别墅、汽车、警卫人员在内的待遇。1991年12月25日,戈尔巴乔夫正式辞去苏联总统职务。12月26日,苏联最高苏维埃共和国院举行最后一次会议,以履行苏联终止存在的法律手续。大会代表以表决方式通过一项宣言,宣言说:"苏联最高苏维埃共和国院确认,随着独立国家联合体的建立,苏联作为一个国家和国际法的主体即将停止其存在"。

三、关于苏联解体原因的争论

苏联解体已经17年,但关于苏联为何解体,以及能不能够避免解体的结局,全世界仍在争论不休。由于各种原因,我国学术界对这个问题格外有兴趣。据统计,截至1997年,仅中国学者的研究文章就有700多篇。[6]关于苏联解体的原因,各国学术界及政要大致有以下几种观点:

(一)计划经济失败论

有学者认为,由于长期实行高度集中的计划经济,形成投资推动的粗放型的增长模式,苏联经济效益低下,缺乏国际竞争力。到了20世纪80年代中后期,由于"公开性",苏联民众已经了解了西方国家的真实情况,发达国家的富足充裕和苏联基本物资的匮乏形成鲜明的对比,这使得作为世界两极之一、充满了民族自豪感的苏联公众备受刺激,公众对旧制度失去了信心。也就是说,70年的比较和竞赛,最终没有显示苏式社会主义的优越性,因而失去了民众的支持和拥护,这是苏联解体的根本性原因。有人说,苏联是在餐桌上解体的。

后来在俄罗斯执政的精英,基本上都是否定社会主义计划经济的人物。1999年12月30日,担任俄罗斯总理的普京,在即将担任代总统时,发表了《千年之交的俄罗斯》一文,其中说:"在即将过去的这个世纪里,俄罗斯有3/4的时间是在为共产主义原理而奋斗的标志下生活的。看不到这一点,甚至否定这一时期不容置疑的成就是错误的。然而,如果我们没有意识到社会和人民在这一实验中付出了巨大的代价,就更是大错特错:苏维埃政权没有使国家繁荣,社会昌盛,人民自由。用意识形态的方式搞经济,导致我国远远地落后于发达国家。无论承认这一点有多么痛苦,但是我们将近70年都在一条死胡同里发展,这条道路偏离了人类文明的康庄大道。"[7]

但也有学者认为,苏联在革命后的70年中,取得了举世公认的经济成就。1950年,苏联的国民收入是美国的20%,1980年则达到美国的67%。[8]然而,这一说法虽然有数据支持,但苏联大街上空荡荡的货架却至少能够说明苏联的GDP更多的是大炮而不是人们餐桌上需要的黄油。这只是证明了计划经济和国有企业的模式下,政府官员和国企厂长们因为追求规模最大化而不是利润最大化,形成了一种"为生产而生产"的自我消耗型经济。这种经济模式导致消费品长期匮乏,人民生活水平与西方差距增大,削弱了国家的向心力,加重了人民的信任危机。

(二)政治原因论

一些学者认为导致苏联解体的直接原因是政治原因。对苏联在党内民主、党群关系和政权建设方面的问题主要有以下几种观点:

关于党内民主:从20世纪20年代起,苏共党内的民主集中制逐渐蜕化成个人集权制。由长期的以党代政和中央集权而形成的个人集权制,从斯大林开始主要领导人都实行的职务终身制,执政70年不变的干部任命制,使党的主要领导人具有了绝对的和不容置疑的权威,造成了个人崇拜。同时,苏共往往把政策分歧和意见视为两个阶级、两条路线的斗争,对持不同意见的人从组织上开除,甚至肉体上消灭。这样就使得党的决策只是领袖个人的意志或是在一个小圈子里做出,连政治局委员都失去了对党的政策发表意见的权力,普通党员除了执行和服从外更是别无选择。[9]

关于党群关系:苏共没有解决好从一个革命党向执政党的转型问题。[10]在长期的执政过程中,苏联党政部门的干部任用没有从委任制向选举制转变,造成干部欺上瞒下,只对上级负责,人民群众也不再把党看成自己的代表。苏联20世纪30年代的大清洗,使成千上万的人遭受不白之冤,积累了大量的冤假错案,既削弱了自己,扩大了对立面,也授人以柄,遭受攻击时处于被动地位。至20世纪80年代,苏共已经变成了一个忽视民主,甚至无视民主的严重脱离群众的执政党,这严重挫伤了人民群众的参与意识和主人翁精神,削弱了政权基础。

关于政权建设:苏联的计划经济体制下政府对社会和经济的全面、深入和细致的干预,使党政干部拥有了难以计数的寻租机会。而斯大林体制使得党政不分,以党代政,苏维埃成了空架子,政府形同虚设,苏共凌驾于整个社会其他一切力量之上,本身不受任何监督。绝对的权力导致绝对的腐败,不受约束的权力滋养了党政干部的特殊待遇和腐败问题,在党内形成了一个官僚特权阶层,且愈演愈烈,最终成为苏共肌体内的一大毒瘤。

正是由于以上原因,在20世纪90年代初,苏共已经得不到公众的支持,"八一九"事件中紧急委员会的命令无人执行,叶利钦和戈尔巴乔夫的一纸命令却可以使苏共立即被解散。

(三)精英自决还是民众抛弃

1991年,美国的一个社会问题调查机构在莫斯科所做的一项调查显示:在苏共精英中,76.7%的人认为应当实行资本主义制度。所谓的苏共精英,是占据了党、政、企业的领导岗位的一个大约10万人的集团。这个精英集团已经蜕化为不受约束的特权官僚阶层。在20世纪80年代末,他们认为实行资本主义,就能够给他们带来更大的发展空间,他们所获得的权力和财富也可以合法地让子女继承。苏联的解体和政治制度的剧变,是这个上层的精英集团对苏联的发展方向所做的决策。[11]

另有一个数据似乎证实了这个观点。在苏联剧变前,美国的一个机构在苏联的欧洲部分进行了一次民意测验,结果抽样人口中有10%的人赞成改革前的社会主义,有36%的人赞成更多的民主的社会主义,有23%的人赞成瑞典式的社会主义,只有17%的人赞成自由市场的资本主义。这个数据似乎说明普通公众并不同意政治制度的彻底变化。[12]但是,由于对现行制度的失望和不满,公众并没有坚定维护社会主义制度和苏联统一的决心。在历史的关键时刻,上层精英推动了苏联的解体和政治制度的剧变,没有受到有力的抵抗。

(四)民族矛盾激化论

民族问题是苏联解体的最直接的原因。1991年下半年,各加盟共和国纷纷宣布独立,最终决定了苏联的解体。关于苏联时期的民族矛盾和民族问题,各国研究者主要有以下几种观点。

第一种观点认为,从列宁之后的历届苏联领导人,都未能正确认识和处理民族问题。在斯大林时代,大俄罗斯主义盛行,民族平等和友好原则遭践踏,政府甚至只承认苏联有60个少数民族;没有科学合理地划分和确定中央政权和民族共和国的权力、利益,一切大权集中于联盟中央,各共和国服从中央,权力极少;不尊重少数民族,推行“一体化”、“民族融合”;在经济和社会发展方面,各共和国缺乏自主权;在语言文化方面,推行俄罗斯化;实行领土扩张,强制大规模民族迁移。这一时期的错误的民族政策埋下了民族矛盾激化的祸根。斯大林以后的历届领导人,仍然犯了把民族进程与社会进程看做同步的理论错误,没有系统地建立和健全民族法律体系,没有大胆地提拔使用民族干部,没有依照民族特征科学合理地划分民族边界,没有全面准确地理解民族问题和阶级问题之间的关系,没有严格区分和正确处理两类不同性质的矛盾。斯大林用阶级斗争手段处理民族问题,而戈尔巴乔夫认为全人类利益高于阶级利益,二者正好走向两个极端。在经济上,片面强调“区域分工”、“经济专业化”,民族地区经济单一化,各民族经济畸形发展;政府人为地拉平地区差别,加重了发达地区的经济负担,损害了民族利益。

第二种观点认为,苏联在宗教问题上犯了一些重大错误。长期用行政手段开展反宗教运动[13],对宗教组织和神职人员采取过火的政策。进入80年代,伴随着政治、经济、社会和思想危机的发展,被长期压抑的宗教感情和宗教信仰集中爆发,并与民族感情相结合,“宗教热”泛滥。宗教组织把“宗教热”推向反社会主义制度的方向,使思想信仰危机深化,宗教组织成为反社会主义制度、分裂国家统一及民族团结活动的最有影响的一支社会力量[14]。民族问题如此严重,但戈尔巴乔夫在上台执政时,却对苏联的民族关系非常乐观[15],没有采取有效的政策和措施。

历史证明,建立在民族基础上的联邦制是不稳定的,“以不同文化的分界线作为成员单位的分界线,非但无助于消弭不同文化的差异,还会使这种文化差异制度化”[16]。苏联的广大疆土和众多民族是在沙皇时代通过武力征服形成的，各少数民族分散居住在各民族地区，没有随着国家的工业化和城市化而自然融合。对这种状况，一些经济高度发达的国家也没有能力妥善解决，比如，英国就长期陷入北爱尔兰的冲突无法自拔。

甚至有俄罗斯学者认为，苏联的解体是必然的：苏联不可能变成统一的民族国家，因为加盟共和国的众多民族在文化、传统、语言、宗教上差异过大，它们不可能变成统一的俄罗斯民族，占人口50%的俄罗斯人不足以将千百万非俄罗斯人融入俄罗斯人的帝国[17](注：1990年，苏联总人口中，俄罗斯人约占51%)。

(五)改革失去控制论

中国30多年的改革经验证明，只要措施和步骤得当，社会主义的计划经济是可以用渐进的方式转变为社会主义市场经济。因此，有许多人认为，苏联的解体和政治制度的剧变，是改革失去控制造成的，中国的渐进式改革优于苏联的激进式改革。有的俄罗斯人也认为，苏联在解体前，“那里还存在从基层的农村开始把经济逐步转向市场基础的可能性，就像邓小平在80年代所做的那样。在取得必要的一定水平的经济发展成果后，就可以缓慢地、但持续地改变苏联的政治上层建筑，把民主因素灌输到苏联(中国领导只是现在才着手实行类似的改革)。”[18]也就是说，苏联如果也进行渐进式的改革，并非没有成功的可能。

戈尔巴乔夫的改革整体上分为两个阶段，改革的失控出现在第二个阶段。

在第一个阶段，戈尔巴乔夫专注于经济改革。但经济改革遭受到庞大腐败的官僚特权集团的阻挠，改革的措施无法实施，改革的预期目标无法达到。此时，苏联的经济局面更加恶劣，公众的不满更加强烈，改革进程已经不可能中止。

在第二个阶段，戈尔巴乔夫认识到不解决政治体制方面的某些弊端，经济改革无法推进，于是将改革的重心转移到政治改革。

1986年的切尔诺贝利核电站事故引来了国内外要求政府公开的巨大压力，戈尔巴乔夫也认为公开和透明是冲破官僚主义阻挠的最佳方法。公开性为苏联带来了前所未有的思想自由和言论自由，但突然到来的自由却不可避免地出现了混乱，至此，改革逐渐失控。

阳光是最好的防腐剂。政治公开和行政公开是人类社会迄今为止所发明的约束政府行为和减少腐败的最有效的方式之一。当苏联公众已经比较普遍地了解了西方世界，对思想和言论自由呼声高涨时，当然不能逆历史潮流而动，重新回到封闭信息、压制言论的愚民政策，但是，开放的过程应当是有步骤和受控制的，不能仅仅有激情的喷发而没有理性的思考。

但在当时，随着讨论的深入，带有浓厚的俄罗斯民粹主义特征的激进派出现了。他们提出各种极端的观点和方案，得到对现实强烈不满的公众的欢呼和支持，改革不受控制地加速了，由“公开性”迅速发展到人民代表的选举。早已失去了群众基础的执政党在各种选举中纷纷失败，激进民主派则通过选举获得了合法权利。在俄罗斯，这意味着会推动政治制度发生剧烈的变化。在其他加盟共和国，则提出了政治制度变化和民族独立的双重要求。

此时，戈尔巴乔夫处于以叶利钦为首的激进民主派和以利加乔夫为首的各层特权官僚保守派的两面夹击之下。这两派都努力阻挠改革的进程,或不执行、不落实改革措施,或阳奉阴违。[19]保守派是不愿意在改革中失去既得利益,激进派则是不赞成戈尔巴乔夫的相对温和的改革,要求进行彻底的制度变化。当戈尔巴乔夫从主张“一切权力归苏维埃”走到引入三权分立的总统制时,虽然他仍然不同意激进派的一些极端观点,但他事实上已经站在了激进派一边。改革至此完全失控,戈尔巴乔夫本人、苏共中央和苏联共产党都已经无法左右制度的变化和苏联的命运。

(六)关于戈尔巴乔夫的个人作用问题

有着70年历史的社会主义苏联是在戈尔巴乔夫时代解体的,戈尔巴乔夫在苏联解体中的作用问题,我国理论界颇有争议。

一部分人认为,戈尔巴乔夫是苏联解体的罪魁祸首,如果没有戈尔巴乔夫,苏联就不会演变,戈尔巴乔夫亲手葬送了苏联,具体表现是:(1)戈尔巴乔夫的人道的、民主的社会主义这个改革的指导思想是苏联演变的内在原因,它与和平演变相结合导致苏联解体。(2)戈尔巴乔夫人道的、民主的社会主义理论彻底否定了社会主义制度,彻底否定了党的指导思想,搞不分阶级、没有限度的公开性、民主化。(3)戈尔巴乔夫的“新思维”使外交政策步入歧途,是苏联解体的原因之一。戈尔巴乔夫为了获取西方及美国的支持和援助,完全屈从西方,按西方指挥棒行事,丧失民族气节。(4)苏联剧变和解体的本质原因,就在于戈尔巴乔夫背叛马克思主义,执行一条右倾机会主义错误路线。

有的学者认为戈尔巴乔夫在经济领域中所推行的许多决策是不适用的、不及时的,在有些方面是有害的。这些错误决策有:(1)改革的重点选错了;(2)不重视农业改革;(3)对商品经济、市场关系态度摇摆,前后矛盾;(4)盲目进口与盲目投资;(5)反酗酒运动得不偿失;(6)军转民太晚。正是这些经济方面的决策失误,直接或间接地导致了苏联经济的崩溃以及苏联剧变的发生。[20]

俄罗斯人对戈尔巴乔夫的批评也大致是上述内容。但也有人高度赞扬戈尔巴乔夫。巴卡京在《摆脱克格勃》一书认为:“这个人向地球上1/6的土地上的极权主义提出挑战,从对抗和自我毁灭中拯救了人类,他已经把自己的名字永远写进了历史。是的,他曾表现出不够坚决,犹豫,也犯过错误。但戈尔巴乔夫所做的一切是最新的历史上鲜明的一页。”[21]

此外,包括欧美在内的许多人认为,苏联解体和制度变化是西方“和平演变”战略的成功,这种战略是通过政治、经济、思想的压力促使社会主义国家发生了变化[22]。这个战略首先在东欧获得了成功,进一步又极大地影响了苏联。[23]美国人还夸口,是他们用军备竞赛拖垮了苏联。

第三节　俄罗斯目前的政治制度

苏联解体后,俄罗斯继承了苏联76%的国土、核武库和联合国常任理事国的位置,并建立了西方式的政治制度。

一、俄罗斯现行政治制度的建立过程

俄罗斯现行的政治制度源自苏联时期的苏维埃制度，最高苏维埃曾是俄罗斯的最高国家权力机关。1989 年 5 月，苏联进行了权力机构改革，人民代表大会成为代表国家的最高权力机关，最高苏维埃成为议会。作为苏联的加盟共和国，俄罗斯的政治制度也进行了相应的调整，建立了俄罗斯的人民代表大会制度。在 1990 年 5 月举行的俄罗斯联邦第一次人民代表大会上，叶利钦当选为最高苏维埃主席。

1991 年 5 月，俄罗斯第四次人民代表大会在克里姆林宫举行，批准了《俄罗斯联邦总统法》和俄罗斯联邦宪法修正案，俄罗斯的总统—议会制形成。6 月 12 日，俄罗斯举行全民投票直接选举俄罗斯联邦总统，叶利钦以 57.3%的选票当选为俄罗斯联邦第一任总统。在 10 月底召开的俄罗斯第五次人民代表大会上，叶利钦辞去了最高苏维埃主席的职务，由哈斯布拉托夫接任。这一段时间，总统与议会之间的关系比较和谐。

苏联解体以后，随着俄罗斯政局的不断演变，总统与议会之间的矛盾越来越尖锐，集中反映在经济改革、对外政策和国家体制上面。尤其在国家体制上面，哈斯布拉托夫为首的议会要求实行议会制，叶利钦则主张实行总统制。在 1992 年 4 月召开的俄罗斯联邦第六次人民代表大会上，议会与总统矛盾激化。1993 年 3 月召开的第八次人民代表大会否决了叶利钦的全民公决的计划和加强政府经济权限的提案。这一时期，俄罗斯实际上出现了总统和议会两个权力中心。

在“民主俄罗斯”等激进力量的推动下，叶利钦决定采取“非常行动”来结束“双重政权”的局面。1993 年 9 月 21 日晚，叶利钦发布命令，终止人民代表大会和最高苏维埃的活动，并决定于 12 月 11 日和 12 日两天选举俄罗斯联邦新的立法机构——俄罗斯联邦大会。对此，议会做出了强烈的反应，于 23 日晚举行第十次非常人民代表大会，通过了解除叶利钦总统职务的决定。总统与议会的对峙达到白热化的程度，终于在 10 月 3 日兵戎相见，总统的部队攻打议会的白宫，哈斯布拉托夫和支持他的副总统鲁茨科伊成为阶下囚，两个政权对峙的局面结束。

1993 年 12 月 12 日，俄罗斯全民投票通过了《俄罗斯联邦宪法》。俄罗斯新宪法同时吸纳了法国总统制和美国总统制中有利于加强总统权力的成分和机制，赋予叶利钦总统的权限极大，可以称之为超级总统，有俄罗斯人称之为“鲍里斯沙皇”。

二、俄罗斯议会

俄罗斯宪法规定：俄罗斯联邦会议为俄罗斯议会，是俄罗斯联邦的代表和立法机关。联邦会议由联邦委员会和国家杜马两院组成。

(一)联邦委员会

1993 年 8 月，在俄罗斯各共和国和跨地区协会领导人会议上，一些联邦主体的代表建议成立联邦委员会，但仅作为一个协商会议机构。十月事件后，联邦委员会成为联邦会议的上院。联邦委员会共设 178 个席位，由俄罗斯联邦每个主体各派 1 名国家代表权力机关代表和 1 名国家执行权力机关代表组成。联邦委员会的主席和副主席，从它的成员中选举产生。

根据俄罗斯联邦宪法,联邦委员会的主要职权范围涉及以下 9 个方面:批准俄罗斯联邦主体间边界的变更;批准俄罗斯联邦总统关于实行战时状态的命令;批准俄罗斯联邦总统关于实行紧急状态的命令; 决定能否在俄罗斯联邦境外动用俄罗斯联邦武装力量的问题;确定俄罗斯联邦总统的选举;罢免俄罗斯联邦总统的职务;任命俄罗斯联邦宪法法院、俄罗斯联邦最高法院和俄罗斯联邦最高仲裁法院的法官;任免俄罗斯联邦总检察长;任免审计院副主席及其半数检察员。

由此可见,联邦委员会是一个常设的职能机关,而不是一个实权机关,它的主要责任是“批准”。联邦委员会的“批准”需要其他机构的提名或提议,比如,对法院法官的任命及总检察长的任免必须根据总统的提名。

(二)国家杜马

杜马指的是十月革命之前旧俄国的议会,最早出现在 16 世纪中叶。1917 年十月革命胜利以后,杜马这种议会形式被苏维埃制度所代替。1993 年,俄罗斯联邦宪法重新确立国家杜马,作为联邦会议的重要组成部分。关于国家杜马的管辖权限,俄罗斯联邦宪法规定有以下 7 个方面:同意俄罗斯联邦总统对俄罗斯联邦政府总理的任命;决定对俄罗斯联邦总统的信任问题;任免俄罗斯联邦中央银行行长;任免审计院主席及其半数检察员;任免按联邦宪法法律行事的人权全权代表;宣布大赦;提出罢免俄罗斯联邦总统的指控。

相对于联邦委员会的“批准”权限,国家杜马也有一定的决定权。俄罗斯联邦总统必须经过国家杜马同意后才能任命俄罗斯联邦政府总理,并且有权对联邦政府表示不信任;有权决定对俄罗斯联邦总统的信任问题,并提出罢免俄罗斯总统的指控;可以以国家杜马代表总数的多数票通过大赦决定;除中央银行行长的任免需要通过总统外,其他权限范围内的任免国家杜马均有决定权。为了对联邦预算执行情况进行监督,联邦委员会和国家杜马组成审计院,其人员组成和活动程序由联邦法律决定。

(三)联邦会议与总统的关系

总统任命政府总理要经过国家杜马同意。总统有权提出联邦中央银行行长人选,有权提出联邦宪法法院、联邦最高法院、联邦最高仲裁法院法官以及联邦总检察长的人选,但其任免要由联邦会议批准。总统要同联邦会议两院有关委员会协商后,才能任命和召回俄罗斯联邦驻外国和国际组织的外交代表。总统每年要向联邦议会提交一份论述国内形势和国家对内对外政策主要方针的咨文。当总统在俄罗斯联邦境内或其他某些地区实行战时状态时,要立即通报联邦委员会和国家杜马,由联邦委员会批准该命令。

国家杜马有权对总统提出指控,联邦委员会有权罢免总统,但这两个决议必须在国家杜马不少于 1/3 人数的代表提议并在国家杜马成立的专门委员会做出结论的情况下经两院分别以 2/3 代表表决同意后才能通过。并且联邦委员会关于罢免总统职务的决定应在国家杜马提出指控之时起不迟于 3 个月内做出,否则视为被驳回。

总统向国家杜马提出法律草案,国家杜马通过联邦法律。通过的联邦法律应在 5 日内送交总统签署和颁布,总统应在 14 日内签署法律并颁布。如果总统在收到联邦法律之时起的 14 日内驳回该法律,国家杜马和联邦委员会可根据联邦宪法所规定的程序重新审议该法律。如在重新审议时,联邦法律获取联邦委员会成员总数和国家杜马代表总数各不少于2/3多数票的赞成,则总统必须在7日内签署并颁布。联邦宪法性法律的通过必须获得联邦委员会成员总数的不少于3/4的成员和国家杜马代表总数的不少于2/3的代表的多数赞成,通过的联邦宪法法律总统要在14日内签署并颁布。

(四)联邦会议的权力分配

联邦会议中的两院——联邦委员会和国家杜马,在实际操作上是分别举行会议,分别按照各自的规则解决各自活动的内部程序问题。也就是说,联邦委员会和国家杜马在职能和内部规则上是完全独立的。但国家杜马掌握着联邦会议的实权。

首先,俄罗斯联邦的法律由国家杜马通过,其中有关以下问题的联邦法律性文件须交联邦委员会审议:联邦预算;联邦税收和收费;金融,外汇,信贷和关税调节,货币发行;在俄罗斯宪法未做出其他规定的情况下,国家杜马代表只要多数票同意就可以通过联邦的法律;国家杜马通过后,须在5日之内将该法律转交联邦委员会审议;联邦委员会在收到国家杜马转交来的法律以后,如果有半数以上的成员投票赞成,该法律就算在联邦委员会里通过,如果联邦委员会在接到国家杜马转交来的法律14日内没有审议,这项法律也算自动通过。要是联邦委员会否决了国家杜马通过的法律,国家杜马和联邦委员会可以成立调解委员会来消除分歧,国家杜马随后要对它通过的法律进行复审。要是国家杜马不同意联邦委员会的决定,而且国家杜马对提交给联邦委员会的法律进行再次表决并有超过国家杜马总数2/3的代表投票赞成,这项联邦法律也算通过。

其次,国家杜马对联邦行政权力的影响。联邦总统任命政府总理,必须要征得国家杜马的同意。在国家杜马3次否决联邦总统提出的联邦政府总理人选的情况下,总统要么更换联邦政府总理候选人,要么解散国家杜马并确定重新进行选举。国家杜马还有权对联邦政府表示不信任。在国家杜马对联邦政府提出了不信任案后,联邦总统有权要求联邦政府辞职,也有权表示不同意国家杜马的决定。在后一种情况下,如果国家杜马在3个月内重提对联邦政府的不信任案,联邦总统要么要求联邦政府辞职,要么解散国家杜马。联邦政府总理可以向国家杜马提出对联邦政府的信任案,如果遭到国家杜马的拒绝,联邦总统应在7日之内做出或者要求联邦政府辞职或者解散国家杜马并重新进行选举的决定。

总之,俄罗斯联邦的国家杜马是联邦会议的权力重心,杜马由选举产生也增加了这个机构的权威性。

三、政党的发展状况

1924年,孟什维克党被取缔后,苏联共产党成为苏联唯一的政党,其他政党被禁止存在,苏共一党独占苏联政权长达60多年。1988年苏联开始进行政治体制改革后,提出党政分开,“党不能做出直接含有对国家机关、经济机关和社会团体指示的决定”。此后,苏联虽然并没有立即产生其他政党,但各种“非正式组织”急剧增加。这些非正式组织是一些没有取得合法地位的团体和政党,其中一些组织提出实行政治多元化和多党制。这一时期规模较大也比较活跃的非正式组织有人民阵线、公民倡议团体和政治俱乐部等。

1990年,苏联修改宪法,建立了多党制。1993年通过的俄罗斯宪法规定:在俄罗斯联邦承认意识形态的多样性;任何意识形态均不得被规定为国家或必须遵循的意识形态;俄罗斯联邦承认政治多元性和多党制;各社会团体在法律面前一律平等。

俄罗斯独立前后,各类称为运动、协会、阵线、联盟和政党的政治组织成千上万,左中右各派遍布全国,大中小政党应有尽有,有的在司法部门登记,有的则根本没有登记。此后,俄罗斯总统选举,"八一九"事件,苏联解体,休克疗法,总统与议会激烈对抗,"炮打白宫"等重大政治事件连连发生。围绕这些重大事件,各派政治力量分歧严重,斗争激烈,加剧了各派政党的分化组合。当时,各派政党的活动十分混乱,经常发动群众性的罢工、集会和游行示威。许多政党组织甚至把"街头对抗"作为自己的主要活动方式。

在20世纪90年代中期, 已经或曾经在俄罗斯联邦司法部登记注册的政党和政治组织达3000多个。1995年12月举行国家杜马选举时,有200多个政党参加,组成了43个竞选联盟或团体。当时,影响较大的政党有:

(1)俄罗斯联邦共产党。在1995年的国家杜马选举中曾获得150个席位,占总席位的1/3,为议会第一大党。

(2)俄罗斯自由民主党。在1995年的选举中成为议会第二大党。

(3)"俄罗斯选择"联盟。这个组织得到叶利钦的支持,被称为"总统党"。1993年的选举中为议会第一大党,1995年选举中没有获得5%的选票,没有进入议会。

(4)亚博卢联盟。1993年选举中为议会第五大党,1995年选举中为第四大党。

(5)我们的家园——俄罗斯。在1995年的选举中得到叶利钦总统的支持,成为议会第三大党。

进入21世纪,在普京执政8年后,俄罗斯的政党格局已经发生了巨大的变化。

普京主张实行由两三个或四个政党参与政治的多党制。在他的第二个总统任期内,俄罗斯国家杜马通过了一系列法案,对《政党法》和《国家杜马议员选举法》等法律作了修改,使政党体制发生了重大变化。新法案规定,每个政党至少必须拥有50000名党员,比原先的标准提高5倍;从2007年起,国家杜马选举完全转到按政党名单进行表决的比例代表制,废除了原先的混合选举制;政党进入国家杜马的得票率门槛由5%提高到7%;废除了选票中"反对所有候选人"的选项,公民在投票时必须选择支持某一政党或者候选人;不允许组织竞选联盟;取消对选举的最低投票率的限定;在地区立法会议选举中获胜的政党有权提名地区行政长官候选人,等等。

根据《政党法》修正案的规定,各政党必须重新进行注册,未达到上述要求的政党被撤销注册资格。据俄罗斯联邦司法部负责政党注册的部门在2007年1月通报,在原先登记的政党中,有17个政党符合《政党法》修正案的要求获准重新注册,它们是人民党、民主党、统一俄罗斯党、和平与统一党、俄罗斯共产党、右翼力量联盟党、自由民主党、亚博卢党、俄罗斯爱国者党、绿色生态党、农业党、人民意志党、社会主义统一党、自由俄罗斯党、社会正义党、俄罗斯复兴党、公正俄罗斯:祖国、退休者、生活。2007年2月16日,人民党宣布加入公正俄罗斯党。这意味着目前俄罗斯只剩下16个政党。[24]

目前,俄罗斯最大的政党是统一俄罗斯党、俄罗斯共产党、自由民主党和公正俄罗斯党。

统一俄罗斯党成立于2001年12月1日,由统一党、祖国运动和全俄罗斯运动合并而成。统一俄罗斯党拥护俄罗斯总统普京的各项方针政策,在经济上主张将文明的市场经济与社会公正结合起来,经济改革和发展必须以改善人民物质生活水平为宗旨;在政治上主张将强有力的国家与尊重公民自由和人权结合起来,改革国家治理方式,提高政府工作效率,逐步实现国家职能由经营者向调控者的转变。

2003 年 12 月,统一俄罗斯党在第四届国家杜马选举中大获全胜,成为影响议会的核心力量。截至 2006 年 5 月,统一俄罗斯党共有党员 104.4 万人,在全国各级立法机构中拥有 2000 多名议员, 其中包括 246 名国家杜马议员,87 名联邦委员会议员,40 多名党员担任联邦主体的行政长官,500 多名党员担任市政机构领导人。因此,统一俄罗斯党又被称为“政权党”。

2007 年 10 月 1 日,普京在统一俄罗斯党第八次代表大会上表示,他同意领导统一俄罗斯党竞选团参加国家杜马选举,并在该党竞选名单中占据首位,但拒绝成为该党成员。此后,普京还多次呼吁民众在国家杜马选举中支持统一俄罗斯党,以确保既定方针的连续性。

公正俄罗斯党成立于 2006 年 10 月,最初由俄罗斯生活党、退休者党和祖国党三个中左翼党派合并而成,全称“公正俄罗斯:祖国、退休者、生活”。公正俄罗斯党的宗旨是推动解决俄罗斯众多的社会问题。

在 2007 年 12 月举行的俄罗斯第五届杜马选举中,统一俄罗斯党的得票率为 64.3%,获得国家杜马 450 个议席中的 315 席;俄罗斯共产党得票率为 11.57%,获得 57 个席位;自由民主党得票率为 8.14%,获得 40 个席位;公正俄罗斯党得票率为 7.74%,获得 38 个席位。俄罗斯中央选举委员会确认统一俄罗斯党、俄罗斯共产党、自由民主党和公正俄罗斯党在选举中的得票率均超过 7%,进入新一届国家杜马。此次大选后,俄罗斯形成了相对稳定的“一党独大,多党并存”的政党格局。俄罗斯第四届杜马选举时,有 44 个政党参选,4 个政党进入议会,分别是统一俄罗斯党、俄罗共产党、自由民主党和“祖国”竞选联盟,其中,俄罗斯统一党获得过半数的多数。第五届杜马选举只有 16 个政党参加,仍然只有 4 个政党进入议会。

第四节　俄罗斯中央政府

一、俄罗斯总统

俄罗斯的国家权力按照三权分立的原则设立。联邦议会是俄罗斯的代表机关和立法机关,行使立法权;联邦政府行使行政权;联邦法院行使司法权。但宪法规定,俄罗斯联邦总统是国家的元首,俄罗斯的国家权力由联邦总统、联邦政府(联邦委员会和国家杜马)、联邦法院共同行使。俄罗斯总统由直接选举产生,任期 6 年,可以连选连任一次。

宪法赋予总统极为广泛的权力，主要包括下列几项：

(1)总统是联邦宪法、人和公民权利与自由的保障。总统按俄罗斯联邦宪法规定的程序采取措施，捍卫俄罗斯联邦的主权、独立和国家完整，保障国家权力机关协调地行使职能并相互协作；俄罗斯联邦总统根据俄罗斯联邦宪法和联邦法律决定国家对内对外政策的基本方向；俄罗斯总统作为国家元首，在国内和国际关系中代表俄罗斯联邦。

(2)总统有向国家杜马提出法律草案和公布法律的权力。联邦议会通过的法律必须提送总统签署并且在14日内公布。如果总统在此这期间否决了联邦法律，国家杜马和联邦委员会就应按照联邦宪法规定的程序重新审议该法律。总统还拥有制定国内外方针政策，向联邦议会提交有关国内外形势基本方针政策的年度咨文，就其权限范围之内的问题发布命令和指示的权力。总统的命令和指示是对联邦法律的补充。

(3)总统拥有广泛的提名和任免权。如在国家杜马同意下，任命联邦政府总理，做出要求联邦政府辞职的决定；根据联邦政府总理的提议，任免联邦政府的副总理和各部部长，宪法法院、最高法院和最高仲裁法院以外联邦其他法院的审判员。

(4)在军事权限方面，总统是联邦武装力量的最高统帅，拥有批准军事理论、任命武装力量最高指挥官、领导联邦安全会议的权力，还有权宣布全国或个别地区进入战时或紧急状态，但要立即通知给联邦委员会或国家杜马。

(5)在外交权限方面，总统在国内或国际关系中代表俄罗斯联邦；在同联邦议会相应委员会或两院委员会协商以后，任免俄罗斯联邦驻外国或国际组织中的外交代表；接受外国外交代表的国书；签署俄罗斯的国际条约，签署国际条约的批准书；领导制定俄罗斯的对外政策。

(6)总统拥有召集国家杜马会议，解散国家杜马和确定国家杜马选举的权力。

1991年6月，叶利钦当选俄罗斯历史上的首位总统。1996年，叶利钦第二次当选为总统。在第二任总统期间，叶利钦威望严重下降。在他的任期即将结束时，支持率仅有2%。1999年12月31日，叶利钦宣布辞去总统职务，他挑选的接班人联邦政府总理普京成为代总统。2007年4月23日，叶利钦逝世，享年76岁。

2000年3月26日，普京当选为俄联邦总统，并于5月7日正式宣誓就职。2008年5月，普京第二任总统任期结束。在他的支持下，俄罗斯联邦政府第一副总理梅德韦杰夫当选总统，并于2008年5月就任。随后，新总统梅德韦杰夫提名普京为联邦政府总理。

二、联邦政府

1993年俄罗斯新宪法生效后，联邦政府成为对总统负责的最高权力机关的执行机关，也是最高的行政机关。联邦政府的组成人员包括：联邦政府总理、第一副总理、副总理和各部部长。联邦政府总理由联邦总统任命，但事先必须征得国家杜马的同意。

2008年5月12日，俄罗斯总理普京政府内阁名单公布，副总理人数从5位增至7位。在新内阁中，普京让他的原总统办公厅的一些人担任了关键职位。如前总统助理舒瓦洛夫被任命为第一副总理；前总统办公厅主任索比亚宁被任命为政府办公厅主任兼副总理；前总统办公厅副主任谢勤被任命为主管工业的副总理。库德林、茹科夫等均保留了副总理职位,库德林还保留了担任 8 年的财政部长职务,前第一副总理伊万诺夫失去了"第一"的地位,成为一名"普通"副总理。

各副总理的职责分工:第一副总理祖布科夫负责国家农业优先项目、农业发展、渔业、森林工业以及这些领域的一系列政府委员会;第一副总理舒瓦洛夫负责国家贸易政策、入世谈判、国有资产管理、反垄断政策及竞争的发展;副总理兼政府办公厅主任索比亚宁负责联邦各机构职能权力的划分;副总理谢勤负责能源、矿产资源、环保领域的国家政策;副总理茹科夫负责教育、卫生和社会领域的国家政策和优先项目;副总理兼财政部长库德林负责制定社会经济发展参数、实施统一的财政货币信贷政策、财政计划、国家预算、投资政策和国债管理等;副总理伊万诺夫则继续负责强力部门工作。

普京政府中有 17 位部长,比原来增加 2 位。联邦局从 28 个增至 29 个,联邦署则从 32 个减为 29 个。同时,将联邦统计局划归经济发展部管辖。此外,前政府副总理兼政府办公厅主任纳雷什金被梅德韦杰夫任命为总统办公厅主任。

在俄罗斯新政府中保留职位的部长包括:外交部部长拉夫罗夫、国防部部长谢尔久科夫、内务部部长努尔加利耶夫、紧急情况部部长绍伊古、卫生与社会发展部部长戈利科娃、教育与科学部部长富尔先科、农业部部长戈尔杰耶夫、地区发展部部长科扎克、自然资源部部长特鲁特涅夫、交通部部长列维京。前经济发展与贸易部部长纳比乌林娜被任命为经济发展部部长。此外,贸易领域国家政策的职能授予新的工业与贸易部,该部部长由前工业与能源部部长赫里斯坚科担任。能源领域的国家政策职能则由单独的能源部负责,该部由前俄罗斯核能建设出口公司总裁什马特科领导。

三、俄罗斯的公务员制度

在苏联解体的过程中,随着苏共领导地位的削弱和丧失,传统的干部制度被打破,新的文官制度逐渐地形成。苏联解体后不久,俄罗斯总统办公厅就设立了一个直接由联邦总统领导的国家公务员培训总局,专门管理有关国家公务员的具体事务。1993 年 12 月,叶利钦签发《联邦国家机关条例》。条例规定,国家机关必须服从法律,接受社会监督和不带任何党派色彩,所有的俄罗斯公民都拥有在平等的基础之上竞争进入国家机关的权利。1995 年 7 月,俄罗斯颁布《俄罗斯联邦国家公务员原则法》。该法规定,按照俄罗斯联邦法律规定的制度履行国家机关的公职职责,由联邦预算或相应的联邦主体预算支付工资的俄罗斯公民,就是国家公务员。

作为国家机关的公职人员,俄罗斯有关法律对公务员的义务和责任也做出了明确的规定。其中重要的有:国家公务员,除了从事教育、科研和其他创造性工作的人员,担任联邦和联邦主体代表机构的代表,地方自治代表,地方自治机构的代表之外,都不能从事第二项有偿工作。国家公务员也不能亲自或通过委托人从事任何经营性的活动。

[附录]

2012年俄罗斯总统大选评述

2012年俄罗斯总统大选于3月4日举行,共五位竞争者参与了这次大选。其中,最引人注目的是时任俄罗斯总理的普京。

身着黑色衬衫的普京面色凝重,找不到他前两次参选时微笑的脸上流露出的那股自信——这个向自己第三次总统竞选发起冲击的政治强人,现在听到的全是嘘声:街头的示威人群,网站被攻击并出现选民劝退的留言……

即使如此,很多分析家认为,普京依旧会获得胜利。全俄舆情研究中心2012年1月27日公布的民调结果显示,普京仍领先于竞争对手:49%的受访者打算投票给他。而两天后被俄罗斯中央选举委员会确认为总统候选人的俄共主席久加诺夫、自由民主党领导人日里诺夫斯基、来自公正俄罗斯党的米罗诺夫,以及自荐候选人亿万富翁普罗霍罗夫,在这次民调中,支持率都未超过10%。

对于普京的竞争对手,有评论称"弱爆了"。[1]最后的结果也证实了这一点:大选中普京得票率为63.60%,获得约4490万张选票。久加诺夫得票率为17.18%,日里诺夫斯基为6.22%,米罗诺夫为3.85%,普罗霍罗夫为7.98%。

俄罗斯总统就职典礼于2012年5月7日在克里姆林宫举行,普京正式任职。随后,普京提名梅德韦杰夫为新一届俄联邦政府总理。

对于普京当选的原因,许多学者从不同的视角进行了分析。

方亮认为,苏联解体后,克格勃在整个俄罗斯开枝散叶,每一股势力的背后都有一位昔日的克格勃。他们为各自主人经营着保安公司,利用往日的人脉操纵种种技术手段掌握政敌的大量丑闻,成为那个混乱时期政坛的幕后智囊、打手、管家。简而言之,昔日只有苏共中央委员们才能享有的这支力量如今分散到了诸侯各自的密室之中。所以,不难想象,这支力量可能在种种机缘巧合之下最终胜出,成为只建立了选举民主却尚未实现自由民主的俄罗斯重新一统的支柱力量。普京就是这样胜出的。其实,与他同时代崭露头角的克格勃还有几位,但只有他成了叶利钦信赖的人。他在安全局内驱逐了其他势力的克格勃幕僚,从而一统克格勃,这是他权力之路上最坚实的一步。[2]

另一种观点认为,"需要普京"是俄罗斯选民的共识。

尽管出现一定规模的抗议风潮,但俄罗斯需要普京,仍是大多数俄罗斯人的共识。自1999年12月31日出任俄代总统起,普京连续担任俄总统和总理超过12年。何以12年后俄罗斯人仍然认为国家发展需要普京掌舵?追根究底,"需要普京"的选民共识,不仅显示了普京掌控局势的能力和牢固的执政基础,也反映出俄罗斯社会对普京执政理念的几点基本认同。

认同点一:强国。普京誓言打造"复杂世界中的强大俄罗斯",使俄罗斯重返世界舞台中心,参与游戏规则的制定,成为独立一极。强有力的经济发展、强有力的国家政权、强有力的国家军队,是其"强国梦"的重要支撑。

认同点二:改革。竞选期间,俄各阶层纷纷宣泄不满,表达利益诉求,社会改革的呼声高涨。普京连发七篇竞选"檄文",承诺"顺应现代化的社会需求","继续业已启动的改革",在全面创新的基础上实现国家现代化,改革姿态鲜明。

认同点三:稳定。在普京看来,改革与稳定如同一枚硬币的两面,"在当今世界,稳定是一种财富,是只有顽强奋斗才能赢得的一种财富";俄罗斯未来所有改革不应建立在"没有根据的自由主义之上,而是要持续地平稳发展"。他同时强调:"稳定与停滞没有任何共同之处。"[3]

涂子方则认为,普京"玩二人转能玩得转",主要有以下几个方面原因:

一是因为在普京的统治之下,俄罗斯的国家综合实力及人民生活水平有了很大的提高。俄罗斯因为出口石油和天然气,钱多,普京又比较重视民生投入,全民的教育、医疗、退休保障基本是由政府统包。俄罗斯的面包、牛奶、水、电、物业管理等基本生活消费品的价格便宜得惊人,有些地方甚至是免费的。

二是因为俄罗斯还没有形成强有力的反对党。除普京所属的统一俄罗斯党之外,其他几个参选的政党都势单力薄,而且四分五裂,彼此争斗。选举前,有国际观察员问他们为何不结成同盟,推出一个共同的候选人以挑战普京。他们说,如果一旦产生这样一个人物,就会立马被普京干掉。

三是因为俄罗斯共产党人见人怕。看过《静静的顿河》、《日瓦戈医生》、《古拉格群岛》、《生命中不能承受之轻》的人都知道当年的苏共是个什么样的恶魔。在俄国,现在能真正与普京叫板的政治力量也就是俄罗斯共产党,但俄共是苏共衣钵的继承者;而普京毕竟是苏共的异己分子,普京的权力师承于叶利钦,叶利钦是搞垮苏共的罪魁祸首。梅德韦杰夫曾抨击俄共说:"迄今仍有人试图为斯大林辩解,声称这么多人是为某种崇高的国家使命而牺牲。这无疑是错误的,任何国家的发展、成就和追求都绝不能以人的痛苦和损失去换取。没有东西能够高于人的生命的价值。绝不允许为那些消灭自己人民的人辩护。"[4]

颜昌海认为,从普京的第二任总统高票当选之后不久,大约2005年下半年开始,俄罗斯中断了民主改革的进程,走上了威权主义道路。政治领域:加强对地方政府、国会和总统选举的限制以便最高当局操作。扩大总统权力,取消地方首长民选改由总统任命,实行垂直领导,把社会服务机构变成听命于总统个人的官僚机关。控制舆论,约束言论自由,封杀异议人士发影发音,对批评政府的著名记者实行迫害甚至暗杀。利用行政和司法手段,甚至流氓和黑帮来铲除异己。现今俄罗斯政情之黑,已经有目共睹。经济领域:企图由最高当权者来操控国民经济与窃夺国家财富。借金融界部分非法行为而打击私营业者,把重大企业收归国有,俄罗斯最大民营石油公司股东兼总裁被迫出逃。军事领域:暗箱操作,不再对相关的非军方机构透明。培植嫡系势力,架空原有领导,部署新型导弹,建造新型航母,海军舰队重新游弋地中海和印度洋。外交领域:力图恢复昔日苏联在中亚的势力范围,极力阻止周边国家的"颜色革命",加强对独联体国家的控制。威权主义统治最直接的受害者,自然是俄罗斯人民。刚刚开始获得的还不充分的自由与基本人权,又被收了回去。[5]

[1]和静钧.普京弱爆了的对手们.http://www.worlduc.com/blog2012.aspx?bid=4079085.

[2]方亮.为何普京屡遭反抗却仍高票当选.http://view.163.com/12/0306/08/7RTBDE3Q00014MPV.html.

[3]俄总统选举普京胜选流泪,他为何能再次当选.http://news.rednet.cn/c/2012/03/06/2538473. htm.

[4]涂子方.为何普京能当选.http://blog.ifeng.com/article/16641244.html.

[5]颜昌海.希特勒当选总理与普京当选总统.http://blog.ifeng.com/article/16633857.html.

第五节 俄罗斯地方政府

一、地方行政区划

俄罗斯联邦由各联邦主体构成。联邦主体包括 21 个共和国,6 个边疆区,49 个州,莫斯科和圣彼得堡 2 个直辖市,犹太自治州 1 个自治州,10 个自治专区。其中,共和国是以特定的民族或群体而设置的区划单位;边疆区是地域面积最大、距离中央最远而人口又比较稀少、通常以其中心城市命名的区划单位;州是地域面积仅次于边疆区而数目最多的区划单位;自治州虽然是边疆区或州的组成部分,但在同联邦国家权力机关的关系上与其他联邦主体一样;自治专区也是边疆或州的组成部分,同样是联邦的主体,也是一种通常由两个或两个以上民族构成的民族自治形式。

2005 年 5 月 13 日,普京签署总统令,宣布建立七大联邦区,同时设立驻联邦区的总统代表职位。这实际上是对中央和地方关系体制动了行政手术,从而启动了中央与地方关系改革的进程。这七大联邦区,每一个都管辖若干个联邦主体。其中,中央联邦区管辖 17 个联邦主体,区中心设在莫斯科;西北联邦区管辖 11 个联邦主体,区中心设在圣彼得堡;北高加索联邦区管辖 13 个联邦主体,区中心设在顿河罗斯托夫;伏尔加联邦区管辖 15 个联邦主体,区中心设在下诺夫哥罗德;乌拉尔联邦区管辖 6 个联邦主体,区中心设在叶卡捷琳堡;西伯利亚联邦区管辖 16 个联邦主体,区中心设在新西伯利亚;远东联邦区管辖 10 个联邦主体,区中心设在哈巴洛夫斯克。

二、中央与地方的关系

(一)叶利钦时期

在中央与地方的关系上,叶利钦成功消除了苏联解体对俄罗斯联邦统一的冲击,当然也因为俄罗斯联邦内俄罗斯民族已经占到了人口的绝对多数,俄罗斯联邦统一的威胁大大降低了。叶利钦上台之初,实行了“可协商性的联邦制度”。当时,叶利钦既使用了一些强制手段,更多的则是妥协与让步的措施,通过在中央与地方之间的分权,地方在苏联解体过程中夺得的权力得到了确认。

这一时期,中央与地方的关系有以下特点:(1)地方势力在利益格局中形成独立一极。地方政府公开申明和维护地方利益,拓展地方的利益空间。地方精英控制着地方政权的运行,在经济和社会改革方面的自主权很大。如果中央的改革措施不符合地方利益,它们就拒绝执行。(2)地方过度分权导致市场经济的无序。这一时期俄罗斯市场经济出现的无序性,地方有一定的责任。一些地方还封闭行政边界,禁止国内商品和劳务的自由流通。地方政权还力图完全支配地方资源,一些共和国宣布,境内矿藏和其他原属全联邦的自然资源归地方所有。地方发行货币代用券和票据的现象相当普遍,规模很大,各地区形成自发的票据市场,完全不受中央政府和中央银行的控制。从中央与地方关系的角度看,代用币的大量发行和流通,破坏了俄罗斯统一的财政政策和统一的货币政策,从而也导致市场经济的无序状态。(3)在叶利钦执政后期,联邦中央与地方形成两个决策重心。地方对中央政策采取各取所需的态度,联邦中央的政策在地方难以贯彻。中央与地方的决策过程和决策核心缺乏统一的机制,更谈不上良性互动和协调。

(二)普京时期垂直权力体系的重建

普京在恢复垂直权力体系方面采取了五大举措,对俄罗斯中央与地方的关系产生了深远的影响。

1.划分七大联邦区,建立总统代表制

2005 年,普京签署总统令,宣布建立七大联邦区,同时设立驻联邦区的总统代表职位,试图加强总统对地方的控制。目前,俄罗斯已经形成一个由总统、驻联邦区总统代表和驻联邦主体总统代表构成的对地方进行监督的体系。

2.改变上院组成,剥夺地方官员直接参与中央决策的权力

从 1996 年开始,地方行政长官改由选举产生。结果,上院实际上变成了政治色彩复杂的地区院。2000 年 8 月,俄罗斯颁布《关于联邦委员会组成原则修正法》。2002 年 1 月 1 日起,俄罗斯上院就根据《俄罗斯联邦议会联邦委员会组成程序法》的规定重新组成。上院组成程序的改革,使地方官员丧失了过去拥有的在全俄政治舞台上发挥的空间,他们的政治舞台迅速转向地方,主要精力也集中在地方事务。

3.加强中央垂直领导,总统有权解除地方领导人的职务

在历史上,俄罗斯一直是超级中央集权国家,地方领导人始终由中央直接任免。叶利钦执政前期也是如此。2000 年 5 月,普京向国家杜马提交了《关于俄罗斯联邦主体国家权力立法机关和执行机关基本原则》的修改补充法案。经过几个月的争论,法案于 2000 年 7 月 19 日通过并颁布执行。该法规定:

(1)总统有权对地方行政长官提出警告,只要发生下列情况:发布了违反联邦宪法和联邦法律的规范文件,并由法院确认其违法事实,在法院规定的期限内不能纠正有关违法问题;总统关于终止地方行政长官颁布的文件和要求修改有关文件的命令,在规定期限内没有得到执行,也没有向法院提出争议。

(2)总统有权解除或临时解除地方行政长官的职务。依据该法律,地方行政长官在接

到总统提出的警告后,不能在规定期限内消除有关违法问题,总统有权解除其职务;在俄联邦总检察长依刑事诉讼程序对地方行政长官提出犯有重罪或特别重罪的情况下,总统有权临时解除地方行政长官的职务;如果地方没有关于地方行政长官被解除职务后由谁代理的规定,总统有权任命代理地方行政长官,直至新的行政长官被选出。该法律还规定了集体辞职的条款:如果地方行政长官被总统解职,联邦主体的执行机构必须集体辞职。

4.监督地方立法活动,总统有权解散地方立法机构

(1)地方机构法律责任制。地方立法机关对违反俄联邦宪法、联邦宪法性法律和联邦法律必须承担责任。

(2)总统呈文制。总统有权向地方立法机构提出呈文,要求地方采取行动,使地方立法符合俄联邦宪法、联邦宪法性法律和联邦法律。

(3)总统警告制。经法院确认,地方宪法和法规违反了俄联邦宪法、联邦宪法性法律和联邦法律,在法院裁决后的6个月内,或在法院规定的其他期限内,如果不能执行法院裁决,撤销违法条款,总统有权以总统令方式对地方立法机构发出警告。

(4)解散地方立法机构的制度。如果总统警告发出的两个月内,地方立法机构仍没有采取措施纠正违法条款,总统可向国家杜马提交关于解散该地方立法机构的法案。国家杜马必须在两个月内审议该法案。该法案通过之日,地方立法机构即终止职权,宣布解散。

【参考文献】

[1]左凤荣.戈尔巴乔夫政治体制改革的发展轨迹与成因[J].探索与争鸣,2005(2):14-16.

[2]张嵩,相林均.戈尔巴乔夫的外交"新思维"[J].经济与社会发展,2005(2):99-101.

[3]Beissinger,Mark R. Nationalist Mobilization and Collapse of the Soviet State. Europe-Asia Studies,2003(4):55.

[4]孔寒冰.当代各国政治体制——俄罗斯[M].兰州:兰州大学出版社,1998.

[5]Roanld Grigor Sony. The Revenge of the Post: Nationalism,Revolution,and the Collapse of the Soviet Union[M]. Stanford: Stanford University Press,1993.

[6][12]胡珺.苏联解体原因研究综述[J].俄罗斯中亚东欧研究,2007(4):83-87.

[7]王正泉.普京对苏联历史和苏联解体的评价[J].百年潮,2006(11):62-64.

[8]周荣坤,郭传玲.苏联基本数字手册[M].北京:时事出版社,1982.

[9]黄东宏.苏共在民主集中制上的失误与启示[J].上海党史与党建,2002(5):37-40.

[10]郑异凡.苏联共产党执政合法性考察[J].当代世界社会主义问题,2003(2):72-75.

[11][15][美]大卫·科兹,弗雷德·威尔.来自上层的革命——苏联体制的终结[M].曹荣湘,孟鸣岐,译.北京:中国人民大学出版社,2002.

[13]徐介治.原苏联在宗教问题上的一些重大失误[J].东欧中亚研究,1995(4):54-58.

[14]姜爱凤.苏联解体原因研究综述[J].当代世界与社会主义,1997(1):64-67.

[16]罗显华,刘新刚.前苏联解体原因再探[J].首都师范大学学报,2007(3):53-56.

[17]米罗诺夫.苏联解体的原因与后果[J].西伯利亚研究,2006(6):74-78.

[18][俄]亚历山大·戈洛夫科夫.苏联解体十五年的总结[J].李兴耕,译.国外理论动态,2007(7):29-32.

[19]姜长斌.20 年后看戈尔巴乔夫的改革[J].理论视野,2007(9):53-56.

[20]王金存.苏联经济改革失败的原因和后果[J].东欧中亚研究,1992(3):52-56.

[21]薛小荣.原苏联政要们眼中的戈尔巴乔夫、苏联改革与剧变[J].探索与争鸣,2005(2):17-19.

[22]中央党校科研部.苏共的失败及教训[M].北京:中央党校出版社,1994.

[23]江流.苏联剧变研究[M].北京:社会科学文献出版社,1994.

[24]李兴耕.第五届国家杜马选举前的俄罗斯政党基本态势[J].俄罗斯研究,2007(2):10-16.

专题分析

渐进与激进:中俄不同改革路径选择的原因、措施和结果

20世纪80年代,原计划经济体制国家纷纷进行经济与政治体制改革,当时主要有两种改革思路:以迅速私有化、市场化、自由化为特征的"激进式改革",和在时间、速度和次序上有选择的、分步走的"渐进式改革"。前者以俄罗斯为典型代表,后者则主要是指中国的改革。

一、两种道路选择的原因分析

对于中俄两种道路选择的原因,学界对此认识各异,观点也较为分散。下面将以学者刘芬华(2003)[1]的论述为主,并结合杨青青(2010)[2]的部分观点来分析该问题。

(一)俄罗斯选择"激进式"改革道路的原因

1.对"渐进"改革失去信心

苏联在20世纪后半期就不断地进行政治经济体制的改革,无论是赫鲁晓夫对斯大林模式的否定,还是勃列日涅夫的"新经济体制",直到戈尔巴乔夫的经济体制变革,苏联各届领导人对计划经济的改革从来就没有停止过,其推行的经济改革实质上就是在计划体制内调整的渐进模式改革。但无论是哪个阶段的改革,虽不同程度地触及了传统经济体制的一些弊病,也取得了一定进展,但总体收效甚微,并且一旦遇到保守力量的抵制,就停滞不前或者左右摇摆,不仅没有实现经济改革的实质性突破,反而引发了经济衰退和各种社会危机,从而使学术界和民众都对渐进改革失去信心。

2.经济恶化、政治矛盾激化

计划经济体制积重难返,局部的改革又收效甚微,导致苏联、东欧国家的宏观经济形势严重恶化。严峻的宏观经济形势又引发了政治动荡,各国共产党政府纷纷倒台。苏共在1989年人民代表大会选举和1990年地方立法选举中失利,激进民主派崛起,政治保守派发动攻击,严重削弱了苏联政府控制局面的能力,导致苏联解体。俄罗斯独立后,面对衰败不堪的经济,叶利钦认为应该进行深刻改革。

3.多元化意识形态及西方主流经济理论的影响

从1968年开始的"市场社会主义"讨论,到1985年推行的"人道的、民主的社会主义改革",以及利用政治大讨论方式推行意识形态公开化行动等等,造成了苏联意识形态的多元化和思维方式的极端化。同时,"政治松动"以后,面对西方文化的大量传播,苏联共产党的思想宣传空洞乏力,造成了党内外思想混乱。混乱的意识形态导致了体制内外反对

力量的滋生和壮大,对社会体制变革产生了巨大影响,促成了激进改革模式的选择。

以新古典主义为主的西方主流经济理论认为,私人财产的确立和有效保护是减少价格信号失真的前提,而价格扭曲能否得到纠正则是企业对利润追求从而产生效率的途径,民主政治制度是经济市场化的首要条件,通过对计划经济的局部改革难以达到市场经济的彼岸。

4.戈尔巴乔夫的推动

20世纪80年代以前的经济改革的一系列挫折,在苏联社会中积累了对经济改革的悲观情绪和否定旧体制的激进主义思潮,反对派力量日益壮大,苏共领导人产生了民主社会主义的倾向。经过政治危机的苏联共产党,在改革前夕基本上已经威信扫地。在这种背景中,国家领导人的更迭引发集团政治斗争的激化,戈尔巴乔夫本人的观点也发生了巨大的变化,企图在短时间内摧毁高度集权的旧政治体制和计划经济体制,以重建新的民主政治体制和市场型经济体制。

(二)中国选择“渐进式”改革道路的原因

1.“渐进”改革意识成为主流

中国改革之所以选择了渐进模式,是根植于计划经济的意识形态与崇尚体制创新的改革观念这两种意识形态进行斗争的结果。按照国外学者的说法,是保守力量和改革力量两大力量观念斗争的均衡结果。由于各方都不可能完全左右局势,中国的改革就是在保持“体制内”继续按计划运行的同时,在“体制外”发展市场经济,实施增量的市场化改革。就非正式制度安排对正式制度演进的影响而言,中国传统文化及与之相关的国民认知方式、行为习惯,决定了中国改革的渐进模式。几千年积淀而成的“中庸”之道深刻地影响着中国人的心理行为和选择倾向,凡事不走极端,强调适可而止,执两用中。在中国深入人心的社会主义意识形态与中国传统文化中的一些价值取向存在着某种契合性,也使得中国在改革中能够保持以“四个坚持”为核心的意识形态的一贯性。这种一贯性正是保证经济制度变革能够在社会主义制度箱体内稳步运行的关键要素。

2.政治权威严控改革步骤和方向

中国经济改革中的制度需求者是私人部门,但传统体制下的制度唯一的供给者是政府,这决定了中国经济改革的第一行动集团只能是政府。作为改革契机的国家领导人更迭,在中国没有导致党和国家的政治领导核心的解体,也没有引发政治制度的危机,这保证了中国政治体制的持续和稳定。经历了“文化大革命”政治危机的中国政府和执政党在保证社会稳定的情况下,其威信没有遭受破坏,反而使改革主张更容易被接受,这是社会主义转轨国家绝无仅有的改革有利条件。这种局面及发展态势也使得在旧体制中孕育并诞生的新经济模式能够在初级改革集团的控制下稳步壮大。而由维护旧体制的集团力量培育的新体制诞生和逐渐推进,这本身存在悖理性,却实实在在是中国经济改革的现实与奇迹。

3.二元经济结构影响深刻

中国经济属于典型的城乡二元结构,这决定了中国非国有经济部门相对于苏联集体农庄而言具有更大的“市场”发展空间。与苏联相比,中国甚至从来没有形成一个完整严密的计划经济体系,在计划体制之外,运行着大量自发、分散和无组织的经济活动,接受“市场”的调节。一旦国家控制稍有放松,这些市场因素就会比较容易地自发成长起来成为国有经济的补充。

此外,由于中国经济的主体结构是国有经济,非国有经济的增量改革即使存在巨大的先入利益,也不可能改变经济的主体结构。变革利益积累及其效应,促使政府参与到改革中来,并成为经济改革的第一行动集团,使改革在旧体制的框架内得到扩散,但扩散不可能是推翻旧体制后重建新体制的革命式激进改革。

二、中俄两国改革的具体措施

(一)俄罗斯“激进式”改革的具体措施

俄罗斯决定从1992年1月2日起正式实施“休克疗法”,学者李绍荣、程磊(2009)[3]对此有详细的阐述。

1.经济方面采取的主要措施

第一,价格自由化,即一次性全面放开价格。从1992年1月2日起,俄罗斯一次性放开了大约90%的消费品和80%的生产用品的价格,国家仅保留对极少数最主要的商品的价格控制。后来俄罗斯又相继放开了石油、天然气、煤炭和粮食等商品的价格。政府废除了一切指令性计划和指导性计划,取消了国家订货制度。企业根据市场的供求情况自主决策,政府不得进行干预。叶利钦1991年11月15日签署了《关于俄罗斯境内对外经济活动自由化的命令》,规定任何企业不管属于何种所有制,都可自由地从事对外经济贸易活动。除对能源、武器和重要原材料等的出口,政府实行限额和许可证制度外,其他的均实行税收调节。1992年7月1日起,俄罗斯实行了卢布与美元的统一汇率,这一汇率可以自由浮动。

第二,实行紧缩的财政货币政策。在价格自由化过程中,俄罗斯紧缩的财政货币政策包括增收和减支两个方面。“增收”是指提高税率,增加预算收入。1991年12月17日俄罗斯颁布的《利润税法》规定,企业的利润税率为32%,减少在这项税收上提供的各项优惠;恢复所有商品的增值税,税率为28%;实行统一的燃料和原料出口税;提高法人财产税和自然人所得税税率;实行统一的关税,税率为申报价的15%;并征石油、天然气税,税率为内部价值的50%;重建地方税等。“减支”主要是通过大力压缩基本建设投资、大幅度削减各种补贴和援助、裁减军费等措施来实现。

第三,实行大规模私有化。私有化的目的是形成广泛的私有者阶层,形成资本主义市场经济的基础。俄私有化分为小私有化和大私有化。小私有化是指商业、服务及小型工业、运输业和建筑业企业的私有化。从1992年初开始小私有化,到1993年底基本完成。小私有化的主要方式是商业投标、拍卖、赎买、租赁和直接出售。大私有化是指大中型企业的私有化,主要是通过股份制形式实现的。

2. 政治体制方面采取的主要措施

第一,从一党制向多党制转变。1988年苏共第十九次全国代表会议以后,废除一党制,实行政治多元化,走西方民主的道路,在俄罗斯逐渐成为占主导地位的社会政治心态。1990年3月召开的苏联第三次非常人民代表大会,修改了宪法第6条,从法律上取消了苏共在国家政治生活中的垄断地位,正式通过了多党制,自此开始了俄罗斯从议政合一的苏维埃制度向西方三权分立制度和从一党制向多党制演变的过程。1993年12月,按照叶利钦的主张制定的《俄罗斯联邦宪法》第13条第3款明确宣布,"在俄罗斯联邦承认政治多元化和多党制"。

第二,从苏维埃体制向总统集权制转变。1991年3月17日,俄罗斯就是否设立总统职位举行全民公决,有75.31%的选民参加了投票,其中69.85%的选民赞成设立总统职位。俄罗斯总统选举于1991年6月12日举行,叶利钦以57.3%的得票率当选为首任总统,自此开始了叶利钦执政时期。这不仅标志着俄罗斯总统制的确立,而且标志着共产党失去了执政地位。

苏联解体后,从1992年初到1993年底,俄罗斯开始从苏维埃体制向总统集权制过渡。由于原有宪法一方面体现了"一切权力归苏维埃"的原则,另一方面又规定了总统作为国家元首具有最高权力,这些前后矛盾的规定造成了总统、政府即最高执行权力机关与人民代表大会、苏维埃即最高立法机关两大权力机关争权夺利的政治斗争。为了解决宪法危机,叶利钦要求制定总统制宪法来加强总统的权力,而议长哈斯布拉托夫则试图制定议会制宪法来限制总统的权力,总统与议会发生了根本冲突。直到1993年10月,叶利钦调动军队,炮打白宫,才结束了双重政权的局面。随后,叶利钦宣布解散各级地方苏维埃,停止宪法法院的职能并迫使院长佐尔金辞职。他禁止"劳动俄罗斯"等二十多个反对派政党和组织活动,停止《真理报》等十多家报刊的发行。1993年12月12日通过的以总统方案为蓝本的新宪法,废除了苏维埃制度,强化了总统权力。[4]

(二)中国"渐进式"改革的特点与措施

中国的"渐进式"改革是以传统计划经济体制中最薄弱的环节作为突破口,实行由易到难、逐步过渡的战略。关于这种改革的特点,学者马晓河(2008)[5]总结了以下几个方面:

在改革开放的路径上,采取了从下到上、先易后难的路径。从十一届三中全会到20世纪90年代,中国在许多领域的改革,一般都是由农民、工人和农村、城镇的基层力量在实践中自发进行改革探索,然后将改革的成功信息向上传递,逐渐为上层接受并转化为推进改革的意志。同时,中国的改革也是先从容易取得成效的领域开始的,因为这些领域涉及的利益关联部门少,但对公众的生活影响大。比如通过承包制增加工农产品生产;通过市场化改革,扩大城乡商品流通;通过分配制度改革,增加居民收入等。而涉及利益关联部门多、改革阻力大的社会以及上层建筑领域改革是在20世纪90年代中期以后才大范围展开的。

在改革开放的顺序上,改革采取了先生产后流通、先经济后社会政治其他领域,开放采取了先东部沿海后沿江沿边和中西部地区的策略。比如,农村改革先在农业生产领域实行家庭承包经营制,尔后随着剩余农产品的增多促使国家改革统购统销的农产品流通体制。农产品生产、流通体制改革成功又推动了原有农村行政管理体制的改革,还带动了农村税费、教育、医疗、保障等领域的改革。城市改革先在国有工厂开始,企业经营承包制改革的成功要求对计划经济体制下的投资、原材料购进、产品销售、收入分配等制度进行改革,而这些改革的初步成功又促进城市甚至国家经济管理体制乃至政治领域的改革。

在改革开放的进程上,采取了先点后面推广的方式。从30多年改革开放的进程看,无论经济领域还是社会、政治领域的改革开放,都采取了先点后面的循序渐进方式。以对外开放为例,20世纪80年代初先在深圳、珠海、汕头、厦门设立经济特区,80年代中期进一步开放大连、秦皇岛等14个沿海港口城市,同时还将珠江三角洲、长江三角洲、胶东半岛、辽东半岛等定位为经济开放区。90年代初,作出开放浦东的重大决策,此后对外开放区域进一步扩大到内陆和边境口岸城市。这种先点后面、循序渐进的改革方式虽然不易在短期内取得大范围的成功效果,但避免了大的社会震荡,带来的试错成本低、风险小。

在改革开放的利益分享结构上,采取了先改革增量,然后以增量改革带动存量改革的激励办法。这是中国改革开放的另一个鲜明特点。新中国成立以后,中国计划经济体制所构建的资源配置和利益分配,已经从上到下形成了极强的刚性结构,很难依靠一时一项改革迅速打破这种僵化的体制结构。于是,中国在生产、流通、信贷、汇率等领域采取了"双轨制"的改革模式,比如在生产领域,对增产超产部分实行市场价格,对计划内生产实行计划价格;对计划内生产购进物资实行计划价格,对计划外生产购进物资实行市场调剂价格。又如在产权制度改革上,先稳定原有计划经济下的国有企业,优先鼓励发展个体户和民营经济;到了20世纪90年代,对于国有企业,开始实行"一厂两制",对新建部分实行股份制,对原有存量部分保持国有制性质。众所周知,增量改革带来的效果是明显的,参加增量改革的群体分享到的利益也大于原有体制。因此,存量部分为了获得改革的好处,也纷纷要求改革,由此增量改革也带动了存量改革。

三、两种改革道路实施的不同结果及认识

(一)俄罗斯"激进式"改革的结果

在改革初期,在长期的指令性价格及商品极度匮乏的形势下骤然放开价格的闸门,导致了商品价格的飞涨,奔腾式的通货膨胀汹涌而至。在价格自由化实施的第一年,即1992年,全年的通胀率高达2510%。公众存款贬值所受到的损失超过5000亿卢布。俄罗斯人的生活水平倒退了20年。

为了加快私有化进程,政府最初采取的办法是无偿赠送,每个俄罗斯人领到一张1万卢布的私有化证券,可以凭证自由购股。可是,到私有化正式启动,已是1992年10月,时过境迁,此时的1万卢布,只够买一双高档皮鞋。因此这个措施使大批国有企业落入特权阶层和暴发户手中,他们最关心的不是企业的长远发展,而是尽快转手盈利,职工既领不到股息,又无权参与决策,企业效益每况愈下。在居民的购买力极其有限、没有任何原始资本积累的背景下,强力推行私有化,结果是总价值超过2000亿美元的500家国有大型企业仅以实际价格的3%被转归私有,造成国有资产的大量流失。少数政府、企业官员利用私有化的天赐良机大发横财,绝大多数的老百姓却变得一贫如洗。

在国家工业,尤其是民用工业长期处于落后的情况下,实施财政紧缩政策,增加企业税收,压缩财政开支。后果之一是,严重打击了企业生产的积极性。沉重的税负"遏制了生产,特别是遏制了新的创建中的私人企业。在这样的税负下,企业家的努力不是用在发展

生产上,而是用于逃避这些义务,迅速致富,以便日后能不再工作",直接导致了社会生产更大幅度滑坡。"1990—1995年,俄罗斯经济下降幅度达38%,工业生产下降了50%,其中机器制造业下降65%~80%,高新技术产品下降90%,日用消费品下降55%,70%的食品需要进口。"与此同时,由于生产下滑,国家财政收入的主要源泉——税基不可避免地萎缩。本想通过增加税收来减少财政赤字、增加财政收入的所谓"稳定化"目标不但未能实现,反而造成了对社会经济的更大破坏。后果之二是,大幅度减少国家财政支出,首先造成企业流动资金严重不足,出现支付危机,形成庞大的三角债务。企业拖欠供货单位货款和预算缴款,1992年年初为390亿卢布,到6月底便增加到311万亿卢布。俄罗斯政府被迫于下半年放松银根。其次,导致国家各方面的建设投资急剧减少。就国家基本建设投资而言,1992年比上一年下降了45%。而主要由政府扶持的科技文化教育事业所面临的处境更加凄惨。由于缺少资金的支持,加之生活的日益贫困化,"估价为1万亿美元的俄罗斯科技潜力渐渐消失,有17万科技人员暂时或永远地出国了,其中有许多领域中的世界级人物。据国际统计,俄罗斯的'人才流失'相当于500亿美元的损失",这无疑是一场民族大劫难。

此外,在工业技术水平低、产品成本高、缺乏竞争力的情况下推行外贸自由化,结果是外国商品占领了俄罗斯市场,尤其是消费品市场,民族工业受到严重冲击,国民经济沦为"出口能源和基本材料换回食品和消费品"的低级循环。同时,在外汇极度短缺的情况下,放开外汇市场,导致卢布对内对外的双重危机。[6]

但是,俄罗斯"激进式"改革并不是一无是处。

在经济上,原有高度集中的军事经济体系的打破,新的经济体制的建立,为普京政策的调整扫清了障碍,俄罗斯经济增长建立在一个比较良好的市场制度基础之上了。[7]经过了1993年到1998年五年的低迷后,俄罗斯经济从1999年开始复苏,很快进入了较为健康、正常、快速的发展状态。2000年,普京成为俄罗斯总统,采取了一系列措施,当年GDP增长达9%。2001年,俄罗斯提出"经济活动的非官僚化",削减各部门的审批权力,减少审批或登记项目,为企业创造自由宽松的环境;放宽外资进入的限制,对垄断部门进行改组。这些措施使俄罗斯经济全面恢复,2001—2005年,俄罗斯GDP平均增长率约为6%,年投资额平均增长12%,居民实际收入平均提高10%~12%。[8]2005年,俄罗斯GDP增长6.4%,进入世界10大经济体。[9]2006年俄罗斯人均GDP达到4000美元以上,医疗几乎免费,中小学上学免费还免费提供午餐,60岁以上无论工人农民都享受养老保险,衣食无忧。实行个人12%、企业25%单一无累进税制,政府机构大量精简,国家财政1/4用于教育、医疗、养老和社会救济。[10]2007年,经济增长率达到8.1%,外汇和黄金储备已接近5000亿美元,稳定基金达到3.84万亿卢布(1美元约合24.5卢布),证券市场以创纪录的速度发展,俄罗斯与中国、印度成为世界上经济增长最快的三个大国。2008年与2009年由于受金融危机的影响,经济发展速度放缓。2011年12月16日,世界贸易组织正式批准俄罗斯加入世贸组织,这为俄罗斯经济的发展又注入了新的活力。2011年俄罗斯国内生产总值同比增长4.2%,GDP初值为54万亿卢布,人均12939美元。

在政治上,激进式改革使得俄罗斯顺利实施了从"自由民主"到"可控民主"的民主政治改革道路。取消"地方直选"和改变"杜马比例"的举措强化了以总统为核心的政治体系。舆论认为,这是普京“可控民主”政治体制形成的标志。伴随“可控民主”政治体制的逐步建立,俄罗斯不仅停止了经济衰退,进入了快速增长轨道,而且成为金砖国家之一。[11]在新俄罗斯,“民主”概念开始具有现实意义。现行国家制度之所以具有民主的性质,是因为人们享有符合国际标准的基本人权和公民权:如言论自由、新闻自由、信仰自由、结社权、游行和集会权。意识形态实行多样化,经济实行多元化,法院独立于其他权力分支机构发挥职能,选举在多党制基础上定期举行。不管是在议会内,还是议会外,反对派都可以坚持自己的意见。俄罗斯所有这些民主成就可以表明,它在建立法制国家,国家权力机关的工作服从宪法和法律,换句话说,法高于权。相对于叶利钦时期而言,普京时期的政治局势保持了稳定,激进改革的浪潮已过,社会政治气氛相对和谐,社会对立程度有所降低,希望社会安定和国家政权发挥更大作用的社会情绪成为主流。随着国家经济形势的逐步好转,人民生活得到一定程度的改善,增进了民众对国家政权的认同感和依赖程度。[12]学者庞大鹏(2007)指出,叶利钦时代完成了从议行合一苏维埃制度到三权分立宪政制度的转变,普京时代则完成了新权威主义原则指导下宪政制度的完善和巩固,这是一种国家治理模式的重大变化。[13]

(二)中国“渐近式”改革的成果

1.GDP从占世界1.8%(1978年)升至9.5%(2010年),综合国力由弱到强

1978年,中国GDP只有3645亿元,2007年上升至24.95万亿元,年均增长9.8%,而同期世界经济平均增速只有3.0%,并于2010年以39.79万亿元的GDP超过日本正式成为世界第二大经济体。在2011年,全年国内生产总值更达到了47.16万亿元。按照世界银行标准,我国已由低收入国家跃升至世界中等偏下收入国家行列。

2.从 1132 亿到 10.37 万亿元,财政家底愈发厚实

经济的快速发展和规模的不断扩大,带来了国家财力的迅速增加。国家统计局报告显示,1979年至2007年,国家财政收入年均增长14.1%。其中,1978年国家财政收入仅1132亿元;1985年翻了一番,1993年再翻一番;1999年跨上1万亿台阶,2003年超过2万亿元;2011年全国财政收入103740亿元,比上年增加20639亿元,增长24.8%。

3.城乡居民收入实际增长超过 6 倍,实现从温饱不足到总体小康

扣除价格因素,从1978年到2010年,中国城镇居民人均可支配收入和农村居民人均纯收入年均分别实际增长8.7%和7.0%。城乡居民生活实现从温饱不足到总体小康的历史性跨越,中国农村贫困人口从1978年的2.5亿减少到2010年的2688万。

4.从世界第 29 位到第 2 位,成为名副其实的外贸大国

对外经济大开放,中国实现了从封闭半封闭到全方位开放的历史性转折。1978年,中国进出口总额只有200多亿美元,利用外资基本是空白。而2011年进出口总额36421亿美元,居世界位次由第29位跃升到第2位,占世界贸易总额的比重也由1978年的0.8%提高到2007年的7.7%。

5.从 1.67 亿到 3.2 万亿美元,外汇储备由短缺到富足

1978年,中国外汇储备仅1.67亿美元,短缺是当时外汇储备的基本特征。随着中国对外经济的发展壮大,经常项目贸易盈余不断积累,外汇储备的短缺迅速成为历史。1990年

中国外汇储备超过百亿美元,1996年超过千亿美元,2006年超过万亿美元,位居世界第1,2011年12月末更是达到了31811.48亿美元。

6.科、教、文、卫、体事业得到迅猛发展

改革开放前,与经济发展的落后相比,中国的社会事业发展更加滞后。国家统计局报告指出,改革开放30多年来,随着中国经济实力的不断增强,社会事业呈现加快发展态势,社会与经济协调发展明显增强。教育普及程度接近中等收入国家平均水平。

2011年中国科技经费投入8610亿元,有力地促进和保障了科学技术研究的快速发展。2010年,全国高等、高中、初中教育毛入学率分别达到26.5%、82.5%和100.1%,小学教育净入学率达到99.7%。卫生、文化、体育事业都取得了长足发展。2007年,中国每千人医师数和医院卫生院床位数达到发展中国家中等偏上水平。居民预期寿命由1981年的67.8岁提高到2005年的73岁。

(三)学界对两种改革道路的一些认识和思考

关于"渐进式"改革和"激进式"改革的比较一直是转轨经济学的探讨焦点。渐进式制度变迁是一种演进式的分步走的制度变迁方式,具有在时间、速度和次序选择上的渐进特征;而激进式制度变迁也被称为"休克疗法"或"震荡疗法" (Shock Therapy),是一种大爆炸式(Big Bang)的跳跃性的制度变迁方式,在较短时间内完成大规模的整体性制度变革。经济学界在渐进式制度变迁和激进式制度变迁的成本收益比较的探讨中产生了许多有意义的成果,但是并没有达成统一的结论。学者李绍荣和程磊于2009年在《渐进式与休克疗法式改革的比较分析》一文中对各个知名学者的观点进行了总结概括。

萨克斯和胡永泰(Sachs 和Woo,1994)在研究了中国、东欧和俄罗斯的经济改革之后指出,中俄的改革绩效差异主要是由改革前两国的经济结构差异导致的,前苏联庞大的工业部门成了调整经济结构的严重障碍,因为国有工业部门工人是被高度补贴的;中国庞大的农业部门包含了大量未受补贴的非就业农民,农业过剩劳动力的转移将会提高社会生产率从而促进经济增长。然而,这一经济增长只是一种古典的二元经济增长而已。因此他们认为,渐进式改革只适合特殊状况的不发达国家。[14]萨克斯(Sachs,2000)等认为中国式的改革是"局部均衡"的改革,改革主要在经济领域展开,不可长久维持;而俄罗斯式的改革是"一般均衡"的改革,改革同时在经济、政治等多个领域展开,有可持续性,可能更有后劲。[15]麦金农(McKinnon,1994)等经济学家反对萨克斯等人过分夸大结构因素的观点。他们认为,中国的改革方式或改革策略仍是解释中国改革绩效的主要变量,尽管"初始条件"是不可忽略的因素。[16]

莱谢克·巴塞罗维奇(2004)认为不能以"中国模式"为由支持"渐进主义",反对"激进主义"模式。第一,宏观经济的初始状况不同,中国在20世纪70年代末开始改革时仅面临相对温和的宏观经济失衡。第二,中国有80%的人口是农民,推动的是农业的私有化。产权和所有制结构如此大的变革和"渐进主义"其实是矛盾的。第三,中国经济改革的成功主要和中国改革时的特殊初始条件有关,80%的农业人口和农业耕作的可分性更容易推动私有化。因此,以中国经济改革的成功作为论据支持渐进主义,其实犯了严重的方法论错误,没有真正理解特殊初始条件和转轨中特殊因素在经济发展中所起的重要作用。[17]

科勒德科(Kolodko,2004)认为转型是一个从建立在财产国家所有和政府控制基础之上的中央计划经济,向建立在放开市场管制和财产私有制之上的、开放的自由市场经济转变的长期历史过程。因此,那种天真的,以为可以在短时间内引进市场经济和它的支持制度,以为可以用激进的或者采用“休克”的方法转型的论点是站不住脚的,也被东、中欧的国家实践证明其代价很高。[18]

斯蒂格利茨(Stiglitz,1998)则从信息的角度分析渐进式改革与激进式改革,认为改革过程中存在由垄断、不对称信息、不完全产权和机构改革速度慢等因素导致的失败。根据这种观点,他认为适度的改革应该是相对较慢、实验型、渐进式的。[19]

樊纲(1993)从成本发生原因和特点的角度将制度变迁成本区分为实施成本与摩擦成本,并认为,激进式改革和渐进式改革在实施成本和摩擦成本的比较中各有利弊。从实施成本上看,由于激进式改革在较短时间内完成了制度变迁和经济转轨,所以成本较低;从摩擦成本上看,渐进式改革在整个制度变迁过程中一直注重过程的可控性和稳健性,强调各社会利益集团之间的利益均等和利益补偿机制,使得各社会利益集团在整个制度变迁过程中基本达到其福利的帕累托最优,从而为渐进式改革赢得广泛的社会支持,有效降低了摩擦成本,减轻了社会动荡和经济滑坡的程度。因而从摩擦成本的角度来说,渐进式制度变迁较之激进式制度变迁具有优越性。[20]

杨小凯等(2003)认为,从旧体制到新宪政秩序的转轨对经济发展可能具有显著的短期负面影响。第一,转轨必须面对众所周知的两难冲突:用来保护所有人的权利的强有力的国家暴力和此暴力合法性之间的两难冲突。正是由于这个两难冲突,宪政规则的改变对于经济发展的短期影响更可能是负面的。第二,建立起参与者对游戏规则的信任要花很长时间。在转轨期间游戏规则发生改变时,新规则的缺乏可信性会造成社会的无序,对经济发展有负面影响。因此,仅从短期经济绩效来评价激进式改革的失败和渐进式改革的成功缺乏合理性。[21]

林毅夫等(1993)认为,这种“试验推广”的局部性改革方式尽管在某种程度上降低了改革风险,保证了整个改革过程的可控制性和稳健性,但是局部性改革本身的推广依赖于国家对不同领域和不同地区的强制性与行政性的隔离与割裂,从而在不同地区和不同经济部门造成了竞争机会和市场环境的不平等,割裂了市场机制的整体性,导致不同地区和经济领域的发展与改革的不均衡性与收入不均等。[22]

庄起善(2004)认为在渐进式改革初期阶段,由于实施阻力较小的改革方案,在保留旧体制的基础上发展新体制,因此,经济增长不仅不会受到明显影响,而且由于新体制各种因素加入,部分克服了旧体制中的弊端,使经济增长出现加速趋势,改革的总收益会明显增加。但是随着新旧体制摩擦加剧,经济体制运行效率下降,总收益增长开始缓慢,甚至会出现停滞或负增长的局面。这种状况要求实施新一轮改革方案,以便使渐进式改革向纵深方向发展。激进式改革的初始阶段,由于阻力成本和摩擦成本都较大,因此,一次性支付的总成本也较大。随着时间的推移,阻力成本和摩擦成本呈下降趋势。激进式改革由于对旧体制实行大手术,经济体制运行暂时失去连贯性,经济发展会受到影响,经济增长会明显减缓、停滞,甚至负增长。一旦新体制占据主导地位,并理顺了经济关系,改革收益将大幅度增加。激进式改革总收益曲线呈“大波浪形”。[23]

张跃进(2007)将中俄农村土地制度变革的绩效进行对比后认为,中国实行渐进式改革,在现有农村土地集体所有制的基础上,逐渐引入农民使用土地的产权变革,其初期成效明显,但后续前景堪忧。俄罗斯实行激进式改革,实行土地私有化,改组国有农场和集体农庄,迅速建立私人家庭农场,其初始的混乱导致农业生产的衰退,但一段时间以后,农业出现改观,发展势头强劲。中俄两国农业改革的进程及其绩效可能蕴含着激进式制度变迁的增长后发优势。[24]正如萨克斯等学者指出的那样,由于中国改革在开始阶段回避了最困难的一些问题,比如政治体制改革,所以,中国的改革路径有可能缺乏可持续性,在未来将面临更大的问题。因此,渐进式改革到一定时间就很难再“渐进”下去,尤其是进入改革瓶颈阶段。进入这一阶段唯一的解决办法只能是不失时机地在重要环节上取得突破,迅速采取激进式改革方式,以推动改革全局,缩短转轨过程。[25]

关于国有企业的改革方式,中国学术界的争论非常激烈,主要的观点有两种:第一种,产权论。这种观点认为,国有企业比私人企业经济效率低,是理论和实践都证明了的。国有企业可以用来纠正某些市场失灵,提供公共产品,而不能有效率地提供私人物品。国有企业其实是一种政府部门,不可能成为合格的平等的市场主体。而缺乏了合格的市场主体,又如何能够有运转良好的市场经济?第二种,竞争论。这种观点认为,只要能够成功地引入竞争,不论是私人企业还是国有企业,都会在竞争的压力下努力改善内部管理从而提高效率。因为这两种观点都具有一定的合理性,后来的争论就转为:在计划经济向市场经济的转型过程中,应当先进行产权改革,还是先引入竞争?

中国的渐进式改革可以说是既进行产权改革,如国有企业的破产、中小企业改制、国有大中型企业的股份制改造等,又引入竞争,如消费品领域的价格市场化和市场准入的开放等。俄罗斯的激进式改革则是私有化和市场化都一步到位。甚至将原本承担意识形态职能的组织也私有化了,比如,电影、电视、报刊等,既私有化,又引入竞争,不再是阵地和喉舌,而是一个产业。

俄罗斯国有企业的激进改革引起国有资产的巨大流失。但中国保有全世界最大规模的国有企业,进入21世纪后国企改革停滞,甚至在一定程度上“国进民退”,也是今天公众批评最多的问题之一。一方面,国有资产事实上也存在大量的持续不断的流失,有人比作放在炎热空气中的冰棍。另一方面,这些占据垄断地位的国有企业,效率仍比较低,服务相当差,严重损害了电力、电信、铁路、民航、石油这些产业本身的发展,也在一定程度上阻碍了国民经济的整体发展。

此外,清华大学2011年度《社会进步系列研究报告》称,过去,我们过多地强调了渐进式改革的优势,但现在看,一个渐进式改革的国家陷入转型陷阱的危险会大大增加。转型陷阱指的就是,在这种变革和转型的过程中,期间形成的既得利益格局阻止进一步变革的过程,要求维持现状,希望将某些具有过渡性特征的体制因素定型化,并由此导致经济社会发展的畸形化和经济社会问题的不断积累。对于一个正处于社会转型过程中的国家来说,特别需要警惕的就是这种转型陷阱。尤其是在一个以渐进式改革实现社会转型的国家中,陷入转型陷阱的可能性会大大增加。因为在渐进式改革中,使转型过程停滞并定型化的机会太多，既得利益集团从容形成的条件更为有利。在改革初期，提出“摸着石头过河”是一种现实的选择。但问题是，也存在一种可能性，摸石头摸上瘾了，却连河也不想过了。[26]

作为亚洲的第一个共和国，中国是世界上现代化过程最为艰难的国家之一。如果从1840年的中西方第一次激烈的碰撞开始算起，至今已经170多年，这一过程仍然没有彻底完成。期间，中国曾错失了许多机会，遭遇了太多挫折，无数仁人志士献出了他们的生命。而在20世纪的多数时间里，苏联是对中国的前途和命运影响最为深刻的国家。在苏联政府的帮助下，成立了中国共产党，苏联还资助了南方的孙中山和北方的冯玉祥。可以说，20世纪20年代的“大革命风云”，苏联曾发挥了极为重要的作用。1949年以后，中国共产党获得政权，实施了“一边倒”的外交政策，建立了计划经济体制。甚至在中苏交恶之后，苏联的影响仍然无处不在。比如，从50年代至70年代，为了防止出现“中国的赫鲁晓夫”，或“打倒中国的赫鲁晓夫”，爆发了灾难性的政治运动。直到80年代，戈尔巴乔夫的改革、苏联解体、俄罗斯的“休克疗法”，仍然对中国改革的路径选择以及诸多政策，产生了不能低估的影响。由于中苏都曾建立过“斯大林体制”，制度的高度相似性曾使两国的思维逻辑和行为方式有许多相似之处。有研究者感叹，阅读苏联历史文献，往往如见“吾家故事”。现在，人们不免会思考：中俄的“渐进式”和“激进式”改革，会殊途同归，抑或渐行渐远？

【参考文献】

[1]刘芬华.经济转轨路径选择的初始条件约束——中俄改革的比较分析[J].求实，2003(3):38-40.

[2][25]杨青青:论渐进式改革和激进式改革的关系[EB/OL].http://rcc.zjnu.edu.cn/admin/News_View.asp?NewsID=1221.

[3][6]李绍荣，程磊.渐进式与休克疗法式改革的比较分析[J].北京大学学报：哲学社会科学版，2009(6):60-67.

[4]李申.叶利钦时期俄罗斯民主与法治探析[J].当代世界社会主义问题, 2010(4):112-122.

[5]马晓河.渐进式改革30年：经验与未来[J].中国改革，2008(9):12-15.

[7]周维第.俄罗斯“休克疗法”的选择及其经济影响[J].学术界，2009(2):289-295.

[8]冯绍雷.20世纪的俄罗斯[M].上海:三联书店，2007.

[9]盛世良.重新崛起的俄罗斯经济[J].经济研究参考，2007(7):17-19.

[10]韩西林:俄罗斯“休克疗法”再分析[EB/OL].http://www.aisixiang.com/data/20554.html. 2008-09-05.

[11]白千文.从“自由民主”到“可控民主”：俄罗斯政治体制改革的经济学解析与启示[J].俄罗斯研究，2009(4):62-68.

[12]庞大鹏，王伟.俄罗斯国内政治局势现状与基本走势[J].红旗文稿，2006(4):35-37.

[13]庞大鹏.俄罗斯还是宪政国家吗? [EB/OL].http://nf.nfdaily.cn/rwzk/20071221/gj/200801070113.asp. 2008-01-07.

[14]Jeffrey Sachs, Wing Thye Woo, Stanley Fischer, et al. Structural Factors in the Economic Reforms of China, Eastern Europe, and the Former Soviet Union [J]. Economy Policy, 1994,9(18):101-145.

[15]Nirupam Bajpai, Jeffrey Sachs. India's Decade of Development [J]. Economic and Political Weekly, 2000,35(16):1362-1366.

[16]Mckinnon R. Gradual Versus Rapid Liberalizationin Socialist Economies: The Problem of Macroeconomic Control[J]. Proceedings of the World Bank Annual Conference on Development Economics,1994:63-94.

[17] [波]莱谢克·巴塞罗维奇.中东欧经济转轨争论中的谬误[J].王燕燕,译.经济社会体制比较,2004(6):11-21.

[18] [波]科勒德科. 向市场经济转轨:渐进主义与激进主义[J].景光,译.财经科学,2004(6):15-19.

[19]Stiglitz, Joseph E. More Instruments and Broader Goals: Mo ving toward the Post Washington Consensus[M]. London: Wimbledon Publishing Company, 1998.

[20]樊纲.两种改革方式和两种改革成本[J].经济研究,1993(1):3-15.

[21]杨小凯.经济改革和宪政转轨:回应[J].经济学, 2003(7):1005-1008.

[22]林毅夫.中国的渐进式改革为什么能取得成功[J].IT时代周刊,2008(14):10.

[23]庄起善.俄罗斯12 年经济体制转轨的分析与思考[J].复旦学报:社会科学版,2004(4):37-47.

[24]张跃进.论激进制度变迁的增长后发优势——中俄农村土地制度变革绩效比较[J].制度经济学研究,2008(1):95-108.

[26]清华大学2011年度"社会进步系列研究报告"之三:中等收入陷阱还是转型陷阱?(1)[EB/OL].http://sun-liping.i.sohu.com/blog/view/208184964.htm.

第五部分　各国行政制度的简要比较

按照里格斯的观点，行政生态学是研究“自然以及人类文化环境与公共政策运行之间的相互影响情形”的科学。行政生态学的研究范围包括：一是探讨各国所特有的社会文化以及历史等诸因素是如何影响并塑造该国的公共行政；二是探究各国的公共行政又如何影响该国的社会变迁及发展。[1]具体地说，当我们研究某一国家的行政制度时，不仅要从行政本身的观点去研究行政，更要扩大范围，立足于该行政系统得以产生的社会大系统，从行政制度与政治制度、意识形态、价值观念、经济结构、文化心理、历史传统等的相互关系中研究行政制度，并进一步研究该国行政制度又如何影响其经济和社会的发展。

本书的前面几部分，正是以这样一种分析角度，比较细致地介绍了英国、美国、日本等发达国家和印度、韩国、俄罗斯等转型国家的行政制度形成的历史，分析了行政与立法和司法的关系。在本书的最后部分，我们对各国的行政制度的一些重要方面进行一个简单的比较，包括文化及社会价值观，国家的权力结构(立法、行政与司法三权之间的关系)，政府的职能与规模，公务员制度等。我们介绍外国行政制度的主要目的不仅在于借鉴各国的经验，服务于中国的政治和行政体制改革。而且，了解各国行政制度，也会进一步加深对中国的政治与行政制度的理解。实际上，对外国行政制度的分析，凡是中国的学者，都会自觉或不自觉地时刻与中国进行比较。这一部分，我们将比较各国的行政制度，也会将中国作为一个发展中国家的典型代表，与发达国家及其他国家的行政制度进行比较。

第一章 权利本位与义务本位

在人类历史的不同时期,在东西方不同的文化土壤上,曾经产生过不同的权利和义务价值模式。尽管人们现在基本上倾向于权利相对论,但是,在由中世纪向现代社会的过渡中,正是以权利本位的价值观摧毁了中世纪的义务本位的价值观。在这个过程中难免特别地强调权利和权利的保护。由君主专制走向民主政治时,人们"所关心的是保护个人利益不受国家的侵犯,因为我们往往认为国家是个人自由的威胁,是追求个人生活目的的障碍"。[2]而整个社会的价值观向哪个方向倾斜,将对构建何种政治制度产生重大影响。

关于权利和义务的概念,古代的西方和中国,有着相当大的差异。至近代西方,一度确立了权利本位的价值观念,而当时的中国,则仍停留在义务本位的价值观阶段。这种逐渐扩大的差异之处,使西方国家成功地建立了法治社会,而同时期的中国,则仍然是人治社会。

在欧洲奴隶社会,由于原始商品生产的发展,以及与之相适应的罗马法所表现出的权利价值崇尚的导向,加上原始自然法的影响,最终构建起权利本位的价值模式。中国的奴隶社会,则由于各种因素的综合影响,最终构建起来的却是义务本位的价值模式。[3]这些因素主要包括社会生产关系和阶级结构、宗法等级制度和思想、神权政治思想等。其中,差异最明显最突出的,则是宗法制。"宗法等级制度是从氏族社会父系家长制逐步演变成的一种以血缘关系为纽带的社会组织制度。这种制度在夏商已具雏形,经过西周大封建逐步演变为一种系统而完备的制度。"[4]

中国在西周时期的社会形态与欧洲中世纪有许多相似之处。在欧洲中世纪:"采邑制和封建制是以一个不变的社会秩序——作祷告的教士、作战的领主和辛苦劳作的农民——为前提的。人们相信当所有的个人都接受他们的社会地位,并且扮演他们的合适角色时,社会将顺利地发挥作用。因此,一个人的权利、责任以及他与法律的关系取决于他在社会等级中的地位。要改变地位就意味着要打破社会的有机统一"。"任何人,包括农奴在内都不应被剥夺与他的社会地位相联系的传统权利……"[5]

中国在西周时期也是一种世卿、世禄、世业的固定化的领主经济制度,维持着一个几乎不变的社会秩序:天子、诸侯、卿大夫、士各安其位,无相逾越;士农工商各守其业,"农奴不许转业(所谓'农之子恒为农'——《管子》),不许迁移(所谓'农不移'——《左昭》)"[6]。每一个人在社会中有相应的等级。孟子讲爵禄:"天子一位、公一位、侯一位、伯一位、子男同一位,凡五等也。君一位、卿一位、大夫一位、上士一位、中士一位、下士一位,凡六等。"等级之间壁垒森严:"以禽作六挚,以等诸臣。孤执皮帛,卿执羔,大夫执雁,士执雉,庶人执鹜,工商执鸡。"[7]祭祀时,"国君有牛享,大夫有羊,士有豚犬,庶人有鱼炙者"。[8]

中西方的差异,似乎表现在西周有强固的宗法制,即在社会等级中,渗入了浓厚的血缘色彩。这种变化,发生于殷周交替之际。王国维在《观堂集林·殷周制度论》中指出:"自殷以前,天子君臣之分未定也。故当夏后之世,而殷之王亥王恒累世称王;汤未放桀之时,亦已称王。当商之末,而周之文武亦称王。盖诸侯之于天子,犹后世诸侯之于盟主,未有君臣之分也。周初亦然,于《牧誓大诰》皆称诸侯曰友邦君,是君臣之分未全定也。逮克殷践奄,灭国数十,而新建之国皆其功臣昆弟甥舅,本周之臣子。而鲁卫晋齐四国又以王室至亲为东方大藩。夏殷以来古国,方之蔑矣。由是天子之尊非诸侯之长,而为诸侯之君。其在丧服,则诸侯斩衰三年,与子为父,臣为君同。盖天子诸侯之分始定于此。"即西周建立了一种新型的君臣关系。

值得注意的是,这种新的君臣关系一开始就比拟为父子关系,这是与西方中世纪封君封臣关系截然不同之处。之所以如此,是由于周初大封建是以宗法关系分封的。周王为姬姓大宗,诸侯多为姬姓,是小宗,异姓功臣排列于后:"周之宗盟,异姓为后。"71个诸侯国,血亲姬姓占55国。直到春秋之世,诸侯"国君为天子同姓者十之六,天子勋戚者十之三,前代之遗留者十之一。国中之卿大夫皆公族也,皆世官也。"[9]这种与夏商不同的君臣关系,导致周王处理政治关系时,宗法化了。反过来说,则是宗法制度政治化了。不论周王与诸侯,或诸侯与卿大夫,都既是君臣关系,又是父子关系。

正如王国维所说,这种变化在周之前尚不明显。《史记》载微子曰:"父子有骨肉,而君臣以义属。故父有过,子三谏不听,则随而号之;人臣三谏不听,则其义可以去矣。"既然"为死,终不得治,不如去。"遂亡。周以后,君臣亦是大宗小宗,渗入宗法因素,这种"骨肉"联系,不同于纳挚臣服之义,是天然的,也是斩不断的,永远无法改变。"君有过",须得一谏二谏三谏,死谏,不方便"去"了。正所谓"君,天也,天不可逃也"。[10]然而,宗法制度何以在中国古代特别发达完备呢?首先,"中国古代以土地和农耕为民生本位的,以有血缘关系的家族为基本的生活和生产单位,从事自然农业经济的生产,过着自给自足的生活。"[11]这样,就有必要也有可能维系大家族和大家庭。其次,这或许与那时的家庭结构有关。中国古代的上层社会盛行多妻制,使家庭关系复杂化。本为夫妇的双方关系,变作夫妻、夫妾和妻妾的多维关系;子女有嫡出、庶出之分,兄弟除长幼之序外又有了嫡庶之别。如果考虑到妻妾的种类以及丧妻、休妻、续弦、扶正等种种变化,又如果一个家庭有三代四世,则父子、夫妇、兄弟关系便复杂到异乎寻常的地步。倘若没有一套严格明确的宗法制予以约束,势必乱作一团。一夫多妻的自然结果是多子,也许正因为如此,才使按照宗法关系分封成为可能。

既然宗法制是氏族时代的父家长制的遗迹,为何古代西方没有形成中国这样完备的宗法关系呢?首先的原因在于,"欧洲在早期的文明史发展阶段已经发展了比较发达的原始商品生产和交换关系。适应调整这种关系的需要,商品生产者和交换者之间的平等地位势必受到重视和强调,否则,商品的生产和交换活动便无法进行。罗马法就是适应这种社会经济基础而渐次发展和完善起来的。”[12]其次,王政在古希腊古罗马衰落了,演化为城邦民主制,这就切断了宗法关系政治化与政治关系宗法化的可能。

宗法等级制度以及政治关系的宗法化,势必会对君臣、上下、官民及家庭内部的权利和义务的法律关系造成巨大的影响。“宗法等级制度是暗中以下述原则为前提和出发点的:即承认人们在血缘关系上的自然差别,并使这种差别固定化和制度化。它在家庭、家族内的父子、兄弟之间,以及推及到国家和社会范围内的君臣、尊卑、上下之间设定差别和界线,并不可逾越。它还对不同的人设定不同的权利和义务,并使这些权利和义务片面化,即不相对应。权利人所享有的权利并不是以自己履行相应的义务为前提条件,而是以义务人履行义务的状况为转移。义务人履行的义务越多、越充分,权利人所享有的权利也就越多、越充分。在这种宗法等级制度下,各级奴隶主贵族为了加强对广大奴隶和平民的控制,确保自己世代相袭的在经济上政治上的利益和特权,就不断地强调和重视幼对长、卑对尊、下对上的效忠和服从。义务本位的价值取向就在这种强调和重视中得以加强。”[13]

具体而言,宗法制度体现在两个方面:“亲亲”和“尊尊”。所谓“亲亲”就是家庭成员之间应相互亲爱。但这种爱并非平等基础上的互爱,对不同身份和地位的家庭成员有不同的内容和要求,即“父慈、子孝、兄友、弟恭”。可见权利和义务是按照家庭成员的身份和在家庭生活中的地位设定的。表面看来,家庭成员之间的权利和义务是对等的,实则不然:父亲享受子女的孝顺被看做是父亲的特权,而父亲对子女的慈爱却不被看做是子女的权利,只被认为是道德上的良善。《尚书》中把君主对臣民、父亲对子女的不慈不爱跟臣民和子女的不敬不孝一样,都视为道德上的邪恶,甚至是罪不容赦的犯罪行为。这表明,当时还没有把权利和义务绝对地对立和分开。父亲享受孝道的同时,也要承担相应的慈爱的义务。但实际上,子对父、臣对君的单向义务却受到特别和片面的强调。并且,这种强调在后世愈趋发展,直到程朱理学那里变成了绝对的、片面的伦理纲常,完全泯灭了原来至少在形式上权利和义务部分相对应的合理性。

所谓“尊尊”是要求臣对君、下对上、平民对贵族、奴隶对主人的尊敬,即等级社会中卑者对尊者应予尊敬。“尊尊”是“亲亲”按照宗法关系政治化在社会和国家范围内的延伸和适用,是当时调整社会上人际关系的行为准则和道德规范。通过强调卑下阶层的单向的尊敬和顺从义务,使社会保持稳定与和谐。同“亲亲”原则一样,权利和义务是按照社会成员的身份和在社会生活中的地位设定的。在强调“尊尊”的同时,当然也有君对臣、尊对卑、上对下负有关怀、怜恤的道德要求。但无论如何,君主、贵族和主人所能享受的特权,归根到底要依赖于臣民、下级和奴隶所尽的义务。

总之,在我国的古代社会,由于各种因素的综合作用,自然权利观念受到严重的抑制,始终得不到发展的机会。相反,经过长期的沉淀聚合,义务的观念则深入到社会成员思想意识的底层,成为全社会共同的价值偏好和价值选择目标。于是,以义务为本位的价值模式最终在我国奴隶社会中建构起来了。[14]

春秋战国时期的“百家争鸣”中的几个主要流派,如儒、墨、法等学派不约而同提出了尊王与大一统的思想。秦并六国,这个政治理想实现了。“普天之下,莫非王土;率土之滨,莫非王臣。”在先秦时代或多或少还是一种理想,此时则成了实实在在的现实。本来只是贵族序列中最高一等的君主的权威和地位日益隆重,巍然独尊,与臣民更加悬隔。由于君主集权与专制的作用,虽然田制和阶级结构发生了重大变化,但诸如神权政治思想、宗法等级制度等在秦以后的两千多年间非但不曾消亡反而在承袭之中得到强化。于是,普通的百姓自然是被任意凌辱奴役的草民,没有任何权利可言,即使一般“牧”民者,包括贵族和官僚,他们的权利在这两千多年中从也从未得到重视和保障,即义务本位的价值模式得到进一步强化。如果说原来处于社会最底层的人们的境遇在某些方面得到某种改善,贵族和官僚的地位则一落千丈,变为君主的奴仆。他们的权势和财富都是君主所赐,对君主只有无穷无尽的义务,而没有任何权利。

欧洲的封建制度,是在查理曼帝国解体之后产生的。此时,“封建主义崛起并试图为社会提供秩序和安全。封建社会的一个重要特征就是推行采邑制。在采邑制度下,一个人在一个神圣庄严的仪式上宣布效忠自己的领主,封建领主要求奴仆要为他服兵役,反过来,他们又可以从领主那里领来土地。”[15]

中世纪的欧洲是一个典型的等级社会,农奴与贵族之间存在着明显的人身依附关系。“在中世纪的欧洲,的确看不见独立的人,看见的是农奴和领主,陪臣和诸侯,俗人和牧师,都处在相互依赖的状态中间。如马克思所说,在那里,‘物质生产的社会关系以及在其上建立的各个生活领域,都以人身的依赖作为特征’。”[16]

在这样一个等级固定的社会里,领主与大贵族之间,也是一种封君与封臣的人身依附关系。封臣是封君的私仆。然而,这种人身依附关系并没有绝对化,双方的权利和义务均相当明确。在领主与农奴之间如此:“在中世纪的庄园里,具有无上权力的惯例决定着每个人的权利和义务。”在大小贵族之间也是如此:“照封建观点,领主和国王并不制定法律;相反地,他们是受传统和惯例的指导。他们通过研究古代习惯法,发现并且认可了法律。因此,土地占有制的封建形式、兵役以及监护权开始被看做是古来的、不变的、不可违背的习惯法的表现。因此,若附庸确信他的领主违反了封建契约,也就是说对他不守信义,违反了传统,这个封臣将要求当着其他封臣的面,恢复依照惯例的权利。领主间经常发生战争,他们相信是在保卫自己的权利。同样,对于不尊重他们的封建协约的国王们,领主声称拥有反抗的权利。”[17]

“一般来讲,领主和封臣都觉得为了荣誉不能不遵守誓约。若领主不能保护他的封臣免遭敌人威胁,虐待了他或者增加了已由封建契约订好的封臣义务,那么,对封臣讲,放弃他对其领主的效忠便成为公认的惯例。同样,若封臣没有履行他的义务,领主将传唤封臣到他的法庭,在那儿,他将因背信弃义而受到审判。若封臣被发现有罪,他将丧失其采邑或者丧失其生命”。[18]

“随着封建主义的发展,国王逐渐被认为是最大的领主。他将采邑封授大封建主,他们再依次将这些采邑划分为小的单位,再封给封臣。这样,统治阶级的所有成员,从地位最低的骑士到国王,都在封建等级中占有一席之地。在理论上,国王是最高的政治权威,是土地的来源,但事实上,他通常比王国里其他贵族的权势要小。当国王们将他们理论上的权力变成实际权力的时候，封建制度就会走向衰败”。[19]

对此，顾准先生也有精辟的见解：封建关系，并不限于“授土”和“效忠”两者，也就是说，并不限于骑士有权利和义务两个方面。这种权利和义务，还成为关系双方都必须信守的契约，并不仅仅是受封者对授封者因其授土而负有义务。这就是说，除骑士不尽义务不得享受权利而外，还有，王侯超额索取，骑士可以反抗。这就是英国大宪章(Magna Charta)的来历，也是英、法等国议会的实际起源。倘若上面对下面的权利是绝对的、不可反抗的，那就是绝对君权，就是专制主义，就不是封建制度了。其所以如此，我猜测：(1)有罗马法的契约——权利义务的传统观念的影响；(2)和世俗权威并行的，还有一个宗教权威。顾准在谈到骑士精神时指出，骑士虽受誓约的束缚，“但也仅限于誓约，而不是无条件的忠诚，不是所谓‘君命不可违’，‘君，天也，天不可逃也’。”[20]

可以看出，欧洲中世纪也曾形成了森严的封建等级制度，人与人之间的是人身从属和依附关系。这一时期，在上者也曾格外地强调下对上的义务，但权利和义务并没有被绝对地对立和分开。这中间，当然有来自罗马法和基督教的作用，同时，也是由于缺乏宗法制度的强固作用。中世纪末年，英国在经历了漫长的“百年战争”和“玫瑰战争”等一系列战乱之后，与中国在战国末年一样，贵族衰落，人民厌战思治，建立了君主专制统治。然而，在民族国家形成，君主专制统治建立，君主高踞于贵族之上，官僚成为其私仆，让所有臣民俯首听命之时，却意味着欧洲即将走出中世纪，文艺复兴、宗教改革、商业革命、科学革命、启蒙运动以及工业化，一波接着一波，君主专制终究被自由和民主浪潮冲垮，建立了法治社会。

关于欧洲国家，特别是英国，为何走出一条与世界上其他国家截然不同的道路，理论界有许多的探讨，迄今为止也没有统一的理论解释。追溯英国的历史，我们会看到，英国源远流长的议会制度对国家权力结构的形成有深刻的影响。各级议会有力地保障了人民的权利，使英国在君主专制制度日益强化时，爆发了革命，议会军击败了王军，遏制了王权的绝对化。

不同的权利价值模式，以及由此是否形成权利保障的观念和制度，特别是能否形成议会制度，对一个国家的权力结构，政府的职能和政府的规模，以及公务员制度，都会产生深远的影响。一个国家的公众，如果普遍具有权利保障的观念，就会建立议会这样的机构，以顺畅地表达和维护自己的权利。而议会的发展，则能够遏制行政权的扩张，形成均衡的国家权力结构，也能够约束行政职能和行政规模的扩张。其国家公务员制度，也不会仅仅作为一套管理公务员的技术方法的集合，而会通过对公务员的权利保障，使之发挥相对独立的制衡作用。以下三节，我们将对这三个方面分别展开讨论。

第二章　国家权力结构

英国的内阁制、美国的总统制、法国的半总统制以及瑞士的委员会制,其实是中央政府三大权力的不同分配方式:如何构建立法、行政与司法三权之间的关系,尤其是立法与行政的关系。

一个国家的政治运作良好,通常表现为议会与政府之间的权力划分清晰,权利与义务大致相称,且相对稳定。但是,形成一种成熟的政体,通常需要经过漫长的历史过程。最终形成的政治和行政制度,往往是在解决一时一地的具体问题中,经过各利益集团的相互妥协,经过一点一滴的积累达到的。通常并不是一个从整体上人为设计的结果。英国的议会制度和责任内阁制是这种渐进改革的典型。而议会制度的发展,是公众争取表达自己的权利和保护自己的权利的过程。

一、英国议会与行政权力

英国议会最古老的源头是盎格鲁—撒克逊时代的贤人会议。[21]贤人会议,是当时王国中央政府的重要机构。其起源可以追溯到欧洲大陆日耳曼人条顿部落的“马克大会”或民众大会。当时的贤人会议由国王召集。参加者有大主教、亲王、主教、修道院长、地方官、塞恩(土地贵族)。贤人会议:其一,选定国王,也废黜过个别的国王。其二,参与国家税收、外交、防务和分封等重大决策活动。其三,是国家的最高法庭。贤人会议在当时拥有立法、行政和司法权力。既是国王的助手,又是王权的制约者。贤人会议的存在有重要的历史意义,是它在封建社会的新条件下,继续保存了群体表决、多数通过的原则,将古老的民主遗风演变成为一种新型的民主制,并对以后英国政治制度的发展产生了深远的影响。

诺曼征服后,威廉一世将贤人会议改造为“大会议”。贤人会议虽然也是以世俗贵族、教会贵族和王室官员为主体,但还包括一些地方权贵和社会贤哲,因而具有较广泛的社会基础。而大会议是一个严格按照封君与封臣关系组成的政治特权会议,依照王命召开,其成员几乎是清一色的诺曼教俗贵族和王室成员。大会议的主要职责是:作为国家最高司法机构,处理王室与贵族之间的利益冲突;作为议事咨询机构和立法机构,提出建议,协助国王和王室制定政策和法律;作为中央行政机构,处理各类事务。

1214年,一批大贵族以国王约翰未能保护封臣和王国利益为由,发动大规模叛乱,打败了王军。1215年6月15日,大贵族向国王呈上一份文件,约翰和25名大贵族签署生效。这就是著名的《大宪章》。《大宪章》主要是重申王国贵族的封建权利和防止国王侵夺这些权利。如:第一,宣布了国王不可擅自征税的原则,强调除传统捐税贡赋外,任何赋税的征收都必须得到"全国人民的一致同意"。所谓"一致同意",是指以大贵族为核心的大会议的同意。第二,是关于国民的权利。其中比较重要的有:(1)被协商权。文件有关立法、征税的多项条文中,都有"应与全国人民普遍协商"或征得"全国一致"的字样。其中专门规定,为得到全国普遍认可,国王应在规定的时间和地点召集教俗两界大贵族和有关人员协商。召集令须载明召集理由,于40天前及时发出。(2)享有人身自由的权利。《大宪章》声明:若不经"合法裁决和本国法律的审判,不得将任何人逮捕监禁,不得剥夺其财产,不得宣布其不受法律保护,不得处死,不得施加任何折磨,也不得命我等群起而攻之和肆意讨伐"。(3)监督国王和反抗政府暴政的权利。

《大宪章》的历史影响非常深远:第一,它通过制定和颁布成文法的方式,比较含蓄地申明和体现了法律至上和王权有限的宪法精神, 却把一般性封建原则明确具体地写进条款之中。以后,人们渐渐忽略了许多原文,可法律至上、王在法下的法则却被久久铭记。第二,《大宪章》所规定的一些封建原则往往被后人赋予新内容,并根据政治需要另作解释。例如,文件中提到的"自由民",原意是指以贵族为主体的封建阶层,以后扩延到广大民众,甚至将社会下层包括在内。而封建贵族反抗国王政府的权利演变为人民大众反对暴政的权利。第三,通过向国王宣告国民有被协商权的原则,明确规定国王必须召开有若干贵族组成的议会,从而为数十年后议会的产生铺垫了一块沉稳的基石。

《大宪章》颁布后,约翰企图将之废除,为此引发了内战。翌年,约翰病死,内战结束。教俗贵族总结以往教训,迫使新君亨利三世再三颁布和确认《大宪章》。尔后到中世纪末期,《大宪章》又被多次确认。此后,随着大会议政治性能的扩充和贵族实力的增长,人们逐渐将之称为议会(Parliament)。13世纪中叶,平民代表——乡村骑士和城市平民,先后进入议会。

平民代表进入议会的社会原因是这一时期城市市民的经济实力发展起来了, 他们所缴的财产税在国家岁入中占据了重要份额。1254年,国王急需军费,摄政的王后和康沃尔伯爵召开议会。教俗贵族同意缴税,但又说他们的承诺只对自己负责,不代表普通教士和平民。为避免抗税事件,两位摄政通知各郡派两名代表参加同年4月的议会扩大会议。通知强调:两名骑士均应选举产生,有权代表郡内所有居民决定税额。

14世纪中期,英国议会形成两院制。此时,平民代表或议员就一般是通过选举产生的。[22]英国中古末期,贵族衰落,王权上升。但此时议会已经积累了相当的权力和地位,尤其是下院的地位甚至有所提高,下院的财政权和立法权都得到扩充。

都铎王朝虽然形成了英国的君主专制制度,但王权仍然受到议会的制约。都铎王朝虽然王权强大,但国王在法理上已和议会两院逐渐融为一体,形成了国王、上院和下院三位一体的议会制度。国王在议会和三位一体表明,国家最高权力应由三者共享。无论是作为一国之主的国王,还是人数众多的上下两院都不能单独构成议会。当然,当时三者的地位高下不同,权力大小不等。国王始终居于主导地位。按照宪法惯例和议会成文法,唯有国王拥有议会召集权、休会权、解散权和议会法案批准权。可以通过册封贵族、发放贵族集会召令、增设或取缔选区等方式决定和改变两院的成分。由于这些权力均属独占性特权,所以国王可以根据政府财政状况和政治需要,选择有利时机召集、解散议会。此外,他们对议会的憎恶与否也是决定召开议会次数多少的重要主观原因。

1603年,苏格兰国王继承英格兰王位,即斯图亚特王朝的詹姆斯一世。他与议会冲突激烈,感叹道:“议会是一群无首之鸟,议员们发表意见时毫不顾及礼仪。每逢开会时,只听他们狂呼乱叫。想不到我们的祖先竟然允准出现如此之机构。朕不是本地人,到这里时它已存在,所以朕只好容忍这个无法撤销的机构。”其子查理一世曾派遣使者向议会公开说:“诸位知道,在所有信奉基督教的王国里,直到君主们开始认识到它的力量时,议会才发挥作用。终于,君主们发现了议会的狂暴脾性,开始逐渐维护他们的特权,整个基督教世界的议会全被废除。”最终国王与议会决裂,内战爆发。[23]

经历了革命和复辟,光荣革命之后,英国确立了议会至上的原则,王权被置于议会之下。[24]此后,王权进一步受到削弱。但乔治三世时期,王权又有所提高。至1760年乔治三世登基时,“僭君”(詹姆斯二世的子孙)的事业已日暮途穷。辉格党人的支持,已不再关乎汉诺威王朝的命运。派尔罕家族的庞大势力,反成了乔治三世“宸纲独断”的障碍。因此乔治三世登基不久,便决定撇开辉格党人而自行其是,于是他清洗了旧臣,擢升了他的心腹。然后在政府中安插亲信,收买下院议员。君权势力急剧地扩张起来,英国的政治陷入混乱,君权在政体中的角色,再度成为政治中的话题。[25]

但此后,由于乔治三世及其宠臣对美洲事务处置不当,爆发了美国革命,王权的扩张受到抑制。与此同时,英国已经开始了工业化,国内民主改革的压力在19世纪初逐渐增加。1832年议会改革后,责任内阁制形成,文官制度改革成功,国王渐渐失去所有的政治权力,成为虚位君主。

内阁获得国王的行政权之后,权力的平衡取决于议会与内阁之间的关系。在20世纪,英国的内阁和首相的权力大大扩张。[26]有人认为,英国的“内阁制政府”已经被“首相制政府”代替。于是,下院程序委员会提出,要通过议会自身的力量,保持下院的独立性,建立起新的权力平衡。1978年以来,议会先后通过一系列法令,并采取重要措施,维护和恢复下院的权力。比如,根据1983年议会通过的《国家审计法》,设立两个向下院负责的专业性法定机构,国家审计局和政府账目委员会。审计局与政府行政系统分离,开支由下院控制,不受财政部支配。审计局主要负责审查政府各部门和其他公共机构的账目,调查资源利用的效益。该机构设立后,政府开支从此置于一个仅对议会负责的外部机构的监督之下,这就不仅减少了政府的不合理开支,还有效地维护了下院在财政监督方面的传统特权。

20世纪末,英国开始改革选举制度。同时,大规模地向地区下放权力,如成立北爱尔兰议会、苏格兰议会和威尔士议会等。并有15%到20%的议员用近于比例代表制的方式选出,使小党存在和发展的空间拓展,一些具有地区色彩的政党也正在兴起。这一切,都会改变英国的中央政府和地方政府的关系,也对两党制形成挑战。从而也会对现有的内阁与议会的关系产生影响。

虽然有议会的种种努力，直到布莱尔执政时，行政部门的权力仍在不断扩张。但是我们也可以从中看到，英国政治制度始终具有较大的灵活性和应变调整功能，可以根据国家权力分布态势酌情改变立法机构的组织和功用，加强立法机构的制约作用，在一定程度上维护议会民主，使以首相和内阁为代表的政府部门无法在权力扩张的道路上走得过远。

二、法国国家权力结构的特点

法兰西第三共和国与第四共和国，都表现为政府更迭频繁，对国家的领导软弱无力。出现这种情况的原因，一般认为有两个：其一，政府与议会的权力不均衡。其二，没有形成两党制，而是多党制。内阁与国民议会权力不均衡，是指议会倒阁相对容易，而内阁解散议会比较困难。这种国家权力结构的形成，与法国的各种权力机构的演变过程有关。

早期的法兰西王国，由于王权的衰弱，国王在实行一切重大措施之前，都必须召开封建主代表大会进行讨论。这种封建主代表大会在法兰西称为“库里亚”大会。库里亚大会不仅享有决定国家一切重大政治措施的权力，而且还有权罢免国王和选举新的国王。13世纪后，王权逐渐加强，王位的世袭才被固定下来。[27]

1302年，法国国王首次召开了三级会议，讨论他与教皇的争端。这一年，标志着法国等级代表君主政体的建立。三级会议建立初期，它的代表是以不同方式产生的。大主教、主教、高级僧侣一般均由国王直接邀请。贵族只有男爵以上资格的才可以参加会议，也是由国王直接邀请。第三等级代表，有的由国王直接邀请，有的由选举产生。如市长和一些知名的城市贵族，由国王直接邀请，城市中各行业的代表则由选举产生。在三级会议中，农民没有代表。

三级会议要根据国王的命令才能召集，其主要职能是批准新的税收，批准国王的某些决定，使国王的决定获得更多的合法性。三级会议中的各个等级分别开会，表决时按等级投票。每个等级不论人数多少，均只有一票的表决权。而参加会议的三个等级，不断出现意见分歧。由于僧侣和贵族总是站在一边，因此第三等级的代表虽多，表决时他们总是少数。开会时，第一、二等级的代表可以身着华丽的服装，第三等级的代表只能身穿素净的黑衣，讲话时还必须免冠下跪。

1356年，法国国王被俘。为了向英国缴纳巨额赎金，太子查理只有求助于三级会议。而三级会议却利用这一时机，要求对国家财政开支和行政管理进行监督，改组国家机关，罢免失职官吏，并要求授予三级会议每3个月召开一次的权力。但这些要求被拒绝，三级会议被解散。此举激起了巴黎市民的起义，市民围困了皇宫，终于迫使国王不得不重新召开三级会议，基本上满足了三级会议的要求，并于1357年3月发布了一项敕令，即著名的“三月敕令”。

敕令同意三级会议不必经过国王批准，每年可以定期召集两次会议，讨论国家重大问题。禁止未经三级会议批准征收捐税。三级会议还有权委任国王顾问。敕令承认三级会议代表人身不受侵犯，禁止国王非法任意逮捕民众和征用私人财产，禁止国王出卖法官职务，禁止用金钱赎取罪行，禁止案件的审理超出司法管辖范围，禁止封建领主进行私战等。

这个时期,各省也纷纷召开三级会议。一些省的三级会议在实际上成为该省的最高立法和行政机构。

1453年,百年战争以法国的胜利而结束。此后,王权得到极大加强,三级会议的作用逐渐被削弱。自1484年起,70年间未曾召开过三级会议。整个16世纪和17世纪期间,三级会议总共只召开过5次。最后一次是在1614年。自此直到大革命前夕,175年都没有召开过三级会议。这一时期,法国建立起了在欧洲极为罕见的高度集权的君主专制体制。法国国王已经逐渐享有了东方君主那种随心所欲的权力。路易十四时期更达到了登峰造极的地步。与君主专制相配合的,是法国建立了庞大的官僚体系。国王的暴政和官僚的腐败,使人民深受其害,大革命更具有激烈的阶级斗争的内涵。

当革命爆发时,人民出于对君主专制的憎恨,要求激进的民主,严厉限制政府的权力。但以这样的原则建立的政府软弱无力,频繁倒台,无法对国家提供坚强有力的领导。这样的弱政府,实际上也是一种"恶政"。在政局动荡、经济停滞时,部分民众又会怀念专制君主,为王政复辟创造社会条件。但复辟后必然出现的专制暴政和官僚腐败,又会引发新的革命。此后的近一百年中,法国在君主专制和激进的民主两种截然不同的政体之间剧烈摆动,从一个极端,走向另一个极端。

反复的革命与复辟,使整个社会无法形成基本相同的价值观和信念,分裂为若干个相互仇恨的集团。社会的各个阶层,不容易通过妥协来达成一致,往往是用暴力来解决政治分歧。各个政治集团意识形态色彩鲜明,各个政党往往只代表一个狭窄的社会阶层的特定利益,其观点水火不容,很难提供相对温和与渐进的政治构架和治国方针。这样的政党要整合为意识形态色彩模糊、以获得大选胜利为主要目标的大党,难度较大。

比较英法两国议会制度的特点,可以看出:

其一,法国的三级会议与英国议会几乎是同时代的产物,分别标志着法国和英国的封建社会进入了等级君主制时期。但英国议会不仅源远流长,而且中间几乎没有中断过。英国的议会从一开始,便是一个拥有相当权力的机构,是一个能与王权直接抗衡的机构,基本上是定期召开的。英国议会之所以拥有权力,主要是从签署《大宪章》时起,这个机构就获得了批准征税的权力。此后,大会议和议会,利用财政权,又迫使国王出让了一系列的权力。在1640年革命之前,议会已经有能力与王权抗衡。光荣革命后更使国王受制于议会,成为最高权力机构。而创始于1302年4月的法国三级会议则是另外一种情况。它在发展方面虽然也可以追溯到12世纪,可后来在政治上一再俯仰沉浮,无类似英国《大宪章》式的宪法文件来保证它的长期存在和正常运行。从一开始,法国的三级会议,似乎就只是一个临时性的机构,是可以由国王随意召开和停开的。在大革命之前,三级会议实际上已经被废除。国王也没有使三级会议制度化,大部分代表均由国王邀请,而不是经过选举产生的。不经选举而由国王邀请,就将选择的权力交给了国王而不是人民。三级会议没有民众选举为后盾,只是国王的附庸,受制于王权,对国王俯首听命。

其二,断断续续的法国三级会议,由于时常停止召开,这个机构没能积累它的权力,甚至也始终没有形成系统可行的议事制度。同时,三级会议的三个等级由于利益冲突而无法达成一致协议,被国王分而治之,都屈服于王权。英国议会的贵族院和平民院之间,以及各院内部虽有社会等级差别和政治摩擦，但不列颠社会长期形成的法制观念以及议会两院之间互相制约、协作、调和与补充的议事程序和规章制度，又在相当程度上缓解了这些矛盾，使两院之间和各院内部不易发展成为势不两立的冲突，而使它们免于两败俱伤或同归于尽。

其三，法国不成熟的政党制度和议会制度，也与选举权开放过快有关。

英国直到1832年议会改革之前，还只有不到3%的人口有选举权。此时，距1640年革命近两百年，议会制度已经创立近六百年时间。此后，在1832年以后的五十多年中，通过多次改革，才使60%的白人男子获得选举权。1918年，英国议会通过法案，授予所有成年男子普选权。同时授予年满30岁的妇女选举权。1928年，又将妇女选举权年龄降低到21岁。美国也是在联邦宪法生效后的近五十年中，才陆续由各州实现了成年白人男子的普选权。内战后，黑人才有了选举权。

当选民的范围较小时，选民有大致相同的财产和教育的背景，政治观点较容易达成一致。在出现分歧时，也比较容易达成妥协。同时，由于议会制度已经建立很久了，形成了一系列精巧且富有弹性的运行方式。这时候，通过改革降低选举的资格限制，逐步扩大选举权，议会就有能力将新增的选民阶层一部分一部分地吸纳到体制内，而不会引发议会内的剧烈冲突以至于使议会制度本身崩溃。

法国则不同。大革命之前召集的三级会议，已经停开一百多年。这个机构没有积累的权力，也没有长期运行的规则和经验。但会议却集中了数百年整个社会积累的矛盾和冲突。因此，三级会议分裂和国家走向革命，几乎就是必然的。在长期的专制统治之后，1793年通过的法兰西第一共和国宪法规定，立法议会由公民直接选出。规定公民的条件是，年满21岁，出生于法国并在法国有住所的男子。妇女和没有住所的贫民不是公民。在这样的社会条件下突然实现普选权，各社会阶层的利益根本无法在体制内协调和妥协。此时，“不是东风压倒西风，就是西风压倒东风”。其出路只能是用暴力争夺权力，或走向更激进的革命，或通过政变回到君主专制。经过一百多年的剧烈政治震荡，法兰西第五共和国才终于建立了比较平衡和稳定的国家权力结构。[28]

但直到现在，世界上的许多发展中国家，其议会都只存在了不长的时间。这些国家虽然有议会这样的权力机构，但通常并没有相应的政治权力。发达国家的权力中心在议会，行政部门是在议会的约束下。但许多发展中国家则是一种以行政为核心的体制。发达国家，通常以议会对行政的监督为主，约束行政部门的扩张，也监督行政部门的腐败。而许多发展中国家，由于没有形成议会对行政的有力监督和约束，往往在行政系统内部设置监督部门。

第三章 政府的职能与规模

一个国家的政府的规模,主要取决于政府职能的大小,取决于政府干预社会经济的广度与深度。一般国家的政府,都有扩张其职能、机构和人员的内在动力,没有强有力的外部约束,扩张的步伐不会自动停止。因此,一国政府的职能和规模,又最终取决于公众对政府扩张的制约。

一、政府规模的衡量标准与横向比较

关于政府的规模,通常可以用两个指标来衡量:一个是政府支出占国内生产总值的比重,另一个是公共部门的人员数占总人口的比重,或占总就业人口的比重。

政府支出占 GOP 的比重,从 1870 年到 1995 年的一百多年间,西方发达国家从 10% 左右,上升到 50%左右。其中,在 1960 年到 1995 年之间,OECD 成员国政府支出和收入占 GDP 的比重有较大幅度的提高,但在 1995 年到 2004 年之间,政府支出和收入占 GDP 的比重变化不大,有的略有上升,有的略有下降。在 1995 年,大多数国家政府支出和收入占 GDP 的比重为最高。比如,1929 年,美国联邦、州和地方开支之和占 GDP 的比重仅为 10%,1949 年该比重上升为 23%,到 1985 年,这一数字高达 34.8%,1992 年达到了最高值 38.5%。此后,政府支出占 GDP 的比重虽有下降,但最低也在 34%以上。美国政府支出占 GDP 的比重和 OECD 成员国的一般性政府支出和收入分别占 GDP 的比重,如表 5-3-1、表 5-3-2 所示:[29]

表5-3-1　美国政府支出占GDP的比重

年份	政府支出/百万美元	政府支出/GDP%	年份	政府支出/百万美元	政府支出/GDP%
1929	3100	10.0	1993	1291200	38.0
1939	8800	19.4	1994	1325500	37.0
1949	38800	23.0	1995	1369200	37.0
1959	92100	26.8	1996	1416000	36.5
1969	183600	30.4	1997	1468700	35.4
1979	503500	31.1	1998	1518300	34.7
1984	851800	34.4	1999	1620800	34.3
1985	1074200	34.8	2000	1721600	34.2
1988	1039000	36.2	2001	1825600	35.3
1989	1099100	36.1	2002	1956600	36.3
1990	1180200	37.1	2003	2075500	36.7
1991	1234400	37.8	2004	2183800	36.4
1992	1271000	38.5			

表 5-3-2　OECD成员国的一般性政府支出和收入分别占GDP的比重(%)

国家	1960		1985		1990		1995		2000		2004	
	支出	收入	支出	收入	支出	收入	支出	收入	支出	收入	支出	收入
澳大利亚	21.4	25.4	36.6	33.3	36.2	34.5	39.2	35.3	35.7	36.7	35.9	36.9
奥地利	35.7	34.4	50.7	47.7	51.5	49.0	56.0	50.3	51.4	49.8	49.9	48.8
比利时	30.3	27.5	54.4	46.5	51.9	45.3	51.4	47.2	48.6	48.7	48.7	48.7
加拿大	28.9	26.0	47.0	38.9	48.8	43.0	48.5	43.2	41.1	44.1	39.9	40.6
丹麦	24.8	27.3	59.5	57.0	55.9	54.6	59.5	56.7	53.9	56.2	55.1	56.8
芬兰	26.6	29.7	41.5	40.5	48.3	53.7	59.0	55.1	48.8	55.9	50.8	52.7
法国	34.6	34.9	52.4	48.5	49.3	47.4	54.4	49.0	51.6	50.1	53.5	49.8
德国	32.4	35.0	47.2	45.4	44.5	42.5	48.3	45.1	45.1	46.4	47.0	43.3

续表 5-3-2

希腊	17.4	21.1	43.2	34.6	50.2	34.5	51.0	40.9	52.1	47.9	49.8	43.3
冰岛	28.2	36.4	35.6	33.4	41.7	38.5	43.0	40.1	42.7	45.2	47.3	47.3
爱尔兰	28.0	24.8	54.6	44.3	42.9	40.1	41.2	39.1	31.5	35.9	33.7	35.2
意大利	30.1	28.8	58.4	44.1	54.4	42.6	53.4	45.8	46.9	46.2	48.7	45.4
日本	18.3	20.7	32.7	31.2	31.8	33.9	35.9	31.2	38.3	30.8	37.5	31.0
卢森堡	30.5	32.5	56.4	53.0	43.3	48.1	45.0	47.6	38.6	44.6	45.2	44.6
荷兰	33.7	33.9	60.2	54.4	52.5	47.4	49.3	45.3	43.4	43.4	46.6	44.5
挪威	29.9	33.1	48.1	56.1	54.0	56.2	51.5	54.9	42.7	58.2	46.7	58.1
葡萄牙	17.0	17.6	43.9	33.3	42.5	38.6	44.1	37.8	38.9	38.1	38.8	38.6
西班牙	18.8	18.1	39.3	39.3	42.5	38.6	44.1	37.8	38.9	38.1	38.8	38.6
瑞典	31.0	32.1	64.5	59.4	61.9	65.3	67.7	60.8	57.4	62.4	59.3	58.7
瑞士	17.2	23.3	30.9	34.4	30.0	30.6	34.6	33.3	33.9	36.3	36.7	35.2
英国	32.3	30.0	47.8	42.8	42.2	40.7	45.0	39.1	37.5	41.3	41.3	40.7
美国	17.0	26.3	36.7	31.1	37.1	32.8	37.0	33.8	34.2	35.8	36.4	31.7
平均值	26.6	27.7	47.3	42.9	40.2	37.3	42.1	38.2	39.1	39.4	40.8	37.3

通过考察政府支出在GDP中的比重及其变化过程,可以清楚地看出政府规模和职能的变化。比如,美国政府各个阶段政府支出的比重如下:

1950年:国防53%,社会保障和福利12%,教育1%,健康1%,运输2%,利息11%,其他20%。

1980年:国防26%,社会保障和福利35%,教育5%,健康9%,运输4%,利息12%,其他9%。

1995年:国防21%,社会保障和福利37%,教育4%,健康18%,运输3%,利息15%,其他2%。

其中,利息支出是由政府财政赤字造成的。可以看出,国防支出虽然在数量上仍然增加,但比重却持续下降。而社会保障和福利、教育、健康等方面,比重大幅上升。

关于一个国家的政府职能,大多数人都赞同政府应该建立良好的司法系统、警察保护和国防等。但对于政府干预其他方面的社会事务,则争论非常激烈。因此,对于上述国家的差别,不同的人有不同的观点。在所有发达国家中,美国政府支出占GDP的比重较小。支持增加政府开支的人认为美国已经落伍了。而反对增加政府开支的人则认为,如果那些政府支出比较高的国家能够减少公共开支,日子会过得更好。事实上,英、法、德等国政府都试图减少政府开支。但这会引起相关的社会群体的强烈反对。比如,削减福利开支,就曾引发过大规模的抗议。

在西方国家,政府公务人员一般指政府雇员或公务员,包括政府机关工作人员、公立学校教师、公立医院医生、公立研究机构人员、警察和军人等。在中国,公务人员指党政群机关以及需要财政补贴经费的事业单位和社会团体的工作人员,实际上是使用行政编制、军事编制和财政补贴事业编制的人员,不包括使用社团编制和企业编制的人员。

西方发达国家公务人员占人口数量的比例,各国差异颇大,在43‰~143‰之间。新兴工业化国家一般在25‰~50‰之间。美国政府公务人员占人口数量的比例在百年以来逐步上升,1901年为3‰,1942年为43‰,1999年为64‰。1933年美国联邦政府大小机构的文职雇员有50多万人,1938年增加为84万,1943年激增为300万。进入20世纪90年代,克林顿政府也以裁减人员作为缩小政府规模的标准。到1997年,该政府裁减了28万人,实现了1993年改革方案的目标。

中国历次精兵简政的政府改革,实际上主要都是努力减少政府机构和人员。1993年国务院机构改革方案规定,国务院机构定员共精简20%。1998年的改革,是要将各级政府人员精简50%。但行政部门裁减的人员,往往会进入事业单位,仍由财政供养,中国公务人员的总数并没有显著下降。2003年,中国公务人员总数为3759万人,占人口数量的比例为37.9‰,其中政府公务员人数为1115.6万人,约占全部公务人员的30%。[30]这个比例与发达国家相比,并不太高。但考虑到中国经济发展水平与发达国家的差距,负担仍然过于沉重。此外,有学者认为,中国政府的人员规模主要问题不在数量,而在结构不合理:一是传统的管理体制使机构设置的结构不适应市场经济体制的需要,并由此导致了公务人员的部门分布不合理。二是层级分配上,地方政府人员比例过大,而中央政府人员比例偏小。三是部门内部后勤人员比例过大,而行政决策执行人员过少。四是公务人员总体文化和管理素质偏低,造成了行政管理效率低下。五是目前的管理体制造成了一切向“行政职位”看齐的管理方式,各种单位的公务人员都比照行政单位的行政级别进行相应的福利分配,造成了一切趋向行政权力的价值趋向和“官本位”。六是传统管理体制形成的福利“单位化”和社会服务的“单位化”,造成中国有限的政府消费更多地用于人员福利工资消费和资源配置的“单位化”,造成了公共支出的低效率。[31]

二、发达国家的政府改革及政府职能与规模的变化

政府规模的扩张,其进程可以追溯到19世纪公认为是“小政府”的时代。在19世纪,人们普遍认为国家与公民个人的关系只涉及国家利用公共资源来提供重要的公益物品。比如,提供国防等公益物品以保证个人生命和财产的安全,使公民获得足够的教育,并执行契约等。但事实上,即使是在19世纪的市场经济国家,政府的实际作用也超出了这个最低限度政府的框架。自由主义以及对政府的不信任,是美国政治的基本框架,美国是产生并信奉“管得最少的政府是最好的政府”这一格言的国家。但在当时的美国,政府实际上也起到了促进市场发展和经济增长的作用。比如,19世纪40年代,美国政府帮助建设了全球第一条电报线路,从而促进了电信业的发展。美国政府自1863年开始实施《莫里尔法

案》,帮助进行农业研究与技术推广。1785 年和 1787 年的《西北法令》使政府承诺支持教育,并将出售某些土地的收入用于该目的。在 1863 年,联邦政府帮助建立了公立大学制度。同一年,国会通过了《国家银行法》,建立了第一家全国性的银行监管机构。在后来的若干年里,政府建立了联邦储蓄制度即美国的中央银行,以及一系列公共金融中介机构。美国政府还修建跨州的高速公路以及支持修建铁路,这也有助于美国市场空间的扩张。19 世纪末,德国首相俾斯麦建立了世界上第一个全国性的社会保障制度。这说明,即使是在号称小政府时代的 19 世纪,西方国家的政府规模与范围也并不限于小政府理论所界定的界限。[32]

不过,19 世纪各国政府的规模与范围依然是非常有限的,国家在收入再分配方面的功能非常有限。欧洲的收入再分配主要通过私人慈善活动来实现,政府的税收制度只限于关税、国内消费税、垄断行业税和商品税。法国和英国自 18 世纪就开始征收所得税,但并不构成财政收入的主要方面。

政府规模与范围的扩张,是 20 世纪发生的一系列大事促成的。1917 年俄国革命建立了第一个无所不包的计划经济国家。20 世纪 30 年代的大萧条,使所有的市场经济国家的经济面临崩溃的厄运,促使世界各国政府采纳凯恩斯主义进行化解经济危机的努力。第二次世界大战后,市场经济国家开始了大规模的福利国家实践。同时,在第二次世界大战后,19 世纪建立的殖民体制土崩瓦解,发展中国家开始了现代化的努力,这些国家往往采取政府主导的方式发展经济,发展中国家的政府也开始迅速扩张。

在这些因素影响之下,世界各国的政府规模与范围都大大地扩张了。在这些国家中,计划经济国家的政府无所不包,并且因此而获得了“全能国家”的称号。福利国家次之。发展中国家的政府规模虽然比不上前两者,但也有很大的扩张。许多采取政府主导发展模式的发展中国家,尤其如此。

政府规模和范围的迅速扩张,产生了很多弊病。在 20 世纪 60 年代末期,多数发达国家的政府将生、老、病、死、伤残、失业等种种风险统统包揽,形成了“从摇篮到坟墓”的高福利,而政府对经济与社会的全面干预也使政府本身的规模大幅度扩张。同时,一个国家一旦采纳福利国家的政策,公众对福利的要求就会越来越高。各国政府的政客和官僚出于选票和本部门预算最大化等方面的考虑,也会推动各种福利的增加,以进一步扩大政府规模。于是,发达国家在这一时期出现了政府职能和规模相互推动交替扩张的格局,导致政府的开支无限制的增长。同时,重税产生了严重的反向激励,经济效益损失严重。进入 70 年代,政府对经济的过度干预和公共支出过度增长的后果集中爆发,西方国家先后出现了经济停滞和通货膨胀的并发症,当时称为“滞胀”。此时,许多国家出现了天文数字的赤字,再也无法承受如此沉重的财政负担。

由于西方各国经济增长速度下降,通货膨胀严重,中下阶层的实际收入降低。同时,政府全面干预社会生活的方方面面,直接面对广大公众,庞大的政府机构和人员暴露出诸多的官僚主义弊病:文牍主义、办事拖拉、推诿扯皮等等,引起公众的强烈不满,引发了政府的信任危机。

最初,西方国家政府的对策是试图提高政府效率。他们认为,政府管理效率低下,部分原因是因为政府部门已经向专业化方向发展,而政府公务员却是“外行”和“门外汉”,难以胜任其管理和服务的职责。比如,英国在1968年按照“富尔顿报告”进行的改革,主要措施就是提高英国文官的专业化水平,并建立了文官学院,对文官加强专业培训。但这种“头痛医头,脚痛医脚”的培训并没有取得预期的效果。[33]

1979年,英国保守党领袖撒切尔夫人担任英国首相,开始了以削减公共开支为核心的一系列改革。1981年,里根当选美国总统,开始了以重振美国人民的精神,降低对联邦政府的依赖为目标的“里根革命”。此后,发达国家关于政府改革的各种主张和英美两国的改革实践向世界各国扩散,其中最具有代表性的是“新公共管理运动”和“企业化政府”的一系列观点和措施。

在西方发达国家进行政府改革时,其他国家也不约而同地开始了缩减政府规模的改革。计划经济国家因此而开始了市场化的改革,不管是渐进的还是激进的。除了极个别例外,如朝鲜、古巴等,所有前计划经济国家都放弃了计划经济的做法,开始了市场化导向的改革。一些采取国家主导发展模式的发展中国家,也开始采取以市场为基础的发展战略,开始向小政府模式转变。

关于新公共管理运动,胡德(C.Hood)将其特质归纳为:(1)在公共部门中实施专业化管理,让公共管理者自己管理并承担责任;(2)确立明确的目标,设定绩效测量标准并且进行严格的绩效测量;(3)特别强调产出的控制,对实际成果的重视甚于对过程或程序的关注;(4)打破公共部门中的本位主义,对部门进行撤分与重组,破除单位与单位之间的藩篱;(5)在公共部门中引入竞争,降低管理成本,提高服务质量;(6)强调对私营部门管理方法和风格的吸收和运用;(7)强调对资源的有效利用和开发。这些观点有点杂乱,缺乏内在的相互联系和统一的逻辑关系,因为这是许多学派的观点和各国政府的实际改革措施的集合。有学者总结其总体精神为“管理主义”或“企业化改造”。

1992年,戴维·奥斯本和特德·盖布勒的著作《改革政府:企业精神如何改革政府部门》出版,提出了“企业化政府”的十项原则:(1)重新界定政府职能,政府的职责是“掌舵而不是划桨”。“企业化的政府开始转向一种把政策制定和服务提供分开的体制。”(2)建立“社区拥有的政府”,向社区授权而不是提供服务。(3)建立“竞争性政府,把竞争机制注入到提供服务中去”。(4)把照章办事的政府塑造为“有使命的政府”,把对雇员的管制约束改为任务激励。(5)塑造一个“讲究效果的政府”,全面推进业绩管理。(6)建立“受顾客驱使的政府”,树立顾客至上意识。(7)政府应像企业家那样有投资意识,在公共服务中引入利润机制,采用利益驱动提高服务质量。(8)政府作为掌舵人,应未雨绸缪,而不是“消防队”。(9)抛弃传统的等级体制,建立层次较少、权力下放、决策分散的新体制。(10)塑造“以市场为导向的政府”,引入市场机制,借助市场力量,改善政府服务。[34]1993年9月,克林顿政府开始其“重塑政府”计划。

国内的学者分析英美等国的政府改革时,往往将英美的改革归入新公共管理运动的一个部分。对新公共管理运动的各种主张,总结出如下缺陷:(1)新公共管理无视公营部门和私营部门的根本差别,盲目采用私营部门的管理方法;(2)新公共管理将政府与公众的关系完全等同于供方与市场的关系,实际上是把前者简单化了,因为对于政府来说,公众既是“顾客”,也是纳税人;(3)新公共管理强调对产出、绩效进行精确的测量和评估,但政府的许多服务项目都是难以测量的;(4)新公共管理主张公私部门不分,实际上是放弃政府公共服务职能,逃避提供社会福利的责任;(5)新公共管理过分强调目标、绩效管理,实质上是“新泰勒主义”;(6)新公共管理对高级文官采取政治任命的方式,以便加强控制,破坏了传统的文官政治中立原则;(7)新公共管理强调顾客导向,长期计划和预算总量控制很难付诸实施。[35]

有的学者用具体实例说明新公共管理在实践过程中收效甚微:(1)美国联邦政府人事管理总署精兵简政导致了美国政府人力资源管理战略能力的丧失;(2)美国的政府重塑只流于表面安排而无实际效益并引致深层贪污腐败问题的出现;(3)政客采用政治手段限制公共管理者在新公共管理改革的旗帜下进行权力扩张。[36]有的学者认为新公共管理在理论和实践层面都处于困境,新公共管理运动在西方国家已日渐式微。[37]

其实,如果进行深入分析,我们能够发现,新公共管理运动最初的主张,与 1968 年的英国文官制度改革和 1978 年的美国文官制度改革的主张有相似之处,重心在于强化对公务员的激励,方式是引入私营部门的管理方法,目标仍然是提高政府效率。英国文官由于有“通才”的优势,又在其文官制度改革中格外强调公务员的专业化。国内学者关于新公共管理运动的各种分析,都有一定的道理。但是,美、英等西方国家的实际的政府改革,其内容远远超出了胡德所总结的七个特质。甚至还可以说,戴维·奥斯本和特德·盖布勒的十项原则的内容也超出了以企业精神改革政府部门。

作者认为,戴维·奥斯本和特德·盖布勒的十项原则以及西方国家政府改革的实际内容包含了三个层面上的改革:(1)重新界定政府职能,调整了政府与市场、政府与社会的关系,包括国有企业私有化、放松政府管制等。所谓的政府的职责是掌舵而不是划桨,是建立一种政府专注于政策制定,而由企业和非营利组织以竞争的方式提供服务。(2)层层向下分权,以基层化原则来确定公共服务的主体。这方面的改革措施,将原来由中央政府承担的职能转移给地方政府和基层社区。(3)将私营企业行之有效的管理方法引入政府部门,如将竞争引入政府部门、顾客导向、强化对公务员的激励、分散决策、组织的扁平化、绩效管理等。各国的具体实践如下:

1.重新界定政府职能

重新调整政府与市场、政府与社会的关系,限制政府的权力,给经济和社会更多的自由,这是西方国家政府改革的一个重要方面。政府与市场的关系调整,包括所谓的私有化浪潮和放松管制两个方面,改变了政府与企业的关系,减少了政府对经济的干预,使各国经济更有活力。比如,英国政府从撒切尔夫人执政时期起,对煤炭、电力等行业进行了大规模的私有化改造;美国政府在克林顿执政时期,废除的政府管制文件多达数吨。同时,自 20 世纪 80 年代起,西方国家发生了所谓的“协会革命”,各种非营利组织蓬勃发展,在教育、医疗、社会保障、就业服务等方面发挥着越来越重要的作用。政府还将大量的公共服务外包给企业和非营利组织,大幅度提高了服务的质量和效率。

政府还权于市场,还权于社会,从总体上减少了对经济和社会的干预,从而达到了削减公共开支的目的,也使精简政府机构和人员成为可能。美国联邦政府的支出占国内生产总值的比重持续下降:1990年,占22.2%;1994年,占20.73%;1996年,占20.29%;1999年,占18.7%,是1966年以来的最低水平。在1993年1月到1998年1月间,联邦政府雇员从215万裁减到180万,减少了35.1万人,裁减了16%。同时,还使联邦政府财政赤字逐年减少,并于1998年实现财政盈余692亿美元。美国经济也开始了历史上最长的扩张期。[38]

2.分权与基层化原则

发达国家的政府体制一般由三级制政府组成:一是中央政府,二是省(州)政府,三是基层政府。分权化改革是限制中央政府的权力,给地方政府和基层政府更多的自由,重新划分了中央与地方的权力边界。

20世纪70年代以来,欧美等国家在二战以后形成的地方政府管理体制中存在的缺陷变得越来越明显。一方面,地方政府的福利支出持续增加,不堪重负。另一方面,公民的服务需求也正在增加,公共服务传送中存在的协调困难和目标偏离问题越来越突出,公民中弥散着对地方政府的冷漠情绪。因而,地方政府要求改变对中央政府的依赖和减轻其负担。与此同时,信息技术的迅猛发展,不仅要求决策分工和权力下放,也使减少政府层级和扩大管理幅度具备了技术条件。在这种背景下,地方政府改革浪潮席卷全球并且持续至今。

在欧美,地方政府被视为民主政治训练的场所、公民道德的培养基地、切合公民需要的公共服务和产品的提供者、中央政府集权倾向的制衡者之一。20世纪80年代以后,几乎所有的发达国家,政府间关系呈现出一种分权趋势,目标是扩大地方政府的决策权。北欧国家的“自由市镇建设”、法国和日本颁布和实施的分权法,都是加强地方政府权威的制度性安排。

国外地方政府的改革中,地方政府的权责变化,与这些国家原有的地方自治程度有关。一般来说,可以将地方自治分为先天自发型和后天习得型两种模式。先天自发型以英美法系国家为代表,初创于英国,后传入英国的殖民地和受英国政治影响较深的国家,如美国、加拿大、新西兰等国。后天习得型模式以大陆法系国家为代表,如日本、法国、德国、意大利、俄罗斯等国。就地方政府分权的程度和分权方式而言,不同国家存在着较大的区别。一般来讲,大陆法系国家的地方自治权较小,而普通法系国家的地方自治权较大。而在20世纪80年代以来的改革中,英美法系的国家,其改革不仅限于向下级政府下放权力,改革的重点更放在“重塑政府”上。相对而言,日本和法国等国家,则着力于推动地方政府的自治,使地方政府的权限明显扩大,中央政府与地方政府以及各级地方政府之间的权责划分,出现了前所未有的深刻变化。

发达国家不仅调整了中央政府与地方政府的权力关系,也按照基层化原则将大量的公共服务授权给基层社区。所谓的基层化原则是指由于难以确定什么是共同利益,因此,决策必须在尽可能低的层面上做出。层次越低,组织一个使人们愿意服从的社会团体组织就越容易,而且可以动员人们积极地为达到目标而努力。因此,提供公共产品的责任,应尽可能地由最基层的政府来完成。基层政府能做的事,上级政府就不应越俎代庖。当基层政府无法达到自己的目标时,上级政府就有责任伸出援助之手。因为:(1)基层化原则可以通过决策权的向下移动,最大限度地减少决策中的信息不对称。通过把各种决策权分散给各地政府与社会的基层化原则,可以将决策的风险降到最低限度,将决策的合理性提升到最大限度。(2)基层化原则能够缩小提供公共产品的范围,减少"搭便车"者,享受这些公共产品的公众交纳赋税来办自己的事情,也有更大的热情来参与决策。(3)由最基层的政府来提供公共产品,可以满足现代城市居民对公共产品的多样性要求。

基层化原则的典型是地方政府部门向社区授权,将公共事务的治理权和控制权交给社区,政府部门不再直接提供公共服务,转而主要执行掌舵、监督和筹集资金等责任。在美国,许多社区组织积极行动起来解决面临的公共问题,如组织居民进行治安和保卫工作,提供就业技能训练等等。由于社区自治和居民自治,社区通过自主治理满足了居民的各种需要,基层政府对居民的直接服务就减少了。

通过层层分权和扩大地方自治权力,发达国家从中央政府到最基层的地方政府之间逐渐形成了一种网络型的关系。在这种新型关系中,中央政府和各级地方政府相互依赖、彼此合作。不论是中央政府还是基层的地方政府,都是合作网络中的一个相互依赖的行动者,虽然各个政府仍存在管辖权限的差别,但等级色彩与隶属关系已经大大弱化了。既不是上级政府对下级政府的单方面控制,也避免了下级政府对上级政府的抵制行为。[39]

发达国家的地方政府改革,对我国的改革提供了有益的启示。新中国成立以来,在处理各级政府间的关系中,我国经历了多次分权和集权的反复,但很难克服"一放就乱"、"一收就死"的怪圈。"一收就死"是由于过度集中行政权,将扼杀基层政府的活力。"一放就乱"是在权力下放的情况下,由于信息不对称,上级政府的监督存在诸多困难,基层政府的某些行为缺乏监督。因此,中央与地方及地方政府间的权限划分,不能再度进入放权和收权、上级与下级的无休止的讨价还价之中,需要在强化地方政府权力的同时,也加强地方民主政治建设,既体现了地方政府顾客导向的原则,也强化了公众对地方政府的约束。

比如,英国在实质性地扩大地方政府的权力时,也启动了地方政府的问责制。北欧四国在扩大地方政府的权力后,也建立了多种公民的表达和退出机制,增设了民意调查、消费者圆桌会议、消费者委员会、服务电话、城市规划论坛等。在我国,扩大基层政府的权力后,也需要加强同级人民代表大会的权力,推进行政公开、落实政府问责制、鼓励公众参与公共事务、强化舆论监督。

3.在政府机构和公共部门中引入新的管理方法

将私营企业行之有效的管理方法引入政府部门,如在政府部门中引入竞争、顾客导向、强化对公务员的利益驱动、组织的扁平化、绩效管理等,则没有获得预期的效果,这主要是由于两个原因:

(1)在私营公司卓有成效的管理方法,获得其效果有一个基本的前提,即多个市场主体在巨大的竞争压力下为了获得利润最大化而尽可能地改善其内部管理。而政府部门既不追求利润,也很难引入竞争:这些管理技术在学校、医院等相互之间有一定程度竞争的公共部门能够取得一定的效果,但对一个纯粹的行政机构,就无法引入。比如,无法在美国的联邦政府成立第二个教育部,也无法在一个城市建立第二个市政府。由于并没有具备相应的条件,这些在私营企业中行之有效的管理技术也就无法获得预期的效果。

(2)有一些旨在提高行政效率的"科学的"管理技术在一些纯粹的行政部门也能够获

得短期的效果,甚至可能令人耳目一新,但效果很难持久。这是因为实施这些管理方法的动力不是来自于无时不在的持续的竞争压力,而是来自公众一时的关注,或行政系统内自上而下的压力,如中央政府的检查监督。上级政府的检查和下级政府的应对检查,往往都要耗费巨大的人力物力。同时,这些“科学的”管理技术往往非常精确,也通常相当繁琐,会耗费相当的人力物力。实施一段时间后,行政官僚就会想出种种方式使之徒具形式。

可以看出,通过转变政府职能以及向地方政府和基层政府分权,发达国家的中央政府实现了大幅度地削减政府规模,也大幅度地削减政府开支的改革目标。同时,由于中央政府承担的公共事务减少,官僚主义和腐败都会不同程度地减少,由于“管得少”,必然会在某种程度上“管得更好”,因而提高效率的目标也在一定程度上达到了。而将私营企业的管理方法引入政府部门这一类技术层面的改革,在一定程度上是锦上添花,其实际效果目前仍有争议。

关于新公共管理运动在西方国家的效果,国内外学术界争论激烈:或认为效果卓著,或认为效果甚微。作者认为,如果认为新公共管理运动包含了上述三个方面的改革,则改革的效果卓著;如果认为新公共管理运动只包含了一些技术层面的改革措施,则其效果甚微。有学者对比研究了新公共管理运动在发达国家和发展中国家的实施效果,他们观察到,发展中国家的改革效果甚微。这部分是因为许多发展中国家的政府职能转变和分权改革不到位,往往只采取了一些技术层面的改革措施。

作者认为,西方国家政府改革对中国改革的启示是:政府改革应将重心放在转变政府职能和向基层政府分权,而不宜将过多的资源用在技术层面的改革。当然,在现实中,能够引起政府官员兴趣,最容易被借鉴和学习的,恰恰是那些技术层面的“新理论”、“新模式”、“新方法”和“新技术”。

第四章　各国公务员制度比较

一、英、美、日三国公务员制度比较

当英国进行文官制度改革，开始通过公开竞争考试择优录用文官时，那时的文官职位基本上还由贵族子弟垄断。因此，文官制度改革在某种程度上是政治民主运动的结果，是英国建立资产阶级民主制度的一个组成部分。英国于1760年前后开始的产业革命，1832年开始的议会改革，与1868年责任内阁制的正式确立和大致同一时期进行的文官制度改革之间有着深刻的内在联系，具有某种因果关系。美国则不同，在19世纪初，美国的许多州已经有了普选权。而杰克逊发起的"平民政治"运动又在30年代打破了上层社会对公职的垄断和事实上存在的终身制。此后几十年，美国各级政府的公职开始向社会各阶层开放，正是在这种背景下，林肯这样出身平民的人，才能当选为美国总统。

然而，杰克逊以政党分肥来实现其平民政治，却在实际上使公职分配权置于政党的控制之下，或者更具体地说，是落入了各级党魁手中。于是，谋求公职者不但要加盟某一政党，事实上还要得到某个党魁的赏识和信任。也就是说，个人之间的保护与被保护的关系并没有被消除。如果说在此之前通过私人关系谋求公职还需要一些装饰，如"信念"、"才能"，政党分肥则为通过关系谋求公职取得了"充分"的理由，使之公开化了。在南北战争以及随后的工业化过程中，美国政府的职能迅速扩张，政府的机构与人员也相应地以前所未有的规模迅猛扩大，政党分肥的规模也就随之而扩大。大规模的政党分肥使每一届政府更迭都要掀起一次抢夺官职的狂潮，政府官员大换班所造成的社会震荡一次比一次剧烈。由于人们投入时间和精力猎取官职的目的就是要取得更大的回报，内战后的官员腐败愈演愈烈。他们肆无忌惮地捞取钱财，非但不以为耻，反而视为政治上成功的标志，自封为政治上的"能人"，而那些不肯同流合污的人则被视为不合潮流的无能的"庸人"。

公众将政党分肥看做美国内战后政治腐败的罪魁祸首，因而这一时期政治体制改革的要求主要集中在文官制度改革上。政府官员的腐败使执政的共和党声誉扫地，而民主党则逐渐恢复了元气，势力上升。正是在全国公众的持续压力之下，终于有了《彭德尔顿法》的改革。

可以看出,美国的文官制度改革是反腐败运动的结果。当然,通过公开竞争考试录用文官,也使政府公职真正地向社会各阶层开放。如果说杰克逊当年曾经怀有“平民政治”的理想,那么考试才是实现这一理想的有效手段。文官制度改革的确在某种程度上遏制了腐败的浊流,其机制与美国的政治传统是一致的,也就是分权制衡。政党分肥制使政客与官僚的关系,或者说政治与行政的关系过分密切,使政党对文官有巨大的支配权力。人们必须依附于某个政党,或者更确切地说是依附于某个具体的党魁来谋取官职和保住官职。《彭德尔顿法》的主要作用就在于从某种程度上切断了通过关系谋求文官职位的渠道,从而减少了政党对文官的支配权。像英国一样,考试录用文官和常任制是对文官权利的保障。通过对文官的权利的保障使文官群体成为相对独立于政党的政治群体。

日本则与英美不同。英国的议会制度历史悠久,1832 年以及以后的议会改革扩大了选民队伍,产生了现代政党制度,然后才发生了文官制度改革。美国在文官制度改革前,政党力量强大,并已有了普选制。也就是说,在文官制度改革之前,英美两国已经建立了现代资产阶级民主制度的大框架,文官制度改革只是资产阶级民主制的进一步完善。日本明治时期的官制改革则不同,当时既没有真正意义上的选举制度,也没有真正意义上的政党政治,这就决定了当时日本模仿普鲁士建立的官制虽然同样采用了考试录用文官的形式,却仍然具有集权、身份等级和人身依附的特点,并没有改变封建官僚制的性质。二战以后,日本才真正建立了现代选举制度和政党制度,而按照美国模式推行公务员制度则是战后民主化进程的一个组成部分。日本公务员制度的基本原则与英美是一致的,即通过保障公务员的权利使公务员取得相对独立的地位,免受政党或某些官员个人的过度支配,从而产生分权制衡的作用。当然,由于日本的国情与美国有着巨大的差异,美国的人事顾问团为日本设计的公务员制度不可避免地在实施中发生了很多变化,即使是同样的制度,其效果也颇有差别。

二、发展中国家的公务员制度

第二次世界大战以后,大多数殖民地半殖民地民族和国家相继觉醒和独立,开始了艰难曲折的现代化努力。作为政治现代化的一个组成部分,这些发展中国家大多数引入了英美公务员制度。然而,由于发展中国家与英美两国的政治、经济、文化等社会基础相去甚远,双方在同一时间段上所遭遇的困难亦颇有不同,表现为不同的需要、措施和结果,在一些具体的制度构建上,甚至截然相反。

新独立的发展中国家往往是在封建(少数国家还有部落制度的残余)的政治、经济和文化基础上开始其现代化历程的,因而现代化意味着一场深刻的社会变革,包括“改变传统的价值观念和行为模式;扩大通讯,发展教育;将对家庭、村落和部族的忠诚扩大至对国家的忠诚;使公共生活世俗化,权力结构合理化;发展有特定功能的组织,以成就标准代替关系标准,以及更公平地分配物质性和非物质性的资料等等”。

亨廷顿认为,为了推行现代化,要摧毁根深蒂固的传统的社会、势力、利益、习惯和制度,须将权力集中于现代化推行者手中。[40]现代化与政治制度内权力的大幅度重新分配相关联——地方的、宗教的、种族的以及其他权力中心必须摧毁,权力要集中于全国性的政治机构。这样,掌握了政策的创制权,即由国家采取行动来促进社会和经济变革,才能成功地处理现代化面临的问题。

由此,现代化对一个分散的、组织薄弱的和封建的传统体制的第一个挑战,典型地是集中必要的权力以造成传统的社会和经济的变改。而要摧毁盘根错节的传统权益,常常需要动员新的社会势力参与政治。同时,随着现代化的推行,新的社会集团出现了,他们在政治上觉醒,并提出参与的要求,先是知识分子阶层,接着是商业和企业集团,尔后是自由职业和经营管理者阶层。到了一定时候,一个城市工人阶级会逐步成长起来,而那些存在于政治领域之外的农民最终也会变得具有政治意识并在政治上活跃起来。

于是第二个问题是吸引新近动员起来的参政团体以扩大该体制的权力基础,从而创立一个现代体制。即旧的体制必须有一定的反应能力,能够成功地同化现代化所造就的获得新的社会意识的各种社会势力。当这些新生的社会集团要求参与政治体制时,政治体制或是以各种与现存制度继续存在相和谐的方式提供参与手段,或是将这些集团排斥在政治体制之外,从而导致公开的或隐蔽的内乱和叛离。

如果成功地应付了第一个挑战,往往是建立并严密地控制了庞大的常备军和官僚机构。这时,新生的社会集团的精英分子可以通过军队和官僚阶梯参与政治和分享权力。但这种参与,其途径往往既不规范也不平等。在第二阶段,军队和官僚机构趋于完备,官僚的力量无所不在,腐化和低效加剧。

亨廷顿认为,现代化过程中滋生腐化的原因有三。首先,现代化涉及社会基本价值观的转变,如天下平等,以成就量人,对民族国家的效忠和认同,公民享有平等的权利并应尽平等的义务等。如此,按照传统规范是可以被接受并合法的行为,在这些现代人士的眼里就成了不能接受的和腐化的行为。其次,现代化开辟了新的财富和权力来源,从而进一步助长腐化行为。第三,现代化通过它在政治体制输出方面所造成的变革来加剧腐化。现代化,特别是处于后期现代化之中的国家的现代化,涉及政府权威的扩大和各种各样受制于政府的活动的增加。这样,各种法令的增多,也就使腐化的可能性增大。

在实践中,这种腐化的可能性在多大程度上能变为现实,基本上取决于这些法令享有多大程度的民众支持,要看违法而能逍遥法外的难易程度以及违法所得到的好处有多大。腐化的形式大都涉及政治行为和财富之间的交易。

这种腐化现象可能在某种文化中比在另一种文化中更普遍,但在绝大多数文化中,腐化现象在现代化进程的最激烈阶段,就会最广泛地蔓延于整个官场。这种日益加深的腐化与低效,势必阻碍现代化的进程。而政治意识日益健全的民众也越来越不能忍受这种严重的腐化政治,社会上的改革呼声日渐高涨。于是,亨廷顿认为,在现代化的这一阶段,旧的政治体制就面临参政团体进一步要求分散权力并在各团体和机构之间确立相互制约的制度。即在公众的压力下,以分权制衡为核心的政治体制改革必然发生。这一点,已有英美的先例。由于工业革命的冲击,新财富的开发和新权力的创设,新兴阶级的出现及其对政府的新要求,18 世纪和 20 世纪的美国政治生活中的腐化就没有 19 世纪那么严重。英国的政治生活在 17 世纪和 19 世纪末看上去就比 18 世纪廉洁些。英美两国政治制度在上述各自的政治腐化时期内受到了严峻的考验并遭受到一定程度的腐蚀,也正是在上述背景下发生了包括文官制度改革在内的一系列政治体制改革以适应现代化进程的需要。

一个常任文官制度的建立,主要是作为"宪法制衡"的"第二院"而发挥其作用的,即首先是分权与制衡,其次才是一种管理技术。公务员制度的建立应该在亨廷顿定义的现代化的第三个阶段。因为,此时政府的腐败与低效已达到非改革不可的地步,而政府也有能力进行改革。

亨廷顿写道:"麦迪逊在《联邦党人文集》第五十一号中警告说:'组织一个由人统治人的政府,极大的困难是:首先你必须使政府能够控制被统治者,然后还要迫使它控制其本身'。"即"必须先存在权威,而后才谈得上限制权威"。"在许多处于现代化之中的国家里,政府连第一项职能尚不能行使,何谈第二项。"

正如亨廷顿所说,大多数发展中国家在政治现代化的第一个阶段即遭受严重挫折,未能成功地集中权力,建立秩序。这些国家在第二次世界大战以后的政治演变具有以下特征:种族和阶级冲突不断加剧;骚动和暴力事件层出不穷;军事政变接二连三;反复无常、个人说了算的领导人物主宰一切,他们常常推行灾难性的社会和经济政策;内阁部长和公职人员肆无忌惮地腐化;公民的权利和自由遭受恣意侵犯;政府效率和公务水平日益下降,城市政治集团纷纷离异;立法机关和法庭失去权威;各种政党四分五裂,有时甚至彻底解体。这种状况持续数十年,直到世纪末和新世纪,许多发展中国家仍然苦于战乱和饥饿,经济停滞,粮食产量的增长率低于人口的增长率,数以万计的人死于饥饿和营养不良。而这一切,往往又进一步加剧了人们的失望和愤怒,加剧了政治动荡。

军事政变、起义暴动、游击战以及种族、部落或社区间的暴力冲突使这些国家的政府如同走马灯一般,"你方唱罢我登台",不论是独裁寡头、政变上校还是大选首脑,都无法获得人民的普遍支持和集中权力。在他们的短暂在位期间,往往用官职酬劳推他上台的功臣,也用官职笼络新的支持者,从而维系其脆弱的政权。一个由公开竞争考试产生,无过失不被免职的常任文官制度,意味着相对独立于政府首脑和政党。这些短期执政者如果推行公务员制度,势必大大减少了手中用以换取忠诚的本钱,削减了自己的权力基础。事实上,在这些国家里,那些独裁者往往操纵、贿选或武力胁迫议员,使议会俯首听命,徒具形式。也不会允许任何真正意义上的司法独立和终身任职的法官,更不用说常任文官制了。

由于缺乏有效的制度去调停、升华、缓解各团体的政治行动,这些动荡国家中一切社会团体和阶层都表现出极端的"政治化",用各种方式参与政治:富人行贿、学生造反、工人罢工、暴民示威、军人搞政变。冲突是直接的,赤裸裸的,而不是沿着法律的规定。甚至教会、僧侣、和尚也站出来参加谈判、公开呼吁乃至上街游行示威。总而言之,法律没有权威,谁也不拿它当回事。在这样一个极端"政治化"的社会里,唯独要求掌握着法律执行权的文官政治中立,要他们忠实地执行法律,显然不切实际。因此,这些发展中国家虽然在独立之初,就通常颁布了一部宪法作为根本大法,有的还在其中确定了公务员制度的基本原则,而后往往又在极短的时间里就颁布了详细的公务员法,但是,这些国家的宪法和法律几乎不能发挥任何作用,不论其国家公务员法中是否规定了政治中立和常任制,实际上官僚们总是随着自己的个人利益随随便便地改换门庭,在形形色色的独裁者和政党之间摇摆不定,占主导地位的通常只能是个人恩赐制和政党分肥制,即按照个人的忠诚遴选官员或基于政治原因大换班。在这种环境里，掌握了政府权力的人如果鲁莽行事，搞常任文官制，无疑是自掘坟墓。

即使在管理技术这个层面上，发展中国家的公务员法也往往难以得到严格的执行。这些发展中国家在独立之后，所推行的公务员制度通常模仿原宗主国的体制。从分类制度看，有模仿美国的职位分类方式者，如菲律宾、韩国、泰国等；有模仿英国的品位分类方式者，如印度等。凡实行品位分类者，实际执行与法律条文可能相去不远，但却常常在公务员等级中建立起了某种类似于传统身份等级的体系，形成新的封闭的特权阶层。而试图推行职位分类的国家，至少在初期，由于缺乏专业人才，其任职资格不免大打折扣。更由于政局动荡或求官者的压力，往往将因职择人变做因人设事，或大量增添新职位，或职务变动经常化，破坏了职位分类的框架，令其面目全非。

关于考试制度，英式通才和美式专才之争在这里只是细枝末节。由于工商业不发达，或至少远远赶不上教育的扩展，很难大量吸收受过各种教育的专业人才；也由于官员有较高且相对稳定的收入外加大量的额外收入这样切实的经济诱惑，遂使社会各阶层莫不以各种方式蜂拥而入。求职的方法五花八门，求职者各显神通。受过良好教育的可以通过考试，表现为这些国家文官的录用率远远低于西方国家。其他阶层的则可以使用各种变通方式，这种压力更可能使考任制遭到严重破坏，名存实亡。

发展中国家的公务员的工资按法律规定，通常略低于私营企业的雇佣人员，但这并不反映他们的实际收入水平。在这些国家中，传统的规范，少数种族对经济的垄断，外国公司和投资者对经济的控制，凡此都使通过个人努力获取财富的机会受到限制。在这样的社会里，政治成了获取财富的道路，那些富于进取心的精英分子因为在商界无用武之地，就跻身于政坛以求一展抱负。因此，对那些利用各种手段以职权谋私利的行为往往司空见惯。中央政府的官员比地方官员更腐化，高级官员比下级官员更腐化，其最高领导人则是腐化大王，把几千万至几亿美元纳入私囊。这一点与西方国家颇有不同。在美国，财富通常是通向政治权势的道路，而想通过当官去发财则找错了门。反对利用公职谋取私利的规定比反对利用财富获取官职的规定要严厉得多，而且人们普遍遵守这些规定。发展中国家则对用金钱捞取官职的做法采取较为严厉的态度，因为几乎可以肯定，这些人多半怀着吕不韦那种“一本万利”的投资心态。

亨廷顿认为，那些有强大政党的发展中国家，如在独立之前就有较长历史的政党，或通过革命建立了组织良好的政党而产生政权者，往往能够成功地将权力集中，并且把动员起来参与政治的阶层在某种程度上纳入轨道。有些国家通过一党政权、军人当政或依靠外国势力维持了某种程度的较长时期的政治稳定，经济得到相当持久的发展，也有必要并且有条件进行第三阶段的政治体制改革，如新加坡、韩国等。此时，政府如果未能找到应变之策，可能危及政权的存在，如苏联及东欧诸国。在能够持久地建立政治秩序的前提下，作为分散权力和相互制衡的政治体制改革的一个组成部分，推行现代公务员制度，产生一个常任文官机构，引入科学的人事管理方法，能为社会各阶层提供一个规范的公平的政治参与的渠道。而通过常任文官机构某种程度上对政党形成制衡，使政治运作走上法治化民主化的现代道路，则可以解决最令发展中国家头疼的腐败和低效问题。这一切都有助于政局的进一步稳定,为经济发展铺平道路。

【参考文献】

[1]王沪宁.行政生态学[M].上海:复旦大学出版社,1989.

[2][4][11][12][13][14][17][18][19]陈云生.权力相对论——权利与义务价值模式的建构[M].北京:人民出版社,1994.

[3]康敬奎.公民法律角色比较——权利本位与义务本位[J].山东大学学报:哲学社会科学版,2001(6):8-14.

[5][15][16]马文·佩里.西方文明史[M].胡万里,译.北京:商务印书馆,1993.

[6][7][8][9]王亚南.中国官僚政治研究[M].北京:中国社会科学出版社,1981.

[10][汉]司马迁.史记·宋微子世家第八[M].上海:上海书店,1988.

[20]顾准.顾准文集[M].贵州:贵州人民出版社,1994.

[21][23]阎照祥.英国政治制度史[M].北京:人民出版社,1999.

[22]参见第一部分第五章。

[24]参见第一部分第三章。

[25]爱德蒙·柏克.美洲三书[M].缪哲,译.北京:商务印书馆,2003.

[26]参见第一部分第四章。

[27][28]马啸原.西方政治制度史[M].北京:高等教育出版社,2000.

[29]李增刚.发达国家政府规模变化的政治经济学分析[J].当代财经,2007(5):9-13.

[30]闫嫣.中国政府规模成本分析[J].武汉理工大学学报,2006(6):347-349.

[31][32]毛寿龙.政府的规模与范围[EB/OL].http://www.studa.com.

[33]参见第一部分第六章。

[34]戴维·奥斯本,特德·盖布勒.改革政府:企业精神如何改革政府部门[M].上海:上海译文出版社,1996.

[35]金太军.新公共管理——当代西方公共行政的新趋势[J].国外社会科学,2007(5):20-24.

[36]周敬伟.新公共管理的困境[J].学术界,2007(1):279-283.

[37]周广竹.新公共管理运动的终结[J].时代经贸,2007(10):126-127.

[38]黄贤全,黄贤华.美国重塑政府运动[J].西南师范大学学报:人文社会科学版,2004(1):115-120.

[39]陈振明.公共管理学[M].北京:中国人民大学出版社,2006.

[40][美]亨廷顿.变化中的社会秩序[M].上海:上海三联书店,1989.

参考文献

[1][英]沃尔特·白芝浩.英国宪法[M].北京:商务印书馆,2005.
[2][英]亨利·佩林.英国工党简史[M].北京:中国社科出版社,1986.
[3][英]T. F. 林赛,迈克尔·哈林顿.英国保守党[M].北京:商务印书馆,1986.
[4][英]安东尼·桑普森.最新英国剖析[M].上海:上海人民出版社,1992.
[5][英]拉塞尔·刘易斯.玛格丽特·撒切尔[M].上海:上海人民出版社,1992.
[6][英]格雷厄姆·沃拉斯.政治中的人性[M].北京:商务印书馆,1996.
[7][英]托尼·布莱尔.新英国——我对一个年轻国家的展望[M].北京:世界知识出版社,1998.
[8][英]温斯顿·丘吉尔.英语国家史略[M].北京:新华出版社,1985.
[9][英]乔治·马尔科姆·汤姆森.英国历届首相小传[M].北京:新华出版社,1986.
[10][英]彼得·詹金斯.撒切尔夫人的革命[M].长沙:湖南出版社,1988.
[11][英]爱德蒙·柏克.美洲三书[M].北京:商务印书馆,2003.
[12][英]爱德华·卢斯.不顾诸神:现代印度的崛起与发现[M].张淑芳,译.北京:中信出版社,2011.
[13][美]马文·佩里.西方文明史[M].北京:商务印书馆,1993.
[14][美]塞缪尔·亨廷顿.变化中的社会秩序[M].上海:上海三联书店,1989.
[15][美]塞缪尔·亨廷顿.文明的冲突与世界秩序的重建[M].北京:新华出版社,1998.
[16][美]戴维·奥斯本,特德·盖布勒.改革政府:企业家精神如何改革着公共部门[M].上海:上海译文出版社,2006.
[17][美]费雪 R C.州和地方政府财政学[M].北京:中国人民大学出版社,2000.
[18][美]詹姆斯·麦格雷戈·伯恩斯.民治政府——美国政府与政治[M].北京:中国人民大学出版社,2007.
[19][美]劳伦斯·迈耶,约翰·伯内特,苏珊·奥格登.比较政治学[M].北京:华夏出版社,2001.
[20][美]古德诺.政治与行政[M].王元,译.北京:华夏出版社,1987.
[21][美]Donald F Kettl.有效政府——全球公共管理革命[M].上海:上海交通大学出版社,2005.
[22][美]汉密尔顿.联邦党人文集[M].北京:商务印书馆,1980.
[23][美]罗伯特·达尔.论民主[M].北京:商务印书馆,1999.
[24][美]拉塞尔·林登.无缝隙政府[M].北京:中国人民大学出版社,2002.
[25][美]乔尔·阿尔巴奇.两种人:官僚与政客[M].北京:求实出版社,1990.
[26][美]亚里士多德.政治学[M].北京:商务印书馆,1965.
[27][美]约翰·F.沃克.美国大政府的兴起[M].重庆:重庆出版社,2001.

[28][美]托马斯·戴伊.谁掌管美国[M].北京:中国社会科学出版社,1992.
[29][美]理查德·霍夫施塔特.美国政治传统及其缔造者[M].北京:商务印书馆,1995.
[30][美]曼库尔·奥尔森.国家兴衰探源[M].北京:商务印书馆,2001.
[31][美]V. 奥斯特罗姆.美国行政管理的危机[M].北京:北京工业大学出版社,1995.
[32][美]卡尔·桑德堡.林肯传[M].上海:上海三联书店,1978.
[33][美]加尔文·D. 林顿.美国两百年大事记[M].上海:上海译文出版社,1984.
[34][美]伯纳德·施瓦茨.美国法律史[M].北京:中国政法大学出版社,1990.
[35][美]戴尔·卡耐基.林肯传[M].哈尔滨:哈尔滨出版社,2002.
[36][美]威廉·爱·洛克腾堡.罗斯福与新政:1932—1940[M].北京:商务印书馆,1993.
[37][美]纳尔逊·波尔斯比,艾伦·威尔达夫斯基.总统选举——美国政治的战略与构架[M].北京:北京大学出版社,2007.
[38][美]马丁·费尔德斯坦.20 世纪 80 年代美国经济政策.北京:经济科学出版社,2000.
[39][美]伯纳德·施瓦茨.美国法律史[M].北京:法律出版社,1998.
[40][美]查尔斯·A.比尔德.美国政府与政治[M].北京:商务印书馆,1987.
[41][美]吉尔贝·希纳尔.杰弗逊评传[M].北京:中国社会科学出版社,1987.
[42][美]弗兰克尔.印度独立后政治经济发展史[M].北京:中国社会科学出版社,1989.
[43][美]斯坦利·A.科查内克.印度国大党一党民主制的动力[M].上海:上海人民出版社,1997.
[44][美]大卫·科兹,弗雷德·威尔.来自上层的革命——苏联体制的终结[M].曹荣湘,孟鸣岐,等译.北京:中国人民大学出版社,2002.
[45][美]安东尼·吉登斯.第三条道路:社会民主主义的复兴[M].北京:北京大学出版社,2000.
[46][美]达尼埃尔·弗雷.瑞士的外交政策[M].武汉:华中师范大学出版社,1987.
[47][美]奥斯瓦尔德·西格.瑞士的政治制度[M].武汉:华中师范大学出版社,1987.
[48][美]詹姆斯·布坎南.经济自由与联邦主义[M]//刘军宁.经济民主与经济自由.上海:三联书店,1997.
[49][美]哈里·杜鲁门.杜鲁门回忆录.下卷[M].北京:东方出版社,2007.
[50][法]基佐.欧洲文明史[M].北京:商务印书馆,1998.
[51][法]基佐.1640 年——英国革命史.上[M].北京:商务印书馆,1979.
[52][法]艾因哈德.查理大帝传[M].北京:商务印书馆,1979.
[53][法]托克维尔.论美国的民主[M].北京:商务印书馆,1996.
[54][日]青木昌彦.比较制度分析[M].上海:远东出版社,2001.
[55][印]巴沙姆.印度文化史[M].北京:商务印书馆,1997.
[56][印]高善比.印度古代文化与文明史纲[M].北京:商务印书馆,1998.
[57][印]鲁达尔·达特,K. P. M. 桑达拉姆.印度经济[M].四川:四川大学出版社,1994.
[58][印]罗梅什·杜德.英属印度经济史——早期英国统治下的印度经济史[M].北京:三联书店,1956.
[59][印]罗梅什·杜德.英属印度经济史——维多利亚时代的印度经济史[M].北京:三联书店,

1956.
[60][印]阿玛蒂亚·森,让·德雷兹.印度:经济发展与社会机会[M].北京:社会科学文献出版社,2006.
[61][印]阿马蒂亚·森.以自由看待发展[M].北京:中国人民大学出版社,2002.
[62][比]亨利·皮朗.中世纪欧洲经济社会史[M].上海:上海人民出版社,1987.
[63][澳]欧文·E. 休斯.公共管理导论[M].北京:中国人民大学出版社,2001.
[64][韩]姜万吉.韩国现代史[M].北京:社会科学文献出版社,1997.
[65][朝鲜]金汉吉.朝鲜现代史[M].平壤:朝鲜外文出版社,1980.
[66][苏]苏联外交部.第二次世界大战期间斯大林同罗斯福、杜鲁门通信.卷 2 [M].北京:世界知识出版社,1963.
[67][苏]安杨维辛斯基.外交词典[M].北京:东方出版社,1986.
[68][苏]苏联外交部.朝鲜问题参考文件[M].章化农,译.北京:五十年代出版社,1950.
[69]阎照祥.英国政治制度史[M].北京:人民出版社,1999.
[70]沈汉,刘新成.英国议会政治史[M].北京:商务印书馆,1979.
[71]钱守白.英国现代文官制度[M].台北:台湾中华文化出版事业委员会,2007.
[72]田为民,王建新,吕芳.走进唐宁街 10 号[M].北京:经济日报出版社,2002.
[73]潘华仿.英美法论[M].北京:中国政法大学出版社,1998.
[74]中国社会科学院美国研究所.美国年鉴(2005) [Z].北京:中国社会科学出版社,2006.
[75]李道揆.美国政府和美国政治[M].北京:中国社会科学出版社,1990.
[76]李道揆.美国政府机构与人事制度[M].北京:人民出版社,1985.
[77]曹绍濂.美国政治制度史[M].兰州:甘肃人民出版社,1982.
[78]张立平.美国政党与选举政治[M].北京:中国社会科学出版社,2002.
[79]任东来,陈伟,白雪峰.美国宪政历程:影响美国的 25 个司法大案[M].北京:中国法制出版社,2004.
[80]高新军.美国地方政府智力——案例调查与制度研究[M].陕西:西北大学出版社,2007.
[81]王希.原则与妥协:美国宪法的精神与实践[M].北京:北京大学出版社,2000.
[82]梅人.美国四十任总统[M].北京:时事出版社,1988.
[83]啸天.尼克松[M].浙江:浙江人民出版社,1987.
[84]宋世明.美国行政改革研究[M].北京:国家行政学院出版社,1999.
[85]李昌道.美国宪法史稿[M].北京:法律出版社,1986.
[86]刘玉霞.美国总统选举面面观[M].北京:北京出版社,1988.
[87]戴晓芙,胡令远.日本式经济政治社会体系[C].上海:上海财经大学出版社,2002.
[88]王新生.现代日本政治[M].北京:经济日报出版社,1997.
[89]邹钧.日本行政体制和管理现代化[M].北京:法律出版社,1994.
[90]徐万胜.日本政治与对外关系[M].北京:人民出版社,2006.
[91]郑励志.日本公务员制度与政治过程[M].上海:上海财经大学出版社,2001.
[92]吴寄南.新世纪日本的行政改革[M].北京:时事出版社,2003.

[93]刘小林.当代各国政治体制——日本[M].兰州:兰州大学出版社,1998.
[94]米庆余.明治维新[M].北京:求实出版社,1988.
[95]董璠舆.日本国会[M].北京:中国民主法制出版社,1990.
[96]孙书林,韩铁英.日本[M].北京:社会科学文献出版社,2005.
[97]赫赤,谭健.日本政治概况[M].北京:中国社会科学出版社,1984.
[98]林承节.独立后的印度史[M].北京:北京大学出版社,2005.
[99]培伦.印度通史[M].黑龙江:黑龙江人民出版社,1990.
[100]林承节.印度现代化的发展道路[M].北京:北京大学出版社,2001.
[101]林承节.印度史[M].北京:人民出版社,2006.
[102]林良光.印度政治制度研究[M].北京:北京大学出版社,1995.
[103]陈峰君.印度社会论述[M].北京:中国社会科学出版社,1991.
[104]林承节.印度近现代史[M].北京:北京大学出版社,1995.
[105]孙士海.印度的发展及其对外战略[M].北京:中国社会科学出版社,2000.
[106]尚会鹏.种姓与印度教社会[M].北京:北京大学出版社,2001.
[107]朱明忠,尚会鹏.印度教:宗教与社会[M].北京:世界知识出版社,2003.
[108]刘健,朱明忠,葛维钧.印度文明[M].北京:中国社会科学出版社,2004.
[109]张敏秋.中印关系研究(1947—2003)[M].北京:北京大学出版社,2004.
[110]潭中.中印大同:理想与现实[M].宁夏:宁夏人民出版社,2007.
[111]陈蜂君.东亚与印度:亚洲两种现代化模式[M].北京:经济科学出版社,2000.
[112]尹保云.韩国为什么成功[M].北京:文津出版社,1993.
[113]赵自勇.东亚工业化的新经验[A]//各国现代化比较研究.西安:陕西人民出版社,1993.
[114]刘鹏辉,郑哲信.韩国——幕后的国家[M].北京:世界知识出版社,1995.
[115]赵炜.韩国现代政治论[M].北京:东方出版社,1995.
[116]汪玉凯,马庆钰.中国与韩国行政体制改革比较研究[M].北京:国家行政学院出版社,2002.
[117]世界知识出版社国际条约编委会.国际条约集(1934—1944)[M].北京:世界知识出版社,1961.
[118]世界知识出版社国际条约编委会.国际条约集(1945—1947)[M].北京:世界知识出版社,1959.
[119]世界知识出版社.朝鲜问题文件汇编.第2集[M].北京:世界知识出版社,1959.
[120]陈峰君.亚太安全析论[M].北京:中国国际广播出版社,2004.
[121]孔寒冰.当代各国政治体制——俄罗斯[M].兰州:兰州大学出版社,1998.
[122]周荣坤,郭传玲.苏联基本数字手册[M].北京:时事出版社,1982.
[123]江流.苏联剧变研究[M].北京:中国社科文献出版社,1994.
[124]冯绍雷.20世纪的俄罗斯[M].上海:三联书店,2007.
[125]许新.重塑超级大国[M].南京:江苏人民出版社,2004.
[126]吴国庆.当代各国政治体制——法国[M].兰州:兰州大学出版社,1998.

[127]任丁秋,杨解朴.列国志——瑞士[M].北京:社会科学文献出版社,2006.
[128]马啸原.西方政治制度史[M].北京:高等教育出版社,2000.
[129]吴大英,沈蕴芳.西方国家政治制度比较研究[M].北京:社会科学出版社,1996.
[130]杨百揆.西方文官系统[M].四川:四川人民出版社,1985.
[131]李和中,陈广胜.西方国家行政机构与人事制度改革[M].北京:社会科学文献出版社,2005.
[132]张千帆.西方宪政体系[M].北京:中国政法大学出版社,2000.
[133]陈云生.权力相对论——权利与义务价值模式的建构[M].北京:人民出版社,1994.
[134]高鳗,张敏秋.南亚政治经济发展研究[M].北京:北京大学出版社,1995.
[135]孙士海.南亚的政治、国际关系及安全[M].北京:中国社会科学出版社,1998.
[136]林光良,叶正佳,韩华.当代中国与南亚国家关系[M].北京:社会科学文献出版社,2001.
[137]周振华.体制变革与经济增长——中国经验与范式分析[M].上海:上海人民出版社,1999.
[138]姚宝.当代瑞士社会与文化[M].上海:上海外语教育出版社,2007.
[139]王亚南.中国官僚政治研究[M].北京:中国社会科学出版社,1981.
[140]曹志.各国公务员考核奖励制度[M].北京:中国劳动出版社,1999.
[141]顾准.顾准文集[M].贵州:贵州人民出版社,1994.
[142]田炎培.公务员的理论与时间[M].北京:中国社会科学出版社,1993.
[143]韩国明,席群.公务员制度的历史分析[M].兰州:兰州大学出版社,1997.
[144]冯绍雷.20 世纪的俄罗斯[M].上海:三联书店,2007.
[145]傅良肃.各国人事制度[M].台北:台湾三民书局有限公司,1986.
[146]周弘.欧洲发展报告(2009—2010):世界金融危机冲击下的欧洲[M].北京:社会科学文献出版社,2011.
[147]李慷.英国亨利八世的专制统治及其思想[J].世界历史,1988(5):53-64.
[148]钱乘旦.论工业革命造成英国社会结构的变化[A]//中国英国史研究会.英国史论文集.北京:三联书店,1982.
[149]王军,王凤鸣,李艳.英国新工党的选举改革及其影响[J].当代世界与社会主义,2005(2):12-16.
[150]许勤.英贵族院最后阶段改革方案出台,缩手缩脚遭批评[N].中国日报,2001-11-08(3).
[151]卓越.英国新公共管理运动的理论与实践[J].新视野,2006(6):2-4.
[152]黄正柏.英国撒切尔夫人执政时期的保守主义改革[J].高等函授学报:哲学社会科学版,1996(4):23-26.
[153]王涌.两种主张的较量与战后德国经济发展[J].外国问题研究,2011(4):61-67.
[154]董平.战后法国经济是怎样翻两番的[J].法国研究,1984(1):68-76.
[155]梁中芳.国有化与英国经济[J].经济观察,2004(1):42-44.
[156]毛锐.二战后英国国有化运动述评[J].探索与争鸣,2007(3):58-61.
[157]李文静.英国福利国家的产生与发展(1945—1970)[J].黑龙江史志,2010(21):57-60.

[158]安然.福利国家改革与西方中产阶级的变迁研究[J].社会科学战线,2006(2):145-151.
[159]李再兴.英国国有企业私有化改革对我国国企改革的启示[J].科技经济市场,2007(1):37.
[160]赵晓.不能忘记撒切尔主义[J].宁波经济,2009(10):38-39.
[161]刘章才.撒切尔政府时期英国福利国家改革论析[J].兰州商学院学报,2007(2):43-46.
[162]孙晖明.英国连任首相梅杰的内外政策[J].现代国际关系,1992(3):47-51.
[163]程美.英国工党“第三条道路”述评[D].济南:山东师范大学,2004:24-38.
[164]曾令发.合作政府:后新公共管理时代英国政府改革模式探析[J].国家行政学院学报,2008(2):95-99.
[165]闵凡祥.论布莱尔“新工党”政府的社会福利制度改革[J].南京工业大学学报:社会科学版,2009(3):62-69.
[166]倪学德.略论战后初期英国的福利国家建设[J].齐鲁学刊,2005(4):56-59.
[167]杨秀云.1978 年美国文官制度改革存在的问题[J].经济研究导刊,2010(31):258-259.
[168]黄贤权.美国知识分子与现代文官制度的形成[J].西南师范大学学报,1997(3):112-117.
[169][美]大卫·科茨.美国此次金融危机的根本原因是新自由主义的资本主义[J].红旗文稿,2008(13):32-34.
[170]李正远.金融风暴的来龙去脉及对我国的影响[J].科教文汇,2008(12):225.
[171]许传华,徐慧玲.美国新金融危机的历史、演进及探源[J].国外社会科学,2009(2):72-77.
[172]安佳.居者有其屋计划与次贷及金融危机[J].社会科学论坛,2009(2):34-43.
[173]罗莹.美国金融危机原因的观点总结及评价[J].大众商务,2009(7):3-3.
[174]徐瑞娥.剖析美国“次贷危机”引发金融危机的观点综述[J].经济研究参考, 2009(12):41-45.
[175]宋玉华,李锋.奥巴马政府的经济政策走向[J].国际经济评论,2009(2):1-7.
[176]孙颖.次贷金融危机政府救助特点及政策效果[J].西南金融,2010(2):22-23.
[177]胡乐明,曾宪奎.西方国家的反危机措施及其效果[J].管理学刊,2010,23(3):12-15.
[178]贾晋京.“市场”如何克服经济危机[J].南风窗,2012(7):44-46.
[179]李北方.资本主义还有未来吗?[J].南风窗,2012(7):52-54.
[180]陈玉婷.“百年维新”带来的强盛——19 世纪中期日本明治维新对中国的启示[J].经营管理者,2011(9):128-128.
[181]张芳.概述日本战后经济快速发展的原因[J].科技信息,2008(3):55-56.
[182]宋长军.日本新选举制度与政治改革[J].当代亚太,2003(3):42-47.
[183]林尚立.党高官低:日本政策决定过程中的政党与官僚[J].复旦学报:社会科学版,1996(10):41-44.
[184]江秀平.中日传统家族制度对管理模式的不同影响[J].学术研究,1996(4):84-88.
[185]郑秀君,陈建安.日本泡沫经济研究文献综述:1993—2010[J].经济研究,2011(1):33-39.

[186]刘敏.泡沫经济与日本经济政策分析[J].亚太经济,2004(1):23-25.
[187]邵雪峰.日本"泡沫经济"破灭后的税收政策评析[J].现代日本经济,2007(1):40-43.
[188]鹿朋.产业升级视角下日本泡沫经济反思[J].现代日本研究,2008(4):13-17.
[189]刘瑞.金融危机与日本的金融对策:影响、措施、效果及课题[J].经济学动态,2009(6):49-62.
[190]李彬.日本财政政策的调整轨迹:1989—2010年[J].日本研究,2011(4):18-23.
[191]刘柠.日本"下流社会"何去何从[J].南风窗,2008(20):83-86.
[192]林泉.英国殖民主义在印度的两重使命[J].延安大学学报:社会科学版,1995(1):58-63.
[193]孙士海.中国与印度的经济改革比较[J].南亚研究,1998(1):8-14.
[194]张勇,古明明.龙与象:中印改革与发展的比较分析[J].统计研究,2008(10):18-20.
[195]隋斌斌,张喜梅.中国和印度发展模式的比较[J].实事求是,2009(3):18-20.
[196]陈琳.中印经济发展绩效的比较研究——基于全要素生产率[D].上海:上海社会科学院,2010.
[197]李钢,董敏杰.中国与印度国际竞争力的比较与解释[J].当代亚太,2009(5):124-148.
[198]胡书东.中印经济发展背后的逻辑及未来潜力比较[J].世界经济,2005(1):76-79.
[199]李晓.印度经济能够赶超中国吗?——兼论"中印比较"的意义[J].国际经济评论,2006(11):51-56.
[200]沈志华.三八线的由来及其政治作用[J].上海师范大学学报,1997(4):57-60.
[201]孙惠贞.韩国1997年与2008年两次经济危机的比较分析[J].世界经济情况,2010(7):13-16.
[202]周立群,[韩]禹在基.韩国的金融危机及其原因[J].社会科学战线,1998(5):53-60.
[203]韩正忠.韩国经济是怎样较快地摆脱金融危机的[J].江西财税与会计,2001 (2):47-50.
[204]刘助仁.韩国经济缘何迅速摆脱危机[J].当代韩国,2000:49-52.
[205]全国总工会国际联络部.韩国劳资关系与工会运动[J].中国工运,2008(3):50-52.
[206]左凤荣.戈尔巴乔夫政治体制改革的发展轨迹与成因[J].探索与争鸣,2005(2):14-16.
[207]张嵩,相林均.戈尔巴乔夫的外交"新思维"[J].经济与社会发展,2005(2):99-101.
[208]胡珺.苏联解体原因研究综述[J].俄罗斯中亚东欧研究,2007(4):83-87.
[209]王正泉.普京对苏联历史和苏联解体的评价[J].百年潮,2006(11):62-64.
[210]黄东宏.苏共在民主集中制上的失误与启示[J].上海党史与党建,2002(5):37-40.
[211]郑异凡.苏联共产党执政合法性考察[J].当代世界社会主义问题,2003(2):72-75.
[212]徐介治.原苏联在宗教问题上的一些重大失误[J].东欧中亚研究,1995(4):54-58.
[213]姜爱凤.苏联解体原因研究综述[J].当代世界与社会主义,1997(1):64-67.
[214]罗显华,刘新刚.前苏联解体原因再探[J].首都师范大学学报,2007(3):53-56.
[215]米罗诺夫.苏联解体的原因与后果[J].西伯利亚研究,2006(6):74-78.
[216]姜长斌.20年后看戈尔巴乔夫的改革[J].理论视野,2007(9):53-56.
[217]王金存.苏联经济改革失败的原因和后果[J].东欧中亚研究,1992(3):52-56.
[218]薛小荣.原苏联政要们眼中的戈尔巴乔夫、苏联改革与剧变[J].探索与争鸣,2005(2):

17-19.
[219]李兴耕.第五届国家杜马选举前的俄罗斯政党基本态势[J].俄罗斯研究,2007(2):10-16.
[220]魏新龙.俄罗斯经济转型与演变分析[J].理论界,2007(3):198-199.
[221]盛世良.重新崛起的俄罗斯经济[J].经济研究参考,2007(7):17-19.
[222]刘芬华.经济转轨路径选择的初始条件约束——中俄改革的比较分析[J].求实,2003(3):38-40.
[223]李绍荣,程磊.渐进式与休克疗法式改革的比较分析[J].北京大学学报:哲学社会科学版,2009(6):60-67.
[224]李申.叶利钦时期俄罗斯民主与法治探析[J].当代世界社会主义问题,2010(4):112-122.
[225]马晓河.渐进式改革30年:经验与未来[J].中国改革,2008(9):12-15.
[226]周维第.俄罗斯"休克疗法"的选择及其经济影响[J].学术界,2009(2):289-295.
[227]盛世良.重新崛起的俄罗斯经济[J].经济研究参考,2007(7):17-19.
[228]程西筠.由恩赐官职到择优录士[J].世界历史,1980(5):3-11.
[229]张雅林.适度政府规模与我国行政机构改革选择[J].经济社会体制比较,2001(3):100-105.
[230]刘新成.都铎王朝的经济立法与英国近代议会民主制的起源[J].历史研究,1995(2):120-135.
[231]杨秋.浅析意大利法西斯体制的特点[J].怀化学院学报,2006(4):66-68.
[232]韩月香.解构极权主义[J].甘肃社会科学,2007(3):220-222.
[233]孙代尧.现代化进程中的威权政治[J].华东理工大学学报:社科版,2002(3):92-98.
[234]苏祖安.发达国家地方政府职能研究及启示[J].理论月刊,2005(9):165-167.
[235]拓夫.近代资产阶级国家分权论的逻辑行程[J].世界历史,1988(1):2-10.
[236]马协华.试评洛克的分权学说[J].湖北财经学院研究生学报,1983(3):22-24.
[237][英]杰瑞·斯托克.英国地方政府治理的新发展[J].中共浙江省委党校学报,2007(1):5-14.
[238][美]A. 斯纳克.经济改革的政治共识:可能吗?[J].经济政治周刊,1999:1562.
[239][俄]亚历山大·戈洛夫科夫.苏联解体十五年的总结[J].李兴耕,摘译.国外理论动态,2007(7):29-32.
[240][韩]金判锡.韩国政府人力资源管理改革评述[J].国家行政学院学报,2000(5):44-48.
[241]Al Gore.The Best Kept Secrets in Government[M].New York:Random House,1996.
[242]Andrew Gray, Bill Jenkins, Bob Segsworthed.Budgeting,Auditing,and Evaluation[M].New Jersey:Transaction Publishers,1997.
[243]Aldermen, Eric. The Book on Bush: How George W.Bush leads America[M]. New York:Vikings,2004.
[244]Abreact Joel D, Robert Putman D,Bert Rickman A.Politicians and Bureaucrats in Western Countries[M].Cambridge: Harvard University Press,1981.

[245]Sabur A K. Challengesofovernance: Fundamentals Under Threat[M]. Dhaka: Bangladesh Institution of International and Strategic Studies, 1995.

[246]Raman Khan A.India's Tryst with Coalition Governments: A Social-Economic Study [M].Islamabad: South Asian Politics Regional Studies, 2000.

[247]Kaviraged S.Politics in India[M]. Oxford :Oxford University Press, 1997.

[248]Breul, Jonathan D.The Government Performance and Results Act-10 Years Later[J].The Journal of Government Financial Management, 2003:108-110.

[249]Berger, Raoul.Executive Privilege: A Constitutional Myth [M].Cambridge Massachusetts: Harvard University Press, 1974.

[250]Blechman, Barry M.The Politics of National Security: Congress and U.S. Defense Policy [M].New York: Oxford University Press, 1990.

[251]Briggs, Philips J.Making American Foreign Policy: President-Congress Relations from the Second World War to Vietnam[M]. Lanham, Maryland: University Press of America, Inc, 1991.

[252]Brown, Secom.The Faces of Power: Constancy and Change in Untied States Foreign Policy from Truman to Reagan[M].New York: Columbia University Press, 1983.

[253]Beissinger, Mark R.Nationalist Mobilization and Collapse of the Soviet State[J]. Europe-Asia Studies, 2003(4):55.

[254]Bun Woong Kim. Democratization and Administrative Reform in Korea[Z]. Oregon: 1988 ASPA National Conference, 1988.

[255]Caraley, Demetrios.The President's War Powers: From the Federalists to Reagan[M].New York: The Academy of Political Science, 1984.

[256]Celada, Raymond J, David Ackerman M.The War Powers Resolution: The Controversial Act's Search for a Successful Litigation Posture [J].CRS Report for Congress, 1993:217-242.

[257]Collier, Ellen.War Powers Resolution: Fifteen Years of Experience[M]. Washington, D.C.: Congressional Research Sevice, 1988.

[258]Crab, Cecil V J, Glenn Autizzo J.Congress and the Foreign Policy Process: Modes of Legislative Behavior[M]. Louisiana: Louisiana State University Press, 2000.

[259]Crab, Cecil V Jr, Pat Holt M. Invitation to Struggle: Congress, the President and Foreign Policy[M].Washington D.C.: Congressional Quarterly Inc, 1984.

[260]Crovitz, Gordon L, Jeremy A, Rabin.The Fettered Presidency: Legal Constraints on the Executives Branch[M]. Washington, D.C.: American Enterprise Institute for Public Policy Research, 1989.

[261]Lawrence. Constitutional Conflicts between Congress and the President [M]. Kansas: University Press of Kansas, 1991.

[262]Chester Newland A. A Field of Strangers in Search of a Discipline: Separatism of Public

Management Research from Public Administration [J]. Public Administration Review,1994: 486–488.

[263]David Schultz A.The Politics of Civil Service Reform[M]. New York: Peter Lang Publishing,Inc.,1998.

[264]Donaldson, Gary A. America at War since 1945[M]. Westport, Connecticut: Pager Publishers,1996.

[265]Dallek, Robert Franklin D.Roosevelt and American Foreign Policy,1932 –1945 [M]. Oxford: Oxford University Press,1995.

[266]Deepak Magyar.Economic Development and Political Democracy: Interaction of Economic and Politics in Independent India[J]. Economic and Political Weekly,1998,33 (49):21–31.

[267]Drew, Jean, Sen, Amartya. India Development and Participation [M]. Oxford: Oxford University Press, 2002.

[268]Dwejendra Tripathi. Crisis of Indian Polity–A–Historical Perspective[J]. Economic and Political Weekly, 2000:56–58.

[269]Eugene Meehan J.Assessing Governmental Performance:An Analytical Framework [M]. Westport,CT:Greenwood Press,1993.

[270]Evan Feline,Lynn Ash Burner,Louise Fitzgerald, Andrew Pettigrew.The New Public Management in Action[M].Oxford:Oxford University Press,1996.

[271]Lind E, Shepard J. Evaluation of Court–Annexed Arbitration [J]. Three Federal District Courts,Federal Judicial Center,1981:156–159.

[272]Evan Berman M.Productivity in Public and Nonprofit Organizations:Strategies and Techniques[M].Thousand Oaks,California:Sage Publication,Inc.,1998.

[273]Fisher,Louis.Congressional Abdication on War and Spending [M].College Station,Texas: Texas A&M University Press,2000.

[274]Frederickson,George H.Toward a New Public Administration (1971). Classic of Public Administration[A]. Fort Worth:Harcourt Brace College Publishers, 1997.

[275]Frederick Mosher C.Basic Documents of American Public Administration 1776–1950[M]. New York,London: Holmes & Meier Publishers Inc., 1983.

[276]Francine Franker R.Decline of a Social Order,Atoll Kohl.The Crisis of Govern Ability [M]. Oxford: Oxford University Press 1997.

[277]GASB.Performance Measurement at the State and Local Levels:A Summary of Survey Results[EB/OL].http://www.gasb.org.

[278]Government Performance and Results Act of 1993[R]. Washington: the U.S. Government Printing Office,1993.

[279]Genovese,Michael A.The Power of the American Presidency 1789–2000[M]. New York: Oxford University Press,2001.

[280]Gerald Pomperal M.The Elections of 1996:Reports and Interpretations [M].Chatham, New Jersey:Chatham House Publishers Inc.,1997.

[281]Government of India, Planning Commission, Ninth Five Year Plan, 1997-2002. New Delhi: Planning Commission, 1997.

[282]Howard Rohm.Public Sector Performance Management in the USA[EB/OL].http://www.fpm.com.

[283]Hulling, Robert L.Reinventing Government:An Analysis and Annotated Bibliography[M]. Commack,NY:Nova Science Publishers, 1996.

[284]Hidreth Bartley W.Compensation and Reward Systems:Public-Sector Pay and Employee Benefits[A]. New York: Marcel Dekker Inc.,1983.

[285]Jack Rabin. Handbook on Public Personnel Administration and Labor Relations[C]. New York: Marcel Dekker Inc.,1983.

[286]Herbert Alexander E, Anthony Corridor. Financing the 1992 Election[M].Armonk,New York & London:M.E.Sharpe,1995.

[287]Herbert Asher B.Presidential Elections and American Politics:Voters,Candidate and Campaign Since 1952[M].Homewood,Illinois:The Dorsey Press,1980.

[288]James, Buchanan. The Theory of Publics Choice [M]. Ann Arbor: The University of Michigan Press,1972.

[289]Jan-Erik Lane. New Public Management[M].London:Rout ledge,2003.

[290]Jessant Singh.Defending India[M]. Jessant Singh: Macmillan India Ltd.,1999.

[291]Korn, Jessica.The power of separation:American constitutionalism and the myth of the legislative veto[M]. Princeton : Princeton University Press,1996.

[292]Subramanian K. Introduction to Defending India[M]. Jessant Singh: Macmillan India Ltd.,1999.

[293]Kahn A E. The Economics of Regulation: principles and institutions [M].Cambridge, Mass:MIT Press, 1988.

[294]Katherine Willoughby. The State of the States: Performance-Based Budgeting Requirements in 47 out of 50[J]. Public Administration Review, 1998:66.

[295]Michael Hill, Peter Hype.Implementing Policy:Governance in Theory and in Practice[M]. London:Sage Publication Ltd.,2002.

[296]Norman Flynn.Public Sector Management.4th edition [M]. London:Prentice Hall,2002.

[297]Nancy Roberts C. Keeping Public Officials Accountable through Dialogue:Resolving the Paradox[J].Public Administration Review,2002:658-669.

[298]Rusk D.Cities Without Suburbs[M].Washington D.C.: Wilson Center Press,1993.

[299]Fisher, Louis. President and Congress:Power and Policy[M]. New York:The Free Press, 1973.

[300]Paul Van Riper P.History of the United Civil Service [M]. Westport: Greenwood Press,

1976.
[301]Peter Cobras.Cozy Politics:Political Parties,Pampering Finance, and Compromised[M]. CO: Lynne Renner Publisher,Inc.,2002.
[302]Roister T H, Streib G. Performance measurement in municipal government: Assessing the state of the practice[J]. Public Administration Review, 1999:325-335.
[303]Robert D, Lee Jr.Public Personnel Systems[M].Baltimore: University Park Press,1981.
[304]Robert Vaughn G.Transparency — the Mechanisms:Open Government and Accountability[J]. Issues of Democracy, 2000,5(2):13-20.
[305]Ronald Gringo Sony.The Revenge of the Post:Nationalism,Revolution,and the Collapse of the Soviet Union[M]. Stanford: Stanford University Press,1993.
[306]Rogers Garry. National Performance Review's government reinvention [J]. Dissertation, 2000:25.
[307]Stephen Cindery E, Robert Marant.Radical Reform of the Civil Service [M]. Maryland: Lexington Books,2001.
[308]Steven Cohen, Ronald Brand.Total Quality Management in Government [M].San Francisco:Josses-Bass Inc. Publishers,1993.
[309]Statistics Abstract of the United States[R].Washington D. C.:U. S. Government Printing Office,1997.
[310]Khanna S K. Crisis of Indian Democracy. New Delhi: Commonwealth Publishers, 1998.
[311]Sheila Seshia. Divide and Rule in Indian Party Politics[J]. Asian Survey,1998(11):1036.
[312]Theodore Poister H. Performance Measurement in Municipal Government [J]. Assessing the State of the Practice Public Administration Review, 1999:325-335.
[313]Yong Hyo Cho, George Frederickson H.The White House and the Blue House: Government Reform in the United States and Korea [M]. Lanham, Maryland: University Press of America Inc., 1997.
[314]Government Reform in the United States and Korea[M].Lanham,Maryland:University Press of America,Inc.,1997.
[315]Dineen. Productivity Improvement: It's Our Turn[J]. The Bureaucrat, 1985: 10.
[316]Rogers, Garry. National Performance Review's government reinvention [J]. Dissertation, 2000: 25.
[317]Katherine Willoughby. The State of the States: Performance-Based Budgeting Requirements in 47 out of 50[J]. Public Administration Review,1998: 66.
[318]Poister T H, Streib G. Performance Measurement in Municipal Government: Assessing the State of the Practice[J]. Public Administration Review,1999,59(4):325.
[319]Roberts F. The Cost of Health[M]. London: Hammond,1952.
[320]Margaret Jones, Rodney Lowe. From Beveridge To Blair, the First Fifty Years of Britain's Welfare State 1948-1998[M]. Manchester: Manchester University Press,2002.

[321]Craig F W S. Let's Go with labor for the New Britain: Labor Party Manifesto 1964[J]. British Election Manifestos 1900–1974, 1975: 265–266.

[322]Yukio Him iyama. The bubble economy and land–use change in Japan [J]. Advances in earth science, 2006,21(2):120–130.

[323]Motomichi Ikawa. Where is the Japanese Economy Headed? [J]. Pacific Economic Review, 2005,10(4): 493–514.

[324]Bottelier, Pieter. What India Can Learn from China and Vice Versa [J]. China & World Economy, 2007,15(3):52–69.

[325]Mahadevia, Darshini. Urban Infrastructure Financing and Delivery in India and China[J]. China & World Economy, 2006,14(2): 105–120.

[326]Singh, Arvinder. Comparisons between China and India [J]. China & World Economy, 2005,13(3): 72–79.

[327]Grey Jr L. The Thirty–Eighth Paralle [J]. Foreign Affairs, 1951,29(3):482–487.

[328]Kar–Yiu Wong, Firm Failure, Financial Crisis: The Experience of South Korean [J]. The Journal of the Korean Economy, 2000 (1):22–51.

[329]Hamish MacDonnell. MPS Fight lords Reform [N].The Scotsman, 2002–02–06.

[330]英国王室官方网站[EB/OL].http://www.royal.gov.uk/MonarchUK/HowtheMonarchyworks/Whatisconstitutionalmonarchy.aspx.

[331]大英百科全书[EB/OL].http://www.britannica.com/EBchecked/topic/203491/federalism.

[332]The Free Dictionary's Encyclopedia [EB/OL]. http://encyclopedia2.thefreedictionary.com/Democracy.

[333]Paul Dowswell, John Michael Rawcliffe. Dictatorship Systems of government [M]. Livermore, CA: Evans Brothers, 2005.

[334]Members' Pay, Pensions, Allowance[EB/OL].www.parliament.uk, May 2000.

第一版后记

这本教材是根据作者1992年以来为兰州大学行政管理专业本科讲授《外国行政制度》的讲义整理而成的。当时这门课程的教材，通常都会罗列十多个国家的情况，但具体到每一个国家，则不够细致。因此，本书主要选择了英国、美国和日本三个典型国家给予尽可能详细的介绍。教材的整体框架，比较偏重于各国行政制度的形成过程，以加深学生对其制度的理解。讲义历年都有一些材料补充进去，这次匆匆整理成编，未能一一修订，因而全书各章的体例不一致处颇多，深为遗憾。

在讲义的编写过程中，参考的材料很多。这次整理时，尽可能地引用了近几年来出版的一些著作、教材和论文，也从网上追踪了这三个国家最新的一些变化情况。这些国家的政府机构的设置、各部门的职能和法律条文，以及相关的史实，各种著作和教材详略不同，编写时根据这本教材的体例，选择引用，没有一一注明出处。但对于原著作者有个人分析观点的，则尽量注明参考文献的著作名称和原作者。这本教材是作者在十多年中陆续撰写的，当时引用的论文、著作以及笔记卡片有些已经遗失，这次整理出版时，许多内容无法注明引用资料的来源。在此，本人向其作者和译者表示衷心的感谢，也表示深切的歉意。

教材出版的过程中，责任编辑李新先生反复阅读全书多次，纠正了许多错漏之处，并提出了许多修改意见，在此表示衷心的感谢。

韩国明

2003年12月1日

第二版后记

2008年,美国人会有一个黑人总统吗?俄罗斯人选举出来的“新沙皇”普京,曲线执政,出任联邦总理,4年后他会再成为联邦总统吗?甚至还有,英国首相布朗,有些紧张地“熊吻”国际名模出身的法国第一夫人卡拉·布吕尼……

在这个多雨的夏天,这些变幻莫测甚至有几分诡异或滑稽的事件,使得这项研究颇有乐趣,修订第二版《外国行政制度》的大量艰苦的工作不再沉闷枯燥。

2003年发行的第一版《外国行政制度》被许多大学选为本科生的教材和研究生、MPA的参考书,已经重印了许多次,在出版社的要求下并考虑到“外国行政制度”新的发展,特进行本次修订。

这次修订用了整整一年时间,新增的内容主要有三个部分:第一,增加了“转型国家的行政制度”,选取印度、韩国、俄罗斯三个典型国家进行介绍和分析。相信读者对于印度经济如何崛起,中印之间的“龙象之争”,韩国的“汉江奇迹”,威权政治的成功转变,苏联解体,俄罗斯的休克疗法等,会有浓厚的兴趣。第二,增加了英、美、日、法、瑞士等五个国家发展的最新资料,特别是各国政府改革的思路、措施和效果。第三,增加了作者五年来关于新公共管理理论和实践的思考,因而几乎对全书的每一节第一段都进行了增补删改,第一版的42万字,删去了11万字,新增了18万字,第二版成书后近50万字。

最后,感谢本书的责任编辑,他们一字一句阅读和修改全书多次,并提出了许多富有建设性的意见和建议。

韩国明

2008年7月22日

第三版后记

四年来，席卷全球的金融风暴，对世界各国的制度形成了严峻的考验。这些在滔天巨浪中飘摇的船只，凡结构合理，用料精良，船长和水手技艺精湛者，表现尚可。凡失业率、通货膨胀高企者，则暴露了船只的隐患与脆弱，有倾覆之危，比如所谓的"欧猪五国"(PIIGS)——葡萄牙(Portugal)、意大利(Italy)、爱尔兰(Ireland)、希腊(Greece)和西班牙(Spain)。韩国总统李明博曾提出了一个雄心勃勃的计划，在2018年将韩国的GDP世界排名由第11名提高到第7名，提升4名。这个计划如果实现，英国人就得让位子，挪到韩国的后面。冥冥之中，似乎有个懂数学的神奇存在，操控着人类的命运，2008年的经济危机，在韩国人头上敲了一棒子，让他们的GDP排名从第11名掉到了第15名，恰恰降了4位。

2012年，是所谓的超级大选年，一些重要国家的巨舰要更换船长：美国、俄罗斯、印度、法国进行总统大选，中国召开执政党的第18届全国代表大会。这些国家的选举结果，将在某种程度上决定这个世界的新走向，对21世纪前50年的世界政治格局产生复杂而深远的影响。

普京完成了"二人转"的高难度动作，第三次当选俄罗斯总统，既展示了他对这个大国的令人难以置信的控制程度，也再次证明了权力是一种类似于鸦片的东西，一旦品尝了它所带来的荣耀、财富和威势，会使人从此上瘾沉溺，至死恋恋不舍。奥巴马选情不利，可能无法连任，大选前的社会失业率将决定他是否"失业"，也只能出点小花招，并非因为美国的首任黑人总统是"卧龙岗上散淡的人"，而是因为尼克松翻车的残骸仍躺在路边，冒着黑烟，美国的制度设置和政治力量不允许他有什么太出格的动作。而且，美国总统这个职位，与俄罗斯的总统相比，选民盯得太紧，既要勤奋地工作，又捞不到太多的好处，似乎也不值得用太龌龊的手法去获得。

这在一定程度上说明制度比人重要，制度塑造人的行为，丑陋的制度造就了"丑陋的某国人"。一人巍然独坐而万众跪伏的专制制度，会在每个臣民的身上烙下深深的奴性印记。而宪政民主制度，才会让人们拥有诚实、自尊、勇敢、责任、荣誉等公民的美德。

然而，虽然从表面上看，制度的变革很容易。世界各国的成功经验都摆在那里，应有尽有，任人参观学习，不用付专利费。后来者可以尽情地选择各国的优点，组合成世界上最完美的制度,轻易地实现赶超,这就是所谓的"后发优势"的一个重要组成部分。但实际上,制度的每一点变化,都涉及巨大的利益分割,要通过复杂的博弈去实现,既有崇高的理想,也可能有卑污的阴谋、血腥与杀戮。纵观历史,任何大国的制度优化,都是一个漫长艰苦的过程,需要以人们的热情、勇气和牺牲去一点一点地推进。

本书的第二版比第一版的印数增加了至少50%,使编辑和作者团队有足够的动力对本书进行认真的修订,务求尽善尽美,向读者展示一个精品。

感谢本书的团队,感谢本书的编辑,在这个多雨而闷热的夏天,用耐心的劳动完成了这项繁杂的工程。

韩国明

2012年8月